Ein Handbuch der alten Geschichte,

insbesondere im Hinblick auf die Verfassungen, den Handel und die Kolonien der Staaten der Antike

AHL Heeren

(Übersetzer: DA Talboys)

Writat

Diese Ausgabe erschien im Jahr 2023

ISBN: 9789359253718

Herausgegeben von
Writat
E-Mail: info@writat.com

Inhalt

VORWORT DES ÜBERSETZERS

ZU DIESER AUSGABE.

Dem geduldigen Fleiß der Historiker Deutschlands verdanken wir die erste Produktion von Geschichtshandbüchern und jenen synchronistischen Tabellen, die das systematische Studium der antiken Geschichte so sehr erleichtert haben; und unter den vielfältigen und tiefgründigen Abhandlungen dieser Klasse, die ihre Literatur bereichern und schmücken, zeichnen sich die Werke von Heeren durch ihr umfangreiches Untersuchungsspektrum sowie durch die minutiöse Genauigkeit ihrer Details aus.

Das vor uns liegende Werk verkörpert das Ergebnis seiner mühsamen Forschungen während der langen Zeit, in der er als Privatdozent und Professor für Geschichte an der Universität Göttingen tätig war ; Und wenn es eine Empfehlung für ein Werk ist, zu wissen, dass sein Autor ausreichend Zeit, Fähigkeit und Gelegenheit hatte, seine Materialien zu sammeln und auszuarbeiten, kann ohne Angst vor Widersprüchen behauptet werden, dass der Autor des vorliegenden Werks über all dies verfügte Vorteile in herausragendem Maße. Er hat den größten Teil seines Lebens damit verbracht, Vorträge über die darin behandelten Themen zu halten, und hat sich in jedem Fall sofort an die Quelle begeben, um seine Informationen einzuholen. Ein wichtiges Merkmal seiner Arbeit ist auch, dass an der Spitze jedes Abschnitts eine Liste der Originalquellen steht, aus denen er sein eigenes Wissen schöpft; eine weitere Liste mit den wichtigsten Autoren wird hinzugefügt, die den betreffenden Teil der Geschichte berührt oder illustriert haben; Beide werden im Allgemeinen von einigen Worten wohlüberlegter Kritik begleitet, in denen der Wert der Autorität des Autors eingeschätzt und seine Quellen, Umstände und Vorurteile kurz, aber angemessen dargelegt werden. Neben diesem Vorteil besitzt das Werk den Vorzug, die Zweckmäßigkeit der Handbücher mit der synchronistischen Unterrichtsmethode zu verbinden; da die Geographie, Chronologie und Biographie der Länder und Staaten der antiken Welt dem Leser sofort vor Augen geführt werden; und die Anordnung ist so klar, dass die dunkelsten und verwickeltesten Teile der Geschichte in einem klaren und deutlichen Licht erscheinen. Darüber hinaus scheint Professor Heeren in herausragenderem Maße als jeder andere Schriftsteller die Fähigkeit zu besitzen, mit wenigen Worten die Aufmerksamkeit des Lesers auf die wichtigsten Tatsachen der Geschichte zu lenken; und in seinen Gedanken eine Reihe von Überlegungen heraufzubeschwören, die den Geist zugleich belehren und erweitern sollen. Sein Werk eignet sich nicht nur hervorragend als Lehrbuch für das Studium der Geschichte, sondern wird auch als Nachschlagewerk von Nutzen sein – es wird den Studenten in seinem unerprobten und komplizierten Kurs leiten und es dem fortgeschritteneren Gelehrten ermöglichen, dies zu tun methodisieren seine gesammelten Vorräte. Vielleicht wurden in keinem Werk so viele wichtige Informationen in einem so kleinen Kompass zusammengefasst.

Die Einschätzung, die dieses Handbuch auf dem Kontinent genießt, lässt sich aus der Tatsache ableiten, dass es sechs große Ausgaben auf Deutsch und zwei auf Französisch durchlaufen hat und in fast alle Sprachen Europas übersetzt wurde.

Die Schnelligkeit, mit der sich die Erstausgabe sowie die anderen Schriften von Professor Heeren in diesem Land verkauften, ist ein Beweis dafür, dass sie hier nur bekannt sein mussten, um geschätzt zu werden. Die Gunst , mit der diese Übersetzungen sowohl vom ehrwürdigen Autor selbst als auch von der britischen Öffentlichkeit aufgenommen wurden, war für den Verleger eine Quelle höchster Befriedigung. Die so freundlich gewährte Ermutigung hat ihn zu neuen Anstrengungen angespornt, deren Früchte, wie er zuversichtlich ist, im vorliegenden Band sichtbar sein werden. Das Handbuch wurde nicht nur durchgehend überarbeitet und korrigiert, sondern auch sorgfältig mit dem Deutschen verglichen und hat solche Verbesserungen erhalten, wie der Originaltext oder der englische Stil es zu erfordern schienen. Wenn man noch hinzufügt, dass Professor Heeren selbst, der die Übersetzung speziell für diese Ausgabe geduldig geprüft hat, dem Verlag zahlreiche Korrekturen und Verbesserungen übermittelt hat , vertraut er darauf, dass das Publikum von der Genauigkeit der Übersetzung überzeugt sein wird eine Kopie des Originalwerks, soweit es die Natur der Dinge zulässt.

Im Vorwort zur letzten Ausgabe dieses Handbuchs kündigte der Herausgeber seine Absicht an, bei positiver Aufnahme ein weiteres ausführliches Werk desselben Autors zu veröffentlichen, nämlich. Ein Handbuch zur Geschichte der Staaten des modernen Europa und ihrer Kolonien als ein politisches System. Dieses Werk wird nun in Kürze erscheinen. Als Entschuldigung für die eingetretene Verzögerung bittet er sie, sie auf ein anderes ebenso wichtiges Werk desselben Autors aufmerksam zu machen, das er inzwischen veröffentlicht hat ; die historischen Untersuchungen zur Politik, zum Verkehr und zum Handel der Karthager, Äthiopier und Ägypter mit einer allgemeinen Einführung; Der Rest dieses Werkes, das die historischen Untersuchungen zur Politik, zum Verkehr und zum Handel der alten asiatischen Nationen – der Perser, Phönizier , Babylonier, Skythen und Hindus – enthält , wird in einigen Wochen erscheinen.

Um den Nutzen der Arbeit zu erhöhen, wurde am Rand eine Analyse des Inhalts mit Datum angegeben. Das † vor einigen Büchern weist darauf hin, dass sie auf Deutsch verfasst sind.

OXFORD ,

März 1833.

VORWORT

ZUR ERSTEN AUSGABE.

Indem ich die Anzahl der bereits veröffentlichten Handbücher zur Alten Geschichte füge, fühle ich mich verpflichtet, einen Bericht über den Plan zu geben, nach dem das vorliegende Buch ausgeführt wurde.

Ursprünglich war es für den Einsatz in meinen öffentlichen Vorträgen gedacht, und seitdem hat es sich zu dem entwickelt, was es heute ist. Ich hielt es nicht für notwendig, in ihnen alles darzulegen, was wir über die antike Geschichte wissen oder zu wissen glauben. Viele Fakten, die für den gelehrten Historiker von großem Interesse sind, sind nicht für öffentliche Vorträge geeignet. Es war daher mein großes Ziel, eine Auswahl solcher Ereignisse zu treffen, die meinen Schülern bekannt sein sollten, um ihre Geschichtsstudien wirksam vorantreiben zu können. Folglich habe ich meine Arbeit nicht so weit ausgedehnt, einen historischen Bericht über jede Nation zu geben, sondern habe mich auf diejenigen beschränkt, die sich durch ihre allgemeine Zivilisation und politische Bedeutung auszeichnen.

Die Themen, auf die ich meine Aufmerksamkeit besonders gerichtet habe, sind die Bildung von Staaten, die Änderungen in ihrer Verfassung, die Wege, auf denen der Handel betrieben wurde, der Anteil, den die verschiedenen Nationen jeweils an seiner Ausübung hatten, und alles, was unmittelbar damit zusammenhängt dieses Departements, ihre Erweiterung einzeln durch Kolonien.

Die positive Aufnahme, die mein größeres Werk, das nach einem anderen Plan ausgeführt wurde, gefunden hat, lässt mich auf eine ähnliche Nachsicht bei diesem neuen Versuch hoffen, auch wenn der Zeitgeist nicht jeden Historiker so laut aufforderte, sein eigenes zu leiten Besonderes Augenmerk wird auf diese Themen gelegt. Und aus diesem Grund konnte ich mich nicht mit einer bloßen Einzelheit isolierter Tatsachen zufrieden geben, sondern habe es mir zur Aufgabe gemacht, den Lauf der Ereignisse zu verfolgen und sie zu einer zusammenhängenden Kette zu verknüpfen; um sie in komprimierter Form darzustellen, indem die Hauptumstände, die zur Entwicklung des Ganzen beigetragen haben, kontinuierlich und sorgfältig zusammengeführt werden.

Ohne dies wäre die Geschichte im Allgemeinen nur ein lebloses Studium, insbesondere die der Republiken, die es in der Antike so zahlreich gab und die, da ihre Verfassung aus politischen Parteien bestand, dem Historiker überall die schwierigsten Probleme zur Lösung bereiten . Von allen größeren Unterteilungen meiner Arbeit empfand ich die Gliederung der griechischen

Geschichte als die schwierigste, da sie in viele kleine Staaten unterteilt ist. Tatsächlich erleichtern Historiker diese Arbeit , indem sie sich lediglich auf Athen und Sparta beschränken; aber dadurch vermitteln sie uns eine sehr unvollständige Kenntnis des Themas. Ich habe versucht, die Schwierigkeit zu überwinden, indem ich die Darstellung der kleineren Staaten und ihrer Kolonien in die zweite Periode verlagerte; Dadurch konnte ich im dritten und wichtigsten Teil, dessen Interesse ganz von den Hauptstaaten abhängt, meine Geschichte als Ganzes ohne Unterbrechung weiterführen. Falls jedoch andere, die dieses Handbuch zur Grundlage ihrer Vorlesungen machen möchten, diese Anordnung nicht mögen sollten, können sie diese Hinweise sehr leicht der einführenden geographischen Übersicht beifügen; ein Plan, den ich sehr oft in meinen eigenen Vorlesungen umsetze. Zur Anordnung der anderen Teile bin ich mir nicht der Notwendigkeit bewusst, irgendwelche Bemerkungen zu machen. Die Quellen, aus denen ich meine Materialien beziehe, sind in jedem Abschnitt angegeben. Besondere Referenzen fallen nicht in meinen Plan; und wenn ich in den ersten beiden Abschnitten mehrmals auf mein größeres Werk Bezug genommen habe, dann nur auf bestimmte Punkte, deren Erklärungen man anderswo vergeblich suchen könnte.

Einige Kenntnisse der antiken Geographie und der Verwendung von Karten [a] sollten, sofern sie nicht bereits vom Studenten erworben wurden, meiner Überzeugung nach immer mit Vorlesungen über antike Geschichte verbunden sein. Dass sich dies nicht auf detaillierte Erklärungen der antiken Geographie erstrecken muss, sondern sich auf das beschränken sollte, was für das Studium der Geschichte lediglich nützlich ist, habe ich in meiner Arbeit festgestellt. Ich hoffe, dass die dazwischen liegenden geographischen Kapitel, die mit dieser Absicht geschrieben wurden, entsprechend beurteilt werden. Ich habe darauf geachtet, sie so zu ordnen, dass sie die gesamte antike Welt einschließen; Es hängt daher nur vom Lehrer ab, einen mehr oder weniger ausführlichen Kurs darüber zu gestalten.

Was die Chronologie anbelangt, bin ich durchweg demselben einheitlichen Plan der Rechenzeit gefolgt, nämlich. bis und von der Geburt Christi. Ich hoffe, dass ich den Dank meiner Leser verdient habe, indem ich diese so bequeme und sichere Methode der unbequemen und unsicheren Methode der Berechnung nach dem Jahr der Welt vorgezogen habe. Ich verzichte hingegen auf jeglichen Anspruch darauf, die Chronologie der Ereignisse, die vor der Zeit des Cyrus stattfanden, genauer definiert zu haben. Im Gegenteil, ich habe in diesem Teil meiner Arbeit oft runde Zahlen angegeben, während in vielen modernen Veröffentlichungen genaue Daten zu finden sind. Genaue Zeitbestimmungen sind meines Erachtens nur dann erforderlich, wenn eine kontinuierliche Entwicklung der Umstände stattfindet; nicht dort, wo unzusammenhängende Tatsachen aufgezeichnet werden.

Die Vorgänge unserer Zeit haben ein Licht auf die antike Geschichte geworfen und ihr ein Interesse verliehen, das sie früher nicht besitzen konnte. Die Kenntnis der Geschichte ist, wenn nicht das einzige, so doch das sicherste Mittel, um sich einen klaren und unvoreingenommenen Überblick über das große Drama zu verschaffen, das sich derzeit um uns herum abspielt. Alle direkten Vergleiche betrachtete ich trotz der vielen Gelegenheiten, die mich in Versuchung geführt hatten, als fremd für meinen Plan; aber wenn man trotz einiger Kapitel meines Werkes, insbesondere in der Geschichte der Römischen Republik, meinen könnte, ich würde auf die Vorgänge der zehn Jahre verweisen, in denen dieses Werk veröffentlicht wurde, so halte ich dies nicht für notwendig bieten Sie keine Entschuldigung dafür an. Welchen Nutzen hat das Studium der Geschichte, wenn es uns nicht klüger und besser macht? es sei denn, die Kenntnis der Vergangenheit lehrt uns, die Gegenwart richtiger zu beurteilen? Sollte ich in irgendeiner Weise zur Förderung dieses Ziels beigetragen haben und sollte ich das Glück haben, den Geist meiner jungen Freunde zu einem tieferen Studium einer Wissenschaft zu führen, die ihre Bewunderer nur auf diese Weise belohnen kann, werde ich sie am meisten schätzen herrlicher Lohn, den meine Arbeit erhalten kann.

GÖTTINGEN, 23. September 1799.

[a] Ich habe D'Anville genutzt .

VORWORT

ZUR ZWEITEN UND FOLGENDEN AUSGABEN.

Die Forderung nach einer zweiten Auflage meines Handbuchs verpflichtet mich, die Mängel meiner früheren Arbeit zu beheben. Es wurden sorgfältig Korrekturen vorgenommen und viele Teile komplett neu geschrieben. Zunächst wird eine ausgewählte Liste von Büchern hinzugefügt, die sich mit den jeweiligen Abteilungen meines Fachgebiets befassen. Die frühere Ausgabe enthielt nur Verweise auf die Quellen, aus denen meine Fakten abgeleitet wurden. Ich vertraue darauf, dass dies ein wesentlicher Dienst für die Freunde der Geschichtswissenschaft sein wird, insbesondere für die Jugend, für die und nicht für die Gelehrten diese Ergänzungen vorgenommen wurden. Besonders offensichtlich ist ihre Verwendung an diesem Ort, wo es in der Macht jedes Einzelnen liegt, die genannten Bücher zu beschaffen [b]. Die beigefügten kurzen Kritiken sollen, soweit es notwendig erschien, als Leitfaden für deren Verwendung dienen. Was den Autor betrifft, hat sich am Werk kaum etwas geändert, während seine Form und sein Aussehen durch die Verwendung unterschiedlicher Typen, durch genauere Lauftitel und durch die Anordnung der Datumsangaben am Rand verbessert wurden. Durch die Anwendung der letztgenannten Methode wird die Erhöhung der Seitenzahl trotz der zahlreichen Ergänzungen, die zu dem Thema vorgenommen wurden, unbeträchtlich. In seiner Gestaltung entspricht dieses Werk meinem Handbuch zur Geschichte der europäischen Staaten und ihrer Kolonien. Darüber hinaus haben diese Werke jedoch keinen Bezug zueinander, sondern sind nach ganz unterschiedlichen Grundsätzen ausgeführt worden; die Gegenwart als Geschichte der *einzelnen* Staaten der Antike und die andere als allgemeine Geschichte moderner Staaten und ihrer Kolonien, die insgesamt ein politisches System bilden. Jedes stellt jedoch für sich ein vollständiges Werk dar, und es ist keineswegs meine Absicht, die Kluft zu schließen, die die Zeit zwischen ihnen hinterlassen hat.

Ich bedaure, dass die intensiven Forschungen von M. Volney [c] zur Chronologie von Herodot vor der Zeit von Cyrus zu spät in meine Hände gelangten, als dass sie in meiner zweiten Auflage an der richtigen Stelle verwendet werden könnten. Im dritten ist dies geschehen. Gleichzeitig beanspruche ich den Dank des Lesers für die Übermittlung der Ergebnisse dieser Untersuchungen in einem Anhang, zusammen mit Hinweisen auf die Passagen, durch die sie gestützt werden; Allerdings unter Auslassung aller Nebensächlichkeiten und allem, was nicht durch die positiven Behauptungen des Vaters der Geschichte bewiesen werden kann.

Ich kann dieses Vorwort nicht schließen, ohne noch einmal auf die immer allgemeinere Methode zurückzugreifen, die Zeit in der antiken Geschichte nach der Anzahl der Jahre vor Christus zu berechnen. Die Tatsache, dass es sicher und bequem ist, wurde oft bemerkt; aber darüber hinaus hat es den großen Vorteil, dass es uns sofort eine klare und präzise Vorstellung von der Zeitspanne gibt, die uns von den aufgezeichneten Vorfällen trennt; was es unmöglich ist, durch die Verwendung irgendeines anderen Zeitalters zu erreichen, sei es das Jahr der Welt, die Olympischen Spiele oder das Jahr von Rom usw. Und doch hat dieser besondere Vorteil, der in den Augen des Lehrers so groß ist, nicht Meines Wissens nach bisher zum Gegenstand einer Bemerkung gemacht worden. Auch für die Geschichtswissenschaft selbst ist dieser Umstand von größerer Bedeutung, als man zunächst vermuten könnte. Sollte sich ein Forscher ergeben , der die gesamte antike Geschichte dieser Epoche genau untersuchen würde – ausgehend vom allgemein angenommenen Jahr der Geburt Christi als von einem festen Punkt, für den die Arbeiten von M. Volney einen guten Anfang darstellen – die ganze Wissenschaft würde dadurch eine festere Konsistenz erhalten. Denn nach dieser Methode würden nicht alle Daten gleichermaßen sicher und gleichermaßen unsicher erscheinen, wie dies bei den Epochen der Fall ist, die aus dem Jahr der Welt berechnet werden; aber es würde gezeigt werden, was chronologisch sicher, was nur wahrscheinlich und was völlig ungewiss ist, je nachdem, wie wir von den klareren in die dunkleren Regionen der Geschichte vordringen würden. Die alte Art der Berechnung nach dem Jahr der Welt, bei der eine Übereinstimmung unmöglich war, weil es keine Einigkeit über den Ausgangspunkt gab, würde sicherlich beiseite geworfen werden; aber wo liegt der Schaden, wenn an seine Stelle etwas Besseres und Sichereres tritt?

In der dritten, vierten, fünften und sechsten Auflage ist die Zunahme der Seitenzahl zwar gering, doch alle Ergänzungen und Korrekturen, die ich für notwendig erachtete und die den Fortschritt des Wissens und der Entdeckung förderten, wie im Fall von Ägypten und Andere Länder, die es mir ermöglichten, zu bewirken, wurden mit größter Sorgfalt und Vollständigkeit angefertigt. Wie wichtig diese sind, lässt sich am besten durch einen Vergleich erkennen.

Göttingen , 1828.

[b] [Der Autor spielt auf die öffentliche Bibliothek in Göttingen an . TR .]

[C] Chronologie d'Herodote , angepasst an seine Texte von CF Volney . Paris, 1809, 3 Bde. Siehe den *Gött . Gel. Anz* . für 1810 und 1816.

EINFÜHRUNG.

I. Die Quellen der antiken Geschichte können unter zwei Rubriken geordnet werden; die antiken Schriftsteller und die noch erhaltenen Denkmäler. Die verschiedenen Autoren werden an den jeweiligen Stellen in den verschiedenen Abschnitten dieser Arbeit erwähnt. Eine allgemeine Übersicht über die antiken Denkmäler, soweit sie historische Quellen darstellen, finden Sie in:

OBERLIN , *Orbis antiqui monumentis suis illustrati primæ lineæ* . Argentorati , 1790. Äußerst mangelhaft, da seit seiner Veröffentlichung viele Entdeckungen gemacht wurden.

II. ALLGEMEINE ABHANDLUNGEN ZUR ALTEN GESCHICHTE.

1. *Die umfangreicheren Arbeiten* zu diesem Thema. Diese können in zwei Klassen eingeteilt werden: *a.* Der der antiken Geschichte zugeordnete Teil in den allgemeinen Abhandlungen zur Universalgeschichte; *B.* Werke, die sich ausschließlich der antiken Geschichte widmen.

A. Zur ersten Klasse gehören :

Die Universalgeschichte, alt und modern; mit Karten und Ergänzungen. London . 1736, 26 Bde. Folio. Nachdruck in 8vo. in 67 Bänden. und noch einmal in 60 Bänden. mit Auslassungen und Ergänzungen.

Dieses von einer Gesellschaft britischer Gelehrten zusammengestellte Werk wurde von SIEGM INS DEUTSCHE ÜBERSETZT UND MIT ANMERKUNGEN ILLUSTRIERT . JAC. BAUMGARTEN . Halle, 1746, 4to. Die Deutschen nennen es häufig die Hallesche Universalgeschichte der Welt: die ersten achtzehn Bände. umfassen den antiken Teil.

WILLE. GUTHRIE, JOHN Gray *usw. Allgemeine Geschichte der Welt, von der Schöpfung bis zur Gegenwart.* London, 1764–1767, 12 Bde. 8vo. Dieses Werk, das im Original keinen besonderen Stellenwert hatte, wird durch die Arbeit des deutschen Übersetzers CG HEYNE (*Leip* . 1766, 8 Bände) wertvoll und nützlich gemacht, der die Fehler korrigiert, die Daten eingefügt und seine eigenen Beobachtungen hinzugefügt hat.

B. Zur zweiten Klasse gehören :

ROLLIN , *Geschichte ancienne des Egyptiens , des Carthaginois , des Assyriens , des Mèdes el des Perses , des Macédoniens , des Grecs* . Paris, 1824, 12 Bde. 8vo.; revue par LETRONNE : die letzte und beste Ausgabe. Dieses Werk, das das Studium der antiken Geschichte in Frankreich stark förderte, genießt noch heute seinen wohlverdienten Ruf. [Es wurde 1768 ins Englische übersetzt: beste Ausgabe, 7 Bände. 8vo.: häufig nachgedruckt.] Dem Obigen liegt im

Allgemeinen die *Histoire Romaine* desselben Autors bei. Siehe unten, Buch v. erste Periode, *Quellen* .

JAC. BEN. BOSSUET , *Discours sur l'Histoire Universell* . Paris, 1680, 3 Bde. Wird häufig nachgedruckt und gilt bei den Franzosen als einer ihrer Klassiker.

[Englische Übersetzung von RICH. SPENCER . London, 1730, 8 Vo.]

MILLOT , *Elémens de l'Histoire Générale* . Paris, 1772, sq. [Übersetzt ins Englische, 1778, 2 Bde. 8vo.: und wieder eine verbesserte Ausgabe mit Ergänzungen.] Edinb . 1823, 6 Bde. 8vo. Die antike Geschichte ist in den ersten beiden Bänden enthalten.

† JOH. MATTH . SCHROECKH , *Allgemeine Geschichte der Welt* , für Kinder. Leipzig , 1779, qm. 6 Bde.

† JG EICHHORN , *History of the Ancient World* , 1799, dritte Auflage, 1817. (Erster Teil der History of the World.)

† DAN. GJ HUEBLER , *Skizze der allgemeinen Geschichte der Nationen der Antike, von der Entstehung der Staaten bis zum Ende des römischen Gemeinwesens* . Freyberg, 1798–1802. Fünf Teile; und eine Fortsetzung: *Geschichte der Römer unter den Kaisern und der heutigen Nationen bis zur großen Völkerwanderung* , 1803; drei Teile. Ein Werk, das durch die kluge Ausnutzung der Arbeit anderer Autoren durch den Autor äußerst nützlich geworden ist .

† H. LUDEN , *Allgemeine Geschichte der Nationen* . 1814; drei Teile.

† L. VON DRESCH , *Allgemeine politische Geschichte* . 1815; drei Teile. In jedem der oben genannten Werke enthält der erste Teil die antike Geschichte und stellt die moderneren Ansichten des Themas dar.

[Das Folgende wird hinzugefügt, was ebenfalls die Aufmerksamkeit des englischen Studenten verdient: RALEGH (Sir WALTER) *Geschichte der Welt, Teil I. erstreckt sich bis zum Ende des Mazedonischen Reiches; mit seinem Leben und Prozess, von Mr. Oldys* . London . 1736, 2 Bde. Folio. Früher die beste Ausgabe; aber ein neues und verbessertes Exemplar wurde in der Clarendon-Presse gedruckt. Oxford, 1829, 8 Bde. 8vo.]

† F. VON RAUMER , *Vorlesungen über Alte Geschichte* , Teile 1, 2. Berlin, 1821.

Werke, die die fortschrittliche Zivilisation, Regierung und den Handel früher Nationen veranschaulichen, sind zwar streng genommen keine Abhandlungen über die antike Geschichte, aber dennoch sehr eng mit dem Thema verbunden. Unter diesen können erwähnt werden:

GOGUET , *De l'Origine des Lois, des Arts, et des Sciences, et de leurs Fortschritte chèz les anciens Leute ; nouv . bearbeiten* . Paris, 1778. [Übersetzt von Dr. DUNN und Mr. SPEERMAN . Edinb . 1761–1775, 3 Bde. 8vo.]

† AHL HEEREN , *Überlegungen zur Politik, zum Verkehr und zum Handel der bedeutendsten Nationen der Antike* . Dritte Auflage, mit vielen Ergänzungen. Göttingen, 1815, 8vo.; der dritte Teil, 1821. Vierte Auflage. Göttingen, 1824. [Diese Ausgabe, die letzte, enthält viele Verbesserungen und Ergänzungen, die durch die großen Entdeckungen moderner Reisender angeregt wurden . Teil I, Asiatische Nationen, in 3 Bänden. Perser, Phönizier , Babylonier, Skythen, Inder. Eine englische Übersetzung davon ist derzeit in der Presse. Teil II, Afrikanische Nationen, 2 Bde. Karthager, Äthiopier, Ägypter. Teil III, Europäische Nationen; Davon ist nur 1 Band, „Griechen", veröffentlicht worden.]

2. *Handbücher* oder Epitome.

Den Deutschen gebührt das Verdienst, als Erster Handbücher zur alten Geschichte verfasst zu haben, die alle in ihrer Art nützlich, einige sogar ausgezeichnet waren: Sie sind ein Ergebnis der Fortschritte, die diese Wissenschaft an den Universitäten gemacht hat.

† J. CHR. GATTERER , *Versuch einer universellen Weltgeschichte bis zur Entdeckung Amerikas* . Göttingen, 1792. Wer diese letzte und reifste Frucht von Gatterers Studien besitzt, kann auf die früheren Handbücher dieses Autors verzichten.

† CHR. DAN. BECK , *Eine kurze Einführung in die Kenntnis der Welt- und Naturgeschichte* . Leipzig , 1798. Der erste Teil, der sich auf unser Thema bezieht, erstreckt sich auf das Jahr 843 n. Chr. Dieser Band ist mit einer so umfangreichen und kritischen Darstellung von Büchern zur antiken Geschichte bereichert, dass er den Platz einer bestimmten Arbeit zu diesem Thema einnehmen kann.

† JA REMER , *Handbuch der älteren Geschichte, von der Erschaffung der Welt bis zur großen Völkerwanderung* . Vierte Edition. Braunschweig, 1832.

† JM SCHROECKH , *Handbuch der Universalgeschichte* . 1774: letzte Ausgabe, 1795.

† GS BREDOW , *Handbuch der Alten Geschichte, mit einer Skizze der Chronologie der Alten* . Altona, 1799, 8vo. [Ins Englische übersetzt. London . 1828, 12 Monate. Auf Englisch haben wir:

Die Umrisse der Geschichte , in 1 Bd. (Teil von Lardners Cabinet Cyclopædia) von Herrn KEIGHTLY , Autor eines gelehrten und äußerst nützlichen Werks über die griechische Mythologie, ist eine praktische Abkürzung. TYTLERS *Elemente der allgemeinen Geschichte* , verbessert und fortgeführt von Dr. NARES . London . 1825, beste Ausgabe; verdankt seinen Ruf und Erfolg dem Mangel an einer besseren Arbeit zu diesem Thema.]

3. *Hilft.*

Unter den Werken, die dem Studium der antiken Geschichte dienen, nehmen zu Recht die synchronistischen Tafeln den ersten Platz ein.

† DGJ HUEBLER , *Synchronistic Tables of the History of Nations* ; grundsätzlich nach GATTERER GEORDNET *Geschichte der Welt* . In zwei Zahlen. Zweite Bearbeitung. 1799 und 1804.

Gegenstand der Geschichte.

1. Der Zweck der POLITISCHEN GESCHICHTE besteht darin, das Schicksal der Nationen sowohl im Hinblick auf ihre Außenbeziehungen als auch auf ihre inneren Angelegenheiten darzustellen. In innenpolitischer Hinsicht ist eines seiner wichtigsten Objekte die *Geschichte der Regierungen* ; in äußerer Hinsicht umfasst es nicht nur eine Darstellung der Kriege, sondern auch der freundschaftlichen Beziehungen und des Verkehrs mit anderen Staaten.

Beachten Sie hier den Unterschied zwischen der Universalgeschichte oder der allgemeinen Geschichte der Menschheit und der Geschichte der Nationen; Letzteres ist Teil des Ersteren. Beachten Sie auch den Unterschied zwischen der politischen Geschichte und der Geschichte der Zivilisation oder des Menschen als menschliches Wesen: Letztere ist lediglich die Geschichte des Menschen als Mensch, ohne Rücksicht auf politische Umstände.

Unterteilt in drei Teile:
erstens bis 500 n. Chr., zweitens bis 1500 n. Chr., drittens bis in unsere Zeit.

2. Die allgemeine politische Geschichte wird üblicherweise in drei Teile gegliedert: *die Geschichte des Altertums* , die des *Mittelalters* und *die Geschichte der Neuzeit* . Die erste erstreckt sich auf den Untergang des Römischen Reiches im Westen, der gegen Ende des fünften Jahrhunderts der christlichen Ära stattfand ; die zweite erstreckt sich auf die Entdeckung Amerikas und einer Seereise nach Ostindien gegen Ende des 15. Jahrhunderts; der dritte erstreckt sich vom Beginn des 16. Jahrhunderts bis zur Gegenwart.

Die Richtigkeit der obigen Einteilung wird durch die Art der Ereignisse deutlich, die diese Epochen prägen. Der Student wird leicht erkennen, dass die Einteilung der Geschichte in die Zeit vor und nach der Geburt Christi nicht sinnvoll ist.

Beginn der politischen Geschichte.

3. Aus der eben gegebenen Definition folgt, dass die politische Geschichte erst nach der ersten Staatsbildung beginnt. Was daher aus der Zeit davor bekannt ist oder aus Überlieferungen über Einzelpersonen oder Stämme oder deren Wanderungen, Affinitäten oder Entdeckungen entnommen

werden kann, ist kein Teil der politischen Geschichte, sondern muss auf die allgemeine Geschichte von bezogen werden Mann.

Es ist bekannt, dass in den heiligen Schriften zahlreiche Informationen über die frühen Schicksale der Menschheit erhalten geblieben sind. Aus diesen Materialien wurde eine sogenannte *Historia Antediluviana zusammengestellt* , die manchmal als eigenständige Abteilung der Geschichte angesehen wird. Das oben Gesagte wird die Auslassung dieses Teils der Geschichte im vorliegenden Werk zufriedenstellend erklären; obwohl niemand die große Bedeutung solcher Traditionen für die Erforschung des Ursprungs, der Ausbreitung und der Zivilisation der Menschheit leugnen kann.

Geschichtsquellen:

4. Die Quellen der Geschichte können unter zwei Hauptquellen zusammengefasst werden; *mündliche Überlieferungen* und *schriftliche Dokumente* verschiedener Art. Die Geschichte jeder Nation beginnt normalerweise mit der mündlichen Überlieferung, die die einzige Quelle bleibt, bis die Kunst des Schreibens bekannt wird und bis zu einem gewissen Grad vom Volk übernommen wird.

Mythologie,

5. Unter dem Namen *traditionelle Geschichte* oder *Mythologie* wird die gesamte allgemeine Sammlung mündlicher Überlieferungen einer Nation verstanden; und eine solche traditionelle Geschichte oder Mythologie ist bei jedem Volk in der ersten Phase seiner Existenz als Gemeinschaft zu finden. Diese Mythologie beschränkt sich jedoch keineswegs auf rein historische Ereignisse, sondern umfasst alle Arten von Informationen, die einer Nation in den Kinderschuhen erscheinen und von ausreichender Bedeutung sind, um bewahrt und an die Nachwelt weitergegeben zu werden.

Daher besteht die Mythologie eines Volkes stets aus sehr heterogenen Materialien; Es bewahrt nicht nur die Erinnerung an verschiedene historische Tatsachen, sondern auch an die vorherrschenden Vorstellungen der Menschen über die Natur und Verehrung ihrer Gottheiten. sowie die Vorstellungen, die sie sich aus Beobachtungen und Erfahrungen in Bezug auf Astronomie, Moral, Kunst usw. gebildet hatten. All dies wird in Form historischer Erzählungen überliefert; weil der Mensch, der im abstrakten Denken noch nicht geübt ist , notwendigerweise jedes Ding in seinem Geiste unter der Gestalt eines physischen Objekts darstellt . Es ist daher ebenso sinnlos zu versuchen, die Mythologie eines Volkes zu einem zusammenhängenden und zusammenhängenden Ganzen oder sogar zu einem wissenschaftlichen System überhaupt zu formen , da es schwierig ist, eine strenge Grenze zwischen dem, was zur Mythologie gehört, und dem, was dazugehört, zu ziehen pure Geschichte. Daraus folgt, dass der Historiker die Mythologie mit großer Vorsicht verwenden sollte; und nicht ohne vernünftige Kritik und eine genaue Kenntnis der Antike.

Diese korrekten Ansichten der Mythologie – der Schlüssel zur gesamten früheren Antike – wurden erstmals von Heyne dargelegt und illustriert , in seinen Kommentaren zu Vergil und anderen Dichtern, in seiner Ausgabe von Apollodorus und in verschiedenen Aufsätzen, die in den Transactions of veröffentlicht wurden der Göttinger Wissenschaftlichen Gesellschaft. Ihnen verdanken die Deutschen vor allem ihre Überlegenheit gegenüber anderen Nationen in der Wissenschaft des Altertums.

Poesie,

6. Die Stellung des Schreibens unter solchen Nationen wird im Allgemeinen zu einem großen Teil durch die Poesie eingenommen; Da es in seinem Ursprung nichts anderes ist als Bilder, die in bildlicher Sprache ausgedrückt werden, muss es spontan unter den Menschen entstehen, die bisher gewohnt waren, alles in der Form von Bildern vor ihrem Geist darzustellen . Daher ist und kann der Gegenstand der Poesie jeder Nation, auch wenn sie sich in einem Zustand der Rohheit befindet, nichts anderes als ihre Mythologie sein; und die große Vielfalt der Materialien, aus denen dieses Werk besteht, führte ganz natürlich in derselben frühen Periode zu verschiedenen Arten von Poesie; als das Lyrische, das Didaktische, das Epos. Letzteres erfordert, da es die historischen Lieder und das Epopöe enthält, in besonderer Weise die Aufmerksamkeit des Historikers.

Die Mythen (oder Fabeln, aus denen diese Mythologie bestand) wurden in späteren Zeiten häufig aus den Werken der Dichter gesammelt und von Grammatikern niedergeschrieben; wie Apollodorus und andere. Dies kann jedoch keinen Einfluss auf ihren ursprünglichen Charakter gehabt haben.

schriftliche Dokumente,

7. Die zweite Quelle der Geschichte, die viel umfangreicher und wichtiger ist als die erstere, sind die verschiedenen Arten schriftlicher Denkmäler. Diese können entsprechend der Reihenfolge der Zeit, in der sie in Gebrauch genommen wurden, in drei Klassen eingeteilt werden; 1. Inschriften auf öffentlichen Denkmälern, unter deren Kopf Münzen späteren Datums enthalten sind; 2. Chronologische Aufzeichnungen von Ereignissen in Form von Annalen und Chroniken; 3. Echte philosophische Werke zur Geschichte.

Inschriften,

8. Inschriften auf öffentlichen Denkmälern, die zur Erinnerung an bestimmte Ereignisse errichtet wurden, waren zweifellos die ältesten

schriftlichen Denkmäler, obwohl zu diesem Zweck vielleicht nur ein aufrecht gestellter Stein oder sogar ein nackter Fels verwendet wurde. Diese groben Denkmäler wurden durch die Kunst zu Säulen, Obelisken und Pyramiden geformt, je nachdem sich der Geschmack der Nation formte; und nahm den bestimmten Charakter an, den die örtlichen Umstände und die natürlichen Gegebenheiten des Landes annahmen, als die Architektur unter ihnen entstand und zur Perfektion gelangte. Der eigentliche Zweck, zu dem sie errichtet wurden – das Gedenken an bemerkenswerte Ereignisse –, muss tatsächlich die Praxis nahegelegt haben, ihnen einige Einzelheiten der Tatsachen einzuschreiben, die sie verewigen sollten. Von dieser Art waren zweifellos die ältesten Denkmäler, insbesondere die Ägyptens. Ihre Verwendung war bei den Nationen einer späteren Zeit, insbesondere Griechenland und Rom, weitaus allgemeiner als bei den modernen Völkern; doch von der großen Masse der noch erhaltenen Inschriften sind vergleichsweise nur wenige von irgendeiner Bedeutung für die Geschichte.

Die auf diesen Denkmälern eingravierten Zeichen waren entweder symbolisch (Hieroglyphen; siehe unten unter Ägypten) oder alphabetisch. Die Erfindung und Weitergabe der alphabetischen Schrift wird gemeinhin den Phöniziern zugeschrieben ; obwohl, wenn wir nach der Form des pfeilspitzenförmigen Zeichens urteilen dürfen, es ohne Kommunikation mit ihnen im Inneren Asiens hergestellt wurde.

Die allgemeinen Inschriftensammlungen sind:

LUD . AMEISE. MURATORI , *Novus Thesaurus veterum Inschriftum* . Mediolani , 1739, quadratisch, 4 Bde. fol. Zusammen mit SEB . DONATI , *Supplementa* . Luccæ , 1764. JAN. GRUTERI , *Inscriptiones Antiquitäten totius orbis Romani, cura* JG GRÆVII . Amstel. 1707, 2 Bde. fol.

CA BOEKHIUS , *Corpus Inscriptionum Græcarum , auctoritate et impensis Akademien literarum Borissicae* , vol. 1. 1827, Folio.

Unter den Einzeldenkmälern ist das wichtigste für die antike Geschichte die Parian- oder Oxford-Inschrift, *Marmora Oxoniensia , Arundeliana* , herausgegeben von SELDEN , 1629; von PRIDEAUX , 1677. Die beste Ausgabe stammt von RICH. CHANDLER , Oxf . 1763, fol. Eine nützliche und tragbare Ausgabe wurde von FR. VERÖFFENTLICHT. CH. WAGNER , *enthaltend den griechischen Text, mit deutscher Übersetzung und Anmerkungen* . Göttingen, 1790, 8vo.

Münzen,

9. Münzen können ebenfalls als Quelle der antiken Geschichte angesehen werden, da durch das Licht, das sie auf Genealogie und Chronologie werfen, die von anderen Autoritäten bekannten Ereignisse besser geordnet und verstanden werden können. Die Bedeutung von Münzen wird daher in den

Teilen der Geschichte am deutlichsten, in denen unsere Informationen infolge des Verlusts der Werke der ursprünglichen Historiker auf wenige isolierte Fakten und Fragmente reduziert sind.

EZ. SPANHEMII , *Dissertatio de Usu et Præstantia Numismatum* . Londini , 1707 und 1709, 2 Bde. fol. Die Hauptarbeit zu diesem Thema, die die gesamte numismatische Wissenschaft der Antike umfasst, ist jedoch:

ECKHEL , *De Doctrina Nummorum Veterum* . Wien , 1792–1798, 8 Bde. 4to. Und der Inbegriff:

† ECKHEL , *Kurze Elemente der antiken Numismatik* . Wien, 1707, 8vo. Eine weitere sehr nützliche Arbeit ist:

JC RASCHE , *Lexicon Universæ Rei Nummariæ Veterum* . 1785, quadratisch, 5 Bde. 8vo.

Annalen,

10. Chroniken oder Annalen bilden die zweite große Abteilung geschriebener historischer Denkmäler. Diese setzen die Erfindung von Buchstaben und die Verwendung von Materialien zum Schreiben voraus; Sie sind daher später als bloße Inschriften. Sie kommen jedoch in früheren Völkerperioden vor; und aus solchen von öffentlicher Hand verfassten Annalen (Staatschroniken) haben spätere Historiker im Allgemeinen Materialien für ihre Werke gezogen. In vielen Nationen, und in fast allen östlichen, ist die Geschichte noch nicht einmal über die Abfassung solcher Chroniken hinausgekommen.

Regelmäßige Geschichten.

11. Die dritte große Abteilung historischer Schriften besteht aus Werken, die auf philosophischen Prinzipien verfasst sind und sich von bloßen Annalen dadurch unterscheiden, dass sie nicht nur eine chronologische Darstellung der Ereignisse, sondern auch eine Entwicklung ihrer Verbindung untereinander sowie ihrer Ursachen und Wirkungen enthalten.

Aber nur wenige Nationen unter den Modernen und wir wissen von keinem unter den Alten außer den Griechen und Römern, die mit dieser Art von Geschichte vertraut waren. Eine Tatsache, die zugeschrieben werden kann: 1. An die Regierung; Denn je vollständiger die Angelegenheiten einer Nation der Kontrolle willkürlicher Macht und Willkür eines oder mehrerer Individuen unterliegen, desto weniger offensichtlich ist ein rationaler innerer Zusammenhang der Ereignisse. Daher gedeiht die philosophische Geschichte unter freien Regierungen am meisten; und hat unter rein despotischen Verfassungen nicht einmal den Hauch einer Existenz. 2. Bis zu dem Grad der Zivilisation, den die Nation erreicht haben mag: Denn die Beobachtung und Entschlüsselung des politischen Zusammenhangs der

Ereignisse setzt einen beträchtlichen Fortschritt in der philosophischen Kultur voraus.

Chronologie und Geographie.

12. Da alle Ereignisse in Bezug auf die Zeit und den Ort betrachtet werden, in dem sie sich ereignen, folgt daraus, dass Geographie und Chronologie als Hilfswissenschaften für das Studium der Geschichte, insbesondere der Antike, unverzichtbar sind. Diese Wissenschaften müssen zu diesem Zweck jedoch nicht in ihrem vollen Umfang und in allen Einzelheiten betrachtet werden, sondern nur insoweit, als sie bei der Bestimmung und Anordnung von Ereignissen nach Zeit und Ort von Nutzen sind. Daher ist in der antiken Geschichte eine feste Art der Berechnung der Zeit sowie eine kontinuierliche geografische Beschreibung der Länder erforderlich, in denen die wichtigsten Ereignisse stattfanden.

Epochen.

13. In der Antike wurde keine Methode zur Zeitberechnung allgemein übernommen. Jede Nation, jeder Staat hatte seine eigene Epoche. Dennoch besteht bei der Darstellung der antiken Geschichte die offensichtliche Notwendigkeit, eine gemeinsame Epoche festzulegen, um eine synchrone Sicht auf die verschiedenen Ereignisse zu erhalten. Zu diesem Zweck können die Jahre entweder seit der Erschaffung der Welt oder vor und nach Christus berechnet werden. Letztere Methode hat nicht nur den Vorteil einer größeren Sicherheit, sondern auch einer größeren Bequemlichkeit.

Von den verschiedenen Arten der Zeitberechnung sind die der Griechen und Römer die bekanntesten; Ersteres nach Olympiaden , Letzteres nach Jahren seit der Gründung Roms. Die Ära der Olympiaden beginnt im Jahr 776 v. Chr.; die Gründung Roms beginnt laut Varro im Jahr 753 v. Chr.; um 752 v. Chr., laut Cato. – Die Ära der Seleukiden im syrischen Reich beginnt mit 312 v. Chr. – Verschiedene andere Epochen, wie die von Nabonnassar , beginnend mit 747 v. Chr., basieren auf Beobachtungen, die von Ptolemäus aufbewahrt wurden, und von SCALIGER in seiner *Doctrina* bekannt gemacht *Temporum* .

Die Chronologie stellt eine eigenständige Wissenschaft dar. Die beste Einführung dazu finden Sie in:

† JC GATTERER , *Inbegriff der Chronologie* . Göttingen, 1777. Eine hervorragende Kritik an den antiken Epochen wurde kürzlich der Öffentlichkeit mitgeteilt von:

† L. IDELER , *Historische Forschungen zu den astronomischen Beobachtungen der Antike* . Berlin, 1806.

† DH HEGEWISCH , *Einführung in die historische Chronologie* ; 1811. Ein sehr nützliches und tragbares Werk.

[Auf Englisch haben wir die mühsame Arbeit von Dr. Hales:

HALES (WILLM .) *Neue Analyse der Chronologie, Erläuterung der Geschichte und Altertümer der primitiven Nationen der Welt usw.* London . 1809-12, 4 Bde. 4to. Neuausgabe, korrigiert und verbessert, 1830, 4 Bde. 8vo.

BLAIRS *Chronologie und Geschichte der Welt, von der Schöpfung bis zur Gegenwart* . London . 1803, Folio.

Und für die glänzende Zeit Griechenlands und Roms die zufriedenstellenden Bände:

HF CLYNTONS *Fasti Hellenici . Die bürgerliche und literarische Chronologie Griechenlands von der fünfundfünfzigsten bis zur hundertvierundzwanzigsten Olympiade* . Zweite Auflage, mit Ergänzungen. Oxford, 1827, 4to. Und die Fortsetzung desselben Werkes bis zum Tode von Augustus, Oxford, 1830, 4to. In diesem wertvollen Werk wird auch viel Licht auf die Chronologie der Zeit vor dem Zeitraum geworfen, mit dem sich der erste Band hauptsächlich beschäftigt.]

Geographie, mythologisch und wahr.

14. In der antiken Geographie ist große Sorgfalt erforderlich, um das Fabelhafte vom Wahren zu unterscheiden. Was die wahre Geographie als Hilfswissenschaft der Geschichte betrifft, kann man lediglich einige allgemeine Informationen über die Natur und Besonderheiten der Länder, über ihre politischen Teilungen und schließlich über die wichtigsten Städte erwarten: – Lange Listen der Namen von Orten wäre völlig überflüssig.

Die sagenhafte Geographie bildet einen Teil der Mythologie jeder Nation und unterscheidet sich in jeder Nation, weil die Vorstellungen, die sich jede frühe Nation in Bezug auf die Form und Natur der Erde bildete, für sie selbst eigen waren. Die wahre Geographie tritt nach und nach ans Licht, wenn die Zivilisation zunimmt und die Entdeckungen ihren Horizont erweitern . – Notwendigkeit, sie historisch zu behandeln, aufgrund der vielfältigen Veränderungen, denen die Teilung und das Gesicht der Länder der antiken Welt zu verschiedenen Zeiten ausgesetzt waren.

CHRISTOPH. CELLARII *Notitia Orbis Antiqui* . Lippen. 1701–1706, 2 Bde. 4to. *Sperma beobachten* . JC SCHWARZII . Lippen. 1771, et iterum 1773. Dieses Werk war lange Zeit die einzige und noch heute unverzichtbare Abhandlung über die antike Geographie.

† H. MANNERT , *Geographie der Griechen und Römer* . Nürnberg, 1788–1802. Dieses Werk, das inzwischen in 15 Bänden fertiggestellt ist, kann aufgrund

der historischen und kritischen Gelehrsamkeit, die der Autor überall an den Tag gelegt hat, zu Recht als klassisch bezeichnet werden. Bd. Ich, enthält Spanien; II, Gallia und Großbritannien; III, Germania, Rhætia , Noricum; IV, Die nördlichen Teile der Welt, vom Wessel bis nach China; V, Indien und das Persische Reich bis zum Euphrat, 2 Teile; VI, Kleinasien, 3 Teile; VII, Thrakien, Illyrien, Mazedonien, Thessalien, Epirus; VIII, Nordgriechenland, Peloponnes und der Archipel; IX, Italien und Sizilien, Sardinien usw. 2 Teile; X, Afrika, 2 Teile.

† FA UKERT , *Geographie der Griechen und Römer, von den frühesten Perioden bis zur Zeit des Ptolemäus* : erster Teil, erster Teil, enthält die historischen, der zweite enthält die mathematischen Abschnitte. Weimar, 1816; mit Karten.

GOSSELIN , *Géographie des Grecs analysiert* . Paris, 1790, 4to. Eine Entwicklung des Systems der mathematischen Geographie bei den Griechen. Teilweise Fortsetzung in

GOSSELIN , *Recherches sur la Géographie des Anciens* . Paris, ein. vi. Bd. 1–4.

J. RENNEL , *Geographisches System des Herodot* . London . 1800, 4to.

[Nachdruck in 2 Bänden. 8vo. London . 1830, überarbeitet. Auch hier sei zum Nutzen des englischen Lesers erwähnt:

RENNELS *Abhandlung über die vergleichende Geographie Westasiens, mit einem Atlas* . London, 1831, 2 Bde. 8vo.; seit dem Tod des Autors veröffentlicht. Und die gelehrten und wertvollen Bände von Dr. CRAMER , Rektor von New Inn Hall und öffentlicher Redner der Universität Oxford; sie sind,

Geografische und historische Beschreibung des antiken Griechenlands, mit einer Karte und einem Plan von Athen. Oxford, 1826, 3 Bde. 8vo.

Geographische und historische Beschreibung des antiken Italiens, mit einer Karte. Oxford, 1826, 2 Bde. 8vo.

Geographische und historische Beschreibung Kleinasiens, mit einer Karte. Oxford, 1832, 2 Bde. 8vo.

Die diesen Werken beiliegenden Karten nähern sich nahezu der Perfektion.

Als nützliche Kompendien gibt es:

Eine Einführung in die antike Geographie, mit zahlreichen Verzeichnissen antiker und moderner Namen , von PETER ED. LAURENT , Lehrer an der Royal Naval Academy in Portsmouth. Oxford, 1813, 8vo.

Ein Kompendium der antiken und modernen Geographie zur Verwendung durch die Eton School; Veranschaulichung der interessantesten Punkte in Geschichte, Poesie und Fabel; mit einer Einführung in das Studium der Astronomie, mit Plänen von Athen, Rom und Syrakus sowie zahlreichen Diagrammen zur Erläuterung der Bewegungen der Himmelskörper, von AARON ARROWSMITH, Hydrographer des Königs, 1 Bd. 8 Bände, mit oder ohne ausführlichem Index. London, 1830.

BUTLERS (Dr. SAM.) *Skizze der antiken und modernen Geographie* . Siebte Auflage, 8vo. Außerdem sein *Atlas der antiken Geographie* , bestehend aus einundzwanzig farbigen Karten, mit einem vollständigen akzentuierten Index. 8vo.]

Wir verdanken d'Anville die besten Karten der antiken Geographie: *Atlas Orbis antiqui* , zwölf Blätter, fol.

[Der Eton Comparative Atlas of Ancient and Modern Geography, mit dem Index, veröffentlicht in verschiedenen Größen; und die von der Society for the Promotion of Useful Knowledge veröffentlichten Karten sind sehr nützlich und korrekt.]

Abschnitte dieses Handbuchs.

15. Die antike Geschichte kann entweder ethnographisch behandelt werden, das heißt nach einzelnen Nationen und Staaten; oder synchronistisch , also nach bestimmten allgemeinen Epochen. Jede dieser Methoden hat ihre Vor- und Nachteile. Die beiden können jedoch kombiniert und zu einem System geformt werden; und da dies am bequemsten erscheint, wurde es in das vorliegende Werk übernommen, das dementsprechend wie folgt unterteilt ist:

ERSTES BUCH. — Geschichte der alten asiatischen und afrikanischen Staaten und Königreiche vor Cyrus oder vor dem Aufstieg der persischen Monarchie, etwa um das Jahr 560 v. Chr.: kaum mehr als isolierte Fragmente bestehend.

ZWEITES BUCH. — Geschichte der persischen Monarchie, von 560 bis 330 v. Chr.

DRITTES BUCH. – Geschichte der griechischen Staaten, sowohl in Griechenland als auch in anderen Teilen, bis zur Zeit Alexanders, 336 v. Chr.

VIERTES BUCH. – Geschichte der mazedonischen Monarchie und der Königreiche, die aus ihrer Teilung hervorgingen, bis sie mit dem Römischen Reich verschmolzen.

FÜNFTES BUCH. – Geschichte des römischen Staates, sowohl als Staat als auch als Monarchie, bis zum Untergang des Weströmischen Reiches, 476 n. Chr.

DAS ERSTE BUCH.

HISTORISCHE FRAGMENTE DER FRÜHEREN ASIATISCHEN UND AFRIKANISCHEN KÖNIGREICHE UND STAATEN VOR CYRUS ODER DEM AUFSTIEG DER PERSISCHEN MONARCHIE.

I. – ASIATISCHE NATIONEN.

Allgemeine Vorbemerkungen zur Geographie Asiens.

Siehe die Einleitung zu Heerens Forschungen zur Politik und zum Handel der Nationen der Antike, vor Bd. 1 der afrikanischen Nationen. Oxford, 1831.

Ausmaß und Situation.

1. Asien ist der größte und günstig gelegene Teil der großen Erdteile. Sein oberflächlicher Inhalt beträgt 11.200.000 qm . Meilen; während diejenigen in Afrika 4.780.000 nicht überschreiten; und die in Europa betragen nicht mehr als 2.560.000. Was die Situation betrifft, so umfasst es den größten Teil der nördlichen gemäßigten Zone.

Vergleichen Sie es unter diesem Gesichtspunkt mit den anderen Teilen der Welt, insbesondere mit Afrika . – Vorteile gegenüber letzterem aufgrund der Bequemlichkeit seiner gegliederten Küsten – seiner umliegenden fruchtbaren Inseln – seiner tiefen Golfe und großen Bäche – die wenigen Sandwüsten im Landesinneren.

Naturmerkmale.

2. Natürliche Merkmale und daraus resultierende Aufteilung des Landes entsprechend dem Verlauf der größeren Gebirgsketten und der Hauptflüsse.

Zwei große Gebirgsketten verlaufen von West nach Ost; im Norden der Altai (in der Antike namenlos): im Süden der Taurus. – Zweige beider: der Kaukasus, zwischen dem Schwarzen und dem Kaspischen Meer: Imaus, der sich entlang der goldenen Wüste (Wüste von Cobi) erstreckt: der Paropamisus , weiter der Norden Indiens: der Ural (in der Antike namenlos). – Von den in der antiken Geschichte bemerkenswerten Flüssen fließen vier von Norden nach Süden, nämlich der Euphrat und der Tigris, die in den Persischen Golf münden; der Indus und der Ganges, die in das Indische Meer münden: zwei, die von Ost nach West verlaufen und ihr Wasser in das Kaspische Meer (jetzt aber in das Aralmeer) münden, nämlich der Oxus (oder Jihon) und der Jaxartes (oder Sirr).

Abteilungen:

3. Dieses Viertel der Erde ist dementsprechend unterteilt in Nordasien, bestehend aus den Regionen nördlich des Altai; Zentralasien oder die Länder zwischen Altai und Stier; und Südasien oder die Länder südlich von Stier.

Nordasien.

4. Nordasien, zwischen dem 76. und 50. Breitengrad nördlicher Breite (asiatisches Russland und Sibirien), war in der Antike fast, wenn auch nicht vollständig, unbekannt . – Einige obskure, wenn auch teilweise zutreffende Hinweise darauf finden sich bei Herodot. der Vater der Geschichte.

Zentralasien.

5. Zentralasien, die Gebiete zwischen dem 50. und 40. Grad nördlicher Breite, Skythen und Sarmatia Asiatica (Großtatarien und Mongolien); zum größten Teil ein grenzenloses, karges Hochland ohne bebaubare Felder oder Wälder; und folglich ein bloßes Weideland. – Die Einwohner sind Hirten (Nomaden) ohne Städte oder feste Wohnsitze; keine andere politische Vereinigung als die patriarchalische Regierung anerkennen.

Eigentümliche Lebensweise und Charakter der Nomadenvölker; mächtiger Einfluss, den sie als Eroberer auf die politische Geschichte ausgeübt haben. – Ob wir ein Recht haben zu erwarten, dass die Zivilisation der Menschheit für immer weiter voranschreiten wird, wenn wir bedenken, dass vielleicht die Hälfte davon seit undenklichen Zeiten übrig geblieben ist? und muss aufgrund seiner physischen Lage für immer in einem Nomadenzustand bleiben.

Südasien.

6. Südasien oder die Regionen ab dem 40. Grad N. lat. bis etwa zum Äquator. – Seine natürlichen Merkmale unterscheiden sich völlig von denen Zentralasiens. Die großen Vorteile dieser Regionen im Vergleich zu allen anderen Teilen der Erde bestehen darin, dass sie über einen für die Landwirtschaft äußerst günstigen Boden und ein Klima verfügen ; und eine Fülle verschiedener kostspieliger Produktionen. Auf diese Umstände kann 1. zurückgeführt werden. Die Einführung fester Wohnsitze und politischer Vereinigungen in diesen Ländern seit frühester Zeit. Zweitens. Von den Anfängen der Zivilisation bis zur Entdeckung Amerikas wurden sie zum wichtigsten Handelszentrum.

Überlegungen zum Aufstieg politischer Vereinigungen. – Ob sie nach allgemeiner Meinung ausschließlich durch Landwirtschaft und Landbesitz entstanden sind; Oder ob Religion, worunter ich die gemeinsame Verehrung einer Gottheit als Nationalgott (communia sacra) verstehe, nicht das Hauptband war, das die frühesten Staaten der Antike verband? – Wie sollen wir die sehr bemerkenswerte Tatsache erklären, dass In den frühesten Zivilgesellschaften der Welt gilt das Priestertum im Allgemeinen als herrschende Kaste. – Überlegungen zum frühen Handel, insbesondere dem des Ostens, bevor er durch die Entdeckung Amerikas und den neuen Übergang nach Indien verändert wurde vom Landhandel zum Seehandel. – Beobachtungen über alte Handelsrouten durch Asien. – Die Ufer der großen

Flüsse, die von der Natur dazu bestimmt sind, die Handelszentren für das Landesinnere zu werden; am Oxus, Baktra und Marakanda , (Samarkand ;) am Euphrat und Tigris, Babylon. – Die Meeresküsten an der Westküste Kleinasiens und Phöniziens , die auch von Natur aus als Handelsorte ausgewiesen sind; – griechische und phönizische Linie Fabriken.

7. Teilung Südasiens. 1. Südwestasien, vom Mittelmeer bis zum Indus; 2. Südostasien, vom Indus bis zum östlichen Ozean.

A. Südwestasien ist wiederum in die Länder 1. unterteilt. auf dieser Seite des Euphrat – 2.. zwischen Euphrat und Tigris – 3. zwischen Tigris und Indus.

1. *Länder diesseits des Euphrat.*

Kleinasien.

(*a*) Die Halbinsel Kleinasien (Natolia). Hauptflüsse: Halys und Sangarius . Länder: drei im Westen, Mysien , Lydien, Karien. Entlang der Küste liegen die griechischen Seehäfen Phokäa , Ephesus, Milet, Smyrna, Halikarnassos usw. Im Landesinneren liegen die Städte Sardes in Lydien und Pergamon in Mysien .

Drei im Süden: Lykien, Pamphylien und Kilikien mit seiner Hauptstadt Tarsus.

Drei gegen Norden: Bithynien, Paphlagonien, Pontus; mit den griechischen Häfen Herakleia, Amisus und Sinope. Zwei im Landesinneren , Phrygien, zusammen mit Galatien und den Hauptstädten Gordium und Celænæ ; Kappadokien mit der Stadt Mazaca .

Inseln.

(*b*) Inseln entlang der Küste Kleinasiens: Lesbos mit der Stadt Mitylene ; Chios, Samos, Kos, Rhodos, mit gleichnamigen Städten.

Syrien.
Phönizien .
Palästina.

(*c*) Syrien, zusammen mit Phönizien und Palästina. 1. Syrien, eigentlich so genannt. Städte: Damaskus, Emessa , Heliopolis, (Baalbec). In der Wüste, Palmyra. 2. Phönizien , ein Gebirgsgebiet , das sich entlang der Küste erstreckt. Gebirge: Libanus und Antilibanus . Städte: Tyrus , auf einer Insel gegenüber dem antiken Tyrus , das auf dem Festland lag; Sidon, Byblus , Berytus , Tripolis , Aradus . 3. Palästina. Berge: Karmel, Tabor. Fluss: Jordan, der sein Wasser in das Tote Meer mündet . Teilung Palästinas; erstens nach den zwölf Stämmen; danach in die Provinzen Judäa , Hauptstadt Jerusalem: Samaria; Städte: Samaria, Sichem und Galiläa.

Arabien.

(*d*) Halbinsel Arabien, reich an ausgedehnten Sandwüsten und fast ausschließlich von Nomadenstämmen bewohnt. Seine Süd- und Ostküste machen es jedoch zu einem äußerst wichtigen Handelszentrum. Im Norden Arabia Petræa , so genannt nach der Stadt Petra. Im Landesinneren, Arabia Deserta . Im Süden Arabia Felix; reich an natürlichen Produkten, da es die Heimat fast aller Arten von Parfümen ist, insbesondere Weihrauch; und auch als altes Grundnahrungsmittel für die Waren Indiens. Städte: Mariaba , Aden usw. Im Osten die Handelsstadt Gerra und die küstennahen Inseln Tylos und Aradus (Bahrein), beide ebenfalls Märkte für arabische und indische Waren, insbesondere Zimt aus Taprobane (Ceylon).

2. Länder zwischen Euphrat und Tigris.

Mesopotamien.

(*a*) Mesopotamien; im Inneren ein steriles Tafelland, vollständig von Nomadenhorden besetzt. Städte am Euphrat: Thapsacus , Circesium , Cunaxa; im Norden Zoba oder Nisibis.

Armenien.

(*b*) Armenien, nördlich des Vorstehenden. Sehr bergig; lange Zeit ohne Städte, aber endlich hatte es Tigranocerta . Flüsse: Cyrus und Araxes, die in das Kaspische Meer münden; und die Phasis, die ins Schwarze Meer stürzt .

Babylonien.

(*c*) Babylonien, der südliche Teil Mesopotamiens, von dem es durch die Medianmauer getrennt war. Eine ebene Ebene, die sich durch den Reichtum ihres Bodens auszeichnet. Früher war es aufgrund seiner hohen Bebauung, seiner Kanäle und Seen und der Errichtung von Dämmen das fruchtbarste und, seiner Lage nach, das reichste Grundnahrungsmittel Innerasiens. Städte: Babylon am Euphrat, Borsippa .

Ist der Bericht Herodots als Augenzeuge über die Größe und Pracht Babylons nicht übertrieben? – Art und Weise, wie die großen asiatischen Städte aus den königlichen Lagern der nomadischen Eroberer entstanden.

3. Länder zwischen Tigris und Indus.

Assyrien.

(*a*) Assyrien oder die Provinz Adiabene ; ein Tischland. Städte: Ninive, (Ninus,) Arbela.

Der Name Assyrien wird von den Griechen auch häufig im weiteren Sinne verwendet und umfasst sowohl Mesopotamien als auch Babylonien. es wird manchmal sogar mit Syrien verwechselt.

Susana.

(*b*) Susiana, ein fruchtbarer Bezirk, mit der Stadt Susa am Fluss Choaspes oder Eulæus (Ulai), einer der Residenzen der persischen Monarchen.

Persien.

(*c*) Persis, zerklüftet und gebirgig im Norden; eben und fruchtbar in der Mitte ; Richtung Süden sandig. Flüsse: Cyrus und Araxes. Städte: Persepolis oder Pasargada , der Nationalpalast und Friedhof der Könige von Persien.

Der Name Persis wurde sowohl in der antiken als auch in der modernen Geographie in einem umfassenderen Sinne verstanden und umfasste alle Länder zwischen Tigris und Indus mit Ausnahme von Assyrien. In diesem Sinne umfasst es drei Länder im Süden: Persis, eigentlich so genannt; Karmanien, Gedrosia : drei zentrale Länder – Media, Aria, Arachosia : und drei Länder im Norden – Parthia und Hyrcania , Baktrien, Sogdiana.

Carmania.

(*d*) Karmanien, ein ausgedehntes Land, das größtenteils aus Wüste besteht und sich entlang des Persischen Golfs und des Indischen Meeres erstreckt. Städte: Carmana , Harmozia .

Gedrosia .

(*e*) Gedrosia , ein Landstrich, der entlang der Küste zwischen Karmanien und Indien verläuft und vom Indischen Meer umspült wird. Eine bloße Sandwüste; im Norden bergig. Stadt, Pura.

Medien.

(*f*) Media, über Persis; ein ausgedehntes und sehr fruchtbares Land; Richtung Norden bergig. Flüsse: Araxes, Cyrus und Mardus . Städte: Ecbatana, Rages. Der nördliche Bezirk war ebenfalls unter dem Namen Atropatene (Aserbaidschan) oder Kleine Medien bekannt.

Arie.

(*g*) Aria, ein flaches Tafelland mit einem See und einem Fluss, Arius: und einer Stadt, Aria oder Artacoana .

Arachosien .

(*h*) Arachosia ; ein reiches und fruchtbares Land an den Grenzen Indiens; im Norden durch die Paropamisus- Kette begrenzt. Städte: Arachotus und Prophthasia . Das benachbarte Hochland, das von einer zahlreichen Bevölkerung bewohnt wird (heute Kabul und Kandahar), wird oft als Teil Persiens angesehen, weil es der persischen Herrschaft unterworfen war. Sie sind unter dem Namen Paropamisus bekannt .

Parthien.

(*i*) Parthien und Hyrkanien , zerklüftete Berggebiete nördlich von Medien; aber reich an herrlichen und fruchtbaren Tälern. Vor und während der Vorherrschaft Persiens, aber wenig bekannt und wenig geschätzt; und ohne Städte. Erst wesentlich später entwickelten sich die Einwohner Parthiens zu einer dominierenden Nation.

Baktrien.

(*k*) Baktrien, das Land am Südufer des Oxus; reich an Naturprodukten und einer der ältesten Märkte Asiens. Fluss: Oxus. Städte: Bactra und Zariaspa .

Baktrien liegt an der Grenze Indiens, Klein-Thibet, Bucharien (das Nordindien von Herodot und Ktesias) und der Wüste von Cobi (Herodotus' goldene Wüste): Durch dieses Land verläuft der Weg nach China. Die Natur scheint Baktrien aufgrund der geographischen Lage, in der sie es platziert hat, zum großen Handelszentrum für die Waren Südostasiens bestimmt zu haben; und je mehr wir in die frühe Geschichte vordringen, desto mehr werden wir davon überzeugt, dass Baktrien wie Babylon einer der frühesten Sitze des internationalen Handels und folglich, wenn nicht der Geburtsort, so doch eine der Wiegen der jungen Zivilisation gewesen sein muss.

Sogdiana.

(*l*) Sogdiana, das Gebiet zwischen dem oberen Oxus und dem oberen Jaxartes, wobei letzterer es von Zentralasien trennt. (Ein Teil von Groß-Bucharien .) Seine Besonderheiten und Vorteile ähneln denen des benachbarten Baktrien. Hauptstadt: Maracanda (Samarcand).

B. Südostasien oder Asien jenseits des Indus, bietet für die Geschichte bis zu einer späteren Zeit nichts Bemerkenswertes. Siehe Buch V, Periode IV.

Allgemeine Vorbemerkungen zur Geschichte und Verfassung der großen asiatischen Reiche.

Größe der Reiche in Asien.

1. In Asien gab es in der Antike wie auch heute Reiche von immenser Ausdehnung, die sich sowohl in dieser Hinsicht als auch in ihrer Verfassung wesentlich von den zivilisierten Nationen Europas unterschieden. Änderungen waren häufig; aber die Regierungsform blieb fast immer dieselbe. Einige tief verwurzelte und aktive Prinzipien müssen daher ständig in Kraft gewesen sein, um den Königreichen Asiens in diesen verschiedenen Revolutionen so wiederholt die gleiche Organisation zu verleihen.

Natur ihrer Revolutionen.

2. Die großen Revolutionen Asiens, mit Ausnahme der von Alexander verursachten, wurden von den zahlreichen und mächtigen Nomadenrassen verursacht , die einen großen Teil dieses Kontinents bewohnten. Bedrängt durch Notwendigkeit oder Umstände verließen sie ihre eigenen Sitze, gründeten neue Königreiche und führten Krieg und Eroberung in die fruchtbaren und kultivierten Länder Südasiens, bis sie, entkräftet vom Luxus, der Folge der Änderung ihrer Lebensweise, waren wiederum und auf ähnliche Weise unterworfen.

Ihre kurze Existenz.

3. Dieser Ursprung, der allen asiatischen Königreichen gemeinsam ist, erklärt ihre immense Ausdehnung, ihre schnelle Gründung und ihre im Allgemeinen kurze Dauer.

Ähnlichkeit in ihren Verfassungen.

4. Die innere Organisation muss aus den gleichen Gründen in allen nahezu gleich gewesen sein; und das ständige Wiederauftreten des Despotismus ist teils auf die Eroberungsrechte, teils auf die enorme Ausdehnung der unterworfenen Länder zurückzuführen, die die Herrscher dazu zwang, auf die Satrapenregierung zurückzugreifen.

Auswirkungen der Polygamie.

5. Dazu muss noch hinzugefügt werden, dass bei allen bedeutenden Nationen Innerasiens die väterliche Regierung jedes Haushalts durch Polygamie korrumpiert war: Wo diese Sitte besteht, ist eine gute politische Verfassung unmöglich; Väter, die in häusliche Despoten umgewandelt werden, sind bereit, ihrem Souverän den gleichen erbärmlichen Gehorsam zu erweisen, den sie von ihrer Familie und ihren Angehörigen in ihrer häuslichen Wirtschaft verlangen.

Um Verwirrung zu vermeiden, müssen die Begriffe Despotismus und despotische Regierung definiert werden. Theoretisch müssen wir DREI grundsätzlich unterschiedliche Arten von Regierung zulassen. 1. Der *Despotismus* , bei dem die Mitglieder des Staates weder im Besitz ihrer Rechte als Menschen (persönliche Freiheit und Sicherheit des Eigentums) noch ihrer Rechte als Bürger (aktive Teilnahme an der gesetzgebenden Gewalt) gesichert sind. Eine solche Verfassung besteht nur durch Gewalt und kann niemals rechtmäßig sein. 2. Der *autokratische Staat* , in dem die Staatsangehörigen im vollen Besitz ihrer Rechte als Menschen, nicht aber ihrer Rechte als Bürger sind. Diese Regierung entsteht also aus der Vereinigung der gesetzgebenden und exekutiven Gewalten in der Person des Herrschers. Der Form nach ist es entweder monarchisch oder aristokratisch (eine reine Monarchie oder eine reine Aristokratie). Diese Art von Regierung wird höchstwahrscheinlich durch Usurpation errichtet; es kann jedoch durch Erbfolge erworben oder sogar im gegenseitigen Einvernehmen angenommen werden: es kann daher rechtmäßig sein. 3. Der *republikanische Staat*, in dem die Mitglieder des Staates im Besitz ihrer Rechte sind, sowohl als Männer als auch als Bürger. Diese Regierung setzt notwendigerweise eine Trennung der gesetzgebenden und exekutiven Gewalten voraus; und hinsichtlich ihrer Form kann sie entweder monarchisch oder aristokratisch sein (eine gemäßigte Monarchie oder eine gemäßigte Aristokratie). – Inwieweit kann eine reine Demokratie eine Regierung genannt werden und unter einem der oben genannten Oberbegriffe zusammengefasst werden? – Erläuterung des Despotismus in den asiatischen Königreichen und die Versuche, ihn durch Religion und religiöse Institutionen einzuschränken.

Aufstieg, Fortschritt und Fall der Nomadenreiche.

6. Allgemeine Merkmale der allmählichen inneren Entwicklung aller von nomadischen Eroberern gebildeten Reiche. (*a*) Zunächst die bloße Besetzung reicher Gebiete und die Erhebung von Tributen. (*b*) Daher mussten die bereits unter den eroberten oder tributpflichtigen Nationen bestehenden Verfassungen im Allgemeinen bestehen bleiben. (*c*) Allmählicher Fortschritt in Richtung der Annahme eines festen Wohnsitzes und des Baus von Städten, zusammen mit der Übernahme der Bräuche und der Zivilisation der Eroberten. (*d*) Aufteilung in Provinzen und als notwendige Folge die Errichtung einer Satrapenregierung. (*e*) Aufstände der Satrapen und der dadurch vorbereitete innere Untergang des Staates. (*f*) Der Einfluss des Serails auf die Regierung hat die gleiche Wirkung, denn seine unvermeidlichen Folgen sind: Weiblichkeit und Trägheit bei den Herrschern. (*g*) Daher die Auflösung des Reiches oder seine völlige Vernichtung durch einen gewaltsamen Angriff von außen.

Fragmente der Geschichte der alten asiatischen Königreiche vor Cyrus.

Quellen und ihre kritische Auseinandersetzung: 1. Jüdische Schriften, insbesondere die Bücher der Könige, Chronisten und Propheten; zusammen mit den mosaischen Aufzeichnungen. 2. Griechische Schriftsteller, Herodot, Ktesias und Diodorus : spätere Chronisten, Syncellus, Eusebius, Ptolemäus. 3. Einheimischer Schriftsteller, Berosus . Die Vergeblichkeit aller Bemühungen , die Berichte von Autoren, die sich aufgrund ihrer Geburt und ihrer Blütezeit so sehr unterscheiden, in einem Werk zusammenzufassen: eine Aufgabe, die die französischen Schriftsteller SEVIN , FRERET und

DEBROSSE IN IHREN IM Mém enthaltenen Aufsätzen versuchten . de l'Acad . des Inscript .

VOLNEY , *Recherches Nouvelles sur l'Histoire ancienne* . 1808–1814: sehr wichtig und authentisch, soweit es das System der Chronologie von Herodot betrifft.

I. *Assyrische Monarchie.*

Die Assyrer der Griechen unterschieden sich von denen der Hebräer.

1. Bei den Griechen ist Assyrisch im Allgemeinen ein gebräuchlicher Name für die herrschenden Nationen am Euphrat und Tigris vor der Zeit von Cyrus. Bei den Juden hingegen bezeichnet es eine besondere Nation von Eroberern und Gründern eines Reiches. Daher eine notwendige Diskrepanz zwischen den griechischen und hebräischen Aussagen.

Griechisches Konto.

2. Nach Ansicht griechischer Autoritäten, insbesondere Ktesias und Diodorus , ist die assyrische Geschichte nichts anderes als bloße Überlieferungen antiker Helden und Heldinnen, die zu einer frühen Zeit ein großes Königreich in den Ländern um Euphrat und Tigris gründeten; Traditionen ohne chronologische Daten und im Stil des Ostens. Ninus – Semiramis – Ninyas – Sardanapalus.

Laut Herodot ein assyrisches Reich von 520 Jahren Dauer, 1237–717. Listen assyrischer Könige in den Chroniken von Syncellus und Eusebius.

Jüdisches Konto.

3. Assyrische Geschichte, laut jüdischen Behörden. Chronologische Geschichte eines assyrischen Reiches zwischen 800 und 700 v. Chr . – Sitz der Nation in Assyrien, eigentlich so genannt. – Hauptstadt: Ninive am Tigris. – Ausdehnung ihrer Herrschaft bis nach Syrien und Phönizien .

Linie der assyrischen Könige: 1. Pul , etwa 773. Invasion in Syrien. 2. Tiglath-Pileser, um 740. Er stürzt das Königreich Damaskus. 3. Salmanassar, um 720. Er zerstört das Königreich Samaria. Umsiedlung der Bewohner nach Innerasien. 4. Sanherib, um 714. Mächtiger Feldzug gegen Ägypten, der durch eine Pest vereitelt wurde. 5. Esarhaddon.

Zeitgenössisch : Juden, die geteilten Königreiche Israel und Juda. – Griechen, zehnjährige Archonten in Athen. – Römer, Aufstieg des Staates und die beiden ersten Könige.

II. *Mittlere Monarchie.*

Unterschiedliche Akzeptanz des Wortes Medes.

1. Der Name Meder wird von den Griechen zweifellos oft zur Bezeichnung einer Nation verwendet; Es wird jedoch häufig als gebräuchliche Bezeichnung für die herrschenden Nationen in Ostasien verwendet, vom Tigris bis zum Indus (oder Persien im weiteren Sinne dieses Wortes) vor Cyrus . – Bei den Juden: nichts weiter als allgemeine Hinweise auf die Meder als erobernde Nation.

Es ist bekannt, dass große Nationen östlich des Tigris existierten.

2. Obwohl die Aussagen der griechischen Schriftsteller sowie der Zendavesta hinreichend beweisen, dass lange vor dem Aufstieg der persischen Macht mächtige Königreiche in diesen Regionen existierten; und besonders im östlichen Teil oder Baktrien; Dennoch haben wir keine konsistente oder chronologische Geschichte dieser Staaten: nichts als ein paar Fragmente, wahrscheinlich von Dynastien, die in den eigentlichen Medien unmittelbar vor den Persern herrschten.

A. Herodots Geschichte der Meder. Die Meder des Herodot sind zweifellos die sogenannten Medienbewohner. Aufteilung in sechs Stämme: darunter der der Heiligen Drei Könige. – Herrschernation nach dem Sturz der Assyrer. – Hauptstadt ihres Reiches, Ekbatana. – Grenzen: Westen, Tigris und Halys ; Osten, unbekannt. – Interne Organisation: abgestufte Unterwerfung der verschiedenen Nationen untereinander, entsprechend ihrer Entfernung vom Sitz des Reiches; starrer Despotismus; und Tributerhebung. Königslinie zwischen 717 und 560 v. Chr. Deioces , 53 *J.* der Gründer von Ecbatana, *d.* 657.— Phraortes , 22 *J.* bis 635. Er erobert Persien. Cyaxares I. 40 *J.* bis 595. Er führt militärische Disziplin unter den Medern ein. Führt Krieg mit den Lydiern und den Assyrern . – Einfall der Skythen und Kimmerier, 625. – Er nimmt Ninive ein, 597. Astyages, 38 *Jahre.* bis 560, als er von Cyrus entthront wurde. Laut Xenophon folgte auf Astyages ein weiterer medischer Fürst, Cyaxares II. *B. Ktesias' Geschichte der Meder* , abgeleitet aus persischen Archiven und enthalten in Diodorus . Wahrscheinlich eine andere Dynastie in Ostasien. Königslinie, zwischen 800 und 560 v. Chr. Arbaces , Eroberer der Assyrer, 18 *J.* Mandaucus , 50 *J.* Sosarmes , 30 *J.* Artias , 50 *J.* Arbanes, 22 *J.* Artæus , 40 *J.* und Artynes , 22 *Jahre.* Blutige Kriege mit den Nomadenvölkern des Ostens, den Sacæ und Cadusii . Artibarnas , 14 *J.* Astyages, der letzte König.

Zeitgenössisch : Juden, allein Königreich Juda. – Griechen, jährliche Archonten, Draco, Solon. – Römer, Könige aus Tullus Hostilius an Servius Tullius.

III. *Babylonische Monarchie.*

Babylonier.

Zeiträume: 1. Vor der chaldäischen Eroberung, die um 630 stattfand. 2. Von der chaldäischen Eroberung bis zur persischen Eroberung, 630–538.

1. Periode, bis 630 v. Chr.
Fragmente.

1. Von Babylon wurde nicht nur im entferntesten Altertum gesprochen, sondern es wird auch in den jüdischen Überlieferungen als der früheste Schauplatz politischer Verträge und als ältester Verkehrsknotenpunkt der Nationen Asiens erwähnt. Überlieferungen über Nimrod – und die Errichtung des Turms von Babel . – Vergleich dieser Überlieferungen mit der babylonischen Mythologie in Berosus . – Spärliche historische Hinweise auf diese Zeit bei den späteren jüdischen Schriftstellern; und wahrscheinliche Unterwerfung Babylons unter das assyrische Reich.

2. Periode, bis 538.
Chaldäer .

2. In der zweiten Periode, 630–538, waren die Babylonier die herrschende Nation Westasiens. – Die Chaldäer nehmen Babylon in Besitz, lassen sich dort nieder und dehnen schließlich ihr Reich durch Eroberungen bis zum Mittelmeer aus.

Herkunft der Chaldäer : Wurde dieser Name auf eine bestimmte Nation oder auf die nördlichen Nomaden im Allgemeinen angewendet? – Linie der chaldäischen Könige. In der von Ptolemäus angegebenen Aufzählung dieser Herrscher beginnt diese Zeile mit Nabonassar und der Ära, die den Namen dieses Herrschers trägt und im Jahr 747 v. Chr. beginnt: (wahrscheinlich, weil unter der Herrschaft dieses Fürsten die Adoption von Das ägyptische Sonnenjahr führte bei den Chaldäern erstmals eine genaue Methode zur Zeitberechnung ein. Weder Nabonassar selbst noch seine zwölf unmittelbaren Nachfolger sind in der Geschichte bemerkenswert: Allein die letzten sechs verdienen Beachtung. 1. Nabopolassar , 627–604. Siedlung in Babylon; und vollständige Errichtung der chaldäisch -babylonischen Herrschaft durch seinen Sieg über Pharao- Nechoh in der Nähe von Circesium im Jahr 604. 2. Nebukadnezar, 604–561. Glanzvolle Zeit des chaldäisch -babylonischen Reiches. Er erobert Phönizien und Alt -Tirus um 586; Jerusalem im Jahr 587; wahrscheinliche Einbrüche in Ägypten. Bau riesiger Gebäude und Kanäle in und um Babylon. Rascher Niedergang des Reiches nach seinem Tod, unter –3. Das Böse – Merodach , 561–559. 4. Neriglissar (wahrscheinlich der Zeitgenosse von Herodots Nitocris ;) – 555. Labosoarchad wurde nach einigen Monaten Regierungszeit ermordet. Nabonadius (Herodots Labynetus ; und wahrscheinlich der chaldäische Belsazar;) 555–538. von Cyrus angegriffen und erobert. Plünderung Babylons durch die Perser, 538.

Siehe den Abschnitt über die Babylonier in AHL HEERENS *Historische Forschungen* , vol. ich , Teil. 2.

Zeitgenössisch : Juden, letzte Herrscher des Königreichs Juda . – Griechen, Solon, Pisistratus. – Römer, Tarquinius Priscus und Servius Tullius.

IV. *Staaten und Königreiche in Kleinasien.*

In Kleinasien bildete sich kein dauerhaftes Reich.

Die Zahl und Vielfalt der Bewohner dieser Halbinsel war wahrscheinlich der Grund dafür, dass sie nie zu einem Reich vereint wurden. Die wichtigsten Nationen unter ihnen waren die Karer im Westen; die Phrygier in der Mitte , die bis zum Halys reichten ; die Syro -Kappadokier jenseits des Halys ; und die Thraker in Bithynien. Dennoch finden wir hier nur drei Königreiche, die Beachtung verdienen: das Trojanische, das Phrygische und das Lydische.

Troja.

1. Das Trojanische Reich umfasste das westliche Mysien : Seine Geschichte besteht lediglich aus in Dichtern enthaltenen Überlieferungen mit sehr unsicheren chronologischen Daten.

Könige: Teuker, um 1400. – Dardanus – Erichthonius – Tros (Troja) – Ilus (Ilium) – Laomedon – Priamos. Die Zerstörung Trojas nach einem zehnjährigen Krieg erfolgte wahrscheinlich im Jahr 1190 v. Chr.

Zeitgenössisch : Juden, Zeit der Richter: vor der Gründung Roms, 450 Jahre.

Phrygien.

2. Das Phrygische Reich. — Fast alle Könige hießen Midas und Gordius; Ihre Nachfolge kann nicht genau bestimmt werden. Nach dem Tod des letzten, genannt Midas V., wurde Phrygien um 560 eine Provinz des Lydischen Reiches.

Lydia:
drei Dynastien dort.

3. Das Lydische Reich. — Die Lyder (Mæonier) waren ein Zweig des karischen Stammes. Laut Herodot herrschten in Lydien drei Dynastien; die Atyadæ bis 1232; die Herakliden bis 727; und die Mermnadæ bis 557: Die beiden ersten sind fast völlig fabelhaft, und man kann sagen, dass die eigentliche Geschichte Lydiens mit der letzten Dynastie beginnt.

Könige: Gyges, bis 689. Von dieser Zeit an folgten fast ununterbrochene Kriege mit den griechischen Siedlungen an der Meeresküste. Gyges nimmt Kolophon. Ardys sinkt auf 640. Er nimmt Priene. Unter seiner Herrschaft kam es zu einem Einfall der Cimmerier. Sadyattes bis 628. Alyattes bis 571. Vertreibung der Cimmerier. Einnahme von Smyrna. Krösus bis 557. Er nimmt Ephesus ein und unterwirft Kleinasien bis zum Halys . Unter seiner Herrschaft kam es zum ersten Aufstieg eines lydischen Reiches, das jedoch von Kyros gestürzt wurde. Kleinasien wird eine Provinz des Persischen Reiches.

Zeitgleich damit waren in Asien das Medici- und das Babylonische Reich . – Bei den Juden die letzte Periode des Königreichs Juda. – Bei den Griechen die jährlichen Archonten in Athen. – Bei den Römern die Könige.

V. *Phönizien* .

Fragmente der phönizischen Geschichte.

Die Phönizier können in dieser Zeit als eine der bemerkenswertesten Nationen Asiens angesehen werden; Dennoch haben wir keine vollständige oder auch nur zusammenhängende Geschichte dieses Volkes. Aber obwohl wir nur über ein paar verstreute Fragmente verfügen, können wir daraus einen allgemeinen Umriss zeichnen .

Die besonderen Quellen des Phönizischen Geschichte. – Inwieweit verdient Sanchoniathon es, hier erwähnt zu werden? – Hebräische Schriftsteller, insbesondere Hesekiel; griechische Schriftsteller; Josephus – Eusebius usw. und die Fragmente, die er von Menander von Ephesus und Dius , den Historikern von Tyrus , aufbewahrt hat .

MIGNOT , *Mémoires sur les Phéniciens* ; eingefügt in *Mém . de l'Acad . des Inscript* . T. xxxiv–xlii. Eine Reihe von vierundzwanzig Artikeln.

Der Abschnitt über die Phönizier in AHL HEERENS *Forschungen zur Politik usw.*

Phönizischer Städtebund.

1. Beobachtungen zum inneren Zustand Phöniziens . Es bildete keinen einzigen Staat oder zumindest kein einziges Reich; sondern bestand aus mehreren und ihren Territorien. Zwischen ihnen bildeten sich jedoch natürlich Bündnisse und damit eine Art Vorherrschaft der Mächtigeren, insbesondere von Tyrus .

Jede Stadt ist unabhängig, aber Tyrus ist die Erste.

2. Aber obwohl Tyrus an der Spitze stand und eine gewisse Überlegenheit beanspruchte, verfügte jeder einzelne Staat immer noch über seine eigene Regierung. In allen treffen wir auf Könige, die offenbar nur eine begrenzte Autorität besaßen, da wir immer mit ihnen verbundene Magistraten an der Macht finden. Unter einem kaufmännischen und kolonisierenden Volk war es unmöglich, dass der absolute Despotismus längere Zeit andauern konnte.

Von den einzelnen Staaten ist Tyrus der einzige, in dem wir eine Reihe von Königen besitzen; Tyrische Könige. und selbst diese Serie ist nicht vollständig.

Diese Königslinie, die wir von Menander über Josephus ableiten, beginnt mit Abical , dem Zeitgenossen Davids, um 1050 v. Chr. Die bemerkenswertesten unter ihnen sind: Hiram, der Nachfolger von Abical ; – Ethbaal I. um 920; – Pygmalion, Didos Bruder, etwa 900; – Ethbaal II. in dessen Regierungszeit Tyrus von Nebukadnezar geplündert wurde, 586. – Gründung von Neu- Tirus – republikanische Verfassung unter Suffeten: tributpflichtige Könige unter persischer Herrschaft; – Eroberung von Neu-Tirus durch Alexander, 332. Die Blütezeit Phöniziens im Allgemeinen und von Tyrus liegt daher insbesondere zwischen 1000 und 332.

Zeitgenössisch in Innerasien: Monarchien der Assyrer, Meder und Babylonier. Juden: Zeit der Könige nach David. Griechen: von Homer bis Solon. Römer: Zeit ihrer Könige in den letzten zwei Jahrhunderten.

Phönizische Kolonien:

3. Während dieser Zeit verbreiteten sich die Phönizier durch die Gründung von Kolonien; Einige davon, insbesondere Karthago, wurden ebenso mächtig wie die Mutterstaaten.

Allgemeine Vorstellungen zur Kolonisation. – 1. Kolonien sind für jedes See- und Handelsvolk unbedingt notwendig, wenn sich sein Handel auf entfernte Länder erstreckt. 2. Sie wurden ebenfalls zu dem Zweck gegründet, für die übermäßige Vermehrung der Armen zu sorgen. 3. Und sie sind manchmal aus politischen Unruhen entstanden, wenn die Unzufriedenen entweder aus freiem Willen oder aus Gewalt ihr Land verlassen und in entfernten Regionen neue Siedlungen gesucht haben.

auf den Inseln;
Spanien; Afrika; Sizilien; wahrscheinlich im Persischen Golf .

4. Geographische Skizze der phönizischen Kolonien. Sie besaßen schon sehr früh die meisten Inseln des Archipels; aus der sie jedoch später von den Griechen vertrieben wurden. Die wichtigsten Siedlungsländer waren Südspanien (Tartessus, Gades , Carteia); die Nordküste Afrikas, westlich der Kleinen Syrtis (Utica, Karthago, Adrumetum); und die Nordwestküste Siziliens (Panormus , Lilybæum). Es ist ebenfalls sehr wahrscheinlich, dass sie Siedlungen Richtung Osten im Persischen Golf , auf den Inseln Tylos und Aradus (Bahrein), gründeten.

Seehandel der Phönizier :

5. Diese Skizze der phönizischen Kolonien wird uns eine Vorstellung vom Ausmaß ihres Seehandels und ihrer Schifffahrt geben; die jedoch viel weiter

reichten als ihre Kolonien. Unter ihnen, wie auch unter anderen Nationen, erlebte der Handel seinen Aufschwung in der Piraterie; Noch zur Zeit Homers scheinen die Phönizier Freibeuter gewesen zu sein. Die Hauptziele ihres Handels waren (*a*) die Siedlungen in Nordafrika und Spanien; Letzteres insbesondere wegen seiner reichen Silberminen. (*b*) Jenseits der Säulen des Herkules, der Westküste Afrikas; Großbritannien und die Scilly-Inseln, um Zinn und höchstwahrscheinlich Bernstein zu beschaffen. (*c*) Von Elath und Ezion-Gebar aus , den Häfen am nördlichen Ende des Arabischen Golfs, unternahmen sie in Verbindung mit den Juden Reisen nach Ophir, das heißt in die reichen Länder des Südens, insbesondere nach Arabia Felix und Äthiopien. (*d*) Vom Persischen Golf aus weiteten sie ihren Handel auf die westliche Halbinsel Indiens und die Insel Ceylon aus. Schließlich (*e*) verdoppeln sie das Kap der Guten Hoffnung. Sie unternahmen mehrere ausgedehnte Entdeckungsreisen, von denen die Umrundung Afrikas die bemerkenswerteste war.

Ihr Landhandel:

6. Von nicht geringerer Bedeutung war der Landhandel, der meist von Karawanen betrieben wurde. Die Hauptzweige davon waren: (*a*) Der arabische Karawanenhandel mit Gewürzen und Weihrauch, die aus Arabien Felix, Gerra und dem Persischen Golf importiert wurden . (*b*) Der Handel über Palmyra mit Babylon, der ihnen eine indirekte Kommunikation über Persien mit dem kleineren Bucharien und dem kleinen Thibet, wahrscheinlich sogar mit China selbst, eröffnete. (*c*) Der Handel mit Armenien und den Nachbarländern mit Sklaven, Pferden, Kupferutensilien usw.

ihre Hersteller.

7. Zu all dem müssen ihre eigenen Manufakturen hinzugefügt werden, insbesondere ihre Stoffe und Farbstoffe; (der Purpur, hergestellt aus dem Saft einer Meeresmuschel;) ihre Herstellung von Glas und Spielzeug, die sich in ihrem Handel mit unzivilisierten Nationen, der im Allgemeinen durch Tauschhandel betrieben wurde, zu einem guten Ergebnis erwiesen. Viele weitere wichtige Entdeckungen, unter denen die Erfindung der Buchstaben den ersten Platz einnimmt, werden den Phöniziern zugeschrieben .

VI. *Syrer.*

Syrien, ein früher Staat;

1. Die Einwohner Syriens lebten bereits im Jahr 2000 v. Chr. in Städten, als Abraham durch ihr Land zog. Dieses Land bildete keinen einzigen Staat, sondern bestand aus mehreren Städten, von denen jede ihr eigenes Territorium und ihren Häuptling oder König hatte; Von diesen Städten werden Damaskus, Hamath usw. bereits in der ältesten Antike erwähnt.

ein häufiges Eroberungsobjekt:
um 1040.

2. Die Syrer wurden jedoch oft von ausländischen Eroberern
unterworfen; und ihr Land war sicherlich, zumindest zur Zeit Davids, eine
jüdische Provinz. Zur Zeit Salomos schüttelte es jedoch das Joch ab; als
Rezon , der früher ein Sklave gewesen war, Damaskus in Besitz nahm.

Königreich Damaskus.

3. Danach entstand das Königreich Damaskus, das den größten Teil
Syriens umfasste, während die Könige in den anderen Städten Damaskus
tributpflichtig wurden. Auch die Grenzen des Reiches wurden erweitert,
insbesondere auf Kosten der geteilten Königreiche Juda und Israel.

Die Könige, deren Namen den Büchern der Chroniken entnommen sind,
waren: Rezon , um 980. Benhadad I., um 900. Hasael , um 850. Benhadad II.
um 830. Rezin . Unter diesem Letzteren wurde das Königreich Damaskus
um 740 vom assyrischen Eroberer Tiglat-Pileser gestürzt.

Zeitgenössisch in Innerasien: Assyrisches Königreich. Juden: Königreiche
Israel und Juda. Griechen: Besiedlung der asiatischen Kolonien . – Lykurg.

VII. *Juden.*

Perioden der jüdischen Geschichte.

Die Geschichte des jüdischen Volkes beginnt mit Abraham, dem Vater
seiner Rasse; die des jüdischen Staates beginnt erst nach der Eroberung
Palästinas. Es ist in drei Perioden unterteilt. I. Geschichte der Juden als
Nomadenhorde von Abraham bis zu ihrer Ansiedlung in Palästina, 2000–
1500 v. Chr. II. Geschichte des jüdischen Staates als föderative Republik
unter Hohepriestern und Richtern von 1500 bis 1100 v. Chr. III. Geschichte
des jüdischen Staates unter einer monarchischen Regierung, von 1100–600
v. Chr., zunächst in einem Königreich, – 975; danach als zwei getrennte
Königreiche, Israel und Juda, bis zum Untergang des letzteren, 588.

Quellen der jüdischen Geschichte. – Ihre Annalen: – Bücher der Richter,
Samuel, Chroniken, Könige. Wie wurden diese Bücher verfasst und ob ihre
Autoren als Zeitgenossen der Ereignisse angesehen werden können, über die
sie berichten? Inwieweit können die hebräischen Dichter, insbesondere die
Propheten, als historische Autorität angesehen werden? – JOSEPHUS , als
Antiquar in seiner *Archæologia* und als Zeithistoriker in seiner *Historia Belli
Romani* .

Leider gibt es derzeit keine zufriedenstellende Abhandlung über die
jüdische Geschichte vor der babylonischen Gefangenschaft; noch eines, das
in einem unparteiischen Geist, ohne Leichtgläubigkeit oder Skepsis

geschrieben wurde . Das Werk von BERRUYER , *Histoire du Peuple de Dieu, depuis son origine jusqu'à la Naissance de JC* Paris, 1742, 10 Bände. 8vo.; und die Fortsetzung, *depuis la Naissance de JC* 10 Bde.; und andere der gleichen Art antworten nicht auf diese Beschreibung. RELANDI *Antiquität . Heilig . Hebr.* Die Schriften von JD MICHAELIS , insbesondere seine † Bemerkungen zur Übersetzung des Alten Testaments und sein † *Mosaikgesetz* ; liefern zusammen mit † HERDER , *On the Spirit of Hebrew Poesy* , viele hervorragende Materialien.

Juden als Nomadenhorde:
Aufenthalt in Ägypten 2000 bis etwa 1500.

I. *Zeit des Nomadenstaates von Abraham bis zur Eroberung Palästinas.* – Unter Abraham, Isaak und Jakob zunächst nichts weiter als eine einzige Nomadenfamilie; das sich jedoch während seines Aufenthalts in Unterägypten, wo es vierhundertdreißig, oder, nach anderen, zweihundertfünfzig Jahren, in Unterwerfung unter die ägyptischen Pharaonen umherirrte, zu einem Nomadenvolk anwuchs, das in geteilt wurde zwölf Stämme. Da die Nation jedoch durch die starke Zunahme ihrer Zahl gewaltig wurde, wollten die Pharaonen, der üblichen Politik der Ägypter folgend, die Juden zwingen, Städte zu bauen und zu bewohnen. Da sie nicht an Zurückhaltung gewöhnt waren, flohen sie unter Moses Führung aus Ägypten. und eroberte unter ihm und seinem Nachfolger Josua Palästina, das Land der Verheißung.

Moses und seine Gesetzgebung. – Was er von den Ägyptern entlehnt hat und was nicht? – Die Anbetung Jehovas im nationalen Heiligtum und durch nationale Feste, die mit streng vorgeschriebenen Zeremonien gefeiert werden, der Punkt der Vereinigung für die ganze Nation, und das politische Band , das die Stämme zusammenhielt. – Die Kaste der Leviten im Vergleich zur ägyptischen Priesterkaste.

JD MICHAELIS , *Mosaikgesetz* . Göttingen, 1778 usw. 6 Bde. 8vo.; ins Englische übersetzt von Dr. ALEXANDER SMITH . London . 1814, 4 Bde. 8vo. Der Kommentator sieht häufig mehr als der Gesetzgeber.

Juden als föderierte Republik.

II. *Periode der Föderativen Republik.* Von der Besetzung Palästinas bis zur Errichtung der Monarchie, 1500–1100.

Heroisches Zeitalter.

1. Allgemeiner Charakter dieser Zeit als das heroische Zeitalter der Nation, die nach der allmählichen Einführung fester Wohnungen und der Landwirtschaft in ständige Fehden mit ihren Nachbarn , den vagabundierenden Arabern, den Philistern und den Edomitern, verwickelt war. Es war unmöglich, die alten Bewohner gemäß der Absicht Moses

vollständig auszurotten . – Daher war die Anbetung Jehovas nie die *einzige* Religion im Land.

Verfassung.

2. Politische Organisation. Infolge der Aufteilung des Landes nach Stämmen und deren Trennung voneinander blieb die Regierung lange Zeit patriarchalisch. Jeder Stamm behielt seinen Patriarchen oder Ältesten, wie im Nomadenstaat. Alle hatten jedoch in der Anbetung Jehovas ein gemeinsames Band, das sie zu einem Bundesstaat vereinte. In den Städten wurden ebenfalls Richter eingesetzt, denen sich Schriftgelehrte aus der Levitenkaste anschlossen.

Verteilung der Leviten.

3. Die dauerhafte Vereinigung der Nation und die Wahrung des mosaischen Gesetzes wurden ebenfalls durch die Aufteilung der Levitenkaste in achtundvierzig verschiedene Städte in verschiedenen Teilen des Landes und durch die erbliche Einführung des Hohepriestertums in Aaron gefördert Familie.

Beunruhigter Zustand der Juden beim Tod Josuas.

4. Aber als das Volk nach dem Tod Josuas keinen gemeinsamen Herrscher mehr hatte, reichte das Band der Religion nicht mehr aus, um es zusammenzuhalten; vor allem, als die schwächeren Stämme eifersüchtig auf die Mächtigeren wurden. Zu dieser Zeit scheinen die Hohepriester nur wenig politischen Einfluss gehabt zu haben; und die nationale Bindung konnte nur durch die Furcht vor einem fremden Joch aufgelöst werden.

Richter.

5. Die Juden waren manchmal unabhängig, manchmal tributpflichtig. In Zeiten der Unterdrückung und Not erhoben sich Helden, die eifersüchtig auf die Anbetung Jehovas bedacht waren, um sie aus der Knechtschaft zu befreien. Sie fungierten als oberste Beamte und Herrscher eines Teils oder sogar der gesamten Nation und als Verfechter der Anbetung des wahren Gottes. Die Richter, insbesondere Othniel, Deborah und Sampson. – Über das Wunderbare in ihrer Geschichte.

Könige, um 1150.

6. Wiederherstellung der Anbetung Jehovas durch Samuel. Er wird Richter und regiert als Diener Jehovas. – Sein Plan, das Amt des Richters in seiner eigenen Familie erblich zu machen, wird durch das Verhalten seiner Söhne zunichte gemacht. Die Nation verlangt einen König, den Samuel als Diener Jehovas ernennen soll. Seine listige Wahlpolitik, die er nicht behindern kann. Er wählt Saul, politisch gesehen, zum unbedeutendsten

Mann der Nation; aber der höchste und stattlichste. Gemäß dem mosaischen Gebot wird ein formeller Verfassungsakt ausgearbeitet und im Nationalheiligtum hinterlegt.

Ursachen, die die Nation dazu veranlassten, einen König zu fordern . – Frühere Versuche, insbesondere von *Abimelech* , königliche Macht zu erlangen.

III. *Periode der Monarchie von* 1100–600.

I. *Der jüdische Staat als ein einziges Königreich von* 1100 (1095)–975.

Saul:

1. *Saul* , der neue König, stärkte sich auf dem Thron durch einen Sieg über die Ammoniter; und eine Generalversammlung der Nation, in der Samuel sein Amt als Richter niederlegte, erkannte einstimmig seine Souveränität an. Kaum aber war Saul ein Sieger, entledigte er sich der Vormundschaft Samuels und wagte es, Jehova um Rat zu fragen. Dies war Anlass für eine Fehde zwischen ihnen. Samuel war beleidigt und salbte privat einen anderen jungen Mann, David, den Sohn Isais, zum König. David erlangt Ruhm und Popularität durch sein heldenhaftes Verhalten; aber es fällt ihm schwer, der Eifersucht Sauls zu entkommen . – Saul überlebt sich inmitten ständiger Kriege mit den Nachbarvölkern ; um 1055 getötet. Aber schließlich besiegt, verlieren er und alle seine Söhne bis auf einen ihr Leben.

Jüdische Regierung und Staat unter ihm.

2. Zustand der Nation und Verfassung unter Saul. – Der König war kaum mehr als ein Heerführer unter der Leitung Jehovas; ohne Hof oder festen Wohnsitz. – Das Volk ist immer noch eine bloße Ackerbau- und Hirtenrasse, ohne Reichtum oder Luxus; aber allmählich nahm es den Charakter einer kriegerischen Nation an.

David, 1055–1015.

3. Auf Saul folgte David; aber nicht ohne Widerstand. Elf Stämme erklären sich für Ish-bosheth , den verbliebenen Sohn Sauls; und David wird nur von seinem eigenen Stamm, Juda, anerkannt. Erst sieben Jahre später und nach der Ermordung Isch-Boscheths durch sein eigenes Volk wird David von der ganzen Nation als König anerkannt.

Zustand der Nation und Regierung während seiner Regierungszeit.

4. Vollständige Bildung der Nation und eine Änderung der Verfassung während der Herrschaft Davids über das Vereinigte Königreich , die dreiunddreißig Jahre dauerte. Jerusalem wird zum Regierungssitz und zum Nationalheiligtum erklärt. Strenge Einhaltung der Anbetung Jehovas, der

ausschließlichen Religion der Nation, unter Berücksichtigung ihrer politischen Konsequenzen.

Eroberungen.

5. Gewaltige Vergrößerung des jüdischen Staates durch Eroberung. Ein Krieg mit Hadadezer ebnet den Weg zur Eroberung Syriens und Idumäas . Ausdehnung des Königreichs vom Euphrat bis zum Mittelmeer; von Phönizien bis zum Roten Meer . Allmählicher Niedergang hin zum Despotismus und zur Serailregierung; Die politischen Folgen werden gegen Ende von Davids Herrschaft in der Rebellion seiner Söhne deutlich.

Salomo, 1015–975.

6. Herrschaft Salomos. Die brillante Regierung eines Despoten aus dem Inneren seines Serails; unkriegerisch, aber zivilisiert und paradefreudig. Neuorganisation des Königreichs zur Unterstützung des Gerichts. Es entstanden Verbindungen zu den Nachbarstaaten , insbesondere zu Tyrus ; daher eine Teilnahme am südlichen Handel, der von den von David eroberten Häfen am Roten Meer aus betrieben wurde; aber nur als Monopol des Gerichts.

Deklination des Staates.

Prunk des Hofes bereicherte Kapital ; Aber das Land wurde unterdrückt und verarmt, insbesondere die entfernten Stämme. Allmählicher innerer Verfall, beschleunigt durch die Vermischung der Anbetung fremder Götter mit der Anbetung Jehovas; obwohl Salomo durch die Errichtung des Tempels nach dem Plan seines Vaters offenbar den Wunsch geäußert hatte, die Anbetung des wahren Gottes zur einzigen Religion des Landes zu machen. Ein erfolgloser Rebellionsversuch Jerobeams; und durch die Edomiter, die ihren eigenen Königen tributpflichtig bleiben: tatsächliche Abspaltung der eroberten Provinz Syrien durch die Gründung des Königreichs Damaskus, sogar während der Herrschaft Salomos.

Rehabeam.

8. Salomo wird von seinem Sohn Rehabeam abgelöst, der kaum den Thron bestiegen hat, als die Unzufriedenen, die durch seine Unvorsichtigkeit immer zahlreicher wurden, in offene Rebellion ausbrechen. Jerobeam wird aus Ägypten zurückgerufen und zehn Stämme erkennen ihn als ihren König an. Nur zwei Stämme, Juda und Benjamin, bleiben Rehabeam treu.

II. *Der jüdische Staat als geteiltes Königreich,* 975–588.

Ursachen der langen Kriege zwischen Juda und Israel.

1. Gegenseitige Beziehungen zwischen den beiden Königreichen Juda und Israel. Obwohl Israel ausgedehnter und bevölkerungsreicher war als Juda,

war Juda dennoch aufgrund des Besitzes der Hauptstadt das reichste von beiden; so war ihre Macht nahezu ausgeglichen; und deshalb war der Kampf zwischen ihnen umso hartnäckiger.

Politik der Könige von Israel:

2. Die Könige Israels versuchen, die politische Spaltung der Nation zu bestätigen, indem sie in ihren Herrschaftsgebieten eine neue Form der Anbetung einführen, um ihre Untertanen davon abzuhalten, den alten Sitz der nationalen Anbetung in Jerusalem zu besuchen. daher galten sie als Feinde Jehovas. Mehrere Könige jedoch, sogar von denen von Juda. Juda war so unhöflich, dass es die Anbetung anderer Götter mit der Anbetung Jehovas vermischte. Aber Unterdrückung selbst dient dazu, die Anbetung Jehovas aufrechtzuerhalten; Die Zahl und der politische Einfluss der Propheten nehmen in dem Maße zu, wie die Menschen inmitten der Turbulenzen der Zeit das Bedürfnis nach den Ratschlägen des wahren Gottes verspüren. Die Idee einer zukünftigen glücklicheren Zeit unter einem mächtigen König – die Idee des Messias und seines Königreichs – wird durch die lebhafte Erinnerung an die glorreiche Herrschaft Davids noch umfassender entwickelt. – Schulen der Propheten.

Beendigung der Kriege.

3. Die Rivalität und Kriege zwischen diesen beiden Staaten dauern nicht nur mit geringfügiger Unterbrechung an, sondern werden infolge der Bündnisse, die sie mit ausländischen Fürsten, insbesondere mit den Königen von Damaskus und Ägypten, eingegangen sind, immer gefährlicher. Diesen schwachen Königreichen wird schließlich durch den Aufstieg riesiger Reiche in Innerasien ein Ende gesetzt.

Wichtigste Ereignisse in der Geschichte der beiden Königreiche.

1. KÖNIGREICH ISRAEL, 975–722; unter 19 Königen aus verschiedenen Familien, die inmitten gewaltsamer Revolutionen den Thron bestiegen. 1. Jerobeam, *gest.* 954. Besiedlung der königlichen Residenz in Sichem; der Heiligtümer in Bethel und Dan und die Ernennung von Priestern, die nicht zum Stamm Levi gehören. Ständige Kriege mit den Königen von Juda. 2. Nadab, Jerobeams Sohn, 953 ermordet von 3. Baasha, *gest.* 930. Dieser Prinz brachte durch sein Bündnis mit den Königen von Damaskus das Königreich Juda in große Gefahr. 4. Elah wurde 929 von einem seiner Generäle ermordet. 5. Zimri, an dessen Stelle die Armee sofort wählte. 6. Omri : Dieser Prinz hatte zu Beginn seiner Herrschaft einen Rivalen um den Thron in Tibni , *d.* 925. Omri gründete die neue Hauptstadt Samaria, *d.* 918. Ihm folgte sein Sohn 7. Ahab: starke Heirat mit den Königen von Sidon; Einführung der phönizischen Baalsverehrung. Kriege mit Damaskus, in denen Ahab schließlich umkommt, 897. Unter Ahab schloss sich ein Bund

mit dem König von Juda. Ihm folgen seine Söhne, 8. Ahasja, *gest.* 896 und 9. Jehoram . Der Bund mit Juda geht weiter. Joram wird von Jehu ermordet, 883. 10. Jehu: Dieser König zerstört das Haus Ahab, das Israel vier Könige gegeben hatte, und schafft die Verehrung Baals ab. Die Könige von Damaskus entreißen dem Königreich Israel die Länder jenseits des Jordans. Jehu, *gest.* 856. Sein Nachfolger wird sein Sohn 11. Joahaz , *gest.* 840. Die Kriege mit Damaskus bleiben für Israel erfolglos. 12. Joas, *gest.* 825. Er besiegt die Könige von Damaskus und Juda. 13. Jerobeam II. *D.* 784. Er stellt das Königreich Israel in seinem alten Ausmaß wieder her. Nach einem turbulenten Interregnum von 12 Jahren wird er von seinem Sohn abgelöst. 14. Sacharja, 773; Er wurde im selben Jahr ermordet und war der letzte Überrest des Hauses Jehu, das Israel fünf Könige gegeben hatte. Sein Mörder, 15. Shallum, wird nach einer einmonatigen Herrschaft seinerseits von 16. Menahem, gest. ermordet . 761: unter seiner Herrschaft der erste Feldzug der Assyrer unter der Führung von Pul , den er durch Tribut freikauft. 17. Sein Sohn Pekahia wurde 759 von 18. Pekah ermordet , unter dessen Herrschaft der Feldzug des Assyrers Tiglat-Pileser und die Zerstörung von Damaskus fielen. Pekah wird 740 von Hoschea ermordet, der nach achtjähriger Anarchie den Thron in Besitz nimmt. Hosea versucht durch ein Bündnis mit Ägypten das assyrische Joch abzuschütteln; aber Salmanassar, der König von Assyrien, führt Krieg gegen ihn, erobert Samaria und macht dem Königreich Israel ein Ende, dessen Bewohner er 722 nach Medien in Innerasien verpflanzt.

2. KÖNIGREICH JUDA unter 20 Königen des Hauses David, 975–598. Die reguläre Linie der Erbfolge wird im Allgemeinen ohne Streit eingehalten und nur zweimal durch Athaliahs Usurpation und das Eingreifen ausländischer Eroberer unterbrochen. 1. Rehabeam, *gest.* 958. Jerusalem ist immer noch Sitz der Regierung; Aber schon während dieser Herrschaft geriet die Anbetung Jehovas infolge der Einführung fremder Götter in Vergessenheit. Neben dem Krieg mit Israel wird Jerusalem von Schischak, dem König von Ägypten, angegriffen und geplündert. 2. Abija, *gest.* 955. 3. Asa. Dieser Prinz wurde von den vereinten Königen von Israel und Damaskus angegriffen und wäre zweifellos in dem Konflikt untergegangen, wenn es ihm nicht gelungen wäre, ihr Bündnis zu brechen; *D.* 914. 4. Josaphat, der Wiederhersteller der Anbetung Jehovas und Gründer eines Bundes mit dem Königreich Israel. Sein Versuch, den Handel nach Ophir am Roten Meer wiederherzustellen, scheitert, *d.* 891. 5. Joram . Die Verbindung mit Israel wird durch die Heirat dieses Prinzen mit Ahabs Tochter Athaliah bestätigt; aber Idumäa trennte sich unter seiner Herrschaft vollständig vom Königreich Juda, *d.* 884. 6. Sein Sohn Ahasja wird im nächsten Jahr, 883, von Jehu, dem Mörder und Nachfolger von Joram , dem König von Israel, ermordet. 7. Seine Mutter Athalja ergreift den Thron; ermordet die gesamte königliche Familie; Nur ein Sohn Ahasjas, 8, Joas , wird aufgrund seiner Jugend aus dem Blutbad gerettet,

heimlich im Tempel erzogen und nach sieben Jahren durch eine vom Hohepriester angezettelte Revolution gewaltsam auf den Thron gesetzt. Jojada; und Athaliah wird abgeschlachtet, 877. Joas regiert unter der Vormundschaft der Priester, was zur Wiederherstellung der Anbetung Jehovas führt. Dieser Prinz wird von Hasael , dem König von Damaskus, bedroht und gezwungen, ihm Tribut zu zahlen. Erschlagen 838. 9. Amazja: Er besiegt die Edomiter und wird seinerseits von Joas, dem König von Israel, besiegt, von dem Jerusalem selbst geplündert wird. Er wurde 811 getötet und sein Sohn Asarja (oder Usija) folgte ihm nach. Dieser Fürst war aussätzig und *starb*. 759. Sein Sohn 11. Jotham, *gest.* 743, wurde zu Lebzeiten seines Vaters Regent. Die Kriege mit Israel und Damaskus beginnen erneut. 12. Ahas, *gest.* 728. Der Bund zwischen den Königen von Damaskus und Israel veranlasst Ahas, Tiglat-Pileser, den König von Assyrien, zu seiner Hilfe zu rufen, der das Königreich Damaskus stürzt und Israel und Juda Tribut zollt. 13. Hiskia, *gest.* 699. Er schüttelt das assyrische Joch ab: Unter seiner Herrschaft zerstört Salmanassar Samaria, 722, und Salmanassars Nachfolger Sanherib unternimmt seinen Feldzug gegen Ägypten, 714. Jerusalem wird erneut belagert, aber glücklicherweise durch den völligen Misserfolg des Feldzugs entlastet. Jesaja prophezeite während der Herrschaft dieses Fürsten. 14. Manasse, *gest.* 644. Während seiner 55-jährigen Herrschaft begann die Verehrung des Phöniziers Gott , Baal, wird allgemein; das des HERRN gerät in Verachtung und das mosaische Gesetz in Vergessenheit. 15. Amon, bereits 642 ermordet. 16. Josia, der den Tempel und die Anbetung Jehovas wiederherstellte. Das Buch des Gesetzes, das beiseite geworfen und vernachlässigt worden war, wird wiedergefunden und eine vollständige Reform gemäß seinen Grundsätzen eingeleitet. Palästina ist jedoch das erste Land, das von Necos , dem König von Ägypten, angegriffen wird; und Josia fällt im Kampf, 611. Sein Sohn, 17. Joahas , wird nach einer Regierungszeit von drei Monaten von Pharao- Nechoh entthront und sein Bruder 18. Jojakim wird als tributpflichtiger Fürst auf den Thron gesetzt. Doch infolge des Aufstiegs des chaldäisch -babylonischen Reiches wird Pharao- Nechoh durch die Niederlage in der Schlacht von Circesium (606) seiner asiatischen Eroberungen beraubt ; und Jojakim wurde Nebukadnezar tributpflichtig, *d.* 599. Der Prophet Jeremia blüht auf. 19. Jojachin, Sohn des ehemaligen Königs, wird nach dreimonatiger Herrschaft zusammen mit dem größten Teil der Nation von Nebukadnezar nach einem zweiten Feldzug (Beginn der babylonischen Gefangenschaft) nach Innerasien verpflanzt und 20 . Zedekia, der Bruder väterlicherseits von Jojachin, sitzt als tributpflichtiger Fürst auf dem Thron. Nebukadnezar schließt jedoch einen Bund mit Ägypten, um das babylonische Joch abzuwerfen. Er marschiert ein drittes Mal gegen Jerusalem, erobert es (588) und übergibt es der Plünderung und Zerstörung. Nachdem Zedekia sein Augenlicht verloren hatte und alle seine Kinder durch die Hände des Henkers verloren hatte, wurde er zusammen mit dem übrigen Teil der Nation in die Gefangenschaft nach Babylon geführt.

S. BERNHARDI *Commentatio de causis Quibus Affectum sit ut regnum Judæ diutius persistiert quam regnum Israel; cum tabula geographica* , Lovanii , 1825, 4to. Ein preisgekrönter Aufsatz, der auch mehrere wertvolle Untersuchungen zur monarchischen Zeit des jüdischen Staates enthält.

† BAUER , *Manual of the History of the Hebrew Nation* , Bd. i -iii, 1800. Die beste bisher veröffentlichte Einführung, nicht nur in die Geschichte, sondern auch in die Altertümer der Nation, vom Aufstieg bis zum Fall des Staates.

II. AFRIKANISCHE NATIONEN.

Allgemeiner geografischer Überblick über das alte Afrika.

Siehe AHL HEERENS *Historische Forschungen* usw. Afrikanische Nationen. 2 Bde. 8vo. Oxford, 1831.

Bekanntschaft der Alten mit Afrika.

1. Obwohl die Phönizier Afrika umrundet hatten, war in der Antike nur der nördliche Teil dieses Erdteils bekannt. Mit diesem Teil waren die Menschen der Antike jedoch besser vertraut als wir heute, da die Küste damals von zivilisierten und kommerziellen Nationen besetzt war, die ihre Ausflüge weit ins Landesinnere ausdehnten. Dies war in früheren Zeiten bei den Karthagern und den Ägyptern der Fall; noch mehr bei den mazedonischen Griechen, unter den Ptolemäern und unter den Römern. Krieg, Jagd und Handel waren im Allgemeinen die Gründe für diese Ausflüge.

Gesamtansicht von Afrika.

2. Als Ganzes betrachtet unterscheidet sich Afrika sowohl in der Situation als auch in der Form stark von Asien. Asien liegt fast ausschließlich in der gemäßigten Zone, während Afrika fast ausschließlich in der heißen Zone liegt. Asien ist reich an tiefen Golfen und großen Flüssen; Afrika bildet ein regelmäßiges Dreieck und besitzt in seiner nördlichen Hälfte nur zwei große Flüsse, den Nil und den Niger. Kein Wunder also, dass dieser Teil unseres Globus sozusagen eine Welt für sich bilden sollte, die sich durch ihre Produktionen und ihre Bewohner auszeichnet.

Physische Geographie Nordafrikas.

3. Physikalisch gesehen kann Nordafrika in drei Regionen unterteilt werden, die in der frühen Antike durch unterschiedliche Namen unterschieden wurden. Das Küstenland am Mittelmeer, mit Ausnahme von Tripolis oder der Regio- Syrtika , besteht hauptsächlich aus sehr fruchtbaren Gebieten und war daher zu allen Zeiten sehr dicht besiedelt; daher trägt es bei Herodot den Namen des *bewohnten Afrikas* ; es heißt jetzt Barbary. Darüber und unter dem 30. nördlichen Breitengrad folgt ein Gebirgszug, über den sich die Atlas-Gebirgskette erstreckt; reich an wilden Tieren und Datteln: Daher nennt Herodot es das *wilde Tier Afrika* ; bei den Arabern wird es das Land der Datteln (*Biledulgerid*) genannt. Darüber hinaus und zwischen dem 30. und 20. Grad nördlicher Breite. Die Sandregion erstreckt sich über ganz Afrika und Arabien: Dieser Teil Afrikas ist daher sowohl bei der Antike als auch bei der Moderne unter dem Namen Africa Deserta oder Sandwüste

(Sahara) bekannt. Die fruchtbaren Gebiete jenseits der Wüste, die sich entlang der Ufer des Niger erstreckten, waren den Griechen fast völlig unbekannt: Sie fassten diese Teile unter dem gebräuchlichen Namen Äthiopien zusammen, obwohl dieser Name eher für die Gebiete oberhalb Ägyptens galt. Die Griechen kannten jedoch einige der fruchtbarsten Orte in der Wüste, die Oasen; wie Augila , Ammonium und die eigentlich so genannten Oasen in Ägypten.

Politischer Staat.

4. Es gibt keine politische Teilung, die ganz Afrika umfasst. Allein die Nordküste wurde von zivilisierten Nationen bewohnt: Ägypter, Kyrenäer und Karthager; von denen die ersten nur Ureinwohner waren. Die übrigen Bewohner zogen entweder als Nomadenhorden umher oder bildeten unbedeutende Staaten, über deren Existenz wir einige Berichte gehört haben, obwohl wir keine Geschichte über sie haben. Entlang der Küste, vom Plinthinischen Golf aus gerechnet, folgt auf Ägypten: 1. Marmarica , ein Gebiet ohne Städte, das hauptsächlich aus Sandwüsten besteht und von Nomadenhorden besetzt ist: Dieses Land erstreckt sich vom 40. bis 47. Osten. von Ferro. 2. Das von den griechischen Kolonien besetzte fruchtbare Gebiet, Cyrenaïca genannt , erstreckte sich bis zur Großen Syrtis, 37–40° E. lang. Städte: Kyrene, Barca. 3. Das Gebiet Karthagos erstreckt sich von der Großen Syrtis bis zum Schönen Vorgebirge und ist 25–40° östlich lang. Dieses Gebiet umfasste (a) das Land zwischen der Großen und Kleinen Syrtis (Regio Syrtica), das das moderne Königreich Tripolis bildet; ein sandiges Gebiet, das fast ausschließlich von Nomaden bewohnt ist. (b) das eigentlich so genannte Gebiet von Karthago (Königreich Tunis). Ein sehr fruchtbares Land; der südliche Teil heißt Byzacena , der nördliche Teil Zeugitana . Städte: Karthago, Utica usw. 4. Numidien und Mauretanien; während der karthagischen Zeit von Nomadenvölkern bewohnt. Entlang der Küste einige karthagische Siedlungen.

ÄGYPTER.

Erdkunde.

Vorbemerkungen. Ägypten entspricht in seinem oberflächlichen Inhalt etwa zwei Drittel von Deutschland und kann daher mit Recht zu den ausgedehnteren Ländern der Erde gezählt werden; Es variiert jedoch stark in seinen physikalischen Eigenschaften. Der Boden ist nur an den Ufern des Nils und soweit sich die Überschwemmungen dieses Flusses erstrecken, ausreichend fruchtbar für den Ackerbau; Dahinter liegt im Westen eine Sandwüste, im Osten eine Kette felsiger Berge . Von seiner Einfahrt in

Ägypten bei Syene , Verlauf des Nils. Der Nil fließt in einem ungeteilten Strom zur Stadt Cercasorus , 60 Geogr . Meilen oberhalb seiner Mündung leitet er seine Quelle von Süden nach Norden durch ein Tal zwischen 8 und 16 Geogr . Meilen breit, im Westen von Sandwüsten und im Osten von Bergen aus Granit begrenzt. Bei Cercasorus teilt sich der Bach zunächst in zwei Hauptarme, die früher ihr Wasser ins Mittelmeer entließen, den östlichen nahe der Stadt Pelusium , den westlichen nahe der Stadt Canopus (*Ostium Pelusiacum et Canopicum* ;); von diesen beiden gingen mehrere Zwischenarme ab ; So gab es zur Zeit Herodots sieben Nilmündungen, doch die Zahl ist nicht immer gleich geblieben. Die Strecke zwischen den beiden äußersten Nilarmen trägt wegen ihrer dreieckigen Form den Namen Delta; es war mit Städten bedeckt und hochkultiviert. Der fruchtbare Teil Ägyptens, der von zivilisierten Menschen bewohnt wurde, beschränkte sich daher auf das Delta und das Niltal an den beiden Ufern des Stroms von Syene bis Cercasorus ; Hinzu kommen einige gut bewässerte Stellen im Zentrum der westlichen Wüste, die unter dem Namen „Oasen" bekannt sind. Aufgrund des ständigen Ausbleibens von Regen, insbesondere in Oberägypten, hängt die Fruchtbarkeit des Deltas und des Niltals von der Überflutung des Flusses ab, die zu bestimmten Zeiten erfolgt. Dies beginnt Anfang August und dauert bis Ende Oktober; so dass drei ganze Monate lang die oben genannten Teile des Landes unter Wasser stehen.

Divisionen Ägyptens.

Ägypten ist unterteilt in Oberägypten, das sich von Syene bis zur Stadt Chemmis (Hauptstadt Theben oder Diospolis) erstreckt; Zentral von Chemmis bis Cercasorus (Hauptstadt Memphis) und Unterägypten, das das Delta und das Land auf beiden Seiten umfasst: Es war voller Städte, unter denen Sais die bemerkenswerteste war.

Äthiopien.

Als nächstes über Ägypten liegt Äthiopien (*Äthiopien supra Ægyptum*); das seit frühester Zeit, hauptsächlich durch den Handel, eng mit dem ehemaligen Land verbunden zu sein scheint. Die Regionen unmittelbar über Ägypten, die gewöhnlich Nubien genannt werden, sind kaum mehr als Sandwüsten, in denen noch immer umherziehende Horden nomadischer Räuber leben. Die felsige Gebirgskette, die die Ostgrenze Ägyptens bildet, erstreckt sich entlang des Roten Meeres und war früher für Nubien von großer Bedeutung, da sich direkt oberhalb der ägyptischen Grenze produktive Goldminen befanden. Der Nil macht in diesem Land eine weite Kurve nach Westen und wird so voller Untiefen, dass die Navigation schwierig wird. Die an den Fluss angrenzenden Gebiete sind jedoch fruchtbar und gut besiedelt; und enthalten zahlreiche antike Denkmäler. Noch höher, vom 16. nördlichen Breitengrad aus gerechnet. das Erscheinungsbild des Landes verändert sich;

Die Region der Fruchtbarkeit beginnt, und ihre kostspieligen Produktionen, ihr Gold und ihre Parfüme führten zu einem gewinnbringenden Handel. Unter diesen Ländern wurde Meroe mit seiner gleichnamigen Hauptstadt zur Zeit Herodots gefeiert. Unter Meroe versteht man einen Landstrich, der von zwei Flüssen begrenzt wird, dem Nil im Westen und dem Astaboras (Tacazze), der im Osten in den Nil mündet; Aus diesem Grund wird es häufig, wenn auch zu Unrecht, als Insel bezeichnet. Dieses Land erstreckte sich bis zu den Quellen des Nils oder der heutigen Provinz Gojam , wo sich unter der Herrschaft von Psammetichus die größtenteils desertierte ägyptische Kriegerkaste niederließ. Meroe selbst war wie die ägyptischen Staaten ein Priesterstaat mit einem König an der Spitze. – Die Stadt Axum oder Auxume wird zu einem so frühen Zeitpunkt tatsächlich nicht erwähnt; aber wenn wir nach den noch erhaltenen Ruinen urteilen dürfen, war es von ebenso hohem Alter wie die alten ägyptischen Städte und Meroe. Die gleichen Beobachtungen gelten für Adule , den Hafen am Arabischen Golf.

Abteilungen der ägyptischen Geschichte.

Die ägyptische Geschichte ist in drei Perioden ungleicher Dauer unterteilt; Die *erste* davon erstreckt sich von der frühesten Zeit bis zu den Sesostriden , also bis etwa 1500 v. Chr.; die *zweite* umfasst die Regierungszeit der Sesostriden oder die glänzende Zeit Ägyptens bis hin zu Psammetichos , 1500–650; die *dritte* führt uns von Psammetichus bis zur persischen Eroberung, 650–525.

<hr>

ERSTE PERIODE.

Von den frühesten Zeiten bis zu den Sesostridæ , etwa 1500 v. Chr.

Quellen: 1. Jüdische Schriftsteller. *Moses.* Seine Aufzeichnungen enthalten zweifellos ein getreues Bild des ägyptischen Staates seiner Zeit; aus ihnen lässt sich jedoch keine kontinuierliche Geschichte ableiten. – Von Moses bis Salomo (1500–1000 v. Chr.) völliges Schweigen der hebräischen Schriftsteller in Bezug auf Ägypten. Von Salomo bis Cyrus (1000–550 v. Chr.) einige dürftige Fragmente. – Bedeutung und Überlegenheit der jüdischen Berichte, soweit sie *rein historisch sind* . 2. Griechische Schriftsteller. (*a*) *Herodot.* Der erste, der eine Geschichte der Ägypter veröffentlichte. Ungefähr siebzig Jahre nach der Zerstörung des Pharaonenthrons durch die persischen Eroberer sammelte dieser Autor in Ägypten selbst die frühesten Berichte über die Geschichte des Landes; er erhielt seine Informationen von den fähigsten Personen, den Priestern; und schrieb diese Informationen genau so auf, wie er sie gehört hatte. Wenn wir daher die von Herodot gegebenen Berichte als angemessen einschätzen wollen, müssen wir uns fragen: Was wussten die

Priester selbst über ihre frühere nationale Geschichte? Und diese Frage kann erst beantwortet werden, wenn wir herausgefunden haben, auf welche Weise die historischen Aufzeichnungen früherer Perioden bei den Ägyptern erhalten blieben.

Die früheste Geschichte der Ägypter war wie die aller anderen Nationen traditionell. Sie übernahmen jedoch vor allen anderen Nationen eine Art Schrift, Hieroglyphen oder allegorische Bilderschrift; in denen die von natürlichen Gegenständen entlehnten Zeichen, wie moderne Entdeckungen bewiesen haben, teilweise zur Darstellung von Geräuschen dienten (*Hiéroglyphen) . phonétiques*) und teilweise um Ideen auszudrücken; im letzteren Fall waren sie entweder repräsentativ oder allegorisch. Diese Schreibweise ist naturgemäß nicht so vollständig wie die rein alphabetische; denn 1. Es kann nur einen engen Kreis von Ideen ausdrücken, und zwar getrennt, ohne Zusammenhang oder grammatikalische Flexion, zumindest mit sehr wenigen Ausnahmen. 2. Da es zum Schreiben nicht so gut geeignet ist wie zum Malen oder Gravieren, ist es für Bücher nicht so nützlich wie für öffentliche Denkmäler. 3. Da es symbolisch ist, ist es nicht ohne die Hilfe eines Schlüssels verständlich, der nur in einer mit dem Denkmal verbundenen Tradition erhalten bleiben konnte und der ausschließlich im Besitz der Priester war; Dieser Schlüssel konnte daher kaum viele Jahrhunderte ohne Fälschung aufbewahrt werden. 4. Das gleiche Bild scheint häufig verwendet worden zu sein, um sehr unterschiedliche Gegenstände auszudrücken . — Daraus folgt, dass die ägyptische Geschichte, wie sie aus den Lippen der Priester abgeleitet wurde, kaum mehr als Aufzeichnungen gewesen sein kann , die mit ihnen in Verbindung stehen und von denen sie abhängig ist , öffentliche Denkmäler: Da es daher nur aus Fragmenten bestand und nicht auf eine konsistente Chronologie reduziert werden konnte, ließ es letztlich nur allegorische Übersetzungen zu und war daher sehr anfällig für Fehlinterpretationen. Neben ihren Hieroglyphen verfügten die Ägypter sicherlich über zwei weitere Schriftarten: die *hieratische Schrift* , die nur den Priestern vorbehalten war, und die *demotische Schrift* , die im alltäglichen Leben verwendet wurde. Beide scheinen jedoch nichts weiter als laufende Hände gewesen zu sein, die aus dem Hieroglyphensystem abgeleitet sind; und wir haben kein Beispiel für die Verwendung des einen oder des anderen in öffentlichen Denkmälern zur Zeit der Pharaonen. Dass die Verwendung von Papyrus, einem Material, auf dem alle oben genannten Arten des Schreibens angewendet wurden, ihren Ursprung in der höchsten Antike oder zumindest in der glänzenderen Zeit der Pharaonen hatte, wissen wir heute mit Sicherheit aus schriftlichen Dokumenten, die zu diesen gehörten Zeiten wurden aus den Gräbern gewonnen.

CHAMPOLLION LE JEUNE , *Précis du Système Hiéroglyphique des anciens Ägypter* . Paris, 1824. Das Hauptwerk zu diesem Thema, wobei der *Lettre à M. Dacier*

, 1822, nur der Vorläufer und die beiden *Lettres à M. le duc de Blacas* die Fortsetzung sind. Die neue Entzifferungsmethode erhielt ihre wichtigste Bestätigung durch das Werk des britischen Konsuls in Ägypten, SALT, *Essay on the Phonetic System of Hieroglyphics*, 1825, auf der Grundlage eines Vergleichs mit den ägyptischen Denkmälern selbst. Bislang sind jedoch kaum mehr als die Namen und Titel der Könige erkennbar, die sich dadurch auszeichnen, dass sie stets in einem Rahmen eingeschlossen sind.

Diese Vorbemerkungen zur früheren ägyptischen Geschichte werden durch die Lektüre des Berichts von Herodot (II, 99–150) über die ägyptischen Könige vor Psammetich reichlich bestätigt. Die Studie dieses Autors beweist zweifelsohne, dass: I. Die gesamte Geschichte basiert durchweg auf öffentlichen Denkmälern und auch auf Denkmälern, entweder in oder in der Nähe von *Memphis*. Wir können uns sogar auf ein einziges Denkmal in Memphis beschränken, auf den Vulkan-Tempel oder Phtha, den Haupttempel dieser Stadt. Die Geschichte beginnt mit Menes, dem Gründer dieses Gebäudes (ca. 99), und wir werden unter Berücksichtigung jedes seiner Nachfolger darüber informiert, was zur Vergrößerung und Verschönerung des Gebäudes getan wurde: diejenigen, die diesen Tempel nicht erweiterten, aber andere Denkmäler hinterlassen haben, werden (wie die Erbauer der Pyramiden) als Unterdrücker des Volkes und Verächter der Götter bezeichnet: Von den Fürsten, die überhaupt keine Denkmäler hinterlassen haben, konnten die Priester keine anderen Informationen geben als einen Namenskatalog. II. Daher ist diese Königslinie, obwohl die Priester sie Herodot als solche gegeben haben, nicht ohne Unterbrechungen, sondern weist, wie ein Vergleich mit Diodorus deutlich zeigt, viele große Abgründe auf: Daher kann auf einer solchen Grundlage kein chronologisches System aufgestellt werden. III. Die gesamte Geschichte ist mit Erzählungen verwoben, die aus hieroglyphischen Darstellungen abgeleitet und deshalb allegorisch sind, deren Bedeutung nicht mehr zu enträtseln ist, da die Priester selbst entweder nicht in der Lage oder nicht willens waren, sie zu erklären, und anscheinend sogar dazu neigten, falsche Interpretationen einzuführen. Zu dieser Klasse von Erzählungen gehört beispielsweise die vom Raub der Schatzkammer von Rhampsinitus; das seiner Reise in die Hölle, wo er mit Ceres Würfel spielte (ca. 121, 122); das über die Tochter des Cheops (ca. 127); über die Blindheit von Pheron und die Art und Weise, wie er geheilt wurde usw. (ca. 111). Um zu beweisen, dass diese Anschuldigung nicht unbegründet ist, genügt es, zwei Beispiele anzuführen; einer von c. 131, wo Herodot selbst bemerkt, dass dies der Fall war; der andere aus dem Jahr c. 141, dessen wahre Bedeutung wir aus anderen Quellen entnehmen. Schon zur Zeit Herodots war es bei den Priestern üblich, sich um eine Versöhnung zwischen den griechischen und ägyptischen Behörden zu bemühen; eine Tatsache, für deren Beweis es viele Argumente gibt, die dem Kritiker nicht entgehen können: so zum Beispiel die völlig *griechische* Geschichte des Königs Proteus, ca. 112— 115.— Das allgemeine Ergebnis der obigen Beobachtungen zur ägyptischen Geschichte Herodots ist, dass es sich um nichts anderes als eine Erzählung im Zusammenhang mit öffentlichen Denkmälern handelt. Gegen diese Schlussfolgerung lässt sich möglicherweise nur ein Einwand erheben, nämlich dass die ägyptischen Priester neben ihren Hieroglyphen auch eine alphabetische Schreibweise besaßen; folglich könnten sie sich über die öffentlichen Denkmäler hinaus auch auf schriftliche Annalen beziehen; aber dieser Einwand wird von Herodot selbst zurückgewiesen. Alle Informationen, die ihm die Priester über das oben Gesagte hinaus geben konnten, bestanden in den Namen von 330 Königen nach Menes; diese lasen sie aus einer Papyrusrolle, wussten aber nichts mehr von den Königen, die sie trugen, weil *diese Herrscher keine Denkmäler hinterlassen hatten* (ca. 100).

(*b*) Neben Herodot liefert uns auch *Diodorus* (lib. i .) die Namen einiger ägyptischer Könige. Dieser Autor, der 400 Jahre später an Herodot schrieb, besuchte Ägypten und sammelte seine Geschichte, teils aus den mündlichen und schriftlichen Dokumenten der Priester von *Theben* , teils von den antikeren griechischen Schriftstellern und insbesondere von Hekatäus . Wenn wir die Königslinie Herodots als nicht kontinuierlich oder ununterbrochen betrachten, verschwindet jeder Anschein von Widersprüchen zwischen den beiden Historikern. Diodorus hatte wie Herodot nicht die Absicht, eine vollständige Aufzählung der ägyptischen Könige zu geben; aber nur von den bemerkenswertesten; Angabe der Unterbrechungen nach der Anzahl der Generationen, die sie enthielten.

(*c*) Schließlich unterscheidet sich von den beiden oben genannten der Ägypter *Manetho* , Hohepriester in *Heliopolis* , *der unter der* Herrschaft von Ptolemaios Philadelphus um 260 v. Chr. seine Blütezeit erlebte der Könige ist in den Chroniken von Eusebius und Syncellus überliefert. Dieser Katalog ist in drei Abschnitte (Tomos) unterteilt, von denen jeder mehrere Dynastien, insgesamt 31, enthält, die nach den verschiedenen Städten Ägyptens aufgezählt sind. In jeder Dynastie sind die Anzahl der zu ihr gehörenden Könige und die Jahre ihrer Herrschaft angegeben. Die Authentizität von Manetho ist nun vollständig belegt; seitdem die Namen der von ihm erwähnten Pharaonen auf den ägyptischen Denkmälern entziffert wurden. Zu dieser Zeit gehören die ersten siebzehn Dynastien; im 18. beginnt die zweite und glänzende Periode, der die noch erhaltenen Denkmäler Oberägyptens zuzuordnen sind, die die Namen der Gründer tragen. Es ist bemerkenswert, dass wir bei Herodot die Dokumente der Priester von Memphis, bei Diodorus die der Priester von Theben, in Manetho die der Priester von Heliopolis haben – die drei Hauptsitze der priesterlichen Gelehrsamkeit: – vollkommene Konsistenz kann nicht, daher in den Berichten dieser Historiker zu erwarten.

Die modernen Autoren der ägyptischen Altertümer, von KIRCHER , *Œdipus Ægyptiacus* , 1670, an DE PAUW , *Recherches sur les Egyptiens et sur les Chinois* , 1772, haben zu oft die Wahrheit durch ihre eigenen Träume und Hypothesen ersetzt. Die wichtigsten Versuche einer chronologischen Anordnung der Dynastien wurden von MARSHAM in seinem *Canon Chronicus unternommen* ; und von GATTERER in seiner † *Synchronistic History of the World* . – Zu den Hauptwerken zu diesem Thema zählen:

JABLONSKI *Pantheon Mythicum Ægyptiacum* , 1750, 8vo.

GATTERER , *Commentationes de Theogonia Ägypten* . in *Commentat* . *Gesellschaft* . *Gotting* . T. vii.

De Origine et Usu Obeliscorum , *Autor* G. ZOEGA ; Romæ , 1797.

L'Egypte sous les Pharaons , *ou Recherchen über die Geographie* , *die Religion, die Sprache, die Ecritures und die Geschichte Ägyptens avantgardistisch l'invasion de Cambyse* , *par* CHAMPOLLION LE JEUNE , t. ich , ii. 1814. Diese beiden der Geographie gewidmeten Bände enthalten die Wiederherstellung der altägyptischen Namen von Provinzen und Städten, die von koptischen Behörden abgeleitet wurden.

Kommentare Herodoteæ , *Schreiber* FREITAG . CREUZER . *Ægyptica et Hellenica, Abs. 1*. Lippen. 1819. Eine Reihe äußerst treffender und gelehrter Darstellungen verschiedener Punkte der ägyptischen Antike, eingeleitet durch verschiedene Passagen von Herodot.

Der Band bei HEEREN *Historische Forschungen* usw. 1831, Bd. ii, bezüglich der Ägypter; und insbesondere die Einführung zur Hieroglyphenschrift. Die besten Darstellungen der ägyptischen Denkmäler verdanken wir der französischen Expedition. Die von Denon in seinem *Voyage en Egypte* sind denen von Pococke und Norden weit überlegen; aber Denons wiederum wurden in der großartigen Arbeit weit übertroffen:

Description de l'Egypte , *Antiquités* , P. i , ii, iii. P. i enthält die Denkmäler Oberägyptens von den Grenzen Nubiens bis Theben; S. ii, iii enthalten nur die Denkmäler von Theben.

BELZONI , *Researches in Egypt* , London, 1824, mit einem Atlas.

† MINUTOLI , *Reise zum Tempel des Jupiter Ammon und Ägypten* , 1824.

L. BURCKHARDT , *Reisen in Nubien* , London, 1819.

FC GAU , *Antiquités de la Nubie* , Paris, 1824. Eine würdige Fortsetzung des großen französischen Werks über Ägypten.

FR. CAILLAUD , *Voyage à Méroé et au Fleuve Blanc* , Paris, 1825, enthält die Beschreibung der Denkmäler von Meroe.

Frühe Zivilisation Ägyptens:

1. Die politische Zivilisation begann in Ägypten zu einem viel früheren Zeitpunkt als dem, bis zu dem die Geschichte reicht; Denn selbst in den Tagen Abrahams und noch mehr in denen Moses scheint die Regierung so gut organisiert gewesen zu sein, dass notwendigerweise eine lange Zeitspanne verstrichen sein musste, um die Nation auf den Grad der Zivilisation zu bringen, den wir sehen hatte damals erreicht. Man kann daher mit Sicherheit behaupten, dass Ägypten zu den ältesten Ländern unseres Globus zählt, in denen politische Vereinigungen existierten; obwohl wir nicht mit gleicher Sicherheit feststellen können, ob sie nicht schon früher in Indien existierten. in Indien.

Ursachen seiner frühen Zivilisation.
Der Nil:

2. Die Ursachen, die dazu beigetragen haben, dass Ägypten so früh ein zivilisierter Staat wurde, liegen in den natürlichen Merkmalen des Landes und seiner günstigen Lage im Vergleich zum übrigen Afrika. Es ist das einzige Gebiet in ganz Nordafrika, das an einem großen, ununterbrochenen schiffbaren Strom liegt. Wäre dies nicht geschehen, wäre es, wie die anderen Teile Afrikas unter demselben Breitengrad, eine bloße Wüste gewesen. Hinzu kommen zwei außergewöhnliche Umstände: Einerseits bereitet das Überfließen des Flusses den Boden so perfekt vor, dass das Ausstreuen der Saat fast die einzige Arbeit des Landwirts ist; und doch behindern andererseits so viele Hindernisse den Fortschritt der Landwirtschaft (durch die Notwendigkeit von Kanälen, Dämmen usw.), dass die Erfindung des Menschen notwendigerweise geweckt worden sein muss. Handel. Als die Landwirtschaft und die für ihre weitere Entwicklung erforderlichen Kenntnisse ein gewisses Maß an Zivilisation in Ägypten eingeführt hatten, muss die Lage dieses Landes zwischen Asien und Afrika und in der Nachbarschaft des reichen Gold- und Gewürzlandes gewesen sein äußerst günstig für die Zwecke des internationalen Handels; Daher scheint Ägypten zu allen Zeiten einer der Hauptsitze des Binnen- oder Karawanenhandels gewesen zu sein.

Die ägyptische Zivilisation kam aus dem Süden.

3. Es ist daher offensichtlich, dass die Dinge im fruchtbaren Tal des Nils ganz anders verlaufen sein müssen als in der Wüste Libyens. In diesem Tal scheinen mehrere kleine Staaten entstanden zu sein, lange bevor es ein großes ägyptisches Königreich gab. Ihr Ursprung liegt, wie man natürlich vermuten könnte, in einem Dunkel, das die Geschichte nicht mehr vollständig durchdringen kann. Aus Denkmälern und Aufzeichnungen lässt sich jedoch immer noch ableiten, dass Oberägypten zunächst der Sitz der Zivilisation war; die sich, ausgehend vom Süden, durch die Ansiedlung von

Kolonien nach Norden ausbreitete. Es ist wahrscheinlich, dass dies als Folge der Wanderung eines Stammes geschah, der sich von den Negern unterschied, wie die Darstellungen sowohl in Skulpturen als auch in Gemälden beweisen, die auf den noch verbliebenen Denkmälern Ägyptens gefunden wurden.

4. Die Aufzeichnungen über das hohe Alter der politischen Zivilisation, nicht nur in Indien, sondern auch in Arabien Felix und Äthiopien, insbesondere in Meroe, und die offensichtlichen Spuren von Migrationen aus dem Süden. Der alte Verkehr zwischen den südlichen Nationen unseres Globus beweist mit hinreichenden Beweisen die Wahrheit solcher Migrationen, obwohl sie nicht chronologisch bestimmt werden können. Es ist jedoch sicher, dass die Religion keinen geringen Anteil an ihrer Entstehung hatte. Das nationale Band der Einheit in Ägypten blieb in späteren Zeiten nicht nur in völliger Abhängigkeit von der Religion bestehen, sondern basierte ursprünglich auch auf ihr. Daher muss jeder Schritt in der politischen Zivilisation, wenn nicht ausschließlich, so doch zumindest hauptsächlich, von der Priesterkaste und ihrer Verbreitung abhängen.

Allgemeine Entwicklung der Idee der Kasteneinteilung. Zunächst entstanden in der Vielfalt der in ein und demselben Land ansässigen Stämme und ihren unterschiedlichen Lebensweisen. – Seine weitere Entwicklung in despotischen und in theokratischen Königreichen. – Anwendung auf Ägypten und auf die ägyptische Priesterkaste als Original, zivilisierter Stamm.

Eine Priesterkaste stellt ihre Religion und Zivilisation in Ägypten vor.

5. Die Besonderheit dieser Kaste war die Verehrung bestimmter Gottheiten, deren Hauptgottheiten Ammon, Osiris und Phtha waren , die von den Griechen mit Jupiter, Bacchus und Vulkan verwechselt wurden. Die Ausbreitung dieses Gottesdienstes, der immer mit Tempeln verbunden war, bietet daher die deutlichsten Spuren der Ausbreitung der Kaste selbst; und diese Überreste, kombiniert mit den Aufzeichnungen der Ägypter, lassen uns zu dem Schluss kommen, dass es sich bei dieser Kaste um einen Stamm handelte, der aus dem Süden, von jenseits von Meroe in Äthiopien, einwanderte und sich durch die Gründung von Kolonien im Landesinneren rund um die von ihnen gegründeten Tempel nach und nach ausdehnte machten die Verehrung ihrer Götter zur vorherrschenden Religion in Ägypten.

Beweis für die Richtigkeit der oben genannten Theorie, abgeleitet aus Denkmälern und ausdrücklichen Zeugnissen über die Herkunft von Theben und Ammon aus Meroe; es könnte aus der Aufrechterhaltung der Ammonverehrung an letzterem Ort abgeleitet worden sein. Memphis wiederum und andere Städte im Niltal sollen gemeinhin von Abteilungen aus Theben gegründet worden sein.

Namen .

6. Diese Vermutung, die mit dem üblichen Bevölkerungsfortschritt übereinstimmt, wird durch die sehr alte Einteilung des Landes in Bezirke oder Nomen bestätigt . Diese Einteilung war eng mit den Haupttempeln verbunden, von denen jeder eine eigene Kolonie der Priesterkaste darstellte; so dass die Bewohner jedes Hauses zum Haupttempel gehörten und an den dort durchgeführten religiösen Gottesdiensten teilnahmen.

In Ägypten gegründete Einzelstaaten:

7. Der allmählichen Ausbreitung dieses zivilisierten Stammes, der nicht nur die Kaste der Priester, sondern sicherlich auch die der Krieger und vielleicht noch einige andere umfasste, kann die Bildung mehrerer kleiner Staaten entlang der Nilufer zugeschrieben werden ; Der Mittelpunkt jedes einzelnen ist immer eine solche Kolonie, wie wir sie gerade beschrieben haben. obwohl jeder Staat sowohl aus den Ureinwohnerstämmen der Nachbarschaft als auch aus denen bestand, die in das Land eingewandert waren. Das Band, das alle einzelnen Staaten verband, war daher, wie bei den meisten Staaten, die in der Kindheit der Menschheit entstanden waren, ein gemeinsamer Gottesdienst, an dem alle Mitglieder teilnahmen. Aber was aufgrund der Besonderheiten des Bodens und des Klimas im südlichen Afrika nicht möglich war, geschah in Ägypten: Die Landwirtschaft und ihre fortschreitende Verbesserung wurden zur großen Stütze der Zivilisation; und als die eigentliche Grundlage der Staaten bildete sie das wichtigste politische Ziel der herrschenden Kaste.

Widerlegung der Vorstellung, dass die ägyptischen Priester über großes spekulatives Wissen verfügten; denn ihr Wissen hatte vielmehr ständigen Bezug zum praktischen Leben und lag daher in ihren Händen als *Instrumentum Herrschaft* über das Volk, wodurch es sich unentbehrlich machte und dieses in einem Zustand der Abhängigkeit hielt . – Erklärung der engen Beziehung, die ihre Götter, ihre astronomischen und mathematischen Wissenschaften zum Ackerbau hatten.

Manethos Bericht über sie:

8. Laut Manethos Katalogen existierten diese getrennten ägyptischen Staaten zunächst in Ober- und Mittelägypten; im ersteren befanden sich Theben, Elephantine, This und Herakleia; in letzterem Memphis. Erst im letzten Abschnitt seines Werkes begegnen wir Staaten in Unterägypten wie Tanis, Mendes, Bubastis und Sebennytus .

Zu diesen Staaten gehören daher zweifellos die 330 Könige nach Menes, deren Namen die Priester Herodot vorlasen; sowie diejenigen, die Diodorus als vor Sesostris regierende Männer erwähnt , darunter Busiris II. Gründer von Theben und Uchoreus , der Gründer von Memphis. Eusebius und

Syncellus haben von Manetho die Namen mehrerer dieser Könige erhalten, die Marsham zu vergleichen und zu ordnen versucht hat .

Unklarheit über ihre Chronologie.

9. Da es keine bestimmte und kontinuierliche Chronologie gibt, ist es unmöglich, genau zu bestimmen, welche dieser Staaten zeitgenössisch waren und welche die anderen ablösten. Es besteht kein Zweifel, dass Theben eines der frühesten, wenn nicht sogar das älteste von allen war; sicherlich vor Memphis, das von ihm gegründet wurde. Der natürlichen Ordnung der Dinge entsprechend wurden einige dieser Staaten reich und mächtig und verschlangen die anderen. Schon zu dieser frühen Zeit hatten Theben und Memphis eine Überlegenheit gegenüber den anderen erlangt.

Dieses und Elephantine scheinen mit Theben verbunden worden zu sein; ebenso wie die Staaten von Unterägypten bis Memphis.

Memphis war zu Josephs Zeiten ein mächtiger Staat: etwa 1800 v. Chr

10. Die mosaischen Aufzeichnungen beweisen, dass der Staat Memphis (anscheinend der tatsächliche Ort seines Wohnsitzes, nicht On oder Heliopolis) bereits zu Josephs Zeiten Mittel- und Unterägypten umfasste. Es besaß einen zahlreichen und glänzenden Hof; Kasten von Priestern und Kriegern. Die dortige Landwirtschaft blühte auf und mehrere ihrer Institutionen wiesen auf eine tief verwurzelte Zivilisation hin. Doch nach der Einführung des Vasallentums in diesem Staat durch Joseph, als die Klasse der freien Grundbesitzer zerstört wurde, indem der König zum einzigen Landbesitzer außer den Priestern gemacht wurde, müssen die Unruhen, die das Königreich bereits bedrohten, einen gefährlicheren und beunruhigenderen Aspekt angenommen haben.

Invasionen der Nomaden.

11. Diese Probleme kamen aus dem Ausland. Ägypten, das von allen Seiten von Nomadenstämmen umgeben war, hatte oft unter ihren Einbrüchen gelitten, die manchmal von Süden, manchmal von Osten kamen. Aber noch nie waren diese Invasionen so häufig und so langwierig wie in der Zeit unmittelbar nach der Regierung Josephs. Unterägypten wurde von den Beduinen-Arabern überrannt, deren Häuptlinge von den Ägyptern Hyksos oder Beduinen genannt wurden. *Hyksos* , die sich im Land niederließen, befestigten Avaris oder Pelusium und dehnten ihre Herrschaft auf Memphis aus, das sie wahrscheinlich zum Sitz ihrer Regierung machten. Sie werden als Unterdrücker der Religion und der Priesterkaste dargestellt; Aber wenn wir bedenken, dass Moses zu ihrer Zeit eine Blütezeit erlebte, kommen wir zu dem Schluss, dass sie, wie die Mongolen in China, nach und nach die ägyptischen Sitten und die ägyptische Zivilisation übernommen haben müssen. Sie scheinen Theben in Oberägypten nicht in Besitz genommen zu

haben; und es scheint sehr wahrscheinlich, dass der lange Kampf gegen sie nie oder zumindest nur für kurze Zeit ausgesetzt wurde.

Die Herrschaft der arabischen Hyksos fällt zwischen 1800 und 1600 v. Chr.; und war folglich zeitgleich mit Moses und dem Auszug der Juden. Josephus gibt für ihre Herrschaft 500 Jahre an, wobei er wahrscheinlich die langen Perioden früherer Kriege umfasst.

Vertreibung der Hyksos:
und wachsender Glanz Ägyptens.

12. Niederlage und endgültige Vertreibung der Hyksos aus Oberägypten durch Thutmosis, den König von Theben. Die Folge dieses Ereignisses war nicht nur die Wiederherstellung der Freiheit und Unabhängigkeit Ägyptens, sondern auch die Vereinigung der verschiedenen Staaten zu einem Königreich; als die Herrscher von Theben nun Monarchen über ganz Ägypten wurden. Diese Vertreibung der Hyksos, die an sich nur als gewaltige nationale Anstrengung betrachtet werden kann, muss sich umso tiefer in das Gedächtnis des Volkes eingeprägt haben, als sie den Grundstein für die unmittelbar folgende glorreiche Zeit legte.

Die Vertreibung der Hyksos scheint eines der Hauptthemen gewesen zu sein, auf denen die ägyptischen Künstler ihre Talente ausübten: Sie soll auf einem der großen Tempel in Theben dargestellt worden sein. Denon, Tafel cxxxiii.

ZWEITER ZEITRAUM.

Von den Sesostridæ bis zur Alleinherrschaft des Psammetichos . Chr. 1500–650.

Die Quellen für diesen Zeitraum sind dieselben wie für den vorangegangenen; und die Geschichte bewahrt noch immer den Charakter der durch Hieroglyphen überlieferten Aufzeichnungen. Zu dieser Zeit gehört die auf Sesostris folgende Königslinie , die sowohl von Herodot als auch von Diodorus stammt . Diese beiden Historiker sind sich fast einig, wenn wir Herodots Königsreihe nicht als ununterbrochen betrachten, sondern als Fragmente einer Reihe, die ausschließlich aus öffentlichen Denkmälern abgeleitet wurde: Dies wird durch die folgende Tabelle gezeigt, in der auch die Vorgänger von Sesostris angegeben sind .

HERODOT.	DIODORUS .
Menes.	*Menes.*

Ihm folgten dreihundertdreißig Könige aus der Vorperiode, über die unsere Informationen sehr unvollständig sind: Unter diesen Herrschern befanden sich achtzehn Äthiopier und eine Königin namens Nitocris .	Es folgten zweiundfünfzig Nachfolger über einen Zeitraum von mehr als 1400 Jahren.
	Busiris I. und acht Nachfolger; der letzte von ihnen war
	Busiris II. der Gründer von Theben.
	Osymandyas und acht Nachfolger; der letzte von ihnen war
	Uchoreus , Gründer von Memphis.
	Ægyptus , Enkel des Vorgenannten. Nach Ablauf von zwölf Generationen
Mœris .	*Mœris* .
	Sieben Generationen.
Sesostris .	*Sesostris* oder *Sesoosis* .
Pheron , Sohn von Sesostris .	*Sesostris II.* Sohn des Vorgenannten: Er nahm den Namen seines Vaters an.
	Intervall, das mehrere Generationen umfasst.
	Amasis und der Äthiopier,
	Actisanus .

	Mendes oder *Manes* , Erbauer des Labyrinths.
	Anarchie, die fünf Generationen andauerte.
Proteus , zur Zeit des Trojanischen Krieges.	*Proteus* oder *Cetes* , zur Zeit des Trojanischen Krieges.
Rhampsinitus .	*Remphis* , Sohn des Vorgenannten.
	Sieben Generationen, in deren Verlauf *Nileus blühte* , von dem der Nil seinen Namen hat.
Cheops , Erbauer der großen Pyramide.	*Chemmis* oder *Chembes* aus Memphis, Erbauer der großen Pyramide.
Chephres , Bruder des Vorgenannten, Erbauer einer Pyramide.	*Cephren* , Bruder des Vorgenannten, Erbauer einer Pyramide.
Mykerinos, Sohn des Cheops, Erbauer einer Pyramide.	*Mycerinus* , Sohn von Chemmis , Erbauer einer Pyramide.
Asychis, der Gesetzgeber.	*Bochoris* der Gesetzgeber.
Anysis , die blind war.	Intervall von mehreren Generationen.
Sabaco , der Äthiopier.	*Sabaco* , der Äthiopier
Anysis , zum zweiten Mal König.	
Sethos , ein Priester von Vulkan.	
Dodekarchie.	Dodekarchie.

Psammetichos von Sais, alleiniger Herrscher.	*Psammetichos* von Sais, alleiniger Herrscher.

Diese Vergleichstabelle zeigt offensichtlich nicht nur, dass Herodots Linie oft unterbrochen wird, sondern auch, dass es unmöglich ist, eine kontinuierliche Chronologie aufzustellen, da Diodorus mehr als einmal die Anzahl der Generationen unbestimmt lässt. Große Bedeutung kommt jedoch dem von Herodot (II, 13) festgelegten Datum zu, in dem er erklärt, dass König Mœris 900 Jahre vor seinem eigenen Besuch in Ägypten blühte, also zwischen 1500 und 1450 v. Chr. Und wenn, was sehr wahrscheinlich erscheint, das Alter von Sesostris war das 15. Jahrhundert v. Chr. (siehe ZOEGA , *de Obeliscis*), es lässt sich nicht leugnen, dass wir einige allgemeine Epochen haben; und mit diesen müssen wir zufrieden bleiben, bis zufriedenstellendere Informationen über die Denkmäler entdeckt werden können. Es sollte auch beachtet werden, dass die Diskrepanz zwischen den von Herodot und Diodorus erwähnten und den von Manetho angegebenen Namen der Könige durch die Tatsache erklärt werden kann, dass die Herrscher auf den Denkmälern und im öffentlichen Leben durch unterschiedliche Namen unterschieden wurden .

Von den Manetho-Dynastien gehören die 18., 19., 20. und 22. Dynastie zu dieser Zeit; insbesondere die beiden ersten, in denen die wichtigsten Pharaonen vertreten sind.

Glanzvolle Zeit der Pharaonen.

1. Die folgende Periode, fast bis zu ihrem Ende, war das glänzende Zeitalter Ägyptens, in dem es nur ein einziges Reich bildete; die Könige werden als souveräne Herren des ganzen Landes dargestellt. Und tatsächlich war es natürlich, dass auf die Vertreibung der Eindringlinge eine Periode folgte, in der die militärische Kraft und der Eifer der Nation entwickelt und auf äußere Eroberungen ausgerichtet wurden. Die Hauptstadt des Reiches war zweifellos Theben, dessen große Denkmäler in dieser Zeit errichtet wurden; Diese Ehre scheint jedoch abwechselnd Memphis zuteilgeworden zu sein, wobei Herodots Königslinie aus den Denkmälern dieser Stadt und insbesondere aus dem Tempel von Phtha abgeleitet werden kann .

Die mächtigsten Pharaonen dieser Zeit und die Gründer der wichtigsten Denkmäler Oberägyptens, auf denen ihre Namen zu finden sind, sind die folgenden: Sie gehörten zur 18. Dynastie, etwa zwischen 1600 und 1500.

Amenophis I. Sein Name findet sich ebenfalls außerhalb Ägyptens im Tempel von Amada in Nubien.

Thutmosis I. Beginn der Vertreibung der Hyksos.

Amenophis II. Das Memnon der Griechen. Vollständige Vertreibung der Hyksos und Beginn mehrerer großer Bauwerke. Sein Name findet sich auch auf den Denkmälern von Theben, Elephantine und sogar in Nubien, auf dem entfernten Tempel von Soleb . Erbauer des Palastes von Luxor.

Thutmosis II. Sein Name findet sich in Carnac und auf dem Obelisken am Lateran.

Ramses I. Angeblich der Danaus der Griechen. Von seinem Bruder vertrieben:

Ramses II. Miamun . Erbauer des Palastes von Medinet -Abu in Theben. Eines der geöffneten Königsgräber gehört diesem König.

Amenophis III. Erneute Invasion der Hyksos; er flieht vor ihnen nach Äthiopien; kehrt aber siegreich mit seinem Sohn Ramses zurück.

Zugehörigkeit zur 19. Dynastie, zwischen 1500 und 1400.

Ramses III. , genannt der Große, und manchmal *Sesostris* ; Gründer der Dynastie, Befreier Ägyptens und großer Eroberer. Sein Name und seine Titel, seine Kriege und Triumphe finden sich auf den Tempeln und Palästen von Luxor und Carnac, in Theben und Nubien. Sein Sohn und Anhänger:

Ramses IV. Pheron regiert lange in Frieden. Sein Name findet sich in der großen Säulenhalle des Palastes von Carnac und auf vielen anderen Gebäuden.

Von seinen Nachfolgern sind nur wenige Namen erhalten geblieben, bis wir zu Scheschonk oder Sisac aus der 22. Dynastie zwischen 970 und 950 kommen; er eroberte Jerusalem unter der Herrschaft Rehabeams und liefert daher ein festes Datum.

† RVL (Ruehle von Lilienstern), *Grafische Illustrationen der ältesten Geschichte und Geographie Ägyptens und Äthiopiens, mit einem Atlas, 1827* . Ein Werk, das alles Notwendige enthält, um die bisher auf diesem Gebiet der Geschichte gemachten Entdeckungen zu verstehen.

Prächtige Herrschaft von Sesostris .

2. Diese Pracht verdankte das Reich vor allem Sesostris , dem Sohn des Amenophis . Dieser Prinz hat zu Recht Anspruch auf den Beinamen „Groß", den ihm die Ägypter verliehen hatten. Niemand wird den Berichten seiner Taten wörtlich Glauben schenken, so übertrieben sie auch durch die Überlieferungen der Priester waren oder wie sie immer noch auf den Gebäuden von Theben dargestellt werden; Aber wer kann an der Existenz eines Monarchen zweifeln, von dem so viele und so unterschiedliche Denkmäler innerhalb und außerhalb Ägyptens Zeugnis ablegen?

Kritische Untersuchung der Berichte über den neunjährigen Feldzug und die Eroberungen von Sesostris . Seine Waffen richteten sich hauptsächlich gegen wohlhabende Handelsländer; wahrscheinlich auf dem Landweg gegen Äthiopien, Kleinasien und einen Teil Thrakiens; auf dem Seeweg gegen Arabia Felix, vielleicht sogar die Indische Halbinsel. Kann die Durchführung dieser Heldentaten in einer Zeit, in der es in Westasien kein einziges Großreich gab, als unwahrscheinlich angesehen werden? Die riesigen Unternehmungen, die Sesostris im Inneren seiner Herrschaftsgebiete zugeschrieben werden; Umfangreiche Gebäude, Kanäle, Landaufteilung und die Erhebung von Steuern beweisen einer regelmäßigen Erhebung zufolge, dass er der Herrscher von ganz Ägypten gewesen sein muss.

Stand der Verfassung.

3. Trotz der großen Änderungen, die vorgenommen wurden, trug die Verfassung immer noch den gleichen allgemeinen Charakter, den einer priesterlichen Aristokratie in Kombination mit einer Monarchie. Obwohl sich die ägyptischen Könige ebenso wie die indischen Fürsten von den Priestern unterschieden, wurde ihre Macht durch diese Kaste auf verschiedene Weise eingeschränkt. Der Hohepriester teilte die königliche Autorität; Der König wurde durch religiöse Zeremonien gefesselt, sowohl im öffentlichen als auch im privaten Leben; er war verpflichtet, seine Verehrung für den etablierten Gottesdienst durch die Errichtung öffentlicher Denkmäler zum Ausdruck zu bringen; und alle hohen Staatsämter lagen in den Händen der Priester. Es lässt sich nicht leugnen, dass ein Großteil seiner Macht vom persönlichen Charakter des Königs abhing; aber wie stark muss diese Aristokratie gewesen sein, als selbst erfolgreiche Eroberer gezwungen waren, ihre Zustimmung zu erwirken!

Einteilung in Kasten.

4. Ungefähr zu dieser Zeit waren wahrscheinlich auch die häuslichen Beziehungen des Volkes, die Einteilung in Kasten, abgeschlossen. Da die Priesterkaste ausschließlich über alle wissenschaftlichen Erkenntnisse verfügte, blieb sie daher im Besitz der Staatsämter. Die Kaste der Krieger konnte kaum ihre vollständige Form angenommen haben, bevor das Land zu einem Reich vereint war; ebenso konnte die Kaste der Seefahrer vor der Ausgrabung der Kanäle nicht vollständig etabliert worden sein; obwohl der Ursprung aller möglicherweise viel früher liegt.

Vergleich der Berichte von Herodot und Diodor über die Kasteneinteilung. Nicht nur der zeitliche Vorrang, sondern auch die Diskrepanzen zwischen beiden sprechen für Herodot .

Blütezeit Ägyptens,
1500–900.714 v. Chr.

5. Es scheint daher, dass die wohlhabendste Periode des Königreichs der Pharaonen irgendwo zwischen 1500 und 900 v. Chr. angesiedelt sein muss, obwohl laut Diodorus selbst diese Periode von einer langen Anarchie unterbrochen wurde. Der Glanz des Reiches geriet gegen Ende in Vergessenheit. Sabaco , ein ausländischer Eroberer aus Äthiopien (wahrscheinlich aus Meroe), unterwarf Ägypten; Nach seiner Abreise aus dem Land setzte sich Sethos , ein Priester von Phtha , entgegen allen Präzedenzfällen auf den Thron. Er galt daher als Usurpator; Er beleidigte die Kriegerkaste und hätte den Gefahren eines vom Assyrer Sanherib drohenden Einbruchs nicht entgehen können, wenn nicht eine Pest den Eindringling und sein Heer zum Rückzug gezwungen hätte.

Die Dynastie der Sabaco , Seuechus und Tarhaco in Meroe, die als Eroberer Oberägypten unterwarfen, besteht zwischen 800 und 700 v. Chr. Ihre Namen wurden ebenfalls bereits auf Denkmälern entdeckt; einige in Abydos in Ägypten, andere in Nubien.

Dodekarchie.

6. Die ägyptische Monarchie fiel jedoch schließlich und wurde durch eine Oligarchie ersetzt; (oder vielleicht wurde nur zur Teilung der früheren Königreiche zurückgekehrt;) zwölf Fürsten teilten sich die souveräne Macht untereinander. In dieser Regierung scheint zunächst ein gewisser Grad an Einigkeit geherrscht zu haben; Doch schon bald kam es zu Streitigkeiten zwischen den Fürsten, und sie zwangen einen von ihnen, Psammetichus von Sais, zur Flucht. Um 650 v. Chr. gelang es dem verbannten Fürsten, unterstützt von griechischen und karischen Söldnern, sein Unrecht zu rächen; Er vertrieb seine Rivalen und wurde alleiniger Herrscher.

DRITTE PERIODE.

Von der Herrschaft des Psammetichos als alleiniger Monarch bis zur persischen Eroberung Ägyptens durch Kambyses.
Chr. 650–525.

Herodot (l. II, ca. 125 usw.) ist immer noch die wichtigste Autorität für diesen Teil der Geschichte. Seine Aussagen leiten sich jedoch nicht mehr von Hieroglyphen ab, sondern sind rein historisch. Während der Herrschaft des Psammetichos entstand durch die nach Ägypten eingewanderten Griechen die Kaste der Dolmetscher, ἑρμηνεῖς , die sowohl als Ciceroni für Fremde als auch als Vermittler zwischen Ägyptern und Griechen fungierten: Diese Menschen waren in der Lage, Informationen zu geben Respekt vor der Geschichte des Landes. Es ist daher nicht verwunderlich, dass Herodot uns versichert, dass die Geschichte von dieser Zeit an authentisch sei . – Die Namen der nachfolgenden Pharaonen finden sich ebenfalls auf den Denkmälern; Bei der Errichtung konkurrierten sie mit ihren Vorgängern.

Zeitgenössisch : Asien: Aufstieg und Fall des chaldäisch -babylonischen Reiches; Aufstieg der persischen Monarchie . – Rom: Könige aus Numa Pompilius an Servius Tullius. – Athen: Draco; Solon; Pisistratus. – Juden: die letzte Periode und der Untergang des Königreichs Juda; Babylonische Gefangenschaft.

Revolutionen in Ägypten.

1. Von dieser Epoche an blieb Ägypten ununterbrochen ein Königreich, dessen Hauptstadt Memphis war, obwohl Sais in Unterägypten die allgemeine Residenz der königlichen Familie war. Fremde und insbesondere Griechen wurden in Ägypten aufgenommen; teils als Söldner, teils als Kaufleute. Einfluss dieser Neuerung auf den nationalen Charakter und insbesondere auf das politische System. Der Eroberungsgeist, den die ägyptischen Könige nach und nach übernommen hatten, richtete sich hauptsächlich gegen Asien: Daher kam es zur Bildung einer Flotte und zu Kriegen mit den großen aufstrebenden Monarchien Asiens. Anhaltender, aber abnehmender Einfluss der Priesterkaste und Beweise für die Verehrung der Könige für das Priestertum, die sich aus der Errichtung und Verschönerung von Tempeln ableitet, insbesondere des Tempels, der Phtha in Memphis geweiht ist.

Psammetichus *D.* Chr. 610.

2. *Psammetichus* . Die alleinige Macht erlangt er durch die Hilfe griechischer und karischer Söldner, die als stehendes Heer im Land fortgeführt werden. Die Kaste der ägyptischen Krieger, die dadurch Anstoß erfuhr, wanderte zum größten Teil nach Äthiopien aus, wo sie sich niederließ. Der südliche Portikus des Phtha- Tempels wird errichtet und Eroberungspläne gegen Asien werden ins Leben gerufen.

Neco *D.* 594.

3. *Neco* , Sohn und Nachfolger von Psammetichos . Seine umfangreichen Eroberungspläne. Erste Bildung einer Seemacht; und erfolgloser Versuch, das Mittelmeer mit dem Roten Meer durch einen Kanal zu vereinen . Eroberungen in Asien bis zum Euphrat; aber schnelle Abspaltung der Besiegten infolge der verlorenen Schlacht von Circesium . 606. Umrundung Afrikas, die auf seinen Befehl von den Phöniziern unternommen und erfolgreich durchgeführt wurde.

Psammis *D.* 458.

4. *Psammis, sein Sohn und Nachfolger.* Expedition gegen Äthiopien und Eroberungen im Inneren Afrikas.

Apries *D.* 563.

5. Herrschaft von *Apries* (der Pharao- Hophra der Hebräer). Eroberungspläne gegen Asien; – Belagerung von Sidon und Seeschlacht mit den Tyriern; – Expedition gegen Kyrene in Afrika; sein fatales Ergebnis. Eine dadurch ausgelöste Revolution in Ägypten, dessen Bewohner ausländischen Kriegen abgeneigt waren, die größtenteils von außerirdischen Söldnern geführt wurden: die Revolution unter der Führung von Amasis. Im Bürgerkrieg, den Apries nun mit seinen Söldnern gegen die von Amasis befehligten Ägypter führt, verliert er sowohl seinen Thron als auch sein Leben; und mit ihm endet die Familie des Psammetichos , die bis zu diesem Zeitpunkt regiert hatte.

Amasis *d.* 525.

6. Der Usurpator *Amasis* nahm die souveräne Macht in Besitz; und obwohl er mit einer starken Partei zu kämpfen hatte, die ihn wegen seiner niedrigen Herkunft verachtete, gelang es ihm durch Volksmaßnahmen und durch den Respekt, den er der Priesterkaste entgegenbrachte, sich auf dem Thron zu etablieren. – Seine Denkmäler, beides in Sais und Memphis. – Die Ägypter und Griechen lernen sich besser kennen und sind enger miteinander verbunden, teilweise infolge der Heirat des Königs mit einer Griechin; aber hauptsächlich aufgrund der Öffnung der Nilmündungen für die griechischen Kaufleute und der Abtretung von Naukratis als Fabrik für ihre Waren. Große und wohltuende Folgen für Ägypten, das unter der langen Herrschaft von Amasis seinen höchsten Wohlstand erreicht. Dieser Prinz war bereits in Streitigkeiten mit dem persischen Eroberer Cyrus verwickelt, dessen Sohn und Nachfolger Kambyses einen Feldzug gegen Ägypten anführte, dem Amasis jedoch zu seinem Glück durch einen vorzeitigen Tod entging.

Psammenitus .
525.

7. Sein Sohn Psammenitus , der letzte der ägyptischen Pharaonen, wird im ersten Jahr seiner Herrschaft von Kambyses angegriffen. Nach einer einzigen Schlacht bei Pelusium und einer kurzen Belagerung von Memphis wird das Reich der Pharaonen gestürzt und Ägypten geht in eine persische Provinz über. Die mächtige Priesterkaste litt am meisten unter dem Hass des Eroberers; aber die Verfolgung, der sie ausgesetzt waren, muss eher der Politik als dem Fanatismus zugeschrieben werden.

Ägypten ist eine Provinz Persiens.

8. Zustand und Schicksal Ägyptens als persische Provinz. Nach dem Tod des Kambyses erhielt das Land einen persischen Statthalter und wurde somit zur Satrapie. Unmittelbar nachdem der erste Kriegssturm vorüber war, wurde Ägypten von den Persern mit Milde behandelt. Das Land zahlte einen moderaten Tribut, zusammen mit einigen königlichen Geschenken, unter anderem den Produkten der Revoltenfischerei im Mœris -See ; Dennoch kam es immer wieder zu Aufständen, die vor allem auf den Hass und Einfluss der Priesterkaste zurückzuführen sind. Die erste fand unter Darius Hystaspes , 488 bis 484, statt und wurde von Xerxes niedergeschlagen. Eine Erhöhung der Tribute war die Folge. Die zweite unter König Inarus , gefördert und unterstützt von den Athenern, geschah während der Herrschaft von Artaxerxes I.; 463 bis 456. Es wurde von Megabyzus niedergeschlagen . Der dritte fand unter Darius II. statt. und infolge der Unterstützung, die die Ägypter von den Griechen erhielten, war sie von längerer Dauer als die beiden ersteren, da der Thron des Pharaos in gewissem Maße wiederhergestellt wurde.

Diese dritte Abspaltung der Ägypter dauerte bis 354. In dieser Zeit wurden verschiedene Könige ernannt; Amyrtaeus , *gest.* 408; Psammetichus , etwa 400; Nephreus , etwa 397; Pausiris , *gest.* 375; Nectanebus I. *d.* 365; Tachos , *d.* 363; Nektanebus II. von Artaxerxes III. erobert. 354.

KARTHAGER.

Quellen. Die erste große Republik, von der in alten Aufzeichnungen erwähnt wird, dass sie sich sowohl auf den Handel als auch auf den Krieg bezog, ist zweifellos ein Phänomen, das die Aufmerksamkeit des Geschichtsforschers verdient. Unser Wissen über die karthagische Geschichte ist jedoch leider sehr mangelhaft, da wir keinen Autor kennen, der sie zum Hauptgegenstand seiner Aufmerksamkeit gemacht hätte. Das unmittelbare Thema der griechischen und römischen Schriftsteller war die Geschichte ihres eigenen Landes, und sie beziehen sich auf die Geschichte Karthagos nur insoweit, als sie mit ihrem Hauptthema zusammenhängt. Diese Beobachtung gilt sowohl für Polybius und Diodorus als auch für Livius und Appian. Sogar die Informationen von Justin, dem einzigen Autor, der etwas über den frühen Zustand Karthagos sagt, sind kläglich fehlerhaft, obwohl sie Theopompus entnommen sind . (Vgl. *Comment. de Fontibus* JUSTINI *in Commentat . Soc. Gotting .* Bd. xv.) Darüber hinaus verfügen wir, da Herodot uns hier versagt, nicht über die Schriften eines Autors, der Karthago in den Tagen seines Wohlstands gesehen hat: Polybius sah dieses Land erst nach dem Niedergang seiner Macht; Die anderen Historiker schrieben lange danach. Aber obwohl es keine ununterbrochene Geschichte Karthagos gibt, sind wir dennoch in der Lage, die Grundzüge des Bildes dieses Staates zu verfolgen . – Die modernen Autoren über Karthago sind:

HENDRICH , *de Republica Carthaginiensium* , 1664. Eine nützliche Zusammenstellung.

† *Geschichte der Republik Karthago* , 2 Bde. Franckfort , 1781. Eine bloße Geschichte der Kriege.

DAMPMARTIN , *Histoire de la Rivalité de Carthage et de Rome* , Bd. ich , ii. Sehr oberflächlich.

† W. BOETTICHER , Geschichte *Karthagos* , Teil I. Berlin, 1827. Das beste Werk zu diesem Thema; wobei moderne Forschungen zum Einsatz kamen.

Bezüglich der Karthager siehe HEERENS *Afrikanische Nationen* , 2 Bde. 8vo. Oxford, 1831.

Perioden der karthagischen Geschichte.

Die Geschichte Karthagos lässt sich am besten in drei Perioden einteilen: I. Von der Gründung der Stadt bis zum Beginn der Kriege mit Syrakus, 880–480 v. Chr. II. Vom Beginn der Kriege mit Syrakus bis zu denen mit Rom, 480–264. III. Vom Beginn der Kriege mit Rom bis zur Zerstörung Karthagos, 264–146.

ERSTE PERIODE.

Von der Gründung Karthagos bis zu den Kriegen mit Syrakus, 880–480 v. Chr.

Zeitgenössisch : Innerasien: Königreiche der Assyrer, Babylonier und erste Hälfte der persischen Monarchie. Griechen: Zeit von Lykurg bis Themistokles. Römer: Zeit der Könige und des Gemeinwesens bis zur Errichtung der Volkstribunen.

Frühgeschichte Karthagos

1. Die Gründung und die Urgeschichte Karthagos sind, wie alle sehr frühen und wichtigen Ereignisse in der nationalen Geschichte, seit langem in den Schleier der Romantik gehüllt . Der Bericht über Dido, den angeblichen Gründer der Stadt, kann nicht auf den Maßstab reiner historischer Wahrheit reduziert werden, obwohl er die Schlussfolgerung zu rechtfertigen scheint, dass einige politische Unruhen in der Mutterstadt Tyrus eine Gruppe von Auswanderern dazu veranlassten, weiterzumachen die Nordküste Afrikas; wo bereits andere phönizische Gründungen stattgefunden hatten: Hier erkauften sie durch die Verpflichtung, einen jährlichen Tribut zu zahlen, von

den Eingeborenen die Erlaubnis, eine Stadt zu gründen, deren Standort so glücklich gewählt war, dass es nur von den Einwohnern abhing, ihn zu errichten die Größe, die es später erreichte.

Riesige Ausdehnung der karthagischen Herrschaftsgebiete.

2. Es ist wahrscheinlich, dass Karthago zunächst in langsamen Schritten vorrückte; Doch schon am Ende dieser ersten Periode hatte sie einen solchen Höhepunkt ihrer Macht erreicht, dass sie Herrin eines großen Territoriums in Afrika und noch umfangreicherer ausländischer Besitztümer war. Errichtung der karthagischen Herrschaft in Afrika durch Unterwerfung der benachbarten Ureinwohnerstämme und Gründung karthagischer Siedlungen in ihren Territorien; Die Eingeborenen, Libyen-Phöniker , vermischten sich nach und nach mit den Bewohnern dieser Kolonien und übernahmen von ihnen die Liebe zur Landwirtschaft und zu festen Wohnsitzen. Die Bewohner des fruchtbaren Gebietes, das sich nach Süden bis zum Tritonsee erstreckte, waren ausnahmslos karthagische Untertanen.

Beziehung Karthagos zu den anderen tyrischen Kolonien Afrikas:

3. Ihre Verbindung zu den alten phönizischen Städten entlang der Küste, insbesondere zu Utica, war jedoch anderer Natur. Denn obwohl sie eine gewisse Autorität über sie besaß, beanspruchte sie nicht die absolute Herrschaft, sondern stand vielmehr an der Spitze einer Föderation; Dadurch wurde ein Schutz gewährt, der häufig in Unterdrückung ausgeartet sein muss.

mit der griechischen Kolonie Kyrene.

4. Infolge eines Vertrags mit der Nachbarrepublik Kyrene wurde auch das gesamte Gebiet zwischen den beiden Syrten an die Karthager abgetreten. Die Lotophagen und Nasamonen , die Bewohner dieses Bezirks, behielten ihre nomadische Lebensweise bei; Sie müssen jedoch aufgrund ihres Handels mit den inneren Teilen Afrikas für Karthago von größter Bedeutung gewesen sein.

Karthagische Kolonien:
Sardinien; Balearen; Korsika: Teil Siziliens: Kanaren; Madeira.

5. System der Kolonisierung und als notwendige Folge das System der Eroberung ohne Afrika. Offensichtlich war es das Ziel der Karthager, sich auf Inseln niederzulassen und diese ihrer Herrschaft zu unterwerfen. Diejenigen, die im westlichen Teil des Mittelmeers lagen, nahmen den ersten Platz in ihrem Eroberungsplan ein, der auf Sardinien, den Balearen und anderen kleinen Inseln vollständig ausgeführt wurde; vielleicht auf Korsika; In Sizilien konnten sie ihre Wünsche jedoch nie in vollem Umfang verwirklichen. Es ist auch sehr wahrscheinlich, dass die Kanarischen Inseln und Madeira vollständig in ihrem Besitz waren. Andererseits pflegten die

Karthager vor ihren Kriegen mit Rom getrennte Siedlungen auf dem Festland zu errichten, teils in Spanien, teils an der Westküste Afrikas. In letzterem übernahmen sie die Politik ihrer Vorfahren, der Phönizier , indem sie die Siedlungen so klein machten und sie auf so enge Grenzen beschränkten, dass das Mutterland immer ihre Abhängigkeit gewährleisten konnte.

Eroberungen von Mago und seiner Familie.
Karthago verband sich mit Persien, 550–480 v. Chr. Seekampf zwischen Karthagern und Phokäern .
Kolonien ohne die Meerenge von Gibraltar.539.Erster Vertrag mit Rom, 509.

6. Der Ruhm, das Territorium Karthagos durch wichtige Eroberungen zu erweitern, gebührt hauptsächlich der Familie Mago, die zusammen mit seinen zwei Söhnen und sechs Enkeln die Herrschaft der Republik in Sizilien, Sardinien und Afrika begründete. Dies geschah etwa zur gleichen Zeit, als Cyrus, Kambyses und Darius den Grundstein für die persische Monarchie legten, mit der Karthago schon damals eine Verbindung einging. Die Karthager traten daher erstmals im vierten Jahrhundert nach der Gründung ihres Staates als ausgedehnte Eroberer in Erscheinung; und zu dieser Zeit wird auch ihr erstes Seegefecht erwähnt, bei dem die Phokäer ihre Gegner waren. In die gleiche Zeit kann die Gründung ihrer Kolonien jenseits der Säulen des Herkules durch Hanno und Himilco – beide wahrscheinlich Söhne Magos – datiert werden; ersterer an der Küste Afrikas, letzterer an der Küste Spaniens. Auf die gleiche Zeit wird auch der erste Handelsvertrag zwischen den Karthagern und den Römern zurückgeführt, in dem die ersteren als bereits Herren von Sardinien, Afrika und einem Teil Siziliens auftreten .

7. Um diese Eroberungen zu vollenden und nach Abschluss zu bewahren, war die Bildung und Unterstützung riesiger Flotten und Armeen unabdingbar. Nach der üblichen Praxis der Militär- und Marinestreitkräfte Karthagos. Von den Nationen, die sich sowohl dem Handel als auch dem Krieg widmeten, bestanden die karthagischen Heere größtenteils aus Söldnern. Keine Nation folgte jedoch diesem Plan so umfassend wie die Karthager, denn ihnen stellte halb Afrika und Europa Krieger zur Verfügung . – Beschreibung einer karthagischen Armee; Entwicklung der Vor- und Nachteile seiner Organisation. – Organisation ihrer Marine. Der Staat unterhielt sehr zahlreiche Flotten von Kriegsschiffen mit einer Vielzahl von Sklaven, die am Ruder arbeiteten und offenbar öffentliches Eigentum waren.

Verfassung von Karthago:
Suffeten; Senat; Staatsrat; Unterhaus. Militärische und zivile Funktionen im Allgemeinen getrennt.

8. Die politische Verfassung Karthagos war, wie die aller wohlhabenden Handelsstaaten, eine Aristokratie, die sich aus Adligen und Reichen zusammensetzte, allerdings stets mit einer gewissen Beimischung von Demokratie verbunden. Die Angelegenheiten des Staates wurden den Händen der beiden Suffeten oder Könige anvertraut, die ihr Amt aller Wahrscheinlichkeit nach lebenslang innehatten, und denen des Senats (β ουλ ή), der in sich einen ausgewählteren Rat enthielt (das γερουσί α). Das Privileg, die Richter zu wählen, lag beim Volk als Ganzes, das sich auch die gesetzgebende Gewalt mit den Suffeten teilte. Die zivile und die militärische Macht waren gewöhnlich geteilt: Die Ämter des Generals und des Magistrats waren nicht immer, wie in Rom, in derselben Person vereint, obwohl ein solcher Fall nicht unbedingt unvorstellbar sein dürfte: im Gegenteil, jedem Militärchef oblag er die Macht. Vom Senat wurde ein Ausschuss eingesetzt, von dem er mehr oder weniger abhängig war.

Oberster Gerichtshof der *Hundert* :
sein Gegenstand;

9. Das Oberste Staatstribunal der HUNDERTE wurde als Hindernis für die Verfassung gegen die Versuche der mächtigeren Aristokraten, insbesondere der Militärführer, eingesetzt. tatsächlich schien die Brillanz von Magos Eroberungen die Republik mit einer Militärregierung zu bedrohen; und unmittelbar vor seiner Zeit hatte einer der Generäle, Malchus , tatsächlich versucht, Karthago zu versklaven. Das Ziel der Einrichtung wurde zweifellos erreicht; aber in späteren Zeiten erlangte der Rat eine Macht, die seine Übel steigerte. zum absoluten Despotismus. Es ist nicht unwahrscheinlich, dass dieses Gericht gleichzeitig den engeren Ausschuss (das γερουσί α) des Senats bildete .

Finanzen von Karthago.
Tribute der afrikanischen Föderierten: Sardinien usw., der syrischen
Horden:
Abgaben und Zölle: Minen.

10. Unsere Informationen über das Finanzsystem der Karthager sind äußerst dürftig. Die folgenden scheinen die Hauptquellen der öffentlichen Einnahmen gewesen zu sein. 1. Der Tribut der föderierten Städte und ihrer afrikanischen Untertanen. Die ersteren zahlten in Geld, die letzteren größtenteils in Naturalien; Dieser Tribut wurde nach dem Willen der Regierung erhoben, so dass die besteuerten Nationen in dringenden Fällen verpflichtet waren, die Hälfte ihres Einkommens abzugeben. 2. Das Gleiche galt für ihre Außenprovinzen, insbesondere für Sardinien. 3. Der von den Nomadenhorden geleistete Tribut, teilweise von denen in der Regio- Syrtica , gelegentlich auch von denen auf der Westseite. 4. Die Zölle, die nicht nur in Karthago, sondern auch in allen Kolonien mit äußerster Strenge erhoben

wurden. 5. Die Produkte ihrer reichen Minen, insbesondere der spanischen. Bei der Betrachtung des Finanzsystems der Karthager sollte nicht vergessen werden, dass viele der Nationen, mit denen sie Handel trieben oder die in ihren Armeen dienten, mit der Verwendung von Geld nicht vertraut waren.

Handel mit Karthago:

11. System und Umfang ihres Handels. Ihr Ziel war es, ein Monopol auf den westlichen Handel zu sichern; Daher die Praxis, das Wachstum ihrer Kolonien einzuschränken und so weit wie möglich alle Fremden aus ihren Handelsmärkten zu entfernen. Ihr Handel erfolgte teilweise auf dem Seeweg nach Großbritannien und an die Küste Guineas; auf dem Seeweg und teilweise auf dem Landweg. Ihr aus den Kolonien hervorgegangener Seehandel erstreckte sich über das Mittelmeer hinaus, sicherlich bis zu den Küsten Großbritanniens und Guineas. Ihr Landhandel wurde von Karawanen betrieben, die hauptsächlich aus Nomadenstämmen bestanden, die zwischen den Syrten lebten und auf dem Landweg ins Innere Afrikas zogen. Karawanen reisten ostwärts nach Ammonium und Oberägypten, südwärts in das Land der Garamanten (Fezzan) und noch weiter ins Innere Afrikas.

ZWEITER ZEITRAUM.

Vom Ausbruch der Kriege mit Syrakus bis zum Beginn der Kriege mit Rom, 480–264 v. Chr.

Ansichten von Karthago auf Sizilien.

1. Das große Ziel der karthagischen Politik während der gesamten oben genannten Zeit bestand darin, Sizilien zu unterwerfen; Dieses Ziel verfolgte die Nation mit außerordentlicher Hartnäckigkeit, wobei sie oft einem vollständigen Erfolg nahe kam, ihn aber nie erreichte. Die wachsende Macht von Syrakus, die ebenfalls auf den Alleinbesitz der Insel abzielte, legte den Grundstein für den Nationalhass, der nun zwischen den sizilianischen Griechen und den Karthagern aufkam.

Niederlage bei Himera durch Gelon , 480 v. Chr.

2. Erster Versuch, hervorgegangen aus dem Bund, der mit Xerxes I. bei seinem Einmarsch in Griechenland gebildet wurde. Gelon von Syrakus schlägt mit einem Sieg, der noch entscheidender ist als der, den Themistokles über die Perser bei Salamis errang, die Karthager in der Nähe von Himera in die Flucht und zwingt sie, einem schändlichen Frieden zuzustimmen.

Allgemeine Ausdehnung des karthagischen Reiches in Afrika, 480–410.

3. Auf diese Niederlage folgte eine siebzigjährige Zeit der Ruhe , in der wir wenig über Karthago wissen. Alles, was wir mit einiger Wahrscheinlichkeit sagen können, ist, dass in der Zwischenzeit der Kampf um Gebiete zwischen Kyrene und Karthago zum Vorteil des letzteren Staates begann und endete, dessen Herrschaft in Afrika im Allgemeinen durch Kriege mit den Ureinwohnerstämmen ausgedehnt und bestätigt wurde.

Erneuter Krieg in Sizilien, 410.

4. Aber die Thronbesteigung von Dionysius I. auf dem Thron von Syrakus und der ehrgeizige Plan von ihm und seinen Nachfolgern, ganz Sizilien und Großgriechenland ihrer Herrschaft zu unterwerfen, entfachten erneut die Glut des Krieges, die nur schwelte für kurze Zeit, um mit zusätzlicher Gewalt auszubrechen.

Wiederholte und blutige Kriege mit Dionysius I. zwischen den Jahren 410–368. Keine Partei ist in der Lage, die andere auszuschließen: Bedingungen des letzten Friedens; dass jede Partei im Besitz dessen bleiben sollte, was sie damals besetzte. Zweiter Handelsvertrag mit Rom.

Die Karthager nutzten die inneren Unruhen in Syrakus während und nach der Herrschaft von Dionysius II. geschickt aus: Sie versuchten, ihr Ende zu erreichen; werden aber durch das Heldentum von Timoleon , 345–340, vereitelt .

Ein neuer und schrecklicher Krieg mit Agathokles, dessen Sitz von Sizilien nach Afrika selbst verlegt wurde; es endet schließlich zugunsten Karthagos, 311–307.

Der Krieg mit Pyrrhos (277–275), dessen Ehrgeiz zu einem Bündnis zwischen Karthago und Rom führte, trug ebenfalls dazu bei, das Übergewicht der Karthager in Sizilien zu vergrößern; und wahrscheinlich hätten die Beharrlichkeit dieses Volkes und seine Fähigkeit, die Umstände auszunutzen, es ihnen schließlich ermöglicht, ihr Ziel zu erreichen, wenn dadurch nicht die Saat des Krieges zwischen Karthago und Rom ausgestreut worden wäre.

Zwei Revolutionsversuche. 340; 308.
Ausgezeichneter Zustand der karthagischen Finanzen zu Beginn des ersten punischen Krieges.

5. Welche Auswirkungen diese sizilianischen Kriege auf den Staat hatten, ist uns nicht bekannt. Wahrscheinlich wurden sie in Karthago als ein nützliches Mittel angesehen, um die Gärung des Volkes voranzutreiben; dennoch unternahmen einige Mitglieder der aristokratischen Partei zwei Versuche, beide erfolglos, die Verfassung zu stürzen; zuerst von Hanno, 340, und danach von Bomilcar , 308. – Als jedoch der Krieg mit Rom ausbrach,

war das Gemeinwesen so gewaltig und mächtig, dass selbst die Finanzen des Staates überhaupt nicht davon betroffen zu sein scheinen betroffen; ein Umstand von höchster Bedeutung. Welche Konsequenzen hatte es für Karthago, ob es mehr oder weniger 100.000 Barbaren auf der Welt gab, solange es genügend Männer gab, die bereit waren, sich verkaufen zu lassen, und das Land über Geld verfügte, um sie zu kaufen?

DRITTE PERIODE.

Vom Beginn der Kriege mit Rom bis zum Untergang Karthagos, 264–146 v. Chr.

Ursachen der punischen Kriege.

1. Die Kriege zwischen Karthago und Rom waren die notwendigen Folgen des Wunsches nach Vergrößerung in zwei Eroberungsnationen; Jeder hätte den Kampf zwischen den beiden Rivalen vorhersehen können, sobald ihre Eroberungen einmal in Konflikt geraten würden. Es ist daher eine Frage von geringer Bedeutung, zu fragen, wer der Angreifer war; und obwohl Rom von diesem Vorwurf möglicherweise nicht völlig freigesprochen wird, können wir nicht umhin festzustellen, dass die Sicherheit Italiens nach den Grundsätzen einer vernünftigen Politik kaum mit der alleinigen Herrschaft der Karthager über die Insel Sizilien vereinbar war.

Der erste Krieg mit Rom (264–241) (dreiundzwanzig Jahre) wurde um den Besitz Siziliens geführt und fast zu Beginn von Hieron entschieden Übergang auf die römische Seite. (Zur Geschichte siehe unten in der Römischen Geschichte, Buch V. Periode II, Absatz 2 qm.)

Fatale Folgen des ersten punischen Krieges für Karthago.

2. Dieser Krieg kostete die Republik, Sizilien und die Souveränität des Mittelmeerraums, wodurch das Schicksal seiner anderen äußeren Besitztümer bereits vorherbestimmt war. Aber was auf den ersten Blick die größte Gefahr zu sein schien, war die völlige Erschöpfung seiner Finanzen; ein Umstand, der uns nicht mehr überraschen wird, wenn wir bedenken, wie viele Flotten zerstört und ersetzt, wie viele Armeen vernichtet und erneuert wurden. Noch nie war Karthago in einen so hartnäckigen Kampf wie diesen verwickelt; und die unmittelbaren Folgen waren noch schlimmer als der Krieg selbst.

Schrecklicher Bürgerkrieg, 240–237 v. Chr.

3. Die Unmöglichkeit, die Söldner zu bezahlen, löste eine Meuterei unter den Truppen aus, die sich schnell zu einem Aufstand der unterworfenen Nationen ausweitete, die während des Krieges am grausamsten unterdrückt worden waren. Die Folge war ein dreieinhalb Jahre dauernder Bürgerkrieg, der den Römern wahrscheinlich die Mühe erspart hätte, Karthago zu zerstören, wenn der Staat nicht durch den Heldenmut Hamilkars aus dem Ruin gerissen worden wäre.

Dieser Krieg, der von 240 bis 237 dauerte, hatte bleibende Folgen für den Staat; Dies führte zur Fehde zwischen Hamilkar und Hanno dem Großen, die Hamilkar dazu zwang, Unterstützung gegen den Senat zu suchen, indem er zum Anführer einer demokratischen Fraktion wurde.

Sardinien ist verloren, 237.

4. Der Aufstand breitete sich im Ausland aus; es erreichte Sardinien und verursachte den Verlust dieser wichtigsten Insel, die die von Macht erfüllten Römer trotz der Friedensbedingungen in Besitz nahmen.

Aufstieg des Hauses der Barcas :

5. Der Einfluss der Familie der Barcas , die in ihren Auseinandersetzungen mit dem Senat von der Volkspartei unterstützt wurde, gewann nun in Karthago die Oberhand; und die erste Frucht ihrer Macht war das neue und gigantische Projekt, den Verlust Siziliens und Sardiniens durch die Eroberung Spaniens auszugleichen; ein riesiges Projekt in Spanien, einem Land, in dem die Karthager bereits einige Besitztümer und Handelsbeziehungen hatten. Das unmittelbare Ziel der Barcas war die Unterstützung ihrer Familie und Partei; aber die spanischen Silberminen lieferten der Republik bald die Mittel, den Wettbewerb auch mit Rom zu erneuern.

hingerichtet von Hamilkar und Hasdrubal, 237–221.
Durch einen Vertrag mit den Römern wird im Jahr 226 der Ebro als
Grenze ihrer Besitztümer in Spanien festgelegt. Gründung
Karthagos .
Hannibal übernimmt 221 das Kommando über die Armee und beginnt 218
den zweiten punischen Krieg.

6. Während der neun Jahre, in denen Hamilkar befehligte, und in den folgenden acht Jahren, in denen Hasdrubal, sein Schwiegersohn und Nachfolger, an der Spitze der Armee stand, der gesamte Süden Spaniens bis zum Iberus wurde Karthago entweder durch Verhandlungen oder mit Waffengewalt unterworfen. Das weitere Vordringen der Karthager wurde erst durch einen Vertrag mit den Römern aufgehalten, in dem der Iberus als Grenzlinie festgelegt und die Freiheit von Sagunt von beiden Mächten anerkannt wurde. Hasdrubal krönte seine Siege als General und Staatsmann

mit der Gründung von Neu-Karthago (Carthagena), das der zukünftige Sitz der karthagischen Macht im neu eroberten Land sein sollte. Nachdem Hasdrubal im Jahr 221 durch die Hand eines Attentäters gefallen war, gelang es der Partei der Barkas , Hamilkars Sohn Hannibal, einen jungen Mann von einundzwanzig Jahren, zu seinem Nachfolger zu ernennen. Hannibal fand in Spanien bereits alles vorbereitet, um das Erbprojekt seiner Familie voranzutreiben, das eine Erneuerung des Wettbewerbs mit Rom darstellte; und die Energie , mit der dieses Projekt verfolgt wurde, beweist deutlich, wie groß das Übergewicht des Barcine- Einflusses zu dieser Zeit in Karthago gewesen sein muss. Hätte sich das Commonwealth mit dem gleichen Eifer um die Marine gekümmert wie ihr großer General um den Landdienst, wäre das Schicksal Roms vielleicht ganz anders ausgefallen.

Zweiter Krieg mit Rom, 218–201, (siebzehn Jahre), zuerst in Italien und Spanien, danach, ab 203, in Afrika selbst. (Siehe die Geschichte dieses Krieges weiter unten in der Römischen Geschichte, Buch V, Periode II, Absatz 6 qm .)

Innerer Zustand Karthagos während des zweiten punischen Krieges.

7. Bis Afrika zum Schauplatz des Geschehens wurde, kostete der zweite Krieg die Republik viel weniger als der erste; Die Kosten werden hauptsächlich von Spanien und Italien getragen. Hanno stand jedoch an der Spitze einer mächtigen Partei im eigenen Land, die lautstark für den Frieden eintrat, und wer kann sagen, dass sie Unrecht hatte? Wie zu erwarten war, war die Familie der Barcas für den Krieg, und ihr Einfluss setzte sich durch. Dieser General, der trotz kaum Unterstützung Karthagos dennoch in der Lage war, im Land seiner mächtigen Feinde nicht weniger als fünfzehn Jahre lang Fuß zu fassen, und der ebenfalls, sowohl durch Politik als auch durch Waffengewalt, unsere Macht erpressen musste Bewunderung. Es kann jedoch nicht geleugnet werden, dass während des Kampfes zumindest eine günstige Gelegenheit verpasst wurde, Frieden zu schließen; ein fatales Versäumnis, für das der Held von Cannæ mit dem Scheitern seines Lieblingsprojekts teuer genug bezahlte.

Ein schändlicher Frieden als Ergebnis des Krieges.

8. Durch den zweiten Frieden mit Rom wurde Karthago aller seiner Besitztümer außerhalb Afrikas beraubt und seine Flotte wurde in die Hände der Römer ausgeliefert. Sie sollte nun eine bloße Handelsstadt unter der Vormundschaft Roms sein. Aber Karthago fand durch diesen Frieden seinen schlimmsten Feind auf dem Boden Afrikas. Massinissa war zum König von Numidien erhoben worden; und seine Bemühungen , aus seinen Nomaden ein landwirtschaftliches Massinissa von Numidien zu formen, ein neues Instrument der römischen Politik. Menschen zu vertreiben und sie in Städten zu sammeln, muss das Militärsystem verändert haben, dem Karthago bisher

gefolgt war. Darüber hinaus hatte die römische Politik dafür gesorgt, dass der zu seinen Gunsten in den letzten Friedensvertrag aufgenommene Artikel so zweideutig formuliert war, dass reichlich Anlass für Streit blieb.

Hannibal an der Spitze;
versucht, die Oligarchie zu kontrollieren.

9. Auch nach diesem schändlichen Frieden behielt die Familie der Barcas ihren Einfluss, und Hannibal wurde als oberster Richter an die Spitze der Republik gestellt. Er versucht, die Verfassung und die Finanzen zu reformieren, indem er die Oligarchie der Hundert zerstört, die die Finanzen durcheinander gebracht hatte. So erfolgreich der erste Schlag auch war, es zeigte sich bald, dass aristokratische Fraktionen nicht so leicht vernichtet werden konnten wie Armeen.

Die demokratische Fraktion, der sogar die Barcas ihren ersten Aufstieg verdankten, war die Ursache für den Verfall der karthagischen Verfassung. Von dieser Fraktion wurde die Gesetzgebungsbefugnis des Senats und der Richter entzogen und auf den *ordo judicum übertragen* – wahrscheinlich dasselbe wie das oberste Staatsgericht der Hundert –, das nun den Charakter einer allmächtigen nationalen Inquisition annahm; und die Mitglieder, die auf Lebenszeit gewählt wurden, übten unterdrückenden Despotismus aus. Dieses Tribunal wurde aus denjenigen gebildet, die das Amt des Finanzministers innehatten und mit denen es schamlos die Einnahmen des Staates teilte. Hannibal zerstörte diese Oligarchie durch ein Gesetz, indem er anordnete, dass die Mitglieder ihr Amt höchstens ein Jahr lang ausüben sollten; wohingegen sie es vorher lebenslang hielten. Bei der durch dieses Gesetz bewirkten Reform der Finanzen zeigte sich, dass die Einnahmen der Republik nach allen Kriegen und Verlusten immer noch ausreichten, nicht nur für die üblichen Ausgaben und die Zahlung von Tributen an Rom, sondern auch für einen Überschuss in der Staatskasse. Kaum waren zehn Jahre vergangen, konnte Karthago den gesamten Tribut, den es in Raten zu zahlen verpflichtet hatte, auf einmal zurückzahlen.

Hannibal musste nach Syrien fliegen.

10. Die besiegte Partei, deren Interessen nun mit denen Roms übereinstimmten, schloss sich den Römern an und erfuhr ihnen von Hannibals Plan, den Krieg gemeinsam mit Antiochus dem Großen, dem König von Syrien, wiederaufzunehmen. Unter einem anderen Vorwand wurde eine römische Gesandtschaft nach Afrika geschickt, um die Auslieferung Hannibals zu fordern. Der karthagische Feldherr floh heimlich zum König Antiochus, an dessen Hof er zum Hauptanstifter des Krieges gegen Rom wurde; obwohl sein Versuch, die Karthagische Republik in den Kampf einzubeziehen, erfolglos blieb.

Siehe im Folgenden die Geschichte Syriens, Buch IV, Periode III, einzelne Königreiche. I. Seleukiden , Parag . 18; und Buch V, Periode II, Absatz . 10 qm

Der römische Einfluss etablierte sich in Karthago vollständig.

11. Infolge der Abwesenheit Hannibals geriet Karthago erneut unter die Herrschaft der Römer, die es schafften, indem sie die Lage der Parteien geschickt ausnutzten, um bei der Ausübung ihrer Macht einen Beweis von Großzügigkeit zu erbringen. Sogar die patriotische Fraktion schien, wenn wir nach den gewalttätigen Schritten urteilen dürfen, die sie mehr als einmal gegen Massinissa und seine Anhänger unternahm, nur ein Werkzeug in den Händen Roms gewesen zu sein.

Das karthagische Territorium zerfiel nach und nach.

12. Streitigkeiten mit Massinissa , die zur schrittweisen Teilung des karthagischen Territoriums in Afrika führten. Die Art und Weise, wie dieses Gebiet erworben wurde, erleichterte die Entdeckung von Ansprüchen auf jeden einzelnen Teil; und die Einmischung Roms, die manchmal desinteressiert, aber oft von Parteigefühlen beeinflusst war, sicherte den Numidern den Besitz des Territoriums.

Sogar im Jahr 199 wurde ein nachteiliger Vertrag mit Massinissa für fünfzig Jahre geschlossen: Dennoch geht die reiche Provinz Emporia im Jahr 193 verloren. – Verlust einer weiteren unbenannten Provinz, auf die Massinissa einige Ansprüche von seinem Vater geerbt hat. – Eroberung der Provinz Tysca , mit fünfzig Städten, etwa 174. Wahrscheinliches Datum von Catos Gesandtschaft, der angewidert zurückkehrte, weil seine Entscheidung abgelehnt worden war, und zum Anstifter eines Projekts zur Zerstörung Karthagos wurde. – Neue Streitigkeiten um 152. – Massinissas Partei wird aus Karthago vertrieben. – Daraufhin bricht ein Krieg aus, in dessen Verlauf der König in seinem neunzigsten Lebensjahr persönlich die Karthager besiegt; und durch Hungersnot und das Schwert wurde Hasdrubals Armee, die vom Feind umzingelt war, fast ausgerottet; In der Zwischenzeit sahen die römischen Gesandten, die gekommen waren, um als Vermittler zu fungieren und ihren privaten Anweisungen Folge zu leisten, mit stiller Gleichgültigkeit zu.

Zerstörung Karthagos; dritter punischer Krieg;

Nasica tobende Parteigeist einen erheblichen Einfluss auf die Beschleunigung der Zerstörung Karthagos hatte; und obwohl es ebenso klar ist, dass Massinissas später Sieg den Weg für die sofortige Umsetzung dieses Projekts ebnete; Dennoch ist es schwierig, das Netz zu entwirren, durch das Verrat lange vor der bevorstehenden Kriegserklärung den letzten Schauplatz dieser großen Tragödie vorbereitete. Der Bericht, den Cato bei seiner

Rückkehr über die wiederbelebte Macht des Karthago-Konsonanten gab, war wahrscheinlich auf römische Doppelzüngigkeit zurückzuführen. zur Wahrheit? War die plötzliche Abspaltung von Ariobarzanes , dem Enkel von Syphax , der eine numidische Armee zur Verteidigung Karthagos gegen Massinissa hätte anführen sollen , nicht zuvor mit Rom vereinbart worden? War nicht der turbulente Gisgo , der zunächst die Bevölkerung dazu aufhetzte, die römischen Botschafter zu beleidigen, und sie dann rechtzeitig vor der Wut des Pöbels rettete, auf Kosten Roms? Diese Fragen geben Anlass zu Verdacht, können aber nicht zufriedenstellend beantwortet werden. Jedenfalls kann man sagen, dass das Verhalten Roms nach Kriegsausbruch den Verdacht bestätigt. Die gesamte Geschichte der letzten Periode beweist hinreichend, dass es nicht so sehr der erniedrigte Charakter der Nation, sondern vielmehr der Parteigeist und der Geiz der Großen waren, die den Fall Karthagos herbeiführten. Dieser Parteigeist und diese Gier wurden von der römischen Politik ausgenutzt, die, obwohl sie nach dem Diktat blinder Leidenschaft handelte, aus dunklen und niederträchtigen Intrigen Profit zu schlagen wusste.

Dritter Krieg mit Rom und Zerstörung Karthagos, 150–146. Siehe im Folgenden die römische Geschichte, Buch V, Periode II, Absatz . 19 qm

ZWEITES BUCH.

Geschichte des Persischen Reiches von 560–330 v. Chr.

Quellen. Bewahrung historischer Aufzeichnungen unter den Persern selbst in Form königlicher Annalen; Herkunft und Natur dieser Annalen. Da diese zerstört wurden, müssen wir die Geschichte von ausländischen Schriftstellern ableiten, von denen einige jedoch auf die persischen Annalen zurückgriffen. 1. *Griechen*: ihre Autorität als Schriftsteller, zeitgenössisch, aber nicht immer ausreichend mit dem Osten vertraut. (*a*) KTESIAS . Seine aus persischen Annalen zusammengestellte Hofgeschichte wäre das Hauptwerk, wenn wir das Ganze besäßen; Wir haben jedoch nur einen von Photius aufbewahrten Auszug daraus . (*b*) HERODOT : der wahrscheinlich in einigen Teilen seiner Arbeit auf ähnliche Quellen zurückgegriffen hat. (*c*) XENOPHON. Zu dieser Geschichtsperiode gehören nicht nur seine Anabasis und Hellenica, sondern auch seine Cyropædia oder die Porträtmalerei eines glücklichen Reiches und eines vollendeten Herrschers nach östlichen Vorstellungen, dargestellt am Beispiel von Cyrus: von Nutzen, soweit es sich um reine historische Aufzeichnungen handelt sind mit der Erzählung verwoben. (*d*) DIODORUS usw. 2. *Jüdische Schriftsteller*. Die Bücher ESDRAS und NEHEMIA ; und insbesondere das von ESTHER , da es eine getreue Darstellung des persischen Hofes und seiner Sitten enthält. 3. Die Berichte der späteren *persischen Chronisten* , insbesondere MIRKHOND , DIE IM 13. JAHRHUNDERT DER christlichen Ära ihre Blütezeit erlebten, können auf der Skala der Kritik kein Gewicht haben; Dennoch sind sie insofern interessant, als sie uns mit den Vorstellungen bekannt machen, die sich die Bewohner des Ostens von ihrer Frühgeschichte machen.

Die modernen Autoren zur persischen Geschichte sind hauptsächlich diejenigen, die über die antike Geschichte im Allgemeinen geschrieben haben: siehe S. 2. Eine aus östlichen Quellen abgeleitete Abhandlung über die persische Geschichte findet sich in *Ancient Universal History* , Bd. iv.

BRISSONIUS , *de Regno Persarum* , 1591, 8vo. Eine sehr aufwendige Zusammenstellung.

Der Abschnitt über die Perser in † HEEREN , *Ideas* , etc. vol. ich , Teil 1.

[MALCOLM, SIR JOHN , *Geschichte Persiens* , von den Anfängen bis zur Gegenwart. London . 1816, 4to. 2 Bde. „Eine wertvolle Arbeit.“]

Originalzustand der Perser.

1. Zustand der persischen Nation vor Cyrus; ein den Medern unterworfenes Hochlandvolk, das in den gebirgigen Teilen der Provinz Persis lebte und ganz oder zum größten Teil ein Nomadenleben führte. Die Aufteilung in zehn Clans, darunter die der Pasargadæ , der edelsten Spuren davon bleiben in der gesamten folgenden Geschichte der Perser sichtbar. Permanente Unterscheidung zwischen den Stämmen in Bezug auf ihre Lebensweise, die selbst während der Blütezeit des persischen Staates zu beobachten war: drei der Adligen oder Krieger, drei der Ackerbauern und vier der Hirten. Das Argument leitete daraus ab, dass die Geschichte der Geschichte den Vorrang hat. Perser als dominierende Nation *ist allein die der edleren Clans und der* PASARGADÆ *genauer gesagt* .

CYRUS , ähnlich wie Dschingis Khan und andere asiatische Eroberer;

2. Die persönliche Geschichte von Cyrus, dem Gründer der persischen Monarchie, war selbst zur Zeit von Herodot so unter dem Schleier der Romantik verborgen, dass es nicht mehr möglich war, die wahre Wahrheit herauszufinden. Es ist jedoch offensichtlich, dass der von ihm initiierte Verlauf der Revolution im Großen und Ganzen derselbe war wie in allen ähnlichen, in Asien gegründeten Reichen. Dschingis Khan wurde in einem späteren Zeitalter an die Spitze aller Mogol -Horden gestellt; Auf die gleiche Weise wurde Cyrus zum Häuptling aller persischen Stämme gewählt, mit dessen Hilfe er um 561 v. Chr. das persische Reich gründete. Er wurde ein mächtiger Eroberer, zu der Zeit, als die babylonischen und medischen Königreiche Innerasiens im Niedergang begriffen waren, und davor das lydische Reich unter Krösus war fest etabliert.

Abstammung von Cyrus aus der Familie des Achæmenes (Jamshid?). Diese Familie gehörte zum Stamm der Pasargadæ und blieb daher das herrschende Haus.

Des Medo -Baktrischen Reiches, zerstört 561.
des Lydischen Reiches: Asiatische Griechen unterworfen, etwa 557, von Babylon, 538. Cyrus wird im Kampf mit den Massageten getötet , 529.

3. Aufstieg der persischen Herrschaft als Folge des Sturzes des Medo - Baktrischen Reiches nach der Niederlage von Astyages bei Pasargada . Rasche Erweiterung durch weitere Eroberung. Unterwerfung Kleinasiens nach dem von Kyros persönlich errungenen Sieg über Krösus und Eroberung der griechischen Kolonien durch die Generäle des persischen Monarchen. Eroberung Babylons und aller babylonischen Provinzen. Die phönizischen Städte unterwarfen sich aus eigenem Antrieb. Schon zur Zeit des Kyros waren daher die Grenzen des persischen Reiches in Südasien bis zum Mittelmeer, zum Oxus und zum Indus ausgedehnt worden; aber der Feldzug gegen die Nomadenrassen, die die Steppen Zentralasiens bewohnten, war erfolglos; und Cyrus selbst fiel im Kampf.

Es lässt sich nicht leugnen, dass in der Erzählung der einzelnen Kriege, die Cyrus führte, Diskrepanzen bei Herodot und Ktesias zu finden sind ; Diese beiden Autoren stimmen jedoch in den wesentlichen Tatsachen überein: und tatsächlich können die Unterschiede, die zwischen ihnen bestehen, nicht immer als direkte Widersprüche betrachtet werden.

Die Perser übernehmen die Religion, Gesetze und Höflichkeit der eroberten Meder.

4. Unmittelbare Folgen dieser großen Revolution sowohl für die Eroberer als auch für die Besiegten. Unter den ersteren waren bereits zur Zeit des Cyrus die Zivilisation und der Luxus der Meder, ihre Gesetzgebung und Nationalreligion sowie die Priesterkaste der Magier, die Hüter dieser Religion waren, und das gesamte System der Meder eingeführt worden Der persische Hof war dem der Meder nachempfunden worden.

Beschreibung der Gesetzgebung Zoroasters und der magischen Nationalreligion gemäß dem Zend-avesta . Inwieweit können die Dogmen Zoroasters als vorherrschend bei den Persern angesehen werden? – Beweis dafür, dass sie nur von den edleren Stämmen, insbesondere den Pasargadæ , übernommen wurden . Ihr großer und wohltuender Einfluss auf die Landwirtschaft.

ANQUETIL DU PERRON , *Zend-avesta , ouvrage de* ZOROASTRE , *übersetzt en François sur l'original Zend* . Paris, 1771. 4to. Dieses Werk wurde durch die kritischen Diskussionen, die JL KLEUKER DER DEUTSCHEN ÜBERSETZUNG HINZUGEFÜGT HAT, ERHEBLICH VERBESSERT . Vergleichen Sie die Dissertationen über Zoroaster von MEINERS und TYCHSEN im *Kommentar. Soc. Gotting* . und HEEREN , *Ideas* , etc. vol. ich .

HYDE , *De Religione Veterinär Persarum* ; Oxon. 1700, 4to. Vollgepackt mit wissenschaftlicher Forschung und dem ersten Werk, das die Forschung zu diesem Thema anregte.

† JS RHODE , *Heilige Traditionen des Ostens* ; Breslau, 1821. Ein ausgezeichnetes Werk für das Studium des Zend-Avesta , der Magierreligion und der Altertümer der Meder und Perser.

Es wurden Hilfsmittel eingesetzt, um die eroberten Gebiete in Besitz zu halten.
Tribut. Stehende Heere. Transfer ganzer Nationen.

5. Erste politische Verfassung des Persischen Reiches unter Kyros. Keine allgemeine neue Organisation; aber zum größten Teil bleiben die ursprünglichen Institutionen unter den Besiegten erhalten, die gezwungen sind, Tribut zu zahlen. Zu den Generälen gehören königliche Offiziere, die mit der Einziehung des Tributs beauftragt sind und mit zahlreichen Armeen

die Bewohner der eroberten Länder unter Kontrolle halten. Zur Unterstützung des Reiches werden große stehende Heere als Sold gehalten, außerdem wird häufig auf die Umsiedlung ganzer Nationen zurückgegriffen; während, wie es bei den Juden der Fall war, einige, die zuvor verpflanzt worden waren, in ihr Land zurückgeführt werden. Mit der gleichen Absicht werden, wie im Falle der Lydier, Anordnungen erlassen, um die Entnervung kriegerischer Rassen durch ein luxuriöses und verweichlichtes Bildungssystem zu bewirken .

6. Cyrus hinterlässt zwei Söhne, von denen der älteste, Kambyses, die Nachfolge als König antritt; der jüngere, Smerdis (der *Tanyoxarces* von Ktesias), wird unabhängiger Herrscher über Baktrien und die östlichen Gebiete; wird aber bald darauf auf Befehl seines älteren Bruders ermordet.

KAMBYSES 529—522.
erobert Ägypten usw.

7. Unter Kambyses richten sich die erobernden Waffen der Perser gegen Afrika. Ägypten wird eine persische Provinz, und das benachbarte Libyen übernimmt zusammen mit Kyrene aus eigenem Antrieb das Joch. Aber der zweifache Feldzug gegen die wohlhabenden Handelsniederlassungen Ammonium im Westen und Meroe im Süden war völlig erfolglos; Das gegen Karthago wird in seinem Anfang durch die Weigerung der Tyrier, sich der Seebewaffnung anzuschließen, gestoppt. Eine Kolonie von sechstausend Ägyptern wird nach Susana verpflanzt.

Seine Politik bei der Verfolgung des ägyptischen Priestertums:
Seine Laster sind wahrscheinlich stark übertrieben.

8. Die Grausamkeit, mit der Kambyses beschuldigt wird, die Ägypter behandelt zu haben, richtete sich eher gegen die mächtige Kaste der Priester als gegen die ganze Nation; und hatte ihren Ursprung eher in politischen als in religiösen Motiven. Es muss jedoch beachtet werden, dass wir besonders auf der Hut vor all dem Bösen sein sollten, das von Kambyses erzählt wird, da unsere Informationen über diesen Prinzen ausschließlich von seinen Feinden, den ägyptischen Priestern, stammen.

Usurpation der Magier:
Tod des Kambyses, 522.

9. Die Usurpation der Pseudo- Smerdis (oder *Tanyoxarces*) war ein Versuch der Magier, durch eine im Serail ausgeheckte Verschwörung eine medische Dynastie auf dem Thron zu ersetzen. Es war der Anlass für einen Unfall, der Kambyses das Leben kostete, nach einer Regierungszeit von siebeneinhalb Jahren (oder, nach Ktesias , von achtzehn Jahren).

Der falsche SMERDIS wird nach achtmonatiger Herrschaft von den sieben
Granden getötet.

10. Der Pseudo- Smerdis behielt seinen Sitz auf dem Thron acht Monate
lang, während derer er versuchte, die eroberten Nationen durch einen
dreijährigen Erlass aller Tribute in sein Interesse zu bringen; Doch die
Entdeckung seines Betrugs führte zu einer Verschwörung von sieben der
führenden Perser, die die Herrschaft eines Meders nicht ertragen konnten,
und der Usurpator verlor sein Leben.

Smerdis wurden keine Fortschritte auf dem Weg zu einer etablierten
Regierung gemacht .
Nachdem die Perser das Nomadenleben aufgegeben hatten, wurde
Persepolis gebaut.

11. Es war nicht zu erwarten, dass die politische Organisation des
Königreichs während der Herrschaft von Kambyses, der bei der
Kriegsführung fast immer abwesend war, zur Vollendung gelangen würde;
oder während der kurzen Herrschaft der Pseudo- Smerdis . Es blieb daher
im gleichen Zustand wie unter Cyrus. Aber die Einführung des medischen
Gerichtszeremoniells unter dem herrschenden Stamm der Perser und die
Einführung fester Wohnsitze durch diesen Stamm machte es notwendig,
königliche Residenzen für den Empfang des königlichen Hofes zu errichten;
unter diesen Persepolis (siehe oben, S. 20), wahrscheinlich von Cyrus
begonnen, wurde unter Darius und Xerxes fertiggestellt.

Die besten Zeichnungen der Denkmäler von Persepolis, die
gleichermaßen wegen ihrer Architektur, ihrer Skulptur und ihren Inschriften
in Pfeilschriftform bemerkenswert sind, finden sich in den Reisen von
CHARDIN und NIEBUHR . Abbildungen:

† HERDERS *Persepolis* , in der Sammlung seiner Werke, Bd. ich .

† HEEREN , *Ideen* usw. Teil I. vol. ich . Große Hilfe beim Studium der
Inschriften wird geleistet von

DE SACY , *Erinnerungen auf verschiedene Arten Antiquités de la Perse* ; Paris,
1793, 4to. Es muss jedoch beachtet werden, dass sich diese Arbeit auf die
Illustration der späteren Denkmäler beschränkt, die zu den *Sassanidae gehören*
. Der erfolgreichste Versuch, die pfeilspitzenförmigen Inschriften des alten
Persischen zu entziffern , seit TYCHSEN , MUENTER und LICHTENSTEIN ,
findet sich in

† GROTEFEND , *On the Interpretation of the Arrow-headed Characters, besonders
of the Inscriptions at Persepolis* , enthalten im Anhang zu HEEREN , *Ideas* , etc.
vol. ii. mit einem begleitenden Zend-Alphabet.

Die sieben Granden beraten über die künftige Regierungsform.

12. Nach einer sehr bemerkenswerten Debatte der sieben Verschwörer über die Regierungsform, die eingerichtet werden sollte, wurde Darius, der Sohn von Hystaspes , einem Mitglied der Familie der Achämeniden , durch ein Orakel auf den Thron erhoben; Dieser König versuchte, sein Recht auf das Zepter zu stärken , indem er zwei Töchter des Cyrus heiratete.

DARIUS (522–486), ein großer Staatsmann und Eroberer:

Ktesias 31 sechsunddreißig Jahre dauerte, ist bemerkenswert für die Verbesserungen, die sowohl in der äußeren als auch inneren Verwaltung des persischen Reiches erzielt wurden. Im ersten Fall durch die großen Expeditionen und Eroberungen, die das persische Reich bis an seine äußersten Grenzen ausdehnten; in letzterem durch mehrere wichtige Institutionen, die für die innere Organisation des Staates gegründet wurden.

der erste Perser, der seine Waffen nach Europa trägt:
und ist mit den europäischen Griechen verwickelt.

14. Die Feldzüge der Perser unter Cyrus richteten sich gegen die Länder Asiens; die des Kambyses gegen Afrika. Aber die von Darius I. unternommenen Unternehmungen richteten sich gegen Europa, obwohl das persische Territorium gleichzeitig in die beiden anderen Teile der Welt ausgedehnt wurde. Unter der Herrschaft dieses Königs begannen auch jene Kriege mit den Griechen, die für die Perser so verhängnisvoll waren; ständig gefördert und unterstützt von ausgewanderten oder verbannten Griechen, die am persischen Hof Zuflucht fanden und es dort schafften, eine Partei zu gründen. – Erstes Beispiel dieser Art, das kurz nach der Thronbesteigung von Darius im Fall von Syloson , dem Bruder von Polykrates, gezeigt wurde , der Tyrann von Samos gewesen war: Auf seinen Wunsch wurde die Insel von den Persern in Besitz genommen und ihm nach der fast vollständigen Vernichtung der männlichen Bevölkerung übergeben.

Babylon trennt sich und wird reduziert: 516.

15. Großer Aufstand in Babylon, das sich einem fremden Joch nicht zahm unterwerfen wollte. Nach einer einundzwanzigmonatigen Belagerung erlangt Darius durch eine List den Besitz der Stadt zurück. Die Macht Babylons und die Bedeutung seiner Lage steigerten die Eifersucht, mit der es von den persischen Königen bewacht wurde; so sehr, dass sie es pflegten, einen bestimmten Teil des Jahres dort zu wohnen.

Feldzug gegen die Skythen: 513.
Die Perser etablieren sich, wenn auch erfolglos, in Europa.

16. Erste große Expedition des Darius gegen die Skythen, die die Gebiete nördlich des Schwarzen Meeres bewohnten : Der frühere Einbruch der

Skythen in Asien bot einen Vorwand für den Krieg, der daher als allgemeines nationales Unterfangen angesehen wurde. So erfolglos die persischen Waffen bei diesem gewaltigen Feldzug gegen die Skythen auch waren und so schändlich der Rückzug aus den kargen Steppen der Ukraine auch war , so wurde doch die Macht des Darius in Thrakien und Mazedonien etabliert und die Perser erlangten festen Halt in Europa.

Bezüglich des besonderen Charakters der persischen Nationalkriege oder großen Feldzüge, an denen alle eroberten Nationen teilnehmen mussten, im Gegensatz zu den anderen Kriegen, die nur von persischen Truppen geführt wurden.

Feldzug gegen Westindien, 509:

17. Die nächste Expedition von Darius war erfolgreicher. Sie wurde entlang der Ufer des Indus weitergeführt, den Fluss Scylax , ein Grieche, zuvor auf einer Entdeckungsreise entlang gesegelt war. Das Hochland nördlich des Indus wurde dann der persischen Herrschaft unterworfen und der Indus wurde zur Grenze des Königreichs. Ungefähr zur gleichen Zeit, als Darius an der Donau und am Indus im Einsatz war, führte Aryandes , sein Vizekönig in Ägypten, eine Expedition gegen Barca in Afrika an. Barca, um den Mord an König Arcesilaos zu rächen ; ein Krieg, der mit der Zerstörung der Stadt und der Umsiedlung ihrer Bewohner nach Asien endete.

Abspaltung der asiatischen Griechen, 502–496;
die, unterstützt von Athen, Sardes (500) feuern,
aber vollständig von Milet (496) vertrieben werden.

18. Wie unbedeutend das erste Ereignis auch sein mochte, das den Aufstand der asiatischen Griechen auslöste, war es doch in seinen Folgen weitaus bedeutsamer. Es wurde von Aristagoras, dem Vizegouverneur von Milet, zu Fuß gebracht, der heimlich von seinem Verwandten, dem beleidigten Histiæus , unterstützt wurde, der damals am persischen Hof residierte. Der Anteil der Athener an diesem Aufstand, der zum Brand von Sardes führte , war der Ursprung des nationalen Hasses zwischen Persien und dem europäischen Griechenland und der darauf folgenden langen Reihe von Kriegen. Die Konföderierten wurden dieses Mal besiegt; aber die Seeschlacht vor der Insel Lada hätte kaum einen so verhängnisvollen Ausgang haben können, wenn der Bund nicht zuvor durch die Kunst und das Gold Persiens korrumpiert worden wäre. Wie dem auch sei, dieser Krieg endete mit der Vernichtung der Ionier und der Zerstörung von Milet, ihrer blühenden Hauptstadt; eine Stadt, die damals zusammen mit Tyrus und Karthago den Welthandel beherrschte.

Erster Feldzug gegen Griechenland.
unter Mardonius , vereitelt durch einen Sturm vor Athos, 492.
Zweiter Feldzug. Schlacht bei Marathon, 29. September 490.

19. Erster Angriff auf Griechenland, insbesondere Athen. Darius, der bereits durch die Erschießung von Sardes gegen die Athener erzürnt war , wird durch die Vorschläge des verbannten Tyrannen von Athen, Hippias, des Sohnes von Pisistratus, noch mehr angestachelt. Dieser Prinz, der an den persischen Hof geflohen war, war offenbar der treibende Geist des gesamten Unternehmens. Obwohl der erste Versuch, der unter dem Kommando von Mardonius unternommen wurde, durch einen Sturm vereitelt wurde, wurde die gewaltige Expedition, die danach folgte, mit so viel mehr Umsicht und mit so viel Kenntnis des Landes unternommen, dass niemand daran vorbeigehen kann Erkenne die führende Hand von Hippias. Selbst die Schlacht von Marathon, die offenbar nur ein Ablenkungsmanöver auf Seiten der Perser war, hätte den Krieg nicht entschieden, wenn nicht die Tätigkeit des Miltiades die Hauptabsicht des Feindes gegen Athen vereitelt hätte.

Fortschritte der Perser auf dem Weg zu einer regulären Verfassung.

20. Man kann sagen, dass Darius durch diese fremden Kriege das Königreich geschwächt hat, das er zu erweitern versuchte ; Dieser Umstand steigert jedoch, das lässt sich nicht leugnen, das Verdienst, das ihm zukommt, die innere Organisation des Reiches zu vervollkommnen. Seine Herrschaft stellt genau jenen Zeitraum dar, der in die Geschichte jedes Nomadenvolkes eingehen muss, das die Macht erlangt hat und auf dem Weg zur politischen Zivilisation ist; Eine Zeitspanne, in der deutlich wird, dass die Nation sich um eine Verfassung bemüht , wie langsam der Fortschritt auch sein mag.

Aufteilung des Reiches in *Satrapien* .

21. Aufteilung des Reiches in zwanzig *Satrapien* und Auferlegung eines regelmäßigen Tributs für jede. Diese Einteilung beruhte zunächst ausschließlich auf der Einteilung der verschiedenen tributpflichtigen Völker, doch daraus entwickelte sich nach und nach eine geographische Einteilung, in der die antike Ländereinteilung größtenteils erhalten blieb.

Beweise dafür, dass die Aufteilung in Satrapien ursprünglich eine bloße Regelung für die Zivilregierung und die Erhebung von Steuern war, die sich von der militärischen Macht unterschied. Pflichten der Satrapen. Die Aufmerksamkeit, die sie der Bewirtschaftung und Verbesserung des Landes widmen sollten; zur Erhebung der Abgaben; zur Ausführung der königlichen Befehle in Bezug auf Provinzangelegenheiten. Ein späterer Mißbrauch dieser Einrichtung legte diesen Satrapen auch das Kommando über die Truppen in die Hände. – Verschiedene Mittel, um die Satrapen in einem Zustand der

Abhängigkeit zu halten: Für jeden wurden königliche Sekretäre ernannt, die die ersten sein sollten um die Befehle des Königs zu empfangen. – Regelmäßige Besuche in den Provinzen durch Kommissare unter direkter Ernennung des Königs oder durch den König selbst in Begleitung einer Armee. – Einrichtung von Kurieren in allen Teilen des Reiches, um a sichere und schnelle Kommunikation mit den Provinzen, wie es auch in den mongolischen Ländern der Fall war; (Kein regulärer Posten, die Institution hier deutete jedoch an, dass sie nur für das Gericht bestimmt sei.)

Persische Finanzen: Die Eroberten unterstützen die Eroberer.

22. Das persische Finanzwesen bewahrt weiterhin jene Besonderheiten, die sich natürlicherweise aus der Bildung eines Reiches durch ein Nomadenvolk von Eroberern ergeben, das auf Kosten der Besiegten und unter einer despotischen Regierungsform leben wollte.

Sammlung von Tributen, meist in Form von Sachleistungen, zur Unterstützung des Hofes und der Armeen; und in Edelmetallen, nicht geprägt, sondern im Rohzustand. Verwendung des so gesammelten Schatzes zur Bildung einer privaten Truhe für den König. Verschiedene andere königliche Abgaben. – Art der Deckung der öffentlichen Ausgaben durch Abtretungen auf die Einnahmen eines oder mehrerer Orte.

Kunstmilitär.

23. Organisation des militärischen Systems entsprechend dem ursprünglichen Zustand der Nation und der nun empfundenen Notwendigkeit, die eroberten Länder durch stehende Heere unterworfen zu halten.

Militärische Organisation der persischen Nationen mittels einer das Ganze durchdringenden Dezimalteilung . – Königliche Truppen, die entsprechend einer bestimmten Reichseinteilung auf freiem Feld stationiert oder als Garnisonen in den Städten stationiert und von den Lagern getrennt sind. – Art und Weise, wie die Truppen auf Kosten und durch die Steuern der Provinzen unterstützt wurden. – Einführung von Söldnern und Griechen, insbesondere unter den Persern, und verhängnisvolle Folgen dieser Maßnahme. Militärhaushalt der Satrapen und Granden. – Einrichtung einer allgemeinen Wehrpflicht in nationalen Kriegen. Bildung der persischen Flotte, bestehend aus der phönizischen und nicht selten auch der asiatischen griechischen Flotte.

Der persische Hof war sowohl ein Serail als auch das Hauptquartier der Armee.

24. Seit der Zeit des Darius erreichte der Hof der Könige von Persien seine vollständige Form, und die Regierung konzentrierte sich bald darauf

vollständig im Serail. Dennoch bewahrte die Lebensweise der Könige, umgeben von einem Hofstaat, der hauptsächlich, wenn nicht ganz, vom Stamm der Pasargadæ stammte und deren Wohnsitz je nach dem Wechsel der Jahreszeiten wechselte, immer noch die Spuren nomadischer Herkunft.

Babylon, Susa und Ekbatana, die üblichen Wohnsitze; Persepolis wird heute als königlicher Friedhof genutzt. Das Gericht wird durch die teuersten Produktionen jeder Provinz unterstützt; daraus entstand das strenge Zeremoniell, das an der königlichen Tafel eingehalten wurde . – Interne Organisation des Serails. – Einfluss der Eunuchen und Königinmütter auf die Regierung.

Aufstand Ägyptens, 488:
Tod von Darius, 486.

25. Darius hatte bereits mit den Vorbereitungen begonnen, um sich an Athen zu rächen, als in Ägypten eine Revolution ausbrach und ihn daran hinderte, seinen Plan in die Tat umzusetzen. Er starb, nachdem er Xerxes I. als Enkel des Kyros für seinen Nachfolger nominiert hatte, und seinen ältesten Sohn von einer zweiten Frau, Atossa , deren Einfluss auf ihren Mann grenzenlos war.

XERXES I. 486–465:
erobert Ägypten zurück, 484:

26. Xerxes I. Ein im Serail erzogener Prinz, der nichts anderes kannte als die Kunst, den Prunk des Königshauses darzustellen. Unterwerfung Ägyptens und strenge Behandlung dieses Landes unter dem Satrapen Achämenes , dem Bruder von Xerxes.

führt eine mächtige Armee gegen Griechenland.

26 _ _ _ _ _ _ Partei zu ihren Gunsten unter den Granden. Der Verlauf des Feldzugs zeigte jedoch, dass kein Hippias an der Spitze der Invasionsarmee stand, obwohl der persische König sein erklärtes Ziel, die Eroberung und Zerstörung Athens, sicherlich erreichte.

Kritik an Herodots ausführlichem Bericht über diese Expedition als ein nationales Unterfangen, an dem alle unterworfenen Nationen teilnehmen mussten. – Dreijährige Vorbereitungen im persischen Reich; Bund mit Karthago zur Unterwerfung der sizilianischen Griechen, 483–481. Die Expedition selbst im Jahr 480; über Kleinasien und den Hellespont, durch Thrakien und Mazedonien. – Aufstellung des Heeres und Aufteilung der Truppen nach Nationen bei Doriskos ; Die detaillierte Beschreibung, die bei Herodot zu finden ist, wurde höchstwahrscheinlich einem persischen Dokument entlehnt. – Der Pass von Thermopylae , der durch Verrat eingenommen wurde; am selben Tag ein Seegefecht vor Artemisium . –

Athen erobert und niedergebrannt. Schlacht von Salamis, 23. September 480. Rückzug von Xerxes; eine Armee ausgewählter Männer wurde unter dem Kommando von Mardonius zurückgelassen. – Erfolglose Verhandlungen mit den Athenern. – Zweiter Feldzug von Mardonius : Er wird am 25. September 479 bei Platææ geschlagen ; und dieses Ereignis setzt den persischen Einfällen in Griechenland für immer ein Ende : Am selben Tag wird die persische Armee besiegt und ihre Flotte bei Mykale in Kleinasien verbrannt.

Persien war nun gezwungen, seine Streitkräfte in Kleinasien zu konzentrieren.

28. Die Folgen dieser wiederholten und erfolglosen Expeditionen, an denen fast die gesamte Bevölkerung beteiligt war, müssen offensichtlich sein. Das Reich wurde geschwächt und entvölkert. Der Verteidigungskrieg, den die Perser dreißig Jahre lang gegen die Griechen führen mussten, die auf die Unabhängigkeit ihrer asiatischen Landsleute abzielten, zerstörte das Gleichgewicht ihrer Macht völlig, indem er sie zwang, ihre Streitkräfte in das am weitesten entfernte Kleinasien zu verlegen westliche Provinz des Reiches.

Politik der Perser bei der Bestechung der Griechen.
Kimon entreißt Persien die Herrschaft über das Meer: Schlacht am Eurymedon , 469.

29. So wenig die Griechen vor den persischen Waffen zu fürchten hatten, so groß war die Gefahr, die ihnen jetzt drohte, als der Feind begann, das System der Bestechung der Häuptlinge Griechenlands zu übernehmen; ein System, das im ersten Versuch mit Pausanias über alle Erwartungen hinaus Erfolg hatte und vielleicht auch bei Themistokles selbst nicht ganz erfolglos blieb. – Aber die Perser fanden bald in Kimon einen Gegner, der ihnen die Herrschaft über das Meer entzog; die an einem Tag sowohl ihre Flotte als auch ihre Armee am Eurymedon zerstörten ; und durch die Eroberung des thrakischen Chersones entrissen sie ihnen den Schlüssel zu Europa.

Bluttaten im persischen Serail:
Xerxes ermordet.

30. Das Wenige, was wir weiter über die Herrschaft des Xerxes wissen, besteht in den Intrigen des Serails, das nun durch die Machenschaften der Königin Amestris zum Schauplatz all jener Schrecken wurde, die an solchen Orten zur Schau gestellt werden dem schließlich Xerxes selbst infolge der Verschwörung von Artabanes und dem Eunuchen Spamitres zum Opfer fiel .

War Xerxes der Ahasveros der Juden? – Über den Unterschied zwischen den Namen der persischen Könige auf Persisch und Chaldäisch; Kein

Wunder, wenn man bedenkt, dass es sich lediglich um Titel oder Nachnamen handelte, die die Herrscher nach ihrer Thronbesteigung annahmen.

ARTAXERXES , 465–424.
Während seiner Herrschaft befand sich Persien im Niedergang.

31. Artaxerxes I. mit dem Beinamen Longimanus . Infolge der Ermordung seines Vaters und seines älteren Bruders im Rahmen der Verschwörung von Artabanes bestieg dieser Prinz den Thron, konnte aber das Zepter nicht behalten , ohne seinerseits Artabanes zu ermorden . Seine Herrschaft, die vierzig Jahre dauerte, zeigt die ersten Symptome des Niedergangs des Reiches, den dieser König, obwohl er über viele gute Eigenschaften verfügte, nicht aufhalten konnte.

Aufstände in den Provinzen.

32. Gleich zu Beginn seiner Herrschaft kam es in den Provinzen zu Aufständen; In der Zwischenzeit geht der Krieg mit Athen weiter. Um den Aufstand seines Bruders Hystaspes in Baktrien niederzuschlagen, sind zwei Schlachten erforderlich.

Zweite Sezession Ägyptens, 463:

33. Zweiter Aufstand Ägyptens, angeregt durch den libyschen König Inarus von Marea , gemeinsam mit dem Ägypter Amyrtaeus und unterstützt von einer athenischen Flotte. Obwohl die Konföderierten sich nicht zu den Herren von Memphis machten, besiegten sie die persische Armee unter dem Kommando des Bruders des Königs, Achæmenes , der in der Schlacht sein Leben verlor; Sie wurden schließlich von Megabyzus , dem Satrapen von Syrien, überwältigt und zusammen mit Inarus in der Stadt Byblus eingesperrt . Inarus und teilweise unterdrückt, 456. Seine Partei wurde zur Kapitulation zugelassen; aber Amyrtaeus , der in den Sümpfen Zuflucht gesucht hatte, setzte seinen Widerstand gegen die Perser fort.

Persische Flotte und Armee werden 449 von Kimon besiegt.
Schändlicher Frieden mit Athen, 449.

34. Der griechische Krieg nimmt erneut eine ungünstige Wendung für die Perser: Cimon besiegt die feindliche Flotte und Armee in der Nähe von Zypern. Die Angst, die gesamte Insel zu verlieren, zwingt Artaxerxes I. daher, einen Friedensvertrag mit Athen zu schließen, in dem er die Unabhängigkeit der asiatischen Griechen anerkennt und zustimmt, dass seine Flotte nicht das Ägäische Meer befahren und seine Truppen nicht anrücken dürfen innerhalb von drei Tagesmärschen von der Küste entfernt.

Megabyzus , das erste Beispiel eines rebellischen Satrapen, 447.

35. Aber der hochmütige und mächtige Megabyzus , erzürnt über die Hinrichtung von Inarus , unter Missachtung des Versprechens, das er diesem Prinzen gegeben hatte, löst in Syrien einen Aufstand aus; besiegt wiederholt die königlichen Armeen und schreibt sich selbst die Bedingungen vor, unter denen er sich mit seinem Herrscher versöhnen wird. Dies war das erste große Beispiel eines erfolgreichen Aufstands, der von einem der persischen Satrapen angezettelt wurde; und so wechselhaft die späteren Schicksale von Megabyzus auch waren , seine Partei bestand nach seinem Tod in der Person seiner Söhne weiter. Er besaß in der Mitte des Hofes eine Stütze in der Königinwitwe Amestris und der regierenden Königin Amytis ; (beide berüchtigt für ihre Exzesse;), die Artaxerxes I. bis zu seinem Tod in ständiger Obhut hielten.

XERXES II. 424.

36. Revolutionen in der Regierung folgen nun mit Schnelligkeit und Gewalt aufeinander. Xerxes II. der einzige legitime Sohn und Nachfolger von Artaxerxes, wird nach 45 Tagen Regierungszeit von seinem unehelichen Bruder SOGDIANUS GETÖTET . Sogdianus ; Letzterer wiederum wird nach sechsmonatiger Herrschaft von einem anderen unehelichen Bruder, Ochus , abgesetzt, der den Thron besteigt und den Namen Darius II. annimmt.

DARIUS II. 423–404.
Rasanter Niedergang des Staates.

37. Darius II. mit dem Beinamen „der Bastard" oder „Nothus". Er regiert neunzehn Jahre lang unter der Vormundschaft seiner Frau Parysatis und dreier Eunuchen, von denen einer, Artoxares , sogar versucht, den Weg zum Thron zu ebnen, aber getötet wird. In dieser Zeit schreitet der Niedergang des Staates in eiligen Schritten voran; teils aufgrund des Aussterbens der legitimen königlichen Linie, teils durch die zunehmende Praxis, mehr als eine Provinz zusammen mit dem Militärkommando in die Hände desselben Satrapen zu legen. Obwohl die wiederholten Aufstände der Satrapen unterdrückt werden, legt das Gericht durch den Glaubensbruch, auf den es zurückgreifen muss, um seine Maßnahmen durchzusetzen, 422. der Welt einen überzeugenden Beweis seiner Schwäche vor. Der Aufstand von Arsites , einem der Brüder des Königs, der von einem Sohn des Megabyzus unterstützt wurde , und der von Pisuthnes , dem Satrapen von Lydien, konnten nur durch die verräterische Besitznahme ihrer 414 Personen niedergeschlagen werden.

38. Infolge der schwachen Lage des Reiches brach in Ägypten das Feuer aus, das bis dahin unter der Asche schwelte . Amyrtaeus , der bis jetzt in den Sümpfen geblieben war, machte sich auf den Weg, unterstützt von den Ägyptern; Dritter Aufstand Ägyptens, 414. und die Perser wurden erneut aus dem Land vertrieben. So dunkel die weitere Geschichte auch sein mag, sehen

wir, dass die Perser nicht nur Amyrtaeus , sondern auch seine Nachfolger anerkennen mussten . [Siehe Seite 72].

Peloponnesischer Krieg zugunsten der persischen Interessen.

39. Die Perser müssen es als ein glückliches Ereignis angesehen haben, dass der Peloponnesische Krieg, der während der Herrschaft von Artaxerxes in Griechenland entbrannte und sich über die gesamte Herrschaft von Darius II. hinzog. hatte verhindert, dass die Griechen gemeinsam Persien überfielen. Die Hauptpolitik der Perser wurde nun und blieb es auch weiterhin, Streitigkeiten und Kriege zwischen den griechischen Republiken zu schüren, indem sie sich zu verschiedenen Zeiten auf die Seite verschiedener Parteien stellten; und der gegenseitige Hass der Griechen machte dieses Spiel so einfach, dass Griechenland kaum einer völligen Zerstörung entkommen konnte, wenn die persischen Pläne immer so klug geplant gewesen wären wie von Tissaphernes ; und hätten nicht die Launen und Eifersucht der Satrapen in Kleinasien im Allgemeinen mehr Wirkung gehabt als die Befehle des Hofes?

Bündnis der Perser mit Sparta, gerahmt von Tissaphernes , 441; aber infolge der Politik des Alkibiades und der kunstvollen Prinzipien des Tissaphernes blieben wichtige Ergebnisse aus, bis der jüngere Cyrus, Satrap von ganz Kleinasien, von Lysander im Jahr 407 in das Interesse Spartas gebracht wurde. (Siehe unten, die griechische Geschichte, III. Periode, Abs . 23.)

ARTAXERXES II. 405–362.

40. Artaxerxes II. mit dem Nachnamen Mnemon . Obwohl dieser Prinz der älteste Sohn des Darius war, hätte sein Anspruch auf den Thron nach den persischen Vorstellungen von der Thronfolge zweifelhaft erscheinen können, da sein jüngerer Bruder Cyrus ihm gegenüber den Vorteil hatte, der Erstgeborene nach der Thronbesteigung zu sein seines Vaters. Anabasis von Cyrus. Gestützt auf die Unterstützung seiner Mutter Parysatis hätte Cyrus zweifellos auch ohne diesen Anspruch auf den Thron seinen Anspruch auf die souveräne Macht geltend gemacht. Es wäre aller Wahrscheinlichkeit nach ein glückliches Ereignis für das persische Reich gewesen, wenn das Schicksal der Schlacht im darauffolgenden Krieg zwischen den beiden Brüdern den Thron demjenigen zugeteilt hätte, den die Natur als den geeignetsten Menschen bezeichnet zu haben scheint.

Geschichte dieses Krieges nach Xenophon. Schlacht von Cunaxa, in der Cyrus fällt, 401. Rückzug der zehntausend griechischen Söldner im Dienste von Cyrus unter der Führung von Xenophon.

Schwache Herrschaft von Artaxerxes II.

41. Während dieser gesamten Regierungszeit blieb Artaxerxes, der nun fest auf dem Thron saß, unter der Vormundschaft seiner Mutter Parysatis , deren tief verwurzelter Hass gegen seine Frau Statira und gegen alle, die am Tod ihres Geliebten beteiligt waren Sohn Cyrus verwandelte das Serail in einen Schauplatz blutiger Taten, wie sie nur an ähnlichen Orten gedacht und begangen werden können.

Krieg mit Sparta, 400.
Agesilaos in Asien, 396—394. Frieden von Antalkidas , 387.
Politik Persiens zur Aufrechterhaltung guter Beziehungen mit Theben.
Krieg mit Evagoras von Zypern, 385.

42. Der Aufstand und die Niederlage des Kyros führten zu einer entsprechenden Veränderung in den politischen Beziehungen zwischen dem persischen Hof und Sparta, die jedoch nun nicht so sehr durch den Willen des Monarchen selbst, sondern vielmehr durch die Satrapen Kleinasiens bestimmt wurden. Tissaphernes und Pharnabazus , deren Eifersucht Sparta auszunutzen wusste. Ersterer löste durch seine Strenge gegenüber den asiatischen Griechen, die die Sache des Kyros unterstützt hatten, einen Krieg mit Sparta aus, dem er selbst zum Opfer fiel. Dem Tod des Satrapen folgt jedoch keine Ruhe ; denn Agesilaos befehligt Asien und droht, den persischen Thron selbst zu stürzen. Die Politik der Perser zeigt sich in dem Krieg, den sie in Griechenland gegen Sparta entfachen: Konon wird an die Spitze ihrer Flotte gestellt und befreit Persien besser aus seinen Schwierigkeiten, als es seinen eigenen Generälen möglich gewesen wäre; Im Frieden von Antalcidas diktiert sie selbst die Bedingungen, unter denen die griechischen Kolonien Kleinasiens zusammen mit Zypern und Clazomenæ wieder in ihren Besitz überführt werden. Die aufsteigende Macht Thebens unter Epaminondas und Pelopidas, mit denen Persien eine freundschaftliche Verbindung pflegt, sichert es vor künftigen Schlägen durch die Spartaner. – Krieg um den Besitz Zyperns mit Evagoras , der jedoch durch den darauffolgenden Frieden behält die Souveränität von Salamis.

Krieg mit den Kadusiern , 384.
Versuch, Ägypten zurückzuerobern, 374.

43. Der Krieg gegen die Cadusii in den Bergen des Kaukasus beweist, dass Artaxerxes II. war nicht für das militärische Kommando geeignet; und sein Versuch, Ägypten von König Nektanebos I. zurückzugewinnen , der durch die Fehde zwischen Iphikrates und Artabazos besiegt wurde , beweist, dass das zahlreichste persische Heer ohne die Hilfe griechischer Truppen und griechischer Generäle nichts erreichen konnte. – Es war kaum zu erwarten, dass ein Das Reich sollte noch viel länger bestehen bleiben, wenn am Hofe alles von der Rachegelüste der Frauen beherrscht wurde; als die politische

Organisation bereits so korrupt war, dass die Satrapen Krieg gegeneinander führten; und als jene Generäle, die irgendeinen Talentnachweis erbrachten, keine bessere Belohnung erhielten als die von Datames .

Die Thronfolge Persiens ist umstritten und hätte vor dem Tod von Artaxerxes beinahe zum Untergang des Reiches geführt.
Aufstand im Westen durch Verrat niedergeschlagen, 362.

44. Tatsächlich schien es nicht unwahrscheinlich, dass das persische Reich kurz vor dem Tod von Artaxerxes Mnemon auseinanderfallen würde . Vor Gericht kam es zu einem Streit um die Nachfolge zwischen den drei legitimen Söhnen des Königs, von denen der älteste, Darius, getötet wurde: In der westlichen Hälfte des Reiches wurde die Standarte der Rebellion errichtet, der sich alle Gouverneure anschlossen von Kleinasien und Syrien, unterstützt von Tachos , dem König von Ägypten, zu dessen Hilfe die Spartaner Agesilaos geschickt hatten. Der Aufstand wurde jedoch aufgrund des Verrats des Anführers Orontes niedergeschlagen, der durch Bestechung an den Hof geschickt wurde.

ARTAXERXES III. etwa 362–338.
Zeitgenosse Philipps, des Vaters Alexanders des Großen.

45. Inmitten dieser Wirren starb Artaxerxes II.: Sein jüngster Sohn, Ochos , bestieg den Thron und nahm den Namen Artaxerxes III. an. Dieser König glaubte, dass er seine Macht nur durch die völlige Zerstörung der königlichen Familie, so zahlreich sie auch war, festigen konnte. Er war ein Zeitgenosse Philipps von Mazedonien, in dem er bald einen gefährlicheren Rivalen fand als alle anderen, die er in seiner eigenen Familie hätte treffen können.

Aufstand in Kleinasien, 358.

46. Der von Artabazos in Kleinasien angezettelte neue Aufstand war von Erfolg begleitet, solange er von den Thebanern unterstützt wurde; Doch der Empfang, den Artabazus durch Philipp fand, verriet bald die geheimen Absichten des mazedonischen Königs.

Aufstand der Phönizier und Zyprier, 356.

47. Doch der ausgedehnte Aufstand der Phönizier und Cyprier im Verbund mit Ägypten zwang den König zu einem weiteren Feldzug, der fast alle Erwartungen übertraf; obwohl das Ziel auch in diesem Fall hauptsächlich durch Verrat und griechische Hilfstruppen erreicht wurde.

Verrat von Mentor, dem Anführer der Konföderierten: die anschließende Einnahme und Zerstörung von Sidon, gefolgt von der Unterwerfung Phöniziens , 356. Einnahme Zyperns durch griechische Truppen unter dem

Kommando von Phocion und dem jüngeren Evagoras , 354. Expedition des Königs persönlich gegen Ägypten: Sieg von Pelusium , gewonnen über König Nektanebos II. mit Hilfe griechischer Söldner. Ägypten wird erneut eine persische Provinz.

Das persische Reich stellte seine alten Grenzen wieder her.
Der König wurde vom Eunuchen Bagoas vergiftet ,

48. Dieser Wiederherstellung des Reiches auf seine früheren Grenzen folgte eine Zeit der Ruhe , die das Ergebnis der Gewalt war, als Mentor und der Eunuch Bagoas , die den König in völliger Abhängigkeit hielten, das Königreich sozusagen unter sich aufteilten; bis es Bagoas gefiel, Artaxerxes durch Gift aus dem Weg zu räumen.

Bagoas setzt Arces auf den Thron, macht sich aber bald darauf mit ihm davon. 336.

49. Nach der Ermordung der königlichen Familie setzte Bagoas den jüngsten und einzigen überlebenden Sohn des Königs, Arces , auf den Thron . Bagoas wollte im Namen dieses Fürsten regieren; aber nach Ablauf von zwei Jahren hielt er es für notwendig, ihn abzusetzen und an seine Stelle einen entfernten Verwandten der regierenden Familie, Darius Codomannus , zu setzen, der seine Herrschaft damit begann, den Unglücklichen selbst zu töten.

DARIUS III. 336.
Sein Königreich wurde 334 von Alexander dem Großen überfallen.

50. Darius III. Codomannus , der nicht wie seine Vorgänger im Serail erzogen worden war, bewies Tugenden, die ihm ein besseres Schicksal bescherten. Darius wurde im zweiten Jahr seiner Herrschaft von Mazedonien angegriffen, gegen das Persien bisher keine Vorbereitungen zum Widerstand getroffen hatte – es sei denn, der Dolch, der Philipp durchbohrte, war vielleicht von persischer Hand gespitzt worden –, und Darius war nicht in der Lage, sofort ein Königreich wiederherzustellen selbst vermoderte . Und doch, hätte nicht der Tod die Invasion Mazedoniens durch seinen Feldherrn Memnon besiegt, wäre es zweifelhaft gewesen, ob Alexander jemals als Eroberer von Alexanders Herrschaft geglänzt hätte, die er 330 in Asien etablierte. Asien. – Nach dem Verlust von zwei Schlachten, in denen er persönlich kämpfte, wurde Darius III. fiel dem Verrat von Bessus zum Opfer, und der Brand von Persepolis machte Asien klar, dass das Reich Persien zerstört war und dass der Osten einen neuen Herrn und Herrn anerkennen musste.

Zur Geschichte des Krieges siehe unten: Die Geschichte Mazedoniens.

DRITTES BUCH.

GESCHICHTE DER GRIECHISCHEN STAATEN.

Geografischer Überblick.

Grenzen Griechenlands:

Griechenland wird im Norden durch die kambunischen Berge begrenzt, die es von Mazedonien trennen. im Süden und Osten am Ägäischen Meer , im Westen am Ionischen Meer . seine Abmessungen: Größte Länge von Süden nach Norden = 220 Geog. Meilen, größte Breite von West nach Ost, = 140 Geog. Meilen. Oberflächlicher Inhalt = 29.600 Quadratmeilen. – Hauptflüsse : Flüsse : der Peneus, der sein Wasser in das Ägäische Meer entlädt , und der Acheloos, der in das Ionische Meer mündet. Vorteile hinsichtlich der Fruchtbarkeit, die sich aus dem milden Klima ergeben, körperliche Vorteile. zwischen 37 und 40° nördlicher Breite; aus der Anzahl kleiner Bäche; aus den Qualitäten und der Mannigfaltigkeit des Bodens, in dem dieses Land von Natur aus so viel gesegneter ist als jedes andere von ähnlichem Ausmaß, dass jeder Anbauzweig gleichermaßen und gemeinsam betrieben werden kann. – Vorteile in Bezug auf Schifffahrt und Handel: Es liegt in der Nähe von drei Vierteln der Welt, wird auf drei Seiten vom Meer umspült und ist aufgrund seiner unregelmäßigen, gegliederten Küste reich an geräumigen Häfen und Zufluchtsorten.

Abteilungen.

Es kann in Nordgriechenland unterteilt werden, von der Nordgrenze bis zur Kette von Œta und Pindos, zwischen dem Ambrakischen Golf im Westen und dem Maliac im Osten. Zentralgriechenland oder Hellas bis zur Landenge von Korinth: und die südliche Halbinsel oder Peloponnes.

NORDGRIECHENLAND.

Nordgriechenland besteht aus zwei Ländern; Thessalien im Osten, Epirus im Westen.

Thessalien.

1. Thessalien, das größte und eines der fruchtbarsten griechischen Länder. Länge von Nord nach Süd 60 Geog. Meilen; Breite von West nach Ost 64 Geog. Meilen. Flüsse: Peneus , Apidanus und mehrere kleinere Bäche. Berge: Olymp, Residenz der Fabelgötter, und Ossa im Norden; die Kette von Œta , Othrys und Pindus im Süden. Einteilung in fünf Provinzen: 1. Estiæotis ; Städte: Gomphi , Azorus : 2. Pelasgiotis ; Städte: Larissa, Gonni , das Tal von Tempe: 3. Thessaliotis ; Städte: Pharsalos usw. 4. Phthiotis ; Städte: Pheræ

usw. 5. Das Vorland von Magnesia mit einer gleichnamigen Stadt . Andere Gebiete, wie zum Beispiel Perrhæbia usw., leiteten ihre Namen von den nichtgriechischen Rassen ab, die sie bewohnten.

Epirus.

2. Epirus. Neben Thessalien das größte, wenn auch eines der am wenigsten kultivierten Länder Griechenlands: 48–60 G. Meilen lang und gleich breit. Abteilungen: Molossis ; Stadt, Ambracia : Thesprotia ; Stadt, Buthrotum ; im Inneren Dodona.

Zentralgriechenland.

Zentralgriechenland oder Hellas besteht aus neun Ländern.

Attika.

1. Attika, ein Vorland, das sich nach Südosten erstreckt und allmählich kleiner wird. Länge: 60 Geog. Meilen; größte Breite, 24 geog. Meilen. Flüsse: Ilissus , Cephissus . Berge: Hymettus, Pentelicus und die Landzunge von Sunium . Stadt: Athen, mit den Häfen Piräus , Phalereus und Munychius ; in den anderen Teilen keine Städte, sondern Weiler, δῆμοι , wie Marathon, Eleusis, Decelea usw.

Megaris .

2. Megaris , nahe der Landenge von Korinth. Das kleinste der griechischen Länder; 16 geog. Meilen lang und 4–8 breit. Stadt, Megara.

Böotien .

3. Bœotien , ein gebirgiges und sumpfiges Land, 52 geog. Meilen lang und 28–32 breit. Flüsse: Asopus , Ismenus und mehrere kleinere Bäche. Berge: Helicon, Cythæron usw. See: Copais . – Böotien war von allen griechischen Ländern das Land mit der größten Anzahl an Städten, von denen jede ihr eigenes Territorium hatte. Unter diesen war Theben am Ismenos das bedeutendste und häufig auch Herrscher über die übrigen . Die anderen, Platææ , Tanagra, Thespiæ , Chæronea , Lebadea , Leuctra und Orchomenus, werden alle in der griechischen Geschichte gefeiert.

Phokis.

4. Phocis, kleiner als Attika; 48 geog. Meilen lang, von 4 bis 20 breit. Fluss: Cephissus . Berg: Parnass. Städte: Delphi, am Parnass, mit dem berühmten Orakel des Apollon. Crissa mit dem Hafen von Cirrha und landaufwärts Elatea . Die anderen Städte sind unbedeutend.

Locris 1. und 2.

5, 6. Die beiden Länder namens Locris. Das östliche am Euripus, Gebiet der Lokri Opuntii und Epicnemidii sind die kleineren der beiden; Er ist nur wenig größer als Megaris . Stadt: Opus; Pass, Thermopylen . Das westliche Locris am Golf von Korinth, Station des Locri Ozolæ stammt aus dem 20.– 24. Meilen lang und 16–20 breit. Städte: Naupactus am Meer, Amphissa im Landesinneren.

Doris.

7. Das kleine Land Doris oder die Tetrapolis Dorica , auf der Südseite des Berges Œta , von 8—12 geog. Meilen lang und gleich breit.

Ätolien .

8. Ætolia , etwas größer als Bœotien ; von 40—52 Geog. Meilen lang und 28–32 Meilen breit; aber das am wenigsten kultivierte Land von allen. Flüsse: Acheloos, der Akarnanien umgibt, und Evenus . Städte: Calydon, Thermus.

Akarnanien.

9. Akarnanien, das westlichste Land von Hellas, 32 Geog. Meilen lang, von 16 bis 24 breit. Fluss: Achelous. Städte: Argos Amphilochicum und Stratus.

PELOPONNES.

Die Halbinsel Peloponnes umfasst acht Länder.

Arkadien.

1. Arkadien, ein gebirgiges Land mit vielen Weiden und in der Mitte der Halbinsel gelegen; größte Länge, 48 Geog. Meilen; größte Breite, 36 geog. Meilen. Berge: Cyllene, Erymanthus usw. Flüsse: Alpheus, Erymanthus und mehrere kleinere Bäche. See: Styx. Städte: Mantinea, Tegea , Orchomenus, Heræa , Psophis ; später Megalopolis als gemeinsame Hauptstadt.

Lakonien.

2. Lakonien, ebenfalls gebirgig. Größte Länge, 66 Geog. Meilen; größte Breite, 36 geog. Meilen. Fluss: Eurotas . Berge: Taygetus und die Landzungen Malea und Tenarium . Städte: Sparta am Eurotas ; andere Orte: Amyclæ , Sellasia und andere von geringer Bedeutung.

Messenien.

3. Messenien, westlich von Lakonien; ein flacheres und äußerst fruchtbares Land, das ab 668 v. Chr. den Spartanern unterworfen war. Größte Länge, 28 Geog. Meilen: größte Breite, 36 Geog. Meilen. Stadt:

Messene. Grenzorte, Ithome und Ira: Von den anderen Orten sind Pylus (Navarino) und Methone die berühmtesten.

Elis.

4. Elis mit dem kleinen Gebiet Triphylien westlich des Peloponnes. Länge: 60 Geog. Meilen: größte Breite, 28 Geog. Meilen. Flüsse: Alpheus, Peneus, Sellis und mehrere kleinere Bäche. Städte: im Norden Elis, Cyllene und Pylus . Auf dem Alpheus, Pisa und der Nachbarstadt Olympia. In Triphylia ein dritter Pylus .

Argolis.

5. Argolis, auf der Ostseite der Halbinsel; ein Vorland gegenüber von Attika, mit dem es den Sinus Saronicus bildet . Länge: 64 Geog. Meilen: Breite, von 8—28 Geog. Meilen. Städte: Argos, Mykene , Epidaurus. Kleinere, aber bemerkenswerte Orte; Nemea, Cynuria , Troezen .

Achaia.

6. Achaia, ursprünglich Ionien, auch Ægialus genannt , umfasst die Nordküste. Länge: 56 Geog. Meilen: Breite, von 12–24. Es umfasst zwölf Städte, von denen Dyme , Patræ und Pellene die wichtigsten sind.

Sizionien .

7. Das kleine Land Sikyonien , 16 geog. Meilen lang, 8 Meilen breit , mit den Städten Sikyon und Phlius .

Korinth.

8. Das kleine Gebiet von Korinth, von der gleichen Ausdehnung wie das Vorstehende, angrenzend an die Landenge, die den Peloponnes mit dem Festland verbindet. Stadt: Korinth, ursprünglich Ephyra, mit den Häfen Lechæum und Cenchreæ ; Ersteres am Korinthischen, Letzteres am Saronischen Golf.

INSELN.

Die griechischen Inseln können in drei Klassen eingeteilt werden; diejenigen, die unmittelbar vor der Küste liegen, diejenigen, die in Gruppen gesammelt sind, und diejenigen, die getrennt im offenen Meer liegen.

Vor den Küsten.
Korkyra; Leukadia; Kefalonia und Ithaka; Zacynthus ; Kythera; Ägina und Salamis;
Euböa ;

1. Inseln vor den Küsten. Vor der Westküste im Ionischen Meer : Kerkyra, gegenüber Epirus, 32 geog. Meilen lang, 8–16 breit. Stadt: Korkyra. Eine korinthische Kolonie. Gegenüber Akarnanien; Leucadia, mit der Stadt und Landzunge Leucas. – Kefalonia oder Same, ursprünglich Scheria , mit den Städten Same und Kefalonia. In der Nachbarschaft liegt die kleine Insel Ithaka. – Elis gegenüber: Zacynthos . Vor der Südküste: Kythera mit der gleichnamigen Stadt. Vor der Ostküste, im Saronischen Golf: Ægina und Salamis. Gegenüber Böotien , von dem es durch die Meerenge namens Euripus, Euböa , die ausgedehnteste von allen, getrennt ist; 76 geog. Meilen lang, von 12–16 geog. Meilen breit. Städte: Oreus , mit der Landzunge Artemisium im Norden, im Zentrum Chalkis, Eretria. Vor Thessalien, Skyathus , Thasus , Imbrus , Samothrake, Lemnos usw. Scyathus und Halonesus . Weiter nördlich: Thasus , Imbrus , Samothrake und Lemnos.

Gruppen.
Kykladen und Sporaden;

2. Inselgruppen im Ägäischen Meer: die Kykladen und Sporaden; Erstere umfassen die westlichen, letztere die östlichen Inseln des Archipels. Die wichtigsten unter ihnen sind Andros, Delos, Paros, Naxos und Melos, alle mit gleichnamigen Städten.

Separate.
Kreta; Zypern.

3. Die ausgedehnteren Einzelinseln: 1. Kreta, 140 geog. Meilen lang, von 24 bis 40 breit. Berg: Ida. Städte: Cydonia, Gortyna , Cnossus. 2. Zypern, 120 Geog. Meilen lang, von 20 bis 80 breit. Städte: Salamis, Paphos , Citium und mehrere kleinere Orte.

Bezüglich der wichtigsten griechischen Inseln vor der Küste Kleinasiens siehe oben, S. 18.

† FR. CARL. HERM. KRUSE , *Geographico – Antiquarische Darstellung des antiken Griechenlands und seiner Kolonien unter Bezugnahme auf moderne Entdeckungen* . Illustriert mit Karten und Tafeln: erster Teil, 1825. Allgemeine Geographie: zweiter Teil, erste Abteilung, 1826. Zweite Abteilung, 1827. Spezielle Geographie Mittelgriechenlands. Eine äußerst detaillierte und sorgfältige Beschreibung Griechenlands, basierend auf modernen Entdeckungen.

ERSTE PERIODE.

Die älteste überlieferte Geschichte reicht bis zum Trojanischen Krieg um 1200 v. Chr.

Quellen: Zur Entstehung und Entwicklung der Geschichte der Griechen. Vorläufige Untersuchung der Besonderheiten der griechischen Mythologie aus historischer Sicht, da sie die älteste Geschichte der nationalen Stämme und Helden umfasst. Eine an sich reiche Geschichte aufgrund der Zahl der Stämme und ihrer Anführer; aber von den Dichtern, insbesondere den großen frühen epischen Autoren, und später von den Tragikern auf verschiedene Weise ausgeschmückt und verändert. – Erster Fortschritt der Geschichte aus der Tradition, hervorgebracht von den Logographen , insbesondere denen der ionischen Städte, Hekatäus , Pherekydes usw. bis HERODOT , der zu Recht der Vater der Geschichte genannt wurde, es sofort auf eine so hohe Ebene erhob. (Vergleiche † *Die historische Kunst der Griechen in ihrem Aufstieg und Fortschritt, von* GF CREUZER ; 1803.) Dennoch roch die Geschichte bei Herodot und auch bei späteren Schriftstellern weiterhin nach ihrem Ursprung; und soweit sich der Bereich der Überlieferung erstreckte, verspürten selbst Theopompos und Ephorus keine Abneigung, ihre Materialien von Mythologen oder Dichtern zu übernehmen. Es braucht kaum beachtet zu werden, dass die Geschichte in dieser ersten Periode lediglich traditioneller Natur ist.

Unter den Modernen haben die Engländer das Thema der griechischen Geschichte am erfolgreichsten behandelt: Die Hauptwerke sind:

JOHN GILLIES , *Die Geschichte des antiken Griechenlands, seiner Kolonien und Eroberungen, von den frühesten Berichten bis zur Teilung des mazedonischen Reiches im Osten, einschließlich der Geschichte der Literatur, Philosophie und der schönen Künste* . London, 1786, 2 Bde. 4to. Und

WILLIAM MITFORD , *Die Geschichte Griechenlands* . London, 1784, 4 Bde. 4to. Seitdem sind mehrere Neuauflagen erschienen. Ins Deutsche übersetzt, Jena, 1800, qm . von *HL Eichstädt* . Mitford ist vielleicht an Gelehrsamkeit, Fülle und Solidität überlegen, aber er wird von Gillies sicherlich an Genialität und Geschmack und insbesondere an einer richtigen Vorstellung vom Geist der Antike weit übertroffen. [Wenige englische Kritiker werden hier mit unserem Autor übereinstimmen.]

DE PAUW , *Recherches sur les Grecs* , 1701, 2 Bde. 8vo. Voller Teilansichten und Hypothesen.

† HEEREN , *Forschungen zur Politik, zum Verkehr und zum Handel der berühmtesten Nationen der Antike* : 3 Bde. 1. Teil, 4. Auflage. 1826. [Übersetzt ins Englische, Oxford, 1830, 8vo.]

In der großen Sammlung finden sich viele wichtige Nachforschungen zu verschiedenen Teilen der griechischen Geschichte und Altertümer:

GRONOVII , *Thesaurus Antiquitatum Græcarum* , 12 Bde. Folio.

Andere sind in den Transaktionen verschiedener gelehrter Gesellschaften enthalten; Inbesondere in

Mémoires de l'Académie des Inscriptions et des Belles Lettres , Paris, 1709, sqq . 49 Bde. 4to.

Commentarii , (4 Bde.) *Commentarii novi* , (8 Bde.) *Commentationes* , (16 Bde.) und *Commentationes neuere Societatis Scientiarum Gotting* . (5 Bde.)

Frühe Bewohner Griechenlands.

1. Obwohl Griechenland ursprünglich von mehreren unbedeutenden Rassen bewohnt war, fordern zwei Hauptstämme unsere Aufmerksamkeit, die *Pelasgi* und die *Hellenen* . Beide waren wahrscheinlich asiatischen Ursprungs; aber der Unterschied ihrer Sprache charakterisierte sie als unterschiedliche Stämme. PELASGI. Die Pelasgi waren die ersten, die ihre Herrschaft in Griechenland ausweiteten.

Erster Sitz der Pelasger auf dem Peloponnes, unter Inachos , um 1800 v. Chr. Ihren eigenen Überlieferungen zufolge tauchten sie in diesem Viertel erstmals als unkultivierte Wilde auf; Sie müssen jedoch schon früh einige Fortschritte in Richtung Zivilisation gemacht haben, da ihnen die ältesten Staaten, Argos und Sikyon, ihre Entstehung verdankten; und ihnen werden vielleicht mit großer Wahrscheinlichkeit die Überreste jener ältesten Denkmäler zugeschrieben, die allgemein als *Zyklopen bezeichnet werden* . — Ausbreitung dieses Stammes nach Norden, insbesondere über Attika; Siedlung in Thessalien unter ihren Anführern Achäus , Phthios und Pelasgus ; Hier lernten sie, sich der Landwirtschaft zu widmen, und blieben hundertfünfzig Jahre hintereinander; etwa 1700–1500.

HELLENEN :

2. Die Hellenen – später so genannt von Hellen, einem ihrer Häuptlinge – ursprünglich der schwächere der beiden Stämme, erscheinen zum ersten Mal in Phokis, in der Nähe von Parnass, unter König Deukalion; Von dort werden sie von einer Flut vertrieben. steigen etwa 1550 v. Chr. südwärts ab. Sie wandern nach Thessalien aus und vertreiben die Pelasgi aus diesem Gebiet . — Bald darauf werden die Hellenen die mächtigste Rasse; und breitete sich über Griechenland aus und vertrieb die Pelasgi aus fast allen Teilen. Der letztere Stamm behält sein Herrschaftsgebiet nur in Arkadien und im Land Dodona und erlangt dort die vorherrschende Stellung ; Einige von ihnen wandern nach Italien, andere nach Kreta und auf verschiedene Inseln.

Hellenische Stämme.

3. Der hellenische Stamm ist in vier Hauptzweige unterteilt, die *Äoler*, *Ionier*, *Dorier* und *Achäer*, die sich auch später noch durch viele Besonderheiten in Sprache, Bräuchen und politischer Regierung unterscheiden und trennen. Obwohl diese vier Stämme nicht als alle kleinen Zweige der Nation umfassend betrachtet werden dürfen, stammen sie der Überlieferung nach von Deucalions unmittelbarer Nachkommenschaft ab; Mit deren persönlicher Geschichte ist also die Geschichte der Stämme selbst und ihrer Wanderungen verwoben.

Diese Ableitung der Stämme lässt sich besser verstehen, wenn man sich die folgende genealogische Tabelle anschaut:

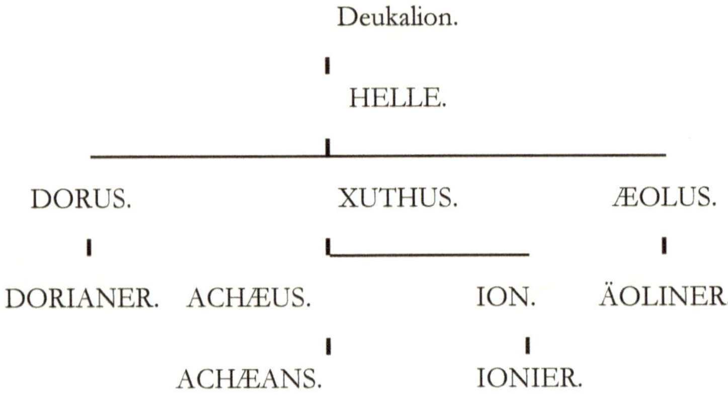

4. Die allmähliche Ausbreitung der verschiedenen Zweige des hellenischen Stammes über Griechenland wurde durch mehrere Migrationen zwischen 1500 und 1300 v. Chr. bewirkt ; Danach behielten sie die Siedlungen, die sie bereits erworben hatten, bis zur späteren Migration der Dorer und Herakliden um 1100.

Hauptdaten zur Geschichte der einzelnen Stämme in dieser Zeit.

1. ÆOLUS folgt seinem Vater Hellen nach Phthiotis , das folglich der Sitz der Äoler bleibt ; Sie breiteten sich von dort aus über Westgriechenland, Akarnanien, Ätolien , Phokis, Lokris, Elis auf dem Peloponnes und ebenso über die westlichen Inseln aus.

2. DORUS folgt seinem Vater nach Estiæotis , dem ältesten Sitz der Dorer. Sie werden von dort nach dem Tod des Dorus von den Perrhaebi vertrieben ; über Mazedonien und Kreta verbreitet; Ein Teil des Stammes kehrt zurück, überquert den Berg Œta und lässt sich in der Tetrapolis nieder Dorica , später

Doris genannt, wo sie unter der Führung der Herakliden blieben, bis sie auf den Peloponnes auswanderten ; um 1100. (Siehe unten, S. 127).

3. XUTHUS , VON SEINEN BRÜDERN VERTRIEBEN, WANDERT NACH ATHEN AUS, WO ER KREUSA, DIE TOCHTER DES Erektheus , heiratet , von der er die Söhne Ion und Achäus hat . Ion und sein aus Athen vertriebener Stamm lassen sich in dem Teil des Peloponnes namens Ægialus nieder , ein Name, den sie in Ionia umwandelten und später mit Achaia vertauschten. Die Achäer behielten ihren Stützpunkt in Lakonien und Argos bis zur Zeit der dorischen Völkerwanderung.

† LD HUELLMAN , *Early Grecian History* , 1814. Reich an originellen Ansichten und Vermutungen, über die die frühe Geschichte der Nationen selten hinausgeht.

† D. C. OTFRIED MUELLER , *Geschichte der hellenischen Stämme und Städte* , 1820, Bd. 1. enthaltend, O *rchomenus und die Minyæ* ; Bände. 2, 3, mit den *Dorern* , 1825.

In Griechenland siedeln sich Kolonien an.

5. Außer diesen Ureinwohnern kamen zu derselben frühen Zeit Kolonien aus zivilisierten Ländern, aus Ägypten, Phönizien und Mysien , nach Griechenland . Die Ansiedlungen dieser Fremden erfolgten wahrscheinlich zwischen 1600 und 1400 v. Chr.

Gründung der Kolonie Cecrops aus Sais in Ägypten in Attika, um 1550; in Argos, der Kolonie Danaus, ebenfalls aus Ägypten, um 1500. – Die Kolonie Kadmos, aus Phönizien , lässt sich um 1550 in Böotien nieder . – Die Kolonie Pelops, aus Mysien , lässt sich um 1400 in Argos nieder.

Fortschritt der Zivilisation bei den Hellenen.

6. Die Mythologie der Hellenen beweist zweifelsfrei, dass sie zunächst Wilde waren, wie die Pelasgi, da sie von Prometheus sogar den Umgang mit Feuer lernen mussten; Dennoch ist es ebenso klar, dass sie bereits in der frühesten Zeit, insbesondere zwischen 1300 und 1200, als sie aufgehört hatten zu wandern, die ersten wichtigen Schritte zur Erreichung eines bestimmten Grades der Zivilisation unternommen haben müssen. Zur Zeit des Trojanischen Krieges waren sie offenbar immer noch Barbaren, wenn auch keine Wilden mehr.

War die hellenische Zivilisation einheimischen oder fremden Ursprungs?

7. Der Ursprung und Fortschritt dieser nationalen Organisation sowie der Einfluss, den Siedler aus dem Ausland auf sie ausgeübt haben, sind schwer zu bestimmen. Wenn wir zugeben, dass Kekrops der erste war, der die Ehe in Attika einführte, und dass in diesem Land die Landwirtschaft und der

Olivenanbau entdeckt wurden, folgt daraus zweifellos, dass die Hellenen die Grundlage der häuslichen Zivilisation Fremden zu verdanken hatten. Und wenn man bedenkt, dass die Familien, die später die Herrschaft innehatten, direkt von den mächtigsten dieser Fremden abstammten, kann ihr nachhaltiger Einfluss kaum bezweifelt werden. Es muss jedoch beachtet werden, dass die Griechen das, was die Griechen von Ausländern entlehnten, zuvor mit ihrem eigenen Charakter prägten, so dass es gleichsam zum ursprünglichen Eigentum der Nation wurde. Die Frage verliert daher viel von der Bedeutung, die sie auf den ersten Blick annimmt.

Von Ausländern abgeleitete hellenische Religion.

8. Dasselbe galt für alle Zweige der intellektuellen Zivilisation, insbesondere für die Religion. Dass viele Gottheiten und religiöse Riten aus Ägypten, Asien und Thrakien und allgemein über Kreta nach Griechenland eingeführt wurden, lässt kaum Zweifel zu; aber sie blieben daher nicht ägyptisch, asiatisch oder thrakisch; sie wurden zu griechischen Göttern. Daher scheint es, dass die Untersuchung dieser Beziehungen kaum zu einer wichtigen Schlussfolgerung führen kann. Es ist jedoch eine Tatsache von höchster Bedeutung, dass es in Griechenland keine Priesterkaste gibt, welche Götter auch immer. Obwohl sie von den Griechen adoptiert wurden, wurde unter ihnen kein eigener Priesterstand eingerichtet, und schon gar keine Kaste, die Anspruch auf den ausschließlichen Besitz von Wissen erhob. Mehrere Hinweise machen es jedoch wahrscheinlich, dass viele der ältesten Heiligtümer Siedlungen ägyptischer, phönizischer oder kretischer Priester waren, die ihre eigenen besonderen Formen der Anbetung mitbrachten. Und obwohl dieser Gottesdienst lediglich aus äußeren Zeremonien bestand, wurden viele damit verbundene Ideen und Institutionen auf diese Weise zum Gemeingut der Nation.

Einfluss der Barden:

9. Es war also hauptsächlich die Religion, die den unhöflichen Geist zu einem gewissen Grad verfeinerte. Aber es waren die alten Minnesänger (ἀ οιδο ὶ,) Orpheus, Linus usw., die durch die Verbreitung religiöser Prinzipien so viel zur Abschaffung der Rache und damit des ewigen Kriegszustandes beitrugen, der das Land bisher verwirrt hatte. Diese waren es, denen es in ihren Mysterien einigermaßen gelang, den engen Kreis der Eingeweihten von den Vorteilen zu überzeugen, die ein zivilisiertes Leben mit sich bringt.

SAINTE-CROIX , *Recherches sur les Mystères du Paganisme* , Paris, 1765. Ins Deutsche übersetzt, mit wertvollen Beobachtungen, von CG LENZ ; Gotha, 1790.

der Orakel:

10. Der Einfluss der Religion durch Orakel, insbesondere die von Dodona und Delphi, war nicht weniger stark. Die beiden letzteren, zusammen mit Olympia, waren möglicherweise ursprünglich antike Priestersiedlungen, wie bereits erwähnt. Die Notwendigkeit, diese Heiligtümer zu konsultieren, führte natürlich dazu, dass die Menschen die Orakel als Gemeingut der Nation betrachteten, zu dem jeder Zugang haben sollte; Daraus folgte als unvermeidliche Konsequenz, dass die Leitung der Angelegenheiten, mit denen alle beschäftigt waren, hauptsächlich von diesen Orakeln abhing.

A. VAN DALEN , *De Oraculis Veterinär Ethnicorum Dissertations* 6. Amstel. 1700. Ein sehr wertvolles Werk. Eine umfassende Dissertation zu diesem Thema fehlt jedoch noch; ein Teil davon wird in behandelt

J. GRODDEK , *De Oraculorum veterum , quæ in Herodoti libris continentur , natura, commentatio* ; Gotting . 1786.

der religiösen Feste:

11. Es geschah mit Griechenland wie mit anderen Ländern; Unter dem Schutz des Heiligtums wuchs die zarte Pflanze der Zivilisation heran. Dort wurden die Feste gefeiert und dort versammelte sich das Volk; und dort trafen sich verschiedene Stämme, die einander bisher fremd gewesen waren, in Frieden und unterhielten sich über ihre gemeinsamen Interessen. Daraus entstand spontan die erste Idee eines Völkerrechts und die Zusammenhänge, die zu seiner Entwicklung führten. Unter diesen Verbindungen war die der Amphiktyonen in Delphi die wichtigste und bestand am längsten: Es ist wahrscheinlich, dass sie ihre vollständige Form erst in einer späteren Zeit annahm; Dennoch scheint es in früheren Zeiten den Grundsatz übernommen zu haben, dass keine der zum Bund gehörenden Städte von den anderen zerstört werden sollte.

† FR. WILH . TITTMANN , *Über die Amphiktyonische Liga* ; 1812. Eine Dissertation, die mit dem Preis der Akademie der Wissenschaften zu Berlin ausgezeichnet wurde.

der Navigation:

12. Zur Religion muss auch die Navigation und der daraus resultierende Verkehr hinzugefügt werden, der die Nation mit Fremden in Kontakt brachte und sie auf die Aufnahme der Zivilisation vorbereitete. Es lässt sich nicht leugnen, dass die Seefahrer lange Zeit bloße Piraten waren; Doch als Minos von Kreta etwa 1400 das Meer der Freibeuter säuberte, muss der Mangel an einem anderen Zustand der Dinge schon lange vorher gespürt worden sein.

Zeitalter der Ritterlichkeit.

13. In der Zwischenzeit wurde der ritterliche Geist der Nation allmählich geweckt; und entwickelte in den heroischen Zeitaltern die erste Blüte seiner jugendlichen Kraft . Eine Vorliebe für außergewöhnliche Unternehmungen wurde geweckt; und führte die Häuptlinge nicht nur einzeln, sondern auch in verbündeten Körperschaften über die Grenzen ihres Vaterlandes hinaus. Diese Unternehmungen waren nicht nur an sich wichtig, sondern ihre Vorteile wurden dadurch erhöht, dass sie in den Liedern ihrer Barden durch eine nationale Poesie festgehalten wurden , wie sie kein anderes Volk besaß und zur weiteren Entwicklung des nationalen Genies beitrug .

Expedition der Argonauten nach Kolchis, etwa um 1250 v. Chr.; Krieg der sieben verbündeten Fürsten gegen Theben um 1225; Die Stadt wurde jedoch erst beim zweiten Versuch der Söhne der Häuptlinge (Epigoni) im Jahr 1215 eingenommen.

Auswirkungen des Trojanischen Krieges.

14. So war nun alles reif für ein großes nationales Unternehmen aller vereinigten hellenischen Nationen; und dieses Ziel wurde im Krieg gegen Troja erreicht. Das wichtigste Ergebnis dieser Expedition war die Entfachung eines gemeinsamen nationalen Geistes, eines Geistes, der trotz Meinungsverschiedenheiten und Fehden nie ganz ausgelöscht wurde und der fast notwendigerweise zwischen 1194 und 1184 aus einer so weit entfernten Expedition entstanden sein musste ein Feld, das zehn Jahre dauerte, in dem sich alle vereinten und das von so großem Erfolg gekrönt war. Seit dem Trojanischen Krieg betrachteten sich die Hellenen stets als ein einziges Volk.

Allgemeiner Überblick über den politischen Zustand Griechenlands zur Zeit des Trojanischen Krieges . – Aufteilung in mehrere kleine Staaten, von denen die mächtigsten Argos und Mykenen waren . – Alle diese Staaten wurden von erblichen Häuptlingen oder Fürsten einer bestimmten *Familie* (Könige) regiert , βα σιλε ῖ ς ,), der die Ämter eines Führers im Krieg und eines Richters im Frieden vereinte. Ihre Autorität wuchs mehr oder weniger im Verhältnis zu den Qualitäten, die sie besaßen, und insbesondere zu ihrer Tapferkeit im Kampf . – Lebensweise unter den Menschen: eine Nation, die in Städten wohnte, aber gleichzeitig das Land bewirtschaftete und Vieh hütete; gilt auch für den Krieg und ist in der Navigationskunst bereits einigermaßen fortgeschritten.

AW SCHLEGEL , *De Geographia Homeri Kommentar* . Hannover . 1788. Ein Überblick über die politische Geographie Griechenlands zu dieser Zeit . – Zur Topographie Trojas:

LECHEVALIER , *Beschreibung der Ebene von Troie* . Übersetzt und mit Anmerkungen versehen von HEYNE , Leipzig, 1794. Vergleiche CLARKE ,

Travels , Bd. ich , c. 4–6, der Zweifel am System von Lechevalier geäußert hat , was jedoch erneut durch LEAKE , *Travels in Asia Minor, bestätigt wurde* .

Travels , Bd. ich , c. 4–6, der Zweifel am System von Lechevalier geäußert hat , was jedoch erneut durch LEAKE , *Travels in Asia Minor, bestätigt wurde* .

ZWEITER ZEITRAUM.

Vom Trojanischen Krieg bis zum Ausbruch des Perserkrieges, 1200–500 v. Chr.

Quellen. Über keinen Teil der griechischen Geschichte sind unsere Informationen so spärlich wie über diesen langen Zeitraum, in dem wir kaum über mehr als ein allgemeines Wissen über viele der wichtigsten Ereignisse verfügen können. Wie in der vorangehenden Periode ist ihr Beginn nur eine traditionelle und poetische Geschichte. Erst gegen Ende wurde die Verwendung der Schrift bei den Griechen üblich; Hinzu kommt, dass es in dieser Zeit selbst keine großen nationalen Unternehmungen gab, die dem Dichter oder Historiker geeignete Materialien bieten könnten. Neben den vereinzelten Informationen, die man bei Herodot, Plutarch, Strabo und vor allem in der Einleitung zur Geschichte des Thukydides finden kann , darf Pausanias nicht vergessen werden; der in seiner Beschreibung Griechenlands eine Fülle höchst wertvoller Dokumente über die einzelnen Geschichten der Kleinstaaten aufbewahrt hat. Die aus dieser Zeit stammenden Bücher des Diodorus sind verschollen.

† FR. WILHELM TITTMANN , *Beschreibung der griechischen Regierungsformen* , 1822. Eine sorgfältige Sammlung aller Informationen, die wir zu diesem Thema besitzen.

† W. WACHSMUTH , *Griechische Altertümer im Hinblick auf Politik* , 4 Bde. Eine hervorragende Arbeit.

1. Geschichte der hellenischen Staaten innerhalb Griechenlands.

RÜCKKEHR DER HERAKLIDEN :
um 1100 v. Chr.

1. Auf den Trojanischen Krieg folgte eine sehr stürmische Zeit, die auf die vielen Unruhen zurückzuführen war, die in den herrschenden Familien, insbesondere in der des Pelops, vorherrschten. Doch schon bald kam es zu noch heftigeren Unruhen, verursacht durch die Versuche der unhöflichen Stämme des Nordens, insbesondere der Dorier im Verbund mit den Ätoliern , die unter der Führung der aus Argos verbannten Nachkommen des Herkules danach strebten, den Peloponnes in Besitz zu nehmen. Diese Unruhen erschütterten Griechenland ein ganzes Jahrhundert lang, und da die Sitze der meisten hellenischen Stämme dann geändert wurden, waren die Folgen nachhaltig und schwerwiegend.

Erster erfolgloser Versuch unter Hyllus, dem Sohn des Herkules, um 1180. – Wiederholte Versuche, bis schließlich die Ansprüche der Herakliden durch die Enkel des Hyllus, nämlich. Telephos und Kresphontes , zusammen mit Eurysthenes und Prokles , Söhne ihres Bruders Aristodemus , 1100.

Folgen dieser großen Revolution.

2. Folgen dieser Migration für den Peloponnes. Die Gebiete Argos, Sparta, Messene und Korinth, die den Achäern , die sie bis dahin bewohnt hatten , entrissen worden waren, gingen in den Besitz der Dorer über; Elis fällt an die Ätolier , die ersteren begleitet hatten. Die Achäer vertrieben ihrerseits die Ionier und ließen sich in dem Land nieder, das seitdem Achaia heißt. die flüchtigen Ionier werden von ihren alten Verwandten, den Athenern, aufgenommen . – Aber zu den Folgen dieser Wanderung der hellenischen Völker müssen auch die nach Asien geschickten Kolonien gerechnet werden. Gründung griechischer Kolonien in Kleinasien; ein Ereignis von höchster Bedeutung für die weitere Entwicklung der Nation. Diese Kolonisierung wurde von den äolischen Hellenen begonnen, deren Beispiel bald darauf die Ionier und sogar die Dorier folgten.

Zur Geschichte dieser Kolonien siehe den folgenden Abschnitt.

Auf Monarchien folgten Republiken.

3. Obwohl die Wirkung dieser Wanderungen und Kriege, in denen die raueren Stämme die zivilisierteren unterdrückten, unweigerlich darin bestanden haben muss, den Fortschritt der Zivilisation nicht nur zu unterbrechen, sondern sogar fast vollständig zu vernichten, liegt in dieser universellen Bewegung doch die Grundlage wurde über die Verfassung der Dinge gelegt, die später in Griechenland existierte. Die abgewanderten wie auch die vertriebenen Stämme blieben zunächst für einige längere, andere für kürzere Zeit unter der Herrschaft ihrer Erbfürsten. In den zwei Jahrhunderten jedoch unmittelbar nach den Völkerwanderungen (1100–900 v. Chr.) traten in allen griechischen Ländern, mit Ausnahme des fernen Epirus, republikanische Verfassungen an die Stelle der erblichen Sippenschaft. Diese Republiken existierten trotz der verschiedenen Revolutionen weiter; und die Liebe zur politischen Freiheit, die tief in den Köpfen des Volkes verankert war, bildete von dieser Zeit an das Hauptmerkmal des Nationalcharakters.

Ursprung der kleinen Republiken.

4. Die Fortsetzung beweist, dass die Hauptursache dieser für Griechenland so wichtigen Veränderung – diese Veränderung, durch die seine künftige Innenpolitik für immer bestimmt wurde – in den Fortschritten der neu hinzugekommenen Stämme zum bürgerlichen Leben und folglich in der Entwicklung des bürgerlichen Lebens ihren Ursprung hatte zugleich gegenüber der nationalen Zivilisation. In dieser neu geschaffenen Ordnung der Dinge bildete jede Stadt mit dem sie umgebenden Territorium einen

eigenen Staat und formulierte ihre eigene Verfassung; daher entstanden ebenso viele Freistaaten wie Städte.

Die Annahme, dass Griechenland die gleiche Anzahl von Staaten wie Ländern umfasste, ist völlig falsch, obwohl nicht geleugnet werden kann, dass die Ausdrucksweise in den meisten Schriften zur griechischen Geschichte diese Behauptung zu rechtfertigen scheint. Es stimmt, dass einige dieser Länder, wie Attika, Megaris und Lakonien, jeweils als separate Staaten betrachtet werden können, da sie jeweils das Territorium einer einzigen Stadt bildeten. Die anderen hingegen, wie Arkadien, Bœotien usw., bildeten nicht jeweils einen Staat, sondern umfassten so viele Einzelstaaten, wie es freie und unabhängige Städte gab, die jeweils mit ihrem Territorium einen bildeten. Dennoch muss jedoch beachtet werden, dass (*a*) die natürlichen Bindungen der Verwandtschaft bestehen blieben; Arkadier, Böotier usw. sprachen voneinander als Landsleute. (*b*) Freiwillige Verbindungen wurden zwischen verschiedenen Städten und manchmal allen Städten eines Landes, wie zum Beispiel in Achaia, geschlossen, so dass das Ganze eine Konföderation bildete; Dennoch behielt jede einzelne Stadt ihr eigenes Rechts- und Regierungssystem bei. Wiederum (*c*) infolge eines größeren Machtanteils übernahm eine Stadt eine Art Herrschaft über die andere; wie zum Beispiel das von Theben über die böotischen Städte. Diese Herrschaft war jedoch immer prekär und hing von der Lage der Dinge ab. (*d*) Es muss ebenfalls beachtet werden, dass die Verfassung jeder einzelnen Stadt viele Änderungen erfuhr, die im Allgemeinen von einflussreichen Bürgern (Tyrannen) herbeigeführt wurden, die nicht nur die höchste Macht besaßen, sondern es auch häufig schafften, diese für einige Zeit zu erlangen erblich in ihren Familien. Jeder wird leicht erkennen, dass es sich bei den oben genannten um die Grundprinzipien der griechischen Geschichte handelt, die nicht zu klar gefasst oder zu richtig definiert werden können; denn es ist selbstverständlich, was für ein weites Feld eine solche der praktischen Politik geöffnete Gestaltung der Dinge war. Je unwahrscheinlicher die Erlangung fester Verfassungen in den einzelnen Städten war, desto häufiger müssen die politischen Versuche stattgefunden haben; (Versuche wurden durch die Enge des Staates erleichtert;) und je häufiger diese Versuche scheiterten, desto umfangreicher wurde in diesem intellektuellen Volk die Masse politischer Ideen; Die Ergebnisse daraus waren in späteren Zeiten die Gesetzgebungskodizes von Solon und anderen.

Einheit der kleinen griechischen Staaten.

5. Obwohl Griechenland auf diese Weise in eine Reihe kleiner Staaten aufgeteilt war, die durch kein gemeinsames politisches Band vereint waren, herrschte doch eine gewisse Einheit der hellenischen Rasse, ein gewisser Nationalgeist: Dies wurde teilweise durch das Auftreten nationaler Feste und Spiele hervorgerufen zu bestimmten Zeiten, unter denen die zu Ehren

Jupiters in Olympia die wichtigsten waren. Die Nation erschien dabei in ihrer ganzen Pracht ; und alle Hellenen, aber keine anderen, durften daran teilnehmen. Auch diese Verbindung wurde durch die Erweiterung des Amphiktyonischen gefördert Der Grund dafür, dass dieser letzten Institution nicht alle Konsequenzen folgten, die man von ihr hätte erwarten können, liegt vielleicht in dem, was natürlich in jeder großen Konföderation geschieht, wenn einer der Mitgliedsstaaten zu mächtig wird.

Der Amphiktyonische Rat war sicherlich kein Generalstaat , in dem alle nationalen Angelegenheiten besprochen wurden. Seine unmittelbare Aufgabe bestand darin, sich um die Tempel und Orakel von Delphi zu kümmern. Aber dann muss erstens darauf hingewiesen werden, dass aus diesem Konzil die griechischen Ideen des Völkerrechts hervorgingen; über dessen Erhaltung die Amphiktyonen wachten. 2. Aufgrund seines politischen Einflusses auf das Orakel war es diesem Rat in bestimmten Fällen möglich, an den Angelegenheiten verschiedener Staaten teilzunehmen. 3. Die Amphiktyonen bildeten immer eine nationale Institution, da nur Hellenen zugelassen wurden.

ST. CROIX , *Des anciens Gouverneure fédératifs , et de la législation de Crète* , Paris, 1796. Eine der unschätzbar wertvollen Untersuchungen, nicht nur über die Institutionen der Amphiktyonen , sondern auch über andere damit verbundene Angelegenheiten der griechischen Geschichte.

Sparta und Athen.

6. Unter den verschiedenen Staaten Griechenlands wurden Sparta und Athen bereits zu dieser Zeit nicht nur wegen ihrer größeren Macht, sondern auch wegen ihrer überlegenen Verfassungen und Gesetze berühmt Die Geschichte des übrigen Griechenlands ist mit der dieser beiden Städte verbunden, doch sie haben sicherlich den höchsten Anspruch auf unsere Aufmerksamkeit.

Revolutionen in der Regierung von Sparta.
1100.

7. Geschichte Spartas. Die Achäer wurden zunächst von Fürsten aus dem Hause Perseus regiert, nach Menelaos' Thronbesteigung kraft seiner Frau jedoch von Fürsten aus dem Hause Pelops. Als diese von den Doriern vertrieben worden waren, fiel Lakonien durch das Los an die Söhne des Aristodemus , Prokles und Eurysthenes , zwischen deren Familien die königliche Macht aufgeteilt wurde, so dass ständig zwei Könige gemeinsam regierten, einer aus jeder Familie.

Familien der Proclidæ und Ægidæ ; letzterer so genannt von Agis, dem Sohn und Nachfolger des Eurysthenes .

† JCF MANSO , *An Essay on the History and Constitution of Sparta* , Leipzig, 1800 sqq . 3 Bde. Das wichtigste Werk zu diesem Thema, das ebenfalls viele Informationen zu verschiedenen damit verbundenen Punkten der griechischen Geschichte enthält.

CRAGIUS , *De Republica Lacedæmoniorum* , 1642.

MEURSIUS , *De regno Laconico* ; und *Miscellanea Laconica* . Beides aufwändige Zusammenstellungen.

Eroberungen der Dorer.

8. Die Dorer eroberten nun nach und nach und ließen sich in vielen Städten der Halbinsel nieder; bildeten, wenn nicht die gesamte Bevölkerung, so doch zumindest den einzigen Teil davon, der über Macht verfügte, da die verbliebenen Achäer in die Sklaverei gezwungen wurden. Es dauerte jedoch nicht lange, bis die Stadt Sparta die Herrschaft über das ganze Land an sich riss und diese auch später behielt. Die anderen früher bedeutenden Städte wurden unbefestigt, wehrlos und unbedeutend.

Beziehung zwischen den spartanischen Bürgern der Hauptstadt als herrschender Körperschaft und den Lacedæmonians , oder π εϱιοιϰοι , Einwohnern des Landes, als Untertanen, die Tribut und Militärdienst zahlten. Schon zur Zeit des Agis, des Nachfolgers des Eurysthenes , wurde diese Unterwerfung mit Gewalt durchgesetzt ; die Bewohner von Helos wurden als Strafe für ihren Widerstand zu Sklaven gemacht; während die anderen durch den Opfer ihrer politischen Freiheit ihre persönliche Freiheit bewahrten, so eingeschränkt sie auch sein mochte.

Wiederholte Kriege der Spartaner.

9. Die Geschichte der beiden folgenden Jahrhunderte bis zur Zeit des Lykurg zeigt nichts als die wiederholten Kriege der Spartaner mit ihren Nachbarn, den Argivern; Ihre häuslichen Unruhen, die durch die zu ungleiche Verteilung des Eigentums, durch die Fehden und die verminderte Macht der Könige verursacht wurden und die anhielten, bis Lykurg, der Onkel und Vormund des kleinen Königs Charilaus , um das Jahr 880 Sparta übergab dieser Verfassung, der sie ihren späteren Glanz hauptsächlich zu verdanken hatte .

Illustration der Hauptmerkmale der spartanischen Verfassung. Einige Vorbemerkungen sind erforderlich. (*a*) Da die Gesetzgebung des Lykurg zu einem so frühen Zeitpunkt erfolgte und seine Gesetze nicht niedergeschrieben, sondern in Apophthegmen (ῥ ήτϱ αι) übermittelt wurden, die durch das Orakel von Delphi bestätigt wurden, sind viele Dinge späteren Ursprungs Lykurg zugeschrieben. (*b*) Vieles, was ihm zu Recht zugeschrieben wird, war nicht ursprünglich, sondern wurde aus alten dorischen Institutionen abgeleitet, die nun im Niedergang begriffen waren und kraft Gesetzes wiederhergestellt wurden. Daraus folgt, dass die Gesetzgebung des Lykurg natürlich viele Ähnlichkeiten mit der der Kreter gehabt haben muss, die ebenfalls dorischen Ursprungs waren, obwohl vieles, wie uns gesagt wird, direkt von ihnen übernommen wurde. (*c*) Das Hauptziel der Gesetze von Lykurg bestand darin, die Existenz Spartas durch die Schaffung und Unterstützung einer kräftigen und unverdorbenen Menschenrasse sicherzustellen. Daher hatten diese Gesetze einen spezifischeren Bezug auf das Privatleben und den Sportunterricht als auf die Verfassung des Staates, in der der Gesetzgeber offenbar nur wenige Änderungen vorgenommen hat.

Zur Verfassung: 1. Das bis dahin bestehende Verhältnis zwischen den Spartanern als dominierendem Volk und den Lacedämoniern als Untertanen blieb erhalten. 2. Die beiden Könige aus den beiden herrschenden Familien blieben ebenfalls weiterhin als Anführer im Krieg und erste Richter im Frieden. Andererseits wird 3. Lykurg die Einrichtung eines Senats (γερούσι α) zugeschrieben, der aus achtundzwanzig Mitgliedern bestand, von denen keines jünger als sechzig Jahre sein durfte und die vom Volk auf Lebenszeit gewählt werden sollten und sollten den Rat des Königs für öffentliche Angelegenheiten bilden. 4. Ob das Kollegium der fünf jährlich gewählten Ephori ursprünglich von Lykurg oder zu einem späteren Zeitpunkt gegründet wurde, ist eine Frage, die unmöglich zu entscheiden ist, aber von geringer Bedeutung ist, da die große Macht dieses Kollegiums, dem letztendlich alles zuzuordnen war , von geringer Bedeutung war als höchstes Gericht des Staates bezeichnet, wurde sicherlich erst nach der Zeit des Lykurg angenommen. 5. Außer den oben genannten gab es auch die Volksversammlungen, die gemäß der Einteilung in φύλ ας und ὦ βας einberufen wurden und an denen nur Spartaner teilnehmen konnten: Ihre Privilegien erstreckten sich nicht über die Genehmigung oder Ablehnung der ihnen vorgeschlagenen Maßnahmen Könige und der Senat.

In den Gesetzen zum Privatleben zielte Lykurg darauf ab, die Spartaner zu einer Gesellschaft von Bürgern zu machen, die in Bezug auf ihr Eigentum und ihre Lebensweise so weit wie möglich gleich waren und von denen jeder zutiefst von der Überzeugung geprägt war, dass er Eigentum seines Landes sei. dem er bedingungslosen Gehorsam leisten musste. Daher 1. Die neue Landaufteilung: 9000 Teile an die Spartaner und 30.000 an die Lacedämonier ; Es wird die Erlaubnis erteilt, über diese Teile durch Erbschaft oder Schenkung zu verfügen, jedoch nicht durch Verkauf. 2. Die weitestgehende Beseitigung aller Arten von Luxus, insbesondere durch die täglichen öffentlichen Tische (συσσίτι α) aller Bürger entsprechend ihrer Abteilungen, in denen die Gemeingüter gesetzlich geregelt waren. 3. Die vollständige Organisation der häuslichen Gesellschaft in Bezug auf Mann und Frau,

Eltern und Kinder, die so gestaltet war, dass sie, auch auf Kosten der Moral, das große politische Ziel, die Produktion kräftiger und gesunder Bürger, förderte. 4. Daher schließlich der Zustand der Sklaven, die unter dem allgemeinen Namen Heloten zusammengefasst werden und die, obwohl sie fast als Leibeigene betrachtet werden können, ebenfalls Eigentum des Staates waren, der das Recht hatte, ihre Dienste im Krieg in Anspruch zu nehmen. – So einfach es auch ist, die Hauptpunkte der spartanischen Verfassung so allgemein aufzuzählen, der Mangel an ausreichenden Dokumenten macht es schwierig und oft sogar unmöglich, eine Menge Fragen zu beantworten, die sich stellen, wenn wir tiefer in das Thema eindringen. Dennoch ist ihre lange Dauer (fast vierhundert Jahre) ohne erkennbare Veränderung noch bemerkenswerter als die Verfassung selbst. Bemerkenswerter ist, dass die Spartaner bald nach dieser Zeit als Eroberer auftreten. In der Tat war nicht länger zu erwarten, dass in Griechenland ein dauerhafter Frieden bestehen würde, während das Zentrum des Landes von einem militärischen Staat besetzt war, dessen Bürger seit all dem durch die allgemeine Unruhe des Menschen zum Krieg getrieben worden sein mussten Berufe im Haushalt und in der Landwirtschaft wurden den Sklaven überlassen.

Neben den oben genannten Werken, S. 119.

HEYNE , *De Spartanorum republica Judicium* ; eingefügt in *Commentat . Soc. Gotting* . Bd. ix. Beabsichtigt, die Teilmeinungen von DE PAUW ZU KORRIGIEREN .

Kriege der Spartaner auf dem Peloponnes.

10. Bald nach der Zeit des Lykurg begann der Krieg der Spartaner mit ihren Nachbarn , den Argivern, den Arkadiern, insbesondere aber den Messeniern. Die Kriege mit letzteren scheinen auf einen alten Groll des dorischen Stammes zurückzuführen zu sein, der auf die ungleiche Landaufteilung bei der Besetzung des Peloponnes zurückzuführen war. Es ist jedoch offensichtlich, dass der Streit zwischen den beiden Nationen hauptsächlich durch die ungleiche Aufteilung der Ländereien bei der Besetzung des Peloponnes gefördert wurde der Ehrgeiz der spartanischen Könige, die durch orakelhafte Antworten und Interpretationen auf eine abergläubische Menge einwirkten.

Unbedeutende Kriege mit Tegea und Argos; und Streitigkeiten mit Messene, 783–745.

Erster messenischer Krieg, 742–722, endete mit der Einnahme der Grenzfestung Ithome nach dem freiwilligen Tod des messenischen Königs Aristodemus . – Die Messenier werden den Spartanern tributpflichtig und müssen die Hälfte der Einnahmen abgeben ihre Ländereien. – Ereignisse während dieses Krieges: 1. Nach Angaben einiger Behörden wurde das

Kollegium von Ephori als Stellvertreter der Könige in ihrer Abwesenheit und als Schiedsrichter bei Streitigkeiten eingesetzt, die zwischen den Königen und dem Senat entstehen könnten. 2. Die Macht des Volkes ist soweit beschränkt, dass die Volksversammlungen keine Änderungen an den ihnen vom Senat oder den Königen vorgelegten Beschlüssen vornehmen können, sondern sich lediglich auf eine Zustimmungs- oder Ablehnungsabstimmung beschränken. 3. Der Aufstand der Parthenier und Heloten wird zum Motiv für die Aussendung von Kolonien; eine Maßnahme, zu der Sparta mehr als einmal Zuflucht genommen hatte, um die häusliche Ruhe aufrechtzuerhalten
.

Zweiter Messenischer Krieg, 682–668, geführt von den Messeniern unter dem Kommando ihres Helden Aristomenes , von den Spartanern unter dem Kommando von Tyrtæus , der die Flamme des Krieges anfachte, bis der Kampf durch die Eroberung der starken Stadt Ira beendet wurde. Das messenische Gebiet wird unter den Eroberern aufgeteilt und die eroberten Einwohner werden wie die Heloten zu landwirtschaftlichen Sklaven.

Sparta übernimmt die Führung unter den dorischen Staaten

11. Obwohl das Territorium der Spartaner durch diese messenischen Kriege erheblich vergrößert wurde, scheint es lange gedauert zu haben, bis sich die Nation von dem Kampf erholte und sich in langsamen Schritten an die erste Stelle unter den dorischen Staaten erhob und sich ausdehnte seine Grenzen auf Kosten der Argiver und Arkadier.

Kriege mit Tegea größtenteils erfolglos; und mit Argos für den Besitz von Thyrea und der Insel Kythera; durch dessen Beitritt das spartanische Gebiet um 550 eine bedeutende Vergrößerung erhielt.

Erste Einmischung Spartas in Angelegenheiten außerhalb der Halbinsel.

12. Diese Kriege auf dem Peloponnes waren nicht derart, dass sie zu bemerkenswerten Änderungen in der spartanischen Verfassung geführt hätten, und die Nation weigerte sich lange Zeit, sich an auswärtigen Angelegenheiten zu beteiligen. Doch kaum mischte sich König Kleomenes , der schließlich die Absetzung seines Kollegen Demaratus herbeiführte, in die Angelegenheiten der Athener ein, als der Samen des Streits zwischen diesen beiden Republiken gesät wurde. Es folgte der Perserkrieg, an dem Sparta teilnehmen musste, obwohl Kleomenes sich geweigert hatte, am Aufstand des Aristagoras teilzunehmen: Dieser Kampf führte zusammen mit der Idee der Vorherrschaft in Griechenland, die nun aufkam, zu einer Reihe politischer Beziehungen vorher unbekannt.

Geschichte von Athen.

13. Die Geschichte Athens in dieser Zeit wird eher durch innenpolitische Revolutionen bedeutsam, die den Staat nach und nach in eine Republik umwandelten, als durch äußere Vergrößerung. Die Lage und die Besonderheiten Attikas, die es weniger als andere Teile Griechenlands den Angriffen und Streifzügen umherziehender Horden aussetzten, begünstigten das allmähliche und ruhige Wachstum des nationalen Wohlstands; Die Spuren davon sind unbestreitbar, obwohl es für die gründlichste Forschung schwierig wäre, den gesamten Verlauf seines Fortschritts so deutlich aufzuzeigen, wie der Historiker es sich wünschen würde.

Die Geschichte Athens bildet natürlich einen Hauptteil der oben erwähnten Werke, S. 119. Außerdem:

W. YOUNG , *Die Geschichte Athens politisch und philosophisch betrachtet* . London, 1796. 4to. Argumentation statt Geschichte.

CORSINI , *Fasti Attici* . Florent. 1747. 4 Bde. 4to. Ein äußerst sorgfältiger chronologischer Aufsatz.

1. Periode der königlichen Regierung bis 1068. Die Geschichte Athens als Staat beginnt eigentlich mit Theseus, der um 1300 v. Chr. die Nachfolge seines Vaters Ägeus antrat . Obwohl bestimmte Institutionen, wie der Areopag , die Aufteilung des Volkes in Adlige vorsahen , (ε ὐ πατρίδαι,) Ackerbauern, (γεὡργοι ,) und Mechaniker: (δημιούργοι ·) eine Unterteilung, die uns an die ägyptische Kasteninstitution erinnert, ist vielleicht älteren Datums und kann der Kolonie Kekrops zugeschrieben werden . Theseus war jedoch gewissermaßen der Gründer des Staates, da er anstelle der vier bisher unabhängigen Bezirke (δῆμοι ,) die Stadt Athen als einzigen Regierungssitz errichtete. Unter seinen Nachfolgern richtet sich die Aufmerksamkeit des Studenten auf Mnestheus , der vor Troja fiel; und der letzte König, Codrus , der durch ein freiwilliges Opfer seines Lebens Attika vor den Einfällen der Dorer rettete, 1068.

2. Zeitspanne der Archonten auf Lebenszeit, entnommen aus der Familie des Codrus , von denen dreizehn regierten; 1068–752. Der erste war Medon , der letzte Alcmæon . Diese Archonten folgten, wie die Könige, durch Erbschaft, waren aber für ihre Verwaltung verantwortlich (ὐ π εὐθυνοι). – Zu Beginn dieser Periode kam es zu den Wanderungen der Ionier von Attika nach Kleinasien, 1044. Siehe unten.

3. Periode der zehnjährigen Archonten, von denen sieben zwischen 752 und 682 erfolgreich waren. Diese stammten ebenfalls aus der Familie des Codrus . Dieser Zeitraum ist frei von bemerkenswerten Ereignissen.

4. Zeitraum bis Solon, 682–594. das von neun Archonten, die jährlich gewählt werden, aber so angeordnet sind, dass die Vorrechte der früheren Könige und der vorhergehenden Archonten unter den ersten drei der neun

aufgeteilt wurden. In Bezug auf diese und die anderen oben erwähnten Veränderungen wissen wir wenig über die Ursachen, die sie hervorbrachten, oder über die Art und Weise, wie sie zustande kamen. Aufstieg einer unterdrückerischen Aristokratie (wie die der Patrizier in Rom unmittelbar nach der Vertreibung der Könige), wobei sowohl die Archonten als auch die Mitglieder des Areopags nur aus Adelsfamilien gewählt wurden. Erster Gesetzesversuch von Draco, 622, der anscheinend nur in einem Strafgesetzbuch bestanden hat, das aufgrund seiner Strenge erfolglos war. – Der Aufstand der Zylonen , 598, erwies sich aufgrund der Art und Weise, wie er niedergeschlagen wurde, als äußerst schädlich die aristokratische Partei, insofern die Adligen die Blutverschmutzung auf sich zogen, die selbst nach der Reinigung des Epimenides (593) lange Zeit als Vorwand für Unruhen diente. Die politischen Fraktionen der Pediæi , der Diacrii und der Parhali führten in Athen zu einer Anarchie, in deren Verlauf die benachbarten Megarier die Insel Salamis in Besitz nahmen; eine Eroberung, die ihnen jedoch später von Solon entrissen wurde.

Solons Gesetzgebung,
594.

14. Aus diesem Zustand der Anarchie wurde Athen durch Solon gerettet; ein Mann, dem nicht nur Athen, sondern die gesamte Menschheit zu großem Dank verpflichtet ist. Er wurde zum Archon gewählt und erhielt gleichzeitig den Auftrag, die Verfassung Athens umzugestalten. Die erfolgreiche Art und Weise, wie er diese Aufgabe erfüllte, legte den Grundstein für das Glück seines Heimatlandes.

Überprüfung der herausragenden Merkmale in Solons Gesetzgebung. Ihr Hauptziel war die Abschaffung der unterdrückerischen Aristokratie, ohne jedoch eine reine Demokratie einzuführen. 1. Vorläufige Gesetze: Abschaffung der Statuten von Draco, mit Ausnahme derjenigen gegen Mord: Gesetz zur Schuldenerleichterung (σεισ αχθεία, novæ tabulæ), nicht so sehr durch die Tilgung der Schulden, sondern durch die Verringerung ihrer Höhe durch eine Erhöhung des Geldwertes; und ebenso durch die Wahrung der persönlichen Freiheit des Schuldners. 2. Grundgesetze, sowohl in Bezug auf die Verfassung als auch in Bezug auf das Privatleben und die Privatrechte. – Verfassung des Staates. (*a*) Organisation des Volkes durch Einteilung: nach Besitz in vier Klassen; die Pentacosimedimni oder diejenigen, die ein Jahreseinkommen von 500 Medimni hatten ; die Equites (ἱ ππ ε ῖ ς), die 400 hatten; die Zeugitæ , die 300 hatten; und die Thetes , (capite censi), deren Jahreseinkommen nicht so hoch war. – Die alten Einteilungen nach Häuptern, in Bezirke (φὺλ αι), von denen es vier gab, und nach Wohnort in Demi (Hunderte), davon hundert und es werden siebzig aufgezählt, die erhalten blieben. (*b*) Nur Bürger der ersten drei Klassen konnten alle Staatsämter bekleiden; aber alle wurden zu den Volksversammlungen zugelassen und hatten ein Stimmrecht in den Gerichtshöfen. (c) Die neun jährlich gewählten Archonten, die als oberste Richter fungierten, blieben an der Spitze des Staates, obwohl sie nicht gleichzeitig militärische Ämter übernehmen durften; der erste trägt den Namen ἐ π ὠνυμος , der zweite βα σιλε ὺ ς , der dritte π ολέμ αρχος, die übrigen sechs den Namen θεσμοθ ἐ τ αι. Mit den Archonten verbunden war (d) der Rat (β ουλ ἡ), der aus einer Körperschaft von jährlich vierhundert Personen bestand, die aus den drei ersten Bürgerklassen stammten; (hundert aus jeder Gemeinde;) Diese wurden durch das Los ausgewählt, mussten sich jedoch einer strengen Prüfung (δοκιμ ασία) unterziehen, bevor sie ihr Amt antraten. Die Archonten waren verpflichtet, bei jedem Vorfall die Vierhundert zu konsultieren; und nichts konnte dem Gemeinwesen übertragen werden, bis es zuvor in diesem Rat erörtert worden war. (e) Dem Volk, bestehend aus allen vier Ständen, war in seinen Versammlungen (ἐ κκλησί αι) das Recht vorbehalten, die Gesetze zu bestätigen, die Beamten zu wählen, alle ihm vom Rat übertragenen öffentlichen Angelegenheiten zu erörtern und dergleichen die öffentliche Gerechtigkeitsverteilung. (f) Der Areopag sollte nach Solons Plan der wichtigste Stützpfeiler der Verfassung sein; Dieses Tribunal war bisher lediglich ein Werkzeug in den Händen der Aristokratie gewesen. Es bestand aus pensionierten Archonten und blieb nicht nur das oberste Gericht in Kapitalfällen, sondern hatte auch die Aufgabe, die Sitten zu überwachen, das Verhalten der aus dem Amt ausgeschiedenen Archonten zu zensieren und hatte das Vorrecht, Änderungen vorzunehmen Aufhebung der vom Gemeinwesen genehmigten Maßnahmen. Die Macht dieses Gerichts, das leicht dem Kollegium von Ephori in Sparta hätte gleichkommen können , hätte zunächst für zu umfassend gehalten werden können, wenn die Erfahrung nicht die verhängnisvollen Folgen der Einschränkung dieser Macht durch Perikles gezeigt hätte. Diese Mischung aus Aristokratie und Demokratie zeugt zweifellos von einer tiefen Einsicht in die Natur republikanischer Verfassungen; Aber Solon hat nicht weniger Anspruch auf Lob für seine Bemühungen , das Ruder der Regierung nur in die Hände der aufgeklärtesten und umsichtigsten Bürger zu legen. Es muss ebenfalls beachtet werden, dass der von Solon gegebene Kodex für das Privatleben das Genie eines Mannes zeigt, der das Gemeinwesen als der Moral untergeordnet ansah und nicht, wie Lykurg, die Moral als dem Gemeinwesen untergeordnet.

SAM. PETITUS , *De Legibus Atticis* , 1635. fol. Die beste Zusammenstellung und Illustration der erhaltenen Fragmente des attischen Gesetzes.

CHR. BUNSEN , *De jure Atheniensium hereditario , ex Isæo cæterisque Oratoribus Graecis ducto* , Goett . 1812. Das Erbrecht war ein Hauptmerkmal in Solons Gesetzgebung; Seine Erklärung erfordert eine gründliche Kenntnis der

Verfassung, soweit sie mit der Regierung durch Clans oder Familien zusammenhängt.

Eine Erklärung der athenischen Verfassung findet sich ebenfalls in den oben genannten Werken von Tittmann , Kruse und Wachsmuth .

Durch Pisistratus wurde in Athen eine Tyrannei errichtet.

15. Die Gesetzgebung von Solon führte wie alle anderen Staatsreformen nicht zum völligen Aussterben des Parteigeistes. Es war natürlich, dass das jetzt freie Gemeinwesen seine Kräfte mit der aristokratischen Partei versuchen wollte und dass Pisistratus, der das Gemeinwesen anführte, nach deren Niederlage das Ruder des Staates in die Hand nehmen sollte, ohne dass dies notwendig wäre Aufhebung der Verfassung von Solon. Die moderne Geschichte hat mit hinreichenden Beweisen bewiesen, dass der Rahmen einer Republik unter der Herrschaft eines Usurpators leicht bestehen bleiben kann. Und wünschte, dass keine Republiken in die Hände eines schlimmeren Tyrannen als Pisistratus fallen könnten!

Erste Erhöhung des Pisistratus, 561, durch die Erlangung eines Leibwächters; Flucht der Alcmæonidæ unter Megakles . Vertreibung des Pisistratus, 560. Zweite Erhöhung des Pisistratus durch seine eheliche Verbindung mit der Familie des Megakles , 556–552. – Seine zweite Vertreibung durch Megakles , 552–538. – Seine dritte Erhöhung; erlangt die Macht durch Waffengewalt und behält sie bis zu seinem Tod, 538–528. Flucht der Alcmæonidæ nach Mazedonien, wo sie die Unzufriedenen an sich binden. Pisistratus wird von seinen Söhnen Hipparchos und Hippias abgelöst, die bis 514 gemeinsam regieren, als der Ältere von Harmodius und Aristogiton ermordet wird . Die verbannten Alcmæonidæ gewinnen, nachdem sie das Orakel von Delphi bestochen haben, die Spartaner für sich: Mit der Unterstützung einer spartanischen Armee nehmen sie 510 Athen in Besitz; Hippias wird abgesetzt und fliegt zu den Persern.

Änderungen in Solons Verfassung.

16. Dieser Rückkehr der Alcmæonidæ folgte eine Änderung der Verfassung Solons. Klisthenes, der Sohn des Megakles , erhöhte die Zahl der Mündel auf zehn und die der Ratsmitglieder auf fünfhundert, um den Parteigeist durch eine neue Vereinigung der Bürger zu dämpfen. – Aber die Athener mussten die kaufen Fortdauer ihrer Freiheit durch einen Kampf mit Sparta, das, vereint mit den Böotiern und Chalkidiern und unterstützt von Ägina , bis 527–504 strebte . Wiederherstellung der Monarchie in Attika; zuerst in der Person von Isagoras , dem Rivalen von Clisthenes, und später in der des verbannten Hippias. Aber der glorreiche Erfolg der Republik in diesem ersten Kampf für die Sache der Freiheit gab dem Nationalgeist einen zusätzlichen Impuls. Von diesem Geist getrieben, ließ sich Athen dazu

bewegen, am Freiheitskrieg der asiatischen Griechen unter Aristagoras teilzunehmen; und die Kühnheit , die zur Erschießung von Sardes führte, zog auf Attika die Rache der Perser nach sich, ohne die zweifellos weder Athen noch Griechenland jemals den Grad der Bedeutung erreicht hätten, den sie schließlich erreichten.

Geschichte der anderen griechischen Staaten.

17. Über die Geschichte der anderen Staaten Griechenlands liegen uns bestenfalls nur wenige Daten vor, und selbst diese sind in den meisten Fällen sehr dürftig. Gegen Ende dieser Periode hatten sich Sparta und Athen zweifellos über die anderen erhoben und wurden anerkannt, einer als der erste unter den dorischen, dieser als der erste unter den ionischen Staaten; Dennoch traf Sparta mehr als einmal auf Rivalen in Messene, Argos und Tegea , während Athen mit Megara und Ægina zu kämpfen hatte . Sparta und Athen hatten jedoch nicht nur die besten Verfassungen, sondern verfügten auch über ein ausgedehnteres Territorium als alle anderen großen Städte.

Hauptdaten zur Geschichte der kleineren Staaten.

I. *Innerhalb des Peloponnes.*

A. Arkadien. In den arkadischen Überlieferungen wird eine Reihe von Königen oder Erbfürsten aufgezählt, die angeblich über ganz Arkadien geherrscht haben; Die Linie beginnt mit Arcas und seinem Sohn Lykaon, deren Nachfolger die höchste Macht innehatten und mehr oder weniger an den alten Fehden der hellenischen Fürsten teilnahmen. Nach der Eroberung des Peloponnes durch die Dorer war Arkadien das einzige Land, das nicht unter dem Einbruch litt: ein Vorteil, den es wahrscheinlich eher seinen Bergen als dem Können seines Königs Cypselos zu verdanken hatte . Die Nachfolger dieses Fürsten beteiligten sich an den Kriegen zwischen Messeniern und Spartanern und stellten sich auf die Seite der ersteren. Doch im zweiten Messenierkrieg wurde der letzte arkadische König, Aristokrates II. Nachdem er seine Verbündeten verraten hatte, wurde er daraufhin von seinen Untertanen zu Tode gesteinigt und die Königswürde wurde 668 abgeschafft. Arkadien wurde nun in ebenso viele kleine Staaten aufgeteilt, wie es Städte mit ihren jeweiligen Bezirken enthielt; unter diesen waren Tegea und Mantinea die Anführer und hielten die anderen wahrscheinlich in einem gewissen Zustand der Kontrolle, ohne sie jedoch völlig ihrer Unabhängigkeit zu berauben. Wie man es in einer pastoralen Nation erwarten konnte, war die Verfassung demokratisch . In Mantinea gab es Volkswächter (δημιούργοι) und einen Senat (β ουλή). Die Kriege einzelner Städte werden häufig erwähnt, aber kein allgemeiner Bund vereinte sie.

† Siehe A. VON BREITENBAUCH , *Geschichte Arkadiens* , 1791.

B. Argos. Schon vor der dorischen Migration war das Land Argolis in mehrere kleine Königreiche aufgeteilt , darunter Argos, Mykene und Tiryns. In Argos, dem ältesten griechischen Staat neben Sikyon, herrschten die Vorfahren des Perseus, der das Königreich seiner Vorfahren gegen Tiryns eintauschte: Hier regierten seine Nachfolger bis zur Zeit des Herkules, dessen von Eurystheus vertriebene Söhne bei ihnen Zuflucht suchten die Dorer. – In Mykene , das angeblich von Perseus erbaut wurde, war der Thron von der Familie des Pelops besetzt: und zur Zeit des Trojanischen Krieges war dieser kleine Staat, zu dem damals Korinth und Sikyon gehörten, der mächtigste in Griechenland und wurde von Agamemnon regiert. Die Einwanderung des Pelops aus Kleinasien in dieses Land muss mit bedeutenden Konsequenzen verbunden gewesen sein, da sie der gesamten Halbinsel einen Namen gegeben hat: Das Ziel von Pelops war, wie wir aus den Reichtümern, die er mitbrachte, schließen lässt, wahrscheinlich die eine Handelssiedlung errichten. – Bei der dorischen Eroberung fiel Argos an Temenos , die Achäer wurden vertrieben und das Land wurde von Doriern bevölkert. Bereits unter der Herrschaft von Cisus , dem Sohn des Temenus , war die königliche Macht so begrenzt, dass die Nachfolger dieses Fürsten kaum etwas außer dem bloßen Namen behielten: Um 984 wurde die Königswürde vollständig abgeschafft und an ihre Stelle ein Republikaner getreten Verfassung, die die innere Organisation betrifft, von der wir nichts weiter wissen, als dass die Regierung in Argos in den Händen eines Senats (β ουλ ὴ ,) eines Kollegiums von achtzig Bürgern (o ἱ) lag ὁ γδοήκοντ α,) und von Beamten, die den Namen ἀ ρτύνοι trugen : In Epidaurus gab es jedoch eine Körperschaft von einhundertachtzig Bürgern, die aus ihrer Mitte den Senat wählten , dessen Mitglieder ἀ ρτύνοι genannt wurden . Wie in den anderen Staaten Griechenlands gab es auch in Argolis ebenso viele unabhängige Staaten wie Städte; im Norden Argos, Mykene und Tiryns; im Süden Epidaurus und Troezen . Die beiden letzten bewahrten ihre Unabhängigkeit; aber Mykene wurde 425 von den Argivern zerstört und die Einwohner von Tiryns wurden gewaltsam nach Argos umgesiedelt. Der Bezirk Argos umfasste daher den nördlichen Teil des Landes namens Argolis; nicht jedoch der südliche Teil, der zu den darin liegenden Städten gehörte.

C. Korinth. An diesem Ort hatte vor der dorischen Völkerwanderung das Haus des Sisyphos die königliche Macht inne; und schon zu dieser frühen Zeit wird Korinth von Homer für seinen Reichtum gepriesen. Die Dorer vertrieben die Ureinwohner; und Aletes , der zum Geschlecht des Herkules gehörte, wurde um 1089 König; die Nachkommen dieses Fürsten hielten das Zepter bis in die fünfte Generation. Nach dem Tod des letzten Königs, Telessus , im Jahr 777, übernahm die Familie der Bacchiadæ , ebenfalls ein Zweig der Familie des Herkules, die Regierung und führte eine Oligarchie ein, die jährlich aus ihrer Mitte einen Prytane wählte . Schließlich, im Jahr 657, gewann Cypselos die Oberhand; sein Nachfolger wurde 627 sein Sohn Periander ; Vater und Sohn zeichneten sich gleichermaßen durch Habgier und Grausamkeit aus. Nachfolger von Periander (*gest. 587) wurde sein Neffe* Psammetichos , der bis 584 regierte, als die Korinther ihre Freiheit behaupteten. Über die innere Organisation der Republik ist kaum mehr bekannt, als dass es in Korinth Volksversammlungen und einen Senat (γεϱουσί α) gab: Die Regierung schien die Aristokratie eines Handelsstaates gewesen zu sein; denn selbst die Bacchiaden , zumindest einige von ihnen, waren Kaufleute. – Der korinthische Handel bestand hauptsächlich im Austausch asiatischer und italienischer Waren und wurde daher größtenteils auf dem Seeweg abgewickelt: Für einen solchen Handel bot die Stadt Korinth viele Vorteile, insbesondere wenn wir den Zustand der Schifffahrt in dieser Zeit berücksichtigen; aber der Seehandel von Korinth, so profitabel er für die Bürger und sogar für den Staat aufgrund der Bräuche sein mag, kann nicht als sehr umfangreich angesehen werden. – Die Kolonien von Korinth im Westen waren hauptsächlich Kerkyra, Epidamnus , Leukas, Syrakus; im Osten Potidæa : Diese Kolonien hätten gerne eine Art Unabhängigkeit behauptet, aber es gelang ihnen nie für längere Zeit, dies zu erreichen.

Durch den Besitz dieser Kolonien und die Notwendigkeit, die Händler vor Piraten zu schützen, entwickelte sich Korinth zu einer Seemacht; Sie erfand Triremen und kämpfte Anfang 664 auf See gegen die Korkyräer . Andererseits wurden ihre Landkriege im Allgemeinen mit Hilfe ausländischer Tochtergesellschaften geführt; und da sie ihre Söldnertruppen leichter bezahlen konnte, war sie umso eher bereit, sich in die inneren Kriege Griechenlands einzumischen.

D. Sikyon. Die Überlieferung besagt, dass dieser Staat zusammen mit Argos der älteste in Griechenland ist; Die Kataloge der frühen Könige und Fürsten, die an diesem Ort regiert haben sollen, machen es wahrscheinlich, dass in der frühen Antike in diesem Viertel einige Priestersiedlungen entstanden sind. In der Zeit vor der Einwanderung der Dorier wurde Sikyon erstmals von den Ioniern bewohnt; Im Trojanischen Krieg wurde es jedoch Teil des Königreichs Agamemnons. Beim dorischen Einbruch nahm Phalkes , der Sohn des Temenos , Sikyon in Besitz, das daraufhin eine dorische Stadt wurde. Nach der Aufhebung des Königtums, deren Datum nicht genau bekannt ist, nahm die Verfassung die Form einer ungezügelten Demokratie an, was wie üblich den Weg für die Usurpation eines Einzelnen ebnete. Orthagoras und seine Nachkommen, der letzte und berühmteste von ihnen war Klisthenes, herrschten ein ganzes Jahrhundert lang über Sikyon; 700–600. Nach der Wiederherstellung ihrer Freiheit litt Sikyon häufig unter Revolutionen; und die Zeit ihres höchsten Glanzes war in den letzten Tagen Griechenlands, als sie Mitglied des achäischen Bundes wurde.

e. Achaia. Während der Ausbreitung der Hellenen wurde dieses Land, das bis dahin den Namen Ægialus getragen hatte, von dem aus Athen vertriebenen Ion und seinem Stamm in Besitz genommen, der von seinem Anführer den Namen Ionier annahm: das Land blieb in den Händen der Ionier bis zur dorischen Völkerwanderung, als die aus Argos und Lakonien vertriebenen Achäer unter Tisamenos , dem Sohn des Orestes, in die nördlichen Teile des Peloponnes vordrangen: Sie ließen sich im Land der Ionier nieder und die Macht von Der Häuptling ging auf seine Nachkommen über, bis die Tyrannei des letzten Herrschers dieser Rasse, Gyges (Datum unbestimmt), die Abschaffung der Monarchie zur Folge hatte. Daraufhin wurde Achaia in zwölf kleine Republiken, also viele Städte mit ihren jeweiligen Bezirken, aufgeteilt , die jeweils sieben oder acht Kantone umfassten. Alle diese Republiken hatten demokratische Verfassungen und waren durch einen Bund verbunden, der auf vollkommenster Gleichheit beruhte und den nur die Politik der makedonischen Könige auflösen konnte; und selbst diese Auflösung führte zur Entstehung des *achäischen* Bundes, der in späteren Zeiten von so großer Bedeutung war. Die Achäer lebten in Frieden und Glück, da sie vor dem Peloponnesischen Krieg nicht die Eitelkeit hatten, sich in die Angelegenheiten fremder Staaten einzumischen: Ihre Verfassungen waren so berühmt, dass sie von mehreren anderen griechischen Städten übernommen wurden.

F. Elis. Die Einwohner trugen in früheren Zeiten den Namen Epeans , der wie der von Eleans auf einen ihrer alten Könige zurückgeführt wurde. Die Namen ihrer ältesten Erbfürsten, Endymion, Epeus , Eleus , Augias , werden von den Dichtern gefeiert. Es scheint, dass dieses Land in mehrere kleine Königreiche aufgeteilt war, da es zur Zeit des Trojanischen Krieges vier davon umfasste, zu denen jedoch Pylus in Triphylien hinzugefügt werden muss , ein Gebiet, das normalerweise zu Elis gehört. Zur Zeit der dorischen Völkerwanderung ließen sich die Ätolier , die die Dorer begleitet hatten, unter der Führung ihres Häuptlings Oxylos in Elis nieder; aber erlaubte den alten Bewohnern, im Land zu bleiben. Zu den Nachfolgern von Oxylos gehörte Iphitus , ein Zeitgenosse des Lykurg, der als Erneuerer der olympischen Spiele gefeiert wurde. Der Feier dieser Spiele verdankte Elis die ruhige Pracht , die sie von dieser Zeit unterschied: Ihr Territorium wurde als heilig angesehen, obwohl sie hatte gelegentlich Streit mit ihren Nachbarn , den Arkadiern, um den Vorrang bei den Spielen. Nach der Abschaffung der königlichen Macht wurden oberste Richter gewählt, zu deren Amt die Aufsicht über die Spiele hinzukam: (Hellanodicæ). Diese Richter waren zunächst zwei; sie wurden später auf zehn erhöht, einer von jedem Stamm, obwohl sich ihre Zahl häufig mit der der Stämme selbst änderte. Es muss ebenfalls einen Senat gegeben haben, der aus neunzig Personen bestand, die ihr Amt auf Lebenszeit innehatten, da Aristoteles diesen Zweig der eleischen

Verfassung erwähnt . Die Stadt Elis wurde erstmals im Jahr 477 erbaut. Zuvor lebten die Eleaner in mehreren kleinen Weilern.

II. Zentralgriechenland oder Hellas.

A. Megaris . Bis zur Epoche der dorischen Völkerwanderung gehörte dieser Staat im Allgemeinen zum Herrschaftsbereich der attischen Könige; oder wurde zumindest von Fürsten dieses Hauses regiert. Unmittelbar vor diesem Ereignis legten die Megarier nach der Ermordung ihres letzten Herrschers Hyperion die Regierung in die Hände von für bestimmte Zeiträume gewählten Magistraten. Zur Zeit des dorischen Einbruchs, unter der Herrschaft von Codrus , wurde Megara von Dorern besetzt, insbesondere von denen aus Korinth, die die Stadt folglich zu ihren Kolonien zählten, und während der Herrschaft der Bacchiaden bemüht, es in einem Zustand der Abhängigkeit zu halten; ein Umstand, der zu mehreren Kriegen führte. Dennoch behielt Megara ihren Rang als eigenständiger Staat bei, sowohl in diesen als auch in vielen folgenden Kriegen unter den Griechen, an denen sie sowohl zur See als auch zu Lande beteiligt war. Um das Jahr 600 hatte Theagenes , der Stiefvater des athenischen Zylonen , die höchste Macht inne: Nach der Vertreibung dieses Tyrannen wurde die republikanische Verfassung erneut wiederhergestellt, verschmolz aber bald darauf mit der niedrigsten Form der Demokratie. Megara scheint jedoch selbst zur Zeit des Perserkrieges, an dem es einen ruhmreichen Anteil hatte, den Charakter eines wohlgeordneten Staates wiedererlangt zu haben, obwohl uns keine Informationen über seine innere Organisation vorliegen.

B. Böotien . Die Geschichte erwähnt mehrere sehr frühe Rassen in Bœotien , wie die Aones , Hyantes usw.; unter ihnen vermischten sich phönizische Auswanderer, die unter der Führung von Kadmus ins Land gekommen waren. Der Stamm des Kadmos wurde zur herrschenden Familie und blieb es lange Zeit: Die Geschichte seiner Nachkommen, die Könige von Theben waren und unter ihrer Herrschaft den größten Teil Böotiens umfassten , stellt einen Hauptzweig der griechischen Mythologie dar: unter ihnen waren Ödipus , Laios , Eteokles und Polyneikes. Nach der Eroberung von Theben durch die Epigonen im Jahr 1215 wurden die Bœotianer von thrakischen Horden vertrieben und ließen sich in Arne in Thessalien nieder. Zur Zeit der dorischen Auswanderung kehrten sie in das Land ihrer Vorfahren zurück und vermischten sich mit den Äoliern dieser Viertel. Nicht lange danach, nach dem Tod von Xuthus, wurde das Königtum im Jahr 1126 abgeschafft. Böotien war nun in ebenso viele kleine Staaten aufgeteilt, wie es Städte enthielt; von diesen waren neben Theben die Städte Platææ , Thespiæ , Tanagra und Chæronea die bedeutendsten , von denen jede ihren eigenen Bezirk und ihre besondere Regierungsform hatte; aber all diese Verfassungen scheinen zur Zeit des Perserkrieges in Oligarchien umgewandelt worden zu sein. Dies war auch bei Theben der Fall, obwohl es Philolaos aus Korinth als Gesetzgeber empfangen hatte; Aber der von dieser Person gegebene Kodex konnte nicht die gewünschte Wirkung erzielen, da die Regierung ständig zwischen einer zügellosen Demokratie und einer überheblichen Oligarchie schwankte. Die böotischen Städte waren jedoch durch einen Bund miteinander verbunden, an dessen Spitze Theben stand, das nach und nach sein Vorrangrecht in ein Machtrecht umwandelte, obwohl seine ehrgeizigen Versuche von den einzelnen Städten bis zum Äußersten abgelehnt wurden insbesondere von Platææ : Daher entstanden viele Kriege. Die allgemeinen Angelegenheiten wurden in vier Versammlungen (β ουλ α ὶ) entschieden, die in den vier Bezirken abgehalten wurden, in die Bœotien unterteilt war; Diese Versammlungen wählten gemeinsam elf Bœotarchs , die als oberste Richter und Feldmarschälle an der Spitze der Föderation standen. Die große Ausdehnung und Bevölkerungszahl ihres Territoriums hätte es den Bœotianern vielleicht ermöglichen können, die erste Rolle auf dem Theater Griechenlands zu spielen, wenn sie nicht durch ihre verderbliche Regierungsform, durch den Neid gegen Theben und durch den Mangel an Vereinigung, den sie hegten, daran gehindert worden wären ergab sich natürlich. Doch in späteren Zeiten bewies das Beispiel von Epaminondas und Pelopidas, dass die Genialität zweier Männer ausreichte, um alle diese Hindernisse zu überwinden.

C. Phokis wurde ursprünglich von Königen regiert, die angeblich von Phokos , dem Anführer einer Kolonie aus Korinth, abstammen. Die souveräne Macht wurde etwa zur Zeit der dorischen Völkerwanderung abgeschafft; aber die Form der republikanischen Verfassung, die erfolgreich war, bleibt unbestimmt; und von den Unternehmungen der Phoker vor der persischen Invasion wissen wir nichts weiter, als dass sie Krieg mit den Thessaliern führten und erfolgreich waren. Da die Phoker in der Geschichte nie , sondern als Ganzes erwähnt werden, muss das gesamte Gebiet nur einen unabhängigen Staat gebildet haben. Zu diesem Staat gehörte jedoch die Stadt Delphi, die über eine eigene Verfassung verfügte, nicht: Die Stadt Crissa mit ihrem fruchtbaren Bezirk und dem Hafen von Cirrha bildete einen separaten Staat, der durch Erpressungen an den Pilgern reich wurde nach Delphi: Dieser Staat dauerte bis 600, als infolge der Beleidigungen der Crissäer gegenüber dem Orakel von Delphi ein Krieg gegen sie durch die Amphiktyonen ausgerufen wurde , der 590 mit der Vernichtung von Crissa endete ; dessen Land wurde fortan dem heiligen Gebiet von Delphi hinzugefügt.

D. Locris. Obwohl wir aus der frühen Geschichte erfahren, dass die Lokrer auch ihre Könige hatten – unter denen Ajax, der Sohn des Oileus , im

Trojanischen Krieg berühmt war – und dass sie in späteren Zeiten ebenfalls eine republikanische Regierungsform annahmen; Dennoch sind das Datum dieser Revolution und die Art und Weise, wie sie herbeigeführt wurde, nicht bekannt. Die drei Stämme der Lokrer blieben politisch unterschiedlich. Die Locri Ozolæ , westlich von Phokis, besaß das größte Gebiet; Jede Stadt war unabhängig, obwohl Amphissa als Hauptstadt erwähnt wird. Das Land der Locri Opuntii im Osten bestand aus dem Bezirk der Stadt Opus; ihrer inländischen Organisation sowie der ihrer Nachbarn , der Locri Epicnemidii , wir wissen nichts.

e. Ätolien . Die Ätolier blieben die unhöflichste und unzivilisierteste aller hellenischen Rassen; Sie waren kaum mehr als eine Bande von Freibeutern und führten ihre Raubzüge sowohl zur See als auch zu Lande durch. Die Namen ihrer frühesten Helden, Ætolus , Peneus, Meleager, Diomede, sind so berühmt, dass die Nation in der Geschichte der blühenden Zeiten Griechenlands keinen Platz hat. Sie erlangten auch keine Berühmtheit bis zur mazedo-römischen Zeit, als sich die verschiedenen unbedeutenden Stämme, aus denen sie bestanden, versammelten und einen gemeinsamen Anführer wählten, um einen Krieg mit den Achäern zu führen . Die frühere Periode ihrer Geschichte scheint jedoch kein früheres Beispiel einer solchen Verbindung zu bieten ; Ihre damalige politische Verfassung ist völlig unbekannt.

F. Akarnanien. Dieses Land erhielt seinen Namen von Acarnan , dem Sohn von Alcmæon , die beide als seine frühesten Könige gelten. Es scheint zweifelsfrei, dass in der trojanischen Zeit zumindest ein Teil dieses Landes den Gouverneuren der Insel Ithaka unterstand. Wann und wie eine republikanische Regierung unter den Akarnanern eingeführt wurde und welche Besonderheiten diese Regierung hatte, wissen wir nicht. Durch den Schleier der Zeit lässt sich nur unterscheiden, dass auch hier die verschiedenen Städte, von denen Stratus die wichtigste war, jeweils ihre eigene Regierungsform hatten. Diese Städte pflegten sich in besonderen Notfällen zusammenzuschließen; und aus dieser Praxis entstand später, während der mazedonischen Zeit, eine ständige Konföderation. Die Stadt und der Bezirk Argos Amphilochicum bildeten einen eigenen Staat, der lange bestand und eine große Blüte erlebte; Es erhielt seinen Namen von Amphilochus , dem Gründer. Die Einwohner wurden jedoch von den Ambrakern , die sie selbst herbeigerufen hatten, vertrieben und suchten Hilfe bei den Akarnanern, die mit Hilfe Athens die Verbannten in den Besitz ihrer Stadt verdrängten, die fortan gemeinsam bewohnt wurde von Amphilochiern und Akarnanern und war fast ständig im Krieg mit Ambracia .

III. *Nordgriechenland.*

A. Die Bedeutung Thessaliens in der frühesten Geschichte Griechenlands lässt sich aus den oben aufgeführten Hauptdaten für die Geschichte der Pelasger und Hellenen ableiten. Von diesem Land aus zogen die Hellenen aus und breiteten sich über Griechenland aus; und auch hier behielten sie ihren ursprünglichen Sitz. Im trojanischen Zeitalter gab es in Thessalien zehn kleine Königreiche, die von Erbfürsten regiert wurden, von denen einige, wie Achilles und Philoktetes, zu den berühmtesten Helden der Zeit zählten. In der Zeit nach dem Trojanischen Krieg und der dorischen Völkerwanderung muss Thessalien ähnliche politische Revolutionen erlebt haben wie die anderen griechischen Länder; aber weder der Zeitpunkt noch die Art und Weise, in der diese Revolutionen stattfanden, können festgestellt werden. Aus der weiteren Geschichte lässt sich lediglich ableiten, dass die thessalischen Städte, wenn sie jemals ihre politische Freiheit wiedererlangten, diese nicht aufrechterhalten konnten; denn in den beiden bedeutendsten Städten Pheræ und Larissa, mit deren Geschichte die des ganzen Landes eng verbunden ist, war die oberste Macht in die Hände willkürlicher Individuen gefallen, die sie offenbar fast ununterbrochen in Besitz genommen hatten. Schon vor Ausbruch des Perserkrieges stand Larissa unter der Herrschaft der Aleuadæ ; eine Familie, die behauptete, von Herkules abstammen zu können, und die speziell von Herodot, den Königen der Thessalier, benannt wurde. Sie behielten ihre Macht bis zur mazedonischen Zeit . – In Pheræ entstand um das Jahr 380 ein Tyrann namens Jason, der seine Herrschaft nicht nur über Thessalien, sondern auch über mehrere der benachbarten barbarischen Stämme ausdehnte. Das Zepter Jasons ging schnell und nacheinander in die Hände seiner drei Brüder Polydorus, Polyphron und Alexander über. Der letzte wurde zuerst von den Aleuadæ mit Unterstützung der Mazedonier aus Larissa vertrieben ; wurde später im Krieg von Pelopidas besiegt; und schließlich wurde er auf Betreiben seiner Frau Thebe im Jahr 356 von ihren Brüdern Lycophron und Tisiphonus ermordet . Die beiden Mörder übernahmen dann die höchste Macht, wurden aber auf Wunsch der Aleuadæ von Philipp von Mazedonien abgesetzt . - In den übrigen Städten Thessaliens trifft man gelegentlich auf andere solche Tyrannen, wie *Pharsalus* usw .

B. Epirus. Dieses Land wurde von mehreren Stämmen bewohnt, teils griechisch, teils barbarisch. Das mächtigste von ihnen war das der Molossi, die von Königen aus dem Hause der Æacidæ regiert wurden , Nachkommen von Pyrrhus, dem Sohn des Achilles. Diese griechische Familie war die einzige, die die königliche Macht auf Dauer innehatte; Es muss jedoch beachtet werden, dass diese Herrscher vor der mazedonischen Zeit keineswegs Herren von ganz Epirus waren; denn die anderen nichthellenischen Rassen wie die Thesprotier , Orestier usw. hatten ihre eigenen Könige. Darüber hinaus stellte die korinthische Kolonie Ambracia einen eigenständigen Staat dar, der im Allgemeinen als Republik regiert wurde, obwohl er manchmal der Herrschaft von Tyrannen unterlag. Aber infolge eines Bündnisses mit den mazedonischen Königen wurde ganz Epirus und sogar Ambracia selbst unter das Zepter der molossischen Könige gestellt ; und einige dieser Fürsten, Pyrrhus II. insbesondere erhob er sich zu mächtigen Eroberern. Siehe unten.

IV. *Griechische Inseln.*

Sowohl die Inseln vor der Küste Griechenlands als auch die des Archipels erlebten alle die gleichen politischen Revolutionen wie die Staaten auf dem Festland. Diese Ereignisse ereigneten sich jedoch erst, nachdem die älteren nichthellenischen Bewohner wie die Phönizier , Karer usw. vertrieben worden waren und das Land von den Hellenen in Besitz genommen worden war. Auf den ausgedehnteren Inseln, die mehrere Städte enthielten, entstanden im Allgemeinen ebenso viele kleine Republiken wie Städte, und diese kleinen Staaten pflegten gegenseitige Bündnisse einzugehen. Die kleineren Inseln, die nur eine Stadt enthielten, bildeten jeweils einen kleinen unabhängigen Staat, dessen Territorium die gesamte Insel umfasste. Die jeweilige Unabhängigkeit dieser Inseln hörte zur Zeit des Trojanischen Krieges auf; Denn nachdem sich die Athener durch ihren Erfolg an die Spitze des konföderierten Griechenlands gestellt und die Souveränität über das Meer in Besitz genommen hatten, wurden diese kleineren Staaten, obwohl sie Konföderierte genannt wurden, kaum besser behandelt als Untertanen, außer dass ihre politischen Verfassungen nicht geändert wurden .- Unter den Inseln der griechischen Küste sind die bemerkenswertesten in der Geschichte die folgenden:

A. Korkyra, eine Kolonie von Korinth, wichtig für ihre Seemacht und ihren Handel, in denen sie mit dem Mutterstaat selbst konkurrierte: eine Rivalität, die viele Fehden und Kriege auslöste und sogar eines der Hauptmotive war, die zum Peloponnesischen Krieg führten. Ungefähr zu der Zeit, als dieser Kampf begann, hatte Corcyra den Höhepunkt ihrer Macht erreicht und war in der Lage, ohne ausländische Hilfe eine Flotte von 120 Galeeren zu bemannen. Die Verfassung scheint, wie in Korinth, aristokratisch oder oligarchisch gewesen zu sein; aber nach dem Perserkrieg entstand eine demokratische Fraktion, die die heftigsten inneren Unruhen hervorrief und mit dem völligen Untergang von Kerkyra endete.

B. Ägina . Diese kleine Insel wurde nach der dorischen Völkerwanderung von Kolonisten aus Epidaurus besetzt; Es schüttelte jedoch bald das Joch der Mutterstadt ab und wuchs durch Handel und Schifffahrt rasch zu einem der ersten griechischen Staaten. Ägina war lange Zeit der Rivale Athens; über die ihre Seemacht es ihr ermöglichte, bis zum Perserkrieg eine Überlegenheit aufrechtzuerhalten. Durch Themistokles im Jahr 485 gedemütigt, konnte sie sich jedoch nicht mehr gegen den vorherrschenden Einfluss Athens behaupten; und obwohl sie später erneut für die Unabhängigkeit eintrat (458), waren die Folgen nur eine Zunahme der Unterdrückung. Es darf auch nicht vergessen werden, dass Ägina schon vor dem Perserkrieg stark unter internen Unruhen litt, die durch die Bitterkeit des Parteigeistes zwischen den aristokratischen und demokratischen Fraktionen verursacht wurden.

CO MUELLER , *Ægineticorum liber* , 1817. Diese Abhandlung enthält nicht nur die politische Geschichte, sondern auch die des Handels und der Künste.

C. Euböa . Die verschiedenen Städte dieser Insel, insbesondere Chalkis und Eretria, hatten jeweils ihre eigene Staatsverfassung: In den beiden oben genannten Städten war die Verfassung aristokratisch, da die Regierung in den Händen der Reichen (Hippobaten) lag, von denen wir jedoch hören Tyrannen in Chalkis. Nach dem Perserkrieg geriet Euböa in die Abhängigkeit von Athen, das einen Teil seiner Vorräte und Lebensmittel von dieser Insel bezog. Die Unterdrückung durch die Athener erregte bei den Euböanern Aufruhr, und die Inselbewohner waren in der Folge immer bereit, ihre Treue zu schwören, wenn sich eine passende Gelegenheit bot; Eine solche Gelegenheit wurde 446 genutzt, als die Insel von Perikles zurückerobert wurde. und der Versuch wurde im Peloponnesischen Krieg erneuert.

D. Die Kykladen wurden erstmals während der Herrschaft von Minos von Kreta kolonisiert. Die karische Rasse hatte sich in früheren Zeiten über diese Inseln ausgebreitet, wurde jedoch nach und nach von hellenischen Eindringlingen vertrieben, die hauptsächlich den ionischen und dorischen Familien angehörten. Die wichtigste war Delos, der Hauptsitz der Ionier. Geschützt unter dem Schutz von Apollo, wurde dieser Ort zum Zentrum eines ausgedehnten Handels und wurde während des Perserkrieges im Jahr 479 für die Schatzkammer Griechenlands ausgewählt. Als nächstes kam Paros, berühmt für seinen Marmor und für seinen Widerstand gegen Miltiades im Jahr 489, obwohl es später das Schicksal der anderen Inseln teilte und unter die Herrschaft der Athener geriet. Über die Beschaffenheit der anderen kleineren Inseln wissen wir wenig; Jeder von ihnen enthielt eine Stadt mit demselben Namen wie die Insel, die ihr Territorium bildete.

e. Kreta. Die Einwohner Kretas waren keine reinen Hellenen, sondern gemischter Herkunft, wie Kureten , Pelasgi usw., unter denen sich Hellenen dorischen und Æolischen Ursprungs befanden. In früheren Zeiten hatte Kreta seine Könige, der berühmteste von ihnen war Minos (um 1300), wahrscheinlich der erste Herrscher der gesamten Insel; sein Bruder Rhadamanthus, Idomeneus, Meriones , der Idomeneus in den Trojanischen Krieg folgte und ihm auf den Thron folgte: der letzte König Etearchos , um 800, nach dessen Tod eine republikanische Regierungsform eingeführt wurde. Unter diesen Königen war Kreta mächtig auf See: Minos wird die Ehre zugeschrieben, mit seinen Flotten das Ägäische Meer von Piraten befreit , die Inseln besetzt und den Seefahrern Sicherheit geboten zu haben. Ihm wird auch die kretische Gesetzgebung zugeschrieben, angeblich das Vorbild derjenigen, die Lykurg Sparta gegeben hatte. Aber die Unsicherheit darüber, was zu Minos gehört und was nicht, ist in diesem Fall noch größer als bei Lykurg; Viele der auf Minos bezogenen Gesetze sind wahrscheinlich nichts anderes als antike dorische Institutionen. Die Insellage, die Kreta bis zu einem gewissen Grad vor fremden Eindringlingen schützte, und die Nähe zu Ägypten und Phönizien müssen zweifellos dazu beigetragen haben, den Keim der politischen Zivilisation zu erweitern. Die Abschaffung des königlichen Amtes scheint die Folge interner Unruhen gewesen zu sein, denen Kreta auch unter einer republikanischen Regierungsform weiterhin häufig ausgesetzt war. Diese Unruhen hatten ihren Ursprung in der Eifersucht zwischen den beiden größten Städten Gortina und Knossos, die, wenn sie vereint waren, den Rest beherrschten. aber als es zum Krieg kam, erschütterte es die ganze Insel, bis die Stadt Cydonia, die auf eine der Seiten überging, den Ausschlag gab. Die von Minos erlassenen Gesetze zum Schutz des Privatlebens wurden in allen Städten der Insel durchgesetzt; ging jedoch früher zurück als im Land. Jede Stadt hatte ihre eigene Verfassung; Jeder besaß seinen Senat (γεϱούσι α,) an dessen Spitze zehn Zensoren (ϰόσμοι) standen, die aus bestimmten Familien ausgewählt wurden: Diese Cosmi waren nicht nur oberste Richter, sondern auch mit dem Kommando im Krieg ausgestattet, was jedoch nicht oft der Fall ist zwar von den Kretern gegen andere Nationen geführt, aber aus diesem Grund häufiger untereinander; ein Umstand, der zwangsläufig zur Korruption nicht nur ihrer Verfassung, sondern auch ihres nationalen Charakters beigetragen haben muss.

MEURSII *Creta, Rhodus , Zypern* , 1675, 4to. Sehr aufwendige Zusammenstellungen. Die veröffentlichten Inschriften werfen jedoch ein neues Licht auf das Thema

CHISHULLS *Antik. Asiaticæ* ; 1728, Folio. Eine Arbeit, die von genutzt wurde

ST. CROIX , *Des anciens gouvernemens* usw. (Siehe oben, S. 131.) Das Hauptwerk auf Kreta.

† C. HOECK , Kreta. Ein Versuch, die Mythologie, Geschichte usw. dieser Insel zu erklären, 1823.

F. Zypern. Diese Insel wurde wie Kreta von einer Rasse gemischter Herkunft bewohnt, die schon zur Zeit Herodots ihre Abstammung auf Phönizier , Afrikaner (Äthiopier) und Griechen aus Arkadien, Attika und der Insel Salamis zurückführte; Zuletzt war die von Teucer um 1160 gegründete Stadt Salamis eine Kolonie. Es besteht kein Zweifel, dass die Phönizier in früheren Zeiten lange Zeit die vorherrschende Rasse auf der Insel waren; denn in der Blütezeit von Tyrus rebellierten die Zyprier gegen ihre Unterdrücker, zur gleichen Zeit, als Psalmanezer um 720 einen Feldzug gegen die ehemalige Stadt anführte: Darüber hinaus sind auch heute noch phönizische Denkmäler auf der Insel zu finden. Von dieser Zeit an bis in die persische Zeit scheint eine enge Verbindung zwischen dieser Insel und den Phöniziern bestanden zu haben , obwohl die Zyprier ihre Unabhängigkeit bewahrten. Später entstanden in verschiedenen Städten der Insel mehrere kleinere Königreiche; deren Zahl betrug in der Folgezeit neun, und unter Amasis waren etwa 550 den Ägyptern tributpflichtig; und unter Kambyses, 525, an die Perser: Ungeachtet dieser Art der Unterwerfung behielten die verschiedenen Staaten ihre eigenen Könige. Während der persischen Herrschaft beteiligten sich die Zyprier mehr als einmal an den Aufständen gegen die Perser; insbesondere die Könige von Salamis sind nun die mächtigsten. Bereits im Jahr 500 schloss sich Onesilus den ionischen Rebellen an, wurde jedoch besiegt. In den darauffolgenden Kriegen zwischen Persern und Griechen wurde Zypern häufig von den vereinten griechischen Flotten angegriffen; wie 470 durch Pausanias und während der Herrschaft von Evagoras I. 449 durch Cimon, der bei der Belagerung von Citium starb ; Dennoch wurden die Perser nicht vertrieben, sondern scheinen auch nach dem Frieden von 449 standgehalten zu haben. Zu den nachfolgenden Königen von Salamis gehörte Evagoras II. (400–390), der Herr über den größten Teil der Insel war; Da aber im Frieden von Antalcidas Zypern an die Perser abgetreten wurde, war er gezwungen, einen heftigen Krieg gegen sie zu führen, in dem er alles außer Salamis verlor. Schließlich beteiligten sich die Zyprier im Jahr 356 am Aufstand der Phönizier und Ägypter: Daraufhin schickten die Perser eine Armee gegen sie unter dem Kommando eines jüngeren Evagoras (der von seinem Onkel Protagoras verbannt worden war) und unter das des Atheners Phocion Salamis wurde belagert, aber die Sache wurde durch Verhandlungen geklärt. Die neun kleinen Königreiche der Insel existierten bis zur Zeit Alexanders, dem sie sich während der Belagerung von Tyrus im Jahr 332 freiwillig anschlossen, und von da an war Zypern Teil der mazedonischen Monarchie.

2. Geschichte der griechischen Kolonien.

Um dem Studenten zu helfen, sich einen allgemeinen Überblick über die Ereignisse im Zusammenhang mit den griechischen Kolonien zu verschaffen, wird deren Geschichte in der folgenden Zeit fortgeführt.

RAOUL ROCHETTE , *Histoire critique de l'établissement des Colonies Grecques* , Paris, 1815, 4 Bde. Die umfassendste Abhandlung zu diesem Thema: Sie umfasst die früheren pelasgischen und späteren mazedonischen Kolonien sowie die der Hellenen. In dieser Arbeit wird viel Gelehrsamkeit zum

Ausdruck gebracht, aber der Wert der verwendeten Autoritäten wird nicht ausreichend berücksichtigt.

† DH HEGEWISCH , *Geographische und historische Dokumente zu den Kolonien der Griechen* , Altona, 1808, 8vo. Ein kurzer Rückblick auf das Thema.

ST. CROIX , *De l'état et du sort des Colonies des anciens Peuples* , Paris, 1786. Eine Reihe wertvoller und wichtiger Anfragen.

Historische Bedeutung der griechischen Kolonien.

1. Keine Nation der Antike gründete jemals so viele Kolonien wie die Griechen: Diese Kolonien erlangten in verschiedener Hinsicht eine so große Bedeutung, dass ihre Kenntnis für das Verständnis der früheren Weltgeschichte unabdingbar ist. Die Geschichte der Zivilisation des Mutterlandes und die des frühen Handels sind nicht nur eng mit diesen Siedlungen verbunden, sondern einige von ihnen erlangten auch eine solche Macht, dass sie den größten Einfluss auf die politische Geschichte hatten.

2. Die griechischen Kolonien, auf die sich die folgenden Beobachtungen beziehen, sind diejenigen, die von den Hellenen in der Zeit zwischen der dorischen Völkerwanderung und der makedonischen Zeit gegründet wurden. Es scheint sicher, dass vor dem Datum dieser Migration einige pelasgische und vielleicht sogar einige hellenische Siedler nach Italien übersiedelten. Die Geschichte dieser Kolonien liegt jedoch nicht nur im Dunkeln, sondern es ist auch bekannt, dass sie nach einiger Zeit nicht mehr griechisch waren. Die späteren Siedlungen der Mazedonier waren ganz anderer Natur als die der Hellenen, auf die wir jetzt hinweisen.

Hellenische Kolonien.

3. Die hellenische Rasse breitete sich gleichermaßen im Osten und Westen Griechenlands aus, ihre Siedlungen beschränkten sich jedoch auf die Küsten des Mittelmeers und des Schwarzen Meeres . Die Länder, in denen ihre Hauptkolonien gegründet wurden, waren Kleinasien und Thrakien im Osten; die Küsten Unteritaliens und Siziliens im Westen. Dennoch gab es verstreut an den Küsten der meisten anderen Länder vereinzelt einzelne Siedlungen.

Ursprung dieser Kolonien.

4. Die griechischen Kolonien hatten ihren Ursprung entweder in politischen Motiven, die im Allgemeinen in Übereinstimmung mit dem ausdrücklichen Befehl oder Rat eines Orakels erfolgten (denn die Verbreitung der Religion des Mutterstaates war immer damit verbunden) oder in kommerziellen Spekulationen ; Ersteres war fast ausnahmslos bei den Siedlungen des Mutterlandes selbst der Fall; Letztere mit denen, die sich aus solchen Kolonien entwickelt hatten, die sich bereits durch ihren Handel einen Namen gemacht hatten. Tatsächlich widmeten sich fast alle

griechischen Kolonien mehr oder weniger dem Handel, auch wenn dies nicht der einzige Zweck ihrer Gründung war.

Beziehungen zwischen Kolonie und Metropole.

5. Die zwischen den Kolonien und den Mutterstädten bestehende Verbindung wurde im Allgemeinen durch dieselben Ursachen bestimmt, die zu ihrer Gründung führten. In den Fällen, in denen eine Stadt von unzufriedenen oder vertriebenen Emigranten gegründet worden war, war jede Abhängigkeit vom Mutterland natürlich ausgeschlossen; und selbst in den zu Handelszwecken gegründeten Kolonien war diese Abhängigkeit nur schwach und kurz; Den Mutterstädten fehlt die Macht, wenn nicht der Wille, dies durchzusetzen. Gerade die Unabhängigkeit so vieler Kolonien, die (fast ausnahmslos) in Ländern errichtet wurden, deren Produktion und Klima von der Natur her besonders begünstigt waren und deren Lage die Bewohner zu Schifffahrt und Handel zwang, muss der Zivilisation der Hellenen einen großen Impuls gegeben haben Rasse und kann als Hauptursache für ihren schnellen Fortschritt und ihre weite Verbreitung angesehen werden; tatsächlich größer als die irgendeines anderen Volkes der Antike. Was für eine Vielfalt politischer Ideen muss sich unter einem Volk herausgebildet haben, dessen mehr als hundert Siedlungen jede ihre eigene, besondere Regierungsform hatten.

Bedeutung der asiatischen griechischen Siedlungen.

6. Von den griechischen Kolonien befanden sich die ältesten und in vielerlei Hinsicht wichtigsten Kolonien an der Westküste Kleinasiens, die sich vom Hellespont bis zur Grenze Kilikiens erstreckten. Hier hatten seit dem Trojanischen Krieg, der diese Länder erstmals allgemein bekannt machte, Hellenen der drei großen Familien Äoler , Ionier und Dorer Siedlungen gegründet. Diese waren für den Handel am wichtigsten; und hier, ebenfalls im Heimatland von Homer, dem Vater der griechischen Zivilisation, von Alcæus und von Sappho, entfaltete die Poesie, sowohl die epische als auch die lyrische, ihre ersten und schönsten Blüten; und so erhielt auch das Mutterland selbst den ersten Impuls moralischen und kultivierten Geschmacks.

1. Die äolischen Kolonien. Ihre ursprüngliche Gründung geht auf das Jahr 1124 zurück: Sie scheinen eine Folge der dorischen Migration gewesen zu sein und wurden während dieser großen Bewegung in Griechenland gegründet. Die aus der Peloponnes vertriebenen Pelopidae , Orestes, sein Sohn Penthilos , sein Enkel Archelaus und sein Urenkel Grais , führten nacheinander die Auswanderer an, die langsam auf dem Landweg vorrückten und sich offenbar in mehrere Kompanien aufteilten, mit denen einige Bœotianer und andere schlossen sich nach und nach zusammen. In Asien besetzten sie die Küsten Mysiens und Kariens; ein Landstreifen, der von dort

die Bezeichnung Æolis ableitete . Darüber hinaus besaßen sie die Inseln Lesbos, Tenedos und Hecatonnesi . Auf dem Festland, in dem nach ihnen benannten Viertel Æolis , errichteten sie zwölf Städte, von denen Cyme und Smyrna die bedeutendsten waren; Letzteres fiel jedoch später in die Hände der Ionier. Ihre Hauptsiedlungen befanden sich jedoch auf der Insel Lesbos; hier bewohnten sie fünf Städte, an deren Spitze, wie auch an allen anderen Kolonien, Mitylene stand . Sie hatten sich ebenfalls landeinwärts bis zum Berg Ida ausgebreitet. Alle diese Städte waren voneinander unabhängig und verfügten über ihre eigenen besonderen Regierungsformen. Unsere Informationen über diese Verfassungen reichen jedoch nicht weiter, als uns die Feststellung zu ermöglichen, dass sie zahlreichen Unruhen ausgesetzt waren, die oft zu unterdrücken versucht wurden durch die Ernennung von Herrschern mit unbegrenzter Macht unter dem Titel Æsymnetæ . Diese wurden manchmal für einen bestimmten Zeitraum, manchmal auf Lebenszeit gewählt; Der berühmteste von ihnen war Pittacus von Mitylene , der um 600 seine Blütezeit erlebte und ein Zeitgenosse von Sappho und Alcæus war . Die Äolier behielten ihre Unabhängigkeit bis zur Zeit des Kyros, mit Ausnahme von Smyrna, das bereits im Jahr 600 von den Lydiern erobert und zerstört wurde und erst vierhundert Jahre später wieder aufgebaut wurde, als es von Antigonus wiederhergestellt und erobert wurde seine Blütezeit. Die Städte des Festlandes waren gezwungen, die Vormachtstellung des persischen Eroberers anzuerkennen; aber nicht die Inseln. Die äolischen Städte waren durch kein dauerhaftes Band miteinander verbunden; nur in besonderen Fällen debattierten sie gemeinsam. Mitylene , das sie alle als ihre Hauptstadt betrachteten, war die einzige ihrer Kolonien, die durch Handel reich und durch ihre Seemacht beeindruckend wurde. Doch im Jahr 470 war es Athen tributpflichtig; Nachdem es sich im Jahr 428 zur Zeit des Peloponnesischen Krieges abgespalten hatte, wurde es von den Athenern zurückerobert und fast dem Erdboden gleichgemacht.

2. Die ionischen Kolonien. Diese wurden zweifellos in einer späteren Zeit als die der Äolier gegründet ; Sie waren jedoch wie diese eine Folge der dorischen Migration. Die Ionier, von den Achäern aus dem Peloponnes vertrieben , hatten sich nach Athen zurückgezogen, von wo aus sie sechzig Jahre später, also etwa 1044, auf dem Seeweg nach Asien weiterzogen, angeführt von Neleus und anderen Söhnen des Kodrus . Zu ihnen gesellten sich jedoch einige Thebaner, Phoker und Euböer Abantes und verschiedene andere Griechen. In Asien ließen sie sich an der Südküste Lydiens und der Nordküste Kariens nieder; die zusammen mit den Inseln Samos und Chios den Namen Ionia erhielten. Hier bauten sie zwölf Städte auf dem Festland; nämlich, von Norden nach Süden gerechnet, Phocaea , Erythrae , Clazomene , Teos, Lebedus , Kolophon, Ephesus, Priene, Myus , Milet und auf den Inseln Samos und Chios. Sie besaßen gemeinsam ein Heiligtum, den Panionium- Tempel des Neptun, der auf der Landzunge von Mykale erbaut

wurde. Hier feierten sie ihre Feste und versammelten sich, um über Angelegenheiten von allgemeinem Interesse zu beraten, obwohl man immer noch bedenken muss, dass jede Stadt für sich unabhängig war. Diese Unabhängigkeit blieb bis zur Zeit der lydischen Dynastie der Mermnadae und der des Cyrus bestehen, unter deren Herrschaft sie gezwungen waren, sich dem persischen Joch zu unterwerfen. Dennoch behielten sie unter der persischen Herrschaft größtenteils ihre eigene Regierungsform bei und waren nur insoweit unterworfen, als sie Tribut zahlen mussten. Dennoch nutzten sie jede Gelegenheit, sich von dieser Art der Knechtschaft zu befreien ; und daher ist ihre Geschichte in der folgenden Zeit eng mit der Griechenlands verwoben. Die politische Verfassung war zweifellos zu Beginn insgesamt republikanisch; aber auch diese Kolonien wurden ständig von Fraktionen und häufig von Tyrannen unterdrückt. Unter den Städten auf dem Kontinent waren Milet, Ephesus und Phokae die bemerkenswertesten . Milet war der wichtigste Handelssitz. Es wurde von den Karern vor der Ankunft der Ionier gegründet; wurde aber von letzterem zu Reichtum und Macht erhoben. Die Blütezeit ihres Bestehens war zwischen 700 und 500: Im letzten Jahr wurde sie in den Aufstand des Aristagoras gegen die Perser verwickelt, in dessen Folge sie im Jahr 496 zerstört wurde. Von dieser Zeit an erlangte Milet nie wieder seinen antiken Glanz . Dennoch war Milet in den Tagen seiner Blütezeit neben Tyrus und Karthago der erste Handelsplatz der Welt. Ihr Seehandel wurde hauptsächlich im Euxine und im Palus betrieben Mæotis , dessen Küsten auf allen Seiten von Kolonien besetzt waren, die sich nach Angaben einiger Behörden auf mehr als hundert beliefen. Durch diese Siedlungen monopolisierte sie den gesamten nördlichen Handel mit Hülsenfrüchten, Trockenfisch, Sklaven und Pelzen. Ihr Landhandel wurde über die große *Militärstraße betrieben* , die von den Persern bis weit ins Landesinnere Asiens gebaut wurde. Vier Häfen nahmen ihre Schiffe auf; und ihre Seemacht war so groß, dass es mehr als einmal bekannt war, dass sie ohne Hilfe Flotten von achtzig bis hundert Segelschiffen ausrüstete. — Phocaea . Die Blütezeit dieser Einrichtung fiel mit der von Milet zusammen; endete jedoch mit dem Aufstieg der persischen Herrschaft im Jahr 540, als die Phokäer , anstatt sich dem persischen Joch zu unterwerfen, beschlossen, die Stadt ihrer Väter zu verlassen und nach Korsika auszuwandern, obwohl die Hälfte der Einwohner ihren Entschluss bereute und zurückkehrte. Phocaea hatte von allen griechischen Städten den ausgedehntesten Seehandel; Sie waren im Westen das, was die Milesier im Norden waren. Ihre Schifffahrt reichte bis nach Gades ; und sie besuchten nicht nur die Küsten Italiens, Galliens und Korsikas, sondern gründeten sogar Kolonien in diesen Ländern; wie zum Beispiel Aleria auf Korsika, Elea in Italien und vor allem Massilea (Marseille) an der Küste Galliens — Ephesus. Auch diese Stadt wurde ursprünglich von den Karern gegründet, später jedoch von den Ioniern besetzt. Seine Unabhängigkeit blieb bis zur Zeit von Krösus erhalten , der es um 560 seinen anderen Eroberungen annektierte. Die Verfassung war aristokratisch; Die Regierung befand sich in den Händen eines Senats (γεϱοὐσι α) zusammen mit den Magistraten (ἐ π ικλητοι), und die Familie, die einst den Thron besessen hatte, behielt bestimmte Vorrechte. Ephesus war aus kommerzieller Sicht nicht so wichtig wie Phocaea und Milet; Viel gefeiert wurde sie jedoch für ihren Diana-Tempel, der 355 von Erostratus niedergebrannt und anschließend mit noch prächtigerer Pracht wieder aufgebaut wurde . Die Blütezeit von Ephesus scheint zu dieser Zeit begonnen zu haben, lange nachdem die von Milet und Phocaea zu Ende gegangen war; denn sowohl im mazedonischen als auch im römischen Zeitalter galt Ephesus als die erste Stadt Kleinasiens. – Von den Städten auf den Inseln war Samos aufgrund seines Handels und seiner Seemacht die wichtigste. Seine Glanzzeit erlebte es unter der Herrschaft des Tyrannen Polykrates (540–523), dessen Herrschaft sich über das Meer und die umliegenden Inseln erstreckte . Nachdem Syloson , der Bruder des Tyrannen, mit Hilfe der Perser im Jahr 517 Samos in Besitz genommen hatte, war die Insel fast entvölkert. Bald darauf geriet Samos in Abhängigkeit von den Athenern, die im Jahr 440 eine demokratische Regierungsform einführten und es zum Treffpunkt ihrer Truppen und Flotten während des Krieges mit Sparta machten . – Chios stand Samos kaum nach, weder an Macht noch an Reichtum. Es unterwarf sich zusammen mit den übrigen ionischen Kolonien dem persischen Joch; war aber so mächtig, dass im Jahr 500, beim Aufstand des Aristagoras, 98 Segelschiffe der vereinten Flotte zu Chios gehörten. Nach der Niederlage des Xerxes (469) trat es dem Athener Bund bei, von dem es sich im Peloponnesischen Krieg (412) abzuspalten versuchte . Die Seemacht der Chier war immer noch beträchtlich; und diese Inselbewohner hatten die große Ehre , keinen Wohlstand zu erleiden, der sie mit überheblichem Ehrgeiz aufblähte.

FG RAMBACH , *De Mileto ejusque coloniis* , 1790, 4to.

3. Die dorischen Kolonien. Diese befanden sich in Kleinasien, an der Südküste Kariens und auf den Inseln Kos und Rhodos, wurden aber alle zu einem späteren Zeitpunkt als die ionischen Kolonien gepflanzt und waren zweifellos das Ergebnis aufeinanderfolgender Wanderungen. Die Dorer scheinen sich allmählich über den Peloponnes hinaus über die Inseln des Archipels bis zur asiatischen Küste ausgebreitet zu haben: Auf Rhodos errichteten sie die Städte Ialyssus , Camirus und Lindus ; in Cos eine gleichnamige Stadt; auf dem Festland zwei Städte, Halikarnassos und Knidos. Diese sechs antiken Kolonien hatten, wie die Ionier, ein gemeinsames Heiligtum, den Tempel des Apollo Triopius , wo sie ihre Feste feierten und ihre beratenden Versammlungen abhielten. Halikarnassos wurde jedoch später aus der Konföderation ausgeschlossen. Sie blieben bis zur Perserzeit unabhängig, obwohl die Verfassungen der einzelnen Städte Gegenstand

gewaltsamer Revolutionen waren; so wurde in Knidos die Oligarchie in eine Demokratie umgewandelt; Halikarnassos unterstand im Allgemeinen ebenfalls den karischen Herrschern, unter denen Mausolos und Artemisia allen bekannte Namen sind. – Die drei Städte auf Rhodos scheinen nie zu irgendeiner Bedeutung gelangt zu sein; die von Rhodos, die erst nach dem Einfall von Xerxes in Griechenland im Jahr 480 erbaut wurde, stellte die anderen bald in den Schatten: Ihre Blütezeit begann nach dem Tod Alexanders. Zu keinem Zeitpunkt der frühen Geschichte konnten die dorischen oder die äolischen Kolonien in Bezug auf Reichtum und Handel mit den Ioniern konkurrieren.

7. Die Ufer des Propontis , des Schwarzen Meeres und des Palus Mæotis waren ebenfalls mit griechischen Siedlungen bedeckt. Fast alle davon waren allein Kolonien der Stadt Milet und waren ausnahmslos alle Märkte eines florierenden Handels. Auch wenn das Datum nicht genau definiert werden kann, müssen sie zwischen dem 8. und 6. Jahrhundert vor der christlichen Ära entstanden sein. Sie waren nicht nur Herrscher des Schwarzen Meeres , sondern dehnten ihren Handel auch auf ganz Südrussland und nach Osten bis in die Regionen jenseits des Kaspischen Meeres aus; das heißt, ins große Bucharien .

Auf dem Propontis befanden sich Lampsacus (angrenzend an den Hellespont) und Cyzicus auf einer Insel, die durch Brücken mit dem Kontinent verbunden war. Die letztgenannte Stadt war sicherlich eine der schönsten und blühendesten Städte Asiens; Dies geschah jedoch erst in der Römerzeit und war eine Folge des wachsenden Schutzes der Römer. – Gegenüber von Kyzikos, an der thrakischen Küste, lag Perinthos , später Herakleia genannt; An der Mündung des thrakischen Bosporus lag Byzanz, dem gegenüber Chalcedon lag. Der Wohlstand all dieser Städte ist ein hinreichender Beweis für die Geschicklichkeit, mit der Standorte für die Gründung von Kolonien ausgewählt wurden.

HEYNE , *Antiquities Byzantina : Commentationes duæ* , 1809. Das erste davon enthält Fragmente der früheren Geschichte von Byzanz.

Die Kolonien des Schwarzen Meeres befanden sich: an der Südküste von Bithynien, Herakleia, im Gebiet der Maryandini . Dieser Ort behielt seine republikanische Verfassung inmitten häufiger Unruhen und Revolutionen, die von den oligarchischen und demokratischen Fraktionen herbeigeführt wurden, bis etwa 370 v. Chr., als die Demokraten die Oberhand gewonnen hatten, der Weg für Clearchus frei war, der Tyrann wurde und den Senat abschaffte , (β ουλ ή ;) Die Familie des Tyrannen blieb noch lange im Besitz der Macht, nachdem er selbst von zwei Schülern Platons ermordet worden war. – In Paphlagonien lag Sinope, die mächtigste aller griechischen Siedlungen auf dem Schwarzes Meer, dessen Souveränität es lange Zeit innehatte. Die Freiheit und Unabhängigkeit dieses Ortes dauerte bis etwa 100, als er unter die Herrschaft der Könige von Pontus und danach unter die der Römer fiel. Die Hauptquelle, aus der es seinen Reichtum bezog, waren die Schwärme von Wanderfischen (π ηλάμυδες), die aus dem Palus kamen Mæotis , breitete sich entlang der Küste des Schwarzen Meeres bis zum thrakischen Bosporus aus. – In Pontus lag Amisus , die Mutterstadt von Trapezus , und teilte das Schicksal von Sinope. – An der Ostküste lagen die Städte Phasis, Dioscurias und Phanagoria : Letzteres war der Hauptmarkt des Sklavenhandels und während der mazedonischen Zeit das Grundnahrungsmittel für indische Waren, die über den Oxus und das Kaspische Meer importiert wurden. – In Chersonesus Taurica befand sich Panticapæum , die Hauptstadt des kleinen griechischen Königreichs Bosporus, dessen Könige (unter denen Spartakus um 439 und insbesondere Leukon um 350 gefeiert werden) blieben im Bündnis mit Athen, bis Mithridates der Große dort den Grundstein für seine Herrschaft legte. – An der Nordküste lag die Stadt Tanais , an der Mündung des gleichnamigen Flusses am Fuße des Palus Mæotis . Olbia lag an der Mündung des Borysthenes . Diese beiden Orte und insbesondere Olbia waren von größter Bedeutung für den Binnenhandel, der sich von dort in nördlicher und östlicher Richtung bis in die Mitte Asiens erstreckte . – Die Kolonien der Westküste , wie Apollonia , Tomi und Salmidessus waren weniger berüchtigt.

Ägäischen Meer umspülte Küste Thrakiens und Mazedoniens war ebenfalls mit griechischen Kolonien aus verschiedenen Städten, insbesondere aus Korinth und Athen, bedeckt. Nachdem die Athener im Perserkrieg die Herrschaft über das Meer erlangt hatten, versuchten sie , ihre Herrschaft in diesem Teil der Welt zu errichten. Daher waren die Städte in diesem Viertel eng in die Streitigkeiten und Kriege verwickelt, die zunächst durch die Eifersucht zwischen Sparta und Athen und später durch die Eifersucht zwischen Athen und Mazedonien unter der Herrschaft Philipps entfacht wurden.

An der thrakischen Küste des Chersones , der als Schlüssel Europas gilt und sich entlang des Hellespont erstreckt, lagen die Städte Sestos, Cardia und Ægospotamos ; weiter westlich lagen Maronea und Abdera, letzteres eine Kolonie von Teos. Von weitaus größerer Bedeutung waren jedoch die Städte an der makedonischen Küste: Amphipolis, Chalkis, Olynthos, Potidäa . Die erste dieser Städte, etwa 464 v. Chr. gegründet, war eine Kolonie von Athen, die sich bemühte , sie in Abhängigkeit zu halten. Chalkis war eine Kolonie der gleichnamigen Stadt in Euböa . Im Jahr 470 war es von Athen abhängig; Doch im Jahr 432 verließen die Einwohner ihre Häuser und zogen sich freiwillig nach Olynth zurück, nachdem sie das Banner der Rebellion erhoben hatten. – Olynth erhielt seinen Namen vom Gründer, einem der Söhne des

Herkules: Im Laufe der Zeit zählte es zu den mächtigsten Städten von Thrakien, obwohl es den Athenern tributpflichtig war. Sie beteiligte sich am Krieg zwischen Athen und Sparta und blieb bis 348 eine blühende Stadt, als sie von Philipp von Mazedonien eingenommen und zerstört wurde. — Potidæa war eine Kolonie von Korinth, von der sie jährliche Magistraten erhielt (ἐπιδημιούργοι ,) nachdem es nach dem Perserkrieg tributpflichtig zu Athen geworden war, empörte es sich im Jahr 431: Da es gezwungen war, den athenischen Waffen nachzugeben, wurden seine Bewohner vertrieben und ihr Platz durch eine athenische Kolonie ersetzt. Es ging nun in den Besitz Athens über und blieb es, bis es 358 von Philipp eingenommen wurde.

9. Die griechischen Siedlungen westlich des Mutterlandes wurden fast ausnahmslos zu einer späteren Zeit gegründet als die in der Ägäis und im Schwarzen Meer: Sie erreichten dennoch den gleichen Glanzgrad ; und obwohl ihr Handel nicht so umfangreich war, war er ebenso profitabel: Diese Kolonien konkurrierten nicht nur mit denen, die wir oben beschrieben haben, was den Reichtum betrifft, sondern übertrafen sie auch an Macht, da sie sich im Allgemeinen durch die Weisheit und Klugheit auszeichneten, die in ihren jeweiligen Verfassungen zum Ausdruck kamen. Die Gründung der meisten von ihnen dürfte zwischen 750 und 650 v. Chr. datiert werden; also in einer Zeit, in der alle Städte des Mutterlandes bereits republikanisiert waren: und in einer Zeit, in der es nicht an inneren Unruhen mangeln konnte, die genügend Motive für die Auswanderung lieferten.

1. Griechische Siedlungen in Unteritalien. Die zahlreichsten und bedeutendsten davon waren in der Bucht von Tarentum verstreut; sie erstreckten sich ebenfalls entlang der Westküste Italiens bis nach Neapel. Diese Kolonien wurden auf verschiedene Weise auf die dorischen, achäischen und ionischen Familien zurückgeführt: Sie zeichneten sich ebenfalls durch politische Merkmale aus, wobei die Regierung in den dorischen Siedlungen im Allgemeinen aristokratischer, in den übrigen demokratischer war; es muss jedoch beachtet werden, dass mit Über die verschiedenen Revolutionen, die die jeweiligen Verfassungen erlebten, ist es kaum möglich, allgemeine Angaben zu machen, außer was die frühesten Zeiten betrifft. Dorischen Ursprungs waren Tarentum und seine Kolonien Heraclea und Brundusium . Achäischen Ursprungs waren Sybaris und Kroton, zusammen mit den Kolonien des letzteren, Laus , Metapontum, Posidonia; die zuletzt wiederum Terina, Caulonia und Pandosia gründeten . Ionischen Ursprungs waren Thurii (erbaut an der Stelle, an der früher Sybaris gestanden hatte), Rhegium , Elea, Cumæ und seine Zweigsiedlung Neapolis. Locri Epizephyrii , eine Kolonie der Locri Ozolæ kann als äolische Stadt angesehen werden. Die bemerkenswertesten dieser Städte im Hinblick auf die allgemeine Geschichte sind:

A. Tarentum wurde um 707 von den Partheniern aus Sparta gegründet. Es führte mehrere Kriege mit den Ureinwohnerstämmen in der Umgebung, den Messapiern , Lucanern usw., und entwickelte sich zu einer der reichsten und mächtigsten Seestädte. Die Glanzzeit von Tarentum scheint zwischen 500 und 400 zu liegen. Übermäßiger Reichtum führte später zu Luxus, der den Nationalgeist auslöschte. Dennoch behielt Tarentum seine Unabhängigkeit bis 273, als es nach dem Krieg mit Pyrrhos unter römische Herrschaft fiel . Die Verfassung war ursprünglich eine gemäßigte Aristokratie; wurde aber schon bald nach dem Perserkrieg in eine Demokratie umgewandelt, die allerdings durch kluge Restriktionen eingeschränkt wurde. Tarentum hatte seinen Senat (β ουλ ή), ohne dessen Zustimmung kein Krieg geführt werden konnte; Die Richter wurden zur Hälfte durch das Los und zur Hälfte durch die Mehrheit der in den Unterhausversammlungen abgegebenen Stimmen gewählt. Zu seinen berühmtesten Bürgern zählt der pythagoräische Archytas, der nach dem Jahr 390 v. Chr. häufig an der Spitze des Staates stand und die Ämter des Generals und des Obersten Richters innehatte. Die Verfassung scheint ihre Form bis zur Römerzeit beibehalten zu haben, obwohl der Nationalgeist durch einen Luxus, der fast die Grenzen der Glaubwürdigkeit überschreitet, stark verdorben wurde.

B. Kroton wurde 710 von den Achäern unter der Führung von Myscellus aus Rhype in Achaia gegründet. Diese Stadt muss im ersten Jahrhundert ihres Bestehens eine sehr große Macht erlangt haben; denn in der Schlacht von Sagra gegen die Lokrer , die mit großer Wahrscheinlichkeit auf das Jahr 600 datiert werden kann, konnten die Krotonier ein Heer von 120.000 Mann zu Fuß aufstellen. Auch scheint die Niederlage, die sie dort erlitten haben, die Siedlung für längere Zeit nicht geschwächt zu haben; denn im Jahr 510 griffen sie mit fast der gleichen Truppenstärke die Sybariten an und zerstörten ihre Stadt. Die ursprüngliche Verfassung war zweifellos eine gemäßigte Demokratie; aber wir sind mit den Einzelheiten seiner Organisation nicht vertraut. Pythagoras war der Reformator der moralischen und politischen Bräuche, nicht nur in Kroton, sondern in mehreren anderen italisch - griechischen Städten. Dieser Philosoph kam um 540 in Kroton an und legte dort den Grundstein für die nach ihm benannte Liga oder Geheimvereinigung. Ihr Ziel bestand nicht darin, die Regierungsform in den italienischen Städten zu ändern, sondern darin, Männer zu schaffen, die in der Lage waren, das Ruder des Staates zu übernehmen. Diese Reform und der Einfluss der Pythagoräer dauerten etwa dreißig Jahre, als ihr Orden das gleiche Schicksal erlitt, wie es normalerweise einer Geheimvereinigung widerfährt, die aus politischen Gründen gegründet wurde. Vermutlich um 510 wurde der pythagoräische Bund von der demokratischen Fraktion unter Zylon zerschlagen . Die Folge war allgemeine Anarchie, nicht nur in Kroton, wo um 494 ein gewisser Clinias die höchste Macht usurpierte, sondern auch

in den anderen Städten: Diese Unruhen wurden jedoch durch das Eingreifen
der Achäer unterdrückt ; und die achäischen Kolonien übernahmen nicht nur
die Gesetze ihrer Mutterstädte, sondern unterzeichneten auch bald darauf um
460 im Tempel des Jupiter Homorius einen Bund : Es scheint, dass Kroton,
der sich bereits von dem erlittenen Schlag erholt hatte, an der Spitze stand
dieser Liga. In dieser glücklichen Haltung blieben die Angelegenheiten bis
etwa 400. Nachdem die Könige von Syrakus ihre Angriffe auf Magna Graecia
begonnen hatten , wurde Kroton wiederholt gefangen genommen; wie 389
v. Chr. durch Dionysius I. und um 321; und erneut im Jahr 299 von
Agathokles. Nach dem Krieg mit Pyrrhos im Jahr 277 geriet es schließlich in
die Abhängigkeit von Rom.

C. Sybaris wurde wie die oben genannten um 720 von den Achäern
gegründet, die sich mit Troezenern vermischten . Diese Siedlung existierte
bis 510, als sie von Kroton zerstört wurde. Bald nach ihrer Gründung wurde
sie zu einer der ausgedehntesten, bevölkerungsreichsten und luxuriösesten
Städte, und zwar so sehr, dass die Weiblichkeit der Sybariten sprichwörtlich
wurde. Sybaris scheint zwischen 600 und 550 den Höhepunkt seines
Wohlstands erreicht zu haben; Sie besaß damals ein respektables Territorium,
das vier der benachbarten Stämme und fünfundzwanzig Städte oder Orte
umfasste. Die außergewöhnliche Fruchtbarkeit des Bodens und die
Zulassung aller Fremden zum Bürgerrecht führten zu einem so starken
Bevölkerungswachstum, dass Sybaris im Krieg gegen Kroton 300.000 Mann
ins Feld geführt haben soll. Der enorme Reichtum, den nicht nur Sybaris,
sondern auch die anderen Städte in diesem Viertel besaßen, war
wahrscheinlich auf den großen Öl- und Weinhandel mit Afrika und Gallien
zurückzuführen; dass dies in Agrigentum der Fall war, wissen wir mit
Sicherheit. Auch die Verfassung von Sybaris war offenbar eine gemäßigte
Demokratie: Um das Jahr 510 ergriff ein Telys die Oberherrschaft und
vertrieb fünfhundert der Optimaten, die nach Kroton flohen. Die Krotonier
empfingen die Verbannten, und nachdem die Sybariten ihre Gesandten
getötet hatten, entbrannte ein Krieg zwischen den beiden Städten, der 510
mit der Niederlage der Sybariten und der Zerstörung ihrer Stadt endete.

D. Thurii wurde 446 von Athen in der Nähe der Stätte des antiken Sybaris
gegründet, obwohl die Einwohner gemischter Herkunft waren; ein Umstand,
der zunächst zu vielen häuslichen Unruhen führte, wobei die Bürger darüber
stritten, wer der wahre Gründer war; schließlich erklärte das Orakel von
Delphi im Jahr 433 die Stadt zur Kolonie Apollons. Die Verfassung war
zunächst eine gemäßigte Demokratie; aber diese wurde bald in eine
Oligarchie umgewandelt, wobei die gesamte Macht und die besten
Ländereien von den sybaritischen Familien in Besitz genommen wurden, die
sich der Siedlung angeschlossen hatten. Die Sybariten wurden jedoch erneut
vertrieben und Thurii gewann durch den Zusammenschluss mehrerer neuer

Kolonien aus Griechenland an Bedeutung; Seine Verfassung wurde durch die Annahme der Gesetze von Charondas von Catana verbessert . Die Hauptfeinde der Thurier waren die Lukaner, von denen sie im Jahr 390 geschlagen wurden. Die verzweifelten Angriffe dieses Stammes zwangen sie im Jahr 286 dazu, die Hilfe der Römer in Anspruch zu nehmen, was den Tarentinern bald darauf einen Vorwand für einen Angriff lieferte. Thurii war nun Teil der römischen Herrschaftsgebiete und wurde, nachdem es in den karthagischen Kriegen viel gelitten hatte, schließlich im Jahr 190 v. Chr. von einer römischen Kolonie besetzt.

e. Locri Epizephyrii . Die Frage ihrer Herkunft ist umstritten: Die Ursache dieser Unsicherheit liegt darin, dass hier, wie in den meisten anderen Städten, zu unterschiedlichen Zeiten verschiedene Kolonistengruppen eintrafen und diese Gruppen selbst aus einer Mischung verschiedener griechischer Stämme bestanden . Die Hauptkolonie wurde 683 v. Chr. von den Locri ausgesandt Ozolae . Nachdem Locri unter heftigen inneren Unruhen gelitten hatte, fand er um 660 in Zaleucus einen Gesetzgeber , dessen Institutionen mehr als zwei Jahrhunderte lang unangetastet blieben. Die Verfassung war aristokratisch, die Verwaltung lag in den Händen von hundert Familien. Der oberste Richter wurde Kosmopolis genannt. Der Senat bestand aus tausend Mitgliedern, die wahrscheinlich aus dem Unterhaus gewählt wurden und bei denen ganz oder teilweise die gesetzgebende Gewalt lag. Die Aufrechterhaltung der Gesetze oblag, wie in anderen griechischen Städten auch, den Nomophylaken . Locri war sicherlich weder so reich noch so luxuriös wie die oben genannten Städte; aber sie zeichnete sich ehrenhaft durch die guten Manieren und das ruhige Verhalten ihrer Bürger aus, die mit ihrer Regierung zufrieden waren. Die Blütezeit dieser Stadt dauerte bis zur Zeit von Dionysius II. der aus Syrakus vertrieben wurde, floh mit seinen Angehörigen nach Locri , dem Heimatland seiner Mutter: Durch seine Unverschämtheit und Zügellosigkeit in seinen Manieren wurde die Stadt an den Rand des Ruins gebracht; Nach seiner Rückkehr nach Syrakus im Jahr 347 rächten die Lokrer ihr Unrecht an seiner Familie. Danach behielt Lokri seine wiedergewonnene Unabhängigkeit bis zur Zeit von Pyrrhos, der 277 eine Garnison in der Stadt aufstellte; Die Lokrer schlugen jedoch ihre Truppen mit dem Schwert und gingen auf die römische Seite über: Die Stadt wurde daraufhin im Jahr 275 von Pyrrhos geplündert. Von diesem Zeitpunkt an blieb Lokri eine von Rom abhängige verbündete Stadt und erlitt im Zweiten Punischen viel zu leiden Krieg.

F. Rhegium , eine Kolonie aus Chalkis in Euböa , 668: Auch hier war die Regierung aristokratisch, die oberste Macht lag in den Händen eines Rats von tausend Männern, die nur aus messenischen Familien ausgewählt wurden, die sich den ursprünglichen Siedlern angeschlossen hatten. Daraus entstand eine Oligarchie, die Anaxilaus ausnutzte, um 494 die alleinige Herrschaft zu übernehmen, in der seine Söhne seine Nachfolge antraten. Nachdem diese im Jahr 464 vertrieben worden waren, kam es zu Unruhen, die nach einiger Zeit durch die Annahme der Gesetze von Charondas unterdrückt wurden . Rhegium erlebte nun eine Zeit des Glücks, die bis 392 v. Chr. andauerte, als es von Dionysius I. eingenommen und zerstört wurde. Dionysius II. es in gewissem Maße restauriert; Doch im Jahr 281 wurde die Stadt von einer römischen Legion in Besitz genommen, die zur Garnison des Ortes geschickt wurde und die Einwohner ermordete. Die Soldaten wurden mit dem Tod bestraft, 271; aber Rhegium blieb fortan in einem Zustand der Abhängigkeit von Rom.

G. Cumæ , bereits 1030 aus Chalkis in Euböa gegründet . Diese Stadt erlangte schon früh ein hohes Maß an Macht und Wohlstand; Sein Territorium ist beträchtlich, seine Flotte respektabel und Neapolis und Zancle (oder Messana) gehören zu seinen Kolonien. Die Regierung war eine gemäßigte Aristokratie: Diese Verfassung wurde um 544 vom Tyrannen Aristodemus untergraben ; aber nach seiner Ermordung wiederhergestellt. Cumæ war wiederholt Ärger seitens der kleinen italienischen Nationen ausgesetzt; und im Jahr 564 wurde es von den Etruskern und Dauniern zusammen überfallen und besiegt ; 474 schlug sie die Etrusker auf See, wurde aber 420 von den Kampanern erobert; Zusammen mit ihm wurde sie 345 von Rom abhängig . Dennoch behielt Cumæ aufgrund seines Hafens von Puteoli auch unter römischer Herrschaft einen Teil seiner Bedeutung.

HEYNE , *Prolusiones 16 de civitatum Græcarum per magnam Griechenland und Sizilien institutis et legibus* . Gesammelt in seiner *Opuscula* , Bd. vii.

2. Griechische Siedlungen in Sizilien. Diese besetzten die Ost- und Südküste der Insel: Sie wurden im gleichen Zeitraum wie die von Magna Graecia gegründet und gehörten teils den dorischen, teils den ionischen Stämmen. Dorischen Ursprungs waren Messana und Tyndaris aus Messene; Syrakus, das seinerseits von Korinth aus Acræ , Casmenæ und Camarina gründete; Hybla und Thapsus aus Megara; Segesta aus Thessalien; Herakleia Minoa aus Kreta; Gela, das Agrigentum gründete , aus Rhodos; und Lipara , auf der kleinen Insel gleichen Namens, von Knidos aus. Ionischen Ursprungs waren Naxus , der Gründer von Leontini ; Catana und Tauromenium aus Chalkis; Zancle (nach seiner Besetzung durch messenische Kolonisten, Messana genannt), wurde von Cumæ gegründet und war seinerseits Gründer von Himera und Mylæ . Die bemerkenswertesten dieser Städte in der antiken Geschichte sind:

A. Syrakus, die mächtigste aller griechischen Kolonien und daher diejenige, über die wir am umfassendsten informiert sind. Die Geschichte von Syrakus, von der fast die gesamte Geschichte Siziliens abhängt, da diese Stadt lange Zeit über den größten Teil der Insel herrschte, umfasst vier Perioden. 1. Von der Gründung, 735 v. Chr., bis Gelon , 484; ein Zeitraum

von zweihunderteinundfünfzig Jahren. Während dieser Zeit war Syrakus eine Republik, aber es scheint nicht zu einem sehr großen Machtgipfel aufgestiegen zu sein: Dennoch gründete es die Kolonien Acræ (665), Casmenæ (645) und Camarina (600). Mit Unterstützung ihrer Mutterstadt Korinth , und Corcyra allein verhinderten, dass sie Hippokrates, dem Herrscher von Gela, zum Opfer fiel; und selbst dann musste sie Camarina abtreten , 497. Die Verfassung war aristokratisch; aber nicht frei von häuslichen Problemen. Die Verwaltung lag in den Händen der Wohlhabenden (γα μόροι ;), doch diese wurden um 485 von der demokratischen Fraktion und ihren eigenen meuternden Sklaven vertrieben. Sie flohen nach Casmenæ und wurden mit der Hilfe von Gelon , dem Herrscher von Gela, in ihre Häuser zurückgebracht. Gelon behält die Macht in seinen eigenen Händen. 2. Von Gelon bis zur Vertreibung des Thrasybulus, 484–466. Die drei Brüder Gelon , Hiero und Thrasybulus herrschten nacheinander über Syrakus. Gelon , 484–477. Er war gleichzeitig der Begründer der Größe von Syrakus und seiner eigenen Macht: Dies erreichte er teils dadurch, dass er die Bevölkerung vergrößerte und neue Einwohner aus anderen griechischen Städten anzog, teils durch den großen Sieg, den er im Bündnis über die Karthager errang mit den Persern, 480. Zu dieser frühen Zeit war Syrakus sowohl zu Wasser als auch zu Land so mächtig, dass es Gelon rechtfertigte, das Amt des Generalissimus von Griechenland zu beanspruchen, als Sparta und Athen kamen, um ihn um Hilfe zu bitten. Seine wohltätige Herrschaft brachte ihm nicht nur zu Lebzeiten die Liebe der Syrakusaner ein, sondern bescherte ihm auch heroische Ehren nach seinem Tod durch ein dankbares Volk. Er starb 477 und wurde von seinem Bruder Hiero I. abgelöst, der bis dahin über Gela geherrscht hatte. Die Herrschaft dieses Fürsten war prächtig, sein Hof war brillant und ein fördernder Schutz wurde auf Künste und Wissenschaften ausgedehnt. Hieros Macht wurde durch die Ansiedlung neuer Bürger sowohl in Syrakus als auch in seinen untergeordneten Städten Catana und Naxus gestärkt , deren ursprüngliche Einwohner nach Leontini übersetzt werden .
– Kriege gegen Thero , 476, und seinen Sohn Thrasidæus , Tyrannen von Agrigentum : nach der Vertreibung von Thrasidæus schließt diese Stadt ein Bündnis mit Syrakus; Die syrakusanische Flotte, die Cumæ zu Hilfe geschickt wurde , erringt einen Sieg über die Etrusker. Hiero , der 467 starb, wurde von seinem Bruder Thrasybulus abgelöst, der nach einer kurzen Regierungszeit von acht Monaten wegen seiner Grausamkeit von den Syrakusanern und den verbündeten Städten vertrieben wurde. 3. Von der Vertreibung des Thrasybulus bis zur Erhebung von Dionysius I.; Syrakus, ein freier demokratischer Staat: von 466 bis 405. Wiederherstellung republikanischer Regierungsformen in Syrakus und den anderen griechischen Städten; war jedoch mit vielen Unruhen und Bürgerkriegen verbunden, die von der Vertreibung der neuen Bürger und der Wiederherstellung ihres Eigentums

durch die alten Bewohner herrührten . – Zunehmende Macht und Wohlstand von Syrakus, das jetzt an der Spitze der verbündeten griechischen Städte steht die Insel und versucht bald, ihren Vorrang in Vorherrschaft umzuwandeln. Die neue demokratische Verfassung leidet schnell unter den Krankheiten, die diese Regierungsform mit sich bringt; es wird vergeblich versucht, durch die Einführung des Petalismus Abhilfe zu schaffen , 454 v. Chr.; In der Zwischenzeit schließen sich die Sikuler , Ureinwohner Siziliens, unter ihrem Anführer Ducetius zu einem engeren Bund zusammen ; Beim Versuch, die Griechen zu vertreiben, verwickeln sie 451 die Syrakusaner in wiederholte Kriege. Die Waffen von Syrakus sind erfolgreich, ihre Autorität wird durch die Unterwerfung des ehrgeizigen Agrigentum im Jahr 446 und durch ihren Seesieg über die Etrusker bestätigt. Erster, aber erfolgloser Versuch der Athener, sich in die inneren Angelegenheiten Siziliens einzumischen, indem sie sich auf die Seite Leontinis gegen Syrakus stellten, 427; Elf Jahre später findet der große Feldzug gegen Syrakus (415–413) statt, der durch die Streitigkeiten zwischen Segesta und Selinus verursacht wurde . Die Expedition endet mit der völligen Niederlage der athenischen Flotte und Armee (siehe unten) und die Macht von Syrakus erreicht ihren Höhepunkt. Im Jahr 412 findet eine Verfassungsreform statt, die von Diokles initiiert wurde , dessen Gesetze später von mehreren anderen sizilianischen Städten übernommen wurden. Die Richter wurden per Los bestimmt. Die übrigen Gesetze, die sich offenbar auf das Strafgesetzbuch bezogen, waren die Ausarbeitung eines Ausschusses unter dem Vorsitz von Diokles ; Diese Verordnungen waren für Syrakus so vorteilhaft, dass der Autor nach seinem Tod mit einem Tempel geehrt wurde. Doch bereits im Jahr 410 bot eine erneute Auseinandersetzung zwischen Segesta und Selinus einen Vorwand für einen Krieg mit Karthago, das die Segestani um Hilfe gebeten hatten; Durch diesen Krieg wurde die gesamte Lage in Sizilien untergraben. Die schnellen Fortschritte der Karthager, die unter dem Kommando von Hannibal, dem Sohn von Gisgo , im Jahr 409 Selinus und Himera und sogar Agrigentum im Jahr 406 einnahmen, führten zu innerstaatlichen Fraktionen und Unruhen in Syrakus. und inmitten dieser Wirren gelang es dem listigen Dionysius zunächst , das Amt des Generals und dann, nachdem er seine Kollegen verdrängt hatte, die souveräne Macht von Syrakus zu erlangen, 405. 4. Von Dionysius I. bis zur römischen Besetzung, 405–212. Dionysius I. 405– 368. Bedrohlicher Beginn seiner Herrschaft durch eine Niederlage bei Gela und die Meuterei seiner Truppen . – Eine Seuche, die die karthagische Armee vernichtet, ermöglicht es ihm, im Jahr 405 v. Chr. einen Frieden zu schließen, in dem vereinbart wird, dass Karthago außer seinem Territorium verbleibt auf der Insel, soll zusammen mit Gela und Camarina alle während des Krieges gemachten Eroberungen behalten . Aber der Plan, die Karthager aus Sizilien zu vertreiben, um die ganze Insel zu unterwerfen und über die Magna Grecia zu fallen, löst eine lange Reihe von Kriegen sowohl mit Karthago als auch mit den Städten der Magna Grecia aus. Zweiter Krieg mit Karthago gegen Hannibal und Himilco , 398–392. Dionysius verliert alles, was er zuvor erobert hatte, und wird selbst in Syrakus belagert; aber eine Pest, die erneut die Karthager befällt, rettet ihn aus seiner misslichen Lage, 396; Ungeachtet dessen dauerten die feindseligen Taten bis 392 an, als ein Frieden unterzeichnet wurde, durch den Karthago die Stadt Tauromenium abtrat . – Ab 394 kam es zu flüchtigen Angriffen auf die verbündeten griechischen Städte in Unteritalien, insbesondere auf Rhegium , dem Hauptsitz der syrakusanischen Auswanderer. das nach wiederholten Invasionen schließlich gezwungen ist, nachzugeben, 387. Dritter Krieg mit Karthago, 383, gegen Mago; Dionysius erringt einen Sieg, dem jedoch eine größere Niederlage folgt; und der Krieg endet im selben Jahr mit der Annahme eines Friedens, wonach jede Partei das behalten soll, was sie damals hatte; der Halycus ist als Grenzlinie festgelegt; so dass Selinus und ein Teil des Territoriums von Agrigentum in den Händen der Karthager bleiben. Vierter Krieg: Einmarsch in die karthagischen Staaten; es endet jedoch mit der Unterzeichnung eines Vertrags. Die Entscheidung dieser Kriege hing im Allgemeinen von der Seite der Sikuler ab , der mächtigsten Ureinwohnerrasse Siziliens. Dionysius I., der 368 durch Gift starb, wurde von Dionysius II. abgelöst. sein ältester Sohn stammte von einer seiner beiden Frauen, Doris von Locri , aber unter der Vormundschaft seines Stiefonkels Dio , dem Bruder von Dionysius' anderer Frau Aristomache . Weder Dio noch sein Freund Platon, der dreimal nach Syrakus eingeladen wurde, konnten den Charakter eines Prinzen verbessern, dessen Geist durch schlechte Bildung verdorben war. – Dio wird verbannt, 360. Er kehrt zurück, 357, und in Abwesenheit von Dionysius nimmt Syrakus bis auf die Zitadelle in Besitz. Dionysius greift nun zur List; er erregt in der Stadt Misstrauen gegenüber Dio und schürt Zwietracht zwischen ihm und seinem Feldherrn Heraklidas ; Inzwischen zieht er sich selbst nach Italien zurück und nimmt seine Schätze mit. Dio ist gezwungen, sich aus der Stadt zurückzuziehen, die von den in der Zitadelle stationierten Truppen geplündert wird. Daraufhin holen die Syrakusaner selbst Dio zurück ; Er nimmt die Zitadelle in Besitz und möchte die republikanische Regierung wiederherstellen, fällt jedoch bald dem Parteigeist zum Opfer und wird 354 v. Chr. von Callipus ermordet , der die Regierung bis 353 usurpierte, als er von Hipparinus , einem Bruder von Dionysius, vertrieben wurde , der bis 350 im Besitz blieb. Nach zehnjähriger Abwesenheit ernannte Dionysius II. wird durch einen plötzlichen Angriff erneut Herr der Stadt, 346. Die Tyrannei dieses Fürsten und der Verrat von Icetas von Gela, den die Syrakusaner zu ihrer Hilfe riefen, der sich aber mit den Karthagern verbündet, und die furchtbaren Angriffe Letztere zwingen die Bürger, sich an die Mutterstadt Korinth zu wenden: Korinth schickt ihnen Timoleon mit einer kleinen Streitmacht, 345, zu Hilfe. Schneller Wandel der Dinge durch Timoleon : Er schlägt Icetas und die Karthager: 343 muss Dionysius liefern die Zitadelle errichten und das Land evakuieren; er zieht sich nach Korinth zurück, wo er ein Privatleben führt. Wiederherstellung der republikanischen Regierung, nicht nur in Syrakus, wo die Gesetze des Diokles wieder eingeführt werden, sondern auch in den übrigen griechischen Städten: Die Revolution wird durch einen großen Sieg über die Karthager im Jahr 340 bestätigt Pläne Timoleon stirbt im Jahr 337, das großartigste Beispiel eines Republikaners, das die Geschichte zu bieten hat! Von 337–317; fast ein Abgrund in der Geschichte von Syrakus. Kriege mit Agrigentum ; Die Usurpation von Sosistratus stört den Frieden, sowohl äußerlich als auch innerlich. Der Charakter der Syrakusaner war bereits zu stark verdorben, als dass man erwarten konnte, dass die Freiheit unter ihnen ohne die persönliche Aufsicht eines Timoleons wieder hergestellt werden könnte . Sie verdienten das Schicksal, das ihnen widerfuhr, als im Jahr 317 der kühne Abenteurer Agathokles die souveräne Macht übernahm, die er bis 289 behielt. Erneuerung des Plans zur Vertreibung der Karthager von der Insel und zur Unterwerfung der Magna Graecia . Daraus entsteht ein neuer Krieg mit Karthago, in dem Agathokles 311 besiegt und in Syrakus belagert wird: Durch einen kühnen Schlag geht er in Begleitung eines Teils seiner Flotte und Armee nach Afrika über und führt dort mit allgemeinem Erfolg den Krieg bis 307 : Der Aufstand der meisten griechischen Städte in Sizilien ruft ihn vom Kriegsschauplatz zurück; seine Ansichten in Afrika werden folglich abgelehnt. Im Frieden von 306 behalten beide Parteien das, was sie zu Beginn des Krieges hatten. Die Kriege in Italien beschränken sich auf die Plünderung Krotons und einen Sieg über die Bruttier ; und es handelt sich eher um Raubzüge als um reguläre Kriege. Im Jahr 289 starb Agathokles durch Gift und sein Mörder Mænon ergriff die Macht; er wird vom General Icetas vertrieben und fliegt zu den Karthagern. Icetas regiert als Prätor bis 278, als in seiner Abwesenheit die Regierung von Thynion usurpiert wird, der in der Person von Sosistratus auf einen Rivalen trifft ; In der Zwischenzeit nehmen die Söldner des Agathokles (die Mamertini) Messana in Besitz und die Karthager dringen bis zu den Toren von Syrakus vor. Die Syrakusaner laden Pyrrhus von Epirus aus Italien ein; dieser Fürst nimmt ganz Sizilien bis Lilybæum in Besitz ; Doch da er sich durch seinen Hochmut allgemeinen Hass und Ekel zugezogen hatte, musste er die Insel im Jahr 275 v. Chr. räumen. Die Syrakusaner ernennen nun Hiero , einen Nachkommen der alten Königsfamilie, zum General: Nach dem Sieg über die Mamertini wird er dazu berufen den Thron, 269. Bei Ausbruch des Krieges zwischen Karthago und Rom gibt der neue König sein Bündnis mit Karthago auf und erkauft sich durch den Übergang auf die römische Seite eine lange und ruhige Herrschaft bis zu seinem Tod im Jahr 215 Alter. Unter diesem weisen Prinzen genoss Syrakus ein Maß an Glück und Wohlstand, das keiner ihrer Demagogen hatte erreichen können . Nach seinem Tod wurde die karthagische Partei vorherrschend; Hieronymus, der Enkel von Hiero , wird ermordet, 214, und

Hannibals Intrigen ermöglichen es der karthagischen Partei, die Oberhand zu behalten, indem es gelingt, seine Freunde Hippokrates und Epicydes an die Spitze der Angelegenheiten zu setzen , die Syrakus in einen Krieg mit Rom verwickeln; und die Stadt wird nach einer langen Belagerung, die durch die Erfindungen des Archimedes gefeiert wurde, in den Ruin getrieben, 212. – Die Geschichte von Syrakus ist ein praktisches Kompendium der Politik: Welcher andere Staat hat jemals so viele und so unterschiedliche Revolutionen erlebt?

Die Geschichte von Syrakus war schon früh von Parteilichkeit geprägt. Zur Topographie siehe † BARTELS *Briefe aus Kalabrien und Sizilien* , Bd. iii. mit einem Plan.

† A. ARNOLD , *Geschichte von Syrakus, von seiner Gründung bis zum Sturz der Freiheit durch Dionysius* . Gotha, 1816.

MITFORD , *Geschichte Griechenlands* : Der vierte Band enthält die Geschichte von Syrakus und eine Verteidigung des älteren Dionysius. Es scheint, dass es auch jetzt noch schwierig ist, diese Geschichte in einem unparteiischen Geist zu schreiben.

B. Agrigentum , eine Kolonie von Gela, wurde 582 gegründet. Die erste Stadt Siziliens neben Syrakus, mit dem sie häufig konkurrierte. Ihre erste Verfassung war die der Mutterstadt; das heißt, dorianisch oder aristokratisch. Es geriet jedoch bald nach seiner Gründung unter die Herrschaft von Tyrannen; Der erste, der in der Geschichte erwähnt wurde, ist Phalaris, der wahrscheinlich zwischen 566 und 534 seine Blütezeit erlebte. Ihm folgte Alcmanes (534–488), dem Alcander folgte , ein nachsichtiger Herrscher, unter dessen Herrschaft der Reichtum von Agrigentum bereits beträchtlich gewesen zu sein scheint. Berühmter als der Vorstehende war Theron, der Zeitgenosse und Stiefvater von Gelon ; Er regierte von 488 bis 472 v. Chr.: Gemeinsam mit Gelon schlug er 480 die karthagische Armee und unterwarf Himera . Sein Sohn und Nachfolger Thrasydæus wurde 470 von Hiero geschlagen und vertrieben; woraufhin die Agrigentiner als Verbündete von Syrakus eine Demokratie einführten. Die darauffolgende Zeit, 470–405, ist die Zeit, in der Agrigentum , gesegnet mit politischer Freiheit, den höchsten Grad an öffentlichem Wohlstand erreichte. Sie war eine der opulentesten und luxuriösesten Städte der Welt und in Bezug auf die Ausstellung öffentlicher Denkmäler eine der prächtigsten. Ihren Reichtum verdankte sie dem umfangreichen Öl- und Weinhandel, den sie mit Afrika und Gallien betrieb, in denen diese Produkte bisher nicht eingebürgert waren. Im Jahr 446 fielen die Agrigentiner aus Neid über die Syrakusaner, wurden jedoch besiegt. Am Krieg mit Athen beteiligten sie sich nicht; aber bei der karthagischen Invasion Siziliens im Jahr 405 wurde Agrigentum eingenommen und zerstört; Von diesem Schlag erholte sie sich nur langsam und nie wirklich. Durch Timoleon wurde sie in gewissem Maße wiederhergestellt, 340; und unter Agathokles, 307, konnte er die gegen ihn vereinten Städte anführen, wurde aber geschlagen. Nach dem Tod des Agathokles übernahm ein Tyrann namens Phintias die souveräne Macht; und wurde 278 von Icetas aus Syrakus angegriffen. Bei Ausbruch des ersten punischen Krieges wurde Agrigentum von den Karthagern als Militärdepot genutzt ; wurde aber bereits 262 von den Römern eingenommen.

C. Das Schicksal der anderen sizilianischen Städte hing mehr oder weniger von dem von Agrigentum und Syrakus ab: Sie hatten alle ursprünglich republikanische Regierungsformen; aber obwohl die ionischen Kolonien in der Person von Charondas (wahrscheinlich um 660) einen berühmten Gesetzgeber hatten, hatten sie das gleiche Glück wie die übrigen, nämlich häufig von Tyrannen unterdrückt zu werden, entweder aus ihren eigenen Reihen oder von denen von Syrakus. die oft die alten Bewohner vertrieben und eine neue, ihren Interessen stärker ergebene Bevölkerung einführten: Daher müssen vielfältige Kriege entstanden sein. Die vorstehende Geschichte zeigt, wie schwer sie ebenfalls in den Kriegen zwischen Syrakus und Karthago gelitten haben. Den Daten ihrer jeweiligen Gründung folgend, können sie wie folgt angeordnet werden: Zancle (nach 664, bekannt unter dem Namen Messana) der früheste, wenn auch mit ungewissem Datum; Naxos , 736; Syrakus, Hybla , 735; Leontini , Catana , 730; Gela, 690; Acræ , 665 v. Chr.; Casmenæ , 645; Himera , 639; Selinus , 630; Agrigentum , 582. Die Daten der übrigen können nicht mit einiger Genauigkeit ermittelt werden.

3. Auf den anderen Inseln und Küsten des Mittelmeers treffen wir auf verschiedene isolierte griechische Siedlungen; auf Sardinien die Städte Garalis und Olbia: Gründungsdatum unbekannt; auf Korsika gründete Alaria (oder Alalia) 561 eine Kolonie von Phokäern ; hierhin begaben sich im Jahr 541 die Bewohner der Mutterstadt; und zog sich anschließend nach dem Seegefecht mit den Etruskern und Karthagern zurück, einige nach Rhegium , andere nach Massilia , 536.

4. An der Küste Galliens lag Massilia , gegründet von den Phokäern , die nach dem oben erwähnten Seegefecht im Jahr 536 aus Korsika vertrieben worden waren ; oder besser gesagt, es gab an derselben Stelle eine alte Siedlung, die jetzt vergrößert wurde. Massilia wuchs rasch an Reichtum und Macht. Unsere Informationen über die Kriege, die sie auf dem Meer gegen Karthago und die Etrusker führte, sind nur allgemeiner Natur. Ihr Territorium auf dem Festland war zwar reich an Wein und Öl, aber in seiner Ausdehnung begrenzt; Dennoch gründete sie mehrere Kolonien entlang der Küsten Spaniens und Galliens, von denen Antipolis, Nicæa und Olbia die bekanntesten sind. Der Handel von Massilia wurde teils auf dem Seeweg, teils auf dem Landweg durch das Landesinnere Galliens betrieben. Die

Verfassung war eine gemäßigte Aristokratie. Die Hauptmacht lag in den Händen von sechshundert Personen; Die Mitglieder dieses Rates wurden Timuchi genannt , sie behielten ihr Amt ein Leben lang, mussten verheiratete Männer mit Familien sein und stammten mindestens bis zur dritten Generation von Bürgern ab. An der Spitze dieses Rates standen fünfzehn Männer, von denen drei oberste Richter waren. Bereits im Jahr 218 war Massilia mit Rom verbündet, unter dessen Schutz sie zu Wohlstand gelangte; Ihre Freiheit blieb ihr bis zum Krieg zwischen Pompeius und Cäsar erhalten ; Nachdem sie sich auf die Seite ersterer gestellt hatte, wurde sie im Alter von 49 Jahren von Cæsars Armee gestürmt. Sie erholte sich bald, und unter der Herrschaft des Augustus war Massilia der Sitz der Literatur und Philosophie, wo wie in Athen öffentliche Vorträge gehalten wurden.

AUG. BRUEKNER , *Historia Reipublicæ Massiliensium* . Gotting . 1826. Ein Preisaufsatz.

5. An der spanischen Küste stand Saguntum (Ζα κυνθ ò ς), eine Kolonie von der Insel Zacynthus ; Das Datum seiner Gründung ist unbestimmt. Es wurde durch seinen Handel opulent; aber zu Beginn des zweiten punischen Krieges, 219 v. Chr., wurde Hannibal als Verbündeter Roms zerstört.

6. An der Küste Afrikas lag Kyrene, das auf Anregung des Delphischen Orakels im Jahr 631 bei der Insel Thera gegründet wurde. Die Verfassung war zunächst monarchisch. Könige: Battus I. der Gründer, 631–591. In dessen Familie blieb das Zepter . Arcesilaos I. *d.* 575. Unter der Herrschaft seines Nachfolgers Battus II. Mit dem Beinamen „der Glückliche" (*gest.* 554) wurde die Kolonie durch Neuankömmlinge aus Griechenland stark gestärkt. Die Libyer, die ihres Landes beraubt sind, suchen Hilfe bei Apries , der 570 von den Kyrenäern besiegt wird und infolgedessen seine Krone verliert. – Arcesilaos II. *D.* 550. Aufstand seiner Brüder und Gründung von Barca, einer unabhängigen Stadt, die von eigenen Königen regiert wird. Abspaltung der libyschen Untertanen. Er wird von seinem Bruder oder Freund Learchus getötet , der seinerseits von Eryxo , der Witwe des Arcesilaos , vergiftet wird . Ihr Sohn, Battus III. mit dem Beinamen „der Lahme" (*gest.* um 529) bestieg den Thron. Die königliche Macht wird durch die Gesetze des Demonax von Mantinea in engen Grenzen gehalten: Der König behält nichts weiter als die Einnahmen und das Priesteramt. Sein Sohn Arcesilaos III. wird aus eigenem Antrieb den Persern tributpflichtig; Gemeinsam mit seiner Mutter Pheretime versucht er, die königliche Vorherrschaft wiederherzustellen, wird jedoch vertrieben. dennoch gelangt er wieder in den Besitz von Kyrene. Aufgrund seiner Grausamkeit wird er um 516 in Barca ermordet. Pheretime bittet den persischen Satrapen Ägyptens, Aryandes , um Hilfe, der durch List in den Besitz von Barca gelangt. Die Einwohner werden verschleppt und 512 nach Baktrien überführt. Bald darauf stirbt Pheretime . Es scheint wahrscheinlich, dass ein weiterer Battus IV. und Arcesilaos IV. muss in Kyrene regiert haben,

an die Pindars vierte und fünfte pythische Ode gerichtet sind; ihre Geschichte liegt jedoch im Dunkeln. Cyrene erhielt dann wahrscheinlich um 450 eine republikanische Verfassung; aber wir sind mit den internen Einzelheiten der Regierung nicht vertraut. Doch obwohl Platon von den Kyrenäern eingeladen wurde, ihnen Gesetze zu geben, und obwohl sie Demokles von Arkadien als Gesetzgeber hatten , scheinen sie nie mit einer guten und stabilen Verfassung gesegnet gewesen zu sein. Nicht nur werden oft häusliche Unruhen erwähnt , wie im Jahr 400, als inmitten des von Ariston ausgelösten Aufruhrs der größte Teil der aristokratischen Partei abgeschnitten wurde; aber wir treffen auch häufig auf Tyrannen. Über die äußeren Angelegenheiten dieses Staates wissen wir nur einige allgemeine Tatsachen im Zusammenhang mit den Grenzkriegen mit Karthago. Nach Alexander wurde Kyrene Teil des ägyptischen Königreichs; Bereits während der Herrschaft von Ptolemaios I. wurde es von seinem Feldherrn Ophellas um 331 v. Chr. zu diesem Reich hinzugefügt. Es empfing nun weiterhin verschiedene Herrscher aus der Familie der Ptolemäer (siehe unten), bis es zur Herrschaft von Ptolemaios Physcon kam wurde ein eigener Staat, nachdem der Bastardsohn dieses Fürsten, Apion mit Namen, es an die Römer übergeben hatte, 97. Kyrene besaß einen beträchtlichen Anteil am Handel, der teilweise im Export von Landprodukten, insbesondere des Silphiums, bestand (Laser ,) teilweise in vielfältigem Verkehr mit Karthago, Ammonium und von dort mit dem Inneren Afrikas. Der einstige Glanz und die Bedeutung dieser Stadt und des Nachbarlandes werden durch eine Fülle erlesenster Ruinen bezeugt; eine genauere Forschung , die sich jeder Freund der Antike wünschen muss.

HARDION , *Histoire de Cyrène* , in *Mém . de l'Académie des Inscriptions* , t. iii.

JP THRIGE , *Historia Cyrenes , inde a tempore quo condita urbs est , usque Anzeige ætatem , qua in Provinzen Formam ein Romanis redacta est : particula prior, de initiis Kolonien Cyrenen deductæ und Cyrenes Battiadis regnantibus Geschichte* . Havniæ , 1819. Das beste Werk über Kyrene. Wir hoffen, dass der Autor unsere Erwartungen an den zweiten Teil, der die Zeit der republikanischen Regierung umfassen soll, nicht enttäuschen wird. [Das Ganze wurde 1828 fertiggestellt. Der gelehrte und geniale Autor hat keine Autorität vernachlässigt, weder antike noch moderne, und ist in seinen Forschungen besonders vorsichtig und vernünftig.]

Kürzlich wurde zum ersten Mal ein Lichtstrahl auf die noch in der Cyrenaica von DELLA CELLA , *Viaggio di Tripoli, gefundenen Überreste geworfen* ; übersetzt von Spieker , im † *Journal der neuesten Reisen zu See und zu Lande* , Sept. 1820.

W. BEECHEY , *Verfahren zur Erkundung der Nordküste Afrikas von Tripolis nach Osten* , 1827.

FR Pacho , *Relation d'un voyage à Marmarique et Cyrenaique* , 1828. Eine äußerst genaue Beschreibung.

T. Ehrenberg , *Reisen durch Nordafrika* , in den Jahren 1820–1825, von Dr. WF Hemprich und Dr. CG Ehrenberg. Berlin, 1828.

DRITTE PERIODE.

Vom Beginn der Perserkriege bis zur Zeit Alexanders des Großen, 500–336 v. Chr.

Quellen. Die wichtigsten Autoren dieser Zeit sind: Zur Geschichte der Perserkriege bis zur Schlacht von Platææ , 479, Herodot. Für die Zeit zwischen 479 und dem Ausbruch des Peloponnesischen Krieges müssen wir in Ermangelung zeitgenössischer Autoren Diodorus Siculus als Hauptautor betrachten . – Der Beginn des 11. Buches, das mit dem Jahr 480 beginnt (das 6 , 7., 8., 9. und 10. Buch gehen verloren) bis zur Mitte des 12.; Die Chronologie dieses Autors muss jedoch in mehreren Fällen nach der Zusammenfassung von Thukydides in lib. ich . Für die Zeit des Peloponnesischen Krieges (431–410) ist die Geschichte des Thukydides das Hauptwerk; aber es muss von Diodorus begleitet sein , von der Mitte des 12. Buches bis zur Mitte des 13. – Vom Jahr 410 bis zur Schlacht von Mantinea, 362, sind die Hauptquellen die Hellenen von Xenophon und gelegentlich seine Anabasis und Agesilaos; zusammen mit Diodorus , von der Mitte des 13. Buches bis zum Ende des 15. Buches. Für die Jahre zwischen 362 und 336 ist kein Zeithistoriker überliefert; Als Hauptquelle muss hier also das 16. Buch des Diodorus gelten, für die Zeit Philipps kann jedoch ebenfalls auf die Reden des Demosthenes und des Aeschines zurückgegriffen werden . Die Leben von Plutarch und Nepos berühren diese Zeit oft, können aber nicht als authentische Quellen angesehen werden; Von noch geringerer Autorität sind die gekürzten Dokumente von Justin und einigen anderen.

Die modernen Autoren zu dieser glänzenden Periode Griechenlands sind natürlich dieselben, die oben aufgezählt wurden: (siehe S. 118). Zu wem muss hier hinzugefügt werden:

POTTER , *Archäologie Græca ; oder die Altertümer Griechenlands:* 2 Bde. 8vo. London . 1722. Ins Deutsche übersetzt von J. J. Rambach , 3 Bde. 1775.

BARTHELEMY , *Voyage du Jeune Anacharsis de Griechenland* . (Zwischen den Jahren 362 und 338 v. Chr.) Paris, 1788, 5 Bde. Begleitet von Karten und Plänen, die die Topographie von Athen usw. veranschaulichen. Dieses Werk zeichnet sich durch eine seltene Verbindung von gutem Geschmack und Gelehrsamkeit aus; unbeaufsichtigt, jedoch mit einem gleichermaßen kritischen Scharfsinn und einem richtigen Verständnis der Antike.

† *Geschichte des Ursprungs, des Fortschritts und des Niedergangs der Wissenschaft in Griechenland und Rom* , von C. MEINERS . Göttingen, 1781. Es enthält auch eine Darstellung der politischen Lage; reicht aber nicht über das Alter Philipps hinaus.

Die wichtigsten Werke zu den Denkmälern des antiken Griechenlands sind:

LE ROY , *Les Ruines des plus beaux Monumens de la Grece* . Paris, 1758, 2. Auflage. 1770, fol. Der erste im Zeitpunkt; aber weit übertroffen von:

J. STUART , *Die Altertümer Athens gemessen und abgegrenzt* ; 3 Bde. London . 1762: der 4. Bd. veröffentlicht im Jahr 1816. An Schönheit und Genauigkeit der Ausführung allen überlegen.

R. DALTON , *Antiquities and Views of Greek and Egypt* , 1691, fol. Die ägyptischen Denkmäler beschränken sich auf die von Unterägypten.

R. CHANDLER , *Ionische Altertümer* . London, 1796, 1797, 2 Bde. fol. Ein würdiger Begleiter für Stuart.

CHOISEUL GOUFFIER , *Voyage pittoresque dans la Grece* , Bd. i , 1779: Bd. ii, 1809. Hauptsächlich auf die Inseln und Kleinasien beschränkt.

Wohltuende Auswirkungen der persischen Invasion.

1. Von einer Vielzahl kleiner Staaten, die nie geeint waren, aber ständig durch bürgerliche Unruhen abgelenkt waren – und das waren zu Beginn dieser Periode die Staaten Griechenlands –, konnte kaum etwas Bedeutendes erwartet werden, ohne dass ein äußeres Ereignis eintrat, das durch Die gespaltenen Kräfte um einen Punkt herum zu sammeln und auf ein Ziel zu lenken, sollte verhindern, dass sie sich gegenseitig erschöpfen. Es war der feindliche Angriff Persiens, der den Grundstein für den künftigen Glanz Griechenlands legte; Einige Staaten gewannen damals so schnell an Macht, dass von ihrer besonderen Geschichte die allgemeine Geschichte aller übrigen abhängt.

Ursachen, die zum Perserkrieg führten. Anteil Athens am ionischen Aufstand und an der Erschießung von Sardes , 500 v. Chr. (siehe oben, S. 98.) Intrigen des Hippias, zunächst mit den Satrapen, dann am persischen Hof selbst . – Erste Expedition, die des Mardonius , durch einen Sturm vereitelt, 493.

Athen und Sparta allein weisen die Forderungen Persiens zurück:
v. Chr. 491.

2. Nicht einmal die Aufforderung, die persische Autorität anzuerkennen, reichte aus, um die nationale Energie der Griechen zu wecken. Alle Inseln und die meisten Staaten auf dem Festland unterwarfen sich dem Joch; Nur Sparta und Athen lehnten es mutig ab. Die Athener wurden ohne Hilfe unter ihrem Anführer Miltiades, der seit seiner Jugend mit den Persern und ihrer Kriegsführung sowie mit der Überlegenheit der Waffen seiner Landsleute vertraut war, zu den Rettern Griechenlands.

Streit zwischen Athen und Sparta mit Ägina , das sich auf die Seite der Perser stellt, 491; und die daraus resultierende Absetzung von Demaratus, dem König von Sparta, durch seinen Kollegen Kleomenes .

Persische Expedition von Datis und Artaphernes unter der Führung von Hippias: scheiterte an der Schlacht von Marathon am 29. September 490 v. Chr. und dem Scheitern eines Angriffs auf Athen.

Feldzug gegen Paros durch Miltiades.

3. Die unmittelbare Folge dieses Sieges war eine Flottenexpedition gegen die Inseln, insbesondere Paros, zu der Miltiades aus privatem Groll die Athener überredete. Sie erfolgte zum Zweck der Beitragserhebung; und scheint den Athenern die erste Vorstellung von ihrer späteren Herrschaft über das Meer gegeben zu haben. Die Athener bestraften Miltiades für das Scheitern dieser Expedition, obwohl dies die Folge ihrer eigenen Torheit war; Dennoch war dieser Akt der Ungerechtigkeit eine Quelle des Glücks für Athen. als der Fall von Miltiades den Männern Platz machte, die den soliden Grundstein für ihren Ruhm und ihre Größe legten.

Innerer Zustand von Athen.

4. Wie in jedem demokratischen Staat üblich, der an die Macht kommt, wird die Geschichte Athens nun zu einer Geschichte bedeutender Persönlichkeiten, die als Generäle oder Demagogen an der Spitze der Geschäfte stehen. Themistokles, der in seiner eigenen Person in erstaunlichem Maße die großartigsten Talente eines Staatsmanns und Feldherrn mit einem Geist der Intrige und sogar des Egoismus vereinte; und Aristides, dessen Desinteresse schon damals in Athen einzigartig war, waren die wahren Begründer der Macht dieses Staates. Allerdings war Athen dem ersteren mehr zu verdanken als dem letzteren.

Rivalität dieser beiden Männer, 490–486. Während Themistokles an der Spitze der athenischen Flotte die Pläne von Miltiades gegen die Inseln verfolgt, wird die Verwaltung der Staatsangelegenheiten Aristides anvertraut. Bei der Rückkehr von Themistokles als Eroberer wird Aristides jedoch 486 durch Ächtung aus Athen verbannt. Themistokles allein verfolgt an der Spitze der Dinge seinen Plan, Athen zu einer Seemacht zu machen. Als Folge eines Krieges gegen das Objekt des Volkshasses, Ägina , 484 v. Chr., überredet er die Athener, die Einnahmen aus den Minen für den Aufbau einer Marine zu verwenden. Während Athen auf diese Weise an die Macht kommt, leidet Sparta unter dem Wahnsinn eines seiner Könige, Kleomenes (im Jahr 482 folgte sein Halbbruder Leonidas) und der Arroganz des anderen, Leotychides .

Zweiter Feldzug der Perser, besiegt von Themistokles: 480.

5. Der Ruhm, die zweite mächtige persische Invasion Griechenlands unter Xerxes I. zu vereiteln, gebührt allein Themistokles. Nicht nur sein großer Seesieg vor Salamis, sondern noch mehr die Art und Weise, wie er es schaffte, auf seine Landsleute einzuwirken, beweist, dass er der größte Mann seiner Zeit und der Befreier Griechenlands war, das nun durch ein gemeinsames Interessenband vereint ist .- Alle nationalen Ligen sind in sich selbst schwach: Doch wie stark können selbst die Schwächsten werden, wenn sie von einem großen Mann zusammengehalten werden, der es versteht, sie mit seinem eigenen Geist zu beleben!

Themistokles' Plan zur Kriegsführung; erstens eine gemeinsame Union aller hellenischen Staaten; eine Maßnahme, die bis zu einem gewissen Grad erfolgreich ist, wobei die Ehre des Kommandos den Spartanern überlassen bleibt; zweitens wurde das Meer zum Kriegsschauplatz. – Galanter Tod des Leonidas mit seinen dreihundert Spartanern und siebenhundert Thespianiern, 6. Juli 480. Ein Beispiel für Heldentum, das ebenso viel zur Größe Griechenlands beiträgt wie der Sieg von Salamis. Ungefähr zur gleichen Zeit kam es zu Seegefechten vor Artemisium in Euböa mit zweihunderteinundsiebzig Segelschiffen. Die Führer der Griechen werden lediglich durch Bestechung auf ihren Posten gehalten; Die Mittel zum Kauf ihrer Dienste wurden zum größten Teil von Themistokles selbst bereitgestellt . – Athen, von seinen Bewohnern verlassen, wird am 20. Juli von Xerxes eingenommen und niedergebrannt. Rückzug der griechischen Flotte in die Bucht von Salamis: Widerruf aller Verbannten, Aristides unter den anderen. – Politische Maßnahmen von Themistokles, um die entmutigten Griechen an der Flucht zu hindern und sich gleichzeitig im Bedarfsfall ein Asyl beim persischen Monarchen zu sichern. – Seegefecht und Sieg vor Salamis, 23. September 480, mit dreihundertachtzig Segeln (davon einhundertachtzig athenische) gegen die bereits stark geschwächte persische Flotte: Rückzug von Xerxes. – Dichter und Historiker haben diese Ereignisse durch phantasievolle Übertreibungen entstellt: immer noch Sie können uns jedoch zeigen, wie häufig menschliche Schwäche mit menschlicher Größe einhergeht!

Schlachten von Platææ und Mykale, 25. September 479.

6. Der Sieg von Salamis beendete den Krieg nicht; Aber die Verhandlungen, die während der Wintermonate mit dem in Thessalien zurückgebliebenen persischen Feldherrn Mardonius und mit den asiatischen Griechen geführt wurden, um sie zum Abwerfen des Jochs zu bewegen, zeigen, wie sehr das Vertrauen der Nation in ihre eigene Stärke gestiegen war. Aber durch die Schlacht, die an Land bei Platææ unter dem Kommando des Spartaners Pausanias (Vormund von Plistarchus , Sohn des Leonidas) und des Atheners Aristides ausgetragen wurde; Zusammen mit der Seeschlacht bei Mykale am selben Tag und der Zerstörung der persischen Flotte werden

die Perser für immer aus dem Gebiet Griechenlands vertrieben, obwohl der Krieg noch einige Zeit andauert.

Sparta hat die Überlegenheit bis 470.

7. Die Vertreibung der Perser führte zu einer völligen Veränderung der inneren und äußeren Beziehungen Griechenlands. Aus den Angegriffenen wurden die Griechen zu Angreifern; Die Befreiung ihrer asiatischen Landsleute ist heute der Hauptzweck oder Vorwand für die Fortsetzung eines so gewinnbringenden Krieges. Der Oberbefehl blieb bis 470 v. Chr. bei Sparta.

Athen wurde von Themistokles trotz spartanischer Eifersucht wiederaufgebaut und befestigt. 478: Bildung des Piräus , ein Ereignis von noch größerer Bedeutung. 477. – Flottenexpedition unter Pausanias, begleitet von Aristides und Kimon, gegen Zypern und Byzanz zum Zweck der Vertreibung die Perser, 470. Verrat und Sturz des Pausanias, 469. Infolge des Hochmuts der Spartaner geht die Oberbefehlsgewalt auf die Athener über.

Athen übernimmt den Oberbefehl:

8. Diese Übertragung des Kommandos an Athen hatte eine entscheidende Wirkung auf alle nachfolgenden Beziehungen Griechenlands, nicht nur, weil sie die Eifersucht zwischen Sparta und Athen steigerte, sondern weil Athen seine Vorherrschaft zu einem völlig anderen Zweck ausübte als Sparta. – Gründung einer ständigen Konföderation, die die meisten griechischen Staaten ohne Peloponnes, insbesondere die Inseln, umfasst, und eine Anpassung der von jedem jährlich zu leistenden Beiträge mit dem Ziel, den Perserkrieg fortzusetzen und die asiatischen Griechen vom persischen Joch zu befreien . Obwohl die gemeinsame Schatzkammer zunächst in Delos errichtet wurde, wurde die Aufsicht über sie Athen anvertraut; und ein solcher Manager wie Aristides war nicht immer zu finden. – Natürliche Folge dieser Neugründung: 1. Was bisher bloß militärischer Vorrang war, wird in den Händen Athens zu einem Recht der politischen Verschreibung, und das ist, wie üblich, der Fall bald in eine Souveränität umgewandelt. Daher ihre Vorstellung von der Vormachtstellung Griechenlands (ἀ ρχ ὴ τ ῆ ς Ἑλλάδος ,) im Zusammenhang mit der des Meeres, (θαλα σσοκρ ατία.) 2. Die Unterdrückung der Athener, manchmal real, manchmal vermutet, erweckt nach kurzer Zeit den Geist der Unzufriedenheit und Widerwillen unter mehreren von ihnen Konföderierte: daher 3. Die allmähliche Bildung eines Gegenbundes unter der Führung von Sparta, das seine Vormachtstellung über den größten Teil des Peloponnes behauptet.

Konsequenzen dieser Änderung.

9. Die in die interne Organisation eingeführten Veränderungen dürfen nicht allein durch die spürbaren Veränderungen bestimmt werden, die in

einer der Institutionen von Lykurgus oder Solon vorgenommen wurden. In Sparta blieb der allgemeine Rahmen der Verfassung des Lykurg bestehen; dennoch lag die Macht praktisch in den Händen der Ephori , deren diktatorische Herrschaft Sparta in die gewaltige Stellung brachte, die es jetzt einnahm. – In Athen, in dem Maße, wie die Bedeutung der Außenbeziehungen zunahm und inmitten der langwierigen Kämpfe zwischen den Häuptern der Demokraten und bei aristokratischen Parteien konzentrierte sich die wahre Macht unter dem äußeren Anschein einer Demokratie nach und nach in den Händen der zehn jährlich gewählten Generäle (στρ ατηγο ι), die mit mehr oder weniger Wirkung die Rolle von Demagogen spielten.

Aufhebung des Gesetzes, das die ärmeren Bürger von offiziellen Ämtern ausschloss, 478 v. Chr.

Vertreibung des Themistokles, der vor allem durch die Intrigen Spartas in den Fall des Pausanias verwickelt war: Er wurde zunächst durch Ächtung verbannt (469), doch infolge weiterer Verfolgung floh er zu den Persern (466).

Brillante Zeit Athens.

10. Die folgenden vierzig Jahre, von 470 bis 430, bilden die Blütezeit Athens. Das Zusammentreffen glücklicher Umstände, die sich unter einem Volk mit den höchsten Fähigkeiten ereigneten und von großen Männern gefördert wurden, brachte hier Phänomene hervor, wie sie noch nie zuvor beobachtet wurden. Politische Größe war das Grundprinzip des Gemeinwesens; Athen war die Hüterin und Verfechterin Griechenlands gewesen und wollte ihrer selbst würdig erscheinen. Daher wurden nur in Athen Männer, die mit öffentlichem Glanz vertraut waren, in Gebäuden, bei Spektakeln und Festen zur Schau gestellt, deren Erwerb durch private Genügsamkeit erleichtert wurde. Dieser öffentliche Geist, der jeden Bürger belebte, ließ die Blüte des Genies wachsen; Es wurde keine breite Trennlinie zwischen privatem und öffentlichem Leben gezogen; Was auch immer an Großem und Edlem Athen hervorbrachte, es erwuchs grün und kräftig aus dieser Harmonie, dieser üppigen Kraft des Staates. Ganz anders war es bei Sparta; dort hemmten rohe Bräuche und Gesetze die Entwicklung des Genies; dort wurde den Menschen beigebracht, für das Land ihrer Vorfahren zu sterben; in Athen lernten sie, dafür zu leben.

Athener Zivilisation.

11. Die Landwirtschaft war weiterhin die Hauptbeschäftigung der Bürger Attikas; Andere Beschäftigungen wurden den Sklaven überlassen. Handel und Schifffahrt konzentrierten sich hauptsächlich auf die thrakische Küste und das Schwarze Meer ; Der Geist des Handels war jedoch nie der

vorherrschende. Als die Staatsangelegenheiten immer attraktiver wurden und die Menschen sich daran beteiligen wollten, machte sich der Mangel an intellektueller Bildung bemerkbar, und bald boten Sophisten und Rhetoriker ihre Lehren an. Geistige Sachkenntnis war begehrter als geistiges Wissen; Männer wollten lernen, wie man denkt und spricht. Eine dichterische Bildung war dem Aufkommen dieses nationalen Wunsches schon lange vorausgegangen; Die Poesie verlor nun nichts von ihrem Wert: Homer blieb wie bisher der Eckpfeiler der intellektuellen Entwicklung. Könnte es sein, dass solche Blüten andere Früchte hervorbringen würden als diejenigen, die in der Schule des Sokrates, in den Meisterwerken der Tragiker und Redner und in den unsterblichen Werken Platons reiften?

Veränderungen in den Personen an der Spitze der Geschäfte.

12. Diese Blüten des nationalen Genies keimen trotz vieler Übel hervor, die untrennbar mit einer solchen Verfassung unter einem solchen Volk verbunden sind. Große Männer wurden beiseite geschoben; andere nahmen ihre Plätze ein. Der Verlust von Themistokles wurde durch Miltiades' Sohn Cimon verursacht; der zu reinerer Politik gleichberechtigte Talente vereinte. Er verlängerte den Krieg gegen die Perser, um die Einheit der Griechen aufrechtzuerhalten; und begünstigte die aristokratische Partei, während er gleichzeitig die Popularität beeinträchtigte. Sogar seine Feinde lernten aus Erfahrung, dass der Staat nicht auf einen Führer verzichten konnte, der mit dem Sieg einen Pakt auf Lebenszeit geschlossen zu haben schien.

Eine weitere Expedition unter Cimon; und Sieg zu Wasser und zu Land in der Nähe des Eurymedon , 469 v. Chr. Er nimmt Besitz vom Hellespontin Chersones , 468. Einige der athenischen Verbündeten streben bereits eine Abspaltung an. Daher 467 die Eroberung von Caristus in Euböa ; Unterwerfung von Naxos im Jahr 466 und von 465 bis 463 Belagerung und Einnahme von Thasos unter Cimon. Die Athener bemühen sich, an der Küste Mazedoniens einen festeren Stand zu erlangen; und schickte zu diesem Zweck eine Kolonie nach Amphipolis, 465.

Großes Erdbeben in Sparta; führt zu einem zehnjährigen Krieg, nämlich. der dritte messenische Krieg oder Aufstand der Heloten, die sich in Ithome befestigen , 465–455: In diesem Krieg schicken die Athener auf Betreiben Kimons Hilfe an die Spartaner, 461, die die angebotene Hilfe ablehnen. Die demokratische Partei nutzte die Gelegenheit, um Cimon den Verdacht zu vermitteln, dass er im Interesse Spartas sei; er wird durch Ächtung verbannt, 461.

Aristides stirbt im Jahr 467.

13. Der Tod von Aristides und die Verbannung von Kimon führen dazu, dass Perikles an die Spitze der Geschäfte gelangt. ein Staatsmann, dessen

Einfluss bereits im Jahr 469 zu wirken begann. Er war weniger ein General als ein Demagoge, hielt sich aber vierzig Jahre lang bis zu seinem Tod an der Macht und beherrschte Athen, ohne weder Archon noch Mitglied des Areopags zu sein . Dass die Verfassung unter ihm einen demokratischeren Charakter angenommen haben muss, zeigt die Tatsache, dass Perikles im Jahr 429 anlässlich seiner Erhebung zum Führer der demokratischen Partei stirbt. Bis zum Jahr 444 gelang es den Aristokraten jedoch, in den Heerführern Myronides , Tolmidas und insbesondere dem älteren Thukydides Rivalen gegen ihn aufzustellen.

Wandel im Geiste der Verwaltung unter Perikles, sowohl in Bezug auf die inneren als auch äußeren Beziehungen. Der sparsamen Sparsamkeit des Aristides gelingt ein brillantes Management; und doch war die Staatskasse nach Ablauf von dreißig Jahren voll . – Beschränkung der Macht des Areopags durch Ephialtes, 461 v. Chr. Der Rückzug verschiedener Klagen, die früher in die Zuständigkeit dieses Tribunals fielen, muss dessen Recht gemindert haben moralische Zensur. – Einführung der Praxis, Gerichtsbesucher zu bezahlen.

Im Hinblick auf die Außenbeziehungen entwickelte sich der Vorrang der Athener allmählich zur Vorherrschaft; obwohl ihre Beziehungen zu allen Konföderierten nicht genau die gleichen waren. Einige waren bloße Konföderierte; andere waren Untertanen. – Vergrößerung der Abgaben an die Konföderierten und Verlegung der Schatzkammer von Delos nach Athen, 461. Die Eifersucht Spartas und die Unzufriedenheit der Konföderierten halten mit der Größe Athens Schritt.

Erfolgloser Versuch, mit Hilfe einer athenischen Flotte und Truppen Inaros von Ägypten bei seinem Aufstand gegen die Perser zu unterstützen, 462–458.

Kriege in Griechenland: Die Spartaner hetzen Korinth und Epidaurus gegen Athen auf. Die Athener, zunächst bei Haliae besiegt , vertreiben ihrerseits den Feind (458) und führen dann den Krieg gegen Ägina , das 457 unterworfen wird. In dem neuen Streit zwischen Korinth und Megara über ihre Grenzen stellen sich die Athener auf die Seite von Megara; Myronides erobert bei Cimolia , 457. Feldzug der Spartaner zur Unterstützung der Dorer gegen Phokis; und so entsteht der erste Bruch zwischen Athen, Sparta und Böotien . Erste Schlacht von Tanagra, in der die Spartaner im selben Jahr siegreich sind, 457. Die von den Spartanern aufgehetzten Bœotianer werden in der zweiten Schlacht von Tanagra von Myronides , 456, besiegt. Der Rückruf von Cimon, auf Vorschlag von Perikles selbst , als Folge der ersten Niederlage.

Cimon restauriert.
450.449.

14. Der aus dem Exil zurückgerufene Cimon bemüht sich , die innere Ruhe Griechenlands wiederherzustellen und gleichzeitig den Krieg gegen die Perser zu erneuern. Sein Versuch gelingt ihm nach Ablauf von fünf Jahren; und die Folge ist ein siegreicher Feldzug gegen die Perser. Er besiegt ihre Flotte vor Zypern und schlägt ihre Armee an der asiatischen Küste in die Flucht. Die Frucht dieses Sieges ist der gefeierte Frieden mit Artaxerxes I. (siehe oben, S. 104). Bevor dieser Frieden geschlossen wird, stirbt Kimon, zu früh für sein Land, während er mit der Belagerung von Citium beschäftigt ist .

Beendigung des dritten Messenischen Krieges zugunsten Spartas durch die Abtretung von Ithome , 455 v. Chr.. In der Zwischenzeit setzt Athen den Krieg mit dem Peloponnes fort; Tolmidas und Perikles marschieren 455–454 auf dem Seeweg in das feindliche Gebiet ein. Gleichzeitig versucht Perikles durch die Aussendung von Kolonien an den Hellespont, die athenische Macht in diesem Viertel stärker zu sichern: Eine Kolonie wird ebenfalls nach Naxos ausgesandt, 453. – Cimon verhandelt einen Waffenstillstand, der zuerst angenommen wird (451) stillschweigend, danach formell, (450,) für fünf Jahre. Das Ergebnis dieses Waffenstillstands ist sein siegreicher Feldzug gegen die Perser und der daraus resultierende Frieden mit dieser Nation. Obwohl die von Cimon vorgeschriebenen Friedensbedingungen teilweise verletzt wurden, scheinen sie von allen Parteien ratifiziert worden zu sein.

Staat Griechenland nach dem Frieden mit Persien.
431.

15. Der Abschluss des Friedens mit Persien, so glorreich er auch war, und der Tod des Mannes, dessen großes politisches Ziel darin bestand, die Einheit unter den Griechen aufrechtzuerhalten, erweckten erneut den Geist des inneren Streits. Denn obwohl fast zwanzig Jahre vergingen, bevor der Sturm mit seiner ganzen Heftigkeit ausbrach, verlief diese Zeit so turbulent, dass Griechenland selten allgemeinen Frieden genoss. Während Athen durch seine Seestärke seine Überlegenheit über die Konföderierten aufrechterhielt und während einige dieser Konföderierten die Fahne der Rebellion erhöhten und zu Sparta übergingen, vereinigte sich alles allmählich zur Bildung eines Gegenbundes, was die notwendige Folge davon war Es muss ein Krieg wie der auf dem Peloponnes gewesen sein. Bis zu diesem Zeitpunkt befand sich Athen auf dem Höhepunkt seiner Macht; Sie wurde von Perikles regiert, der in dieser Zeit, bis auf seinen Namen, der alleinige Herrscher war, und aus diesem Grund erlebte sie nur wenige der Übel, die eine demokratische Verfassung mit sich brachte. Wer könnte tatsächlich einen Demagogen stürzen, dessen Geistesgegenwart ihn selbst im größten Glück nie im Stich ließ? Wer wusste, wie er unter seinen Mitbürgern die Überzeugung aufrecht erhalten konnte, dass sie es, so erhaben sie auch sein mochten, allein ihm zu verdanken hatten?

Während des fünfjährigen Waffenstillstands fand der heilige Krieg um den Besitz des Delphischen Orakels statt, und es wird von den Spartanern an die Stadt Delphi übergeben; aber nach ihrer Rückkehr wird es von den Athenern wieder an die Phoker zurückgegeben , 448 v. Chr. Die von Tolmidas kommandierten Athener werden 447 von den Böotiern besiegt . Diese Expedition, die gegen den Rat des Perikles unternommen wurde, trägt dazu bei, seinen Einfluss zu vergrößern; insbesondere, als er die aufständischen Euböa und Megara zum Gehorsam zwingt , 446. Ende des fünfjährigen Waffenstillstands mit Sparta; und Erneuerung der Feindseligkeiten, 445; weitere kriegerische Vorgänge werden durch einen neuen dreißigjährigen Frieden unterdrückt, der jedoch nur vierzehn Jahre dauert. – Vollständige Unterdrückung der aristokratischen Partei durch die Verbannung des älteren Thukydides, 444; die gesamte Staatsverwaltung konzentriert sich folglich in den Händen von Perikles. – Demokratie in den konföderierten Staaten begünstigt ; gewaltsam in Samos eingeführt, das sich nach neunmonatiger Belagerung Perikles unterwerfen muss, 440. – Beginn des Krieges zwischen Korinth und Kerkyra um Epidamnus , 436, das die Kerkyrer nach dem Sieg a. in Besitz nehmen Seesieg, 435. Die Athener nehmen am Streit teil und stellen sich auf die Seite der Kerker , 432. Der Bruch mit Korinth und die Politik von Perdikkas II. König von Mazedonien führten zur Abspaltung der korinthischen Kolonie Potidæa , die zuvor zur athenischen Konföderation gehörte: Der Krieg weitete sich dadurch auf die mazedonische Küste aus. Gefecht in der Nähe von Potidæa und Belagerung dieser Stadt, 432. Die Korinther richten ihre Schritte nach Sparta und reizen die Spartaner zum Krieg; was durch den Angriff der Thebaner auf Platææ , den Verbündeten Athens, im Jahr 431 noch beschleunigt wird.

Peloponnesischer Krieg,
431–404.

16. Die Geschichte des 27-jährigen Krieges, bekannt unter dem Namen Peloponnesischer oder großer griechischer Krieg, der die schönsten Blumen Griechenlands hinwegfegte, verdient umso mehr Aufmerksamkeit, als es sich nicht nur um einen Kampf zwischen Nationen handelte. aber auch gegen bestimmte Regierungsformen. Die Politik Athens, die darauf abzielte, ihren Einfluss in fremden Staaten zu etablieren oder zu bewahren, schürte die Menge gegen die höheren Stände und hatte auf allen Seiten zwei Fraktionen entstehen lassen, die Demokraten oder Athener und die Aristokraten oder Spartaner; und die gegenseitige Bitterkeit des Parteigeistes verursachte die heftigsten Unruhen.

Macht und Einfluss von Athen und Sparta.

17. Die jeweiligen Beziehungen der beiden Hauptstaaten Griechenlands zu ihren Verbündeten waren zu dieser Zeit sehr gegensätzlicher Natur. Als

Seemacht war Athen Herrin über die meisten Inseln und Seestädte, die als tributpflichtige Konföderierte größtenteils einen erzwungenen Gehorsam leisteten. Sparta war als Landmacht mit den meisten Staaten des Kontinents verbündet, die sich aus freien Stücken seiner Seite angeschlossen hatten, und nicht tributpflichtig. Sparta präsentierte sich daher als Befreier Griechenlands vom athenischen Joch.

Verbündete der Athener: die Inseln Chios, Samos, Lesbos, alle Inseln des Archipels (mit Ausnahme von Thera und Melos, die neutral blieben), Kerkyra, Zakynthos ; die griechischen Kolonien in Kleinasien und an der Küste Thrakiens und Mazedoniens; in Griechenland selbst die Städte Naupactus, Platææ und die von Akarnanien. – Konföderierte der Spartaner: alle Peloponnesier (mit Ausnahme von Argos und Achaia, die neutral blieben), Megara, Lokris, Phokis, Böotien , die Städte Ambracia und Anactorium und die Insel Leucas.

Innerer Staat von Athen und Sparta.

18. Skizze des inneren Zustands von Athen und Sparta zu dieser Zeit. Die Macht Athens hing hauptsächlich von der Lage seiner Finanzen ab; Ohne die konnte sie keine Flotte unterstützen, und ohne eine Flotte würde ihre Überlegenheit gegenüber den Konföderierten natürlich zunichte gemacht werden. Und obwohl Perikles trotz seiner üppigen öffentlichen Ausgaben in der Lage war, mit 6.000 Talenten in der Staatskasse in den Krieg einzutreten, konnte die Erfahrung nicht umhin, zu zeigen, dass in einem so demokratischen Staat, wie Athen nun unter Perikles geworden war, die Verschwendung der Öffentlichkeit eine Rolle spielte Geld war ein unvermeidbares Übel. Dieses Übel wurde in Athen jedoch viel weniger durch die Spekulationen einzelner Staatsbeamter verursacht als vielmehr durch die Forderungen der Menge, die größtenteils auf Kosten der Staatskasse lebte. Andererseits verfügte Sparta noch über keine Finanzmittel; und begann den Mangel daran erst zu spüren, als sie anfing, eine Seemacht zu erlangen, und sich an Unternehmungen wagte, die weit über bloße Einfälle hinausgingen.

Finanzsystem der Athener. Einnahmen: 1. Der von den Eidgenossen gezahlte Tribut (φόροι) wurde durch Perikles von vierhundertsechzig auf sechshundert Talente erhöht. 2. Einkünfte aus den Zöllen (die bewirtschaftet wurden) und aus den Minen in Laurium . 3. Das Vorsichtsgeld der Nichtstaatsbürger: (μέτοικοι .) 4. Die Steuern der Bürger (ε ἰ σφορ α ὶ ,), die fast ausschließlich auf die Reichen fielen, insbesondere auf die erste Klasse, deren Mitglieder sollten nicht nur die Last der Ausrüstung der Flotte tragen (τριερ αρχίαι), sondern auch Mittel für die öffentlichen Feste und Schauspiele bereitstellen (χορηγί αι). Das Gesamteinkommen der Republik wurde zu dieser Zeit auf 2.000 Talente geschätzt . Aber die Auszahlungen an die zahlreichen Assistenten an den Gerichten (die wichtigste

Existenzgrundlage der ärmeren Bürger, und die mehr als alles andere zur Zügellosigkeit der Demokratie und zur Unterdrückung der Konföderierten beitrugen, deren Ursachen waren (alles zur Gerichtsverhandlung nach Athen gebracht) machte zusammen mit den Ausgaben für Feste und Spektakel schon zu dieser Zeit den größten Teil der Einnahmen aus.

† F. BOEKH , *Public Economy of the Athenians* , 2 Teile, Berlin, 1816. Das Hauptwerk zu diesem Thema. [Gekonnt übersetzt von JC LEWIS , esq. der Christ Church an dieser Universität.]

Athener Briefe oder die Briefkorrespondenz eines Agenten des Königs von Persien, der während des Peloponnesischen Krieges in Athen residierte. London, 1798, 2 Bde. 4to. Die Produktion mehrerer junger Autoren; erstmals 1741 gedruckt, aber nicht veröffentlicht. Diese Skizze umfasst nicht nur Griechenland, sondern auch Persien und Ägypten.

Erste Kriegsperiode,
431–422.429.430.

19. Erste Kriegsperiode bis zum fünfzigjährigen Frieden. Beginn des Krieges, der für Athen in den ersten drei Jahren unter der Führung von Perikles erfolglos blieb, in dessen Verteidigungsplan wir vielleicht die Gebrechen des Alters erkennen können. Allerdings litten die Athener weniger unter den alljährlichen Einfällen der Spartaner als vielmehr unter der Pest, der schließlich Perikles selbst zum Opfer fiel. Das Bündnis der Athener mit den Königen von Thrakien und Mazedonien erweiterte den Kriegsschauplatz; Andererseits hatte Sparta bereits die Idee eines Bündnisses mit Persien.

Folgen des Todes des Perikles.
427.424.422.

20. Der Tod des Perikles war für die nächsten sieben Jahre, in denen der Platz dieses großen Mannes durch Kleon, einen Currier, ersetzt wurde, gefolgt von allen Übeln einer ungezügelten Demokratie. Die grausamen Erlasse in Bezug auf Mitylene , das nach der Abspaltung zurückerobert worden war, und der Aufstand der korkyrischen Bevölkerung gegen die Reichen charakterisierten den damals in Griechenland vorherrschenden Parteigeist besser als die wenigen unbedeutenden Ereignisse eines planlos geführten Krieges. Sparta fand jedoch in dem jungen Brasidas einen General, wie er in revolutionären Zeiten häufig auftritt. Seine Fortsetzung des Krieges an der mazedonischen Küste hätte für Athen große Gefahr bedeuten können, wenn er nicht so früh Opfer seiner eigenen Tapferkeit geworden wäre.

Einnahme von Amphipolis durch Brasidas und Verbannung von Thukydides, 424. Gefecht in der Nähe von Amphipolis zwischen Brasidas und Kleon; und Tod dieser beiden Generäle, 422.

Frieden ist nicht von Dauer. 422.
Alkibiades an der Spitze der Geschäfte, 420.

21. Der nun für fünfzig Jahre geschlossene Frieden konnte nicht von langer Dauer sein, da viele der Konföderierten auf beiden Seiten mit seinen Bedingungen unzufrieden waren. Alle Hoffnung auf Ruhe muss zu Ende gewesen sein, als die Verwaltung der athenischen Angelegenheiten in die Hände eines jungen Mannes wie Alkibiades fiel, bei dem Eitelkeit und Kühnheit den Platz von Patriotismus und Talent einnahmen und der den Krieg für das einzige Feld hielt , in dem er konnte Kredit gewinnen. Was nützte ihm die Klugheit des Nikias? – Glücklich war es für Athen, dass Sparta während dieser ganzen Zeit keinen einzigen Mann hervorbrachte, der es sogar mit Alkibiades aufnehmen konnte!

Versuch einiger Staaten, insbesondere Korinth, Argos an die Spitze einer neuen Konföderation zu stellen; diese Maßnahme befürwortet auch Athen , 421. – Friedensbruch, 419; Der Krieg dauerte bis 415 indirekt und beschränkte sich auf die Unterstützung der Konföderierten auf beiden Seiten. – Alkibiades' Plan, Athen durch ein Bündnis mit Argos die Vorherrschaft auf dem Peloponnes zu verschaffen, wurde in der Schlacht von Mantinea im Jahr 417 vereitelt. – Vernichtungskrieg gegen die Athener geführt gegen die Melianer, die ihre Neutralität wahren wollen, während Neutralität in der schwächeren Partei nun zum Verbrechen wird, 416.

Projekt auf Sizilien.

22. Die Partei des Alkibiades bringt in Athen den Plan zur Eroberung Siziliens vor, unter dem Vorwand , den Segestaniern gegen die Syrakusaner beizustehen . Diese überstürzte Expedition, bei der die Hoffnungen sowohl der Athener als auch ihres Anstifters Alkibiades zunichte gemacht wurden, versetzte Athen den ersten großen Schlag, von dem es sich danach, selbst bei größter Anstrengung seiner Kräfte, nie mehr erholte; zumal Sparta nun auch eine Seemacht geworden war.

Frühe Einmischung der Athener in die Anliegen der sizilianischen Griechen . – Eine Flotte und eine Armee unter dem Kommando von Nikias, Lamachos und Alkibiades, die 415 gegen Sizilien geschickt wurden. – Anklage, Abberufung und Flucht von Alkibiades nach Sparta: formeller Bruch von der Frieden durch einen Einmarsch der Spartaner in Attika, wo sie Decelea befestigen , 414. Erfolglose Belagerung von Syrakus, 414; und völlige Vernichtung der athenischen Flotte und Armee durch die Unterstützung der Spartaner unter Gylippus , 413.

Athen nach dem Krieg auf Sizilien.

23. So tödlich der in Sizilien getroffene Schlag unter den gegenwärtigen Umständen auch für Athen erscheinen mag, doch das Unglück wurde von der athenischen Begeisterung überwunden, die nie größer war als in Zeiten des Unglücks. Sie behielten ihre Vormachtstellung über die Konföderierten; aber die Rolle, die Alkibiades infolge der neuen Haltung, die sein persönliches Interesse in Sparta eingenommen hatte, in ihren Angelegenheiten einnahm, löste eine zweifache innenpolitische Revolution aus, die die zügellose Demokratie zum Schweigen brachte.

Bündnis der Spartaner mit den Persern und unentschlossenes Gefecht vor Milet – Flucht des Alkibiades von Sparta nach Tissaphernes ; seine Verhandlungen, um den Satrapen für die Interessen Athens zu gewinnen, 411. – Zwiespältige Politik von Tissaphernes . – Verhandlungen von Alkibiades mit den Häuptlingen der athenischen Armee auf Samos und die darauffolgende Revolution in Athen und Sturz der Demokratie durch die Ernennung des Obersten Rates von vierhundert an Stelle des β ουλ ἠ und eines Ausschusses von fünftausend Bürgern an Stelle der Volksversammlung, 411. – Die Armee übernimmt das Recht der Debatte; ernennt Alkibiades zu seinem Anführer; erklärt sich aber erneut für die Demokratie. – Große Unruhen in Athen infolge der Unzufriedenheit der Flotte bei Eretria und der Abspaltung von Euböa . Absetzung des Kollegiums von vierhundert, nach einer despotischen Herrschaft von vier Monaten; – Reformierung der Regierung; – Übertragung der höchsten Macht in die Hände der Fünftausend; – Abberufung von Alkibiades und Versöhnung mit der Armee.

Glanzzeit des Alkibiades,
411–410.410.

24. Glanzvolle Zeit unter der Herrschaft des Alkibiades. Die wiederholten Seesiege der Athener über die Spartaner unter Mindaros , der aus Misstrauen gegenüber Tissaphernes nun ein Bündnis mit Pharnabazos , dem Satrapen im Norden Kleinasiens, eingeht, zwingen die Spartaner zu einem Friedensvorschlag, den das hochmütige Athen zu seinem Pech ablehnt .

Zwei Seegefechte am Hellespont, 411. – Großer Sieg zu Wasser und zu Lande errungen bei Kyzikos, 410. – Bestätigung der athenischen Herrschaft über Ionien und Thrakien durch die Eroberung von Byzanz, 480. Alkibiades kehrt voller Ruhm zurück; aber im selben Jahr wird er abgesetzt und unterwirft sich einem freiwilligen Exil, 407.

Anabasis von Cyrus, 407.
406.406.405–403.

25. Ankunft des jüngeren Cyrus in Kleinasien; Die Klugheit von Lysander gewinnt ihn für das spartanische Interesse. Der republikanische Hochmut

von Lysanders Nachfolger Callicratidas gegenüber Cyrus war ein schwerwiegender politischer Fehler; denn ohne die Unterstützung persischer Gelder war Sparta nicht in der Lage, seine Seeleute zu bezahlen und folglich auch nicht in der Lage, seine Marineeinrichtung zu unterstützen. Nach der Niederlage und dem Tod von Callicratidas wird das Kommando an Lysander zurückgegeben, der den 27- jährigen Krieg für Sparta triumphal beendet.

Seesieg von Lysander über die Athener bei Notium , 407; Infolgedessen wird Alkibiades des Kommandos entzogen. – Ernennung von zehn neuen Führern in Athen; Conon unter ihnen. – Seesieg von Callicratidas bei Mitylene ; Conon wird im Hafen dieses Ortes eingeschlossen , 406. – Großer Seesieg der Athener; Niederlage und Tod von Callicratidas auf den Æginussæ- Inseln in der Nähe von Lesbos, 406. – Ungerechtfertigte Verurteilung der athenischen Generäle. – Zweiter Befehl von Lysander und letzter *entscheidender* Seesieg über die Athener bei Ægospotamos am Hellespont, Dez. 406. – Die Der Verlust der Souveränität über das Meer geht mit dem Abfall der Konföderierten einher, die nach und nach von Lysander unterworfen werden, 406. – Athen wird im selben Jahr, 405, von Lysander belagert; die Stadt kapituliert im Mai 404. – Athen wird seiner Mauern beraubt; ihre Flotte ist auf zwölf Segel reduziert; und im Gehorsam gegenüber Lysanders Befehlen wird die Verfassung in eine Oligarchie mit dreißig Herrschern (Tyrannen) umgewandelt.

Ende des Peloponnesischen Krieges.

26. So endete ein Krieg, der in seinen moralischen, noch mehr als in seinen politischen Folgen destruktiv war. Der Parteigeist hatte den Platz des patriotischen Gefühls an sich gerissen; als nationale Vorurteile hatten die der nationalen Energie. Nachdem Athen unterworfen war, stand Sparta an der Spitze des konföderierten Griechenlands. aber Griechenland erlebte sehr bald, dass das Joch seiner Befreier unendlich viel schlimmer war als das der Menschen, die man bisher seine Unterdrücker nannte. Welche Übel mussten sich nicht aus den Revolutionen ergeben haben, die Lysander nun in den meisten griechischen Staaten durchführen musste, um das Ruder der Regierung in die Hände seiner eigenen Partei unter der Oberaufsicht eines spartanischen Harmost zu legen? – Wie bedrückend muss das sein nicht die Militärherrschaft der zahlreichen spartanischen Garnisonen gewesen? – Auch konnte man nicht auf eine Erleichterung der Tribute hoffen, nachdem in Sparta anerkannt wurde, dass „der Staat über eine Staatskasse verfügen muss.“ – Die Arroganz und Raubgier der neuen Herren waren es umso schmerzlicher, weil sie unzivilisierter und mittelloser waren.

Geschichte der Schreckensherrschaft in Athen unter den dreißig Tyrannen, 403. – Was hier geschah, muss mehr oder weniger auch in den anderen griechischen Städten geschehen sein, deren Revolutionierung

Lysander für notwendig hielt. Seine Gruppe bestand überall aus Männern, die Critias und seinen Kollegen ähnelten und offenbar schon lange zuvor in eng miteinander verbundenen Vereinen (ἐ τ αιρεἰαι) zusammengeschlossen waren ; aus denen nun die kühnsten Revolutionäre genommen wurden, um sie überall an die Spitze der Dinge zu stellen.

Vertreibung der dreißig Tyrannen.
403.

27. Glückliche Revolution in Athen und Vertreibung der dreißig Tyrannen durch Thrasybulus, unterstützt von der Partei in Sparta, die gegen Lysander war und an deren Spitze König Pausanias stand. Wiederherstellung und Reform der Verfassung Solons; allgemeine Amnestie. Es war leicht, Formen wiederherzustellen ; es war unmöglich, sich an den verstorbenen Geist der Nation zu erinnern!

ED. PH. HINRICHS , *De Theramenis , Critiæ et Thrasybuli , virorum tempore belli Peloponnesiaci inter Graecos illustrium , rebus et ingenio , Commentatio* , Hamburgi , 1820. Eine Untersuchung, die viel Recherche und Unparteilichkeit zeigt.

Krieg der Spartaner mit Persien, 400.

28. Die Niederlage des jüngeren Cyrus verwickelt die Spartaner in einen Krieg mit den Persern, im selben Jahr, in dem Agesilaus nach dem Tod von König Agis die Königswürde in Besitz nimmt. Wir vergessen gerne seine Usurpation, während wir ihn auf seiner heroischen Karriere verfolgen. Niemand außer einem genialen Mann hätte Sparta beibringen können, wie sie die extravagante Rolle, die sie nun spielen wollte, so lange aufrechterhalten konnte.

Beginn des Krieges mit Persien durch den Angriff von Tissaphernes auf die äolischen Städte Kleinasiens, 400. – Befehl von Thimbron , dessen Nachfolger 398 der erfolgreichere und glücklichere Dercyllidas wird . – Er nutzt die Eifersucht zwischen Tissaphernes und Artabazus aus überredet letzteren zu einem separaten Waffenstillstand, 397. – Befehl von Agesilaos; seine Expedition nach Asien vom Frühjahr 396 bis 394. Die Überzeugung, die er bei der erfolgreichen Invasion in Phrygien im Jahr 395 von der inneren Schwäche des persischen Reiches gewann, scheint in Agesilaos die Idee gereift zu sein, das persische Reich zu stürzen Thron: Dieses Vorhaben hätte er verwirklicht, wenn die Perser nicht politisch genug gewesen wären, in Griechenland selbst einen Krieg gegen Sparta zu entfachen.

Korinthischer Krieg, 394.
387.

29. Der korinthische Krieg, der von Korinth, Theben und Argos gegen Sparta geführt wurde und zu dem sich Athen und die Thessalier vereinigten,

der durch den Frieden von Antalkidas beendet wurde . Die Tyrannei von Sparta und insbesondere die jüngste Verwüstung von Elis, einem heiligen Territorium, waren die angeblichen Vorwände; aber die Bestechungsgelder von Timokrates , dem persischen Gesandten, waren die wahren Ursachen dieses Krieges.

Einmarsch der Spartaner in Böotien ; sie greifen an und werden bei Haliartus im Jahr 394 besiegt. Lysander fällt auf dem Schlachtfeld; und Agesilaus wird aus Asien zurückgerufen. – Sein Sieg bei Koronea sichert den Spartanern das Übergewicht auf dem Landweg; aber die Unzufriedenheit ihrer Flotte in der Nähe von Knidos gibt ihren Feinden gleichzeitig die Souveränität über das Meer: Conon, der die kombinierten persischen und athenischen Flotten befehligte, nutzt diesen Erfolg mit vollendetem Geschick, um die Unabhängigkeit Athens wiederherzustellen , 393. – Sparta bemüht sich durch scheinbar große Opfer, die Perser in seine Interessen zu bringen: Der Frieden wurde schließlich durch die Bemühungen der Geschickten geschlossen Antalcidas (siehe oben, Buch II, Parag . 42) wurde von den Spartanern bereitwillig akzeptiert, da sie nur das aufgaben, was sie sonst nicht hätten behalten können. Das Übergewicht Spartas auf dem griechischen Kontinent wurde durch den Artikel begründet, der ihnen die Macht verlieh, die Bedingungen des Vertrags erfüllt zu sehen: Die festgelegte Freiheit der griechischen Städte war nur ein scheinbarer Nachteil; und nachdem die asiatischen Kolonien nun aufgegeben wurden, muss der Kampf um die Macht in Griechenland selbst auf dem Landweg und nicht auf dem Seeweg entschieden werden.

386.
384.383—380.382.

30. Die Streitigkeiten, die Sparta nach dem Frieden von Antalkidas mit Mantinea und Phlius zu haben begann , und noch mehr ihre Beteiligung an den Streitigkeiten zwischen den makedoisch-griechischen Städten und dem übermächtigen Olynth, beweisen zu deutlich die Arroganz, mit der Sparta verhielt sich gegenüber den schwächeren Staaten. Aber die willkürliche Aneignung der Zitadelle von Theben durch Phoebidas – ein Akt, der zwar nicht befohlen, aber von Sparta gebilligt wurde – hatte schwerwiegendere Folgen, als man zunächst erwartet hatte. Würden alle Urheber ähnlicher Verstöße gegen Treu und Glauben und das Völkerrecht mit der gleichen Rache heimgesucht!

Rivalität zwischen Sparta und Theben.

31. Zeit der Rivalität zwischen Sparta und Theben, Theben, ab dem Jahr 378. Die Größe Thebens war das Werk zweier Männer, die es verstanden, ihre Mitbürger und Verbündeten mit ihrem eigenen Heldengeist zu begeistern: Mit ihnen erhob sich Theben , mit ihnen fiel sie. Selten weist die

Geschichte ein solches *Duumvirat auf* wie das von Epaminondas und Pelopidas. Wie hoch muss unsere Wertschätzung für Pythagoras sein, selbst wenn seine Philosophie nur von einem solchen Mann wie Epaminondas geprägt worden wäre!

Befreiung Thebens von der spartanischen Herrschaft durch den erfolgreichen Versuch des Pelopidas und seiner Mitverschwörer, 378. Vergebliche Versuche der Spartaner unter Kleombrotus , 378, und Agesilaus, 377 und 376, gegen Theben. Der von Pelopidas geführte Verteidigungskrieg, in dem er Die Errichtung der thebanischen Vorherrschaft in Böotien und die Unterwerfung der Athener (deren Flotte 376 die der Spartaner besiegte) verdient unsere Bewunderung mehr als der Sieg in einer Schlacht . – Die gewaltigen Pläne von Theben wurden jedoch erst später verwirklicht An der Spitze der Geschäfte stand Epaminondas.

SERAN DE LA TOUR , *Histoire d'Epaminondas* . Paris, 1752.

† MEISSNER , *Leben des Epaminondas* . Prag, 1801, 2 Teile. Dabei werden die Behörden gebührend berücksichtigt.

† JG SCHEIBEL , *Aufsätze zu einem besseren Verständnis der Antiken Welt* , 1809. Der zweite Teil enthält einen Aufsatz über die Geschichte von Theben, ebenso wie der erste über die von Korinth.

Allgemeiner Frieden in Griechenland vermittelt durch Persien: 374. 372.

32. In Griechenland wird durch Vermittlung der Perser (die Hilfstruppen gegen die Ägypter gewinnen wollen) ein allgemeiner Frieden geschlossen, unter der Bedingung, dass alle griechischen Städte frei sein sollen: Sparta und Athen treten ihm bei, werden aber abgelehnt von Theben, weil sie den Zustand nicht zulassen kann, ohne erneut unter das spartanische Joch zu fallen. Tatsächlich zeigt die hochtrabende Sprache, die Epaminondas als Gesandter in Sparta verwendete, dass es problematisch war, ob nun Sparta oder Theben an der Spitze Griechenlands stehen sollten. Könnte die Idee einer vollkommenen Gleichheit zwischen den Staaten Griechenlands daher nicht nur chimärisch sein?

Epaminondas: 371–362.

33. Der lange Kampf, den Epaminondas so ruhmreich gegen Sparta führte, ist sowohl in politischer als auch in militärischer Hinsicht bemerkenswert. Die Macht Spartas war geschwächt; Epaminondas erfand ein neues Taktiksystem (aus dem bald darauf die mazedonische Kriegskunst hervorging;) und sobald er auf dem Peloponnes selbst Verbündete fand, machte er sich auf den Weg bis zu den Toren Spartas.

Sieg der Thebaner bei Leuctra am 8. Juli 371 und Vernichtung dessen, was man bisher die Vorherrschaft Spartas genannt hatte. – Erster Einbruch in den Peloponnes, dem Bündnisse mit Arkadien, Elis und Argos vorausgingen. – Der Angriff auf Sparta selbst ist erfolglos ; aber die Freiheit von Messene wird wiederhergestellt, 369.

Sparta im Bündnis mit Athen.

34. Sparta in Not schließt ein Bündnis mit Athen unter der Bedingung, dass die Führung abwechselnd in den Händen der beiden Konföderierten liegen soll; Bedingungen, zweifellos demütigend für den spartanischen Stolz! Es bietet ihnen jedoch die Möglichkeit, Epaminondas' neuen Versuch, Korinth und den Peloponnes zu erobern, zu vereiteln. Sogar Dionysius I. von Syrakus hält sich als Dorer verpflichtet, den Spartanern zu helfen.

35. Theben spielte im Norden eine nicht weniger brillante Rolle als im Süden. Und wären die Versuche, Thessalien von der Herrschaft des Tyrannen Alexander von Pheræ zu befreien , erfolgreich gewesen, hätte Theben einen enormen Machtzuwachs erfahren. Auch in Mazedonien fungierte sie als Schiedsrichterin.

Erste und erfolgreiche Expedition des Pelopidas nach Thessalien, 368. – Nach der Entscheidung über die umstrittene Nachfolge auf dem mazedonischen Thron wird der junge Philipp als Geisel nach Theben gebracht und im Hause des Epaminondas erzogen . – Pelopidas wird als Botschafter geschickt und gefangen genommen Gefangener von Alexander; daher der zweite Feldzug der Thebaner, bei dem Epaminondas das Heer rettet und seinen Freund befreit, 367.

Allianz von Theben und Persien.

36. Durch Pelopidas erfolgreich zustande gekommenes Bündnis Thebens mit Persien. Bei den Intrigen der Gegner am persischen Hof ging es jedem darum, diesen Hof in sein eigenes Interesse zu bringen. Doch der herrschsüchtige Ton, mit dem die Perser den Frieden diktieren wollten, hatte nicht die Folgen, die man hätte erwarten können; und obwohl Sparta zustimmte, dass seine Verbündeten neutral blieben, verzichtete es nicht auf seine Ansprüche gegenüber Messene. Die Errichtung einer Flotte hätte für Theben größere Folgen gehabt als dieses Bündnis, wenn nicht alle diese Pläne zusammen mit der Größe Thebens durch den vorzeitigen Tod seiner beiden führenden Männer zunichte gemacht worden wären.

Letzter Feldzug des Pelopidas gegen Alexander von Pheræ , bei dem er selbst fällt, 364. – Neuer Einbruch in den Peloponnes, verursacht durch die Unruhen in Arkadien . – Schlacht von Mantinea und Tod des Epaminondas, 27. Juni 362. – Allgemeiner Frieden in Griechenland vermittelt von den

Persern; Sparta willigt wegen Messene nicht ein, sondern schickt Agesilaos nach Ägypten, um dort den Aufstand von Tachos zu unterstützen .

Staat Griechenland nach dem Krieg zwischen Theben und Sparta.

37. Das Ergebnis dieses blutigen Kampfes um die Vorherrschaft Griechenlands war, dass weder Sparta noch Theben sie erlangten; Der erstere dieser Staaten wurde durch den Verlust von Messene geschwächt, der letztere durch den Verlust seiner Anführer, und beide wurden durch ihre gewalttätigen Anstrengungen belastet. Die Situation Griechenlands scheint sich nach diesem Krieg so weit verändert zu haben, dass kein Staat die Vorherrschaft hatte; eine Unabhängigkeit, die von der Entnervung ausgeht. Sogar Athen, das durch seine Seemacht noch seinen Einfluss auf die Städte an der Küste und auf den Inseln bewahrte, verlor im Krieg der Verbündeten den größten Teil, zusammen mit drei seiner berühmtesten Führer, Chabrias , Timotheus und Iphikrates , dessen Orte von Chares schlecht versorgt wurden.

Konföderation der Inseln Kos, Rhodos und Chios sowie der Stadt Byzanz; ihre Abspaltung von Athen, 358. – Erfolglose Belagerung von Chios, vor der Chabrias fällt, 358; von Byzanz, 357. Athen erleidet einen noch größeren Schaden durch die Intrigen des Chares gegen seine Kollegen Timotheus und Iphikrates und durch seine unvorsichtige Teilnahme am Aufstand des Artabazos , 356. Die Drohungen von Artaxerxes III. zwingen Athen, einen Frieden zu schließen, in dem es verpflichtet ist, die Freiheit seiner Verbündeten anzuerkennen.

Heiliger Krieg.
356—346.

38. Gerade zu der Zeit, als die wachsende Macht Mazedoniens unter Philipp alle griechischen Staaten hätte vereinen sollen, wenn eine solche Vereinigung im Rahmen des Möglichen gewesen wäre , stürzte Griechenland in einen weiteren zehnjährigen Bürgerkrieg, der von bekannt ist der Name des heiligen oder phokischen Krieges. Die amphiktyonische Versammlung, deren Aufgabe es war, den Frieden zu wahren, und deren Einfluss unter den gegenwärtigen Umständen wiederhergestellt worden war, missbrauchte ihre Autorität, indem sie Zwietracht schürte. Der Hass der Thebaner, die nach neuen Gelegenheiten zum Streit mit Sparta suchten, und der Ehrgeiz der Phoker Philomelus waren die wahren Ursachen, die zum Krieg führten, den die Politik Philipps so lange zu verlängern verstand, bis genau der für seine eigenen Ansichten günstige Zeitpunkt gekommen war. Die in Griechenland zirkulierenden Schätze von Delphi waren für das Land ebenso schädlich wie die Verwüstungen, denen es ausgesetzt war. Ein Krieg, der aus privaten Leidenschaften entsprang, durch Bestechung und Hilfstruppen gefördert und durch die Einmischung ausländischer Mächte beendet wurde, war genau

das, was erforderlich war, um die spärlichen Überreste von Moral und Patriotismus, die in Griechenland noch vorhanden waren, zu vernichten.

Urteil der Amphiktyonen gegen Sparta wegen der früheren Überraschung der Zitadelle von Theben durch Phoebidas ; und gegen Phokis wegen der Bebauung des heiligen Landes von Delphi, 357. – Philomelus wird zum Feldherrn der Phoker gewählt ; Die Plünderung der Schatzkammer von Delphi ermöglicht es ihm, Athener und andere Hilfstruppen in seinen Sold aufzunehmen und Krieg gegen die Thebaner und ihre Verbündeten, die Lokrer usw. zu führen, unter dem Vorwand , sie seien die Vollstrecker der amphiktyonischen Dekrete. Nachdem Philomelus im Jahr 353 gefallen war, folgt ihm sein Bruder Onomarchus nach , der in Intrigen und Krieg geschickter war als er selbst. Doch nachdem Onomarchus im Jahr 352 in der Schlacht mit Philipp in Thessalien gefallen war, folgt ihm Phayllus . Philipp unternimmt schon früh den Versuch, durch die Thermopylen nach Griechenland vorzudringen , wird aber von den Athenern zurückgewiesen. Er führt diesen Plan nach seinem Frieden mit Athen im Jahr 347 aus und nachdem er den Ausschluss der Phoker aus dem Amphiktyonischen Rat erreicht hat, wird ihr Platz und Stimmrecht auf ihn übertragen.

Philipps Vormarsch nach Griechenland.
338.336.

39. Vom allerersten Vormarsch Philipps an konnte das Schicksal Griechenlands kaum Anlass zu Zweifeln geben; obwohl die Beredsamkeit des Demosthenes es bis zur zweiten Invasion abwehrte, die durch das amphiktyonische Urteil über die Lokrer verursacht wurde . (Siehe unten, Buch IV, Absatz 15.) Die Schlacht von Chæronea legte den Grundstein für Mazedoniens vollständige Überlegenheit über die griechischen Republiken: Durch die Ernennung Philipps zum Generalissimus Griechenlands im Perserkrieg wurde diese Überlegenheit sozusagen festgelegt , offiziell anerkannt; Es endete auch nicht mit der Ermordung dieses Prinzen.

VIERTES BUCH.

GESCHICHTE DER MAZEDONISCHEN MONARCHIE.

ERSTE PERIODE.

Von seiner Entstehung bis zum Tod Alexanders des Großen. Chr. 800–323.

Quellen. Wir haben keinen Historiker, der vor der Zeit Alexanders insbesondere über Mazedonien geschrieben hätte. Die Fakten zur früheren Geschichte vor Philipp stammen von Diodorus , Justin, Thukydides und Arrian; insbesondere von Diodorus . Aufgrund des Verlusts der anderen Historiker ist Diodorus die wichtigste Autorität für die Geschichte Philipps; Auch die Reden von Demosthenes und Æschines müssen herangezogen, aber nicht ohne Vorsicht und vernünftige historische Kritik genutzt werden. In Bezug auf Alexander den Großen, da so viele Schriftsteller über seine Herrschaft im Laufe der Zeit zerstört wurden, muss Arrian aufgrund der Sorgfalt, die er bei der Auswahl seiner Autoritäten gezeigt hat, zusammmen mit dem siebzehnten Buch, als die wichtigste Autorität angesehen werden von Diodorus . Plutarchs Biographie enthält mehrere wertvolle zusätzliche Fakten; und selbst der oberflächliche Curtius könnte uns mit einer Fülle von Informationen versorgen, wenn seine Berichte höhere Ansprüche an unseren Kredit stellen würden.

Ursprung des Königreichs: um
813 v. Chr.

1. Eine hellenische Kolonie aus Argos, angeführt von den Temenidae , einem Zweig der Herakliden , ließ sich in Emathia nieder und legte das schwache Fundament des mazedonischen Reiches, das mit der Zeit zu solcher Macht aufsteigen sollte. Nicht nur, dass die Siedler trotz der Ureinwohner im Land Fuß fassten; aber ihre Fürsten erweiterten nach und nach ihr Territorium, indem sie mehrere benachbarte Stämme unterwarfen oder vertrieben . Ihre frühere Geschichte, nicht einmal die Namen ihrer Könige ausgenommen, liegt bis zur Zeit der persischen Invasionen im Dunkeln.

Die drei ersten mazedonischen Könige, Caranus soll 28 Jahre regiert haben, Cœnus 23 Jahre, Tyrmas 45 Jahre, waren Herodot unbekannt, der Perdikkas (729–678) als Gründer der mazedonischen Monarchie nennt. Von diesem Fürsten und seinen Nachfolgern Argæus , *d.* 640, Philipp I. *d.* 602, Æropus , *gest.* 576, und Alcetas , *gest.* 547 ist nichts weiter bekannt, als dass sie Krieg mit unterschiedlichem Erfolg gegen die Nachbarn führten Pierianer und Illyrer, die ihre eigenen Könige hatten.

Situation zur Zeit der persischen Invasion.
479.

2. Als die Perser ihre Einfälle in Europa begannen, muss Mazedonien aufgrund seiner Lage eines der ersten Länder gewesen sein, die sie

verwüsteten. Dementsprechend waren die mazedonischen Könige bereits in der Regierungszeit von Darius Hystaspis den Persern tributpflichtig; und ihre Befreiung von diesem Joch verdankten sie nicht ihrer eigenen Tapferkeit , sondern den Siegen der Griechen. Die Schlacht von Platææ stellte die Unabhängigkeit des mazedonischen Königreichs wieder her, obwohl diese Unabhängigkeit von den Persern nicht offiziell anerkannt wurde.

Unmittelbar nach dem Skythenfeldzug im Jahr 513 wurde Amyntas (*gest.* 498) tributpflichtig an die Perser; sein Sohn und Nachfolger Alexander (*gest.* 454) befand sich in derselben Unterwerfungslage und war sogar gezwungen, sich der Expedition von Xerxes anzuschließen.

Situation nach dem Rückzug der Perser.
D. 424.

3. Aber die Vertreibung der Perser ließ Mazedonien immer noch den Angriffen anderer furchterregender Nachbarn ausgesetzt ; Auf der einen Seite standen die Thraker, unter denen unter Sitalkes und seinem Nachfolger Seuthes das mächtige Königreich der Odrysen entstand ; auf der anderen Seite die Athener, die mit Hilfe ihrer umfangreichen Flotte die griechischen Siedlungen an den mazedonischen Küsten unterwarfen. So belästigend diese Nachbarn auch für die mazedonischen Könige waren, erwiesen sie sich doch als die Instrumente, durch die Mazedonien so früh und so tief in die Angelegenheiten Griechenlands verwickelt wurde.

Beginn der Differenzen mit Athen unter der Herrschaft von Perdikkas II., 454–413; Athen hat seinen Bruder Philipp gegen ihn unterstützt. — Abtrünnigkeit von Potidæa und Befestigung von Olynth, in die die Griechen aus Chalkis und anderen Städten verpflanzt werden, 432. Potidæa wird gezwungen, sich Athen zu ergeben, 431, Perdikkas gelingt es, eine so geschickte Rolle zu spielen Er beteiligt sich am gerade beginnenden Peloponnesischen Krieg und überlistet die Athener, indem er den Angriff von Sitalkes durch eine Heirat seiner Schwester mit Seuthes , dem Erben dieses Fürsten, abwehrt (429). Sein Bündnis mit Sparta (424) ist für die Athener sehr schädlich , Brasidas entreißt ihnen Amphipolis; Trotzdem Perdikkas zieht es vor, 423 einen Frieden mit Athen zu schließen, als sich völlig in die Arme seiner neuen Verbündeten zu werfen.

Archelaus legt 413–400 den Grundstein für Mazedonien.

4. Archelaos, der Nachfolger von Perdikkas , führte den Ackerbau und die Zivilisation unter den Mazedoniern ein, die jedoch von den Hellenen nie als ihre legitimen Brüder anerkannt wurden: Es wurden Autobahnen und Militärstraßen gebaut; Festungen wurden errichtet; und der Hof wurde zum Sitz der Literatur. In diesen Tagen scheint das mazedonische Königreich Emathia , Mygdonia und Pelagonia umfasst zu haben , zu denen

möglicherweise einige der benachbarten Stämme hinzukommen , die zwar von ihren eigenen Königen regiert wurden, aber tributpflichtig waren. Die Macht der Könige war unbedeutend, wenn sie nicht von den Adligen unterstützt wurden, unter denen sie, wie bei allen erblichen Fürsten Griechenlands, lediglich das Vorrangrecht innehatten. Wie schwierig war es selbst zu Alexanders Zeiten, die Erinnerung an ihre frühere Bedeutung aus dem Bewusstsein des mazedonischen Adels zu löschen!

5. Auf die Ermordung von Archelaus folgte eine stürmische Zeit, die in Dunkelheit gehüllt war: Die ungeklärte Lage der Nachfolge brachte viele Thronprätendenten hervor, von denen jeder leicht die Mittel fand, seine Ansprüche in einigen der benachbarten Stämme zu untermauern , oder in einer der griechischen Republiken.

Æropus usurpiert als Vormund des jungen Königs Orest die höchste Macht, 400–394 v. Chr. Nach seinem Tod und der Ermordung seines Sohnes Pausanias im Jahr 393 übernahm Amyntas II. den Thron. Sohn Philipps und Bruder von Perdikkas II. der jedoch seine Macht nicht aufrechterhalten konnte, bis er 390–369 einen Sieg über Argäus , den Bruder des Pausanias, errungen hatte, der von den Illyrern unterstützt wurde. Der Krieg mit Olynth (383–380) konnte erst dann erfolgreich abgeschlossen werden, wenn er ein Bündnis mit Sparta geschlossen hatte.

6. Die drei Söhne von Amyntas II., Alexander, Perdikkas und Philipp, bestiegen nach dem Tod ihres Vaters nacheinander den Thron; Die Unruhen während der Herrschaft der beiden Erstgenannten waren jedoch so heftig , dass die künftige Existenz Mazedoniens als Königreich als problematisch angesehen werden konnte: Sicherlich mussten sie sich der Zahlung von Tributen an die Illyrer unterwerfen.

Im Gegensatz zu seinem Rivalen, Ptolemaios von Alorus , der von Pelopidas auf den Thron gesetzt wurde, schickt Alexander seinen jüngsten Bruder Philipp als Geisel nach Theben: Im selben Jahr wird er von Ptolemaios abgesetzt, 368. Regierungszeit von Ptolemaios, 388–365, mit die von Pelopidas im Jahr 367 auferlegte Bedingung, dass er das Zepter nur für die beiden jüngeren Brüder in Reserve halten soll. Ermordung des Ptolemäus, 365, durch Perdikkas III. der von Pausanias, einem anderen und früheren Anwärter auf die Krone, fast überwältigt wird; Er wird schließlich von den Athenern unter Iphikrates im Jahr 364 fest auf dem Thron verankert. Doch bereits im Jahr 360 fällt er im Krieg gegen die Illyrer und hinterlässt einen noch minderjährigen Sohn, Amyntas , und einen jüngeren Bruder Philipp. der aus Theben flieht, um den Thron in Besitz zu nehmen.

Philipp, 360–336.

7. Die Herrschaft Philipps, die vierundzwanzig Jahre dauerte, ist eine der lehrreichsten und interessantesten in der gesamten Geschichte, sowohl wegen der Klugheit, die er an den Tag legte, als auch wegen der Art und Weise, wie seine Pläne zusammengestellt wurden hingerichtet. Auch wenn es schwierig sein mag, in seinen Moralvorstellungen den Schüler des Epaminondas wiederzuverfolgen, ist es dennoch unmöglich, ohne Erstaunen die glänzende Karriere eines Mannes zu betrachten, der unter den fast hoffnungslosen Umständen, unter denen er seinen Lauf begann, nie seine Standhaftigkeit verlor des Geistes, und der in höchstem Wohlstand seine Kühle des Nachdenkens bewahrte.

Die Geschichte Philipps wurde bereits zu seinen Lebzeiten von Rednern und Historikern zu seinen Ungunsten verzerrt. Demosthenes konnte und wollte nicht unparteiisch sein; und die in Diodorus und Justin enthaltenen Informationen stammen größtenteils aus der Arbeit des letzteren.

OLIVIER , *Histoire de Philippe, roi de Macédoine* . Paris, 1740, 2 Bde. 8vo. Eine Verteidigung von Philip.

DE BURY , *Histoire de Philippe und d'Alexandre le grand* . Paris, 1760, 4to. Eine sehr durchschnittliche Leistung.

TH. LELAND , *Die Geschichte des Lebens und der Herrschaft Philipps, des Königs von Makedonien* . London, 1761, 4to. Trocken, aber mit viel Lektüre und strikter Unparteilichkeit.

In MITFORD , *History of Greek* , vol. 4 hat Philipp seinen eifrigsten Lobredner und Verteidiger gefunden. Es scheint, dass es auch heute noch unmöglich ist, eine unparteiische Geschichte dieses Monarchen zu schreiben.

8. Melancholische Haltung der mazedonischen Angelegenheiten zu Beginn der Herrschaft Philipps. Neben siegreichen Feinden im Ausland gab es im Inland zwei Thronprätendenten: Argäus , unterstützt von Athen, Pausanias, unterstützt von Thrakien; und Philipp selbst war zunächst nur Regent und nicht König. In den ersten beiden Jahren änderte sich jedoch alles und Mazedonien erlangte seine Unabhängigkeit zurück. Die neu geschaffene Phalanx sicherte den Sieg über die Barbaren; Gegen das Misstrauen Athens und der benachbarten griechischen Siedlungen, insbesondere gegen das mächtige Olynth, musste auf andere Mittel als die Gewalt zurückgegriffen werden, um Erfolg zu haben. Gerade in der Führung dieser Angelegenheiten kommt Philipps besonderer Scharfsinn zum Ausdruck.

Nach der Niederlage von Argæus wird Athen durch eine vorübergehende Anerkennung der Freiheit von Amphipolis, 360 , Frieden erkauft Mazedonien erstreckt sich bis nach Thrakien und westlich bis zum See Lychnitis . – Bereits 360 wurde Philipp zum König ernannt.

Politik von Philip:

9. Entwicklung von Philipps weiteren Vergrößerungsplänen. – Durch die allmähliche Unterwerfung der makedoisch-griechischen Städte schlug er vor, sich nicht nur zum Alleinherrn in Mazedonien zu machen, sondern auch die Athener aus seinem Herrschaftsbereich zu entfernen. – Das erste Ziel von Seine Politik gegenüber Griechenland bestand darin, sich als Hellenen und Mazedonien als Mitglied des hellenischen Bundes anerkennen zu lassen. Daher wurde die spätere Vormundschaft, unter der Mazedonien Griechenland hielt, nicht in eine formelle Unterwerfung umgewandelt, ein Verfahren, das zu sehr barbarischen Ursprungs geschmeckt hätte. – Die Ausführung all dieser Pläne wurde durch den Besitz der thrakischen Goldminen erleichtert, die Philipp ermöglichte Finanzen sowie die Phalanx zu schaffen.

Einnahme von Amphipolis, 358; In der Zwischenzeit belustigt sich Athen mit Versprechungen und Olynth mit der vorübergehenden Abtretung von Potidæa , das ebenfalls erobert worden war. Auf dieses Ereignis folgt die Eroberung der an Gold reichen Bergbezirke, die sich vom Nestus bis zum Strymon erstrecken . und erwirtschaftete ein jährliches Einkommen von fast 1.000 Talenten.

besitzt Besitz von Thessalien:

10. Die Einmischung Philipps in die Angelegenheiten Thessaliens geht auf das Jahr 357 zurück; Der Besitz dieses Landes war ein ebenso wichtiges Ziel für die Förderung seiner Ansichten über Griechenland wie für die Verbesserung seiner Finanzen. Er trat zunächst als Befreier Thessaliens auf und machte es schließlich zu einer Provinz Mazedoniens.

Vertreibung der Tyrannen aus Pheræ , auf Wunsch der Aleuadæ , 356; Unterstützung im Heiligen Krieg erhalten die Tyrannen jedoch von den Phokern unter Onomarchos . Die endgültige Niederlage von Onomarchus im Jahr 352 macht Philipp zum Herrscher über Thessalien. er platziert mazedonische Garnisonen an den drei Hauptorten und stärkt so seine Autorität im Land, bis es ihm gefällt, es vollständig zu einer mazedonischen Provinz zu machen, 344.

nutzt den Heiligen Krieg aus:

11. Die Verlängerung des Heiligen Krieges in Griechenland bot Philipp eine ausgezeichnete Gelegenheit, seine Ansichten über dieses Land zu vertreten; obwohl sein erster Versuch eines Einbruchs, der zu überstürzt unternommen wurde, von den Athenern vereitelt wurde. Die Einnahme von Olynth, ungeachtet der Hilfe, die ihm die Athener nach einer Zeit scheinbarer Untätigkeit leisteten, gewährleistete die Sicherheit der Grenzen in seinem Rücken; und durch eine Meisterleistung der Politik fand er fast

genau in dem Moment, in dem er die Athener aus Euböa vertrieb , Mittel, um mit ihnen in Verhandlungen einzutreten, die nach wiederholten Gesandtschaften durch einen Frieden abgeschlossen wurden, der ihm die Öffnung eröffnete Weg durch die Thermopylen und ermöglichte es ihm , innerhalb der Mauern Athens eine für ihn günstige Partei aufzubauen .

dringt in Griechenland ein:

12. Erster Einmarsch Philipps in Griechenland und Beendigung des Heiligen Krieges durch die Unterwerfung der Phoker . Der Platz, den er nun im Amphiktyonischen Rat erlangte, war der Höhepunkt seiner Wünsche gewesen; und die Demut Spartas bewies, wie fest seine Vorherrschaft über Griechenland bereits etabliert war.

fördert eine Partei in Griechenland;

13. Kurzer Überblick über den Zustand Griechenlands und insbesondere Athens nach dem Heiligen Krieg; Beschreibung der Mittel, mit denen es Philipp gelang, in den griechischen Staaten Parteien zu gründen und zu unterstützen, die seinen eigenen Interessen förderlich waren . Bestechung war nicht sein einziges Instrument; was er gab, borgte er sich von anderen; Das Hauptmerkmal seiner Politik war, dass er selten oder nie auf die gleichen Mittel zurückgriff. Er ist selbst in seinen betrunkenen Feierlichkeiten intrigant und konsequent und tritt kaum jemals in der gleichen Gestalt auf.

Furchtbare Folgen für die Moral der Griechen, die aus dem Parteigeist, dem Niedergang der Religion und der enormen Zunahme des Umlaufmediums resultierten, hervorgerufen durch die Schätze von Delphi und Mazedonien . – Schätzung der Macht Athens während der Zeit Demosthenes und Phokion . Es scheint, dass die Beredsamkeit und der politische Scharfsinn des ersteren leider nicht mit ausreichendem Verhandlungstalent einhergingen; Letzterer schenkte seinem Land vielleicht nicht genug Vertrauen, während Demosthenes zu viel Vertrauen schenkte. Trotz der öffentlichen Trägheit und Verweichlichung konnte Athen seinen Rang als Seemacht behaupten, da die Flotte Philipps der ihrigen nicht ebenbürtig war.

† AG BECKER , *Demosthenes als Staatsmann und Redner* . Eine historisch - kritische Einführung in seine Werke: 1815. Ein sehr nützliches Werk, sowohl als Geschichtswerk als auch als Einführung in die politischen Reden des Demosthenes.

wird von Phokion vereitelt ;

14. Neue Eroberungen Philipps in Illyrien und Thrakien. Das Adriatische Meer und die Donau scheinen auf dieser Seite die Grenzen seines Reiches gewesen zu sein. Doch die Ansichten des makedonischen Königs richteten

sich weniger gegen die Thraker als vielmehr gegen die griechischen Siedlungen am Hellespont; und der Angriff der athenischen Diopithes lieferte ihm einen Vorwand, gegen sie Krieg zu führen. Die Belagerung von Perinthus und Byzanz wurde jedoch von Phokion zum großen Ärger Philipps vereitelt ; ein Ereignis, das die Athener und sogar die Perser aus ihrer Lethargie weckte.

erhält aber das Kommando im zweiten Heiligen Krieg;

15. Politik Philipps nach dieser Prüfung. – Gerade als er im Krieg gegen die Barbaren an der Donau die Angelegenheiten Griechenlands völlig aus den Augen verloren zu haben scheint, verdoppeln seine Agenten ihre Tätigkeit. Æschines , der für seine Dienste reichlich bezahlt wurde, schlägt im Amphiktyonischen Rat vor, dass er zum Anführer der Griechen in diesem neuen heiligen Krieg gewählt werden sollte, um die sakrilegischen Beleidigungen der Lokrer gegenüber dem Orakel von Delphi zu bestrafen. Seiner üblichen Maxime folgend, lässt Philipp sich bitten.

und fällt über Griechenland.

16. Zweite Expedition Philipps nach Griechenland. Seine Aneignung der wichtigen Grenzstadt Elatea zeigte bald, dass er, zumindest für diese Zeit, nicht nur um die Ehre Apollos kämpfte . – Bündnis zwischen Athen und Theben durch Demosthenes. – Sondern auch die Niederlage von Chæronea in derselben Jahr entschied über die Abhängigkeit Griechenlands. Philipp fiel es nun leicht, gegenüber Athen den großmütigen Charakter zu spielen.

Philipps Pläne gegen Persien.

17. Vorbereitungen zur Ausführung seines Plans gegen Persien, nicht als sein eigenes Unternehmen, sondern als nationaler Krieg der Hellenen gegen die Barbaren. Während also Philipp, indem er von den Amphiktyonen die Ernennung zum Generalissimus Griechenlands gegen die Perser erhielt, auf *ehrenvolle* Weise die Abhängigkeit des Landes sicherte, schmeichelte der Glanz der Expedition der Nation, auf deren Kosten sie durchgeführt werden sollte. Es ist tatsächlich fraglich, ob Philipps eigene private Ansichten noch viel weiter reichten!

Innerer Staat Mazedonien unter Philipp.

18. Die innere Regierung Mazedoniens unter einem so geschickten und erfolgreichen Eroberer musste notwendigerweise absolut sein. Kein Prätendent würde es wagen, sich gegen einen solchen Herrscher zu erheben, und der Leibwächter (δορυφόροι), den er zu Beginn seiner Herrschaft eingesetzt und dem mazedonischen Adel entzogen hatte, trug viel dazu bei, eine angemessene Verständigung zwischen dem Fürsten und den Adligen aufrechtzuerhalten . Der Hof wurde zu einem militärischen Stab, während

das Volk aus einer Nation von Hirten in eine Nation von Kriegern umgewandelt wurde. – Philipp hatte nur in seiner eigenen Familie Unglück; aber die Schuld ist ihm nicht zuzuschreiben, wenn er Olympias nicht zustimmen konnte.

Philipp ermordet, 336.

19. Philipp wird von Pausanias in Ægæ ermordet , wahrscheinlich auf Betreiben der Perser, während er die Hochzeit seiner Tochter feiert.

Alexander: 336–323.

20. Die Herrschaft ALEXANDERS des GROßEN verdankt in den Augen des Geschichtsforschers ihr großes Interesse nicht nur dem Ausmaß, sondern auch der Dauerhaftigkeit der Revolution, die er in der Welt bewirkte. Es ist keine leichte Aufgabe, den Charakter dieses Prinzen richtig einzuschätzen, der gerade starb, als er seine gewaltigen Projekte in die Tat umsetzen wollte. Aber es widerspricht völlig dem gesunden Menschenverstand anzunehmen, dass der Schüler des Aristoteles nichts weiter als ein wilder und rücksichtsloser Eroberer war, der sich von keinem Plan leiten ließ.

ST. CROIX , *Examen critique des anciens Historiker d'Alexandre -le-grand* , 2. Auflage, *Betrachtung augmentée* . Paris, 1804, 4to. Die neue Ausgabe dieses Hauptwerks zur Geschichte Alexanders und in mehr als einer Hinsicht wichtig, enthält mehr als der Titel vermuten lässt, wenn auch keineswegs eine streng unparteiische Einschätzung des Charakters dieses Fürsten.

Unruhen am mazedonischen Hof.

21. Heftige Unruhen am Hof, in den eroberten Ländern und in Griechenland nach dem Tod Philipps. So groß seine Macht auch zu sein schien, ihre Erhaltung hing ganz und gar von der ersten Charakterentfaltung seines Nachfolgers ab. Alexander erwies sich durch seinen siegreichen Feldzug gegen die Thraker als würdig, das Zepter zu erben ; (Wem und insbesondere seinem Bündnis mit den Agriern verdankte er später sein leichtes Pferd;) und durch das Beispiel, das er Griechenland in seiner Behandlung von Theben an den Tag legte.

Alexander, Generalissimus von Griechenland.

22. Ernennung Alexanders in der Versammlung in Korinth zum Generalissimus der Griechen. Doch was sein Vater wahrscheinlich in eine ganz andere Richtung gelenkt hätte, ließ er nur ein nominelles Amt bleiben . – Entwicklung seines Plans zum Angriff auf Persien. – Der Mangel an einer Marine, den Alexander bald feststellen musste, hätte sein Amt wahrscheinlich zunichte gemacht Wäre Memnons Gegenplan, nach

Mazedonien einzudringen, nicht durch die Schnelligkeit des mazedonischen Königs vereitelt worden?

Schlacht am Granicus.

23. Überquerung des Hellespont und Beginn des Krieges. Die Ruhe seines Königreichs und Griechenlands schien gesichert, Antipatros blieb an der Spitze der Dinge . – Der Sieg am Granikos eröffnet Alexander einen Weg nach Kleinasien; aber der bald darauf folgende Tod Memnons war vielleicht ein größerer Vorteil als ein Sieg.

Schlacht von Issus.
333.332.

24. Der Sieg von Issus, der über Darius persönlich errungen wurde, scheint Alexander auf die erste Idee gebracht zu haben, den persischen Thron vollständig zu stürzen, was durch die Ablehnung von Darius' Friedensangeboten bewiesen wurde. Wann waren die Pläne der Eroberer tatsächlich nicht vom Verlauf der Ereignisse abhängig? Doch Alexander muss sich seines zukünftigen Sieges ziemlich sicher gewesen sein, da er Darius die Flucht erlaubte, während er sich sieben Monate vor Tyrus niederließ , um sich zum Herrn des Meeres zu machen; und nach der kampflosen Eroberung Ägyptens, zu der der Besitz von Tyrus den Weg ebnete, baute er Alexandria und errichtete sich ein Denkmal, das dauerhafter war als alle seine Siege.

Obwohl Alexandria am Ende vielleicht die Erwartungen des Gründers übertroffen hat, zeigt die Auswahl des Standorts, der nur für die Navigation und den Handel günstig war , dass ursprünglich ein Auge auf diese Objekte gerichtet war.

Entscheidende Schlacht von ARBELA .
1. Okt. 331.

25. Invasion Innerasiens, erleichtert durch die stillschweigende Unterwerfung der herrschenden Stämme und durch den Kultivierungszustand, in dem sich das Land befand. In den Ebenen von Arbela war die mazedonische Taktik völlig siegreich. Man könnte jetzt sagen, dass der Thron Persiens gestürzt wurde; und die unerwartet leichte Eroberung Babylons, Susas und Persepolis war für den Moment sicherlich wichtiger als die Verfolgung eines fliegenden Königs.

Aufstand der Griechen wird von Antipatros niedergeschlagen; Alexander selbst schließt sich den unzufriedenen Gesandten des Darius im Landesinneren Asiens an.

Persien völlig unterworfen.

26. Die Unterwerfung der nordöstlichen Provinzen des persischen Reiches wäre vielleicht mit den größten Schwierigkeiten verbunden gewesen, wenn nicht die erstaunliche Aktivität des Eroberers in ihrer Geburt die Pläne des verräterischen 330. Bessus zunichte gemacht hätte, der nach dem Attentat von Darius wollte in Baktrien ein eigenes Königreich errichten. Der Jaxartes war jetzt die nördliche Grenze der makedonischen Monarchie, wie sie bisher die der persischen gewesen war. Außerdem war der Besitz der reichen Handelsländer Baktrien und Sogdien an sich ein Gegenstand von enormer Bedeutung.

kam es zur Hinrichtung von Philotas und seinem Vater Parmenio , obwohl beide wahrscheinlich an der ihnen zur Last gelegten Verschwörung im Jahr 330 unschuldig waren. Nach dem Tod von Darius stieß Alexander in seiner eigenen Armee auf fast ständigen Widerstand: die Die Mehrheit der Truppen ging davon aus, dass dieses Ereignis die Notwendigkeit weiterer Anstrengungen ausschließe. So vorsichtig Alexander auch mit den mazedonischen Adligen umging, können wir – allerdings nicht allein am Beispiel von Clitus – erkennen , wie schwer es ihnen fiel, die Beziehungen, in denen sie früher zu ihren Königen gestanden hatten, aus ihrem Gedächtnis zu verbannen.

Alexander marschiert gegen Indien.
328–326.

27. Alexanders Expedition gegen Indien hatte zweifellos seinen Ursprung in der Neigung zu romantischen Unternehmungen, die ein Hauptmerkmal seines Charakters darstellte. Doch was lag näher, als dass der mazedonische König aus genauer Betrachtung der persischen Pracht , der Eroberung derart wohlhabender Länder und dem Wunsch, seine weitreichenden Handelspläne zu verfolgen, nach und nach den Plan zur Unterwerfung eines Landes entwickeln sollte, das es war als das goldene Land Asiens dargestellt. Dazu muss auch die Knappheit geographischer Informationen wesentlich beigetragen haben; Wenn er bis zu den östlichen Meeren vordrang, würde sich vermutlich der Kreis seiner Herrschaft schließen. – Es scheint sehr sicher, dass Alexander nicht über ausreichende Kenntnisse des Landes verfügte, als er sich auf diese Expedition begab.

Alexanders Invasion richtete sich gegen Nordindien oder den Panjab; damals ein bevölkerungsreiches und hochkultiviertes Land; jetzt der Sitz der Seiks und Mahrattas; und damals wie heute von kriegerischen Rassen bewohnt. Er überquerte den Indus bei Taxila (Attock), passierte die Hydaspes (Behut oder Chelum) und besiegte den König Porus , indem er sich die Streitigkeiten zwischen den indischen Fürsten zunutze machte . Anschließend überquerte er die Flüsse Acesines (Jenaub) und Hydraotes (Rauvee). Die östliche Grenze, die bei dieser Expedition erreicht wurde, war der Fluss Hyphasis (Beyah); hier wurde der Eroberer, nachdem er bereits auf halbem Weg zum Ganges vorgedrungen war, durch eine Meuterei in seiner Armee zum Rückzug gezwungen. Seine Rückkehr erfolgte durch das Land der Malli (Multan) bis zu den Hydaspes , wo die Mehrheit seiner Truppen das Schiff bestieg und entlang dieses Flusses in die Acesines und von dort in den Indus getrieben wurde, dem sie bis zu seinem Fluss folgten Mund.

RENNEL , *Memoiren einer Karte von Hindostan* . London, 1793, (3. Aufl.) und

ST. CROIX , *Examen* usw. (siehe S. 216.) liefern alle notwendigen historischen und geografischen Erklärungen zu den persischen und indischen Feldzügen Alexanders.

Folgen dieser Expedition.

28. Obwohl Alexander gezwungen war, das Projekt der Eroberung Indiens aufzugeben, war die von diesem Zeitpunkt an bestehende Verbindung zwischen Europa und dem Osten das Werk seiner Hände. Während die Kommunikation an Land durch die Errichtung verschiedener Siedlungen gesichert wurde, wurde die Kommunikation auf dem Seeweg durch die Reise seines Admirals Nearchos vom Indus zum Euphrat eröffnet. In der Zwischenzeit reiste Alexander selbst nach Persis und Babylon, durch die Wüste und in die unerforschten Provinzen Gedrosia und Karmanien.

von Nearchos (unser Wissen darüber stammt aus seinem eigenen Tagebuch, das in Arrians *Indica aufbewahrt* wird) dauerte von Anfang Oktober 326 bis Ende Februar 325: Fast die gleiche Zeit wurde mit dem fast unglaublichen Landmarsch des König.

VINCENT , *Die Reise des Nearchos vom Indus zum Euphrat* . London, 1797, 4to. Präsentiert die am besten erforschten Forschungsergebnisse und illustriert sie mit hervorragenden Diagrammen.

Alexanders Politik in den eroberten Ländern:

29. Nach der Aufgabe Indiens entsprach der gesamte Eroberungskreis Alexanders genau dem des ehemaligen persischen Reiches; seine späteren Projekte richteten sich wahrscheinlich nur gegen Arabien. So einfach es auch gewesen war, diese Eroberungen zu machen, so viel schwieriger war es, sie zu behalten; denn Mazedonien, erschöpft durch ständige Truppenaushebungen, konnte keine leistungsfähigen Garnisonen aufstellen. Alexander beseitigte diese Schwierigkeit, indem er die Besiegten vor Unterdrückung schützte; indem sie ihrer Religion den gebührenden Respekt entgegenbringen; indem man die Zivilregierung in den Händen der einheimischen Herrscher beließ, die sie bisher besaßen; und indem man den Mazedoniern nur das Kommando über die verbliebenen Garnisonen an den

Hauptorten und in den neu gegründeten Kolonien anvertraute. Sein Grundprinzip war es, an der inneren Organisation der Länder so wenig wie möglich zu ändern .

seine Ansichten.

30. So einfach Alexanders Pläne anfangs auch waren , ihre Einfachheit wurde durch die Größe und Bedeutung ihrer Ergebnisse mehr als ausgeglichen. Babylon sollte die Hauptstadt seines Reiches und damit der Welt sein. Die Vereinigung des Ostens und des Westens sollte durch die Verschmelzung der vorherrschenden Rassen durch Mischehen, durch Bildung und vor allem durch die Handelsbeziehungen herbeigeführt werden, deren Bedeutung weitaus gröbere Eroberer in Asien selbst lernte es bald zu schätzen wissen. In nichts kommt die Überlegenheit seines Genies wahrscheinlich brillanter zum Ausdruck als in seiner Befreiung von allen nationalen Vorurteilen, insbesondere wenn man bedenkt, dass keiner seiner Landsleute in dieser Hinsicht mit ihm zu vergleichen war. Es ist unmöglich, ihm dieses Verdienst zu verweigern, ganz gleich, wie sehr wir auch über seinen allgemeinen Charakter urteilen.

Tod Alexanders,
21. April 323.

31. Plötzlicher Tod Alexanders in Babylon durch Fieber; unter den besonderen Umständen der Zeit der größte Verlust, den die Menschheit erleiden konnte. Vom Indus bis zum Nil lag die Welt in Trümmern; Und wo war nun der Architekt zu finden, der die verstreuten Fragmente einsammeln und das Gebäude wiederherstellen konnte?

Alexanders Unordnung lässt sich leicht mit den Strapazen erklären, die er durchgemacht hatte, und mit der unreinen Luft, der er sich bei der Säuberung der Kanäle rund um Babylon aussetzte. Er wurde sicherlich nicht vergiftet; und bei der gegen ihn erhobenen Anklage wegen übermäßiger Trunkenheit müssen wir die Manieren der mazedonischen und persischen Gerichte berücksichtigen. War es bei Peter dem Großen nicht dasselbe? Bei der Beurteilung seines moralischen Charakters müssen wir die natürliche Heftigkeit seiner Leidenschaften berücksichtigen, die stets zu den schnellsten Übergängen neigte; Wir sollten auch nicht den unvermeidlichen Einfluss ständigen Erfolgs auf die Menschheit vergessen.

ZWEITER ZEITRAUM.

Geschichte der makedonischen Monarchie, vom Tod Alexanders des Großen bis zur Schlacht von Ipsus , 323–301 v. Chr.

Um dem Leser einen allgemeinen Überblick zu ermöglichen, wird die Geschichte der europäischen Ereignisse im Folgenden unter der Überschrift „Geschichte Mazedoniens im eigentlichen Sinne" zusammengefasst.

QUELLEN. Diodorus , lib. xviii—xx. ist die große Autorität für diesen Teil der Geschichte. Er hat für diesen Zeitraum größtenteils aus einem zeitgenössischen Historiker, Hieronymus von Cardia, zusammengestellt. Ihm folgt Plutarch in den Leben des Eumenes, Demetrius und Phokion ; und von Justin, lib. xiii usw. Von Arrians Geschichte der Nachfolger Alexanders sind leider nur ein paar Fragmente in Photius übrig geblieben .

† MANNERT , *Geschichte der Alexander-Nachfolger*. Nürnberg, 1787. Verfasst mit dem üblichen Urteilsvermögen und der Gelehrsamkeit dieses Autors.

Maßnahmen nach dem Tod Alexanders.

1. Die allererste Maßnahme, die nach dem Tod Alexanders ergriffen wurde, enthielt in sich den Keim aller schrecklichen Revolutionen, die danach folgten. Es wurden nicht nur die Eifersucht und der Ehrgeiz der Adligen geweckt, auch die Einmischung der Armee wurde auf schrecklichste Weise zur Schau gestellt. Obwohl die Idee der Vorherrschaft der königlichen Familie nur nach und nach aufgegeben wurde, machte der furchtbar gestörte Zustand, in dem sich diese Familie befand, ihren Sturz unvermeidlich.

Zustand der königlichen Familie beim Tod Alexanders. Er hinterließ seine schwangere Frau Roxana, die nach drei Monaten den rechtmäßigen Erben des Zepters , Alexander, zur Welt brachte; er hinterließ ebenfalls einen unehelichen Sohn, Herkules; ein unehelicher Halbbruder, Arrhidæus ; seine Mutter, die hochmütige und grausame Olympias, und eine Schwester, Kleopatra, beide Witwen; die kunstvolle Eurydike (Tochter von Cyane , einer von Philipps Schwestern), die später mit dem König Arrhidæus verheiratet wurde ; und Thessalonich, Philipps Tochter, vereinigte sich später mit Kassander von Mazedonien.

Arrhidæus und Alexander:
PERDIKKAS Regent.
ANTIPATER in Europa.

2. Der schwache Arrhidæus unter dem Namen Philipp und der kleine Alexander wurden schließlich zu Königen ernannt, wobei die *Regentschaft in die Hände* von Perdikkas , Leonnatus und Meleager gelegt wurde ; der letzte von ihnen wurde auf Betreiben von Perdikkas schnell abgeschnitten .

Inzwischen hatte Antipater, dem Kraterus als Zivilherr beigetreten war, die Leitung der Angelegenheiten in Europa inne.

Gewalttätige Revolutionen.

3. Die Fortsetzung der Geschichte wird natürlich zu der der Satrapen, die sich untereinander zerstritten, alle ehrgeizig nach der Herrschaft, aber keiner bereit, zu gehorchen. Es vergingen zweiundzwanzig Jahre, bis aus den Ruinen der mazedonischen Monarchie ein gewaltiges Gebäude entstand. In wenigen Perioden der Geschichte sind die Umwälzungen der Dinge so heftig, in wenigen Perioden ist es daher so schwierig, das Labyrinth der Ereignisse zu entwirren. Zu diesem Zweck ist es am bequemsten, die Geschichte in *drei* Perioden zu unterteilen: Die erste reicht bis zum Tod von Perdikkas , 321, die zweite bis zum Tod von Eumenes, 315: die dritte bis zur Niederlage und dem Tod von Antigonos in der Schlacht von Ipsos , 301.

Teilung des Reiches.
Chr. 323.

4. Erste Bewilligung der Provinzen durch Perdikkas . Die Eitelkeit dieses Mannes scheint ihn dazu bewogen zu haben, das Amt des Regenten zu wählen, damit ihm keine einzelne Provinz zufallen könnte; er verließ sich ganz darauf, das Kommando über die königliche Armee zu haben, obwohl diese bereits so viele Beweise dafür gegeben hatte, dass sie eher befehlen als gehorchen wollte.

In dieser Teilung erhielt Ptolemaios, der Sohn des Lagus , Ägypten; Leonnatus , Mysien ; Antigonos, Phrygien, Lykien und Pamphylien; Lysymachos , mazedonisches Thrakien; Antipater und Kraterus blieben im Besitz Makedoniens. – Der Fremde Eumenes hätte das noch nicht eroberte Kappadokien wohl kaum erhalten, wenn Perdikkas auf seine Dienste hätte verzichten können. Die übrigen Provinzen fielen entweder nicht unter die neue Aufteilung, oder ihre Gouverneure sind der Beachtung nicht würdig.

Erste Akte des Perdikkas .

5. Die ersten Regierungshandlungen von Perdikkas zeigten, wie wenig er sich auf den Gehorsam seiner bisherigen Kollegen verlassen konnte. Der allgemeine Aufstand unter den Söldnern, die durch Alexanders Aufstand in Oberasien angesiedelt worden waren . in Oberasien und wollte nun in ihre Heimat zurückkehren, wurde zweifellos durch Pythons Vernichtung der Rebellen niedergeschlagen; aber es war nicht Pythons Schuld, dass er sich nicht zum unabhängigen Herrn des Schauplatzes der Meuterei machte.

Ungehorsam des Antigonos und Leonnatus .

6. Noch widerspenstiger war das Verhalten von Leonnatus und Antigonos, als sie den Befehl erhielten, Eumenes in den Besitz seiner Provinz

zu bringen. Antigonus war zu hochmütig, um zu gehorchen; und Leonnatus zog es vor, nach Europa zu gehen, um Kleopatra zu heiraten; Dort starb er jedoch fast sofort im Lamian- Krieg. (Siehe unten, Buch IV. Periode III. Absatz 2.) Perdikkas war daher selbst gezwungen, die Expedition mit der königlichen Armee zu unternehmen; dies gelang ihm 322 durch die Niederlage des Ariarathes .

Perdikkas möchte Kleopatra heiraten, ist aber frustriert;

7. Ehrgeizige Ansichten von Perdikkas , der, um durch eine Heirat mit Kleopatra den Thron zu besteigen, Nicæa , die Tochter des Antipatros, verstößt. Kleopatra kam tatsächlich nach Asien; Aber Perdikkas , der auf Wunsch der Armee gezwungen war, Eurydike, Philipps Nichte, nach der Ermordung ihrer Mutter Cyane mit dem König Arrhidæus zu verheiraten , empfand sie als lästige Rivalin und Gegnerin in der Regierung.

versucht, Antigonos und Ptolemaios zu ruinieren.

8. Versuche des Perdikkas , Antigonos und Ptolemaios zu stürzen, indem er sie vor der Armee anklagte. Antigonos geht nach Mazedonien zu Antipater über; und führt zum Bund zwischen Antipater, Kraterus und Ptolemaios gegen Perdikkas und Eumenes.

Krieg zwischen den beiden Parteien, 321.

9. Beginn und Ende des ersten Krieges. Perdikkas selbst marschiert gegen Ägypten und überlässt seinem Freund Eumenes das Kommando in Kleinasien. Währenddessen fallen Antipater und Kraterus über Asien; der erstere rückt gegen Perdikkas nach Syrien vor ; Letzterer wird von Eumenes besiegt und getötet. Vor der Ankunft des Antipatros jedoch fällt Perdikkas nach wiederholten und vergeblichen Versuchen, den Nil zu überqueren, dem Aufstand seiner eigenen Truppen zum Opfer . – So waren es bereits drei der Hauptpersönlichkeiten, Perdikkas , Kraterus , Leonnatus aus dem Schauplatz der Handlung entfernt; und der siegreiche Eumenes, jetzt Herr über Kleinasien, musste den Kampf gegen die Konföderierten ohne Hilfe aufrechterhalten.

320–315.
ANTIPATER- Regent.
320.

10. Zweite Periode, vom Tod des Perdikkas bis zum Tod des Eumenes . – Python und Arrhidæus legen die Regentschaft schnell nieder, sie wird von Antipater übernommen. – Neue Aufteilung der Provinzen bei Trisparadisus in Syrien. Seleukus empfängt Babylon; Antigonos werden neben seinen früheren Besitztümern auch alle Besitztümer des geächteten Eumenes versprochen.

11. Krieg des Antigonos mit Eumenes. Letzterer, vom Verrat besiegt, schließt sich in der Bergfestung von Nora ein, um dort auf günstigere Zeiten zu warten; und Antigonos bleibt Herr über ganz Kleinasien: In der Zwischenzeit wagt Ptolemaios, Syrien und Phönizien in Besitz zu nehmen .

Antipater stirbt. 320.
POLYSPERCHON -Regent.
319.

12. Tod des Regenten Antipatros im selben Jahr (320;) er vermacht die Regentschaft seinem Freund, dem alten Polysperchon , unter Ausschluss seines eigenen Sohnes Kassander . Antigonos beginnt nun, seine ehrgeizigen Pläne zu verwirklichen; er versucht vergeblich, Eumenes für sich zu gewinnen, der ihn in den Verhandlungen täuscht und die Gelegenheit nutzt, seine Bergfestung zu verlassen.

13. Eumenes' Plan, sich in Oberasien zu stärken; Unterwegs erhält er die Nachricht, dass er zum Generalissimus der königlichen Truppen ernannt wird. Welchen besseren Mann hätte Polysperchon für das Amt auswählen können als denjenigen, der in seinem Verhalten gegenüber Antigonos ein so eindrucksvolles Beispiel der Verbundenheit mit dem Königshaus zeigte?

318.

14. Die Bemühungen des Eumenes, sich in Niederasien zu behaupten, blieben erfolglos. Der von Antigonos errungene Seesieg über die königliche Flotte unter dem Kommando von Clitus beraubte ihn des Seereichs. Er bricht nach Oberasien ein; wo er sich im Frühjahr mit den Satrapen vereint, die 317. zu den Waffen gegen den mächtigen Seleukus von Babylon gegriffen hatten .

15. Antigonos folgt dem königlichen Feldherrn und Oberasien wird zum Kriegsschauplatz. So siegreich die Haltung von Eumenes zunächst auch war, gegen die Aufsässigkeit der königlichen Truppen und die Eifersucht der anderen Kommandeure konnten weder Tapferkeit noch Talent etwas nützen. Er wurde im Winterquartier von Antigonus angegriffen und nach der Schlacht von den meuternden Argyraspidæ , die ihr Gepäck verloren hatten , in die Hände seines Feindes ausgeliefert : Er wurde hingerichtet, und in ihm verlor die Familie des Königs ihren einzigen treuen Anhänger Fan.

317.
315.315–301.

16. Auch in der königlichen Familie hatten große Veränderungen stattgefunden. Nach dem Tod ihres Feindes Antipatros war Olympias auf Einladung von Polysperchon , der sich gegen Kassander stärken wollte , aus Epirus zurückgekehrt und hatte Arrhidäus zusammen mit seiner Frau

Eurydike getötet . Im folgenden Jahr wurde sie in Pydna von Kassander belagert Da sie zur Kapitulation verpflichtet war, wurde sie ihrerseits hingerichtet; Währenddessen hielt Cassander Roxana und den jungen König in seiner eigenen Macht.

Vorherrschaft von Antigonos.

17. Dritte Periode, vom Tod des Eumenes bis zum Tod des Antigonos . – Die Niederlage des Eumenes schien die Macht des Antigonus in Asien für immer begründet zu haben; Immer noch vom Feuer der Jugend beseelt, wenn auch voller Jahre, sah er sich in seinem Sohn Demetrius wiederbelebt, der ausgelassene Feste liebte, aber galant und talentiert war. – Sogar Seleukus 315. hielt es für an der Zeit, sich um seine Sicherheit zu kümmern, indem er von Babylon nach Ägypten floh.

18. Von Antigonos eingeführte Veränderungen in den oberen Provinzen; Rückkehr nach Kleinasien, wo seine Anwesenheit aufgrund der Vergrößerung von Ptolemaios in Syrien und Phönizien , des mazedonischen Kassanders in Europa, von Lysimachos in Mysien und des karischen Kassanders in Kleinasien unverzichtbar schien. – Er erobert sich Phönizien zurück , ein Land von größter Bedeutung für den Aufbau einer Flotte.

Belagerung von Tyrus , 314–313: Sie dauert vierzehn Monate; ein Beweis dafür, dass die Stadt sicherlich nicht von Alexander dem Erdboden gleichgemacht wurde.

19. Der flüchtige Seleukus bildet einen Bund gegen Antigonos und Demetrius zwischen Ptolemaios, den beiden Kassandern und Lysimachos. Doch Antigonus vereitelt ihre Vereinigung, indem er selbst den karischen Kassander vertreibt und sein Sohn gegen Ptolemaios marschiert.

Sieg von Ptolemaios über Demetrius in Gaza, 312; Danach marschiert Seleukus nach Babylon zurück und behält, obwohl ihm später Demetrius folgt, dauerhaft seinen Stand in Oberasien. – Andererseits kapituliert Ptolemaios bei der ersten Annäherung von Antigonos mit der Hauptmacht Syrien und Phönizien . 312.

Frieden geschlossen, 311.

20. Ein allgemeiner Frieden, der zwischen Antigonos und seinen Feinden geschlossen wurde, mit Ausnahme von Seleukus , dem Oberasien erneut entrissen werden soll. Der erste Artikel, dass jeder behalten sollte, was er hatte, zeigt ziemlich deutlich, dass der Vertrag allein von Antigonos diktiert wurde; die zweite, dass die griechischen Städte frei sein sollten, war voller Keime eines neuen Krieges, bereit, bei jeder günstigen Gelegenheit auszubrechen ; das dritte, dass der junge Alexander bei Erreichen seiner Volljährigkeit auf den Thron erhoben werden sollte, war wahrscheinlich das

Todesurteil des unglücklichen Prinzen, der im selben Jahr zusammen mit seiner Mutter von Kassander ermordet wurde . – Kurz darauf, am Auf Betreiben von Antigonos wurde Kleopatra hingerichtet, um Ptolemaios in seinem Ziel zu vereiteln, das auf einer ehelichen Verbindung mit dieser Prinzessin beruhte.

Streitigkeiten um die Befreiung Griechenlands.

21. Schon die Ausführung der Artikel muss zu Feindseligkeiten geführt haben; Ptolemaios wollte Antigonos zwingen, und dieser wiederum wollte Kassander dazu zwingen , die Garnisonen aus den griechischen Städten abzuziehen; eine Bedingung, die keine Partei erfüllen wollte. Die griechische Freiheit war jetzt nur noch ein Name; Dies ist jedoch nicht das einzige Beispiel, das die Geschichte dafür liefert, dass politische Ideen das größte Aufsehen erregen, lange nachdem sie ihre eigene Existenz überlebt haben; Denn dann werden sie zu hervorragenden Werkzeugen in den Händen kunstvoller Designer.

Expedition des Demetrius zur Befreiung Athens, 308. Der Tag, an dem er den Athenern die Freiheit verkündete, muss der glücklichste seines Lebens gewesen sein! Nur wenige Abschnitte der Geschichte bieten einen solchen Raum für die Betrachtung der menschlichen Natur wie der zweifache Aufenthalt von Demetrius in Athen.

22. Die wachsende Macht des Ptolemaios auf dem Meer und die Eroberung Zyperns zwingen Antigonos zum offenen Bruch: Er befiehlt seinem Sohn, Ptolemaios von der Insel zu vertreiben.

Seesieg von Demetrius vor Zypern, 307, vielleicht der größte und blutigste in der Geschichte; Dennoch sind sie für die allgemeine Frage ebenso wenig entscheidend wie die meisten Seeschlachten. Die Annahme des königlichen Titels, zuerst durch den Eroberer, dann durch die Besiegten und schließlich durch alle anderen, war nach der Ausrottung der königlichen Familie nur noch eine bloße Form.

Rhodos belagert.

23. Nachdem die Eroberer mit ihrem Plan, Ägypten zu unterwerfen, gescheitert waren, machten sie die wohlhabende Republik der Rhodier als Verbündeten dieses Landes zum Opfer ihrer Wut. Doch obwohl Demetrius bei der berühmten Belagerung ihrer Hauptstadt im Jahr 305 den Titel eines Poliorcetes erhielt , war die edle Verteidigung der Rhodier ein illustres Beispiel für die Macht der Disziplin in Verbindung mit wohlgeleitetem Patriotismus. Die Einladung der Athener kam rechtzeitig an Demetrius; Er hob die Blockade auf und begann mit der Vollendung der Befreiung Griechenlands, deren Notwendigkeit von Tag zu Tag dringlicher wurde.

Demetrius besucht erneut Griechenland.

24. Zweiter Aufenthalt von Demetrius in Griechenland. Die Vertreibung der Garnisonen Kassanders aus den griechischen Städten und insbesondere aus denen auf dem Peloponnes; die Ernennung von Demetrius zum Generalissimus Griechenlands für die Eroberung Mazedoniens und Thrakiens; bewiesen nicht nur Kassander , sondern auch den anderen Fürsten, dass ihr gemeinsames Interesse sie lautstark zum Widerstand gegen den übermächtigen Antigonos aufrief.

Liga gegen Antigonos, 302.

25. Dritter großer Bund von Kassander , Ptolemaios und Seleukus gegen Antigonos und seinen Sohn; herbeigeführt von Cassander . Wie leicht hätte Antigonos selbst nach dem gewaltsamen Einbruch des Lysimachos in Kleinasien die aufkommenden Stürme zerstreuen können, wenn ihn seine Anmaßung nicht dazu gebracht hätte, sich allzu sehr auf sein eigenes Glück zu verlassen!

Kreuzung von Seleukus und Lysimachos, 301.

26. Kreuzung von Seleukus von Babylon und Lysimachos in Phrygien. Um seine Streitkräfte zu konzentrieren, erinnert sich Antigonos an seinen Sohn, der bis an die Grenzen Mazedoniens vorgedrungen war. Der vorsichtige Ptolemaios hingegen hat Angst, in Syrien einzumarschieren; und als Folge einer falschen Meldung, dass Lysimachos besiegt worden sei, zieht er sich voller Angst nach Ägypten zurück.

Schlacht von Ipsus , 301.

27. Große und entscheidende Schlacht bei Ipsus in Phrygien im Frühjahr 301, die Antigonos das Leben kostete und sein Reich vernichtete, da die beiden Eroberer es unter sich aufteilten, ohne Rücksicht auf die abwesenden Verbündeten zu nehmen. Kleinasien fällt bis zum Taurusgebirge an Lysimachos; und alles übrige, mit Ausnahme von Kilikien, das Plisthenes , Kassanders Bruder, übergeben wird, bleibt Seleukus überlassen . – Demetrius entkommt mit Hilfe seiner Flotte nach Griechenland.

Innenorganisation der Monarchie.

28. Die fast ununterbrochene Reihe von Kriegen, die seit der Zeit Alexanders gewütet hatten, muss die Möglichkeit ausgeschlossen haben, dass in Bezug auf die innere Organisation viel bewirkt wurde. Es scheint fast, wenn nicht ausschließlich, militärischer Natur gewesen zu sein. Dennoch wurden die zahlreichen Verwüstungen bis zu einem gewissen Grad durch die Errichtung neuer Städte ausgeglichen, in denen diese Fürsten miteinander wetteiferten, teilweise aus Eitelkeit getrieben, ihre Namen zu verewigen, teilweise aus der Politik, ihre Herrschaft zu sichern, wobei die meisten neuen

Siedlungen Militärkolonien waren . Dennoch war dies nur eine traurige Wiedergutmachung für die vielfältigen Unterdrückungen, denen die Eingeborenen durch die Praxis der Einquartierung der Armee ausgesetzt waren. Die Verbreitung der Sprache und Zivilisation der Griechen beraubte sie aller nationalen Unterscheidungen; Ihre eigenen Sprachen versinken in bloßen Provinzdialekten. Alexanders Monarchie ist ein eindrucksvolles Beispiel dafür, wie wenig man von einer erzwungenen Verschmelzung der Rassen erwarten kann, wenn der Preis dieser Verschmelzung die Auslöschung des Nationalcharakters der einzelnen Menschen ist.

HEYNE , *Opum regni Macedonici auctarum , attritarum et eversarum , causæ Wahrscheinlichkeiten ; in Opusc* . T. iv. Diese Sammlung enthält mehrere weitere Abhandlungen zur griechischen und mazedonischen Geschichte, die nicht alle einzeln aufgezählt werden können.

DRITTE PERIODE.

Geschichte der Königreiche und Staaten, die nach der Zerstückelung der mazedonischen Monarchie nach der Schlacht von Ipsus entstanden .

I. GESCHICHTE DES SYRISCHEN REICHES UNTER DEN SELEUKIDEN , 312–64 v. Chr.

QUELLEN. Weder für die Geschichte des syrischen, noch des ägyptischen und mazedonischen Königreichs ist ein bedeutender Schriftsteller überliefert. Die Fragmente der verlorenen Bücher von Diodorus und seit der Zeit, als diese Königreiche Verbündete Roms wurden, die von Polybios, mehrere Erzählungen von Livius, die Syriaca von Appian und einige von Plutarchs Leben sind die wichtigsten Autoritäten; Allzu oft sind wir gezwungen, uns auf die Auszüge von Justin zu verlassen. Für die Geschichte der Seleukiden gewinnen aufgrund der politischen Verbindung dieser Fürsten mit den Juden die Altertümer des Josephus und das Buch der Makkabäer von Bedeutung. Neben diesen Autoritäten liefern die vielen erhaltenen Münzen dieser Könige viele Informationen über ihre Genealogie und Chronologie.

Von den modernen Veröffentlichungen zu diesem Thema ist das Hauptwerk

VAILLANT , *Imperium Seleucidarum sive Geschichte regum Syrien* , 1681, 4to. Die Untersuchung basiert hauptsächlich auf Münzen, wie dies auch bei der Fall ist

FROELICH , *Annales rerum et regum Syrien* . Wien , 1754.

Seleukus Nikator,

1. Das Königreich der Seleukiden wurde in Oberasien von Seleukus Nikator gegründet. Es war ein ausgedehntes Reich; aber da es aus verschiedenen Ländern bestand, die nur durch Eroberung vereint waren, konnte es nur wenig innere Stabilität besitzen, abgesehen von dem, was es aus der Macht seiner Herrscher schöpfte. Diese Macht fiel mit dem Gründer; und die Verlegung des Reichssitzes von den Ufern des Tigris nach Syrien verwickelte die Seleukiden in alle politischen Auseinandersetzungen der westlichen Welt und erleichterte den Aufstand der oberen Provinzen. Die Geschichte dieses Königreichs gliedert sich in die Zeit vor und nach dem Krieg mit Rom; obwohl bei Ausbruch dieses Krieges die Saat für seinen Niedergang und Untergang bereits gesät war.

Seleukus erhielt 321 Babylon als seine Provinz; doch nach der Niederlage musste Eumenes 315 fliehen, um der Unterwerfung durch den Eroberer Antigonos zu entgehen. Aber seine gemäßigte Regierung hatte ihn so beliebt gemacht, dass er nach dem Sieg von Ptolemaios über Demetrius in Gaza im

Jahr 312 getrost die Rückkehr mit nur wenigen Anhängern nach Babylon wagen konnte. In diesem Jahr beginnt das Königreich der Seleukiden .

gründet das Königreich der Seleukiden .
Chr. 313.311.

2. In den zehn folgenden Jahren und während Antigonos in Kleinasien tätig war, legte Seleukus den Grundstein für seine Macht über ganz Oberasien, mit einer Leichtigkeit, zu der vor allem der durch die strenge Regierung des Antigonos hervorgerufene Abscheu beitrug. Nach seinem Sieg über Nikanor von Medien erklärten sich alle in dieser Gegend spontan für ihn; und der erfolglose Feldzug des Demetrius lehrte Antigonus selbst, dass es nicht mehr ratsam wäre, seine Ansprüche geltend zu machen. Bereits im Jahr 307 besaß Seleukus alle Länder zwischen Euphrat, Indus und Oxus.

Kampagne gegen Indien,
305.

3. Großer Feldzug in Indien, den Seleukus gegen König Sandracottus unternahm . Er drang bis zum Ganges vor, und das enge Bündnis, das er mit dem indischen Herrscher schloss, hielt noch lange an und wurde durch Botschaften aufrechterhalten. Die große Anzahl Elefanten, die er mitbrachte, war nicht der einzige Vorteil, der sich aus dieser Expedition ergab; der Verkehr mit dem Osten scheint dauerhaft wiederhergestellt worden zu sein.

Sitz der Regierung nach Syrien verlegt,
301.

4. Durch die Schlacht von Ipsus Seleukus fügte seinen Herrschaftsgebieten den größten Teil der Gebiete des Antigonos hinzu: Syrien, Kappadokien, Mesopotamien und Armenien. Leider wurde Syrien nun zur Hauptprovinz, obwohl Cœle , Syrien und Phönizien in den Händen von Ptolemaios blieben. Wie völlig anders wäre der Verlauf der historischen Ereignisse verlaufen, wenn der Sitz des Reiches in Seleukia am Tigris geblieben wäre und der Euphrat weiterhin die westliche Grenze der Seleukiden gewesen wäre !

5. Wechselseitige Beziehungen zwischen den einzelnen Königen, die sich nun zu einer Art politischem System zusammenschließen, in dem die anhaltenden Bemühungen um die Aufrechterhaltung eines Machtgleichgewichts durch Bündnisse und Heirat deutlich erkennbar sind.

Verbindung zwischen Seleukus und Demetrius Poliorcetes , durch die Heirat des ersteren mit der schönen Stratonike , Tochter des letzteren; hergestellt mit der Absicht, eine ähnliche Verbindung zwischen Ptolemaios und Lysimachos auszugleichen; Lysimachos und sein Sohn Agathokles schlossen sich mit zwei Töchtern des Ptolemäus zusammen.

Langer Frieden in Asien,
301–283.

6. Die achtzehn Jahre der Ruhe , die Asien nach der Schlacht von Ipsus genoss , beweisen, dass Seleukus einer der wenigen Anhänger Alexanders war, der ein Talent für die Kunst des Friedens besaß. Er gründete oder verschönerte eine große Anzahl von Städten, von denen die wichtigsten die Hauptstadt Antiochia in Syrien und die beiden Seleukien waren , eine am Tigris, die andere am Orontes: Der blühende Wohlstand mehrerer dieser Orte war die Ergebnis der Wiederherstellung des Osthandels; Neue Kanäle scheinen zu dieser Zeit auf den Hauptströmen Asiens und insbesondere auf dem Oxus eröffnet worden zu sein.

Das Reich wurde in Satrapien aufgeteilt.

7. Die Heimatabteilung seines Reiches war in Satrapien organisiert, von denen es zweiundsiebzig gab. Aber Alexanders Maxime, „die Satrapien den Eingeborenen zu geben“, wurde von seinen Anhängern völlig vergessen; und es dauerte nicht lange, bis die Seleukiden die schlimmen Folgen einer Abkehr von dieser Praxis erlebten. Unter einem solchen Fürsten wie Seleukus konnte kaum ein Königreich von selbst auseinanderfallen; aber der König selbst ebnete den Weg für die Zerstückelung seines Reiches, indem er 293. Oberasien zusammen mit seiner Gemahlin Stratonike an seinen Sohn Antiochus abtrat; Allerdings nicht ohne vorherige Zustimmung der Armee.

Eroberung Kleinasiens.
282.281.

8. Krieg mit Lysimachos, entfacht durch uralte Eifersucht und nun angeheizt durch Familienfehden. Die Schlacht von Curopedion kostete Lysimachos seinen Thron und sein Leben; und Kleinasien wurde Teil des syrischen Reiches. Doch als Seleukus nach Europa überreiste, um Mazedonien zu seinen Herrschaftsgebieten hinzuzufügen, fiel er durch die Hand eines Attentäters, Ptolemaios Ceraunos , und mit ihm wurde die Pracht seines Königreichs ausgelöscht.

Antiochus Soter ,
281–262.

9. Die Herrschaft seines Sohnes, Antiochos I. mit dem Beinamen Soter , schien nicht unglücklich zu sein, da das Reich seine frühere Ausdehnung bewahrte; aber in jedem auf Eroberung gegründeten Staat ist das Scheitern neuer Versuche einer Gebietsvergrößerung ein sicheres Zeichen für den bevorstehenden Ruin; und das war hier der Fall. – Je unmittelbarer in einem

solchen Zustand alles von der Person des Herrschers abhängt, desto schneller und spürbarer sind die Auswirkungen der Degeneration in einer Familie wie der der Seleukiden .

Die späten Eroberungen seines Vaters in Kleinasien verwickelten Antiochus in neue Kriege; obwohl er durch die Heirat seiner Stieftochter Phila mit Antigonos Gonatas seine Ansprüche auf Mazedonien abtrat, 277. – Erfolgloser Versuch, Bithynien zu unterwerfen, 279; Der König dieses Landes, Nikomedes , ruft die Gallier herbei , die in Mazedonien eingedrungen waren, und gibt ihnen eine Niederlassung in Galatien (277), wo sie auch nach dem Sieg, den Antiochus (275) über sie errungen hat, und durch ihre Beteiligung Fuß fassen können in den Kriegen werden sie als Söldner von Bedeutung. – Der neu entstandene Staat Pergamon gedeiht ebenfalls, auf Kosten des syrischen Reiches, trotz des Angriffs von Antiochus, 263; und der Einmarsch nach Ägypten, um die aufständischen Magas zu unterstützen, wird von Ptolemaios II. erwartet. 264.

Antiochus Theus,
262–247. Aufstieg der parthischen und baktrischen Königreiche.

10. Antiochos II. mit dem Nachnamen Θεός . Während seiner Herrschaft lag die Herrschaft in den Händen von Frauen; und der kranke Zustand im Inneren des Reiches wurde durch die Abspaltung verschiedener östlicher Provinzen spürbar, aus denen die parthischen und baktrischen Königreiche hervorgingen. Der grenzenlose Luxus des Hofes beschleunigte den Niedergang der Herrscherfamilie; Nachdem es einmal zu sinken begonnen hatte, hätte es seine Tugend nicht ohne Schwierigkeiten wiedererlangen können, unabhängig von den ehelichen Bindungen, die sich jetzt ständig in ihm selbst bildeten.

Vorfahren seiner Stiefschwester und Frau Laodice und seiner Schwester Apame , Relikt von Magas; Letzteres verwickelt ihn in einen Krieg mit Ptolemaios II. um ihre Ansprüche gegenüber Kyrene zu rechtfertigen; es endet mit der Heirat von Antiochus mit Berenike, der Tochter des Ptolemäus, und seiner Ablehnung von Laodice, 260–252. Nachdem er nach dem Tod des Ptolemäus im Jahr 247 Berenike vertrieben und Laodice zurückerobert hatte; dieser, der seinen Beweggründen nicht traut, schneidet ihn durch Gift ab . – Die Abspaltung Parthiens erfolgte infolge der Vertreibung des makedonischen Statthalters durch Arsakes, den Begründer des Hauses der Arsakiden ; die Abspaltung Baktriens hingegen wurde herbeigeführt etwa durch den makedonischen Statthalter selbst, Theodotus , der seine Unabhängigkeit behauptete. (Zu diesen beiden Königreichen siehe unten, Buch IV. Periode III. Dist. Kingdoms IV. Parag . 4, 5.) Zunächst umfasste das erstere dieser Königreiche nur einen Teil von Parthien; letzteres nur Baktrien und vielleicht Sogdiana; beide wurden jedoch bald auf Kosten der Seleukiden vergrößert .

Seleukus Callinicus ,
247–227.

11. Seleukus II. mit dem Nachnamen Callinicus . Seine zwanzigjährige Herrschaft ist eine ununterbrochene Reihe von Kriegen; in dem das bereits geschwächte Königreich untergraben wurde, teilweise durch den Kampf mit Ägypten, verursacht durch den Hass zwischen Laodice und Berenice; teilweise durch die Eifersucht seines Bruders Antiochus Hierax ; und teilweise durch vergebliche Versuche, die oberen Provinzen zurückzugewinnen.

Ermordung Berenikes und dadurch entfachter höchst unglücklicher Krieg mit Ptolemaios Evergetes von Ägypten, 247–244. Die Unterstützung, die Seleukus von seinem jüngeren Bruder Antiochus, Gouverneur von Kleinasien, erhält, veranlasst Ptolemaios zu einem Waffenstillstand, 243; aber es kommt zu einem weiteren Krieg zwischen den beiden Brüdern, in dem Antiochus, zunächst Eroberer, bald darauf selbst besiegt wird, 243–240; und während dieses Kampfes vergrößerte Eumenes von Pergamon sein Territorium auf Kosten Syriens erheblich, 242. – Sein erster Feldzug gegen Arsaces, der ein Bündnis mit dem baktrischen König geschlossen hatte, endete mit einer Niederlage, 238, die von den Parthern als die angesehen wurde wahre Epoche der Gründung ihres Königreiches. Im zweiten Feldzug 236 fiel er selbst in die Hände der Parther und blieb bis zu seinem Tod 227 gefangen.

Seleukus Ceraunus , 227.
224.

12. Sein älterer Sohn Seleukus III. mit dem Nachnamen Ceraunus , der im Begriff war, gegen Attalos, den König von Pergamon , ins Feld zu ziehen , wurde durch Gift beseitigt. Aber die Herrschaft der Seleukiden wurde in Kleinasien durch den brüderlichen Neffen seiner Mutter, Achäus , wiederhergestellt ; und die Krone wurde dem jüngeren Bruder Antiochus, Gouverneur von Babylon, zugesichert.

Antiochus der Große,
224–187.

13. Die lange Herrschaft von Antiochos III. mit dem Beinamen „der Große" ist nicht nur der ereignisreichste in der syrischen Geschichte, sondern markiert durch die nun beginnenden Beziehungen zwischen Syrien und Rom auch eine Epoche. – Den Titel „ *Großer*"zu verdienen , war in einer solchen Fürstenlinie eine Aufgabe, die keine allzu große Schwierigkeit darstellte .

Aufstand in den Medien und in Persien.
218.220.

14. Große Macht von Hermias dem Karier, der für den jungen Monarchen bald so furchterregend wurde, dass er sich gezwungen sah, ihn durch Mord loszuwerden. Der große Widerstand der Brüder Molo und Alexander, Satrapen von Medien und Persien, die wahrscheinlich eine Vereinbarung mit Hermias hatten , drohte dem König mit dem Verlust aller oberen Provinzen: Er endete mit der Niederlage von Molo, Hermias war schließlich besiegt nicht mehr in der Lage, den König daran zu hindern, persönlich gegen ihn vorzugehen.

Krieg mit den Ptolemäern: Aufstand Kleinasiens, 220.
219.217.216.

15. Die Intrigen des Hermias erregten Achäus zum Aufstand in Kleinasien. Aber Antiochus hielt es für wichtiger, zunächst den Plan auszuführen, den er zuvor entworfen hatte, nämlich die Ptolemäer aus ihren Besitztümern in Syrien zu vertreiben; So groß der Erfolg, der diese Expedition zunächst mit sich brachte, so groß war, so wurde sie doch durch die Schlacht von Raphia völlig zunichte gemacht . Antiochus verbündete sich mit Attalos von Pergamon und besiegte dann Achäus , der in der Zitadelle von Sardes eingesperrt und auf verräterische Weise in seine Hände ausgeliefert wurde .

Feldzug in den oberen Provinzen,
214–205.210.206.

16. Großer Feldzug des Antiochus in den oberen Provinzen infolge der Eroberung Mediens durch Arsakes III. – Die Feindseligkeiten endeten in einem Pakt, in dem Antiochus sich früher bereit erklärte, Parthien und Hyrkanien abzutreten ; Arsakes seinerseits gelobte, Hilfe gegen Baktrien zu leisten. – Aber dem Krieg mit Baktrien folgte auch ein Frieden, so dass der König Euthydemus im Besitz seiner Krone und seiner Herrschaftsgebiete blieb. – Der Feldzug, den Antiochus jetzt unternahm Die Kompanie mit Demetrius von Baktriana gegen Indien erstreckte sich wahrscheinlich bis weit ins Landesinnere und hatte wichtige Folgen für Baktriana . (Siehe unten, Geschichte von Baktrien, Buch iv. per. iii. Dist. Kingdoms iv. Abs . 5.)

Das Ergebnis dieser großen Expeditionen war die Errichtung der Vorherrschaft der Seleukiden in Oberasien; Mit Ausnahme derjenigen Länder, die offiziell zurückgetreten waren.

Auf seiner Rückkehr durch Arachotos und Karmanien, wo er überwinterte, unternahm er ebenfalls eine Flottenexpedition am Persischen Golf : Hier erscheint Gerrha , im Besitz seiner Freiheit, als blühender Handelsplatz.

Krieg mit Ägypten,
203.

17. Wiederaufnahme des Plans gegen Ägypten nach dem Tod von Ptolemaios Philopator ; und Bündnis mit Philipp von Mazedonien, dann Krieg in Asien führend. Allerdings erreichte Antiochus sein Ziel mit der Vertreibung der Ptolemäer aus ihren Besitztümern in Syrien, Cœle -Syrien und Phönizien ; Doch dann brachte ihn sein Erfolg mit 203–198 in Kontakt. Rom, ein Ereignis von entscheidender Bedeutung für ihn und seine Nachfolger.

Krieg mit Rom.
197.195.

18. Zunahme der Streitigkeiten zwischen dem König und Rom, ausgehend von der Eroberung des größten Teils Kleinasiens und des thrakischen Chersones ; In der Zwischenzeit hatte Hannibal am syrischen Hof Zuflucht gesucht, und die Wahrscheinlichkeit, dass sich ein großer Bund gegen Rom bilden würde, stieg von Tag zu Tag, obwohl es dieser Macht nach der Eroberung von Karthago (201) und Mazedonien (197) gelungen war, durch Magie sogar Griechenland für sich zu gewinnen Zauber der *Freiheit* . Aber Antiochus ruinierte alles: Anstatt Hannibals Rat zu befolgen und die Römer auf ihrem eigenen Boden anzugreifen, blieb er in der Defensive und ließ zu, dass sie in Asien von ihnen angegriffen wurden. Seine Niederlage bei Magnesia in der Nähe des Berges Sipylos zwang ihn, den Bedingungen zuzustimmen , die Rom diktieren wollte, und die Macht des syrischen Reiches war für immer gebrochen.

Zur Geschichte dieses Krieges siehe unten in der römischen Geschichte. Buch v. pro. ii. Parag . 10, 11.

Friedensbedingungen mit Rom.

19. Die Friedensbedingungen waren: 1. Dass Antiochus Kleinasien räumen sollte; (Asien cis Taurum .) 2. Dass er 15.000 Talente zurückzahlen sollte; und an Eumenes von Pergamon vierhundert. 3. Dass Hannibal und einige andere ausgeliefert und der jüngere Sohn des Königs, Antiochus, als Geisel gegeben werden sollten. – Der Verlust der kapitulierten Länder war eine Folge dieses Friedens, der für die syrischen Könige weniger nachteilig war als der Gebrauch, den er daraus machte von den Eroberern. Indem die Römer den größten Teil der abgetretenen Gebiete denen der Könige von Pergamon hinzufügten , stellten sie neben ihrem Feind einen Rivalen auf, den sie nach Belieben als politische Waffe gegen ihn einsetzen konnten . – Rom sorgte ebenfalls dafür, dass die Der festgelegte Betrag sollte in Raten in zwölf Jahren gezahlt werden, um Syrien auf Dauer in Abhängigkeit zu halten.

Seleukus Philopator ,
187–176.

20. Ermordung des Königs, 187. Die Herrschaft seines älteren Sohnes Seleukus IV. mit dem Beinamen Philopator , war eine Zeit der Ruhe ; Frieden, der aus Schwäche entsteht. – Obwohl er einst sein Schwert zur Verteidigung von Pharnaces , dem König von Pontus, gegen Eumenes zog, zwang ihn seine Angst vor Rom bald dazu, es wieder in die Scheide zu stecken. Er tauschte seinen Sohn gegen seinen Bruder in Rom; fiel aber dem Ehrgeiz seines Ministers Heliodorus zum Opfer .

Antiochus Epiphanes,
176–164.

21. Antiochos IV. mit dem Beinamen Epiphanes. Er wurde in Rom ausgebildet und versuchte, die populären Manieren eines Römers mit dem protzigen Luxus eines Syrers zu verbinden. und wurde dadurch zum Objekt universellen Hasses und Verachtung. Unsere Informationen über seine Geschichte sind zu dürftig, als dass wir darüber entscheiden könnten, ob die meisten der über ihn berichteten Übel, insbesondere in den jüdischen Berichten, nicht übertrieben sind. Auf jeden Fall können wir trotz all seiner Fehler noch die Keime guter Eigenschaften in ihm erkennen.

Sein Krieg gegen Ägypten,
172–168:

22. Krieg mit Ägypten, der sich aus den Ansprüchen von Ptolemaios Philometor auf Cœle – Syrien und Palästina ergab. So unklar viele Teile in der Geschichte dieses Krieges auch sind , so ist doch offensichtlich, dass die Waffen von Antiochus Erfolg hatten und dass er Herr über Ägypten geworden wäre, wenn Rom nicht eingegriffen hätte.

Der Vorwand für den Krieg auf ägyptischer Seite war, dass diese Provinzen von Antiochos III. als Mitgift an Kleopatra, die Schwester des Antiochus und die Mutter des Philometor , versprochen worden: Antiochus Epiphanes seinerseits erhob Anspruch auf die Regentschaft Ägyptens als Onkel des jungen Königs, der jedoch bald für mündig erklärt wurde.— Kriegsbeginn und Sieg von Antiochus bei Pelusium , 171; Infolgedessen wird Zypern in seine Hände verraten. – Pelusium wird befestigt, um den Besitz von Cœle -Syrien zu sichern und einen Einfall in Ägypten zu erleichtern. – Ein weiterer Sieg, 170, und Ägypten wird bis nach Alexandria unterworfen. Philometor wird durch einen Aufruhr aus Alexandria vertrieben, wo sein Bruder Physcon auf dem Thron sitzt, und fällt in die Hände von Antiochus, der mit ihm einen äußerst vorteilhaften Frieden schließt und sich gegen Physcon zur Seite stellt . Daher wird Alexandria belagert, 169; besucht, ohne Erfolg. Auf dem Rückzug des Antiochus wird Philometor nach Alexandria eingelassen, nachdem er mit seinem Bruder einen Separatfrieden geschlossen hat, wonach beide gemeinsam regieren sollen. Antiochus, erbittert erzürnt, erklärt nun beiden Brüdern, die sich um Hilfe aus Rom sehnen, den Krieg: Er dringt erneut nach Ägypten ein, 168; wo der römische Gesandte Popillius einen so erhabenen Ton anschlägt, dass der syrische König froh ist, durch die Übergabe Zyperns und Pelusiums Frieden zu erkaufen .

seine Intoleranz:

23. Die religiöse Intoleranz von Epiphanes, die sich in seinem Wunsch äußerte, den griechischen Gottesdienst überall unter den Untertanen seines Reiches einzuführen, ist umso bemerkenswerter, als solche Fälle zu dieser Zeit seltener vorkamen. Diese Intoleranz scheint ihren Ursprung nicht nur in der Liebe zum Prunk gehabt zu haben, sondern auch in der Gier des Königs, der dadurch in die Lage versetzt wurde, sich die Schätze der Tempel anzueignen, die seit seiner Niederlage nicht mehr unantastbar waren Vater von Rom. Der anschließende Aufruhr der Juden unter den Makkabäern legte den Grundstein für die künftige Unabhängigkeit dieses Volkes und trug nicht wenig zur Schwächung des syrischen Königreichs bei.

Siehe unten; Geschichte der Juden, Buch IV. pro. iv; Kleinstaatenjuden, Parag . 6. Der tiefgreifende Verfall der Finanzen der Seleukiden , der seit den letzten Tagen von Antiochus dem Großen spürbar ist, lässt sich gut durch den Rückgang der Einnahmen erklären, der mit einem zunehmenden Luxus der Könige einherging (ein Beispiel dafür). wird in den von Antiochus Epiphanes in Daphne (166) gefeierten Festen geliefert) und in den riesigen Geschenken, die zusätzlich zum Tribut ständig nach Rom geschickt werden, um dort eine Party aufrechtzuerhalten.

sein Tod,
165.

24. Seine Expedition auch nach Oberasien, insbesondere nach Persis, wo die Einführung der griechischen Religion ebenfalls große Unruhen hervorrief, hatte nicht nur die Wiederherstellung Armeniens zum Ziel, sondern auch die Zerstörung der Tempel. Er starb jedoch auf dem Weg nach Babylon.

Antiochus Eupator .
164–161.

25. Der eigentliche Thronfolger, Demetrius, wurde als Geisel in Rom festgehalten . Epiphanes wurde zunächst von seinem Sohn Antiochus V. mit Nachnamen Eupator abgelöst , einem neunjährigen Kind. Während seiner kurzen Regierungszeit führten die Streitigkeiten seiner Vormunde, der Despotismus der Römer, der langwierige Krieg mit den Juden und die

beginnenden Eroberungen der Parther dazu, dass das Königreich der Seleukiden zu einem machtlosen Staat wurde.

Streit zwischen Lysias, Regent in Abwesenheit von Epiphanes, und Philipp, der vom König vor seinem Tod zum Vormund des jungen Prinzen ernannt wurde, beendet durch die Niederlage Philipps, 162. – Eupators Recht in Rom anerkannt, damit die Vormundschaft könnte in die Hände des Senats fallen, der durch eine nach Syrien entsandte Kommission die Regierung verwaltet und den König völlig aller Widerstandskraft beraubt. Octavius, Chef der Kommission, hingerichtet, wohl auf Veranlassung des Lysias . – Während der parthische König Mithridates I. seine Eroberungszüge auf Kosten des syrischen Königreichs in Oberasien ausführt, flieht Demetrius heimlich aus Rom, nimmt Inbesitznahme des Thrones und Verursachung der Hinrichtung von Eupator und Lysias, 161.

Demetrius Soter ,
161–150.

26. Demetrius I. mit dem Beinamen Soter . Es gelang ihm, in Rom anerkannt zu werden, wovon nun alles abhing. Die Versuche, seine Macht durch die Unterstützung von Orofernes , dem Prätendenten auf die Krone von Kappadokien, gegen den König Ariarathes auszudehnen, hatten ihren Ursprung teilweise in Familienbeziehungen, mehr noch aber, wie es bei fast allen politischen Transaktionen dieser Zeit der Fall war, in Bestechung. Durch diese Tat zog er nur die Feindschaft der Könige von Ägypten und Pergamon auf sich ; Da er darüber hinaus von seinen Untertanen wegen seiner Unmäßigkeit gehasst wurde, waren die Erfolgsaussichten für die schändliche Usurpation von Alexander Balas durch Heraklidas , den vertriebenen Gouverneur von Babylon, und die von noch mehr unterstützt wurde, sehr günstig beschämendes Verhalten des römischen Senats, der seinen Anspruch auf den Thron anerkannte. Das syrische Königreich war nun so tief gestürzt, dass sowohl der König als auch der Usurpator gezwungen waren, um die Gunst der Juden unter Jonathan zu werben, die bisher als Rebellen galten. In der zweiten Schlacht verlor Demetrius sein Leben.

Alexander Balas ,
150–145.

27. Der Usurpator Alexander Balas versuchte, seine Macht durch eine Heirat mit Kleopatra, der Tochter des Ptolemaios Philometor , zu festigen , erwies sich jedoch bald als noch unwürdiger als sein Vorgänger, das Zepter zu führen . Während er die Regierung seinem Günstling , dem verhassten Ammonius , überließ, gelingt es dem ältesten verbliebenen Sohn des Demetrius nicht nur, eine Partei gegen den Usurpator aufzustellen, sondern sogar Philometor dazu zu bewegen , sich auf seine Seite zu stellen und ihm

Kleopatra, die er, zur Frau zu geben nimmt Balas weg . Die Folge dieses Bündnisses mit Ägypten war die Niederlage und der Untergang von Balas , der allerdings Philometor das Leben kostete .

Der Bericht, dass Philometor Syrien für sich erobern wollte, muss wahrscheinlich so verstanden werden, dass er den Plan hatte, die altägyptischen Besitztümer Cœle -Syrien und Phönizien zurückzugewinnen . Warum hätte er sonst seine Tochter einem zweiten Thronprätendenten schenken sollen?

Demetrius Nikator, 145–126.
145.144.143.142.140—130.

28. Demetrius II. mit dem Nachnamen Nicator, 145–141, und zum zweiten Mal, 130–126. Die Auflösung der Söldner seines Vaters erregte die Empörung der Armee und die Grausamkeit seines Günstlings Lasthenes entfachte in der Hauptstadt einen Aufruhr, der ohne die Hilfe der Juden unter ihrem Hohepriester und Heerführer Jonathan nicht unterdrückt werden konnte. – Während die Dinge in dieser Haltung liefen, regte Diodotus , später Tryphon genannt , ein Untertan von Balas , an einen Aufstand, indem er Antiochus, dessen Sohn, hervorbrachte und ihn mit Hilfe Jonathans sogar auf den Thron von Antiochia setzte. Kurz darauf entfernte Tryphon, nachdem er Jonathan durch Verrat in seine Gewalt gebracht hatte, Antiochus durch Mord und übernahm die Macht das Diadem selbst. – Obwohl Demetrius nur in einem Teil Syriens Fuß fasste, konnte er dem Ruf der griechischen Kolonisten in Oberasien folgen und sie gegen die Parther unterstützen, die das Land bis zum Euphrat überrannt hatten. – Obwohl er zu Beginn des Kampfes siegreich war, wurde er bald darauf von den Parthern gefangen genommen und blieb zehn Jahre lang ein Gefangener, obwohl er inzwischen wie ein König behandelt wurde.

Antiochos von Sida .
139.132.131.

29. Um sich gegen Tryphon zu behaupten , heiratet Kleopatra den jüngeren und besseren Bruder Antiochus von Sida (Sidetes); Da er zunächst mit den Juden verbündet war , die jedoch bald darauf unterworfen wurden, besiegt und stürzt er Tryphon . Als nun Herr und Herr über Syrien unternimmt er einen Feldzug gegen die Parther; Zu Beginn freundet er sich mit den Untertanen der Parther an und ist erfolgreich, wird aber bald darauf im Winterquartier von eben diesen Freunden angegriffen und zusammen mit seiner gesamten Armee in Stücke gerissen.

Wenn die Berichte über die mutwillige Zügellosigkeit seiner Armee nicht übertrieben sind, liefern sie doch den klarsten Beweis für den militärischen Despotismus jener Zeit. Durch fortgesetzte Plünderung und Erpressung war der Reichtum des Landes in die Hände der Soldaten gelangt; und der Zustand Syriens muss nahezu derselbe gewesen sein wie der Ägyptens unter den Mamluken-Sultanen.

Demetrius Nikator wiederhergestellt,
130–126.126.

30. Inzwischen Demetrius II. Nachdem er aus dem Gefängnis entkommen war, setzte er sich erneut auf den Thron. Doch da Ptolemaios Physcon nun noch überheblicher als zuvor war und sich in die ägyptischen Angelegenheiten einmischte, stellte er einen Rivalen in der Person von Alexander Zebinas , einem angeblichen Sohn von Alexander Balas , gegen ihn auf . von ihm wurde er besiegt und getötet.

Der Partherkönig Phraates II. hatte zunächst Demetrius befreit, mit dem seine Schwester Rhodogune durch Heirat verbunden war, um durch sein Erscheinen in Syrien Antiochus zum Rückzug zu zwingen. Nachdem Antiochus gefallen war, hätte Phraates Demetrius gerne zurückerobert, aber er entkam.

126—85.

31. Die folgende Geschichte der Seleukiden ist ein Bild von Bürgerkriegen, Familienfehden und schrecklichen Taten, wie sie kaum ihresgleichen haben. Der äußerste Rand des Reiches war nun der Euphrat; ganz Oberasien erkannte die Herrschaft der Parther an. Nachdem die Juden außerdem ihre Unabhängigkeit vollständig verteidigt hatten, wurde das Königreich folglich auf Syrien und Phönizien beschränkt . Der Staat war so völlig verfallen, dass selbst die Römer – sei es, weil es nichts mehr zu plündern gab oder weil sie es für klüger hielten, die Seleukiden in gegenseitigen Streitereien aufreiben zu lassen – anscheinend keinerlei Rücksicht auf Syrien genommen hatten wird eine römische Provinz, 64. davon, bis sie es am Ende des letzten Krieges mit Mithridates für richtig hielten, es offiziell als Provinz ihrem Reich anzuschließen.

Krieg zwischen Alexander Zebinas und dem ehrgeizigen Relikt des Demetrius, Kleopatra, die 125 v. Chr. ihren ältesten Sohn Seleukus eigenhändig ermordet , weil er Anspruch auf die Krone erhebt, die sie nun ihrem jüngeren Sohn Antiochus Gryphus schenkt ; der neue König sah sich jedoch bald gezwungen, sein eigenes Leben durch die Ermordung seiner Mutter zu sichern, 122; Alexander Zebinas wurde im Jahr zuvor, 123, besiegt und hingerichtet. Nach einer friedlichen Herrschaft von acht Jahren, 122–114, ist Antiochus Gryphus in einen Krieg mit seinem Halbbruder Antiochus Cyzicenus , Sohn der Kleopatra von Antiochus Sidetes , verwickelt ; dieser endet 111 in einer Gebietsteilung. Doch der Krieg zwischen den Brüdern brach bald von neuem aus, und gerade als dieses unglückliche Königreich in Stücke zu zerfallen schien, wurde Gryphus ermordet, 97. – Seleukus , der älteste seiner fünf Söhne, hatte Cyzicenus , 96, geschlagen und getötet ; der älteste Sohn des Letzteren, Antiochus Eusebes , führte den Krieg gegen die Söhne des Gryphus ; Als Eusebes schließlich besiegt wurde, 90, fielen die überlebenden Söhne des Gryphus in den Krieg untereinander, und der Kampf ging weiter, bis die Syrer, des Blutvergießens müde, taten, was sie schon lange zuvor hätten tun sollen, nämlich: übertrug die souveräne Macht im Jahr 85 auf Tigranes, den König von Armenien. Doch Eusebes' Witwe Selene behielt Ptolemais bis 70; und ihr älterer Sohn Antiochus Asiaticus nahm zu der Zeit, als Tigranes im Mithridatischen Krieg von Lucullus geschlagen wurde, einige Provinzen in Syrien in Besitz, 68; diese wurden ihm nach der völligen Niederlage von Mithridates durch Pompeius entrissen, als Tigranes seinen Anspruch aufgeben musste und Syrien eine Provinz des Römischen Reiches wurde, 64. Antiochus Asiaticus starb 58; sein Bruder Seleukus Cybiosactes , der Berenike geheiratet hatte, wurde auf den ägyptischen Thron erhoben, aber auf ihren Befehl hin ermordet, 57; und so wurde die Familie der Seleukiden völlig hinweggefegt.

II. *Geschichte des ägyptischen Königreichs unter den Ptolemäern, 323–30.*

Die Quellen dieser Geschichte sind größtenteils dieselben wie im vorangehenden Abschnitt; siehe oben, S. 232; aber leider noch spärlicher; Denn erstens können hier von den jüdischen Schriftstellern weniger Informationen abgeleitet werden; Zweitens: Da auf den unter den Ptolemäern geprägten Münzen keine fortlaufende Zeitreihe, sondern nur das Regierungsjahr des Königs angegeben ist, stellen sie keineswegs solche Sicherungen der Chronologie dar wie die der Seleukiden . Zu einigen wenigen Ereignissen liefern Inschriften wichtige Illustrationen.

Moderne Autoren haben die Geschichte der Ptolemäer fast vollständig chronologisch verfasst und keineswegs in dem Geiste behandelt, der ihr gebührt.

VAILLANT , *Historia Ptolemæorum* , fol. Amstelodam . 1701. Illustration anhand von Münzen.

CHAMPOLION FIGEAC , *Annales des Lagides , ou Chronologie des Rois d'Egypte , Nachfolger d'Alexandre le Grand* . Paris, 1819, 2 Bde. Mit dieser Abhandlung, die von der Académie des Inscriptions mit einem Preis ausgezeichnet wurde , ist das Thema keineswegs erschöpft. Sehen

J. SAINT-MARTIN , *Examen Critique de l'ouvrage de* M. CH. F. *Titel: Annales des Lagides* . Paris, 1820.

LETRONNE , *Recherchen für den Dienst in der Geschichte Ägyptens , abhängig von der Herrschaft der Griechen und Römer, Erzählungen von griechischen und lateinischen*

Inschriften , Verwandte in der Chronologie , im Staat der zivilen und religiösen Künste des Landes . Paris, 1828. Es lässt sich nicht leugnen, dass der Autor die in seinem Titel genannten Themen viel klarer beleuchtet hat.

Blühender Staat Ägyptens unter den Ptolemäern.

1. Ägypten erfüllte unter den Ptolemäern die Pläne Alexanders, vielleicht mehr als erfüllt; Es wurde nicht nur ein mächtiges Königreich, sondern auch das Zentrum des Handels und der Wissenschaft. Die Geschichte Ägyptens beschränkt sich jedoch fast ausschließlich auf die der neuen Hauptstadt Alexandria; Die Gründung dieser Stadt führte unmerklich zu einer Veränderung des nationalen Charakters, die niemals durch Gewalt herbeigeführt werden konnte. Im Genuss des Bürgerwohls und der Religionsfreiheit versank die Nation in einen Zustand politischer Schläfrigkeit, wie man es bei einem Volk, das sich so oft gegen die Perser auflehnte, kaum hätte erwarten können.

Alexandria war ursprünglich zweifellos eine Militärkolonie; Es dauerte jedoch nicht lange, bis es zu einem allgemeinen Erholungsort für alle Nationen wurde, wie es in dieser Zeit in kaum einer anderen Stadt zu finden war. Die Einwohner wurden in drei Klassen eingeteilt; *Alexandriner* (das heißt Fremde aller Nationen, die sich im Ort niedergelassen hatten; neben den Griechen waren offenbar die Juden am zahlreichsten), *Ägypter* und *Söldner* im Dienste des Königs. Die in Bezirke (φυλ ας) aufgeteilten Griechen und Mazedonier bildeten die Bürger; sie unterstanden der Stadtverwaltung; die anderen, wie zum Beispiel die Juden, bildeten Körperschaften entsprechend ihrer jeweiligen Nation. Je wichtiger Alexandria in vielerlei Hinsicht für die Geschichte ist, desto mehr ist es zu bedauern, dass die Berichte darüber, die uns erreicht haben, alles andere als zufriedenstellend sind! – Zur Topographie des antiken Alexandria:

BONAMY , *Beschreibung der Stadt d'Alexandrie* im *Mém . de l'Académie des Inscript* . Bd. ix. Vergleichen:

† JLF MANSO , *Briefe über das antike Alexandria* , in seinem *Vermischte Schriften* , Bd. ich .

Ptolemaios Soter ,
323 v. Chr. – 284.321.307.

2. Ptolemaios I. mit Beinamen Soter , der Sohn des Lagus , erhielt Ägypten für seinen Anteil, bei der ersten Teilung nach dem Tod Alexanders. Er war sich des Wertes seines Schicksals bewusst und war der einzige von Alexanders Nachfolgern, der die Mäßigung besaß, nicht alles zu erfassen. Zweifellos war er durch den Ehrgeiz der anderen Fürsten in deren Streitigkeiten verwickelt, aber sein Verhalten war so vorsichtig, dass Ägypten selbst nie in Gefahr geriet. Zweimal wurde er in diesem Land angegriffen,

zuerst von Perdikkas , dann von Antigonus und Demetrius. Er nutzte seine vorteilhafte Stellung erfolgreich aus und erweiterte in dieser Zeit darüber hinaus seine Herrschaft um mehrere Länder außerhalb Afrikas, wie Phönizien , Judäa und Coele -Syrien , und Zypern.

Der Besitz von Phönizien und Coele -Syrien aufgrund ihrer Wälder war für Ägypten als Seemacht von unabdingbarer Notwendigkeit. Sie wechselten häufig den Meister. Die erste Besetzung dieser Provinzen durch die ägyptische Regierung erfolgte im Jahr 320, kurz nach der Niederlage von Perdikkas durch Ptolemäus' General Nikanor, der den syrischen Satrapen Laomedon gefangen nahm, in ganz Syrien Fuß fasste und Garnisonen in den phönizischen Städten errichtete . Im Jahr 314 ging es nach seiner Rückkehr aus Oberasien und der Belagerung von Tyrus erneut an Antigonos verloren . Nachdem Ptolemaios Demetrius im Jahr 312 bei Gaza besiegt hatte, eroberte er diese Länder zurück, evakuierte sie jedoch bald darauf beim Erscheinen von Antigonos, dem sie durch den Frieden von 311 abgetreten wurden. Am Ende des letzten großen Bundes gegen Antigonos im Jahr 303 Ptolemaios besetzte sie erneut. Erschrocken über die falsche Meldung, Antigonos habe einen Sieg errungen, zog er sich nach Ägypten zurück und ließ dennoch Truppen in den Städten zurück. Nach der Schlacht von Ipsos im Jahr 301 wurden diese Länder ihm übergeben und blieben in den Händen der Ptolemäer, bis sie bei der zweiten Invasion von Antiochos dem Großen im Jahr 203 verloren gingen.

Zypern (siehe S. 154) erkannte wie die meisten anderen Inseln die Unterwerfung unter diejenigen an, die die Herrschaft über das Meer besaßen, und konnte sich daher der Herrschaft der Ptolemäer nicht entziehen. Es wurde bereits im Jahr 313 von Ptolemaios in Besitz genommen. Dennoch behielten die einzelnen Städte der Inseln ihre Könige, unter denen Nikokles von Paphos , der einen Geheimbund mit Antigonos eingegangen war, 310 getötet wurde. Nach der großen Seeschlacht 307 fiel Zypern in die Hände von Antigonus und Demetrius. Nach der Schlacht bei Ipsos im Jahr 301 blieb es zwar zunächst in der Macht des Demetrius; Doch als dieser Fürst nach Mazedonien überging, ergriff Ptolemaios (294) die Gelegenheit, es zurückzugewinnen, und die Insel blieb von da an unter der Herrschaft Ägyptens. Die ägyptischen Könige nutzten ihre Seestärke und übten häufig souveräne Macht über die Küsten Kleinasiens aus, insbesondere über Kilikien, Karien und Pamphylien, die unter dem zweiten Ptolemaios offenbar einen Teil ihres Territoriums gebildet hatten. Es ist jedoch kaum möglich, genau zu bestimmen, was ihr wirklicher Besitz in diesen Vierteln war.

Kyrene und Libyen wurden von Ägypten annektiert.

3. Ptolemaios dehnt sein Territorium ebenfalls innerhalb Afrikas aus, indem er Kyrene einnimmt; Infolgedessen fielen Libyen oder die

Nachbarländer zwischen Kyrene und Ägypten unter seine Herrschaft. Es ist auch wahrscheinlich, dass sogar unter seiner Herrschaft die Grenze des ägyptischen Reiches nach Äthiopien vorgeschoben wurde ; aber für diese Behauptung haben wir keine positive Autorität.

Der Fall von Kyrene wurde durch häusliche Unruhen herbeigeführt: Als der Ort von Thimbron belagert wurde , floh ein Teil der verbannten Adligen nach Ptolemaios; Der ägyptische Prinz befahl, dass sie von seinem General Ophellas wieder eingesetzt werden sollten , der 321 die Stadt selbst in Besitz nahm. Ein Aufstand im Jahr 312 wurde von Agis, dem General des Ptolemäus, niedergeschlagen. Dennoch scheint es, dass Ophellas seine Unabhängigkeit fast hergestellt hatte, als Durch den Verrat des Agathokles, mit dem er einen Bund gegen Karthago geschlossen hatte, kam er um 308 ums Leben. Kyrene wurde nun von Ptolemaios eingenommen und seinem Sohn Magas übergeben, der fünfzig Jahre lang darüber herrschte.

Verfassung der Regierung.

4. Was die interne Regierung Ägyptens betrifft, sind unsere Informationen bei weitem nicht vollständig. Die Einteilung in Bezirke oder Nomen wurde fortgesetzt; In einigen Fällen kann es zu Änderungen kommen. Die Macht des Königs schien unbegrenzt gewesen zu sein; die äußersten Provinzen wurden von Gouverneuren verwaltet, die vom Souverän ernannt wurden; ähnliche Offiziere wurden wahrscheinlich an die Spitze der verschiedenen Bezirke Ägyptens gestellt; aber kaum ein Dokument über das Heimatministerium dieses Landes hat unsere Zeit erreicht. Hohe öffentliche Positionen scheinen, zumindest in der Hauptstadt, ausschließlich Mazedoniern oder Griechen vorbehalten zu sein; Es wird nie erwähnt, dass ein Ägypter ein Amt innehat.

In Alexandria gab es vier Magistrate: die Exegeten, deren Amt darin bestand, für die Bedürfnisse der Stadt zu sorgen; der Oberste Richter; der Hypomnematographus – (Archivbeamter?) – und der Στρ ατηγ ὸ ς νυκτεριν ὸ ς, zweifellos der Aufseher der Polizei, dessen Aufgabe es war, nachts über den Frieden der Stadt zu wachen. Wir haben das ausdrückliche Zeugnis von Strabo, dass diese Ämter, die unter den Römern fortbestehen, bereits unter den Königen bestanden haben; ob ihre Gründung bis in die Zeit von Ptolemaios I. datiert werden kann, ist eine Frage, die keine Lösung zulässt. – Die Zahl der Distrikte oder Nomes scheint erhöht worden zu sein; wahrscheinlich aus politischer Sicht, damit kein Gouverneur oder Monarch mit einem zu großen Machtanteil ausgestattet wird.

Die Priesterkaste und die Religion bleiben bestehen.

5. Wie dem auch sei, es ist eine unbestrittene Tatsache, dass die alte nationale Verfassung und Verwaltung nicht völlig ausgelöscht wurde. Die Priesterkaste blieb zusammen mit der Nationalreligion bestehen; und obwohl der Einfluss der ersteren erheblich abnahm, hörte er nicht ganz auf. Eine bestimmte Art von Anbetung wurde den Königen sowohl zu Lebzeiten als auch nach ihrem Tod durch ernannte Priester erwiesen. Obwohl Memphis nicht der übliche Sitz des Hofes war, blieb es doch die Hauptstadt des Königreichs; dort wurde die Krönungszeremonie durchgeführt; und sein Phtha-Tempel war immer noch das Haupttheiligtum. Welchen Einfluss hatte nicht die Religion der Ägypter auf die der Griechen! Es war schwer zu sagen, welche Nation am meisten von der anderen geborgt hat.

Charakter des ersten Ptolemäers.

6. Die Erneuerung Ägyptens aus dem Zustand des allgemeinen Ruins, in den es gestürzt war, und die dauerhafte Ruhe, die es während fast dreißig Jahren, der Dauer der Herrschaft von Ptolemaios I., genoss – zu einer Zeit, als der Rest der Welt es war Bedrängt durch ständige Kriege, muss ihr Wohlstand unter einem so milden und wohltätigen Herrscher gesteigert worden sein. Aber Ptolemaios war sicherlich der einzige Fürst, der diese günstigen Umstände hätte nutzen können . Obwohl er von Beruf Soldat war, war er hochqualifiziert, selbst Schriftsteller und hatte ein Genie für alle Künste des Friedens, die er mit der offenen Großzügigkeit eines Königs pflegte: während er inmitten der strahlenden Pracht seines Hofes war führte selbst das Leben eines Privatmannes.

Vergrößerung Alexandrias durch den Import einer großen Zahl von Kolonisten; insbesondere Juden. – Errichtung mehrerer prächtiger Gebäude, insbesondere des Serapeum. – Maßnahmen zur Erweiterung des Handels und der Schifffahrt. – Der doppelte Hafen am Meer und am See Mareotis . – Der Bau des Pharus .

Literatur wird gefördert.

7. Aber was Ptolemaios von seinen Zeitgenossen mehr als alles andere unterschied, war seine Achtung für die Interessen der Wissenschaft. Die Idee zur Gründung des Museums entsprang den Notwendigkeiten der damaligen Zeit und entsprach der heute vorherrschenden monarchischen Regierungsform. Wo hätten die Wissenschaften in jenen Tagen der Zerstörung und Revolution einen Zufluchtsort finden können, wenn nicht unter dem Schutz eines Fürsten? Aber unter Ptolemaios fanden sie mehr als nur einen Unterschlupf, sie fanden einen Sammelpunkt. Hier wurden dementsprechend die exakten Wissenschaften vervollkommmnet: und obwohl die Kunst des Kritikers, die nun heranwuchs, weder einen Homer noch einen

Sophokles hervorbringen konnte, sollten *wir* , wären da nicht die Alexandriner gewesen, jetzt in der Lage sein, entweder Homer oder Sophokles zu lesen?

Gründung des Museums (Gesellschaft der Gelehrten) und der ersten Bibliothek in Bruchium (später ins Serapeum verlegt); wahrscheinlich unter der Leitung von Demetrius Phalereus . Eine angemessene Einschätzung der vom Museum erbrachten Leistungen fehlt noch: Welche Akademie im modernen Europa hat jedoch so viel geleistet?

HEYNE , *De genio Sæculi Ptolemæorum . Im Opuscul* . T. ich .

MATERIE , *Essai Geschichte auf der Schule d'Alexandrie* , 1820.

Ptolemaios Philadelphus,
284–246.

8. Ptolemaios II. mit Nachnamen Philadelphus, Sohn von Berenike, der zweiten Frau seines Vaters, hatte 286 als Mitkönig den Thron bestiegen. Seine Herrschaft, die achtunddreißig Jahre dauerte, war sogar friedlicher als die seines Vorgängers, dessen Geist ihn in allem zu inspirieren schien , außer dass er kein Krieger war; aber gerade aus diesem Grund waren die Künste des Friedens, Handel und Wissenschaft wurden mit größerer Energie gefördert. Unter seiner Herrschaft war Ägypten die erste Macht auf dem Seeweg und eine der ersten auf dem Landweg der Welt; und auch wenn die von Theokrit gegebene Beschreibung seiner 33.000 Städte als Übertreibung eines Dichters angesehen werden kann, ist es sehr sicher, dass Ägypten damals das blühendeste Land war, das es gab.

Der Handel von Alexandria gliederte sich in drei Hauptzweige: 1. Der Landhandel über Asien und Afrika. 2. Der Seehandel im Mittelmeer. 3. Der Seehandel auf dem Arabischen Golf und im Indischen Ozean. – Was den Landhandel Asiens, insbesondere den von Karawanen betriebenen Indien, betrifft, war Alexandria verpflichtet, ihn mit verschiedenen Städten und Ländern zu teilen: seit einer von seine Hauptrouten führten über den Oxus und das Kaspische Meer bis zum Schwarzen Meer; während die Karawanen, die durch Syrien und Mesopotamien reisten, sich zum größten Teil über die Seehäfen Phöniziens und Kleinasiens ausbreiteten. – Der Handel über Afrika erstreckte sich weit nach Westen und noch weiter nach Süden. Nach Westen hin war es durch die enge Verbindung zwischen Kyrene und Alexandria gesichert; und zweifellos folgten sie den gleichen Wegen wie in früheren Zeiten: Von weitaus größerer Bedeutung war die Weiterführung mit den südlichen Ländern oder Äthiopien , in deren Landesinneren sie nun vordrangen, hauptsächlich um Elefanten zu beschaffen. Auch die Schifffahrt auf dem Arabischen und dem Indischen Meer hatte unmittelbar den äthiopischen Handel zum Ziel und nicht den indischen. – Die Maßnahmen, die Ptolemaios in dieser Hinsicht ergriff, bestanden zum Teil im Bau von Häfen (Berenice, Myos Hormos) am Arabischen Golf; teilweise durch den Aufbau einer Karawane von Berenice nach Koptos am Nil, auf dem die Waren weiter an ihren Bestimmungsort transportiert wurden; denn der Kanal, der das Rote Meer mit dem Nil verband, wurde, obwohl vielleicht zu dieser Zeit fertiggestellt, dennoch nur wenig genutzt. Das große Lager für diese Waren war der kleine Hafen von Alexandria, der durch einen Kanal mit dem Mareotis -See verbunden war , der seinerseits durch einen anderen Kanal mit dem Nil verband; so dass der Bericht, den wir erhalten, dass der kleinere Hafen überfüllter und geschäftiger ist als der größere, unsere Überraschung nicht erregen muss. Der Handel im Mittelmeerraum wurde zwischen Alexandria, Rhodos, Korinth und Karthago aufgeteilt. Die wichtigsten Manufakturen scheinen Baumwollstofffabriken gewesen zu sein, die in oder in der Nähe der Tempel angesiedelt waren.

Die beste Untersuchung zum Handel von Alexandria findet sich in JCD DE SCHMIDT , *Opuscula, res maxime Aegyptiorum Illustrantia* , 1765, 8vo.

Einnahmen Ägyptens.

9. Es wäre wichtig zu wissen, wie das Abgabensystem in einem Staat wie Ägypten aussah, das unter Philadelphus 14.800 Silbertalente (vier Millionen Pfund Sterling) einbrachte, ohne Berücksichtigung des in Getreide gezahlten Zolls. In den äußersten Provinzen wie Palästina wurden die Steuern jährlich an den Meistbietenden weitergegeben, eine Erhebungsmethode, die mit großer Unterdrückung des Volkes einherging. Im Hinblick auf Ägypten selbst scheint der Fall ganz anders gewesen zu sein; Der Zoll bildete jedoch den Haupteinnahmezweig.

Ereignisse der Regierungszeit von Philadelphus.

10. Die Kriege von Ptolemaios II. beschränkten sich auf die gegen Antiochos II. von Syrien und Magas von Zyrene, Halbbruder des ägyptischen Königs; Ersteres ist aus Letzterem hervorgegangen. Zum Glück für Ägypten, Ptolemaios II. war von schwacher Verfassung und aufgrund seines Gesundheitszustandes nicht in der Lage, seine Armeen persönlich zu befehligen. – Unter seiner Herrschaft wurde durch gegenseitige Gesandtschaften der erste Grundstein für jene Verbindung mit Rom gelegt, die später über das Schicksal Ägyptens entschied.

Magas hatte nach der Niederlage von Ophellas im Jahr 308 Kyrene empfangen. Er hatte Apame , die Tochter von Antiochos I., geheiratet und im Jahr 266 die Fahne der Rebellion mit der Absicht erhoben, in Ägypten selbst einzudringen, als ihn ein Aufstand in Marmarica dazu zwang Rückzug; Dennoch gelang es ihm, seinen Schwiegervater dazu zu bewegen, einen Feldzug gegen Ägypten zu unternehmen, der jedoch von Philadelphus (264) vereitelt wurde. Um diesen Kampf zu beenden, wollte Magas seine Tochter Berenike mit dem ältesten Sohn von Ägypten vereinen Philadelphus; Apame , die die Verhandlungen vereiteln wollte, floh zu ihrem Bruder Antiochos II. den sie nach dem Tod ihres Mannes (258) zu einem Krieg gegen Ägypten anregte, der 252 endete. – Die Gesandtschaft in Rom entstand aus dem Sieg der Römer über Pyrrhos (273); es wurde von einem anderen von den Römern beantwortet, 272.

Charakter des Ptolemaios Philadelphus.

11. Der Sohn erbte von seinem Vater alles bis auf die Einfachheit des häuslichen Lebens: Unter der Herrschaft von Philadelphus wurde der Hof erstmals für diesen weiblichen Luxus geöffnet, der bald die Vernichtung der Ptolemäer zur Folge hatte, wie zuvor bereits die der Seleukiden ; Gleichzeitig wurde die schädliche Praxis der Mischehen innerhalb derselben Familie eingeführt, durch die das königliche Blut hier noch schlimmer verunreinigt wurde als in Syrien. Philadelphus gab das erste Beispiel, indem er Arsinoe, die Tochter des Lysimachos, verwarf und dann seine eigene Schwester heiratete, die ebenfalls Arsinoe hieß; Diese Prinzessin behielt ihr Leben lang ihren Einfluss auf den König, obwohl sie ihm keinen Erben brachte, sondern die Kinder ihres Vorgängers adoptierte.

Ptolemaios Evergetes ,
246–221.

12. Ptolemaios III. mit dem Nachnamen Evergetes . Unter ihm nahm Ägypten von einem bloßen Handelsstaat den Charakter eines Erobererstaates an; Trotz seines kriegerischen Geistes war er nicht uninspiriert von der für seine Familie typischen Begabung für die Kunst des Friedens. Seine Eroberungen richteten sich teilweise gegen Asien im Krieg mit Seleukus II. und erstreckte sich bis an die Grenzen Baktriens; und teilweise, so ist es wahrscheinlich, gegen das Innere Äthiopiens und die Westküste Arabiens. Länder, die so reich waren und mit denen der Handel die Menschen so gut vertraut gemacht hatte, konnten den Armen einer so gewaltigen Macht wie Ägypten kaum entkommen. Dennoch scheint es kaum einen anderen Gebrauch von dieser Gebietserweiterung gemacht zu haben, als um die Sicherheit seiner Handelswege zu gewährleisten .

Die Hauptquelle der Geschichte von Ptolemaios Evergetes ist die Inschrift auf dem Denkmal, das dieser Fürst in Adule in Äthiopien errichtete: Sie enthält eine chronologische Liste seiner Eroberungen, von der uns Cosmas Indicopleustes eine Kopie überliefert hat ; Moderne Forschungen haben jedoch die Wahrscheinlichkeit gezeigt, dass es aus zwei Inschriften bestand, von denen sich eine auf Evergetes und die andere auf einen späteren König von Abessinien bezog. – Laut diesem Denkmal erbte Ptolemaios von seinem Vater neben Ägypten selbst auch Libyen das heißt Westafrika bis nach Kyrene, Coele -Syrien, Phönizien , Lykien, Karien, Zypern und die Kykladen. – Krieg mit Seleukus Callinicus verursacht durch die Ermordung von Berenice (siehe oben, S. 237.); dauerte bis zum zehnjährigen Waffenstillstand, 246–240. Während dieses Krieges eroberte er ganz Syrien bis zum Euphrat und die meisten Seeländer Kleinasiens von Kilikien bis zum Hellespont: eine leichte Beute für eine Seemacht. Ob die Eroberung der Länder jenseits des Euphrat, Mesopotamiens, Babyloniens, Persis, Susiana und Medien bis nach Baktrien in diesen vier Jahren oder erst zwischen 240 und 230 erfolgte , ist eine Frage, die nicht mit Sicherheit geklärt werden kann. Wenn wir anhand der zurückgebrachten Beute urteilen dürfen, handelte es sich bei diesem Feldzug eher um einen Streifzug als um eine reguläre Eroberungsexpedition, obwohl Ptolemaios tatsächlich Gouverneure in Kilikien und Babylonien ernannte; Doch die besondere Situation in Asien zu dieser Zeit, da sich Seleukus mit seinem Bruder Antiochus Hierax im Krieg befand und sich die Königreiche Parth und Baktrien ebenfalls in einem Zustand kindlicher Schwäche befanden, bot ungewöhnliche Möglichkeiten für eine Expedition dieser Art.

Die südlichen Eroberungen, soweit sie sich auf Evergetes beziehen , erfolgten in der letzten Periode seiner Herrschaft in einem separaten Krieg. Sie umfassten: 1. Der größte Teil des modernen Abessiniens – denn da der Katalog der Nationen mit dem Abessiniens beginnt, folgt zwangsläufig, dass Nubien bereits Ägypten unterworfen war. – Die Bergkette entlang des Arabischen Golfs, die Ebene von Sennaar bis zum heutigen Darfur , die hohe Bergkette im Süden, jenseits der Nilquellen. Alle diese Eroberungen wurden vom König persönlich durchgeführt; und von diesen fernen Ländern bis nach Ägypten wurden Handelsstraßen eröffnet. 2. Die Westküste Arabiens, von Leuke aus Kome bis zur Südspitze Arabiens, Felix, wurde von seinen Generälen und Admiralen erobert: Hier wurde ebenfalls die Sicherheit der Handelsstraßen hergestellt.

Monumentum Adulitanum , veröffentlicht in FABRICIUS , *B. Græc* . T. ii.

MONTFAUCON , *Coll. Patr* . T. ich . und in CHISHULL , *Antiquit . Asiaticæ* .

Die Behauptung, dass das Denkmal zwei verschiedene Inschriften trägt, wird von SALT in der Erzählung seiner Reisen in den *Reisen von Lord Valentia aufgestellt* .

13. Ägypten hatte den besonderen Segen, drei große Könige zu haben, deren Herrschaft ein ganzes Jahrhundert dauerte. Nun kam es zu einer Veränderung; aber diese Veränderung wurde durch den natürlichen Lauf der Dinge herbeigeführt; Tatsächlich war es kaum zu erwarten, dass der Hof von einem solchen Luxus verschont bleiben würde, wie er in einer Stadt geherrscht haben musste, die der Hauptsitz des Handels und die Aufbewahrung der Schätze der reichsten Länder war.

Ptolemaios Philopator ,
221–234.

14. Ptolemaios IV. mit dem Nachnamen Philopator . Ein Ausschweifer
und Tyrann, der während des größten Teils seiner Herrschaft unter der
Vormundschaft des listigen Sosibius blieb und nach dessen Tod in die noch
berüchtigteren Hände von Agathocles und seiner Schwester Agathoclea fiel
. Da Philopator ein Zeitgenosse von Antiochus dem Großen war, schienen
sich die Gefahren, die Ägypten unter einer solchen Herrschaft bedrohten, zu
verdoppeln; sie wurden jedoch durch den unverdienten Sieg Raphias
abgewendet (siehe oben, S. 238).

Ptolemaios Epiphanes,
204–181.203.202.

15. Am liebsten hätten Agathokles und seine Schwester die
Vormundschaft über seinen erst fünfjährigen Sohn Ptolemaios V. mit
Nachnamen Epiphanes in die Hand genommen; Doch nachdem sich das
Volk erhoben hatte und ein schreckliches Exempel an ihnen statuierte,
wurde das Amt des Vormunds dem jüngeren Sosibius und Tlepolemos
anvertraut . Die rücksichtslose Verschwendung des ersteren führte bald zu
einer Fehde zwischen ihm und seinem Kollegen, der zumindest listig genug
war, den Schein zu wahren. Unterdessen zwang die kritische Lage, in die das
Königreich durch den Angriff der umworbenen Könige von Syrien und
Mazedonien geraten war, die Nation dazu, die Regentschaft Rom und dem
Senat zu überlassen, die bis dahin sorgfältig eine freundschaftliche
Verbindung mit Ägypten gepflegt hatten.

Aristomenes von Akarnanien übergab . Die Fortsetzung wird zeigen, wie
entscheidend dieser Schritt für die weiteren Schicksale Ägyptens war. Durch
den Krieg der Römer gegen Philipp und ihre Differenzen mit Antiochus war
Ägypten zweifellos vorerst aus seiner misslichen Lage befreit; dennoch verlor
sie 198 trotz Antiochos III. ihre syrischen Besitztümer. hatte versprochen,
sie Kleopatra, der Braut und späteren Gemahlin des jungen Königs von
Ägypten, als Mitgift zu schenken.

Aus dieser Zeit, also etwa 197, stammt die berühmte Inschrift auf dem
Rosetta-Stein, der von der Priesterkaste als Dank für frühere Wohltaten nach
der Weihe des Königs in Memphis anlässlich seiner Volljährigkeit errichtet
wurde: ein gleichermaßen wichtiges Denkmal für Paläographie und für die
Kenntnis der ägyptischen Verwaltung.

AMEILHON , *Eclaircissemens sur l'inscription Grecque du monument trouvé à Rosette*
. Paris, 1803.

HEYNE , *Commentatio de inscriptione Graeca ex Aegypto Londinum apportata* , im
Commentat . Gesellschaft . Gotting . Bd. xv.

Charakter von Epiphanes.
184.183.

16. Die Hoffnungen, die Epiphanes hegte, wurden zutiefst enttäuscht, als er zum Mann heranwuchs. Sein Vormund Aristomenes fiel seiner Tyrannei zum Opfer; ja, seine Grausamkeit trieb sogar die geduldigen Ägypter zum Aufstand, obwohl die Aufstände von seinem Ratgeber und General Polykrates niedergeschlagen wurden. Seine Herrschaft fiel in die Zeit, in der Rom die Macht Mazedoniens und Syriens zerschmetterte; und ungeachtet der engen Allianz zwischen Epiphanes und Antiochos III. den Römern gelang es, den ägyptischen König in Abhängigkeit zu halten; Er war jedoch im achtundzwanzigsten Jahr seines Lebens und wurde durch Unmäßigkeit und Ausschweifung in ein frühes Grab gebracht.

Ptolemaios Philometor ,
181–145.

17. Von seinen beiden Söhnen war der älteste, ein fünfjähriges Kind, sein unmittelbarer Nachfolger; dieser Prinz, mit dem Titel Ptolemaios VI. mit dem Beinamen Philometor , bestieg den Thron unter der Vormundschaft seiner Mutter Kleopatra, die bis zum Jahr 173 die Pflichten ihres Amtes zur Zufriedenheit aller erfüllte. Doch nach ihrem Tod fiel die Regentschaft in die Hände von Eulaeus , einem Eunuchen, und Lenæus Diese Personen machten ihre Ansprüche auf Cœle -Syrien und Phönizien geltend und lieferten sich mit Antiochus Epiphanes einen Krieg, der für Ägypten äußerst schädlich war, bis Rom den Frieden anordnete.

Nach dem Sieg von Pelusium im Jahr 171 v. Chr. und der verräterischen Kapitulation Zyperns entstand in der Stadt eine Fraktion, nachdem er Ägypten bis nach Alexandria in Besitz genommen hatte. Philometor wurde vertrieben, und sein jüngerer Bruder Physcon saß auf dem Thron. 170. Der verbannte Philometor geriet in die Gewalt von Antiochus, der den Flüchtling zwang, einen Separatfrieden zu unterzeichnen, der den Interessen Ägyptens äußerst schadete. Die Artikel wurden jedoch nicht ratifiziert; Philometor schloss heimlich einen Vertrag mit seinem Bruder, dass beide gemeinsam regieren sollten, 169. Nachdem Antiochus in der Folge erneut in Ägypten eingedrungen war, wandten sich die beiden Könige an die Achäer und an die Römer und baten um Hilfe. Letztere schickten sofort einen Gesandtschaft an Antiochus und befahl ihm, das Gebiet ihrer Verbündeten zu räumen, was entsprechend geschah, 168.

Streitigkeiten zwischen den Söhnen des Epiphanes.

18. Im Streit, der bald darauf zwischen den beiden Brüdern ausbrach, wurde der jüngere vertrieben und suchte Zuflucht in Rom; als eine Aufteilung des Königreichs zwischen den Fürsten beschlossen wurde: Der

Senat weigerte sich jedoch nach reiflicher Überlegung, die Entscheidung zu bestätigen, so dass die Streitigkeiten zwischen den beiden Königen neu entfachten und sich in die Länge zogen, bis der jüngere in die Gewalt des jüngeren fiel ältere.

In der ersten Teilung, 164, erhielt Philometor Ägypten und Zypern; und der berüchtigte Physcon hatte seinen Anteil an Kyrene und Libyen. Aber während seines Aufenthaltes in Rom erlangte Physcon entgegen aller Gerechtigkeit das Versprechen von Zypern; Da Philometor sich weigerte, diesen Teil seines Anteils aufzugeben, und Kyrene sich gegen seinen König erhoben hatte, lief Physcon Gefahr, sein gesamtes Herrschaftsgebiet zu verlieren. In dem Krieg, den er mit Unterstützung Roms gegen seinen Bruder führte, fiel Physcon im Jahr 159 in die Hände von Philometor , der ihm nicht nur vergab, sondern ihm auch Kyrene und Libyen überließ und an dessen Stelle einige Städte hinzufügte Zypern und versprach ihm seine Tochter zur Frau.

Philometor mischt sich in die Angelegenheiten Syriens ein.

19. Während der letzten Zeit seiner Herrschaft war Philometor fast ausschließlich mit syrischen Angelegenheiten beschäftigt. Er unterstützte Alexander Balas gegen Demetrius und schenkte ihm sogar seine Tochter Kleopatra. Dennoch trat er später auf die Seite von Demetrius, setzte ihn auf den Thron und gab ihm dieselbe Kleopatra zur Frau, die Balas entführt worden war . Doch in der Schlacht, in der Balas gestürzt wurde, erlitt auch der ägyptische König seine Todeswunde. 145. Er kann als einer der guten Fürsten der ptolemäischen Dynastie angesehen werden, insbesondere im Vergleich zu seinem Bruder.

Ptolemaios Physcon ,
145–117.

20. Sein jüngerer Bruder Ptolemaios VIII. mit dem Nachnamen Physcon und ebenfalls Evergetes II. ein Monster sowohl im moralischen als auch im physischen Sinne, der bis dahin König von Kyrene gewesen war, bemächtigte sich nun des ägyptischen Throns, indem er die Witwe und Schwester seines Vorgängers, Kleopatra, heiratete, die er jedoch, nachdem er ihren Sohn ermordet hatte, verleugnete ihre gleichnamige Tochter. Dieser Fürst vereinte dementsprechend noch einmal das geteilte Königreich; aber während er sich gleichzeitig die Sanktion Roms durch niederträchtige Schmeicheleien erkaufte, hielt er sich in Alexandria durch ein Militärrecht, das die Stadt bald in eine Wüste verwandelte und ihn zwang, ausländische Kolonisten durch große Versprechungen anzuziehen. Ein weiteres blutiges Massaker löste jedoch einen Aufstand in der Stadt aus, der den König zur Flucht nach Zypern zwang, während die Alexandriner unterdessen seine verstoßene Frau Kleopatra auf den Thron erhoben. Dennoch erlangte

Physcon mit Hilfe seiner Söldner das Zepter zurück und führte es bis zu seinem Tod.

Dass ein Fürst eines solchen Charakters dennoch ein Freund der Wissenschaft und selbst ein Autor sein sollte, muss immer als ein einzigartiges Phänomen angesehen werden; Doch seine Forderung nach Manuskripten und seine Behandlung der Gelehrten, aus denen er ganze Scharen vertrieb, verraten den Despoten.

Ptolemaios Lathyrus, 116–81.
116.107.89.88.

21. Seine Witwe, die jüngere Kleopatra, musste zur Befriedigung der Alexandriner den älteren ihrer beiden Söhne, Ptolemaios IX., auf den Thron setzen. mit dem Nachnamen Lathyrus, der in einer Art Verbannung auf Zypern lebte: Dem jüngeren, Ptolemaios Alexander I., der ihr Günstling war , schenkte sie dementsprechend die Insel Zypern. Da Lathyrus ihr jedoch nicht in allem gehorchen wollte, zwang sie ihn, Ägypten gegen Zypern einzutauschen, und gab Zypern ihrem jüngeren Sohn. Aber auch der neue König war nicht in der Lage, die Tyrannei seiner Mutter zu ertragen: Da sie sogar sein Leben bedrohte, sah er keinen anderen Ausweg, als ihrem Plan zuvorzukommen; Da sein Plan jedoch scheiterte, musste er fliehen und kam nach einem vergeblichen Versuch, den Thron zurückzugewinnen, um. Die Alexandriner setzten dann seinen älteren Bruder Lathyrus wieder in die Regierung ein, der bis zum Jahr 81 regierte und sowohl Ägypten als auch Zypern besaß.

Aufstand und dreijährige Belagerung von Theben in Oberägypten, das auch damals noch eine der reichsten Städte war, aber nach seiner Einnahme fast dem Erdboden gleichgemacht wurde; um 86. – Vollständige Trennung der Cyrenaica von Ägypten: Diese Provinz war von Physcon als separater Zweigstaat seinem unehelichen Sohn Apion , 117, vermacht worden; dieser Fürst vermachte es nach einer ruhigen Herrschaft wiederum den Römern, 96, die ihm zunächst erlaubten, seine Unabhängigkeit zu behalten.

Unbekannter Zeitraum der Geschichte.
81–66.

22. Lathyrus hinterließ eine eheliche Tochter, Berenike, und zwei uneheliche Söhne, Ptolemaios von Zypern und Ptolemaios Auletes. Darüber hinaus gab es einen rechtmäßigen Sohn Alexanders I., der denselben Namen wie sein Vater trug und zu dieser Zeit in Rom beim Diktator Sylla residierte . Die folgende Geschichte wird von Wolken verdeckt, die sich angesichts der Widersprüchlichkeit der Berichte nicht ganz auflösen lassen. Im Allgemeinen war Ägypten nun ein Werkzeug in den Händen mächtiger Persönlichkeiten in Rom, die es nur als finanzielle Spekulation betrachteten, ob sie tatsächlich

einen Prätendenten auf die ägyptische Krone unterstützten oder ihn mit vergeblichen Hoffnungen nährten. Alle sahen nun, dass Ägypten eine reife Ernte brachte; aber sie konnten sich noch nicht einigen, wer diese Ernte einbringen sollte.

Die erste Nachfolgerin von Lathyrus in Ägypten war seine legitime Tochter Kleopatra Berenice, 81: Nach Ablauf von sechs Monaten schickte Sylla , der damalige Diktator in Rom, jedoch seinen Klienten Alexander II. nach Ägypten: 80; Dieser Prinz heiratete Berenice und bestieg mit ihr den Thron. Neunzehn Tage nachdem Alexander seine Gemahlin ermordet hatte, wurde er laut Appian etwa zur gleichen Zeit wegen seiner Tyrannei von den Alexandrinern abgeschnitten. Allerdings hören wir später von einem König Alexander, der bis 73 oder, nach anderen, bis 66 regierte; Als er aus Ägypten vertrieben wurde, floh er nach Tyrus und rief die Römer um Hilfe an, die wahrscheinlich auf Cäsars Fürsprache gewährt worden wäre, wenn der Bittsteller nicht bald darauf am Ort seiner Zuflucht gestorben wäre. Er soll sein Königreich testamentarisch Rom vermacht haben; und obwohl der Senat das Erbe nicht annahm, scheint er das Angebot nicht offiziell abgelehnt zu haben; Infolgedessen wurden in Rom häufig Versuche unternommen, die Besetzung herbeizuführen . – Entweder also muss Appians Bericht falsch sein, und diese Person war derselbe Alexander II. oder er war eine andere Person, die diesen Namen trug und zum königlichen Haus gehörte. – Wie dem auch sei, nach dem Tod von Lathyrus wurde das Königreich zerstückelt: und einer seiner unehelichen Söhne, Ptolemaios, hatte Zypern, aber diese Insel erhalten wurde ihm genommen, 57, und in eine römische Provinz umgewandelt: Der andere, Ptolemaios Auletes, scheint entweder in einem Teil Ägyptens oder in Kyrene Fuß gehalten zu haben und war wahrscheinlich der Grund für die Vertreibung Alexanders, bei dessen Tod er starb bestieg den Thron; obwohl die syrische Königin Selene, die Schwester von Lathyrus, die Ansprüche ihres Sohnes in Rom als legitime Thronfolgerin Ägyptens geltend machte. Mit Cäsars Hilfe gelang es Auletes jedoch, die formelle Anerkennung seines Rechts in Rom zu erreichen, 59. Aber die von den Römern in Bezug auf Zypern ergriffenen Maßnahmen führten zu einem Aufruhr in Alexandria, 57, in dessen Folge Auletes, Als er zur Flucht gezwungen wurde, ging er nach Italien über; vielleicht wurde ihm dieser Schritt aber auch durch die Intrigen einiger römischer Granden befohlen, die auf eine Gelegenheit hofften, ihn wieder einzusetzen. Pompeius' Versuche mit dieser Ansicht werden von Cato, 56, vereitelt. In der Zwischenzeit setzten die Alexandriner Berenike, die älteste Tochter des Auletes, auf den Thron; sie heiratete zuerst Seleukus Cybiosactes als rechtmäßiger Erbe; und nachdem sie diesen Prinzen getötet hatte, schloss sie sich mit Archelaus zusammen, 57. – Tatsächliche Wiederherstellung von Auletes durch die erkaufte Unterstützung von Gabinius , dem römischen Gouverneur von Syrien; und Hinrichtung von Berenice, deren Mann im Krieg gefallen war,

54. Nicht lange danach starb dieser elende Prinz, nicht weniger verweichlicht als tyrannisch, 51.

JR FORSTER , *Commentatio de successoribus Ptolemäer VII.* Im Kommentar eingefügt . *Soc. Gotting* . Bd. iii.

Kleopatra,
51–31.

23. Auletes bemühte sich in seinem letzten Testament, das Königreich seinen Nachkommen zu sichern , indem er seine beiden älteren Kinder zu seinen Nachfolgern unter der Oberaufsicht der römischen Nation ernannte. Ptolemaios Dionysos , damals dreizehn Jahre alt, und Kleopatra, siebzehn, die ehelich vereint werden sollten: seine beiden jüngeren Kinder, Ptolemaios Neoteros und Arsinoe, empfahl er dem römischen Senat. Ungeachtet dieser Maßnahmen wäre Ägypten seinem Schicksal nicht mehr als zwanzig Jahre länger entgangen, wenn die drohenden Katastrophen nicht durch die innere Lage Roms und noch mehr durch den Charme und die Politik von Kleopatra, die durch ihr Bündnis mit Cäsar, abgelenkt worden wäre und Antonius bewahrte ihr Königreich nicht nur, sondern vergrößerte es sogar. Von dieser Zeit an ist die Geschichte Ägyptens jedoch am engsten mit der Roms verknüpft.

Fehden zwischen Kleopatra und ihrem Bruder, angeregt und geschürt durch den Eunuchen Pothinus , in dessen Händen die Verwaltung lag: Sie führen zum offenen Krieg: Kleopatra flieht vertrieben nach Syrien, wo sie Truppen aushebt: Cäsar , der den besiegten Pompeius verfolgt, trifft ein in Alexandria und im Namen Roms übernimmt er die Rolle des Schiedsrichters zwischen dem König und der Königin, lässt sich jedoch von den Listungen der Kleopatra leiten, 48. In Alexandria kommt es zu heftigem Aufstand, und Cäsar wird in Bruchium belagert , nachdem der unzufriedene Pothinus dies getan hat brachte Achillas , den Befehlshaber der königlichen Truppen, in die Stadt. Der harte Kampf, den Cäsar nun führte, zeigt nicht nur die Bitterkeit des seit langem schwelenden Grolls der Alexandriner gegen Rom, sondern zeigt auch, wie entscheidend die Revolutionen der Hauptstadt für ganz Ägypten waren. Nachdem Ptolemaios Dionysos im Krieg gefallen war und Cäsar siegreich war, fiel die Krone an Kleopatra, 47, unter der Bedingung, ihren Bruder zu heiraten, wenn er volljährig sein würde; aber sobald der Prinz erwachsen geworden war und gekrönt worden war Memphis, sie entfernte ihn durch Gift, 44.

Ägypten wird eine römische Provinz.

24. Zu Lebzeiten Cäsars blieb Kleopatra unter seinem Schutz und somit in einem Zustand der Abhängigkeit. In der Hauptstadt war nicht nur eine römische Garnison stationiert, sondern auch die Königin selbst war

zusammen mit ihrem Bruder verpflichtet, ihn in Rom zu besuchen. Nach der Ermordung Cäsars stellte sie sich auf die Seite der Triumviren, nicht ohne Ägypten zu gefährden, das von Cassius, dem Befehlshaber in Syrien, bedroht wurde; und nach dem Tod ihres Bruders gelang es ihnen, Ptolemaios Cäsarion , einen Sohn, den sie angeblich von Cäsar gehabt hatte, als König anzuerkennen . – Aber die glühende Leidenschaft, die Antonius für ihre Person hegte, bald nach dem Unbehagen des Republikaners Partei, verband sie nun untrennbar mit seinem Vermögen; was sie schließlich teilte, nachdem sie vergeblich versucht hatte, den siegreichen Octavius für sich zu gewinnen.

Die Chronologie der zehn Jahre, in denen Kleopatra größtenteils mit Antonius zusammenlebte, ist nicht ohne Schwierigkeiten, kann aber nach Ansicht der wahrscheinlichsten Autoritäten wie folgt geordnet werden. Sie wurde wegen der angeblichen Unterstützung einiger ihrer Generäle für Cassius vor sein Gericht gerufen und erscheint in seiner Gegenwart in Tarsus in der Kleidung und mit der Parade der Venus, 41; er folgt ihr nach Ägypten. Im Jahr 40 wird Antonius, der durch den Ausbruch des perusischen Krieges nach Italien zurückgerufen wurde , dort aus politischen Motiven dazu bewegt, sich mit Octavia zu vermählen; Währenddessen hält sich Kleopatra in Ägypten auf. Im Herbst 37 reist sie ihm nach Syrien entgegen, wo er sich auf den Krieg gegen die Parther vorbereitete und bis dahin von seinen Leutnants verfolgt wurde; hier erlangte sie von seinen Händen Phönizien – Tyrus und Sidon ausgenommen – sowie Kyrene und Zypern; und kehrte im Jahr 36 nach Alexandria zurück, wo sie während des Feldzugs blieb. Die Expedition endete, Antonius kehrte nach Ägypten zurück und wohnte in Alexandria. Von da an war es seine Absicht, Armenien im Jahr 35 anzugreifen; Diesen Plan führte er jedoch erst im Jahr 34 aus , als er, nachdem er den König gefangen genommen hatte, triumphierend nach Alexandria zurückkehrte und Kleopatra oder seinen drei Kindern von ihr alle Länder Asiens vom Mittelmeer bis zum Mittelmeer schenkte Indus, bereits erobert oder erobert werden. Als er sich darauf vorbereitet, gemeinsam mit dem König von Medien seinen Angriff auf die Parther zu erneuern, wird er von Kleopatra dazu überredet, mit Octavia zu brechen, die Truppen zu ihm bringen sollte. 38. Ein Krieg zwischen ihm und Octavius ist nun unvermeidlich , der bereits eröffnete Partherfeldzug wird ausgesetzt und Kleopatra begleitet Antonius nach Samos, 32, wo er sich offiziell von Octavia distanziert. Von hier aus folgte sie ihm auf seinem Feldzug gegen Octavius, der durch die Schlacht von Actium entschieden wurde, die am 2. September 31 ausgetragen wurde. Nachdem Octavius seinen Feind nach Ägypten verfolgt hatte, wurde Alexandria belagert, 30 und nachdem Antonius gewalttätige Hand an sich selbst gelegt hatte , der Ort ergab sich; und Kleopatra, die es nicht ertrug, als Gefangene nach Rom geschleppt zu werden, folgte dem Beispiel ihres Geliebten und verursachte ihren eigenen Tod.

Blühender Staat Ägypten.

25. Auch in dieser letzten Periode scheint Ägypten der Sitz grenzenlosen Reichtums und Weiblichkeit gewesen zu sein. Die berüchtigten Fürsten, die dem dritten Ptolemaios nachfolgten, konnten ihren Wohlstand nicht zerstören. So seltsam dies auch erscheinen mag, es lässt sich leicht erklären, wenn man bedenkt, dass die politischen Revolutionen kaum jemals über die Mauern der Hauptstadt hinausgingen und dass im Land ein fast ewiger Frieden herrschte: dass Ägypten der einzige große Handelsschauplatz war ; und dass dieser Handel im gleichen Maße zugenommen haben muss, wie der Geist des Luxus in Rom und im Römischen Reich zunahm. Die gewaltigen Auswirkungen, die das Wachstum des römischen Luxus auf Ägypten hatte, werden am überzeugendsten durch den Zustand dieses Landes demonstriert, als es eine römische Provinz geworden war; Während der Handel Alexandrias in dieser Zeit zwar abnahm, obwohl die Stadt in den ersten Tagen nach der Eroberung litt, erlangte sie später eine außerordentliche und gigantische Größe.

III. *Geschichte Mazedoniens und Griechenlands im Allgemeinen, vom Tod Alexanders bis zur römischen Eroberung, 323–146 v. Chr.*

Die Quellen für diese Geschichte sind dieselben wie oben zitiert: siehe S. 232. Bis zur Schlacht von Ipsus im Jahr 301 ist Diodorus immer noch unsere große Autorität. Aber in der Zeitspanne von 301 bis 224 stoßen wir auf einige Abgründe: Hier sind fast unsere einzigen Quellen die Fragmente von Diodorus , einige von Plutarchs Leben und die ungenauen Berichte von Justin. Ab dem Jahr 224 ist Polybios unser Haupthistoriker; und selbst in den Teilen, in denen wir sein Werk nicht in seiner vollständigen Form besitzen, müssen die erhaltenen Fragmente immer die ersten zu Rate gezogenen Autoritäten sein. Livius und andere Autoren der römischen Geschichte sollten Polybios begleiten.

Zu den modernen Büchern gehören neben den oben genannten allgemeinen Werken S. 1. Wir dürfen hier insbesondere zitieren:

JOHN GAST, DD *Die Geschichte Griechenlands, von der Thronbesteigung Alexanders von Makedonien bis zur endgültigen Unterwerfung unter die römische Macht, in acht Büchern.* London, 1782, 4to. Obwohl es kein kompositorisches Meisterwerk ist, ist es doch zu wichtig, um es mit Stillschweigen zu übergehen.

Ausdehnung Mazedoniens.

1. Von den drei Hauptkönigreichen, die aus Alexanders Monarchie hervorgingen, war Mazedonien das unbedeutendste, nicht nur hinsichtlich der Ausdehnung – insbesondere, da Thrakien bis 286 v. Chr. eine separate und unabhängige Provinz blieb –, sondern auch hinsichtlich der Bevölkerung

und des Reichtums. Da es jedoch sozusagen das Hauptland der Monarchie war, galt es als das erste Land; und hier lag zunächst die Macht, die sich, zumindest nominell, über das Ganze erstreckte. Doch bereits im Jahr 311, nach der völligen Vernichtung der Familie Alexanders, wurde es zu einem völlig eigenständigen Königreich. Von da an beschränkte sich sein Wirkungskreis nach außen größtenteils auf Griechenland, dessen Geschichte daher eng mit der Mazedoniens verwoben ist.

Stand der Dinge in Griechenland nach Alexanders Tod: Theben in Trümmern; Korinth von einer mazedonischen Garnison besetzt; Sparta gedemütigt durch die Niederlage, die es durch Antipatros bei seinem Versuch einer Revolte gegen Mazedonien unter Agis II. erlitten hatte. 333–331: Athen hingegen blüht auf und ist, obwohl auf seine eigenen Grenzen beschränkt, dennoch durch seinen Ruhm und seine Seemacht der erste Staat Griechenlands.

Antipater.
Lamischer Krieg,
323 v. Chr.

2. Obwohl bei der ersten Aufteilung der Provinzen Kraterus als Zivilgouverneur mit Antipatros vereint war, hatte letzterer die Verwaltung der Angelegenheiten inne. Und die ebenso mühsame wie erfolgreiche Beendigung des Lamian Der Krieg, der unmittelbar nach Alexanders Tod von den für die Sache der Freiheit begeisterten Griechen entfacht wurde, ermöglichte es ihm, die Ketten Griechenlands fester zu befestigen als je zuvor.

Der lamische Krieg, dessen Funken durch Alexanders Edikt entfacht worden waren, der allen zwanzigtausend griechischen Auswanderern, von denen fast alle im mazedonischen Interesse waren, die Erlaubnis gewährte, in ihre Heimatländer zurückzukehren, wurde angefacht eine Flamme der Demokratischen Partei in Athen. Auf Drängen von Demosthenes und Hyperides ergriffen fast alle Staaten Mittel- und Nordgriechenlands, mit Ausnahme von Böotien, die Waffen für die Sache; und ihrem Beispiel folgten schnell die meisten Menschen auf dem Peloponnes, mit Ausnahme von Sparta, Argos, Korinth und den Achäern . Nicht einmal der Perserkrieg brachte eine solche allgemeine Einstimmigkeit hervor! Der tapfere Leosthenes führte die Liga an . – Niederlage von Antipater, der in Lamia eingeschlossen ist; Leosthenes fällt jedoch bei der Belagerung dieses Ortes im Jahr 323 v. Chr., und obwohl Leonatus – der mit der Absicht, durch seine Heirat mit Kleopatra den Thron zu besteigen, den Mazedoniern zu Hilfe gekommen war – im Jahr 322 geschlagen und getötet wurde Die Griechen wurden schließlich von den Verstärkungen überwältigt, die Kraterus aus Asien nach Antipatros gebracht hatte . Und nachdem es Antipater gelungen war, den Bund zu brechen und mit jeder einzelnen Nation zu verhandeln, konnte er die Bedingungen diktieren. Die meisten Städte öffneten ihre Tore für mazedonische Truppen; außerdem war Athen verpflichtet, den Frieden durch die Vermittlung von Phocion und Demades , durch eine Änderung seiner Verfassung – die ärmeren Bürger wurden von jeglicher Beteiligung an der Regierung ausgeschlossen und zum größten Teil nach Thrakien versetzt – und durch ein Pfandrecht zu erkaufen Demosthenes und Hyperides auszuliefern ; dessen Platz Phokion an der Spitze des Staates einnahm. – Die Ätolier , die letzten, gegen die sich die makedonischen Kriege richteten, erhielten bessere Bedingungen, als sie zu erwarten gewagt hatten, da Antipater und Kraterus gezwungen waren, nach Asien zu eilen, um Perdikkas entgegenzutreten .

Olympias zieht sich nach Epirus zurück.
Antipatros stirbt und ernennt Polysperchon zu seinem Nachfolger, 320–316.

3. Der Hass, der bereits zu Lebzeiten Alexanders zwischen Antipatros und Olympias aufgekommen war, weil er die Königinwitwe nicht regieren ließ, veranlasste sie, sich nach Epirus zurückzuziehen; Ihr brennender Neid wurde durch den Einfluss der jungen Königin Eurydike noch verschärft. Siehe oben, S. 224. Antipater, der kurz nach seinem Feldzug gegen Perdikkas starb , bei dem sein Kollege Kraterus gefallen war und er selbst zum Regenten ernannt worden war, ernennt seinen Freund, den alten Polysperchon , zu seinem Nachfolger als Regenten und Hauptvormund, unter Ausschluss seines eigener Sohn Cassander . Daher kam es zu einer Reihe von Streitigkeiten zwischen den beiden, in die zu ihrem Unglück die königliche Familie verwickelt und schließlich ausgerottet wurde und Kassander die Souveränität über Mazedonien erlangte.

Kassander , der sich das Interesse von Antigonos und Ptolemaios gesichert hatte, flüchtet zu ersterem, 319: Er hatte zuvor versucht, auch in Mazedonien und Griechenland eine Partei aufzubauen, insbesondere indem er seinen Freund Nikanor zum Befehlshaber in Athen ernannte. – Maßnahmen, die Polysperchon ergriffen hatte sich ihm widersetzen; Erstens erinnert er sich an Olympias aus Epirus, aber die Prinzessin wagt es nicht, ohne Armee zu kommen; als nächstes ernennt er Eumenes zum Befehlshaber der königlichen Truppen in Asien (siehe oben, S. 225); Er versucht ebenfalls , die griechischen Städte zu gewinnen, indem er die mazedonischen Garnisonen zurückruft und die von Antipatros eingesetzten Statthalter wechselt. Diese letzteren waren jedoch in den meisten Städten zu fest etabliert, um sich auf diese Weise absetzen zu lassen; und selbst der Feldzug auf den Peloponnes, den Polysperchon zur Durchsetzung seiner Verfügungen unternahm, wurde zwar besucht, jedoch mit teilweisem Erfolg . – Im selben Jahr kommt es zu einer zweifachen Revolution in Athen, wohin

Polysperchon seinen Sohn Alexander geschickt hatte, angeblich mit dem Ziel, Nikanor zu vertreiben. aber praktisch, um diese wichtige Stadt in Besitz zu nehmen. Erstens scheinen sich Alexander und Nikanor zu vereinen, um ein und dasselbe Ziel zu erreichen. Die demokratische Partei erhebt sich und stürzt die Herrscher, die bisher der Partei Antipaters entzogen waren und von Phokion angeführt wurden , der gezwungen ist, Gift zu schlucken : Bald darauf jedoch besetzt Kassander die Stadt, schließt alle aus der Verwaltung aus, die weniger als zehn Minen besitzen, und stellt Demetrius Phalereus an die Spitze der Geschäfte , der von 318 bis 307 mit großer Klugheit regierte. – Nicht lange danach Olympias kehrt mit einer Armee aus Epirus zurück; Als die mazedonischen Truppen Philipps und Eurydikes auf ihre Seite übergingen, rächt sie sich an dem Königspaar und am Bruder Kassanders , die sie alle tötete, 317. Nachdem Kassander jedoch auf dem Peloponnes Verstärkung erhalten hatte, nimmt das Feld gegen sie auf; Sie wird in Pydna belagert , wo sie, enttäuscht in der Hoffnung, entweder durch Polysperchon oder durch Aacidas von Epirus, die beide von ihren Männern verlassen wurden, abgelöst zu werden, gezwungen ist, sich zu ergeben, 316. Kassander , der sie verurteilen ließ das mazedonische Volk, lässt sie töten.

Kassander .

4. Kassander , der nun Herr war und ab 302 König von Mazedonien war, bestätigte seine Herrschaft durch eine Heirat mit Thessalonike , der Halbschwester Alexanders, und bemühte sich gleichzeitig, seine Autorität in Griechenland so weit wie möglich zu untermauern. Polysperchon und sein Sohn Alexander machten allerdings noch immer ihr Haupt auf dem Peloponnes; aber die Staaten ohne die Halbinsel, mit Ausnahme von Ätolien , waren alle entweder Verbündete von Kassander oder von mazedonischen Truppen besetzt. 314. Nach der Niederlage des Bundes gegen Antigonos, an der Kassander beteiligt gewesen war, wurde allgemeiner Frieden geschlossen, mit der Maßgabe, dass die griechischen Städte frei sein sollten und dass der junge Alexander, wenn er volljährig sei, dazu erhoben werden sollte den Thron von Mazedonien: 311. Dies veranlasste Kassander , sich sowohl des jungen Prinzen als auch seiner Mutter Roxana durch Mord zu entledigen; dadurch setzte er sich jedoch einem Angriff von Polysperchon aus, der, die Unzufriedenheit der Mazedonier ausnutzend, Herkules zurückbrachte , der einzige verbliebene uneheliche Sohn Alexanders. Kassander lenkte den Sturm durch ein neues Verbrechen ab, indem er Polysperchon dazu anstiftete , den jungen Herkules zu ermorden, unter dem Versprechen, die Regierung zu teilen: Polysperchon war jedoch nicht in der Lage, die ihm versprochene Peloponnes in Besitz zu nehmen, und scheint nur wenig Einfluss bewahrt zu haben. Kassander traf ebenfalls auf gewaltige Gegner in der Person von Antigonos und seinem Sohn; und obwohl er durch den Ausbruch des Krieges mit Ptolemaios von der Gefahr der ersten Invasion

Griechenlands durch Demetrius befreit war , war seine Situation beim zweiten Ausbruch noch peinlicher; wovon er jedoch dadurch befreit wurde, dass Antigonos 307. aufgrund des neu gebildeten Bundes gezwungen war, seinen Sohn abzuberufen (siehe oben, S. 230).

Antigonus erklärt sich bei seiner Rückkehr aus Oberasien lautstark gegen Kassander , 314 v. Chr.; entsendet seinen Feldherrn Aristodemus zum Peloponnes und schmiedet einen Bund mit Polysperchon und seinem Sohn Alexander; Letzteren gelingt es jedoch, Kassander durch die Zusage des Kommandos auf dem Peloponnes für sich zu gewinnen. Alexander wurde bald darauf ermordet, aber seine Frau Cratesipolis folgte ihm nach und befehligte mit dem Geist eines Mannes. Unterdessen führte Kassander Krieg gegen die Ätolier , die sich auf die Seite von Antigonos stellten, 313; Doch als Antigonos im Jahr 312 seinen Feldherrn Ptolemaios mit einer Flotte und einem Heer nach Griechenland schickte, verlor Kassander seine Vormachtstellung. Im Frieden von 311 wurde die Freiheit aller griechischen Städte festgelegt; aber gerade dieser Zustand wurde zum Vorwand für verschiedene und dauerhafte Fehden; und nachdem Kassander den jungen König zusammen mit seiner Mutter ermordet hatte, zog er die Arme Polysperchons auf sich , der Herkules auf den Thron setzen wollte, 310; aber der Prätendent wurde auf die oben beschriebene Weise entfernt. 309. – Kassander, der nun versuchte, seine Macht über Griechenland wiederherzustellen, wurde von seinem Vater Demetrius Poliorcetes in dieses Land geschickt, um Ptolemaios von Ägypten bei der Durchsetzung des Dekrets zuvorzukommen Freiheit der Griechen, 308; Das Ergebnis in Athen war die Wiederherstellung der Demokratie und die Vertreibung von Demetrius Phalereus . – Von jedem weiteren Angriff von Demetrius war Kassander durch den Krieg, der zwischen Antigonos und Ptolemaios ausbrach (siehe oben, S. 229), verschont geblieben die Muße, noch einmal seine Macht in Griechenland zu stärken, bis Demetrius im Jahr 302 ein zweites Mal eintraf und als Generalissimus des befreiten Griechenlands bis an die Grenzen Mazedoniens vordrang; Demetrius wurde jedoch von seinem Vater nach Asien zurückgerufen und verlor in der Schlacht von Ipsus im Jahr 301 alle seine Herrschaftsgebiete in diesem Teil der Welt. Doch obwohl Athen seine Häfen gegen ihn schloss, behielt er dennoch seine Besitztümer auf dem Peloponnes und versuchte sogar , sie zu erweitern; Von dort aus machte er sich im Jahr 297 auf den Weg und nahm erneut Besitz von seinem geliebten Athen, und nachdem er den Usurpator Lachares vertrieben hatte , vergab er ihr seine Undankbarkeit.

Cassander stirbt und überlässt den Thron seinen Söhnen;

5. Kassander überlebte die Errichtung seines Throns durch die Schlacht von Ipsus nur drei Jahre und vermachte Mazedonien als Erbe seinen drei

Söhnen, von denen der älteste, Philipp, seinem Vater kurz darauf ins Grab folgte.

Antipater und Alexander.

6. Die beiden verbliebenen Söhne, Antipater und Alexander, führten bald ihren eigenen Untergang herbei. Nachdem Antipater seine eigene Mutter Thessalonike wegen der Gunst , die sie seinem Bruder erwies, ermordet hatte, musste er fliehen; Er bat seinen Schwiegervater Lysimachos von Thrakien um Hilfe, wo er bald darauf starb. In der Zwischenzeit wandte sich Alexander, da er glaubte, ebenfalls auf Hilfe aus dem Ausland angewiesen zu sein, an Pyrrhos, den König von Mazedonien, und an Demetrius Poliorcetes , die beide dem Ruf nur in der Erwartung einer Bezahlung folgten. Nachdem sich gegenseitig verschiedene Fallstricke gelegt wurden, wurde der König von Mazedonien von Demetrius ermordet, und mit ihm starb das Geschlecht des Antipatros aus .

Demetrius, 294–287.

7. Das Heer proklamierte Demetrius zum König; und in seiner Person bestieg das Haus des Antigonus den Thron von Mazedonien und etablierte nach vielen Wechselfällen seine Macht. Seine siebenjährige Regierungszeit, in der ein Projekt das andere ablöste, war eine ständige Reihe von Kriegen; und da er nie lernen konnte, mit Glück umzugehen, war sein Ehrgeiz letztlich sein Untergang.

Das Königreich des Demetrius umfasste Mazedonien, Thessalien und den größten Teil des Peloponnes; er war auch Herr über Megara und Athen. – Zweimalige Einnahme von Theben, das von Kassander wieder aufgebaut worden war , 293 und 291; erfolgloser Angriff auf Thrakien, 292. Sein Krieg mit Pyrrhos, 290, in dem die Menschen glaubten, einen anderen Alexander zu sehen, hatte bereits die Zuneigung der Mazedonier entfremdet; aber sein großes Projekt zur Wiederherstellung Asiens veranlasste seine Feinde, ihm den Garaus zu machen; und der Hass seiner Untertanen zwang ihn, heimlich auf den Peloponnes zu seinem Sohn Antigonos zu fliehen. 287. Athen nutzte sein Unglück aus, vertrieb die mazedonische Garnison und stellte durch die Wahl von Archonten seine alte Verfassung wieder her; Obwohl Demetrius die Stadt belagerte, ließ er sich von Crates besänftigen. Nachdem er noch einmal versucht hatte, seine Pläne gegen Asien zu verfolgen, musste er sich 286 seinem Schwiegervater Seleukus übergeben , der ihn aus Barmherzigkeit bis zu seinem Tod 284 behielt.

Pyrrhus von Epirus,
287, 286.

8. Es traten nun zwei Anwärter auf den vakanten Thron auf, nämlich: Pyrrhus von Epirus und Lysimachos von Thrakien; Aber obwohl Pyrrhos

zuerst zum König ausgerufen wurde und die Hälfte der Herrschaften abtrat, konnte er als Ausländer seine Macht nicht länger als bis zum Jahr 286 aufrechterhalten, als er von Lysimachos abgesetzt wurde.

Die Herrscher von Epirus, die zur Familie der Æacidæ gehörten , waren eigentlich Könige der Molossi. Siehe oben, S. 150. Sie wurden erst zur Zeit des Peloponnesischen Krieges Herrscher über ganz Epirus und hatten daher auch keine historische Bedeutung. Nach dieser Zeit wurde Epirus um 384 von Alketas I. regiert, der vorgab, der sechzehnte Nachkomme von Pyrrhus, dem Sohn des Achilles, zu sein; Neoptolemus, Vater von Olympias, durch dessen Heirat mit Philipp im Jahr 358 die Könige von Epirus eng mit Mazedonien verbunden wurden, *d.* 352; Arymbas , sein Bruder, *gest.* 342; Alexander I., Sohn von Neoptolemos und Schwager von Alexander dem Großen; Er hatte den Ehrgeiz, im Westen ein ebenso großer Eroberer zu werden wie sein Verwandter im Osten, doch er fiel 332 in Lukanien. Æacides , Sohn des Arymbas , *gest.* 312. Pyrrhos II. sein Sohn, der Ajax seiner Zeit, und man könnte fast sagen, eher ein Abenteurer als ein König. Nach ununterbrochenen Kriegen in Mazedonien, Griechenland, Italien und Sizilien fiel er schließlich bei der Erstürmung von Argos im Jahr 272. Ihm folgte sein Sohn Alexander II. in der Person seines Nachfolgers Pyrrhos III. 219 starb die männliche Linie aus. Obwohl die Tochter dieses letzten Prinzen, Deidamia, den Thron bestieg, dauerte es nicht lange, bis die Epiroten eine demokratische Regierung errichteten, die bis zu dem Zeitpunkt bestand, als sie zusammen mit Mazedonien und dem Rest Griechenlands unter das römische Joch gebracht wurden , 146.

Lysimachos.
282.

9. Infolge der Thronbesteigung des Lysimachos wurden Thrakien und für kurze Zeit sogar Kleinasien dem makedonischen Königreich angegliedert. Doch heftiger Hass und familiäre Beziehungen verwickelten Lysimachos bald darauf in einen Krieg mit Seleukus Nikator, in dem er in der Schlacht von Curopedion sowohl seinen Thron als auch sein Leben verlor.

Hinrichtung des tapferen Agathokles, ältester Sohn des Lysimachos, auf Veranlassung seiner Stiefmutter Arsinoe: Seine Witwe Lysandra und ihr Bruder Ptolemaios Ceraunus , der bereits von seiner Stiefmutter Berenike aus Ägypten vertrieben worden war, gehen hinüber, gefolgt von eine große Gruppe zu Seleukus , den sie zum Krieg aufstacheln.

Seleukos .

10. Als der siegreiche Seleukus , bereits Herrscher über Asien, sich nun ebenfalls zum König von Mazedonien ausrufen ließ, schien es, als ob dieses Land erneut im Begriff sei, der Hauptsitz der gesamten Monarchie zu

werden. Doch kurz nachdem er nach Europa übergegangen war, fiel Seleukus durch die mörderische Hand des Ptolemaios Ceraunos , der 281, indem er sich die Schätze seines Opfers und die noch verbliebenen Truppen des Lysimachos zunutze machte, den Thron in Besitz nahm; durch einen weiteren Akt des Verrats rächte er sich an Arsinoe, seiner Halbschwester; Doch gerade als er sich sicher etabliert glaubte, verlor er sowohl seine Krone als auch sein Leben durch den Einmarsch der Gallier in Mazedonien.

Der Einfall der Gallier , der nicht nur Mazedonien, sondern ganz Griechenland mit der Verwüstung bedrohte, ereignete sich in drei aufeinanderfolgenden Feldzügen. Der erste unter Cambaules (wahrscheinlich 280) rückte nicht weiter als bis Thrakien vor, da die Eindringlinge nicht zahlreich genug waren. Der zweite in drei Körpern; gegen Thrakien unter Ceretrius ; gegen Pæonia unter Brennus und Acichorius ; gegen Mazedonien und Illyrien unter Belgius , 279. Von dem letztgenannten Häuptling wurde Ptolemaios besiegt; Er ist im Wettbewerb gefallen. Infolgedessen wurden zuerst Meleager und später Antipatros zu Königen von Mazedonien ernannt; Da aber beide bald darauf aufgrund ihrer Unfähigkeit abgesetzt wurden, übernahm ein mazedonischer Adliger, Sosthenes, das Kommando und befreite dieses Mal sein Land. Aber das Jahr 278 brachte den Hauptsturm mit sich, der seine Wut hauptsächlich auf Griechenland richtete: Sosthenes wurde besiegt und getötet; und obwohl die Griechen alle ihre vereinten Kräfte ins Feld brachten, stürmten Brennus und Acichorius auf zwei verschiedenen Seiten in Griechenland ein, und drängten weiter nach Delphi, dem Ziel ihrer Expedition; Von hier aus mussten sie sich jedoch zurückziehen. und die meisten von ihnen wurden durch Hunger, Kälte oder das Schwert getötet. Dennoch behauptete sich ein Teil dieser Barbaren im Inneren Thrakiens, das infolgedessen größtenteils an Mazedonien verloren ging; ein anderer Teil, bestehend aus verschiedenen Horden, den Tectosagæ , Tolistobii und Trocmi , ging nach Kleinasien über, wo sie sich im nach ihnen benannten Land Galatien niederließen (siehe oben, S. 236). Obwohl es keinen Zweifel daran gibt, dass die Tectosagæ aus den innersten Teilen Galliens stammen müssen, zeigt die Art des Angriffs, dass die Hauptwelle der Eindringlinge aus benachbarten Völkern bestand; und tatsächlich waren damals die Länder von der Donau bis zum Mittelmeer und der Adria größtenteils von Galliern besetzt . – Griechenland konnte kaum vorankommen, obwohl es alle Kräfte anstrengte und mit Ausnahme des Peloponnes in einem Bund vereint war Mehr als 20.000 Männer mussten den Wildbach eindämmen.

Antigonos Gonnatas .

11. Antigonos von Gonni , Sohn von Demetrius, setzte sich nun auf den vakanten Thron des verlassenen Makedoniens; seinen Konkurrenten, Antiochos I. namens Soter , kaufte er durch Vertrag und Heirat ab . Als er sich dem erneuten Einfall der Gallier erfolgreich widersetzte , wurde er von

Pyrrhos entthront, der 274 nach seiner Rückkehr aus Italien ein zweites Mal zum König von Mazedonien ernannt wurde. Dieser Prinz jedoch, der die Eroberung des Peloponnes geplant hatte und nach einem erfolglosen Angriff auf Sparta, der mit heroischer Tapferkeit zurückgeschlagen wurde, Argos in Besitz nehmen wollte, fiel bei der Erstürmung des letzteren Ortes im Jahr 272.

So außergewöhnlich diese häufigen Revolutionen auch erscheinen mögen, sie lassen sich leicht durch die Art der Kriegsführung in jenen Tagen erklären. Alles hing von den Armeen ab; und diese bestanden aus Söldnern, die immer bereit waren, gegen den zu kämpfen, den sie am Tag zuvor verteidigt hatten, wenn sie glaubten, sein Rivale sei ein tapfererer oder glücklicherer Anführer. Seit dem Tod Alexanders war die makedonische Phalanx nicht mehr auf ihre Anführer, sondern auf ihre Männer angewiesen. Die Verarmung der Länder infolge des Krieges war so groß, dass das Soldatenhandwerk fast das einzige gewinnbringende Gewerbe war; und niemand verfolgte diesen Handel leidenschaftlicher als die Gallier, deren Dienste stets für jeden bereit waren, der dafür bezahlen wollte.

12. Nach dem Tod von Pyrrhos erlangte Antigonus Gonnatas den makedonischen Thron zurück, den er und seine Nachkommen ununterbrochen besaßen, jedoch erst nach einem heftigen Streit mit Alexander, dem Sohn und Nachfolger von Pyrrhos. Aber kaum waren sie vor ausländischen Rivalen geschützt, richtete sich die mazedonische Politik erneut gegen Griechenland, und die Einnahme von Korinth schien die Abhängigkeit des gesamten Landes zu sichern, als die Bildung des ätolischen und des noch wichtigeren achäischen Bundes erfolgte Es entstanden völlig neue Beziehungen, die auch für die Weltgeschichte von höchstem Interesse waren. Nach so vielen Stürmen war die Sonne Griechenlands dabei, in all ihrer Pracht unterzugehen !

Der alte Bund der zwölf achäischen Städte (siehe oben, S. 145) hatte bis zum Tod Alexanders bestanden, wurde aber in den folgenden Unruhen aufgelöst; insbesondere als Demetrius und sein Sohn nach der Schlacht von Ipsus im Jahr 301 den Peloponnes zum Hauptsitz ihrer Macht machten. Einige dieser Städte wurden nun von diesen Fürsten besetzt, während in anderen Tyrannen entstanden, die im Allgemeinen ihren Interessen zugeneigt waren. Im Jahr 281 behaupteten vier ihre Freiheit und erneuerten die alte Föderation; Dem schlossen sich fünf Jahre später nach und nach die übrigen an, da Antigonos infolge seiner Besetzung des makedonischen Throns anderswo beschäftigt war. Aber der Bund erlangte erst durch den Beitritt fremder Staaten eine gewaltige Bedeutung. Dies geschah zunächst bei Sikyon durch die Bemühungen des Befreiers dieser Stadt, Aratus, der nun zum belebenden Geist der Föderation wurde; und eroberten 243 Korinth, nach der Vertreibung der mazedonischen Garnison, und Megara. Danach erlangte der Bund durch die Vereinigung mehrerer griechischer Städte, unter anderem Athen, 229, allmählich Stärke; und erregte dadurch die Eifersucht der anderen. Und da Aratus, der eher ein Staatsmann als ein General war und nur wenig Unabhängigkeit besaß, sich gleich zu Beginn der Partei von Ptolemaios II. angeschlossen hatte. Der Bund wurde bald in die Streitigkeiten der Großmächte verwickelt und war allzu oft nur ein bloßes Werkzeug in ihren Händen. Die Hauptprinzipien, auf denen es gegründet wurde, waren folgende: 1. Vollständige politische Gleichheit aller föderierten Städte; In dieser Hinsicht unterschied es sich wesentlich von allen früheren Verbänden in Griechenland. 2. Bedingungslose Erhaltung der Landesregierung in jeder einzelnen Stadt. 3. Das Treffen der Abgeordneten aller Städte zweimal im Jahr, in Ägium und danach in Korinth; zur Erledigung aller Geschäfte von gemeinsamem Interesse, insbesondere der auswärtigen Angelegenheiten, und auch zum Zweck der Wahl des Strategus, des militärischen Führers und Oberhauptes der Gewerkschaft, und der zehn Demiurgi , der obersten Richter. – Aber was hat mehr als alles andere dazu beigetragen, dies zu erhöhen? Der auf reiner Freiheit gegründete Bund war die Tugend von Aratus, 213, Philopœmen , 183, und Lycortas , 170; Männer, die ihm den Geist der Einheit einhauchten, bis es, geschwächt durch die römische Politik, gestürzt wurde.

† BREITENBAUCH , *Geschichte der Achäer und ihres Bundes* , 1782.

Der ätolische Bund wurde um 284 infolge der Unterdrückung durch die makedonischen Könige gegründet. Die Ätolier hielten ebenfalls einen jährlichen Kongress, panætolium , in Thermus ab; wo sie einen Strategus und die Apocleti wählten , die den Staatsrat bildeten. Sie hatten außerdem ihren Sekretär, γϱ αμματεύς; und Vorgesetzte, ἔ φοϱοι , deren besondere Funktionen jedoch zweifelhaft sind. Diese Föderation wuchs nicht wie die Achäer , es wurden nur Ätolier aufgenommen. Je unpolierter diese Piratennation blieb, desto häufiger wurde sie als Werkzeug der Außenpolitik, insbesondere der römischen Politik, eingesetzt.

Demetrius II. 243–233.

13. Antigonus griff im letzten Teil seiner Herrschaft auf verschiedene Mittel zurück, insbesondere auf ein Bündnis mit den Ätoliern , um den Achäern entgegenzuwirken . Er starb in seinem achtzigsten Lebensjahr und wurde von seinem Sohn Demetrius II. abgelöst. der Krieg gegen die Ätolier führte , jetzt jedoch unterstützt von den Achäern ; und bemühte sich , das Wachstum der letzteren zu unterdrücken, indem sie die Tyrannen bestimmter Städte begünstigte . Der Rest der Regierungszeit dieses Prinzen ist kaum mehr als ein Abgrund in der Geschichte.

Die vulgäre Behauptung, dieser Fürst habe Kyrene und Libyen erobert, entspringt einer Namensverwechslung; sein Onkel Demetrius, Sohn des

Poliorketes von Ptolemais, wird von Plutarch als König von Zyrene erwähnt. Die Geschichte dieser Stadt von 258 bis 142 liegt in fast völliger Dunkelheit: vgl. Prolog. Trogi , l. xxvi. ad calcem Justini .

Antigonos Doson ,
233–221.

14. Demetrius' Sohn Philipp wurde übergangen; der Sohn seines Bruders, Antigonos II. mit dem Nachnamen Doson , der auf den Thron erhoben wird. Dieser König war die meiste Zeit seiner Zeit mit den Ereignissen in Griechenland beschäftigt, wo eine sehr bemerkenswerte Revolution in Sparta, wie wir von Plutarch erfahren, einen furchtbaren Feind gegen die Achäer aufgestellt hatte ; und veränderte die relative Lage der Dinge so völlig, dass die Mazedonier nicht mehr Gegner waren, sondern zu Verbündeten der Achäer wurden .

Skizze der Situation der spartanischen Angelegenheiten zu dieser Zeit: Die alte Verfassung bestand in ihrer Form noch weiter; aber die Plünderung fremder Länder und insbesondere die von Epitadeus erhaltene Erlaubnis zur Übertragung von Grundbesitz hatten zu einer großen Ungleichheit des Eigentums geführt. Die Wiederherstellung der Verfassung von Lykurg hatte daher ein zweifaches Ziel; die Armen durch ein neues Agrargesetz und Schuldenerlass zu begünstigen und die Macht der Könige durch Unterdrückung der Macht der Ephori zu stärken . – Erster Reformversuch 244, durch König Agis III.; Er nahm zunächst mit teilweisem Erfolg teil, wurde aber schließlich vom anderen König, Leonidas, vereitelt und endete mit der Ausrottung von Agis und seiner Familie im Jahr 241. Leonidas wurde jedoch im Jahr 236 von seinem Sohn Kleomenes abgelöst , der die Pläne siegreich vereitelte von Aratus, um Sparta zum Beitritt zum achäischen Bund zu zwingen, 227; Dieser König stürzte durch eine gewaltsame Revolution die Ephori und verwirklichte den Plan von Agis, während er gleichzeitig die Spartaner durch die Aufnahme einer Anzahl von Periäken vermehrte . und Durchsetzung der Gesetze des Lykurg, die sich auf das Privatleben beziehen; Da aber in einer kleinen Republik eine Revolution nicht ohne einen äußeren Krieg bestätigt werden kann, griff er die Achäer bereits im Jahr 224 an; Als diese besiegt waren, flehten sie durch Aratus die Hilfe von Antigonos an. Infolgedessen musste Kleomenes in der Schlacht von Sellasia (222) der Übermacht nachgeben und konnte mit Mühe nach Ägypten entkommen. während Sparta gezwungen war, seine Unabhängigkeit als Geschenk von Antigonos anzuerkennen. Das war der erbärmliche Erfolg dieses Versuchs einiger großer Männer gegenüber einer bereits degenerierten Nation. Die Streitigkeiten zwischen den Ephori und König Lykurg und seinem Nachfolger Machanidas versetzten Sparta in einen Zustand der Anarchie, der im Jahr 207 mit der Usurpation der souveränen Macht durch einen Nabis endete, der die alte Regierungsform zerstörte. Möge derjenige, der große

Revolutionen studieren möchte, mit dem gerade Beschriebenen beginnen; So unbedeutend es auch ist, vielleicht liefert keines davon lehrreichere Lektionen.

PLUTARCHI *Agis und Kleomenes* . Die darin enthaltenen Informationen stammen hauptsächlich aus den Kommentaren des Aratus.

Philipp II. 221–179.

15. Philipp II. Sohn des Demetrius. Er bestieg den Thron im frühen Alter von sechzehn Jahren und war mit vielen Eigenschaften ausgestattet, die unter günstigen Umständen einen großen Prinzen hätten ausbilden können. Mazedonien hatte während eines langen Friedens seine Kräfte gesammelt; und ihr großes politisches Ziel, die Vorherrschaft Griechenlands, gesichert durch die Verbindung von Antigonos mit den Achäern und durch den Sieg von Sellasia , schien bereits in greifbarer Nähe zu sein. Aber Philipp lebte in einer Zeit, in der Rom seine gewaltigen Vergrößerungspläne verfolgte: Je energischer und prompter seine Bemühungen waren, dieser Macht zu widerstehen, desto tiefer war er in das neue Labyrinth der Ereignisse verstrickt, das den Rest seines Lebens verbitterte. und brachte ihn schließlich mit gebrochenem Herzen ins Grab, verwandelt durch das Unglück in einen Despoten.

Krieg der beiden Bünde,
221–217.

16. Die ersten fünf Jahre Philipps waren mit seiner Teilnahme am Krieg zwischen den Achäern und Ätolern beschäftigt , der als Krieg der beiden Bünde bezeichnet wurde; Ungeachtet des Verrats seines Ministers Apellas und seiner Anhänger wurde es dem Fürsten ermöglicht, die Friedensbedingungen zu diktieren, wonach beide Parteien im Besitz dessen bleiben sollten, was sie damals besaßen. Der Abschluss dieses Friedens wurde durch die Nachricht von Hannibals Sieg bei Thrasymenos beschleunigt. Philipp wurde dann von Demetrius von Pharus , der vor den Römern geflohen war und bald unbegrenzten Einfluss beim mazedonischen König erlangte, zu umfangreicheren Projekten angeregt .

Der Krieg der beiden Bünde entstand aus den Piraterien der Ätolier gegen die Messenier, die die Achäer zu beschützen verpflichteten, 221. Die von Aratus begangenen Fehler zwangen die Achäer , Zuflucht zu Philipp zu nehmen, 220; dessen Fortschritt jedoch lange Zeit durch die List der Apellas-Fraktion behindert wurde, die Aratus stürzen wollte. Die Akarnanier, Epiroten , Messenier und Scerdilaidas von Illyrien (die sich jedoch bald darauf gegen Mazedonien erklärten) schlossen sich mit Philipp und den Achäern zusammen ; Die Ätolier hingegen hatten unter dem Kommando ihres eigenen Generals Scopas die Spartaner und Eleer als Verbündete . – Die wichtigste Folge dieses Krieges für Mazedonien war, dass es wieder eine Seemacht zu werden begann. – Über die Gleichzeitig brach zwischen den beiden Handelsrepubliken Byzanz und Rhodos (letztere unterstützt von Prusias I. von Bithynien) ein an sich unbedeutender Krieg aus, der aber als Handelskrieg, ausgehend von den von den Byzantinern auferlegten Zöllen, der einzige Krieg war einzigartig in dieser Zeit, 222. Die Rhodier, die damals auf dem Seeweg so mächtig waren, zwangen ihre Gegner zur Unterwerfung.

Verhandlungen zwischen Philip und Hannibal, 214.

17. Die Verhandlungen zwischen Philipp und Hannibal endeten mit einem Bündnis, in dem gegenseitige Hilfe bei der Vernichtung Roms versprochen wurde. Aber Rom schaffte es, an den Grenzen seines eigenen Königreichs so viele Feinde gegen Philipp aufzuhetzen, und nutzte seine Seemacht so geschickt aus, dass die Ausführung dieses Plans verhindert wurde, bis es möglich wurde, den mazedonischen König in Griechenland anzugreifen; wo er sich viele Feinde gemacht hatte, durch den herrschsüchtigen Ton, den er damals gegenüber seinen Verbündeten annahm, als er, sich seiner Macht bewusst, im Begriff war, in einen größeren Wirkungsbereich vorzudringen.

Beginn der Feindseligkeiten Roms gegen Philipp: Sobald das Bündnis zwischen Philipp und Hannibal bekannt wurde, wurde ein Geschwader mit Truppen an Bord vor der Küste Mazedoniens stationiert, wodurch der König selbst 214 bei Apollonia besiegt wurde. – Bündnis Roms mit den Ätolern , denen sich ebenfalls Sparta und Elis, Attalos, der König von Pergamon , und Scerdilaidas und Pleuratus , die Könige von Illyrien, anschlossen, 211. Auf Philipps Seite standen die Achäer , mit denen Philopœmen den Verlust von Aratus, der 213 verursacht wurde, mehr als ausgleichte der mazedonische König; zu ihnen gesellten sich die Akarnaner und Beoten . – Von allen Seiten angegriffen, befreite sich Philipp erfolgreich aus seinen Schwierigkeiten; Erstens zwang er die Ätolier , die von Attalus und Rom im Stich gelassen worden waren, getrennte Bedingungen zu akzeptieren, die Rom kurz darauf nach Rücksicht auf seine eigene Bequemlichkeit in einen allgemeinen Frieden umwandelte, der die Verbündeten auf beiden Seiten einschloss. 204.

Krieg mit Attalos, 203–200.

18. Neuer Krieg Philipps gegen Attalos und die Rhodier, der größtenteils in Kleinasien geführt wurde; und sein unpolitisches Bündnis mit Antiochos III. Ägypten anzugreifen. Aber kann man Philipp für seine Bemühungen, die Militärdiener der Römer zu entwaffnen, verantwortlich machen ? Rom ließ ihm jedoch keine Zeit, seine Pläne umzusetzen ; Der mazedonische König wurde in Chios durch traurige Erfahrung darüber aufgeklärt, dass seine Flotte nicht im gleichen Verhältnis zu der der Rhodier gewachsen war.

19. Der Krieg mit Rom stürzte die mazedonische Macht plötzlich aus ihrer Höhe; und indem er den Grundstein für die römische Herrschaft im Osten legte, veränderte er fast alle politischen Beziehungen dieses Viertels. Die ersten beiden Kriegsjahre zeigten ziemlich deutlich, dass bloße Gewalt den makedonischen Thron kaum stürzen konnte. Aber T. Quintius Flaminius trat vor; mit dem Zauberspruch der Freiheit berauschte er die Griechen; Philip wurde seiner Verbündeten beraubt; und die Schlacht von Cynoscephalæ entschied alles. 197. Die Artikel des Friedens lauteten: 1. Dass alle griechischen Städte in Europa und Asien unabhängig sein sollten und Philipp seine Garnisonen zurückziehen sollte. 2. Dass er seine gesamte Marine abgeben und danach nie mehr als 500 bewaffnete Männer zu Fuß behalten sollte. 3. Dass er keinen Krieg von Mazedonien aus beginnen sollte, ohne Rom vorher zu informieren. 4. Dass er 1.000 Talente in Raten zahlen und seinen jüngeren Sohn Demetrius als Geisel ausliefern sollte .

Die römischen Verbündeten in diesem Krieg waren: die Ätolier , Athener, Rhodier, die Könige der Athamanen , Dardaner und Pergamon . – Die Achäer stellten sich zunächst auf die Seite Philipps, wurden aber später von Flaminius auf ihre Seite gezogen. Siehe unten in der römischen Geschichte.

196.

20. Bald darauf wurde die Freiheit Griechenlands bei den Isthmian-Spielen von Flaminius feierlich verkündet; aber so laut die Griechen auch jubelten, diente diese Maßnahme lediglich dazu, die Vorherrschaft ihres Landes von Mazedonien nach Rom zu übertragen: und die griechische Geschichte, wie sowie das Mazedonische ist nun mit dem der Römer verwoben. Streitigkeiten zwischen den griechischen Staaten zu schüren, mit dem besonderen Ziel, die Achäer daran zu hindern, zu gefährlich zu werden, wurde nun zu einem Grundprinzip in Rom; Da in jeder Stadt schnell römische und antirömische Parteien entstanden, war dieses politische Spiel leicht zu spielen.

Flaminius sorgte sogar dafür, dass die Achäer einen Gegner in der Person von Nabis hatten, allerdings unter der Notwendigkeit, vor seiner Rückkehr nach Italien Krieg gegen ihn zu führen. 194. – 192 Krieg zwischen Nabis und den Achäern ; Nach der Ermordung von Nabis durch die Ätolier folgte der Beitritt Spartas zum achäischen Bund. – Aber ungefähr zur gleichen Zeit wurde Griechenland erneut zum Schauplatz ausländischer Kriege; Nachdem sich Antiochus fest im Land verankert hatte und sich mit mehreren Stämmen verbündete, vor allem aber mit den Ätoliern , erfüllte ihn ein erbitterter und langjähriger Hass gegen die Römer. Diese letzteren mussten jedoch nach der Vertreibung von Antiochus aus Griechenland im Jahr 191 ihre Abspaltung teuer bezahlen; Auch wurde ihnen von Rom erst nach langem und erfolglosem Flehen Frieden gewährt, 189.

Schicksal von Philip.

21. Während der Krieg zwischen den Römern und Antiochus drohte, wagte Philipp als einer der zahlreichen Verbündeten Roms, sein Territorium auf Kosten der Athamane , Thraker und Thessalier zu vergrößern. Um ihn bei Laune zu halten, durfte er diese Eroberungen durchführen ; aber nach dem Ende des Krieges wurde die Unterdrückung Roms so schlimm, dass es nicht anders sein konnte, als dass alle seine Gedanken sich auf Rache konzentrierten und alle seine Anstrengungen auf die Wiedererlangung der Macht gerichtet waren. Unterdessen erregten die gewaltsamen Maßnahmen, die ergriffen wurden, um sein erschöpftes Königreich wieder zu bevölkern — das ist die Strafe für Ehrgeiz, die normalerweise sogar den Sieger erwartet! — , die Umsiedlung der Bewohner ganzer Städte und Länder und die daraus resultierende und unvermeidliche Unterdrückung mehrerer seiner Nachbarn , allgemeine Aufregung Beschwerden; und wo war der Ankläger Philipps, dem Rom jetzt nicht bereitwillig Gehör schenken würde? — Sein jüngerer Sohn Demetrius, der Schüler Roms, und 183. durch sie beabsichtigte es wahrscheinlich, die Krone zu erobern, allein lenkte das ab drohendes Schicksal Mazedoniens. Aber nach der Rückkehr dieses Prinzen von seiner Gesandtschaft wuchs der Neid seines älteren und unehelichen Bruders Perseus zu einem unverbesserlichen Groll , der nur durch den Tod des jüngeren gestillt werden konnte. Das Los Philipps war in der Tat hart, da er als Vater gezwungen war, zwischen seinen beiden Söhnen zu richten; aber das Maß menschlichen Leids wurde erfüllt, als er nach dem Tod seines Lieblingskindes entdeckte, dass es unschuldig war; Sollten wir uns wundern, dass die Trauer ihn bald in ein vorzeitiges Grab hätte treiben sollen ?

Römische Politik gegen den achäischen Bund.
189.183.

22. Die gleiche Politik, die die Römer gegenüber Philipp verfolgten, verfolgten sie gegenüber den Achäern , mit denen sie seit dem Ende des Krieges mit Antiochos einen erhabeneren Ton angenommen hatten; und dieses kunstvolle Spiel wurde durch die ständigen Streitigkeiten unter den Griechen selbst erleichtert. Doch die großen Philopöen , die eines besseren Zeitalters würdig waren, bewahrten die Würde des Bundes gerade zu der Zeit, als die Römer sich anmaßten, als Schiedsrichter zu sprechen. Nach seinem Tod fiel es ihnen leicht, eine Gruppe unter den Achäern selbst zu gründen , und der korrupte Kallikrates bot zu diesem Zweck seine Dienste an.

Die Achäer waren ständig entweder mit Sparta oder mit Messene verwickelt. Der Grund für die Meinungsverschiedenheit bestand darin, dass es in beiden Staaten Fraktionen gab, die von Personen angeführt wurden, die sich aus persönlichen Motiven und zum größten Teil aus Hass gegen Philopœmen zurückziehen wollten die Liga; Andererseits war die vorherrschende Idee unter den Achäern , dass dieser Bund den gesamten Peloponnes umfassen sollte. Im Krieg gegen die Messenier geriet Philopœmen im Jahr 183 im Alter von siebzig Jahren in feindliche Gefangenschaft und wurde hingerichtet.

PLUTARCHI , *Philopœmen* . Fast der gesamte Text ist aus der verlorenen Biographie des Polybios zusammengestellt.

Perseus, 179–168.

23. Der letzte mazedonische König, Perseus, hatte den vollkommenen Hass seines Vaters auf die Römer geerbt, zusammen mit Talenten, wenn nicht gleichwertig, so doch zumindest wenig minderwertig. Er ließ sich auf die Spekulationen seines Vorgängers ein und war in den ersten sieben Jahren seiner Herrschaft mit ständigen Bemühungen beschäftigt, Truppen gegen Rom aufzustellen; mit dieser Ansicht rief er die Bastarnæ aus dem Norden herbei, um sie in den Gebieten seiner Feinde, der Dardaner, anzusiedeln; er bemühte sich , Bündnisse mit den Königen von Illyrien, Thrakien, Syrien und Bithynien zu schließen; vor allem bemühte er sich durch Verhandlungen und Versprechen, den antiken Einfluss Mazedoniens in Griechenland wiederherzustellen.

Die Ansiedlung der Bastarnæ (wahrscheinlich einer germanischen Rasse, die jenseits der Donau ansässig war) in Thrakien und Dardanien , um mit ihnen Krieg gegen die Römer zu führen, war einer der von Philipp entworfenen und nun teilweise von Perseus ausgeführten Pläne. In Griechenland hätte die mazedonische Partei, die Perseus hauptsächlich aus der großen Zahl verarmter Bürger des Landes formierte, wahrscheinlich die Oberhand gewonnen, wenn nicht die von Rom geweckte Furcht und die aktive Wachsamkeit dieser Macht eine wirksame Schranke gesetzt hätten . Daher blieben die Achäer zumindest offenbar auf der römischen Seite; die Ätolier hatten durch inländische Fraktionen ihre eigene Zerstörung herbeigeführt; Das Gleiche galt für die Akarnaner; und der Bund der Boeotier war von den Römern 171 vollständig aufgelöst worden. Andererseits war in Epirus die makedonische Partei überlegen; Thessalien wurde von Perseus besetzt; mehrere der thrakischen Stämme waren ihm freundlich gesinnt; und in König Gentius fand er einen Verbündeten, der ihm von großem Nutzen gewesen wäre, wenn sich der mazedonische Fürst nicht aus ungünstiger Geiz seiner Hilfe entzogen hätte.

Niederlage bei Perseus bei Pidna .

24. Der Beginn offener Feindseligkeiten wurde durch den erbitterten Hass zwischen Perseus und Eumenes und durch die Intrigen des letzteren in Rom beschleunigt. Die Nichtberücksichtigung des günstigen Zeitpunkts für die Eroberung des Feldes und das in anderer Hinsicht geschickt geplante Verteidigungssystem verursachten den Untergang von Perseus, wie es auch den von Antiochus verursacht hatte. Dennoch verlängerte er 172–168. den Krieg bis zum vierten Jahr, als die Schlacht von Pidna über sein Schicksal und das seines Königreichs entschied.

Elendszustand des Perseus bis zu seiner Gefangennahme bei Samothrake; und danach bis zu seinem Tod in Rom, 166.

25. Nach dem damaligen System Roms wurde das eroberte Königreich Mazedonien nicht sofort in eine Provinz umgewandelt; Es wurde zunächst aller Angriffskraft beraubt, indem es republikanisiert und in vier Bezirke aufgeteilt wurde, die völlig voneinander verschieden waren und Rom die Hälfte des Tributs zahlen mussten, den sie zuvor ihren Königen zu zahlen pflegten.

Untergang der Achæan- Liga.

26. Es lag in der natürlichen Ordnung der Dinge, dass die Unabhängigkeit Griechenlands und insbesondere des achäischen Bundes mit Perseus scheitern sollte. Die politische *Inquisition* der römischen Kommissare bestrafte nicht nur die erklärten Partisanen Mazedoniens; Aber selbst neutral zu bleiben war ein Verbrechen, das Verdacht erregte. Rom aber wähnte sich inmitten des wachsenden Hasses erst sicher, als es sich mit einem Schlag aller bedeutenden Gegner entledigt hatte. Über tausend der bedeutendsten Achäer wurden nach Rom gerufen, um sich zu rechtfertigen, und dort siebzehn Jahre lang festgehalten . Kallikrates , 167–150. ohne Anhörung im Gefängnis. Während an der Spitze der Liga der Mann stand, der sie ausgeliefert hatte, Kallikrates (*gest.* 150), ein Unglücklicher, der ungerührt hören konnte, wie „die Jungen auf der Straße ihn mit Verrat verspotteten." – Ein ruhigerer Mensch Zwar kam es nun für Griechenland zu einer Phase, die jedoch auf sehr offensichtliche Ursachen zurückzuführen war.

Griechenland wird 150–148 römische Provinz.

27. Das endgültige Schicksal sowohl Makedoniens als auch Mazedoniens wurde durch das jetzt in Rom eingeführte System entschieden, nämlich die Umwandlung der früheren Abhängigkeit der Nationen in formelle Unterwerfung. Der Aufstand von Andriscus in Mazedonien, einem Individuum, das vorgab, der Sohn von Perseus zu sein, wurde von Metellus niedergeschlagen , das Land wurde zu einer römischen Provinz erklärt; Zwei Jahre später, bei der Plünderung Korinths, verschwand der letzte Schimmer griechischer Freiheit.

Der letzte Krieg der Achäer entstand aus gewissen Streitigkeiten mit Sparta (150), angefacht von Diæus , Kritolaus und Damokrit , die erbittert erzürnt aus dem römischen Gefängnis zurückgekehrt waren; In diese Streitigkeiten mischte sich Rom ein, mit der Absicht, den achäischen Bund völlig aufzulösen . Der erste Vorwand, der sich für die Ausführung dieses Plans bot, war die Misshandlung der römischen Gesandten in Korinth, 148; Da jedoch noch immer Krieg mit Karthago und Andriskos tobte , bewahrten die Römer vorerst einen friedlichen Ton. Aber die Partei von Diæus und Kritolaus würde Krieg haben; Die Bevollmächtigten des Metellus wurden erneut beleidigt, und die Achäer erklärten Sparta und Rom den Krieg. Im selben Jahr wurden sie von Metellus in die Flucht geschlagen und ihr Anführer Kritolaus fiel im Gefecht; Metellus wurde im Jahr 146 durch Mummius ersetzt , der Diæus , den Nachfolger von Kritolaus , besiegte, Korinth einnahm und dem Erdboden gleichmachte. Die Folge war, dass Griechenland unter dem Namen Achaia eine römische Provinz wurde, wenn auch nur für wenige In Städten wie etwa Athen war noch immer ein Hauch von Freiheit vorhanden.

IV. *Geschichte einiger kleinerer oder weiter entfernter Königreiche und Staaten, die aus der mazedonischen Monarchie hervorgegangen sind.*

QUELLEN. Neben den oben aufgezählten Autoren (siehe S. 232) verdient Memnon, ein Historiker von Herakleia in Pontus, an dieser Stelle besondere Erwähnung (siehe S. 162): Einige Auszüge aus seinem Werk wurden uns von Photius , Cod., überliefert . 224. In einigen einzelnen Teilen, wie zum Beispiel in der parthischen Geschichte, ist Justin [a] unsere Hauptautorität; ebenso wie Ammianus Marcellinus und die Auszüge aus Arrians *Parthica* , gefunden bei Photius . Von großer Bedeutung sind auch die Münzen der Könige; aber leider zeigt Vaillants Essay, dass die Chronologie auch mit ihrer Hilfe immer noch in einem sehr ungeklärten Zustand bleibt. Für die jüdische Geschichte ist Josephus (siehe S. 35) der große Autor der Bücher des Alten Testaments, der Bücher von Esra und Nehemia sowie der Makkabäer, obwohl man sich auf die letzten nicht immer verlassen kann.

Die modernen Schriftsteller werden im Folgenden unter den Überschriften der verschiedenen Königreiche aufgeführt. Auch in den Werken zur antiken Numismatik sind zahlreiche Informationen verstreut.

[a] Da Justin nicht mehr tat, als aus Trogus zu extrahieren Pompeius stellt sich eine Frage von großer Bedeutung für verschiedene Teile der antiken Geschichte; Welche Behörden haben Trogus getan? Pompeius folgen? Die Antwort findet sich in zwei Abhandlungen von ALL HEEREN : *De fontibus et auctoritate Trogi Pompeji, Ejusque epitomatoris Justini* , eingefügt in *Kommentar. Soc. Gott.* Bd. 15.

Aus Alexanders Reich entstanden kleinere Staaten.

1. Neben den drei Hauptreichen, in die die Monarchie Alexanders aufgeteilt war, entstanden in diesen ausgedehnten Gebieten auch mehrere Zweigreiche, von denen eines mit der Zeit sogar zu den mächtigsten der Welt heranwuchs. Zu diesen gehören die Königreiche von, 1. Pergamon . 2. Bithynien. 3. Paphlagonie. 4. Pontus. 5. Kappadokien. 6. Großarmenien. 7. Kleines Armenien. 8. Parthien. 9. Baktrien. 10. Jüdischer Staat nach den Makkabäern.

Wir kennen die Geschichte dieser Königreiche, mit Ausnahme des jüdischen Staates, nur insoweit, als sie in die Belange der größeren Reiche verwickelt waren; Über ihre innere Geschichte wissen wir wenig, oft gar nichts. Für viele von ihnen kann daher kaum mehr als eine Reihe chronologischer Daten erstellt werden, die für den allgemeinen Historiker jedoch unverzichtbar sind.

Königreich Pergamon ,
283–133 v. Chr.

2. Das Königreich Pergamon in Mysien entstand während des Krieges zwischen Seleukus und Lysimachos. Seinen Ursprung verdankte es einerseits der Klugheit seiner Herrscher, von denen der weiseste glücklicherweise am längsten regierte; und andererseits auf die Schwäche der Seleukiden : Ihr fortschreitendes Wachstum war den Römern zu verdanken, die bei der Vergrößerung der Macht von Pergamon im Hinblick auf ihr eigenes Interesse handelten. In der Geschichte gibt es kaum ein untergeordnetes Königreich, dessen Fürsten die politischen Verhältnisse der Zeit so geschickt ausnutzten; und doch erlangten sie noch größeres Ansehen durch den Eifer, den sie im Wettstreit mit den Ptolemäern an den Tag legten, um die Künste des Friedens, der Industrie, der Wissenschaft, der Architektur, der Bildhauerei und der Malerei zu fördern. Wie umwerfend ist die Pracht , mit der der kleine Staat Pergamon so manches mächtige Reich in den Schatten stellt!

Philetæros , Leutnant des Lysimachos in Pergamon , behauptet seine Unabhängigkeit; und behält den Besitz der Zitadelle und der Stadt, 283–263. Sein Neffe, Eumenes I. (263–241), besiegt Antiochos I. bei Sardes (263) und wird Herr über Æolis und das umliegende Land. Sein Neffe, Attalos I. (241–197), wird nach seinem Sieg über die Galater (239) König von Pergamon : ein edler Fürst, dessen Genialität und Aktivität alles umfasste. Seine Kriege gegen Achäus brachten ihn in ein Bündnis mit Antiochos III. 216. Beginn eines Bündnisses mit Rom, das sich aus seiner Teilnahme am Ætolischen Bund gegen Makedonien (211) ergab, um Philipps Eroberungsprojekt zu vereiteln. Daher kam es nach dem Einbruch Philipps nach Asien im Jahr 203 zu einer Teilnahme auf Seiten Roms am Makedonischen Krieg. Sein Sohn Eumenes II. der Erbe aller großen Eigenschaften seines Vaters tritt seine Nachfolge an, 197–158. Als Belohnung für seine Unterstützung gegen Antiochus den Großen schenkten ihm die Römer fast alle Gebiete, die der besiegte König in Kleinasien besaß (Phrygien, Mysien , Lykaonien, Lydien, Ionien und ein Teil von Karien), die er danach bildete das Königreich Pergamon ; Dieser Fürst erweiterte seine Grenzen, verlor aber seine Unabhängigkeit. Im Krieg mit Perseus gelang es ihm kaum, den guten Willen des Senats und damit sein Königreich zu wahren. Sein Bruder Attalos II. 158-138, ein treuerer Anhänger Roms, beteiligte sich an fast allen Belangen Kleinasiens, insbesondere Bithyniens. Sein Neffe Attalos III. 138–133 vermachte ein Fürst mit geistesgestörtem Geist sein Königreich den Römern, die es, nachdem sie den rechtmäßigen Erben Aristonikos 130 besiegt hatten, in Besitz nahmen und es ihrem Reich unter der Form einer Provinz namens Asia annektierten. Große Entdeckungen und riesige Einrichtungen wurden in Pergamon gemacht . Umfangreiche Bibliothek; anschließend von Antonius als Geschenk für Kleopatra nach Alexandria überführt. Museum. Entdeckung des Pergaments, eines unschätzbaren Hilfsmittels zur Erhaltung literarischer Werke.

CHOISEUIL GOUFFIER , *Voyage pittoresque de la Grèce* , Bd. ii. 1809. Enthält hervorragende Beobachtungen sowohl zu den Denkmälern und der Geschichte von Pergamon als auch zu denen aller benachbarten Küsten und Inseln.

SEVIN , *Recherches sur les rois de Pergame* , eingefügt im *Mém . de l'Acad . des Inscript* . Bd. xii.

Vom Fall Tyros und dem erfolglosen Versuch des Demetrius im Jahr 307 v. Chr. bis zur Errichtung der römischen Herrschaft im Osten im Jahr 300–200 verlief die glänzende Zeit von Rhodos. gleichermaßen wichtig für politische Weisheit, Seemacht und ausgedehnten Handel. An der Spitze des Senats (β ουλ ή) standen Präsidenten (π ρυτ ανε ῖ ς), die jedes halbe Jahr ihr Amt niederlegten und in den Sitzungen des Unterhauses mit Vorrang geehrt wurden. Freundschaft mit allen, Bündnis mit niemandem war die grundlegende Maxime der rhodischen Politik, bis sie von Rom untergraben wurde. Auf diese Weise blieb die Würde des Staates gewahrt, zusammen mit seiner Unabhängigkeit und politischen Aktivität – wo treffen wir nicht auf rhodische Botschaften? – und der dauerhaften Pracht , die aus der Pflege von Künsten und Wissenschaften resultierte. Welche Beweise des allgemeinen Mitgefühls genoss Rhodes nicht nach diesem schrecklichen Erdbeben, das sogar den berühmten Koloss 227 zu Boden stürzte! Lange Zeit befehligten ihre Staffeln die Ägäer ; Über dieses Meer, den Euxine, und die westlichen Teile des Mittelmeers bis nach Sizilien erstreckte sich ihr Handel, der im reichen Warenaustausch zwischen drei Vierteln der Welt bestand. Ihr Einkommen stammte aus dem Zoll und war reichlich; bis sie, geblendet von Habgier, versuchte, in Peræa ein Territorium auf dem Festland zu erlangen; ein Ehrgeiz, den die Römer zu ihrem Nachteil nutzten, indem sie ihr Lykien und Karien schenkten, 190. Und doch überlebte diese Republik die von Rom! In der Tat ist die Kluft, die der Verlust der inneren Geschichte dieser Insel in der allgemeinen Geschichte hinterlassen hat, groß!

PD CH. PAULSEN , *Kommentar Ausstellungen Rhodi Beschreibungem Macedonica ætate , Gottingæ* , 1818. Ein Preisaufsatz.

· 3. Die anderen kleinen Königreiche Kleinasiens sind eher Fragmente der persischen als der mazedonischen Monarchie; Da Alexanders Marsch in eine andere Richtung ging, wurden sie von diesem Eroberer nicht offiziell unterworfen. Die Linien ihrer Könige lassen sich im Allgemeinen bis in die frühe persische Zeit zurückverfolgen; aber eigentlich waren ihre damaligen Herrscher nichts weiter als Vizekönige: Sie wurden tatsächlich größtenteils aus der königlichen Familie ausgewählt, trugen den Titel eines Fürsten und mussten sich im allmählichen Niedergang des Reiches nicht selten übergeben ihre Treue. Dennoch erscheinen diese Königreiche erst nach der Zeit Alexanders als wirklich unabhängig. Verbunden mit den griechischen Republiken Herakleia, Sinope, Byzanz usw. bildeten sie sowohl im mazedonischen als auch im römischen Zeitalter ein System kleiner Staaten, die oft durch interne Kriege zerstreut waren und noch häufiger bloße Werkzeuge in den Händen der Mächtigeren waren.

1. *Bithynien.* Bereits in persischer Zeit werden zwei Könige in Bithynien erwähnt, Dydalsus und Botyras . Der Sohn des letzteren, Bias, kämpfte 378–328 v. Chr. gegen Caranus , einen von Alexanders Generälen; ebenso wie sein Sohn Zipœtas , *gest.* 281, gegen Lysimachos. – Lycomedes I. *d.* 248. Er rief die Gallier aus Thrakien herbei (278) und setzte mit ihrer Hilfe seinen Bruder Zipœtas ab ; Die Gallier behielten daher ihren Stützpunkt in Galatien und waren lange Zeit ein Objekt des Schreckens für Kleinasien. Zelas , *gest.* etwa 232; etablierte seine Herrschaft nach einem Krieg mit seinen Halbbrüdern. Prusias I. Schwiegersohn und Verbündeter Philipps II. von Mazedonien, *gest.* 192. Er stellte sich auf die Seite der Rhodier im Handelskrieg gegen Byzanz (222) (siehe oben, S. 282) und richtete seine Waffen (196) gegen Herakleia, eine griechische Stadt in Bithynien mit einem respektablen Territorium an der Küste. Prusias II. führte Krieg gegen Eumenes II. auf Betreiben Hannibals, der an seinen Hof geflohen war, 184; er war kurz davor, den Flüchtling den Römern auszuliefern; Hätte Hannibal seiner Existenz nicht ein Ende gesetzt, 183: Dieser König führte ebenfalls Krieg gegen Attalos II. 153; In beiden Auseinandersetzungen fungierte Rom als Vermittler. Prusias , der es gemein hatte, sich selbst als Freigelassener der Römer zu bezeichnen, wurde von seinem eigenen Sohn, Nikomedes II., entthront. *D.* 92; ein

Verbündeter Mithridates des Großen, mit dem er sich jedoch später über die Aneignung von Paphlagonien und Kappadokien zerstritt. Nikomedes wurde von seinem Sohn Sokrates ermordet, der jedoch zur Flucht gezwungen war; infolgedessen Nikomedes III. gelang es, die Krone zu erringen. Von Mithridates abgesetzt, der seinen Halbbruder Sokrates unterstützte, wurde er 90 von Rom wieder eingesetzt. Nachdem er jedoch auf Betreiben der Römer 89 Mithridates angegriffen hatte, wurde er im ersten mithridatischen Krieg, der jetzt entbrannt war, besiegt und vertrieben; aber im Frieden von 85 wurde er von Sulla wieder eingesetzt. Bei seinem Tod im Jahr 75 vermachte er Bithynien den Römern; und dieses Erbe führte zum dritten mithridatischen Krieg.

VAILLANT, *Imperium Arsacidarum*, Bd. ii. Siehe unten.

SEVIN, *Recherches sur les rois de Bithynie*; eingefügt in das *Mém. de l'Académie des Inscript*. Bd. xii.

2. *Paphlagonie.* Selbst im persischen Zeitalter waren die Herrscher dieses Landes nur nominell unterworfen. Nach Alexanders Tod im Jahr 323 v. Chr. fiel es in die Hände der Könige von Pontus; es wurde jedoch später wieder von seinen eigenen Monarchen regiert; unter denen wir von Morzes hören, ungefähr 179; Pylæmenes I. um 131: der die Römer im Krieg gegen Aristonicus von Pergamon unterstützte. – Pylæmenes II. *D.* vor 121; der sein Königreich Mithridates V. von Pontus vermacht haben soll. Daher wurde Paphlagonien in die Geschicke von Pontus verwickelt (siehe unten), bis dieses Königreich nach dem Fall von Mithridates dem Großen im Jahr 63 in eine Provinz umgewandelt wurde, mit Ausnahme eines der südlichen Bezirke, zu dem die Die Römer hinterließen einen Schatten der Freiheit.

3. *Pontus.* Die späteren Könige dieses Landes stammten aus der Familie der Achæmenidæ, dem Haus Persien. Im persischen Zeitalter blieben sie abhängige oder tributpflichtige Fürsten, und als solche müssen wir Artabazes, Sohn des Hystaspes, *gest.* 480, Mithridates I. *d.* 368, und Ariobarzanes, *gest.* 337, als die frühesten Könige von Pontus erwähnt. Mithridates II. mit Nachnamen Ctistes, *gest.* 302, war einer der ersten, der die Unterwerfung unter Alexander anerkannte; Nach dem Tod des Eroberers stellte er sich auf die Seite von Antigonos, der ihn auf verräterische Weise ermorden ließ. Sein Sohn Mithridates III. *D.* 266 (die Ariobarzaner von Memnon) behaupteten sich nicht nur nach der Schlacht von Ipsos gegen Lysimachos, sondern besaßen auch Kappadokien und Paphlagonien. Mithridates IV. Schwiegervater von Antiochos dem Großen, führte einen erfolglosen Krieg gegen Sinope. Das Jahr seines Todes ist unbestimmt, Pharnakes, *gest.* um 156. Er eroberte Sinope 183; und diese Stadt wurde dann zur königlichen Residenz. Krieg mit Eumenes II. den Rom so mächtig gemacht hatte, und mit seinen Verbündeten; beendet durch einen Vertrag, nach dem Pharnakes

Paphlagonien abtrat, 179 v. Chr. Mithridates V. *d.* um 121. Er war ein Verbündeter der Römer, von denen es ihm nach der Niederlage von Aristonicus von Phrygien gelang, Groß-Phrygien zu erlangen. Mithridates VI. mit Nachnamen Eupator , ca. 121—64. Er trug den Titel „Großartig", ein Beiname, auf den er genauso Anspruch hatte wie Peter I. in der modernen Geschichte; Tatsächlich ähnelte er in fast allem dem russischen Prinzen, außer im Glück. Obwohl seine Regierungszeit für die allgemeine Geschichte von größter Bedeutung ist, ist sie, insbesondere in der Zeit vor den Kriegen mit Rom, voller chronologischer Schwierigkeiten. – Im Alter von zwölf Jahren erbt er von seinem Vater nicht nur Pontus, sondern auch Phrygien, und ein rückgängig gemachter Titel auf den Thron von Paphlagonien, der durch den Tod von Pylæmenes II . verloren ging. – Während seiner Amtszeit, 121–112, gelang es ihm, der verräterischen Feindseligkeit seiner Wächter zu entgehen, indem er sich freiwillig an Härten gewöhnte, die Rom ihm aberkannte Phrygien. Seine Eroberungen in Kolchis und auf der Ostseite des Schwarzen Meeres, 112–110 . – Beginn der Skythenkriege. Von den Griechen der Krim zu Hilfe gerufen, vertrieb er die Skythen; unterwarf mehrere unbedeutende skythische Fürsten auf dem Festland; und schloss 108–105 Bündnisse mit den sarmatischen und sogar germanischen Völkern bis zur Donau, da er bereits die Invasion Italiens von Norden her im Blick hatte. – Nachdem dieser Krieg zu Ende war, reiste er über Asien (Kleinasien?) um 104–103. – Bei seiner Rückkehr macht er, nachdem er seine treulose Schwester und Frau Laodice mit dem Tod bestraft hat, seine Ansprüche auf Paphlagonien wahr, das er mit Nikomedes II. teilt. 102. Als der römische Senat die Wiederherstellung dieser Provinz forderte, verweigert Mithridates nicht nur den Beitritt, sondern nimmt auch Galatien in Besitz; Unterdessen setzt Nikomedes einen seiner eigenen Söhne auf den Thron von Paphlagonien, den er als Sohn von Pylæmenes II. ausgibt. und heißt Pylæmenes III. – Bruch mit Nikomedes II. 101; Streitgegenstand war Kappadokien, das nach der Absetzung des Königs Ariarathes VII. Mithridates selbst wollte nun mit Hilfe von Gordius seinen Schwager besitzen; er wird jedoch von Nikomedes II. vorweggenommen. wer heiratet Laodice, Ariarathes Witwe. – Ungeachtet dessen vertreibt Mithridates seinen Rivalen unter dem Vorwand , das Königreich für den Sohn seiner Schwester, Ariarathes VIII., zu behalten. den er am Ende einiger Monate auf einer privaten Konferenz hinrichtet, 94; er besiegt den Bruder des ermordeten Prinzen, Ariarathes IX. und setzt dann unter dem Namen Ariarathes X. seinen eigenen Sohn auf den Thron, der als dritter Sohn von Ariarathes VII. ausgegeben wird; dem gegenüber stellt Nikomedes einen anderen angeblichen Ariarathes auf . Der römische Senat erklärt unterdessen sowohl Paphlagonien als auch Kappadokien für frei, 92 v. Chr.; Sie gingen jedoch auf die Wünsche der Kappadokier ein und genehmigten die Wahl von Ariobarzanes zur Krone. und er wird ebenfalls im Jahr 92 von Sylla als

Besitzer von Kilikien in den Besitz des Königreichs gebracht. – Mithridates hingegen schließt ein Bündnis mit dem König von Armenien, Tigranes, dem er seine Tochter zur Frau gibt; und setzt ihn ein, um Ariobarzanes zu vertreiben . – Er selbst, nach dem Tod von Nikomedes II. 92, unterstützt die Ansprüche des verbannten Sohnes des verstorbenen Königs, Sokrates Chrestus , gegen den Bastard Nikomedes III. und nimmt in der Zwischenzeit Paphlagonien in Besitz. Nikomedes und Ariobarzanes werden von einer römischen Gesandtschaft, 90, Mithridates, wieder eingesetzt, um Zeit gegen Rom zu gewinnen, was zur Hinrichtung von Sokrates führt. Die von Rom eingeleiteten Feindseligkeiten des Nikomedes führten zum ersten römischen Krieg (89–85), der in Asien und Griechenland ausgetragen und von Sylla beendet wurde . Durch den Frieden von 85 stellt Mithridates Bithynien, Kappadokien und Paphlagonien wieder her. – Krieg mit den aufständischen Kolchern und Bosporanern , 84. – Zweiter Krieg mit Rom, herbeigeführt durch den römischen Statthalter Murena , 83–81. Daraufhin ernennt Mithridates seinen Sohn Machares zum König des Bosporus (Krim), den er später selbst hinrichten lässt, 66; Er war aller Wahrscheinlichkeit nach auch der Anstifter der Auswanderung der Sarmatäer aus Asien nach Europa, um seine Eroberungen in diesem Viertel aufrechtzuerhalten, etwa um 80. Neue Streitigkeiten mit Rom über Kappadokien, das Tigranes in Besitz nimmt, und drittens Krieg mit Rom, 75–64. Der Kampf endete mit dem Untergang von Mithridates, verursacht durch den Verrat seines Sohnes Pharnakes ; Pontus wurde eine römische Provinz; obwohl die Römer in der Folgezeit über einen Teil des Landes Fürsten aus dem Königshaus Darius, Polemo I., Polemo II. ernannten . bis Nero es wieder ganz auf den Zustand einer Provinz reduzierte.

VAILLANT , *Imperium Achæmenidarum* in seinem *Imperium Arsacidarum* , Bd. ii. Mit Hilfe der Münzen.

Zur Geschichte von Mithridates dem Großen, die zuvor ohne ausreichende chronologische Genauigkeit behandelt wurde, siehe DE BROSSES , *Histoire de la Rép . Romaine* und insbesondere

JOAN. ERNST. WOLTERSDORF , *Kommentar Vitamin Mithridatis Magni , pro Jahr Digestam , sistens ;* Prämio ornata ab *A. Phil. Best.-Nr. Gottingæ :, A.* _ 1812.

4. *Kappadokien.* Bis zur Zeit Alexanders blieb dieses Land eine Provinz des Persischen Reiches, obwohl die Gouverneure gelegentlich Aufstandsversuche unternahmen. Die herrschende Familie war hier ebenfalls ein Zweig des Königshauses; Ariarathes I. zeichnete sich um 354 v. Chr. besonders aus. Der mit Alexander zeitgenössische Fürst war Ariarathes II. der 322 im Kampf fiel, als er von Perdikkas und Eumenes angegriffen wurde . Sein Sohn Ariarathes III. unterstützt von den Armeniern, erlangte um 312 das Zepter zurück . Der Sohn dieses Königs, Ariaramnes , ging eine eheliche

Verbindung mit den Seleukiden ein und vereinte seinen Sohn Ariarathes IV. mit der Tochter des Antiochos Θεός . Ariarathes IV. zu seinen Lebzeiten beteiligte er sich an der Regierung seines Sohnes Ariarathes V. *d. 162. die* Antiochis heiratete , die Tochter von Antiochos dem Großen: Diese Prinzessin, die zunächst unfruchtbar war, bekam zwei vermeintliche Söhne, von denen einer, Orophernes , anschließend dem ehelichen und später geborenen Sohn Ariarathes VI. das Zepter entriss . wurde aber später vom rechtmäßigen Erben vertrieben, 157. Im Krieg gegen Aristonikos von Pergamon , 131, fiel er als Verbündeter der Römer und hinterließ sechs Söhne; fünf von ihnen wurden von seinem ehrgeizigen Relikt Laodice abgeschnitten; der sechste jedoch, Ariarathes VII. bestieg den Thron und war mit Laodice, der Schwester von Mithridates dem Großen, verheiratet, auf deren Veranlassung er von Gordius ermordet wurde, unter dem Vorwand , den Sohn seiner Schwester, Ariarathes VIII., auf den Thron zu setzen; Dieser letzte Prinz wurde bald darauf von Mithridates (94) und seinem Bruder Ariarathes IX . auf verräterische Weise hingerichtet . besiegte 93, starb an gebrochenem Herzen; Mithridates setzte dann seinen eigenen Sohn, Ariarathes X., einen achtjährigen Jungen, auf den Thron. Nachdem die Unabhängigkeit Kappadokiens inzwischen in Rom verkündet worden war, wählten die Bewohner des Landes, um häusliche Unruhen zu vermeiden, selbst einen König und ernannten Ariobarzanes I. zu dieser Würde, der von Sylla , 92, eingesetzt wurde und von den Römern unterstützt wurde , behielt in den mithridatischen Kriegen seinen Stand. Im Jahr 63 übergab er die Krone an seinen Sohn Ariobarzanes II. der von der Armee von Brutus und Cassius (43) getötet wurde, ebenso wie sein Bruder Ariobarzanes III. 34, von Mark Antony; Antonius ernannte daraufhin Archelaos zum König, der 17 n. Chr. von Tiberius nach Rom gelockt und dort ermordet wurde. und Kappadokien wurde dann eine römische Provinz.

5. *Armenien* war eine Provinz des syrischen Reiches bis zur Niederlage von Antiochus dem Großen durch Rom im Jahr 190. Auf diese Niederlage folgte die Thronbesteigung der Stellvertreter von Antiochus, Artaxias und Zariadras ; und nun entstanden die beiden Königreiche Großarmenien und Kleinarmenien (letzteres am Westufer des Oberen Euphrat). In Armenia Major behielt die Familie des Artaxias den Thron unter acht (nach anderen *zehn*) aufeinanderfolgenden Königen bis 5 v. Chr. – Der einzige bemerkenswerte Fürst dieser Linie war Tigranes I. 95–60, Schwiegersohn und Verbündeter Mithridates des Großen und Herr von Kleinasien, Kappadokien und Syrien. Mit dem Frieden von 63 war er jedoch gezwungen, alles aufzugeben, so dass Armenien von den Römern abhängig war und dies bis zum Jahr 5 v. Chr. blieb, als es Gegenstand von Auseinandersetzungen zwischen Römern und Parthern wurde und zeitweise regiert wurde durch von beiden Parteien ernannte Könige, die dadurch ihre eigenen Provinzen schützen wollten . Im Jahr 412 n. Chr. wurde Armenien schließlich eine

Provinz des neuen persischen Reiches . – In Kleinasien herrschten die Nachkommen des Zariadras in Abhängigkeit von Rom; Nach seinem Abfall unter Mithridates dem Großen war es normalerweise Teil eines der benachbarten Königreiche, bis es unter Vespasian in eine Provinz des Römischen Reiches umgewandelt wurde.

VAILLANT , *Elenchus regum Armenien Majoris* , in seiner *Hist. Kobold. Arsacidarum* .

Baktrische und parthische Reiche.

4. Neben den oben genannten kleinen Königreichen entstanden in Innerasien zwei mächtige Reiche, beide aus der Monarchie Alexanders, und zwar gleichzeitig: das parthische und das baktrische; Beide waren zuvor Teil des Reiches der Seleukiden , von dem sie sich unter Antiochus II. abspalteten. Das parthische Königreich oder das der Arsacidæ umfasste von 256 v. Chr. bis 226 n. Chr. auf dem Höhepunkt seiner Ausdehnung die Länder zwischen Euphrat und Indus. Seine Geschichte ist, soweit wir mit ihr vertraut sind, in vier Perioden unterteilt (siehe unten); Aber leider sind unsere Informationen über alles, was die Parther betrifft, mit Ausnahme ihrer Kriege, so unvollständig, dass selbst die wichtigsten Einzelheiten außerhalb der Reichweite von Vermutungen liegen.

Wichtigste Fakten zur Geschichte und Verfassung des Partherreichs. *A.* Wie das alte persische Reich entstand das Partherreich aus den Eroberungen einer rohen Bergrasse Zentralasiens, deren skythischer (wahrscheinlich tatarischer) Ursprung sich auch in späteren Zeiten durch ihre Sprache und Lebensweise verriet; ihre Eroberungen jedoch wurden nicht mit der gleichen Geschwindigkeit durchgeführt wie die der Perser. *B.* Dieses Reich wuchs auf Kosten der Syrer im Westen und der Baktrier im Osten; aber seine Herrschaft jenseits von Euphrat, Indus und Oxus wurde nie dauerhaft etabliert. *C.* Die Kriege mit Rom, die im Jahr 53 v. Chr. begannen und aus Streitigkeiten um den Besitz des armenischen Throns hervorgingen, waren für die Römer lange Zeit unglücklich. Der Erfolg begleitete die Waffen Roms erst, als es die Kunst entdeckte, innerhalb des Königreichs eigene Parteien zu gründen, indem es Prätendenten unterstützte, eine Kunst, die durch die ungünstige Lage der parthischen Hauptstadt Seleukia und der Nachbarstadt vergleichsweise einfach wurde von Ktesiphon, dem eigentlichen Sitz des Gerichts. *D.* Das Reich war tatsächlich in Satrapien aufgeteilt, von denen achtzehn aufgezählt sind; Dennoch umfasste es ebenfalls mehrere kleine Königreiche, die ihre eigenen Herrscher behielten, nur dass sie tributpflichtig waren, wie z. B. Persis usw. Auch die griechisch -mazedonischen Siedlungen waren im Besitz großer Privilegien und eigener bürgerlicher Regierungen; Insbesondere Seleucia, wo die Münzen der parthischen Herrscher geprägt wurden. *e.* Die

Verfassung war monarchisch-aristokratisch, etwa wie die der Polen zur Zeit der Jagellonen . An der Seite des Königs saß ein oberster Staatsrat (*senatus*, aller Wahrscheinlichkeit nach die *Megistanes*), der die Macht hatte, den König abzusetzen, und angeblich das Privileg hatte, seinen Beitritt vor der Krönungszeremonie zu bestätigen , durchgeführt von den Feldmarschällen (*Surenas*). Das Erbrecht wurde nur soweit bestimmt, dass es dem Haus der Arsacidæ zusteht ; Die vielen Prätendenten, die diese Unsicherheit hervorrief, führten zu Fraktionen und inneren Kriegen, die dem Imperium doppelt schadeten, wenn sie von Ausländern geschürt und geteilt wurden. *F.* Für den asiatischen Handel war die parthische Vorherrschaft insofern von Bedeutung, als sie den direkten Verkehr zwischen den westlichen und östlichen Ländern unterbrach: Es war eine Maxime der Parther, keinem Fremden die Durchreise durch ihr Land zu gewähren. Diese Zerstörung des Handels erfolgte in der dritten Periode des Reiches und war eine natürliche Folge der vielen Kriege mit Rom und des daraus resultierenden Misstrauens. Infolgedessen nahm der Ostindienhandel einen anderen Weg über Palmyra und Alexandria, die ihm Glanz und Wohlstand verdankten. *G.* Es ist wahrscheinlich, dass dies der Grund dafür war, dass übermäßiger Luxus bei den Parthern weniger Einzug hielt als bei den anderen herrschenden Nationen Asiens, ungeachtet ihrer Vorliebe für griechische Sitten und Literatur, die damals im gesamten Osten vorherrschte.

Linie der Könige. I. Syrische Zeit; das der wiederholten Kriege mit den Seleukiden , bis 130. Arsakes I. 256–253, Begründer der parthischen Unabhängigkeit, indem er den Tod des syrischen Vizekönigs Agathokles herbeiführte, zu dem er durch die Beleidigung seines Bruders Tiridates angestiftet wurde . Arsakes II. (Tiridates I.) Bruder des Vorgenannten, *d. 216.* *Er nahm* Hyrcania in Besitz , um 244 bestätigte er die parthische Macht durch einen Sieg über Seleukus Callinicus , 238, den er gefangen nahm, 236. Arsaces III. (Artabanus I.) *d.* 196. In seine Regierungszeit fiel der erfolglose Versuch von Antiochos III. der im Vertrag von 210 zum Verzicht auf alle Ansprüche auf Parthien und Hyrkanien verpflichtet wurde , wofür Arsakes Antiochos im Krieg gegen Baktrien seine Hilfe leistete. Arsakes IV. (Priapatius) *d.* um 181. Arsaces V. (Phraates I.) *d.* etwa 144; er besiegte die Mardianer am Kaspischen Meer. Sein Bruder, Arsaces VI. (Mithridates I.) *d.* 136. Er erhob das bis dahin begrenzte Königreich Parthien in den Rang eines mächtigen Reiches, nachdem er nach dem Tod von Antiochus Epiphanes im Jahr 164 durch die Einnahme von Medien, Persis, Babylonien und anderen Ländern die Grenzen nach Westen bis zum Euphrat ausgedehnt hatte und ostwärts bis zu den Hydaspes , jenseits des Indus. Die Invasion von Demetrius II. Die Herrschaft Syriens, unterstützt durch einen Aufstand der besiegten Völker, endete im Jahr 140 mit der Gefangennahme des Angreifers. Arsaces VII. (Phraates II.) *d.* um 127. Einmarsch des Antiochus Sidetes , 132, der zunächst erfolgreich war, aber bald darauf mit seinem gesamten Heer abgeschnitten wurde, 131, und das Partherreich für immer von den Angriffen der syrischen Könige befreit war.

II. Zeit der östlichen Nomadenkriege; von 130—53. Nach dem Untergang des baktrischen Reiches, das bis dahin den östlichen Wall der Parther gebildet hatte, kam es zu heftigen Kriegen mit den Nomadenstämmen Zentralasiens (Skythen , Dahæ , Tochari usw.), in denen Arsakes VII. wurde getötet. Arsaces VIII. (Artabanus II.) teilte um 124 das gleiche Schicksal. Arsakes IX. (Mithridates II.) d. 87. Dieser Prinz scheint nach blutigen Kriegen die Ruhe im Osten wiederhergestellt zu haben; er traf jedoch auf einen mächtigen Rivalen in Tigranes I. von Armenien. In seine Regierungszeit fielen im Jahr 92 die ersten Geschäfte zwischen Parthern und Römern, wobei Sylla Eigentümer von Kilikien war . Arsaces X. (Mnasciras), d. um 76, führte einen langen Krieg um die Nachfolge mit seinem Nachfolger auf dem Thron, dem Siebzigjährigen Arsaces XI. (Sinatroces ,) d. um 68. Erfolgloser Krieg mit Tigranes I. Infolge von Bürgerkriegen, und zwar mit Tigranes, zusammen mit der gewaltigen Macht von Mithridates dem Großen, war das Partherreich nun stark geschwächt. Arsaces XII. (Phraates III.) d. 60, zeitgleich mit dem dritten Mithridatischen Krieg. Obwohl beide Parteien eifrig um sein Bündnis buhlten und er selbst in den Kampf mit Tigranes verwickelt war, wahrte er dennoch eine bewaffnete Neutralität und sorgte dafür, dass das parthische Reich bis zum Euphrat weiterhin respektiert wurde. Weder Lucullus noch Pompeius wagten es, ihn anzugreifen. Der Fall Mithridates und seines Reiches im Jahr 64 stellt jedoch eine Epoche in der parthischen Geschichte dar, da die Römer und Parther nun unmittelbare Nachbarn geworden sind . – Arsaces XIII. (Mithridates II.) *d. 54, nach mehreren Kriegen von seinem jüngeren Bruder* Orodes abgesetzt und schließlich nach der Einnahme Babyloniens, wo er Zuflucht gesucht hatte, hingerichtet.

III. Römerzeit; von 53 v. Chr. bis 226 n. Chr.; einschließlich der Kriege mit Rom. Arsaces XIV. (Orodes I.) d. 36. In seiner Regierungszeit der erste Krieg mit Rom, verursacht durch die Invasion von Crassus; es endet mit der Vernichtung der Invasionsarmee und des Generals, 53. Infolge dieses Sieges erlangten die Parther ein solches Übergewicht, dass sie während der Bürgerkriege häufig diesseits des Euphrat die Herren waren und in den Jahren 52–51 zum Angriff auf Syrien übergingen . – Im Krieg zwischen Pompeius und Cäsar stellten sie sich auf die Seite des ersteren und lieferten diesem damit einen Vorwand für seinen Partherzug, der jedoch durch seine Ermordung im Jahr 44 verhindert wurde; Auch im Krieg zwischen den Triumviren und Brutus und Cassius, 42, stellten sie sich auf die republikanische Seite. Nach der Niederlage von Brutus und Cassius breiteten sich die Parther auf Veranlassung des römischen Feldherrn und Gesandten Labienus und unter dem Kommando von ihm und Pacorus (ältester Sohn des Arsaces) über ganz Syrien und Kleinasien aus, 40; wurden aber nach heftigen Anstrengungen von Ventidius , dem General des Antonius, zurückgedrängt , 39, 38; Pacorus verlor sein Leben und sein Vater starb vor Kummer. Arsaces XV. (Phraates IV.) *d.* 4 n. Chr., Zeitgenosse von Augustus. Er bestätigte seine Macht, indem er seine Brüder und ihre Angehörigen ermordete; Seine Ansichten wurden auch durch das Scheitern der Expedition des Antonius im Jahr 36 v. Chr. bestärkt, die fast auf die gleiche Weise endete wie die von Crassus. Der Rest seiner Regierungszeit wurde durch einen Thronprätendenten, Tiridates , gestört, der nach seiner Niederlage im Jahr 25 eine Zuflucht am Hofe des Augustus fand. Der drohende Angriff des Augustus wurde durch die Wiederherstellung der von Crassus übernommenen Standarten durch Phraates abgelenkt , 20; Im Jahr 2 n. Chr. kam es jedoch zu einem Streit über den Besitz des armenischen Throns, weshalb Gaius Cäsar nach Asien entsandt und die Angelegenheit durch einen Vertrag geregelt wurde . Das endgültige Schicksal sowohl des Königs als auch des Reiches wurde hauptsächlich von einer Sklavin, Thermusa , entschieden, die Augustus als Geschenk geschickt hatte; Diese Frau, die die Nachfolge ihres eigenen Sohnes sicherstellen wollte, brachte den König dazu, seine vier Söhne als Geiseln nach Rom zu schicken, unter dem Vorwand, häusliche Unruhen zu antizipieren, 18. – Eine Praxis, die von dieser Zeit an bei den parthischen Königen üblich war Sie hielten dies für eine bequeme Möglichkeit, sich von gefährlichen Konkurrenten zu befreien, während die Römer sie richtig zu nutzen wussten. Als Thermusas Sohn erwachsen war, setzte sie den König ab und setzte Phraataces unter dem Namen Arsaces XVI. auf den Thron ; er wurde jedoch im Jahr 4 n. Chr. von den Parthern getötet; und die Krone, die einem der Arsacidæ , Orodes II. (Arsaces XVII.), gegeben wurde, der jedoch unmittelbar danach aufgrund seiner Grausamkeit getötet wurde. Infolgedessen wurde Vonones I., der älteste der nach Rom geschickten Söhne des Phraates , zurückgerufen und auf den Thron gesetzt (Arsaces XVIII.); Doch dieser Prinz, der römische Bräuche und Luxus mitgebracht hatte, wurde im Jahr 14 n. Chr. mit Hilfe der nördlichen Nomaden von Artabanes III. vertrieben. (Arsaces XIX.) *d.* 44, ein entfernter Verwandter: Der Flüchtling nahm den vakanten Thron Armeniens in Besitz, wurde aber bald darauf ebenfalls von seinem Rivalen von dort vertrieben. Tiberius nutzte die daraus resultierenden Unruhen aus, um Germanicus im Jahr 17 n. Chr. in den Osten zu schicken, von wo er nie zurückkehren sollte. Der Rest der Regierungszeit von Artabanus verlief sehr stürmisch. Einerseits nutzte Tiberius die Fraktionen zwischen den Adligen aus, um Prätendenten auf die Krone zu unterstützen; Die Aufstände der Satrapen hingegen waren ein Beweis für den Niedergang der parthischen Macht. Nach seinem Tod tobte Krieg zwischen seinen Söhnen; der zweite, Vardanes , (Arsaces XX.) *d.* 47, machte seinen Anspruch auf die Krone wahr und eroberte Nordmedien (Atropatene ;); sein älterer Bruder Gotarzes (Arsaces XXI.) folgte ihm *nach.* 50, dem sich Claudius erfolglos widersetzte , Meherdates , der in Rom als

Geisel erzogen wurde . Arsaces XXII. (Vonones II.) wurde nach nur wenigen Monaten Herrschaft von Arsakes XXIII. abgelöst. (Vologeses I.) d. 90. Der Besitz des armenischen Throns, den dieser Fürst seinem Bruder Tiridates von den Römern an Tigranes, den Enkel Herodes des Großen, schenkte, löste eine Reihe von Streitigkeiten aus, die bereits in der Regierungszeit von Claudius im Jahr 52 n. Chr. begannen Unter Nero brach ein offener Krieg aus, der auf römischer Seite von Corbulo (56–64) mit einigem Erfolg geführt und dadurch beendet wurde , dass Tiridates nach dem Tod des Tigranes nach Rom ging und dort die Krone Armeniens als Geschenk annahm Hände von Nero, 65. Arsaces XXIV. (Pacorus ,) d. 107, zeitgenössisch mit Domitian. Von ihm wissen wir nur, dass er die Stadt Ktesiphon verschönerte. Arsaces XXV. (Cosroes ,) d. um 121. Die Ansprüche auf den armenischen Thron verwickelten ihn in einen Krieg mit Trajan (114), in dem Armenien zusammen mit Mesopotamien und Assyrien in römische Provinzen umgewandelt wurde. Trajans konsequenter und erfolgreicher Einmarsch in die inneren Teile der parthischen Herrschaftsgebiete (115–116), gefolgt von der Gefangennahme von Ktesiphon und der Ernennung von Parthamaspates zum König, scheint durch die seit langem andauernden inneren Unruhen und Bürgerkriege erleichtert worden zu sein Die Zeit bedrängte das Reich. Dennoch war Hadrian im folgenden Jahr, 117, gezwungen, das gesamte eroberte Land aufzugeben; der Euphrat wurde erneut als Grenze anerkannt; Parthamaspates wurde zum König von Armenien ernannt; und Cosroes , der in den oberen Satrapien Zuflucht gesucht hatte, wurde wieder auf den Thron gesetzt, den er offenbar bis heute stillschweigend in Besitz genommen hatte. Arsaces XXVI. (Vologeses II.) d. 149. Parthien unter seiner Herrschaft und Rom unter der Herrschaft von Antoninus Pius blieben in gutem Einvernehmen. Arsaces XXVII. (Vologeses III.) d. 191. Unter der Herrschaft dieses Königs, des Zeitgenossen von Marcus Aurelius und L. Verus , wurde der Krieg mit Rom erneut entfacht, 161, durch Verus , und in Armenien und Syrien geführt; Cassius, der Legat des Verus , erlangte schließlich den Besitz von Seleucia und zerstörte diese Stadt, 165. – Arsaces XXVIII. (Ardawan oder Vologeses IV.) d. 207. *Nachdem dieser König im Krieg zwischen ihm und Septimius Severus die Seite von* Pescenninus Niger übernommen hatte , wurde er nach der Niederlage seines Freundes 194 in einem Krieg mit Septimius Severus 197 besiegt und die Hauptstädte Parthiens geplündert durch die Eindringlinge. Er wird ohne Autorität als sein Nachfolger durch einen Pacorus dargestellt , der den Namen Arsaces XXIX annahm; sein wirklicher Nachfolger scheint jedoch Arsaces XXIX gewesen zu sein. (Vologeses V.) d. 216. Von Caracalla angezettelte häusliche Kriege zwischen seinen Söhnen. Arsaces XXX. (Artabanus IV.) Zu Beginn seiner Herrschaft war dieser Prinz ebenfalls Zeitgenosse von Caracalla, der, um einen Streit anzuzetteln, seine Tochter zur Frau verlangte; einigen zufolge lehnte Arsaces sie ab, woraufhin der römische Kaiser einen Feldzug nach Armenien unternahm; Anderen zufolge wurde Arsaces, nachdem er zugestimmt und seine Tochter nach Caracalla begleitet hatte, durch einen abscheulichen Verrat im Jahr 216 n. Chr. zusammen mit seinem gesamten Gefolge abgeschnitten. Nachdem Caracalla im Jahr 217 ermordet worden war, unterzeichnete sein Nachfolger Macrinus ein Frieden mit den Parthern. Doch Arsakes erhob später seinen Bruder Tiridates auf den Thron Armeniens; diese Tat spornte den persischen Artaxerxes, den Sohn von Sassan, zur Rebellion an; Der parthische König, der in drei Schlachten besiegt worden war, fiel in der letzten und beendete damit die Familie und Herrschaft der Arsacidæ , 226, und Artaxerxes wurde der Gründer des neupersischen Königreichs oder des Sassanidæ . Die Revolution ging nicht nur mit einem Dynastiewechsel einher, sondern auch mit einer völligen Subversion der Verfassung.

VAILLANT , *Imperium Arsacidarum et Achæmenidarum* , Paris, 1725, 2 Bde. 4to. Der erste Teil umfasst die Arsacidæ ; der zweite die Könige von Bithynien, Pontus und Bosporus. Es ist ein nicht ganz fehlerfreier Versuch, die Reihe der Könige mit Hilfe von Münzen zu ordnen.

† CF RICHTER , *Historisch -kritischer Aufsatz über die Dynastien der Arsacidæ und Sassanidæ , nach Angaben der persischen, griechischen und römischen Autoritäten* . Ein preisgekrönter Essay. Leipzig , 1804. Eine vergleichende Untersuchung der östlichen und westlichen Quellen. Die Chronologie in der obigen Skizze wurde durch diese Arbeit in Verbindung mit korrigiert

TH. CHR. TYCHSEN , *Commentationes de Nummis Persarum und Arsacidarum* ; eingefügt in *Commentat . Nov. Soc. Sc. Gotting* . Bd. ich . iii.

Baktrien.

5. Das baktrische Königreich entstand fast zur gleichen Zeit wie das parthische, 254; Sein Ursprung war jedoch anderer Natur – die Unabhängigkeit dieses Staates wurde vom griechischen Statthalter behauptet, der folglich von Griechen abgelöst wurde –, seine Dauer war ebenfalls viel kürzer und erstreckte sich nur von 254 v. Chr. bis 126 v. Chr.. Kaum einer Von der Geschichte dieses Reiches sind Fragmente erhalten geblieben, deren Grenzen sich offenbar einst bis zu den Ufern des Ganges und den Grenzen Chinas erstreckten.

Reichsgründer Diodatus oder Theodotus IBC 254; Unter Antiochus II. gab er seine Treue zum syrischen König auf. Er scheint nicht nur Herr über Baktrien, sondern auch über Sogdiana gewesen zu sein. Er bedrohte auch die Parther; nach seinem Tod, 243, sein Sohn und Nachfolger, Theodotus II. unterzeichnete einen Vertrag und ein Bündnis mit Arsakes II. wurde aber dennoch um 221 von Euthydemos von Magnesia seiner Krone beraubt.

Antiochos der Große richtete am Ende des Partherkrieges seine Waffen gegen Euthydemos, 209–206; Der Kampf endete mit einem Frieden, durch den Euthydemus nach der Übergabe seiner Elefanten nicht nur im Besitz der Krone blieb, sondern durch die Heirat seines Sohnes Demetrius mit einer Tochter des Antiochus mit der syrischen Familie verbündet wurde. Obwohl Demetrius ein großer Eroberer war, scheint er nicht König von Baktrien gewesen zu sein; Zu seinen Herrschaftsgebieten gehörten wahrscheinlich Nordindien und Malabar, deren Geschichte nun eng mit der Baktriens verbunden ist, obwohl sie nur noch aus bloßen Fragmenten besteht. Der Thron von Baktrien fiel an Apollodot und nach ihm an Menander, der seine Eroberungszüge bis nach Serica ausdehnte , während Demetrius seine Herrschaft in Indien etablierte (als Herrscher dieses Landes ist er in einer kürzlich entdeckten Medaille dargestellt) und wo Zu dieser Zeit scheinen mehrere griechische Staaten existiert zu haben, möglicherweise seit der Expedition von Antiochos III. 205. Nachfolger von Menander wurde um 181 Eukratidas , unter dessen Herrschaft das baktrische Reich seine größte Ausdehnung erreichte; Nachdem er den indischen König Demetrius besiegt hatte, der der Angreifer gewesen war, annektierte er mit Hilfe des parthischen Eroberers Mithridates (Arsakes VI.) Indien 148 seinem eigenen Reich. Bei seiner Rückkehr wurde er von seinem Sohn ermordet ; wahrscheinlich dasselbe, das später unter dem Namen Eucratidas II. erwähnt wird. Er war der Verbündete von Demetrius II. von Syrien und Hauptinitiator seines Feldzugs gegen die Parther, 142; Demetrius wird von Arsakes VI. besiegt. Infolgedessen wurde Eukratidas ein Teil seines Territoriums entzogen; Bald darauf wurde das baktrische Reich von den Nomadenstämmen Zentralasiens überwältigt und fiel zu Boden, und Baktrien selbst wurde zusammen mit den anderen Ländern auf dieser Seite des Oxus zur Beute der Parther.

TH. SIEG . BAYER , *Historia regni Græcorum Baktriani* . Petropol . 1738, 4to. Die wenigen verbliebenen Fragmente werden in diesem Werk mit Fleiß gesammelt und mit Geschick arrangiert.

[TOD , *Account of Greek, Parthian, and Hindu Medals* , in *Transactions of the R. Asiatic Society* , vol. ich . Teil II, S. 316.

TYCHSEN , *De Nummis Græcis et Barbaris in Bochara nuper retectis* , im *Kommentar. Nov. Soc. Sc. Gotting* . Bd. vi.]

Königreich der Juden.

6. Das wiederhergestellte Königreich der Juden war ebenfalls ein Fragment der mazedonischen Monarchie; und obwohl es nur mit den kleineren Staaten vergleichbar war, verdient seine Geschichte in verschiedener Hinsicht unsere Aufmerksamkeit, da nur wenige Nationen einen so starken Einfluss auf den Fortschritt der menschlichen Zivilisation hatten. Der Grundstein für die Unabhängigkeit der Juden wurde zwar nicht

vor dem Jahr 167 gelegt; doch hatte ihre innere Verfassung schon vorher ihre Grundzüge angenommen, und ihre Geschichte, von der Rückkehr der babylonischen Gefangenschaft an gerechnet, gliedert sich dementsprechend in vier Perioden: 1. Unter der persischen Oberherrschaft, 536—323. 2. Unter den Ptolemäern und Seleukiden , 323–167. 3. Unter den Makkabäern, 167–39. 4. Unter den Herodianern und Römern, 39 v. Chr. bis 70 n. Chr.

Erste Periode unter den Persern. Mit der Erlaubnis von Cyrus kehrte eine Kolonie von Juden, die zu den Stämmen Benjamin, Juda und Levi gehörten, in das Land ihrer Vorfahren zurück, 536: Diese Kolonie, angeführt von Zorobabel aus der alten königlichen Familie, und dem Hohepriester Josua, bestand aus etwa 42.000 Seelen; Der weitaus bedeutendere und wohlhabendere Teil der Nation zog es vor, auf der anderen Seite des Euphrat zu bleiben, wo sie seit siebzig Jahren ansässig war und weiterhin ein zahlreiches Volk war. Den neuen Siedlern fiel es schwer, sich zu behaupten, hauptsächlich aufgrund von Differenzen, die durch die Intoleranz entstanden waren, die sie selbst beim Bau des Tempels gegenüber ihren Nachbarn und Verwandten, den Samaritern, an den Tag legten, für die die Kolonie nur ein Kostenfaktor war. Nachdem die Samariter um 336 einen separaten Tempel in Garizim in der Nähe von Sichem errichtet hatten , trennten sie sich nicht nur vollständig, sondern legten auch den Grundstein für einen tief verwurzelten Hass zwischen den beiden Nationen. Daher das Verbot, die Stadt und den Tempel wieder aufzubauen, das durch sie unter Kambyses (529) und Smerdis (522) erlassen und erst 520, unter der Herrschaft von Darius Hystaspes , aufgehoben wurde . Die neue Kolonie erhielt erst zur Zeit Esras und Nehemias eine dauerhafte innere Verfassung; beide brachten neue Kolonisten, ersterer im Jahr 478, letzterer im Jahr 445. Das Land stand unter der Herrschaft der Satrapen von Syrien; Doch im Zuge des zunehmenden innenpolitischen Niedergangs des persischen Reiches wurden die Hohepriester nach und nach praktisch zu Herrschern der Nation. Dennoch scheinen die Juden bereits zur Zeit der Eroberung durch Alexander im Jahr 332 Beweise ihrer Treue gegenüber den Persern gezeigt zu haben.

Zweite Periode unter den Ptolemäern und Seleukiden , 323–167. Nach dem Tod Alexanders teilte Palästina aufgrund seiner Lage im Allgemeinen das Schicksal von Phönizien und Co. - Syrien (siehe oben, S. 249) wurde an Syrien angegliedert . – Einnahme Jerusalems und Verpflanzung einer riesigen Kolonie der Juden nach Alexandria durch Ptolemaios I. 312; Von dort aus verbreiteten sie sich nach Kyrene und nach und nach über ganz Nordafrika und sogar bis nach Äthiopien . Von 311 bis 301 blieben die Juden jedoch Antigonos unterworfen. Nach dem Sturz seines Reiches blieben sie 301–203 unter der Herrschaft der Ptolemäer; Die auffälligsten ihrer Hohepriester in dieser Zeit waren Simon der Gerechte, *gest.* 291, und danach sein Sohn, Onias

I. *d.* 218, der durch die Zurückhaltung des Tributs an Ptolemaios III. setzte Judäa einer unmittelbaren Gefahr aus. – Im zweiten Krieg von Antiochos dem Großen gegen Ägypten im Jahr 203 erkannten die Juden aus freien Stücken ihre Untertanen an und halfen bei der Vertreibung der ägyptischen Truppen, die unter ihrem General Scopas standen , hatten das Land und die Zitadelle von Jerusalem wieder in Besitz genommen, 198. Antiochus bestätigte den Juden den Besitz aller ihrer Privilegien; und obwohl er ihr Land zusammen mit Cœle -Syrien und Phönizien Ptolemaios Epiphanes als zukünftige Mitgift seiner Tochter versprach, blieb Judäa immer noch unter der syrischen Oberhoheit; außer dass die Einnahmen eine Zeit lang zwischen den syrischen und ägyptischen Königen aufgeteilt wurden. – Die Hohepriester und selbstgewählten Ethnarchen oder Alabarchen standen an der Spitze des Volkes; und wir finden jetzt zum ersten Mal Erwähnung eines Senats oder des Sanhedrim . Aber die Niederlage Antiochos des Großen durch die Römer war auch die entfernte Ursache für das spätere Unglück der Juden. Der daraus resultierende Geldmangel, in dem sich die syrischen Könige befanden, und der Reichtum der Tempelschätze, die Anhäufung des heiligen Einkommens und der Gaben machten das Amt des Hohepriesters unter Antiochus Epiphanes zu einem Kaufgegenstand: Daher kam es zu Streitigkeiten zwischen den Päpstlichen Familien und aus diesen hervorgegangenen Fraktionen, die Antiochus Epiphanes durch die Einführung griechischer Institutionen unter den Juden zu seinem eigenen Vorteil machen wollte, um dadurch die Unterwerfung dieses Volkes zu fördern, das jetzt durch seine Privilegien fast an die Spitze der Juden erhoben wurde Rang eines Staates innerhalb Syriens. Absetzung des Hohepriesters Onias III. 175; sein Bruder Jason erwarb die Mitra durch Kauf und die Einführung griechischer Bräuche: Jason wurde jedoch seinerseits durch seinen Bruder Menelaos verdrängt, 172. Während des aus diesen Ereignissen resultierenden Bürgerkriegs wurde Antiochus Epiphanes, der damalige Eroberer in Ägypten (siehe oben, S. 241.) nimmt Jerusalem in Besitz, 170, provoziert durch das Verhalten der Juden gegenüber Menelaos, dem Hohepriester seiner eigenen Ernennung: die daraus resultierende Unterdrückung der Juden, die es nun sein sollten Durch die Hauptgewalt hellenisiert, kam es bald zu einem Aufstieg unter den Makkabäern.

Dritte Periode unter den Makkabäern, 167—39. Beginn des Aufstandes gegen Antiochos IV. herbeigeführt durch den Priester Mattathias, 167, dessen Nachfolger fast unmittelbar darauf, 166–161, sein Sohn Judas Makkabäus wurde . Unterstützt durch den Fanatismus seiner Partei besiegt Judas in mehreren Schlachten die Feldherren des Antiochus, der sich in Oberasien aufhielt, wo er 164 starb; Der jüdische Führer soll sogar von Rom favorisiert worden sein. Das Hauptziel des Aufstands war jedoch nicht die politische Unabhängigkeit; Sie kämpften nur für die Religionsfreiheit. Unter Antiochos V. setzte sich der Aufstand erfolgreich fort, sowohl gegen den syrischen König als auch gegen den Hohepriester Alkimus , seinen Geschöpf, 163; Judas starb kurz nach seiner Niederlage gegen Demetrius I. und wurde von seinem Bruder Jonathan abgelöst (161–143). Der Tod des Hohepriesters Alkimus (160) öffnete Jonathan den Weg zu diesem Amt, das er im darauffolgenden Krieg zwischen Demetrius I. und Alexander Balas (143) (siehe oben, S. 244, 245), beide Rivalen, erhielt Er warb um sein Bündnis: Jonathan stellte sich auf die Seite von Balas und wurde folglich vom bloßen Anführer einer Partei zum Oberhaupt der Nation, die den Königen dennoch weiterhin Tribut zahlte. Trotz der Gunst , die er Balas erwiesen hatte , wurde er nach dem Sturz dieses Prätendenten von Demetrius I. in seiner Würde bestätigt. 145; zu dessen Unterstützung er beim anschließenden großen Aufstand in Antiochia marschierte. Jonathan jedoch trat im Jahr 144 auf die Seite des Usurpators Antiochus, des Sohnes des Balas , (siehe oben, S. 245.) und wurde im selben Jahr von der Gesandtschaft mit der Freundschaft der Römer beschenkt, doch von der Der Verrat von Tryphon wurde ergriffen und hingerichtet, 143. Sein Bruder und Nachfolger Simon, 143–135, der sich gegen Tryphon ausgesprochen hatte , wurde von Demetrius II. getötet. nicht nur in seiner Würde bestätigt, sondern auch von der Zahlung von Tributen befreit; er erhielt ebenfalls den Titel eines Fürsten (ethnarch;) und scheint Münzen geprägt zu haben. Nach der Gefangennahme von Demetrius erlaubte Antiochus Sidetes Simon, im Besitz dieser Privilegien zu bleiben, solange er seiner Hilfe gegen Tryphon bedurfte ; aber nach dem Tod dieses Usurpators ließ er ihn, 130, von Cendebæus angreifen , der von den Söhnen Simons besiegt wurde. Nachdem Simon 135 von seinem Schwiegersohn Ptolemäus , der die Regierung anstrebte, ermordet worden war, folgte ihm sein Sohn Johannes Hyrkanos (135–107) nach, der erneut gezwungen war, sich Antiochus Sidetes zu unterwerfen ; aber nach der Niederlage und dem Tod dieses Fürsten durch die Parther im Jahr 130 behauptete er seine völlige Unabhängigkeit. Der tiefe Niedergang des syrischen Königreichs, die ständigen Bürgerkriege, durch die es zerstreut wurde, und der erneute Bund mit den Römern ermöglichten es Hyrkanos nicht nur, seine Unabhängigkeit leicht aufrechtzuerhalten, sondern auch sein Territorium durch die Eroberung der Samariter zu vergrößern Idumäer . Aber mit ihm endete die heroische Linie. Kaum war er von der Unterdrückung durch das Ausland befreit, als es auch im eigenen Land zu Unruhen kam; Die Pharisäer und Sadduzäer waren bisher nur religiöse Sekten gewesen, wurden aber von Hyrkanos in politische Fraktionen umgewandelt, der, verärgert über die Pharisäer, wahrscheinlich infolge ihres Wunsches, die päpstlichen und fürstlichen Ämter zu trennen, zu den Sadduzäern überging; die ehemalige Sekte, die Orthodoxen, wurde wie üblich von vielen unterstützt; Letztere, die Erneuerer, wurden aufgrund der Laxheit ihrer Prinzipien von den Reichen bevorzugt . Hyrkanos' ältester Sohn, der grausame Aristobulos (107), übernahm den Königstitel, wurde aber bald nach seinem Tod (106) von seinem jüngeren Bruder Alexander Jannæus (106–79) abgelöst. Seine Herrschaft war eine fast ununterbrochene Reihe unbedeutender Kriege mit seinen Nachbarn , wobei dieser Prinz den Eroberer spielen wollte; und da er ebenfalls die Unvorsichtigkeit hatte, die mächtige Partei der Pharisäer zu verärgern, machten sie ihn zum Gegenstand öffentlicher Beleidigungen und lösten einen Tumult aus,92 dem ein blutiger Bürgerkrieg folgte, der sechs Jahre dauerte. Jannæus konnte sich zwar während des Kampfes behaupten; aber die Gegenpartei war so weit davon entfernt, vernichtet zu werden, dass er bei seinem Tod, als er seine Söhne, den schwachen Hyrkanos (der die päpstliche Würde besaß) und den ehrgeizigen Aristobulus überging, die Krone seiner Witwe Alexandra vermachte, mit der sie zusammen war die Einsicht, dass sie sich der Partei der Pharisäer anschließen sollte: Während ihrer Herrschaft, 79–71, hielten die Pharisäer daher die Zügel der Regierung in der Hand und hinterließen ihr nur den Namen. Davon provoziert, versuchte Aristobulus kurz vor dem Tod der Königin, den Thron in Besitz zu nehmen, und erreichte schließlich seine Ziele, obwohl Alexandra Hyrkanos zu ihrem Nachfolger ernannte. Hyrkanos führte auf Veranlassung seines Vertrauten, des idumäischen Antipatros, der der Stammvater der Herodianer war, und mit Unterstützung des arabischen Fürsten Aretas Krieg gegen seinen Bruder 65 und sperrte ihn in Jerusalem ein; aber die Römer waren Schiedsrichter, und Pompeius, damals allmächtig in Asien, entschied sich für Hyrkanos, 64; Da die Partei des Aristobulos jedoch den Beitritt verweigerte, nahm der römische Feldherr Jerusalem in Besitz. machte Hyrkanos zum Hohepriester und Fürsten, unter der Bedingung, dass er Tribut zahlen sollte; und nahm Aristobulos und seine Söhne als Gefangene nach Rom mit, die jedoch später entkamen und große Unruhen verursachten. Da der jüdische Staat nun von Rom abhängig war, blieb er es, und das Joch wurde durch die Politik von Antipater und seinen Söhnen bestätigt, die der allgemeinen Maxime der völligen Hingabe an Rom folgten, um dadurch die völlige Beseitigung der herrschenden Familie zu erreichen. Bereits im Jahr 48 wurde Antipatros von Cäsar , den er in Alexandria unterstützt hatte, zum Prokurator von Judäa ernannt, und sein zweiter Sohn Herodes, Gouverneur in Galiläa, erlangte bald genug Macht, um Hyrkanos und den Sanhedrim zu bedrohen , 45. Er erlangte die Gunst von Antonius , und behauptete sich so inmitten der Stürme, die nach der Ermordung von Cäsar , 44, die römische Welt erschütterten, so mächtig die Partei, die ihm gegenüberstand, auch war: Diese Partei wurde jedoch schließlich anstelle des unglücklichen Hyrcanus, der Der einzige überlebende Sohn des Aristobulos setzte Antigonos an ihre Spitze und setzte ihn, unterstützt von den damals an Macht erblühenden Parthern, auf den Thron Triumviri, wurde aber von ihnen zum König ernannt.

Vierte Periode unter den Herodianern, 39 v. Chr. bis 70 n. Chr. Herodes der Große, 39 v. Chr. bis 1 n. Chr., begab sich im Jahr 37 v. Chr. in den Besitz

Jerusalems und ganz Judäas und bestätigte seine Macht durch die Heirat mit Mariamne aus dem Hause der Makkabäer. Ungeachtet seiner Härte gegenüber der Partei des Antigonos und dem Haus der Makkabäer, deren völlige Ausrottung Herodes zu seiner eigenen Sicherheit für notwendig hielt; Dennoch war das verwüstete Land so sehr auf Frieden angewiesen, dass man gerade deshalb sagen kann, dass seine Herrschaft eine glückliche gewesen sei. Herodes nutzte die Großzügigkeit des Augustus, dessen Gunst er nach der Niederlage des Antonius im Jahr 31 v. Chr. erlangen konnte, und vergrößerte nach und nach die Ausdehnung seines Königreichs, das schließlich Judäa , Samaria, Galiläa und jenseits des Jordan Peräa und Ituräa umfasste und Trachonitis (das heißt ganz Palästina) zusammen mit Idumæa ; aus diesen Ländern bezog er sein Einkommen, ohne dass er dazu verpflichtet war, irgendeinen Tribut zu zahlen. Die daraus folgende Ehrerbietung, die Herodes Rom entgegenbrachte, war nur das Ergebnis einer natürlichen Politik, und sein Verhalten in dieser Hinsicht konnte ihm nur von bigotten Juden widersprochen werden. Die Hinrichtungen, die unter ihren Mitgliedern stattfanden, sind seiner gesamten Familie und nicht ihm selbst zuzuschreiben. Glücklich wäre es gewesen, wenn das Schwert nur die Schuldigen geschlagen und die Unschuldigen verschont hätte. Im vorletzten Jahr seiner Herrschaft liegt die Geburt Christi (nach der üblicherweise verwendeten Berechnung, die Dionysius Exiguus im sechsten Jahrhundert anstellte). Genauere Berechnungen moderner Chronologen zeigen jedoch, dass das tatsächliche Geburtsdatum des Erlösers war wahrscheinlich vier Jahre zuvor. – Nach seinem Testament wurde sein Königreich mit einigen wenigen Änderungen durch Augustus unter seinen drei überlebenden Söhnen aufgeteilt; Archelaus erhielt als Ethnarch den größeren Teil, Judäa , Samaria und Idumäa ; die beiden anderen, als Tetrarchen, Philippus ein Teil von Galiläa und Trachonitis , Antipas der andere Teil von Galiläa und Peräa zusammen mit Ituräa ; Nach dieser Teilung teilten die verschiedenen Teile folglich nicht alle das gleiche Schicksal. – Archelaus verlor durch Misswirtschaft bald seinen Anteil, 6 n. Chr.; Judäa und Samaria wurden daraufhin als römische Provinz Syrien angegliedert und den syrischen Statthaltern unterstellten Prokuratoren unterstellt. Unter diesen Prokuratoren ist Pontius Pilatus der berühmteste, etwa 27–36 n. Chr., unter dem der Begründer unserer Religion erschien und litt , nicht als Politiker – obwohl ihm das vorgeworfen wird –, sondern als moralischer Reformer. Andererseits behielt Philipp seine Tetrarchie bis zu seinem Tod im Jahr 34 n. Chr. bei, als sein Land das gleiche Los mit Judäa und Samaria hatte. Bald darauf, also im Jahr 37 n. Chr., wurde es jedoch von Caligula mit dem Königstitel an Agrippa (Enkel des Herodes von Aristobulos) als Belohnung für seine Verbundenheit mit der Familie des Germanicus verliehen; und als Antipas, der sich eine ähnliche Gunst , aber stattdessen, verschaffen wollte , abgesetzt wurde, 39, erhielt Agrippa auch seine Tetrarchie, 40 und wurde bald darauf durch den Besitz des Gebietes, das Archelaus gehört hatte, Herr von ganz Palästina. Nachdem Agrippa im Jahr 44 n. Chr. gestorben war, wurde das ganze Land an Syrien angegliedert, wurde eine römische Provinz und erhielt Prokuratoren, obwohl Chalkis (49) und später auch 53, Philipps Tetrarchie, seinem Sohn Agrippa II. als Königreich zurückgegeben wurden. *D. 90.* Die Unterdrückung der Prokuratoren und von Gessius Vor allem Florus , der das Amt im Jahr 64 n. Chr. erhielt, stachelte die Juden zum Aufstand auf, der im Jahr 70 mit der Eroberung und Zerstörung ihrer Stadt und ihres Tempels durch Titus endete. Die Ausbreitung der Juden über die gesamte zivilisierte Welt der damaligen Zeit wurde durch dieses Ereignis, obwohl schon früher begonnen, noch verstärkt; und gleichzeitig wurde die Ausbreitung des Christentums vorbereitet und erleichtert. Auch nach der Eroberung existierte Jerusalem nicht nur als Stadt weiter, sondern wurde von der Nation auch weiterhin als Punkt der Vereinigung betrachtet; und der Versuch unter Adrian, dort eine römische Kolonie zu errichten, löste einen schrecklichen Aufruhr aus.

BASNAGE , *Histoire des Juifs Depuis JC gerade ' à present* . La Haye, 1716, 15 Bde. 12 Monate. Eigentlich gehören nur die ersten beiden Teile zu dieser Zeit; aber auch die anderen enthalten einige sehr wertvolle historische Forschungen.

PRIDEAUX , *Das Alte und Neue Testament verbunden in der Geschichte der Juden und ihrer Nachbarvölker* . London . 1714, 2 Bde. Dieses Werk wurde zusammen mit dem oben zitierten Werk immer als eines der großartigsten Bücher zu diesem Thema angesehen. Die französische Übersetzung von Prideaux's Connection ist aufgrund ihrer Anordnung bequemer zu verwenden als das Original: Diese Übersetzung wurde 1722 in Amsterdam, 5 Bände, veröffentlicht. 8vo. unter dem Titel PRIDEAUX , *Histoire des Juifs et des peuples voisins Nach der Décadence des Royaumes d'Israel und de Juda, bis zum Tod von JC*

† JD MICHAELIS , *Übersetzung der Bücher Esdras, Nehemia und Makkabäer* , enthält in den Beobachtungen mehrere historische Diskussionen von großer Bedeutung.

† J. REMOND , *Essay über eine Geschichte der Ausbreitung des Judentums, von Cyrus bis zum völligen Niedergang des jüdischen Staates* . Leipzig, 1789. Die fleißige Arbeit eines jungen Gelehrten.

Zu den aufgezählten Werken S. 34, 35, für die ältere Geschichte der Juden muss hinzugefügt werden:

JL BAUER , *Handbuch der Geschichte der hebräischen Nation, von ihrem Aufstieg bis zur Zerstörung ihres Staates* . Nürnberg, 1800, 2 Teile, 8vo. Bisher die beste kritische Einführung, nicht nur in die Geschichte, sondern auch in die Altertümer der Nation.

† In den Werken von J. J. HESS , die zu diesem Thema gehören, nämlich *Geschichte Moses* ; *Geschichte von Joshua* ; *Geschichte der Herrscher von Juda* , 2 Teile; *Geschichte der Könige von Juda und Israel* : Die Geschichte wird durchgehend aus theokratischer Sicht betrachtet.

FÜNFTES BUCH.

GESCHICHTE DES RÖMISCHEN STAATS.

Einführende Bemerkungen zur Geographie des antiken Italiens.

Allgemeiner Überblick über Italien.

Italien ist eine Halbinsel, die im Norden von den Alpen, im Westen und Süden vom Mittelmeer und im Osten vom Adriatischen Meer begrenzt wird . Seine größte Nord-Süd-Ausdehnung beträgt 600 Geogr . Meilen; seine größte Breite, gemessen am Fuße der Alpen, beträgt 320 Geogr . Meilen; aber die Fläche der eigentlich so genannten Halbinsel beträgt nicht mehr als 120 Geogr . Meilen. Oberflächlicher Inhalt, 81.920 qm geogr . Meilen. Das wichtigste Gebirge ist der Apennin, der sich, gelegentlich nach Westen oder Osten divergierend, von Norden nach Süden durch Mittel- und Unteritalien erstreckt. In der früheren Zeit Roms waren diese Berge mit dichten Wäldern bedeckt. Hauptflüsse: Padus (Po) und Athesis (Adige), die beide ihr Wasser in die Adria leiten; und der Tiberis (Tiber), der ins Mittelmeer mündet. Der Boden, insbesondere in den Ebenen, ist einer der fruchtbarsten in Europa; Auf der anderen Seite gibt es in vielen Gebirgsgebieten nur wenig Anbau. In jener Zeit, als das Mittelmeer der große Handelsschauplatz war, schien Italien aufgrund seiner Lage dazu bestimmt, der Hauptmarkt Europas zu werden; aber sie hat diesen Vorteil in der Antike nie ausreichend genutzt.

Divisionen Italiens.

Es gliedert sich in *Oberitalien* , von den Alpen bis zu den kleinen Flüssen Rubikon und Macra ; (Dieser Teil Italiens galt jedoch, bis er unter Cäsar mit dem Bürgerrecht ausgezeichnet wurde , nach der römischen politischen Geographie als Provinz;) nach *Mittelitalien* , vom Rubikon und der Macra bis hinunter zum Silarus und Frento ; und von diesen Flüssen bis zum südlichen Ende des Landes nach *Unteritalien* .

I. *Oberitalien umfasst die beiden Länder Gallia Cisalpina und Ligurien.*

Cisalpines Gallien.

1. Gallia Cisalpina oder Togata, im Gegensatz zu Gallia Transalpina . Es trägt den Namen Gallia, weil es zum größten Teil von gallischen Völkern besiedelt ist. Dieses Land ist eine zusammenhängende Ebene, die durch die Padus in zwei Teile geteilt wird, von denen der nördlichste daher Gallia Transpadana (bewohnt von den Taurini , Insubres und Cenomani) genannt wird, während der südliche Teil (bewohnt von den Boii, Senonen und Lingones) ist unter dem Namen Gallia Cispadana bekannt . Verschiedene Bäche tragen zum Anschwellen des Padus bei ; aus dem Norden die Duria ,

(Durance), der Ticinus , (Tessino), die Addua , (Adda), der Ollius , (Oglio), der Mintius (Minzio) und mehrere weniger wichtige Flüsse; aus dem Süden strömen der Tanarus (Tanaro), der Trebia usw. Der Athesis (Adige), der Plavis (Piave) und eine Reihe kleinerer Gebirgsbäche strömen direkt in die Adria.

Die Städte in Gallia Cisalpina waren im Allgemeinen römische Kolonien; und die meisten von ihnen haben bis heute ihre alten Namen bewahrt. Zu diesen zählen in Gallia Transpadana hauptsächlich Tergeste , Aquileia, Patavium , (Padua,) Vincentia, Verona, alle östlich der Athesis ; Mantua, Cremona, Brixia , (Brescia), Mediolanum, (Mailand), Ticinum , (Pavia) und Augusta Taurinorum , (Turin), alle westlich der Athesis . In Gallia Cispadana treffen wir auf Ravenna, Bononia , (Bologna,) Mutina , (Modena,) Parma, Placentia, (Piacenza). Mehrere der oben genannten Orte erhielten von den Römern Stadtrechte.

Ligurien.

2. Ligurien. Dieses Land erhielt seinen Namen von den Liguren, einem der alten italischen Stämme: Es erstreckte sich vom Fluss Varus, durch den es von der Gallia Transalpina getrennt wurde , bis zum Fluss Macra . nach Norden erstreckte es sich bis zum Padus und umfasste das moderne Gebiet von Genua. – Städte: Genua , ein äußerst alter Ort; Nicæa (Nizza), eine Kolonie von Massilia ; und Asta , (Asti.)

II. *Mittelitalien umfasst sechs Länder; Etrurien, Latium und Kampanien im Westen; Umbrien, Picenum und Samnium im Osten.*

Etrurien.

1. Etrurien, Tuscia oder Tyrrhenien , wurde im Norden durch die Macra begrenzt, die es von Ligurien trennte; im Süden und Osten durch den Tiberis , der es von Latium und Umbrien trennte. Hauptfluss, der Arnus , (Arno). Es ist größtenteils ein Gebirgsland; Nur die Meeresküste ist eben. Dieses Land leitet seinen Namen von den Etruskern ab, einem sehr alten Volk, das wahrscheinlich aus einer Verschmelzung mehrerer Rassen und sogar einiger früher griechischer Kolonien bestand, denen sie zwar nicht alle ihre Künste, aber dafür verdankten das des Schreibens; Dem Handel und der Schifffahrt verdankten die Etrusker ihren Reichtum und die daraus resultierende Pracht . Städte: zwischen Macra und Arnus , Pisæ , (Pisa,) Florentia , Fæsulæ ; zwischen Arnus und Tiberis , Volaterræ , (Volterra,) Volsinii , (Bolsena) am Lacus Volsiniensis , (Lago di Bolsena ,) Clusium , (Chiusi ,) Arretium , (Arrezzo ,) Cortona, Perusia , (Perugia), in deren Nähe sich der Lacus befindet Thrasimenus (Lago di Perugia), Falerii (Falari) und die wohlhabende Stadt Veii. Jede der oben genannten zwölf Städte hatte ihren eigenen Herrscher, *Lucumo* ; Obwohl sich unter ihnen häufige Verbindungen bildeten, scheint

kein festes und dauerhaftes Band die Nation zu einem Ganzen geeint zu haben.

Latium.

2. Latium, eigentlich die Residenz der Latiner , vom Tiberis im Norden bis zum Vorgebirge von Circeii im Süden; daher wurde dieses Land ebenfalls Latium Vetus genannt . Später wurde unter dem Namen Latium ebenfalls das Land von Circeii bis zum Fluss Liris (Latium Novum) gezählt, so dass die Grenzen im Norden der Tiberis , im Süden der Liris waren : der Sitz der Latiner. eigentlich lag es in der fruchtbaren Ebene, die sich vom Tiber bis nach Circeii erstreckte ; um sie herum lebten jedoch verschiedene kleine Stämme, einige östlich, im Apennin, wie die Hernici , Sabini , Æqui und Marsi ; andere südwärts, wie die Volsci, Rutuli und Aurunci . – Flüsse: der Anio (Teverone) und Allia , die in den Tiber münden, und der Liris (Garigliano), der ins Mittelmeer mündet. Städte im Latium Vetus : Rom, Tibur, Tusculum, Alba Longa, Ostia, Lavinium , Antium , Gabii , Velitræ , die Hauptstadt der Volsci und mehrere kleinere Orte. Im Latium Novum: Fundi, Terracina oder Anxur , Arpinum , Minturnæ , Formiæ .

Kampanien.

3. Kampanien. Das Land liegt zwischen dem Liris im Norden und dem Silarus im Süden. Eine der fruchtbarsten Ebenen der Welt, aber gleichzeitig stark anfällig für Vulkanausbrüche. Flüsse: die Liris , der Vulturnus (Voltorno), der Silarus (Selo). Berg: Vesuv. Kampanien hat seinen Namen von der Rasse der Campani abgeleitet . Städte: Capua die wichtigste; und auch Linternum , Cumæ , Neapolis, Herculaneum, Pompeji, Stabiæ , Nola, Surrentum , Salernum usw.

Die drei östlichen Länder Mittelitaliens sind wie folgt :

Umbrien.

1. Umbrien. Es wird im Norden durch den Fluss Rubico , im Süden durch den Fluss Æsis (Gesano) begrenzt, der es von Picenum trennt , und durch den Nar (Nera), der es vom Sabinergebiet trennt. Es ist größtenteils schlicht. Die umbrische Rasse hatte sich in früheren Zeiten über einen viel größeren Teil Italiens ausgebreitet. Städte: Ariminium , (Rimini), Spoletium , (Spoleto,) Narnia, (Narni) und Ocriculum , (Otriculi).

Picenum .

2. Picenum . Im Norden begrenzt durch den Æsis , im Süden durch den Atarnus (Pescara). Das Volk wird Picentes genannt . Dieses Land besteht aus einer fruchtbaren Ebene. Städte: Ancona und Asculum Picenum , (Ascoli.)

Samnium.

3. Samnium, der Name eines Gebirgszuges, der sich vom Atarnus im Norden bis zum Frento im Süden erstreckt; obwohl dieses Land zu seinen Bewohnern nicht nur die rohen und mächtigen Samniten, sondern auch mehrere weniger zahlreiche Rassen zählte; zum Beispiel die Marrucini und Peligni im Norden, die Frentani im Osten und die Hirpini im Süden. Flüsse: die Sagrus und der Tifernus . Städte: Allifæ , Beneventum und Caudium .

III. *Unteritalien oder Magna Grecia umfasste vier Länder; Lukanien und Bruttium auf der Westseite, Apulien und Kalabrien auf der Ostseite.*

Lucania.

1. Lucania. Grenzen: Norden, der Silarus , Süden, der Laus . Größtenteils ein Gebirgsgebiet. Der Name leitet sich von der Rasse der Lucani ab , einem Zweig der Ausonen , dem Häuptlingsvolk Unteritaliens. Städte: Pæstum oder Posidonia, immer noch bekannt für seine Ruinen, und Helia oder Velia.

Bruttium.

2. Bruttium (das heutige Kalabrien) oder die westliche Landzunge vom Fluss Laus bis zum südlichen Ende des Landes bei Rhegium . Der Fluss Brandanus bildet die Ostgrenze. Ein gebirgiges Land, dessen Name von den Bruttii (einem halbwilden Zweig der Ausonen) abgeleitet ist, die in den Bergen lebten, während die Meeresküsten von griechischen Siedlungen besetzt waren. Städte: Consentia , (Cosenza,) Pandosia , Mamertum und Petilia . (Zu den griechischen Kolonien siehe oben S. 155.)

Apulien.

3. Apulien. Das Land erstreckt sich entlang der Ostküste, vom Fluss Frento bis zum Beginn der östlichen Landzunge; eine äußerst fruchtbare Ebene, die besonders für die Weidehaltung von Rindern geeignet ist. Flüsse: die Aufidus (Ofanto) und der Cerbalus . Dieses Land wird durch den Aufidus in zwei Teile geteilt , der nördliche heißt Apulia Daunia , der südliche heißt Apulia Peucetia . Städte: in Apulien Daunia ; Sipontum und Luceria : in Apulien Peucetia ; Barium, Cannæ und Venusia .

Kalabrien.

4. Kalabrien oder Messapia , die kleinere östliche Landzunge, die im Vorgebirge von Iapygium endet . Städte: Brundusium (Brindisi) und Callipolis (Gallipoli). Zu Tarentum und anderen griechischen Kolonien siehe oben, S. 155.

Drei große Inseln werden ebenfalls zu Italien gerechnet: Sizilien, Sardinien und Korsika. Nach der politischen Geographie der Römer galten sie jedoch als Provinzen. Obwohl die oben genannten Inseln entlang der Küste von Außerirdischen besetzt waren, behielten die Ureinwohner unter ihren eigenen Königen im Landesinneren Fuß; unter diesen waren die Sikuler , die angeblich aus Italien eingewandert waren, die berühmtesten; Sie blieben in Sizilien und gaben der ganzen Insel ihren Namen. Bezüglich der Städte, von denen die bedeutendsten teilweise phönizischen , zum größten Teil aber griechischen Ursprungs waren, siehe oben, S. 30 und S. 155, qm .

ERSTE PERIODE.

Von der Gründung Roms bis zur Eroberung Italiens und dem Beginn der Kriege mit Karthago, 754–264 v. Chr. oder 1–490 AUC.

QUELLEN. Der ausführlichste Autor und, abgesehen von seinem System, alles, was mit Rom zu tun hat, aus Griechenland abzuleiten, der kritischste von allen, die über die frühere Geschichte Roms und Italiens geschrieben haben, ist Dionysius Halicarnassensis in seiner *Archæologia* : dieses Werkes nur die ersten elf Bücher, die bis ins Jahr 443 reichen, sind erhalten geblieben; dazu müssen jedoch die Fragmente der neun folgenden Bücher xii–xx hinzugefügt werden. 1816 entdeckt und vom Abbate Mai von Mailand veröffentlicht. Neben Dionysius steht Livius, der soweit lib. iv, c. 18 ist unsere Hauptautorität bis 292 v. Chr. Von den Leben Plutarchs gehören folgende zu dieser Zeit: Romulus, Numa , Coriolanus, Poplicola und Camillus; die aufgrund des Wissens und der Kritik, die sie an den Tag legen, vielleicht sogar wichtiger sind als Livius und Dionysius, siehe AHL HEEREN , *De fontibus et auctoritate Vitarum Plutarchi* , eingefügt in *Kommentar Recentiores Soc. Wissenschaftlich. Gott. Kommentar. I. II. Graeci , III. IV. Roma* ; Nachdruck auch als Anhang zu den Plutarch-Ausgaben von Reiske und Hutten, *Göttingen* , 1821, *ap. Dieterich* . Die Quellen der ältesten römischen Geschichte waren äußerst vielfältig. Die Traditionen der Väter wurden in historischen Balladen bewahrt; (Es wird nie ein großes episches Gedicht erwähnt;) und in diesem Sinne gab es eine bardische Geschichte; Sie sind jedoch keineswegs ausschließlich poetisch, denn selbst die Traditionen der Numa- Institute weisen keine Merkmale der Poesie auf. Die Kunst des Schreibens hatte in Italien einen früheren Ursprung als in der Stadt Rom; Wie weit somit die öffentlichen Annalen, etwa das *Libri Pontificum* , in die Frühzeit zurückreichten, bleibt ungeklärt. Bei mehreren der Denkmäler handelt es sich zweifelsohne um bloße Familienaufzeichnungen, unabhängig davon, ob sie durch mündliche Überlieferungen oder in schriftlichen Dokumenten erhalten sind. Hinzu kommen Denkmäler, nicht nur Gebäude und Kunstwerke, sondern auch auf Tabellen eingravierte Verträge; Allerdings scheint davon zu wenig Gebrauch gemacht worden zu sein. Da die Römer die Kunst des Schreibens von den Griechen erlernt hatten, wurde ihre Geschichte ebenso häufig auf Griechisch wie auf Latein verfasst; und das nicht nur von Griechen, wie in erster Linie Diokles von Peparethus , sondern auch von Römern, wie in einer frühen Zeit Fabius Pictor. Aus diesen letzten Quellen haben Dionysius und Livius zusammengestellt. Die von diesen Autoritäten dargelegte ältere römische Geschichte beruht daher teilweise, aber keineswegs vollständig, auf Tradition und Poesie; noch verstärkt durch den Rhetorikstil, insbesondere den der Griechen. In welche Epoche die römische Geschichte den poetischen Charakter einordnet, lässt sich kaum mit Sicherheit bestimmen; es kann sogar in einigen Teilen der Zeitspanne von der Vertreibung der Könige bis zur Eroberung durch die Gallier verfolgt werden . – Für die Zwecke der Chronologie kommt den *fasti Romani* , die teilweise in Inschriften enthalten sind (*fasti Capitolini*) , große Bedeutung zu. teilweise in Manuskripten. Sie wurden von Pighius , Noris, gesammelt und restauriert Sigonius usw. in GRÆVII , *Thes* . *AR* Bd. xi.; ebenso in ALMELOVEEN , *Fast. Rom.* I. II. Amstel. 1705 usw.

PIGHII *Annales Romanorum* . Antwerpen, 1615, fol. 2 Bde. Ein Essay über eine chronologische Anordnung; es reicht bis zu Vitellius.

Die römische Geschichte wurde von den Modernen in vielen Werken ausführlich behandelt , abgesehen von den zuvor aufgezählten Werken zur allgemeinen antiken Geschichte (S. 2). Wir erwähnen nur das Wichtigere.

ROLLIN , *Histoire Romaine, Depuis lafoundation de Rome just 'à la bataille d'Actium* . 13 Bde. 8vo. Paris, 1823, bearbeitet . Revue von Letronne . Diese bis ins Jahr 89 v. Chr. reichende Geschichte wurde von CREVIER FORTGEFÜHRT UND ABGESCHLOSSEN . Auch wenn der kritische Historiker auf vieles hinweisen könnte, was in dieser Arbeit fehlt, hat es dennoch dazu beigetragen, die Studie voranzubringen.

ED. FERGUSON , *Die Geschichte des Fortschritts und der Beendigung der Römischen Republik* . London, 1783, 4to. Im Großen und Ganzen das beste Werk zur Geschichte der Römischen Republik; Es hat das frühere Werk von GOLDSMITH abgelöst .

P. CH. LEVESQUE , *Histoire de la République Romaine* , 3 Bde. Paris, 1807. Wer immer noch mit blinder Begeisterung den Ruhm des antiken Roms bewundern möchte, sollte dieses Werk besser nicht lesen.

BG NIEBUHR , *Römische Geschichte* .

Eher Kritik als Geschichte; Der Autor scheint ständig bestrebt zu sein , alles bisher Zugegebene zu widerlegen. Der Geist der Scharfsinnigkeit ist nicht immer der der Wahrheit; und die Menschen stimmen nicht so leichtfertig der Existenz einer Verfassung zu, die nicht nur im Widerspruch zur weiten Auffassung des Altertums steht – die aus einigen isolierten Passagen gezogenen Schlussfolgerungen reichen nicht aus, um das aufzuheben, was von allen anderen bestätigt wird –, sondern auch, gemäß der Das eigene Bekenntnis des Autors steht im Gegensatz zu allen Analogien in der Geschichte. Aber die Wahrheit gewinnt auch dort, wo die Kritik falsch ist; und der Wert einiger tiefgreifender Forschungen darf deshalb nicht außer Acht gelassen werden . – Konsultieren Sie zu diesem Thema:

† W. WACHSMUTH , *Forschungen zur älteren Geschichte Roms* . Halle, 1819.

CF TH. LACHMANN , *Commentatio de fontibus T. Livii in prima Historiarum Decade* . Gottingæ , 1821. Ein preisgekrönter Aufsatz.

Zu den Werken zur römischen Verfassung siehe unten, am Ende dieser und am Anfang der dritten Periode.

Eine Fülle der wichtigsten Schriften zur römischen Antike finden Sie in den großen Sammlungen:

GRÆVII *Thesaurus Antiquitatum Romanarum* . Lugd . Batav . 1694, quadratisch, 12 Bde. fol. und ebenso in

SALENGRE , *Thesaurus Antiquitatum Romanarum* . Venet . 1732, 3 Bde. fol.

Viele ausgezeichnete Artikel, insbesondere in

Mémoires de l'Académie des Inscriptions .

Mit Ausnahme von NARDINI , *Roma Vetus* , eingefügt in GRÆVII DAS . KUNST . iv. das beste Werk zur Topographie des antiken Roms ist

VENUTI , *Beschreibung Topografica Delle Antichità di Roma* . PI II. Rom, 1763; und insbesondere die Neuausgabe dieses Werks von VISCONTI , 1803. Außerdem gibt es:

† SHL ADLER , *Beschreibung der Stadt Rom* . Altona, 1781, 4to.

Die beste Darstellung der Denkmäler des antiken Rom finden Sie in

PIRANESI , *Antichità di Roma* , 3 Bde. fol.

Allgemeines Merkmal der römischen Geschichte.

1. In gewisser Hinsicht ist die Geschichte Roms immer die einer Stadt, da die Stadt bis zur Zeit der Cäsaren weiterhin Herrin ihres ausgedehnten Territoriums war. In dieser ersten Periode entstanden die wesentlichen Teile der inneren Verfassung Roms; was aus historischer Sicht kaum als uninteressant bezeichnet werden kann. Ob jede grundlegende Institution ihren Ursprung genau in der Epoche hatte, der sie zugeschrieben wird, ist eine Frage von geringer Bedeutung; es genügt die Feststellung, dass sie sicherlich in dieser Zeit entstanden sind; und dass die Schritte, mit denen die Verfassung entwickelt wurde, im Großen und Ganzen zweifelsfrei bestimmt sind.

Römer lateinischen Ursprungs.

2. So übertrieben und ausgeschmückt die ältesten Überlieferungen der Römer in Bezug auf ihre Herkunft auch sein mögen, darin sind sie sich alle einig, dass die Römer zur Rasse der Latini gehörten und dass ihre Stadt eine Kolonie des benachbarten Alba Longa war. Schon lange vorher scheint sich

bei den Latini der Brauch durchgesetzt zu haben , die Bewirtschaftung ihres Landes durch Kolonien auszudehnen.

Die ursprüngliche Geschichte Roms lässt sich ebenso schwer auf die reine historische Wahrheit reduzieren wie die von Athen oder einer anderen Stadt der Antike; Dies ergibt sich daraus, dass sie hauptsächlich auf Traditionen beruht, von Dichtern und Rhetorikern gehandhabt wird und sich ebenfalls voneinander unterscheidet; wie in Plutarchs Romulus zu sehen ist. Da die Kenntnis dieser Traditionen, wie sie bei Dionysius und Livius zu finden sind, mit so vielen anderen Themen zusammenhängt, wäre es unangemessen, sie mit Stillschweigen zu übergehen; und dass sie sowohl Wahrheiten als auch poetische Fiktionen enthielten, beweisen am deutlichsten die politischen Institutionen, deren Entstehung sie erzählen und die sicherlich bis in diese Zeit zurückreichten. Der Versuch, eine Trennlinie zwischen mythischen und historischen Zeiten zu ziehen, würde bedeuten, die wahre Natur der Mythologie zu verkennen.

L. DE BEAUFORT , *Sur l'incertitude des 5 Premier Siècles de l'histoire Romaine* , nouv . ed . à la Haye, 1750, 2 Bde. 8vo. Alles , was gegen die Glaubwürdigkeit der römischen Urgeschichte einzuwenden ist, hat Beaufort mit reichlicher und oft mühsamer Schärfe dargelegt.

Könige von Rom.

3. Während der ersten zweihundertfünfundvierzig Jahre nach ihrer Gründung stand diese Stadt unter der Herrschaft von Gouverneuren, die sich Könige nannten; Diese waren jedoch nicht erblich, noch weniger waren sie mit unbegrenzter Macht ausgestattet, obwohl sie sich bemühten, sowohl ewig als auch absolut zu werden. Im Gegenteil, in dieser Zeit wurde eine kommunale Verfassung erlassen, die die Existenz eines beträchtlichen Grades politischer Zivilisation bereits zu diesem frühen Zeitpunkt beweist; In ihren wesentlichen Teilen war diese Verfassung zweifellos – wie in jeder Kolonie – der Verfassung der Mutterstadt nachempfunden. Seine Hauptmerkmale waren: *a.* Einrichtung und interne Organisation des Senats. *B.* Gründung und Fortschritt des Patrizier- oder Erbadels, der, unterstützt durch das Privileg der Verwaltung der heiligen Angelegenheiten und durch die Einführung von Familiennamen, im Gegensatz zu den Plebejern schnell eine politische Partei bildete, die immer mehr an Macht gewann, wenn auch nicht daher eine bloße Priesterkaste. *C.* Organisation des Volkes (*populus*) *und* darauf basierende Formen der Volksversammlung (*comitia*); neben der ursprünglichen Einteilung nach Köpfen in *tribus* und *curiæ* wurde später eine andere nach Besitztümern in *Klassen* und *Centuriæ eingeführt* , aus der neben der älteren *comitia curiata* die sehr künstlich konstruierte *comitia centuriata* *hervorging* . *D.* Religiöse Institutionen (*religions*), die am engsten mit der

politischen Verfassung verbunden waren, bildeten eine Staatsreligion, durch die alles im Staat bestimmten Formen unterworfen wurde und eine höhere Sanktion erhielt. Wir dürfen *e auch nicht weglassen*. die durch das Gesetz festgelegten Beziehungen im Privatleben, die Klientenschaft, die Ehe und insbesondere die väterliche Autorität. Als Folge dieser häuslichen Beziehungen herrschte seit jeher ein Geist der Unterordnung und Disziplin im Volk; und diesem Geist verdankten die Römer den Ruhm, den sie erlangten.

Zerstörung von Alba Longa.

4. Trotz vieler kleiner Kriege mit seinen unmittelbaren Nachbarn , den Sabinern, Aequi und Volsci, sowie mit verschiedenen Städten der Etrusker und sogar mit den Latinern selbst erweiterte Rom sein Territorium nur wenig: Dennoch tat es den ersten Schritt zu seiner Vergrößerung ; Seit der Zerstörung von Alba Longa strebte sie danach, Oberhaupt der gesammelten Städte der Latiner zu werden, und erreichte schließlich das Ziel ihres Ehrgeizes.

Linie der Könige. Romulus, 754–717. Erste Gründung der Kolonie; Vergrößerung der Zahl der Bürger, hervorgerufen durch die Errichtung einer Anstalt und eine Vereinigung mit einem Teil der Sabiner. Numa Pompilius , *gest.* 679. Durch die Darstellung dieses Fürsten als Begründer der Religion des römischen Staates erhielt diese Religion die hohe Anerkennung der Antike. Tullus Hostilius , *gest.* 640. Die Eroberung und Zerstörung von Alba legt den Grundstein für die römische Vorherrschaft in Latium. Ancus Martius, *gest.* 618. Er dehnt das Gebiet Roms bis zum Meer aus; Die Gründung des Hafens von Ostia beweist, dass Rom bereits auf die Schifffahrt setzte, deren Ziel vielleicht noch eher die Piraterie als der Handel war. Tarquinius Priscus , *gest.* 578. Ein griechischer Abstammung. Unter seiner Führung konnte Rom bereits gegen die verbündeten Etrusker ins Feld ziehen . Servius Tullius, *gest.* 534. Der bemerkenswerteste in der Linie der römischen Könige. Er stellte Rom an die Spitze des Bundes der Latiner, was er durch die *communia sacra bestätigte* . Auf seiner neuen Einteilung des Volkes nach Vermögen wurden die äußerst wichtigen Institutionen des *Census* und *der Comitia Centuriata erhoben* . Die Notwendigkeit dieser Maßnahme ist ein Beweis für den großen und zunehmenden Wohlstand der römischen Bürger; Es besteht jedoch kein Zweifel daran, dass mit seiner Annahme der Rahmen der Republik bereits vollendet war. Tarquinius Superbus (der Tyrann) – 509. Nachdem dieser als Neffe von Priscus den Thron gewaltsam in Besitz genommen hatte , versuchte er , seine Macht durch eine enge Verbindung mit den Lateinern und Volskern zu festigen. Dadurch wie auch durch seine Tyrannei beleidigte er sowohl die patrizische als auch die plebejische Partei. Seine Absetzung und die darauffolgende Reformierung der Regierung waren jedoch eigentlich dem Ehrgeiz der Patrizier zu verdanken.

ALGAROTTI , *Saggio sopra la durata de' regni de' rè di Roma* . (Op. t. iii.) Chronologische Zweifel. Kann das Aufwerfen von Schwierigkeiten den Namen Kritik verdienen?

Konsularregierung, 509 v. Chr.

5. Die einzige direkte Folge der Abschaffung des Königtums für die innere Verfassung Roms bestand darin, dass diese Macht, so unbestimmt sie auch in den Händen der Könige gewesen war, auf zwei Konsuln übertragen wurde, die jährlich gewählt wurden. Unterdessen trug der Freiheitskampf, den die neue Republik mit den Etruskern und Lateinern führte, viel dazu bei, den republikanischen Geist zu erwecken, der fortan das Hauptmerkmal des römischen Charakters war – die Übel der Volksherrschaft wurden in Zeiten der Not behoben durch die Errichtung der Diktatur. Die Partei jedoch, die die herrschende Familie abgesetzt hatte, übernahm die Staatsspitze vollständig in ihre eigenen Hände; und die Unterdrückung dieser Aristokraten, die sich hauptsächlich gegenüber ihren Schuldnern zeigte, die ihre Sklaven geworden waren (*nexi*), – ungeachtet 507. der von Valerius eingeführten *lex de provocatione* Poplicola , der dem Volk die höchste richterliche Macht sicherte, war so ärgerlich, dass es nach Ablauf einiger Jahre zu einem Aufruhr des Gemeinwesens (*Plebis*) kam, dessen Folge die Ernennung jährlich gewählter Präsidenten des Parlaments war Leute 493. (*tribuni Volksabstimmung*).

Erster Handelsvertrag mit Karthago, 508, in dem Rom zwar als Freistaat, aber noch nicht als Herrscher über ganz Latium auftritt; das bedeutendste Denkmal der Authentizität der früheren römischen Geschichte.

HEYNE , *Fœdera Carthaginiensium cum Romanis super navigatione et mercatura facta : in seinem* Opusc enthalten . T. iii. Vgl. † AHL HEEREN , *Ideen* usw. Anhang zum zweiten Band.

Aufstieg der römischen Verfassung.

6. Die weitere Entwicklung der römischen Verfassung in dieser Zeit hängt fast ausschließlich vom Kampf zwischen den neuen Präsidenten des Gemeinwesens und dem erblichen Adel ab; Anstatt sich darauf zu beschränken, das Volk vor der Unterdrückung durch den Adel zu verteidigen, begannen die Volkstribunen bald, als Aggressoren zu agieren, und überschritten in kurzer Zeit ihre Macht so weit, dass keine andere Möglichkeit mehr bestand, dem Kampf ein Ende zu setzen als durch eine völlige Gleichstellung der Rechte. Es verging lange, bis dies geschah; Die Aristokratie fand sowohl in der Klientelschaft als auch in der Religion des Staates eine sehr starke Unterstützung, die unter der Schirmherrschaft der Schirmherrschaft operierte.

Hauptfakten des Streits: 1. Im Prozess gegen Coriolanus usurpieren die Volkstribunen das Recht, einige Patrizier vor das Volkstribunal zu laden. — Daher entstehen die *Comitia Tributa* ; das heißt, es handelte sich entweder um bloße Versammlungen des Gemeinwesens oder um Versammlungen, die so organisiert waren, dass das Gemeinwesen das Übergewicht hatte. Diese Institution gewährte den Volkstribunen einen Anteil an der Gesetzgebung, die später von so großer Bedeutung war, und ermöglichte es diesen Beamten, dem Unterhaus Vorschläge vorzulegen. 2. Eine gerechtere Verteilung der von den Nachbarvölkern eroberten Ländereien (die ältesten *leges agrariæ*) unter den ärmeren Klassen, vorgeschlagen durch die ehrgeizigen Versuche von Cassius, 486. 3. Ausweitung der Vorrechte der *comitia tributa* , insbesondere in die von Volero herbeigeführte Wahl der Volkstribunen , 472. 4. Versuche einer gesetzlichen Beschränkung der konsularischen Macht durch Terentillus , (*lex Terentilla* ,) 460, die nach langem Ringen schließlich zur Idee einer gemeinsamen Gemeinde führt geschriebener Kodex, 452, der ebenfalls trotz des anfänglichen Widerstands der Patrizier verwirklicht wird.

† CHR. F. SCHULZE , *Kampf zwischen Demokratie und Aristokratie Roms oder Geschichte der Römer von der Vertreibung Tarquiniens bis zur Wahl des ersten plebejischen Konsuls* . Altenburgh , 1802, 8vo. Eine äußerst zufriedenstellende Entwicklung dieses Teils der römischen Geschichte.

Code der zwölf Tabellen.

7. Der Kodex der zwölf Tafeln bestätigte die alten Institutionen und wurde teilweise durch die Annahme der Gesetze der griechischen Republiken vervollständigt, unter denen insbesondere Athen erwähnt wird, dessen Rat von einer Sonderdeputation eingeholt wurde. Dabei wurden jedoch zwei Fehler begangen; Die Kommissare waren nicht nur mit der Ausarbeitung der Gesetze beauftragt, die *allein von den Patriziern gewählt wurden* , sondern sie wurden auch zu alleinigen Magistraten mit *diktatorischer* Macht ernannt (*sine provocatione* ;), wodurch ihnen der Weg für eine Usurpation eröffnet wurde, die nur vereitelt werden konnte durch Volksverhetzung.

Dauer der Macht der Decemviri , 451–447. Die an der nach Athen entsandten Deputation geäußerten Zweifel reichen nicht aus, um die Authentizität eines so ausführlich dargelegten Ereignisses zu entkräften. Athen stand damals unter Perikles an der Spitze Griechenlands; und angesichts der vorgeschlagenen Absicht, die griechischen Gesetze zu konsultieren, war es unmöglich, dass Athen übergangen wurde. Und in der Tat, warum sollte man annehmen, dass ein Staat, der fünfzig Jahre zuvor einen Handelsvertrag mit Karthago unterzeichnet hatte und mit den griechischen Kolonien in Unteritalien nicht unbekannt sein konnte, nicht eine Gesandtschaft nach Griechenland geschickt hätte?

Die noch verbleibenden Fragmente des Codes der zwölf Tabellen werden in BACHII GESAMMELT UND ILLUSTRIERT *Hist. Jurisprudentiæ Romanæ* ; und in mehreren anderen Werken.

Seine Verordnungen.

8. Durch die Gesetze der zwölf Tafeln waren die Rechtsverhältnisse der Bürger für alle gleich; Da dieser Kodex jedoch offenbar nur sehr wenig Bezug auf eine besondere Verfassung des Staates enthielt, blieb die Regierung nicht nur in den Händen der Aristokraten, die alle Ämter innehatten, sondern auch das Verbot, gemäß den neuen Gesetzen von Die Heirat zwischen Patriziern und Plebejern schien eine unüberwindbare Barriere zwischen den beiden Klassen errichtet zu haben. Kein Wunder also, dass die Volkstribunen ihre Angriffe auf die Patrizier sofort erneuerten; Zumal die Macht dieser Volksführer nicht nur erneuert, sondern sogar vergrößert wurde, da die einzige Grenze ihrer Autorität darin bestand, dass sie in ihren Handlungen einmütig sein mussten, während jeder das Recht auf eine Ablehnung hatte.

Neben den anderen Gesetzen, die bei der Erneuerung der *Tribunicia* zugunsten des Volkes erlassen wurden *potestas* , 446, das, was *ut importierte quod tributim plebes jussisset , populum teneret* , das in der Folgezeit häufig erneuert wurde und in der modernen Sprache bedeutet, dass die Bürger sich selbst konstituierten, muss, so scheint es, die höchste Macht in die Hände des Volkes gelegt haben; Hat die römische Geschichte, wie auch die anderer freier Staaten, nicht genügend Beispiele für die geringe Autorität geliefert, die es gibt, um aus der Verabschiedung eines Gesetzes zu schließen, dass es auch praktisch durchgesetzt wird?

Meinungsverschiedenheiten zwischen Patriziern und Plebejern.

9. Die Hauptthemen der neuen Meinungsverschiedenheiten zwischen Patriziern und Plebejern, die durch den Tribun Canuleius angeregt wurden , waren nun die *connubia patrum cum plebe* und die ausschließliche Beteiligung der Patrizier am Konsulat, deren Abschaffung die Tribunen forderten. Die Aufhebung des früheren Gesetzes wurde bereits im Jahr 445 erreicht (*lex Canuleia* ;); das Recht auf Zulassung zum Konsulat wurde den Plebejern erst nach einem alljährlich um achtzig Jahre erneuerten Kampf gewährt; Während dieser Zeit, als die Volkstribunen, wie es üblich war, die Einberufung zum Militär verbot, griff man auf eine Übertragung der konsularischen Macht auf die jährlich gewählten Kommandeure der Legionen zurück; ein Ort, den die Plebejer anstreben durften (*tribuni Militum Konsular Potesat* .) – Einrichtung der Zensoren. Amt der Zensoren, das zunächst nur dazu gedacht war, die Durchführung der Volkszählung zu regeln, und mit keiner höheren Autorität ausgestattet war, als dies

erforderlich war, übernahm aber bald darauf die *Zensur morum* zählte zu den bedeutendsten Würdenträgern des Staates.

Kleine Kriege.

10. In der Zwischenzeit war Rom in unbedeutende, aber fast ununterbrochene Kriege verwickelt, die aus der realen oder eingebildeten Unterdrückung resultierten, die es als Oberhaupt der benachbarten föderierten Städte (*socii*) ausübte, zu denen nicht nur die der Latiner, sondern auch die anderen zählten , nach dem Sieg am Regillus -See , die der anderen Nationen: Die Städte nutzten jede Gelegenheit, ihre Unabhängigkeit zu behaupten, und die daraus resultierenden Kämpfe hätten Rom entvölkern müssen, wenn dieses Übel nicht durch die Maxime, die Zahl der Bürger durch Aufnahme zu vergrößern, abgewendet worden wäre die Freigelassenen und nicht selten sogar die Eroberten in den Genuss bürgerlicher Privilegien. So wenig diese Fehden, abstrakt betrachtet, unsere Aufmerksamkeit verdienen, so werden sie dennoch von großem Interesse, da sie nicht nur das Mittel waren, mit dem die Nation zum Krieg erzogen wurde, sondern auch zur Gründung jener senatorischen Macht führten, deren wichtige Folgen noch zu spüren sein werden im Folgenden ausgestellt werden.

Unter diesen Kriegen muss die Aufmerksamkeit auf den letzten gerichtet werden, den gegen Veii, die reichste Stadt Etruriens; Die Belagerung dieses Ortes, die fast zehn Jahre (404–395) dauerte, führte dazu, dass das römische Militär Winterkämpfe und Sold einführte. Dadurch wurde einerseits die Führung weiter entfernter und langwieriger Kriege möglich, andererseits muss die Folge die Erhebung höherer Steuern (*Tributa*) gewesen sein.

Rom wurde von den Galliern niedergebrannt .

11. Nicht lange danach hatte jedoch ein Sturm aus dem Norden Rom fast zerstört. Der Sennonianer Gallier , die aus Norditalien über Etrurien vertrieben wurden, besetzten die Stadt mit Ausnahme der Hauptstadt und legten sie in Schutt und Asche. Ein Ereignis, das die Römer so tief beeindruckte, dass kaum ein anderes Ereignis in ihrer Geschichte häufiger Gegenstand traditioneller Einzelheiten war. Camillus, damals der Befreier Roms und in jeder Hinsicht einer der Haupthelden dieser Zeit, erhob einen doppelten Anspruch auf die Dankbarkeit seiner Heimatstadt, indem er nach seinem Sieg den Vorschlag einer allgemeinen Auswanderung nach Veji zurückwies.

Die Fehden erwachten wieder zum Leben.

12. Kaum war Rom wieder aufgebaut, lebten die alten Fehden wieder auf, die aus der Armut der Bürger hervorgingen, die durch eine Erhöhung der Steuern infolge der Einführung des Militärsolds und durch die Einführung

groben Wuchers verursacht wurde. Die Tribunen Sextius und Licinius hatten durch die Verlängerung ihrer Amtszeit auf fünf Jahre ihre Macht gefestigt; während Licinius durch ein Agrargesetz, das festlegte, dass niemand mehr als fünfhundert *Jugera* des Nationallandes besitzen dürfe, die Gunst des Volkes gesichert hatte ; so dass es ihnen schließlich gelang, einen Konsul aus dem Gemeinwesen zu wählen. Erwirken, dass einer der Konsuln aus dem Gemeinwesen gewählt werden sollte; und obwohl der Adel, durch die Ernennung eines Prätors aus ihrer eigenen Körperschaft und von *Ädilen Die Kurulen* bemühten sich , das Opfer, das sie bringen mussten, zu kompensieren, doch nachdem die Plebejer einmal Anspruch auf das Konsulat erhoben hatten, nahmen sie an den anderen Amtsämtern teil (der Diktatur, 353, der Zensur, 348, der Prätorschaft , 334). ,) und sogar das Priestertum (300) folgten schnell wie selbstverständlich. Damit wurde in Rom das Ziel der politischen Gleichheit zwischen Bürgern und Adligen erreicht; und obwohl der Unterschied zwischen den Patrizier- und Plebejerfamilien immer noch bestand, hörten sie bald auf, politische Parteien zu gründen.

Ein zweiter Handelsvertrag mit Karthago aus dem Jahr 345 zeigt, dass die Flotte der Römer schon zu dieser Zeit alles andere als verächtlich war; obwohl ihr Hauptziel bisher bloße Piraterie war. Römische Kriegsgeschwader tauchen jedoch in den nächsten vierzig Jahren mehr als einmal auf.

Samnitischer Krieg.

13. Weitaus wichtiger als alle Kriege, in die Rom bisher verwickelt war, waren die bald beginnenden Kriege mit den Samniten. In früheren Kämpfen war es das Ziel Roms gewesen, seine Vorherrschaft über seine unmittelbaren Nachbarn zu festigen ; Aber in diesen Jahren ebnete sie während eines langwierigen Kampfes von fünfzig Jahren den Weg zur Unterwerfung Italiens und legte den Grundstein für ihre zukünftige Größe.

Beginn der Kriege gegen die Samniter, nachdem die Kampanier die Römer zu ihrer Hilfe gegen diese Nation gerufen hatten, 343. Diese Kriege, die mit heftiger Anstrengung und verschiedenen Erfolgen geführt wurden, dauerten mit nur kurzen Unterbrechungen bis 290. Das ist der wahre Heroismus Zeitalter Roms, geadelt durch die patriotische Tapferkeit von Decius Mus (Vater und Sohn, beide freiwillige Opfer), Papirius Cursor, Q. Fabius Maximus usw. Die Folgen dieses Kampfes waren: *a.* Die Römer erlernten die Kunst des Gebirgskriegs und eigneten sich dadurch zum ersten Mal ein besonderes System militärischer Taktiken an; Allerdings erst, als sie gezwungen waren, unter den *Furcas* hindurchzugehen *Caudinas* . *B. Ihre Beziehungen zu ihren* Nachbarn , den Lateinern und Etruriern , wurden durch die vollständige Eroberung der ersteren im Jahr 340 und durch wiederholte

Siege über die letzteren, insbesondere im Jahr 308, fester . Nachdem in Italien, insbesondere in der letzten Periode der Samnitenkriege, große nationale Föderationen entstanden waren, traten die Römer in Verbindung mit den weiter entfernten Nationen des Landes; mit den Lukanern und Apuliern , durch die erste Liga, 323, mit den Umbrern , ab dem Jahr 308; und obwohl die Art dieser Verbindung häufig unterschiedlich war, kämpften die verschiedenen Nationen ständig um ihre Unabhängigkeit und standen daher in Feindschaft mit Rom. In dieser Zeit begann außerdem die praktische Veranschaulichung der Leitideen Roms über die politischen Beziehungen, in die es die Besiegten in Bezug auf sich selbst stellte.

Krieg gegen die Tarentiner, denen Pyrrhos zur Seite steht.

14. Nach der Unterwerfung der Samniten geriet Rom, das seine Herrschaft in Unteritalien festigen wollte, zum ersten Mal in einen Krieg mit einem fremden Fürsten; Die Tarentiner, die zu schwach waren, um allein gegen die Römer bestehen zu können, riefen Pyrrhos von Epirus zu Hilfe. Er kam tatsächlich, aber nicht so sehr, um die Ansichten der Tarentiner zu fördern, sondern um seine eigenen zu fördern; aber selbst im Sieg erfuhr er aus Erfahrung, dass die makedonische Taktik ihm nur ein geringes Übergewicht verschaffte, das die Römer bald auf ihre eigene Seite übertrugen und damit die Wahrheit des Prinzips bewiesen, dass eine gute Bürgermiliz früher oder später immer gewinnen wird die Oberhand der Söldnertruppen.

Der Gedanke, Pyrrhos um Hilfe zu bitten, lag umso näher, als der Vorgänger dieses Fürsten, Alexander I. (siehe oben S. 275), erfolglos versucht hatte, Eroberungen in Unteritalien durchzuführen. Im ersten Krieg mit Pyrrhos (280–278) wurden zwei Schlachten ausgetragen, die erste bei Pandosia (280), die andere bei Asculum (279); In beiden Fällen war Rom erfolglos. Aber Pyrrhos kehrte nach der Überquerung nach Sizilien im Jahr 278 (siehe oben, S. 173, 174) im Jahr 275 erneut nach Italien zurück, als er bei Benevent von den Römern besiegt wurde und gezwungen war, Italien zu räumen und dort eine Garnison zurückzulassen Tarent. Diese Stadt fiel jedoch bald darauf, im Jahr 272, in die Hände der Römer, deren Herrschaft sich folglich bis zum äußersten Unteritalien ausdehnte.

Römische Kolonien.

15. Das wichtigste Mittel, auf das die Römer schon in frühester Zeit zurückgriffen, um ihre Herrschaft über die Besiegten zu begründen und gleichzeitig die allzu große Zunahme der bedürftigen Klassen in Rom zu verhindern, war die Gründung von Kolonien eigener Bürger, die in den eroberten Städten angesiedelt wurden und gleichzeitig als Garnisonen dienten. Jede Kolonie hatte ihre eigene innere Verfassung, die größtenteils der Verfassung der Mutterstadt selbst nachempfunden war; Daher wurde es natürlich zum Ziel der römischen Politik, die Kolonien in völliger

Abhängigkeit zu halten. Dieses Kolonialsystem der Römer, das zwangsläufig und spontan aus der rohen Sitte entstand, die Eroberten ihres Landes und ihrer Freiheit zu berauben, nahm seine Hauptzüge im Samnitenkrieg an und erfasste nach und nach ganz Italien. Eng mit diesem System verbunden war der Bau von Militärstraßen (*viae militares*), von denen eine, die Via Appia, bereits im Jahr 312 erbaut wurde und bis heute ein bleibendes Denkmal der Größe Roms zu dieser Zeit ist.

Selbst zur Zeit der Invasion Hannibals betrug die Zahl der römischen Kolonien 53; einige der bereits besiedelten Kolonien kehrten jedoch in die Mutterstadt zurück.

HEYNE , *De Romanorum prudentia in coloniis regendis* : eingefügt in *Opusc* . Bd. iii. Vgl. *Prolusiones de veterum coloniarum jure ejusque causis* , in seinem *Opusc* . Bd. ich .

Beziehungen zwischen Rom und den italienischen Nationen.

16. Aber die Beziehungen zwischen Rom und den italienischen Nationen waren äußerst unterschiedlicher Art. 1. Einige Städte und Nationen genossen die vollen Privilegien der römischen Staatsbürgerschaft; teilweise jedoch ohne Stimmrecht in den *Comitien* (*municipia*). 2. Die Privilegien der Kolonien (*ius coloniarum*) waren eingeschränkterer Natur; Die Kolonisten verfügten zwar über eine eigene Stadtverwaltung, hatten aber keinerlei weiteren Anteil, weder an den *Comitien* noch an den Magistraten Roms. Die anderen Einwohner Italiens waren entweder Föderierte (*socii, fœdere) . juncti*) oder Subjekte (*dedititii*). Die ersten (*a*) behielten ihre interne Regierungsform; andererseits waren (*b*) verpflichtet, Tribut und Hilfstruppen zu stellen (*tributis et armis) . juvare rempublicam*). Ihre weitere Beziehung zu Rom hing von den Bedingungen des Bundes ab. Die vorteilhaftesten dieser Bedingungen waren 3. zugunsten der Latiner, obwohl jede ihrer Städte ihren eigenen separaten Bund (*ius Latii* ;) hatte, während 4. die übrigen italienischen Nationen ihr *jus Italicum hatten* . Andererseits wurden 5. die Untertanen, *dedititii* , ihrer inneren Verfassung beraubt und von jährlich erneuerten römischen Magistraten (*præfecti*) regiert.

C. SIGONIUS , *De antiquo jure civium Romanorum* ; und seine Abhandlung *De antiquo jure Italiæ* , eingefügt sowohl in seine *Oper* als auch in GRÆVII *Das* . *Ameise. Rom.* T. ii. enthalten die gelehrtesten Untersuchungen zu den Einzelheiten dieser Beziehungen.

Die römische Verfassung eine Demokratie.

17. Die nun fertiggestellte innere Verfassung Roms selbst trug den Charakter einer Demokratie, da sowohl für Adlige als auch für das Gemeine Gleichberechtigung herrschte. Doch diese Demokratie wurde durch so vielfältige und wunderbare Mittel verändert – die Rechte des Volkes, des

Senats, der Richter, die so gut ineinander passten und von der Nationalreligion so fest unterstützt wurden, dass sie alles mit bestimmten Formen verbanden – dass es zu dieser Zeit keinen Grund gab, die Übel der Anarchie zu fürchten, oder, was viel erstaunlicher ist, wenn man den kriegerischen Charakter des Volkes bedenkt, die Übel des militärischen Despotismus.

Die Rechte des Volkes bestanden in der gesetzgebenden Gewalt, soweit es grundlegende nationale Prinzipien betraf, und in der Wahl der Richter. Die Unterscheidung zwischen den *Comitia Tributa* (als vom Senat unabhängig) und den *Comitia Centuriata* (als vom Senat abhängig) bestand formal immer noch, hatte aber ihre ganze Bedeutung verloren, da der Unterschied zwischen Patriziern und Plebejern nur noch nominell war und die Gründung des *Tribus urbanæ* , 303, unter Ausschluss des zu großen Einflusses des Volkes (*forensis factio*) auf die *comitia tributa* . Die Rechte des Senats bestanden darin, alle vorübergehenden nationalen Angelegenheiten zu verwalten und zu debattieren, seien es Außenbeziehungen (mit Ausnahme von Krieg und Frieden, bei denen die Zustimmung des Volkes erforderlich war), finanzielle Angelegenheiten oder Angelegenheiten des inneren Friedens und der inneren Sicherheit. Aber die Art und Weise, wie der Senat ausgestattet war, muss ihn zu dieser Zeit zum ersten politischen Gremium der Welt gemacht haben. Die Rechte und der Rang der Richter beruhten auf ihrer mehr oder weniger großen *Auspicia , wobei außer dem Auspicato* keine öffentliche Angelegenheit in Angriff genommen wurde . Folglich konnte nur derjenige die höchste bürgerliche und militärische Macht innehaben, der im Besitz der ersteren war; (*imperium Civile et Militare ; suis auspiciis rem gerere* ;) als Diktator, Konsul, Prätor ; Dies war bei denen nicht der Fall, die nur über geringere *Auspicien verfügten* . Die Vereinigung von ziviler und militärischer Macht in der Person ein und derselben Person war nicht ohne Nachteile, aber militärischer Despotismus wurde in gewissem Maße durch das Verbot geschützt, dass ein Magistrat in Rom selbst das militärische Kommando innehatte. Wir dürfen dieses Thema nicht abtun, ohne zu bemerken, dass wir nicht erwarten können, dass alle Einzelheiten klar festgestellt werden, da die römische Verfassung lediglich aus der Praxis heraus entstand und es nie eine vollständig schriftlich niedergelegte Charta gab; Daher wäre der Versuch, in Ermangelung einer solchen Autorität alle Einzelheiten zu beschreiben, der sicherste Weg, in einen Irrtum zu verfallen.

Von den zahlreichen Werken zur römischen Verfassung und zur römischen Antike seien hier erwähnt:

DE BEAUFORT , *La République Romaine, oder Plan Général de l'ancien Regierung von Rom* . La Haye, 1766, 2 Bde. 4to. Ein äußerst umfangreiches Werk und eines der fundiertesten in Bezug auf die besprochenen Themen; obwohl es nicht das gesamte Thema abdeckt.

Kritische Geschichte der Regierung Romain ; Paris, 1765. Enthält einige akute Beobachtungen.

Du Gouvernement de la republique Romaine , *par* A. ANZEIGE. DE TEXIER , 3 Bde. 8vo. Hamburg, 1796. Darin sind viele für den Verfasser eigentümliche Anfragen enthalten.

Einige Gelehrte forschten über die Hauptpunkte der römischen Verfassung, wie SIGONIUS und GRUCHIUS *de comitiis Romanorum* , ZAMOCIUS *de Senatu Romano* usw. findet man gesammelt in den ersten beiden Bänden von GRÆVIUS , *Antiq. Römisch.*

Zu den Volksversammlungen der Römer ein antiquarischer Aufsatz von Chr. Ferd . Schulze, Gotha, 1815, hauptsächlich nach Niebuhr, kann zu Rate gezogen werden.

Unter den zahlreichen Handbüchern der römischen Altertümer NIEUPORT , *explicatio rituum Romanorum, hrsg. Gesner* . Berol. 1743, verspricht mindestens so viel wie es hält. Von denen, die vorgeben, sich mit römischen Altertümern im Allgemeinen zu befassen, ist noch keiner über die Mittelmäßigkeit hinausgekommen. Die Rechtsprechung wurde jedoch wesentlich erfolgreicher gehandhabt. Wir zitieren die beiden folgenden hervorragenden Kompendien:

BACHII , *Historia Jurisprudentiæ Romanæ* . Lippen. 1754. 1796.

† C. HUGO , *Elemente des römischen Rechts* ; 7. Auflage. Berlin, 1820.

ZWEITER ZEITRAUM.

Vom Beginn des Krieges mit Karthago bis zum Aufkommen der Bürgerkriege unter den Gracchen, 264–134 v. Chr. Jahr von Rom, 490–620.

QUELLEN. Der Hauptautor dieser hochinteressanten Zeit, in der der Grundstein für die Weltherrschaft Roms gelegt wurde, ist Polybios bis zum Jahr 146, und zwar nicht nur in den uns vollständig erhaltenen Büchern, die bis auf das Jahr 216 zurückreichen, sondern auch in die Fragmente. Ihm folgt häufig Livius, lib. xxi-xlv. 218–166. Appian, der als nächstes kommt, beschränkt sich nicht nur auf die Geschichte des Krieges; Florus gibt uns nur eine Zusammenfassung. Die Biografien von Plutarch, die sich auf diesen Teil der Geschichte beziehen, sind FABIUS MAXIMUS , P. ÆMILIUS , MARCELLUS , M. CATO und FLAMINIUS .

Von den modernen Schriftstellern wagen wir nur, einen zu erwähnen: — und wer ist würdig, neben ihm gezählt zu werden?

MONTESQUIEU , *Überlegungen zu den Ursachen der Größe und der décadence des Romains* .

1. Die politische Teilung Italiens legte den Grundstein für die Herrschaft Roms in diesem Land; Der Mangel an Einheit und politischen Beziehungen in der Welt ebnete den Weg zu ihrem universalen Reich. Der erste Schritt kostete sie viel, der nächste folgte dem Kampf zwischen Karthago und Rom; einfach und schnell; und die Geschichte des Kampfes zwischen Rom und Karthago zeigt nur im größeren Maßstab, was die Geschichte Griechenlands im kleineren zeigt. Die gesamte folgende Geschichte bestätigt die Tatsache, dass zwei Republiken nicht nebeneinander existieren können, ohne dass eine davon in ihrem Ausmaß zerstört wird. oder unterworfen: Aber das enorme Ausmaß dieses Kampfes, die wichtigen Konsequenzen, die sich daraus ergaben, zusammen mit den wunderbaren Anstrengungen, die unternommen wurden, und den großen Männern, die sich auf beiden Seiten engagierten, verliehen ihm ein Interesse, das in diesem Zustand der beiden Parteien nicht zu finden ist. aller anderen Nationen. Obwohl die Macht und die Ressourcen beider Staaten dem Anschein nach nahezu gleich waren, unterschieden sie sich doch stark in Qualität und Umständen. Karthago verfügte außer seiner Herrschaft über die Meere auch über eine besser ausgestattete Schatzkammer, die es ihm ermöglichte, so viele *Söldner in seinen Dienst zu stellen* , wie es wollte; Rom hingegen war *in sich selbst stark* und hatte alle Vorteile, die ein Land besaß Nation von Kriegern über ein teils kommerzielles, teils militärisches Volk.

Der erste Krieg von dreiundzwanzig Jahren, 264–241 v. Chr.

2. Der erste Krieg von dreiundzwanzig Jahren zwischen den beiden Republiken hatte sehr unbedeutende Ursachen: Er wurde jedoch bald zu einem Kampf um den Besitz Siziliens, der sich am Ende natürlich auf die Herrschaft über das Meer ausdehnte. Rom war mit Hilfe seiner neugebauten Flotte, die diese Macht für einige Zeit erlangt hatte, in der Lage, Afrika anzugreifen, und es gelang ihm, die Karthager aus Sizilien zu vertreiben.

Die Besetzung Messinas durch die Römer im Jahr 264 war der Auslöser dieses Krieges. Der Abfall von Hiero, dem König von Syrakus, von der Seite Karthagos und sein Anschluss an die Römer brachten diese zunächst auf die Idee, die Karthager von der Insel zu vertreiben. Der Sieg bei Agrigentum und die Eroberung dieser Stadt im Jahr 262 schien die Umsetzung dieses Projekts zu erleichtern: Er überzeugte die Römer auch von der Notwendigkeit einer Seemacht. Wir werden uns umso weniger darüber wundern, dass sie in Italien, wo es damals reichlich Holz gab, eine Flotte bildeten, wenn wir uns an ihre früheren Erfahrungen in Marineangelegenheiten erinnern; Dies waren nicht die ersten Kriegsschiffe, die sie bauten, sondern nur die ersten großen, die sie nach karthagischem Vorbild bauten. Der erste Seesieg der Römer unter Duilius mit Hilfe von Greifmaschinen, 260. Der damals ersonnene Plan, den Krieg nach Afrika zu tragen, war eine der großen Ideen der Römer und wurde von da an zur herrschenden Maxime der Römer Staat, den Feind auf seinem eigenen Territorium anzugreifen. Der zweite und sehr bemerkenswerte Seesieg der Römer im Jahr 257 ebnete ihnen den Weg nach Afrika und zeigt ihre Seetaktik in einem sehr glänzenden Licht: Doch der unglückliche Ausgang ihrer Expedition nach Afrika stellte das Gleichgewicht wieder her; und der Kampf um die Herrschaft über das Meer wurde umso hartnäckiger, da der Erfolg nicht ganz einer Partei zugute kam. Das Ergebnis des Kampfes schien sich um den Besitz der östlichen Vorgebirge Siziliens, Drepanum und Lilybæum , gedreht zu haben, die gewissermaßen die Bollwerke der Karthager waren und uneinnehmbar schienen, seit Hamilkar Barca 247 das Kommando über sie übernommen hatte. Nach dem letzten Seesieg der Römer unter dem Konsul Lutatius im Jahr 241 wurde jedoch, nachdem die Verbindung zwischen Sizilien und Karthago unterbrochen worden war und die Finanzen beider Parteien völlig erschöpft waren, ein Frieden unter den Bedingungen geschlossen: 1. Dass die Karthager sollte Sizilien und die angrenzenden kleinen Inseln evakuieren. 2. Dass sie Rom in Raten in zehn Jahren die Kosten für die Kriegsführung in Höhe von 2.200 Talenten zahlen sollten. 3. Dass sie keinen Krieg gegen Hiero, den König von Syrakus, führen sollten.

3. Der Ausgang dieses Krieges stellte die politischen Verbindungen Roms in eine neue Situation und dehnte zwangsläufig seinen Einfluss im Ausland aus. Die Länge des Krieges und die Art seines Endes hatten darüber hinaus einen nationalen Hass geweckt, wie er nur in Republiken zu finden ist; Auch

die Überzeugung, dass sie nicht unabhängig voneinander bleiben könnten, muss viel stärker geworden sein, da die Berührungspunkte seit Beginn des Krieges stark zugenommen hatten. Wer kennt nicht die Arroganz einer Republik, nachdem der erste Versuch ihrer Macht von Erfolg gekrönt war! Ein eindrucksvolles Beispiel dafür lieferte Rom mit seiner Invasion Sardiniens inmitten des Friedens. Auswirkung dieser Erfolge auf die Verfassung. Diese Erfolge hatten auch spürbare Auswirkungen auf die römische Verfassung. Denn obwohl sich seine Form äußerlich nicht im Geringsten geändert hatte, erlangte die Macht des Senats doch jenes Übergewicht, das die herrschende Autorität einer Republik nach langen und erfolgreichen Kriegen nie verfehlt.

Ursprung und Natur der Regierungen der ersten römischen Provinzen in einem Teil Siziliens und auf Sardinien.

Züchtigung der illyrischen Piraten.

4. Bald bot sich den Römern in der Adria die Gelegenheit, ihre überlegene Seemacht zu nutzen, um die Piraten von Illyrien unter ihrer Königin Teuta zu bestrafen. Dadurch sicherten sie nicht nur ihre Herrschaft über dieses Meer, sondern knüpften gleichzeitig auch ihre ersten politischen Beziehungen zu den griechischen Staaten; Beziehungen, die bald darauf von großer Bedeutung wurden.

Beginn des ersten Illyrischen Krieges, 230, der mit der Unterwerfung von Teuta, 226, endete. Der Krieg brach jedoch 222 erneut gegen Demetrius von Pharus aus , der sich von Rom für die von ihm geleisteten Dienste unzureichend entlohnt sah der vorangegangene Krieg. Die Römer empfanden ihn als weitaus gefährlicheren Gegner als erwartet, selbst nach seiner Vertreibung und Flucht zu Philipp im Jahr 220 (siehe oben, S. 282). Während dieses Krieges erschien Rom als Befreier der griechischen Staaten, was auch der Fall war litt extrem unter der Plünderung dieser Freibeuter; Kerkyra, Apollonia und andere Städte stellten sich formell unter ihren Schutz, während die Achäer , Ätolier und Athener miteinander wetteiferten, indem sie ihre Dankbarkeit zeigten.

Beziehungen zu Griechenland.

Während Karthago in der Zwischenzeit versuchte , den Verlust von Sizilien und Sardinien durch die Ausweitung seiner spanischen Herrschaftsgebiete auszugleichen, die die Eifersucht Roms es daran hinderte, über den Ebro hinauszugehen (S. 84), hatte Rom selbst ein neues Krieg gegen ihre nördlichen Nachbarn, die Gallier , aufrechtzuerhalten , der nach einem heftigen Kampf mit der Errichtung ihrer Herrschaft über Norditalien endete.

Vom ersten gallischen Krieg bis zum Brand Roms im Jahr 390 hatten die Gallier ihre Angriffe in den Jahren 360 und 348 wiederholt, bis hin zum Friedensschluss im Jahr 336. Doch im letzten Teil des Samnitenkrieges kam es zu einer gewaltigen Konföderation Unter den italienischen Stämmen verpflichteten sich einige Gallier als Söldner in den Dienst der Etrusker, während andere sich mit den Samniten verbündeten. Dies führte dazu, dass sie 306, 302 und 292 an diesen Kriegen teilnahmen, bis sie 284 zusammen mit den Etruskern gezwungen waren, um Frieden zu bitten. Zuvor hatten die Römer eine Kolonie in der Nähe von Sena in ihr Land geschickt . Dieser Frieden dauerte bis 238, als er durch den Einfall der transalpinen Gallier gestört wurde ; ohne dass es jedoch zu einem Krieg mit Rom kam. Doch im Jahr 232 sorgte der Vorschlag des Tribunen Flaminius (*lex Flaminia*), die eroberten Länder von den Senonen zu trennen, für neue Unruhen. Bei dieser Gelegenheit schlossen die Gallier ein Bündnis mit ihren transalpinen Landsleuten, den Gæsates an der Rhone, die es gewohnt waren, als Söldner zu arbeiten. Nachdem diese die Alpen überquert hatten, begann der schreckliche sechsjährige Krieg (226–220), in dem die Römer sie nach dem Sieg über die Gallier bei Clusium (225) in ihr eigenes Gebiet verfolgten und am Po lagerten (223). Die Gallier Nachdem sie von Marcellus erneut völlig gestürzt worden waren, mussten sie um Frieden bitten. als die römischen Kolonien Placentia und Cremona gegründet wurden. Die Zahl der waffenfähigen Männer in ganz Italien, das während dieses Krieges den Römern unterworfen war, belief sich auf 800.000.

Hannibal übernimmt das Kommando in Spanien,

6. Bevor dieser Sturm völlig besänftigt war, wobei die karthagische Politik wahrscheinlich nicht ganz untätig war, hatte Hannibal den Oberbefehl in Spanien erhalten. Von dem Vorwurf, den Krieg erst begonnen zu haben, können er und seine Partei nicht freigesprochen werden; Rom konnte es in der damaligen Situation kaum wünschen; Allerdings ist nicht immer derjenige, der den ersten Schlag ausführt, der wahre Angreifer. Hannibals Plan war die Zerstörung Roms; und indem er Italien zum Kriegsschauplatz macht. Da er der wichtigste Kriegsschauplatz war, drehte er zwangsläufig die Wende zu seinen Gunsten ; denn Rom, gezwungen, sich zu verteidigen, überließ ihm alle Vorteile des Angriffs. Die Vorbereitungen, die sie für die Verteidigung traf , zeigen, dass man es nicht für möglich hielt, dass er sein Unternehmen auf dem von ihm eingeschlagenen Weg durchführen konnte.

Die Geschichte dieses Krieges, 218–201, dessen Interesse durch keine spätere Transaktion zerstört werden konnte, ist in drei Teile gegliedert: die Geschichte des Krieges in Italien; der zeitgenössische Krieg in Spanien; und ab 203 der Krieg in Afrika. Hannibals Invasion in Italien im Herbst 218 – Gefecht in der Nähe des Flusses Ticinus und die Schlacht von Trebia im selben Jahr. Schlacht am Thrasymenos- See im Frühjahr 217. Der

Kriegsschauplatz wurde nach Unteritalien verlegt und bis zum Jahresende Verteidigungssystem des Diktators Fabius. Schlacht von Cannæ, 216, gefolgt von der Eroberung von Capua und der Unterwerfung des größten Teils Unteritaliens. Die defensive Art der Kriegsführung, die der Karthager später annahm, entstand teils aus seinem Wunsch, eine Verbindung mit seinem Bruder Asdrubal und der spanischen Armee zu bilden, teils aus seiner Erwartung ausländischer Unterstützung durch Bündnisse mit Syrakus nach dem Tod Hieros, 215, und mit Philipp von Makedonien, 216. Diese Hoffnungen wurden jedoch von den Römern zunichte gemacht. – Syrakus wurde belagert und eingenommen, 214–212, (siehe oben, S. 174.) und Philipp blieb in Griechenland beschäftigt, ((siehe oben, S. 282.) Darüber hinaus eroberten die Römer Capua trotz des kühnen Marschs Hannibals nach Rom im Jahr 211 zurück, und ihm blieb nun kein Beistand mehr außer der Verstärkung, die Asdrubal aus Spanien mitbrachte. Letzterer wurde jedoch sofort nach seiner Ankunft in Italien, in der Nähe von Sena, von den Konsuln Nero und Livius angegriffen und tot auf dem Feld zurückgelassen, 207. Ab diesem Zeitpunkt wurde der Krieg in Italien nur noch von untergeordneter Bedeutung, da Hannibal dazu verpflichtet war in Bruttium in der Defensive agieren.

Der Kurs Hannibals über die Alpen ermittelt, von J. WHITTAKER. London, 1794, 2 Bde. 8vo. Der Autor versucht zu beweisen, dass die Passage Hannibals über dem großen Bernhardiner stattfand, und kritisiert die Meinungen anderer Autoren.

[Wir können auch die gelehrte Abhandlung erwähnen:

Eine Dissertation über die Passage Hannibals über die Alpen. Von HL WICKHAM, MA und Rev. JA CRAMER, MA, zweite Auflage, Oxon.]

Der Krieg in Spanien begann fast zur gleichen Zeit zwischen Asdrubal und den beiden Brüdern Cn. und P. Cornelius Scipio und wurde mit unterschiedlichem Erfolg bis zum Jahr 216 fortgesetzt, wobei die Angelegenheit stark von der Disposition der Spanier selbst abhing. Der Plan Karthagos nach dem Jahr 216 bestand darin, Asdrubal mit der spanischen Armee nach Italien zu schicken und seinen Platz durch eine Armee aus Afrika zu ersetzen; Zwei Siege jedoch, die die Scipios am Ebro (216) und die Illiberis (215) errangen, verhinderten dies, bis schließlich beide unter die überlegene Macht und List der Karthager fielen (212). Doch die Ankunft der Jüngeren P. Cornelius Scipio, der seiner eigenen Nation nicht nur als außergewöhnliches Genie erschien, veränderte die Lage völlig, und die Geschicke Roms wurden bald mit seinem Namen verknüpft, der allein den Sieg zu versprechen schien. Während seines Kommandos in Spanien (210–206) gewann er die Einwohner für sich, während er die Karthager besiegte, und schloss 206 zur Förderung seines großen Plans ein Bündnis mit Syphax in Afrika. Er konnte den Marsch jedoch nicht verhindern von Asdrubal nach Italien, 208, was es ihm dennoch leicht machte, das gesamte karthagische Spanien bis nach Gades zu unterwerfen , 206, und ihm so bei seiner Rückkehr die konsularische Würde verschaffte, 205.

Die Ausweitung des Krieges nach Afrika durch Scipio, ungeachtet des Widerstands der alten römischen Generäle, und die Desertion von Syphax , der auf Überredung von Sophonisba erneut zu den Karthagern überging (deren Verlust jedoch von Masinissa , den Scipio hatte, gut zurückgezahlt wurde). in Spanien für sich gewonnen hatte), folgte eine wichtige Konsequenz; denn nachdem er zwei Siege über Asdrubal und Syphax errungen hatte (203), und letzteren gefangen genommen hatte, hielten es die Karthager für notwendig, Hannibal aus Italien zurückzurufen (202); und die Schlacht von Zama beendete den Krieg im Jahr 201. Die folgenden Friedensbedingungen waren: 1. Dass die Karthager nur die Gebiete in Afrika behalten sollten, die ihrer Regierung angegliedert waren. 2. Dass sie alle ihre Kriegsschiffe aufgeben sollten, außer zehn Triremen und alle ihre Elefanten. 3. Dass sie zu bestimmten Zeiten 10.000 Talente zahlen sollten. 4. Dass sie ohne die Zustimmung Roms keinen Krieg beginnen sollten. 5. Dass sie Masinissa alle Häuser, Städte und Ländereien zurückgeben sollten , die jemals von ihm oder seinen Vorfahren besessen worden waren . – Der den Karthagern gewöhnlich vorgeworfene Vorwurf, Hannibal in Italien ohne Unterstützung gelassen zu haben, verschwindet weitgehend, Wenn wir uns an den im Jahr 216 formulierten Plan erinnern, die spanische Armee nach Italien zu schicken und sie durch eine afrikanische zu ersetzen: ein Plan, der mit viel Geschick ausgearbeitet und mit ebenso großer Konsequenz befolgt wurde. Wir können dem hinzufügen, dass die Barcine- Fraktion ihren Einfluss in der Regierung sogar bis zum Ende des Krieges behielt. Aber warum sie, die durch den Friedensvertrag fünfhundert Kriegsschiffe abgaben, Scipio von Sizilien aus überqueren ließen, ohne eines gegen ihn zu schicken, ist schwer zu erklären.

Die Macht Roms nahm durch den Krieg zu.

7. Trotz der großen Verluste an Männern und der Verwüstung Italiens fühlte sich Rom am Ende dieses Krieges viel mächtiger als zu Beginn. Ihre Herrschaft wurde nicht nur über Italien begründet, sondern es wurden auch ausgedehnte fremde Länder unter ihre Herrschaft gebracht; Ihre Herrschaft über die Meere wurde durch die Zerstörung der Seemacht der Karthager gesichert. Zwar veränderte sich die römische *Regierungsform nicht, wohl aber ihr Geist* , da die Macht des Senats nahezu unbegrenzt wurde; und obwohl der Beginn der Zivilisation über Rom angebrochen war, blieb der Staat seit seinem Verkehr mit zivilisierteren Ausländern immer noch insgesamt eine Nation von Kriegern. Und nun taucht zum ersten Mal in der Geschichte das

schreckliche Phänomen auf: Sie wird zu einer Militärrepublik. einer großen Militärrepublik; und die Geschichte der nächsten zehn Jahre, in denen Rom so viele Throne und freie Staaten stürzte, liefert einen schlagenden Beweis dafür, dass eine solche Macht der natürliche Feind der Unabhängigkeit aller Staaten in der Reichweite seiner Arme ist. Die Ursachen, die Rom von nun an nach der Weltherrschaft streben ließen, liegen weder in seiner geographischen Lage, die für eine Eroberungsmacht zu Lande eher ungünstig schien, noch in seiner geographischen Lage ; noch in der Neigung des Volkes, das gegen den ersten Krieg gegen Philipp war; aber einzig und allein im Geiste ihrer Regierung. Die Mittel, mit denen sie ihr Ziel erreichte, dürfen jedoch nicht nur in der Exzellenz ihrer Armeen und Generäle gesucht werden, sondern vielmehr in ihrer einheitlichen, scharfsichtigen und geschickten Politik. Politik, die es ihr ermöglichte, die gegen sie gebildeten mächtigen Bündnisse zu vereiteln, ungeachtet der vielen Gegner, die zu dieser Zeit versuchten, neue zu bilden. Aber wo könnte ein anderer Staatsrat gefunden werden, der so viel praktische politische Weisheit verkörpert, wie es der römische Senat aufgrund der Natur seiner Organisation gewesen sein muss? All dies wäre jedoch kein Zustand des Rests der Welt gewesen . ausreichend, um die Welt zu unterwerfen, wenn nicht der Mangel an guter Regierung, der Verfall der Militärkunst und ein äußerst korrupter moralischer Zustand sowohl der Herrscher als auch des Volkes in fremden Staaten die Bemühungen Roms unterstützt hätten.

Sicht auf die politische Lage der Welt in dieser Zeit. Im Westen waren Sizilien (die gesamte Insel nach 212), Sardinien und Korsika ab dem Jahr 237 sowie Spanien, geteilt in Citerior und Ulterior (letzteres eher dem Namen als der Wirklichkeit nach), römische Provinzen geworden 206; die Unabhängigkeit Karthagos war durch den letzten Frieden zerstört und seine Unterordnung durch das Bündnis Roms mit Masinissa gesichert worden ; Das zu einer Provinz geformte Cisalpine Gallien diente als Barriere gegen das Eindringen der nördlicheren Barbaren. Auf der anderen Seite im Osten hatten das Königreich Mazedonien und die freien Staaten Griechenlands, die zusammen ein sehr kompliziertes System bildeten, seit dem Illyrischen Krieg (230) und Philipps Bündnis mit Hannibal (214) eine Verbindung mit Rom hergestellt Die drei Mächte ersten Ranges, Mazedonien, Syrien und Ägypten, waren mit der letzteren verbündet, die ihrerseits ein gutes Einvernehmen mit Rom unterhielt. Die zweitrangigen Staaten waren der ätolische Bund, die Könige von Pergamon und die Republik Rhodos sowie einige kleinere Staaten wie Athen: Diese hatten sich seit der Konföderation gegen Philipp im Jahr 211 mit Rom verbündet. Der achäische Bund, im Gegenteil, es lag im Interesse Mazedoniens, das Rom stets an sich zu binden suchte , um sich gegen diejenigen des ersten Ranges durchzusetzen.

Krieg gegen Philipp, 200.
T. Quintius Flaminius, 198,
legt den Grundstein für die römische Macht im Osten.179.198.

8. Eine Kriegserklärung gegen Philipp, ungeachtet des Widerstands der Volkstribunen, und ein Angriff auf Mazedonien selbst, gemäß der ständigen Maxime, den Krieg in das Land des Feindes hineinzutragen, folgten unmittelbar darauf. Sie konnten Philipp jedoch nicht so schnell aus den Festungen Epirus und Thessalien vertreiben, die seine Bollwerke waren. Aber Rom verfügte mit T. Quintius Flaminius, der als Befreier Griechenlands gegen Philipp marschierte, über einen Staatsmann und Feldherrn, der für eine Zeit großer Revolutionen genau geeignet war. Durch die Beständigkeit seines politischen Einflusses wurde er tatsächlich zum wahren Gründer der römischen Macht im Osten. Wer könnte Menschen und Nationen besser überreden, während sie ihm Altäre errichteten, als T. Quintius ? So geschickt nahm er tatsächlich den Charakter eines großen Genies an, wie ihn die Natur Scipio verliehen hatte, dass er fast die Geschichte selbst getäuscht hat. Der Kampf zwischen ihm und Philipp bestand eher in der Zurschaustellung politischer Geschicklichkeit und Geschicklichkeit als in Waffengewalt: Noch bevor die Schlacht von Cynoscephalæ den entscheidenden Schlag gegeben hatte, hatten die Römer das Gleichgewicht bereits zu ihren Gunsten gewendet , indem sie die Oberhand gewonnen hatten die achäische Liga.

Die Verhandlungen zwischen Rom und Mazedonien aus dem Jahr 214 liefern erste eindrucksvolle Beispiele für die außenpolitische Kompetenz und Gewandtheit der Römer; und sie sind umso bemerkenswerter, als der Vertrag mit den Ätoliern und anderen, 211 (siehe oben, S. 283), die entfernte Ursache für die Transaktionen war, die später im Osten stattfanden. Das eigentümliche System der Römer, die kleineren Staaten als Verbündete unter ihren Schutz zu nehmen, muss ihnen immer die Möglichkeit gegeben haben, gegen die Mächtigeren Krieg zu führen, wann immer sie wollten. Dies geschah im vorliegenden Fall tatsächlich, ungeachtet des Friedens, der mit Philipp im Jahr 204 geschlossen wurde. Das Hauptziel der Römer in diesem Krieg, sowohl zu Wasser als auch zu Land, bestand darin, Philipp vollständig aus Griechenland zu vertreiben. Die Verbündeten auf beiden Seiten und die Friedensbedingungen ähnelten denen, die mit Karthago geschlossen wurden (siehe oben, S. 284). Die Zerstörung der Seemacht ihrer besiegten Feinde wurde nun zu einer Maxime der römischen Friedenspolitik; und so behielt es die Herrschaft über die Meere ohne eine große Flotte und ohne den wesentlichen Charakter einer beherrschenden Macht zu Lande zu verlieren.

9. Die Vertreibung Philipps aus Griechenland brachte dieses Land in einen Zustand der Abhängigkeit von Rom; ein Ereignis, das nicht besser hätte gesichert werden können als durch das Geschenk der Freiheit, das T.

Quintius seinen Bewohnern bei den Isthmian-Spielen schenkte. Das
Überwachungssystem, das die Römer bereits im Westen über Karthago und
Numidien eingeführt hatten, wurde nun im Osten über Griechenland und
Mazedonien übernommen. Römische Kommissare wurden unter dem
Namen Botschafter in das Land der verbündeten Nationen geschickt und
waren das Hauptmittel, mit dem dieses Spionagesystem betrieben wurde.
Diese versäumten jedoch nicht, den Griechen, insbesondere den unruhigen
Ätoliern , Ärger zu bereiten ; umso mehr, als die Römer es anscheinend nicht
eilig hatten, ihre Truppen aus einem Land abzuziehen, das sie für frei erklärt
hatten.

Die Freiheit wurde ausdrücklich dem Staat gewährt, der die Partei Philipps
übernommen hatte, nämlich den Achäern ; für die anderen wurde es natürlich
als zugehörig verstanden. Dennoch dauerte es drei Jahre, 194, bis die
römische Armee Griechenland evakuierte und sich von den befestigten
Orten zurückzog. Das Verhalten von T. Quintius in dieser Zeit zeigt voll und
ganz, was er war. Die Griechen brauchten tatsächlich einen solchen Wächter,
wenn sie ruhig bleiben wollten; sein Verhalten im Krieg gegen Nabis (195)
zeigt jedoch, dass ihm die Ruhe Griechenlands nicht wirklich am Herzen lag.

Krieg mit Syrien.

10. Der Friedensvertrag mit Philipp enthielt den Grundstein für einen
neuen und größeren Krieg mit Syrien; aber obwohl dies zu dieser Zeit
unvermeidlich schien, brach es erst sechs Jahre später aus; und in nur
wenigen Perioden der Weltgeschichte kommt es zu einer so großen
politischen Krise wie in diesem kurzen Zeitraum. Der Fall Karthagos und
Mazedoniens hatte dem Rest der Welt gezeigt, was sie von Rom zu erwarten
hatte; und es mangelte nicht an großen Männern, die über genügend Mut
und Talent verfügten, um ihr zu widerstehen. Gefahr einer gewaltigen Liga
gegen Rom; Die Gefahr eines gewaltigen Bündnisses zwischen Karthago,
Syrien und vielleicht Mazedonien war noch nie so groß zu befürchten wie zu
der Zeit, als Hannibal, jetzt an der Spitze der Geschäfte, mit all dem Eifer,
den sein Hass auf Rom hervorrufen konnte, daran arbeitete ; und sie könnten
mit Gewissheit im Voraus mit dem Beitritt vieler kleinerer Staaten rechnen.
Rom jedoch, wodurch sie frustriert wird. Ihre gleichermaßen entschlossene
und geschickte Politik sorgte dafür, dass Hannibal aus Karthago verbannt
wurde, amüsierte Philipp, indem sie ihm einige unbedeutende Vorteile
gewährte, und gewann durch ihre Gesandten gegenüber den kleineren
Staaten Vorteile. Auf diese Weise und indem sie die Intrigen am syrischen
Hof ausnutzte, verhinderte sie die Bildung dieser Koalition. Antiochus blieb
daher in Griechenland ohne Hilfe, abgesehen von den Ätoliern und einigen
anderen unwichtigen Verbündeten; während Rom aus seinen eigenen,
insbesondere den Rhodiern und Eumenes, Vorteile von größter Tragweite
zog.

Der erste Streitpunkt zwischen Rom und Antiochus war die Freiheit Griechenlands, die Rom auf die griechischen Städte Asiens und insbesondere auf diejenigen, die Philipp und später Antiochus gehört hatten, ausdehnen wollte; während letzterer behauptete, dass Rom kein Recht habe, sich in die Angelegenheiten Asiens einzumischen. Der zweite Grund für den Streit war die Besetzung des thrakischen Chersonesos durch Antiochus im Jahr 196 unter Berufung auf einige antike Ansprüche; und Rom seinerseits würde ihn in Europa nicht dulden. Dieser Streit begann also bereits im Jahr 196, wurde aber erst im Jahr 105 ernst, als infolge der Flucht Hannibals nach Antiochus zusammen mit den Unruhen und Aufregungen der Ätolier , deren Ziel es war, die rivalisierenden Mächte zu verwickeln, die politischen Der Horizont war völlig bedeckt. Was für ein Glück war es für Rom, dass Männer wie Hannibal und Antiochus einander nicht verstehen konnten!

HEYNE , *de fœderum ad Romanorum opes imminuendas Anfang eventis eorumque Ursache ; in Opusc* . Bd. iii.

halbherzigen Maßnahmen von Antiochus viel früher beendet als der Mazedonische . Nachdem er von Glabrio aus Griechenland vertrieben worden war und nachdem zwei Seesiege den Römern den Weg nach Asien geebnet hatten, fühlte er sich geneigt, in der Defensive zu agieren; aber in der Schlacht von Magnesia im Jahr 192, der Schlacht bei Magnesia am Fuße des Berges Sipylos , sammelte L. Scipio die Lorbeeren, die eigentlich Glabrio gehörten . Die völlige Vertreibung von Antiochos aus Kleinasien war bereits vor diesem Sieg das Hauptziel des Krieges gewesen. Friedensbedingungen. Die Friedensbedingungen (siehe oben, S. 284) schwächten Antiochus nicht nur, sondern brachten ihn auch in einen Zustand der Abhängigkeit.

Während dieses Kampfes im Osten tobte im Westen ein blutiger Krieg; aus dem Jahr 201 in Spanien, wo der ältere Cato befehligte; und ab 193 in Italien selbst gegen die Ligurier. Was auch immer man über die Mittel sagen mag, die Rom zur Vergrößerung der Zahl seiner Bürger einsetzte, es wird immer schwer zu verstehen sein, nicht nur, wie es all diese Kriege unterstützen konnte, ohne dadurch geschwächt zu werden, sondern auch, wie es das gleichzeitig konnte so viele Kolonien gefunden!

Moderation von Rom.

12. Selbst nach dem Ende dieses Krieges verzichtete Rom mit erstaunlicher Mäßigung darauf, als Eroberer aufzutreten: Es hatte nur um die Freiheit Griechenlands und seiner Verbündeten gekämpft! Ohne einen Fußbreit Land für sich zu behalten, teilte sie mit Ausnahme der freien griechischen Städte das eroberte Kleinasien zwischen Eumenes und den Rhodiern auf; Die Art und Weise, wie sie jedoch mit den Ätoliern umging , die nach langem Flehen um den Frieden diesen teuer erkaufen mussten, zeigt, dass sie auch mit untreuen Verbündeten umzugehen wusste. Der Krieg

gegen die Gallier in Kleinasien, 189. Der Krieg gegen die Gallier in Kleinasien war nicht weniger notwendig für die Wahrung der Ruhe in diesem Land, als dass er der Moral und der militärischen Disziplin der römischen Armee schadete. Hier lernte man, Beiträge zu erheben.

200–190.
Rom, der Schiedsrichter der Welt.

13. So wurde innerhalb des kurzen Zeitraums von zehn Jahren der Grundstein für die römische Autorität im Osten gelegt, und die allgemeine Lage änderte sich völlig. Wenn Rom noch nicht der Herrscher war, so war es doch zumindest die Herrscherin über die Welt vom Atlantik bis zum Euphrat. Die Macht der drei Hauptstaaten war so völlig geschwächt, dass sie ohne die Erlaubnis Roms keinen neuen Krieg beginnen durften; das vierte, Ägypten, hatte sich bereits im Jahr 201 unter die Vormundschaft Roms gestellt; und die kleineren Mächte folgten ihrerseits und hielten es für eine Ehre , die *Verbündeten Roms* genannt zu werden . Mit diesem Namen wurden die Nationen in Sicherheit gebracht und unter das römische Joch gebracht; Das neue politische System Roms wurde gegründet und gestärkt, teils durch die Aufregung und Unterstützung der schwächeren Staaten gegen die stärkeren, wie ungerecht die Sache der ersteren auch sein mochte, und teils durch Fraktionen, die es in jedem Staat, selbst dem kleinsten, hervorbringen konnte .

Obwohl sich die Politik Roms überall durch seine Kommissare oder Gesandten ausdehnte, hütete es sich doch durch seine Begünstigung besonders vor Karthago Masinissa auf ihre Kosten, gegen den achäischen Bund, indem er die Spartaner begünstigte , und gegen Philipp von Mazedonien, indem er sie begünstigte jeder , der irgendeine Beschwerde gegen ihn einbrachte (siehe oben, S. 285).

14. Obwohl diese neuen Verbindungen und dieser Verkehr mit fremden Nationen die Verbreitung von Wissen und Wissenschaft erheblich förderten und zu einer allmählichen Verbesserung ihrer Zivilisation führten, war sie dennoch in vielerlei Hinsicht schädlich für den inneren Zustand Roms. Die Einführung der skandalösen Bacchanalien, die sofort entdeckt und verboten wurden, zeigt, wie leicht sich große Laster unter ein Volk einschleichen können, das seine Moral nur seiner Unwissenheit verdankt. Auch in den höheren Ständen zeigte sich der Intrigengeist in erstaunlichem Maße; insbesondere durch die gegen die Scipios gerichteten Angriffe des älteren Cato, dessen ruhelose Aktivität zum Instrument seiner bösartigen Leidenschaften wurde. Die Strenge seiner Zensur konnte die durch seine Unmoral und seine verderbliche Politik verursachten Übel nicht beseitigen.

Freiwillige Verbannung von Scipio Africanus nach Linternum , 187. Er stirbt dort 183, im selben Jahr, in dem Hannibal der anhaltenden Verfolgung

Roms ausgesetzt ist. Auch sein Bruder Scipio Asiaticus kann sich einem Prozess und einer Verurteilung nicht entziehen , 185. Von der Verbannung dieser beiden großen Männer hätte man eine spürbare Wirkung erwartet; aber in einem Staat, in dem die herrschende Macht in den Händen einer Körperschaft wie dem römischen Senat liegt, ist der Wechsel der einzelnen Personen nur von geringer Bedeutung.

Neue Broils mit Philip, 185.
Sein Tod, 179.

15. Bereits im Jahr 185 kam es zu erneuten Streitigkeiten mit Philipp von Mazedonien, der bald feststellte, dass sie ihn nicht länger verschont hatten, als es ihrer eigenen Bequemlichkeit entsprach. Obwohl das Eingreifen von Philipps jüngstem Sohn, auf den die Römer einen Plan geschmiedet hatten, einen sofortigen Bruch der Macht verhinderte und der Krieg durch Philipps Tod noch weiter hinausgezögert wurde, richtete sich der nationale Hass doch auf seinen Nachfolger und nahm weiter zu , ungeachtet eines mit ihm geschlossenen Bündnisses, bis zum Offenen Krieg 172. der Krieg offen ausbrach (siehe oben, S. 287).

Der erste Umstand, der Philipp verärgerte, war der kleine Teil, den sie ihm während des Krieges gegen Antiochus in Athamanien und Thessalien erobern durften. Aber was seine Feindseligkeit weit mehr als der Streitgegenstand verschärfte, war das Verhalten der römischen Kommissare, vor denen er, der König, als Angeklagter aufgefordert wurde, sich zu verteidigen184. Der Ausruf Philipps, dass „der „Die Sonne eines jeden Tages war noch nicht untergegangen", zeigte seine Empörung und verriet zugleich seine Absicht. Die Zeit vor Ausbruch des Krieges war für Rom alles andere als eine Zeit des Friedens; denn abgesehen davon, dass die Spanischen und Ligurischen Kriege fast ununterbrochen andauerten, verursachten die Aufstände, die 178 in Istrien und 176 in Sardinien und Korsika ausbrachen, großes Blutvergießen.

Zweiter Mazedonischer Krieg, endet mit dem Untergang des Königreichs, 168.

16. Im zweiten Makedonischen Krieg, der mit der Zerstörung von Perseus und seinem Königreich endete (siehe oben, S. 288), waren die aktiven Bemühungen der römischen Politik erforderlich, um die Bildung einer mächtigen Konföderation gegen sie zu verhindern; da Perseus alle seine Bemühungen nutzte , um nicht nur die griechischen Staaten sowie Thrakien und Illyrien, sondern auch Karthago und Asien zu einem Bündnis mit ihm anzuregen. Wohin hat Rom in dieser Krise nicht seine Botschafter geschickt? Zwar gelang es ihr nicht, ihren Feind ganz in Ruhe zu lassen, aber sie bereitete sich neue Triumphe über die wenigen Verbündeten vor, die sie ihm ließ. Das zerstörte Epirus und Gentius , der König von Illyrien, litten schwer

unter der Hilfe, die sie ihm gewährt hatten; Auch den neutral gebliebenen Staaten, den Rhodiern und Eumenern, wurde das starke Gefühl vermittelt, sie seien bloße Geschöpfe Roms.

Beginn des Mazedonischen Krieges, 171, bevor Rom vorbereitet wurde; Ein betrügerischer Waffenstillstand, der selbst die älteren Senatoren empörte, war das Mittel, zu dem man griff, um Zeit zu gewinnen. Dessen ungeachtet verlief der Krieg zunächst (170 und 169) günstig für Perseus; aber er brauchte Entschlossenheit und Urteilsvermögen, um seine Vorteile nutzen zu können. Im Jahr 168 übernahm Paulus Æmilius , ein alter Feldherr, entgegen der üblichen Sitte der Römer das Kommando. Blutige und entscheidende Schlacht bei Pydna , 22. Juni 168. So könnte eines Tages ein Königreich völlig gestürzt werden, das nur eine Armee zu seiner Unterstützung hat! Zeitgleich mit diesem Krieg und für Rom äußerst glücklich war der Krieg von Antiochus Epiphanes mit Ägypten. Kein Wunder, dass Rom bis 168 durch Popilius keinen Frieden zwischen ihnen herbeiführte! (Siehe oben, S. 261.)

Seine Folgen.

17. Die Zerstörung der mazedonischen Monarchie hatte für die Eroberer und die Besiegten gleichermaßen katastrophale Folgen. Den ersteren gab es bald die Idee, die Herren der Welt zu werden, statt ihre Schiedsrichter zu sein; und es setzte letztere für die nächsten zwanzig Jahre allen Übeln aus, die mit einer solchen Katastrophe untrennbar verbunden sind. Das bisherige politische System Roms konnte nicht mehr lange Bestand haben; Denn wenn Nationen sich gewaltsam unter das Joch bringen ließen, war nicht zu erwarten, dass sie unter dem fadenscheinigen Namen der Freiheit lange in Abhängigkeit gehalten würden. Aber der Stand der Dinge nach diesem Krieg trug dazu bei, eine Veränderung in der Form der Beziehungen zwischen Rom und seinen Verbündeten zu beschleunigen.

Die republikanische Verfassung, die den bereits ruinierten und zerstörten Mazedoniern (siehe oben, S. 288.) und Illyrern gegeben wurde und die laut Senatsbeschluss „allen Menschen zeigte, dass Rom bereit war, ihnen Freiheit zu verleihen" wurde unter so harten Bedingungen gewährt, dass die entrechtete Nation bald alle Anstrengungen unternahm , um sich einen König zu verschaffen. Griechenland litt jedoch noch mehr als Mazedonien. Hier hatte sich während des Krieges der Fraktionsgeist auf höchstem Niveau entwickelt; und die arrogante Unverschämtheit der römischen Partei, die größtenteils aus käuflichen Schurken bestand, war so groß, dass sie nicht nur diejenigen verfolgte, die sich einer entgegengesetzten Fraktion angeschlossen hatten, sondern sogar diejenigen, die sich überhaupt keiner Fraktion angeschlossen hatten. Dennoch konnte sich Rom nicht für sicher halten, bis es durch einen grausamen Kunstgriff alle seine Gegner vernichtet hatte (siehe oben, S. 288).

18. Ganz im gleichen Geist ging Rom gegen die anderen Staaten vor, von denen es etwas zu befürchten hatte. Diese müssen wehrlos gemacht werden ; und jedes Mittel zur Erreichung dieses Zwecks wurde vom Senat als gerechtfertigt angesehen. Die Streitigkeiten zwischen den Thronfolgern Ägyptens wurden ausgenutzt, um in diesem Königreich Unstimmigkeiten hervorzurufen (siehe oben, S. 260); während Syrien in einem Zustand der Vormundschaft gehalten wurde, indem es den rechtmäßigen Thronfolger in Rom behielt; und seine militärische Macht wurde durch seine Botschafter neutralisiert (siehe oben, S. 243).

19. Aus diesen Tatsachen können wir auch schließen, dass die jetzt gegen Karthago angestrebten Verletzungen keine separaten Projekte waren, sondern vielmehr Teil des allgemeinen Systems der römischen Politik dieser Zeit waren, obwohl bestimmte Ereignisse ihre Ausführung einmal und ein anderes Mal verzögerten habe es beschleunigt. Indem die Geschichte von der unglaublich schlechten Behandlung berichtet, die Karthago vor seinem Fall erdulden musste, scheint sie den Nationen, die das ertragen können, eine Warnung vor dem zu geben, was sie von der Herrschaft einer mächtigen Republik zu erwarten haben.

Cato war Chef der Partei, die die Zerstörung Karthagos anstrebte, sowohl aus Neid gegen Scipio Nasica , den er wegen seines großen Einflusses im Senat hasste; und weil er als Botschafter in Karthago der Meinung war, dass man ihn nicht mit genügend Respekt behandelte. Aber Masinissas Sieg 152 (siehe oben, S. 88) und der Abfall von Utica brachten dieses Projekt sofort ins Spiel. Kriegsbeginn 150, nachdem die Karthager zuvor aus ihren Armen gelockt worden waren. Die Stadt wurde jedoch erst 146 von P. Scipio Æmilianus erobert und zerstört . Das karthagische Gebiet wurde dann unter dem Namen Afrika zur römischen Provinz erklärt.

Ein neuer Krieg mit Mazedonien und Griechenland.

20. Während dieses dritten Krieges mit Karthago brachen in Mazedonien erneut Feindseligkeiten aus, die einen neuen Krieg mit Griechenland auslösten und den Zustand dieser beiden Länder völlig veränderten. In Mazedonien stellte sich ein Betrüger namens Andriscus , der vorgab, der Sohn Philipps zu sein, an die Spitze dieses äußerst unzufriedenen Volkes, nahm den Namen Philipp an und wurde, insbesondere durch ein Bündnis mit den Thrakern, sehr furchtbar die Römer, bis sie von Metellus besiegt wurden . Da Rom diese Krise ausnutzen wollte, um den achäischen Bund aufzulösen, brach der achäische Krieg aus (siehe oben, S. 289). Dieser Krieg wurde von Metellus begonnen und von Mummius mit der Zerstörung von Korinth im Jahr 146 beendet . Indem Rom sowohl Mazedonien als auch Griechenland auf die Form von Provinzen reduzierte, lieferte es nun den offensichtlichen Beweis, dass weder bestehende Beziehungen noch

irgendeine Regierungsform verhindern können, dass Nationen von einer kriegerischen Republik unterworfen werden, wann immer die Umstände dies ermöglichen.

Man hätte erwarten können, dass die Zerstörung der beiden ersten Handelsstädte der Welt im selben Jahr erhebliche Folgen für den Handelsverlauf gehabt hätte; aber der Handel von Karthago und Korinth war bereits nach Alexandria und Rhodos verlagert worden, andernfalls hätte Utica in mancher Hinsicht den Platz Karthagos einnehmen können.

Krieg in Spanien, 146.
140.133.

21. Während Rom auf diese Weise Throne und Republiken zerstörte, traf es in Spanien auf einen Widersacher – einen einfachen spanischen Landsmann namens Viriathus –, den es nach sechs Jahren Krieg nur durch Ermordung loswerden konnte. Dennoch ging der Krieg nach seinem Tod gegen die Numantiner weiter , die nicht unterworfen wurden, sondern schließlich von Scipio Æmilianus vernichtet wurden .

Der Krieg gegen die Spanier, die von allen von den Römern unterworfenen Nationen ihre Freiheit mit der größten Hartnäckigkeit verteidigten, begann im Jahr 200, sechs Jahre nach der völligen Vertreibung der Karthager aus ihrem Land, 206. Er war teilweise äußerst hartnäckig aus dem natürlichen Zustand des Landes, das dicht bevölkert war und in dem jeder Ort zu einer Festung wurde; teilweise vom Mut der Einwohner; vor allem aber aufgrund der besonderen Politik der Römer, die es gewohnt waren, ihre Verbündeten einzusetzen, um andere Nationen zu unterwerfen. Dieser Krieg dauerte fast ohne Unterbrechung vom Jahr 200 bis 133 und wurde größtenteils gleichzeitig in Hispania Citerior ausgetragen , wo die Keltiberer die gefährlichsten Gegner waren, und in Hispania Ulterior, wo die Lusitaner gleichermaßen waren mächtig. Die Feindseligkeiten erreichten 195 ihren Höhepunkt unter Cato, der Hispania Citerior 185–179 in einen Zustand der Ruhe versetzte, als die Keltiberer in ihrem Heimatgebiet angegriffen wurden; und 155–150, als die Römer in beiden Provinzen so oft geschlagen wurden, dass die Soldaten zu Hause nichts mehr fürchteten, als dorthin geschickt zu werden. Die Erpressungen und die Treulosigkeit von Servius Galba stellten Viriathus im Jahr 146 an die Spitze seiner Nation, der Lusitaner . Der Krieg weitete sich jedoch bald auf Hispania Citerior aus , wo viele Nationen, insbesondere die Numantiner , zu den Waffen gegen Rom griffen , 143. Viriathus , manchmal siegreich und manchmal besiegt, war nie beeindruckender als im Moment der Niederlage; weil er seine Kenntnisse des Landes und der Gesinnung seiner Landsleute zu seinem Vorteil zu nutzen wusste. Nach seiner Ermordung, die durch den Verrat von Cæpio im Jahr 140 verursacht wurde, wurde Lusitanien unterworfen; aber der numantinische Krieg wurde noch heftiger, und die Numantiner zwangen den Konsul Mancinus zu einem nachteiligen Vertrag, 137. Als Scipio im Jahr 133 diesem Krieg ein Ende setzte, herrschte in Spanien sicherlich Ruhe; Die nördlichen Teile waren jedoch noch nicht unterworfen, obwohl die Römer bis nach Galatien vordrangen.

Attalos III. überlässt sein Königreich den Römern.
133–130.

22. Gegen Ende dieser Periode erlangten die Römer zu einem viel günstigeren Preis den Besitz einer ihrer wichtigsten Provinzen; für den verschwenderischen Attalos III. König von Pergamon , der ihnen sein gesamtes Königreich vermachte (aus welchem Grund, ist ungewiss, siehe oben, S. 292), nahmen sie sofort in Besitz und behielten es trotz des Widerstands des legitimen Erben Aristonikos , indem sie es lediglich abtraten. als Belohnung übergab Phrygien Mithridates V., den König von Pontus. So ging mit einem Federstrich der größte und schönste Teil Kleinasiens in den Besitz Roms über. Wenn dieses außergewöhnliche Erbe das Werk der römischen Politik war, bezahlte sie diesen Zugang zu ihrer Macht und ihrem Reichtum auf lange Sicht teuer genug mit der Zerstörung ihrer Moral und den schrecklichen Kriegen, die dieses Erbe unter Mithridates auslöste.

Römische Provinzen.

23. Die ausländischen Besitzungen Roms umfassten zu dieser Zeit außer Italien unter dem Namen Provinzen einen Namen, der in der lateinischen Sprache eine viel höhere Bedeutung hatte als in jeder anderen: Hispania Citerior und Ulterior, Afrika (das Gebiet von Karthago) und Sizilien , Sardinien und Korsika, Ligurien und Cisalpine Gallien im Westen; und im Osten Mazedonien, Achaia und Asien (Gebiet von Pergamon). Die Bewohner dieser Länder wurden wie regiert. vollständig Rom unterworfen. Die Verwaltung wurde von denjenigen ausgeübt, die das Amt eines Konsuls innehatten, und von Prätoren , denen die Quæstoren oder Steuereintreiber unterstellt waren. In diesen Gouverneuren waren die höchsten militärischen und zivilen Kräfte vereint; eine Hauptursache dieser schrecklichen Unterdrückung, die bald zu spüren war. In den Provinzen wurden immer Truppen vorgehalten; und die lateinische Sprache wurde überall eingeführt (außer nur dort, wo Griechisch gesprochen wurde), um die Einwohner den Römern so ähnlich wie möglich zu machen.

Bis fast zum Ende dieses Zeitraums wurden für jede Provinz ausdrücklich Prätoren ernannt. Es geschah erst nach der Entstehung der *Fragen perpetuæ* , dass es zur Gewohnheit wurde, dass die Prätoren , die ihr Amt niedergelegt hatten, die Provinzen (*propraetores*) übernahmen , eine Hauptursache für den Verfall der römischen Verfassung.

C. SIGONIUS , *de Antiquo jure provinciarum in Grævii Das . Antik. Rom.* Bd. ii. Römische Einnahmen.

24. Der Erwerb dieser reichen Länder hatte natürlich großen Einfluss auf die Steigerung der Einnahmen der Römer. Obwohl Rom tatsächlich kein Staat wie Karthago war, der vollständig von Finanzen abhängig war, hielt es diese doch auf wunderbare Weise im Gleichgewicht; Sowohl in dieser als auch in allen anderen Abteilungen ihrer Verwaltung herrschte ein Geist guter Ordnung. Wenn in außergewöhnlichen Notfällen auf einheimische Kredite, auf eine Änderung des Geldwertes oder auf ein Salzmonopol zurückgegriffen wurde, war die Ordnung bald wiederhergestellt; während die Beute aus den eroberten Ländern auch eine große Quelle des öffentlichen Einkommens war, solange sie dem Staat vorbehalten war und nicht zur Beute der Generäle wurde.

Quellen der römischen Einnahmen (*Vectigalia*) waren: 1. Tribut *a.* von den römischen Bürgern; also eine vom Senat entsprechend der Dringlichkeit des Falles erhobene Vermögenssteuer (die jedoch lange Zeit erlassen wurde, nach dem Krieg mit Perseus 168, da sie nicht mehr notwendig war). *B.* Tribut an die Alliierten (*socii*) in Italien: Dies scheint auch eine Grundsteuer gewesen zu sein; an verschiedenen Orten unterschiedlich. *C.* Tribut an die Provinzen: in manchen eine hohe Kopfsteuer, in anderen Grundsteuern; Im Großen und Ganzen wurden sie jedoch in natürlichen, meist gewöhnlichen, wenn auch manchmal außerordentlichen Erträgen bezahlt, sowohl für das Gehalt des Gouverneurs als auch für die Versorgung mit dem Kapital. 2. Die Einnahmen aus den nationalen Domänen (*ager publicus*), sowohl in Italien (insbesondere Kampanien) als auch in den Provinzen; deren Zehnten (*decumæ*) wurden durch von der Zensur gewährte Pachtverträge für vier Jahre bezahlt . 3. Die Einnahmen aus dem Zoll (*portoria*), die in den Seehäfen und Grenzstädten erhoben werden. 4. Die Einnahmen aus den Minen (*Metalla*), insbesondere den spanischen Silberminen; Deren Besitzer waren verpflichtet, eine Abgabe an den Staat zu entrichten. 5. Die Pflicht gegenüber entrechteten Sklaven (*aurum vicesimarium*). Alle Einnahmen flossen in die Staatskasse, das *ærarium* ; alle Ausgaben wurden ausschließlich vom Senat angeordnet; und das Volk wurde diesbezüglich ebenso wenig befragt, wie es die Abgaben respektierte. Die eingesetzten Offiziere waren die *quæstores* , denen die in *decurias unterteilten scribæ unterstanden* , die zwar sicherlich untergeordnet waren, aber dennoch großen Einfluss hatten. Da ihre Dienste nicht jährlich gewechselt wurden, müssen sie für die *Quæstores* vorerst unverzichtbar gewesen sein ; und die gesamte Verwaltung der Angelegenheiten, zumindest im Detail, muss in ihre Hände gefallen sein.

Über die Finanzen Roms ist derzeit das beste Werk:

P. Burmanni , *Vectigalia Populi Romani* . Leyden, 1734, 4to.

Inzwischen sind zu diesem Thema zwei ausgezeichnete Abhandlungen in deutscher Sprache erschienen :

† DH Hegewisch , *Essay über römische Finanzen* . Antona , 1804, und

† R. Bosse , *Skizze des Finanzsystems im römischen Staat* . Braunschweig, 1803, 2 Teile. Beide umfassen die Perioden der Republik und der Monarchie.

DRITTE PERIODE.

Vom Beginn der Bürgerkriege unter den Gracchen bis zum Untergang der Republik. 134—30 v. Chr. Jahr von Rom, 620–724.

QUELLEN. Über die erste Hälfte dieser wichtigen Periode der Republik bis zur Zeit Ciceros mangelt es uns leider an genauen Informationen. Von den zeitgenössischen Schriftstellern ist uns kein einziger erhalten geblieben, ebenso wenig von den späteren Historikern, die eine Geschichte der gesamten Epoche zusammengestellt haben. APPIAN , *de Bellis Civilibus* ; PLUTARCH in seinem *Leben der Gracchen* ; und das temperamentvolle *Kompendium* von VEL. PATERCULUS sind für diesen Teil unsere Hauptautoritäten; und sogar die unvollkommenen Zusammenfassungen der verlorenen Bücher von Livius, die Freinshemius hier so meisterhaft liefert, werden von Bedeutung. Für die folgenden Zeiten sind die *Jugurtha* und *die Cataline* von Sallust zwei ausgezeichnete historische Kabinettstücke und werden umso wertvoller, je mehr Einblick sie uns gleichzeitig in den inneren Zustand Roms geben. Sein großes Werk „*The Histories*" *ist* jedoch bis auf einige wertvolle Fragmente leider verschollen. Für die Zeit von CÄSAR und CICERO haben wir die *Kommentare* des ersteren und die *Reden* und *Briefe* des letzteren; beides fruchtbare Informationsquellen. Was uns von DIO CASSIUS ÜBRIG GEBLIEBEN IST *Die Geschichte* beginnt mit dem Jahr 69 vor Christus. Von PLUTARCH Mit dieser Zeit sind neben *den Leben* der Gracchen folgende verbunden: C. MARIUS, SYLLA , LUCULLUS, CRASSUS, SERTORIUS, CATO VON UTICA, CICERO, BRUTUS und ANTONIUS . Zu den Quellen dieser Leben siehe meine oben zitierten Abhandlungen, S. 321.

Bei den Modernen wird der größte Teil dieser Zeit besonders behandelt von:-

DE BROSSES , *Histoire de la République Romaine dans le cours du VIIe Siècle par Salluste* , à Dijou , 1777, 3 Bde. 4to.

In deutscher Sprache von J. C. SCHLEUTER , 1790 usw. mit Anmerkungen, 4 Bde. Der Herausgeber dieses großartigen Werkes hatte die Idee, Sallust zu übersetzen und das Verlorene nachzufüllen. Es enthält neben einer Übersetzung von Jugurtha und Catalina den Zeitraum zwischen beiden, den Sallust in seinen *Historien behandelt* : nämlich von Syllas Abdankung, 79–67 v. Chr.; und ist für seine eigenen Verdienste und für den Zeitraum, zu dem es gehört, gleichermaßen wichtig.

VERTOT , *Geschichte der Revolutionen Ankunft in der Regierung der Republik Rom* . Paris, 1796, 6 Bde. 12 Monate. Obwohl dieses zu Recht geschätzte Werk den vorangehenden Zeitraum umfasst, ist es für die Gegenwart besonders wertvoll.

MABLY, *Observations sur les Romains*. Genf, 1751, 2 Bde. 8vo. Ein Überblick über die interne Geschichte; genial, aber ebenso oberflächlich wie die *Observations sur les Grecs* desselben Autors.

Bürgerkriege.
Die Macht des Senats schafft eine Aristokratie, die von den Volkstribunen bekämpft wird.

1. Der vorstehende Zeitraum besteht ausschließlich aus der Geschichte ausländischer Kriege; Rom erscheint dabei im Gegenteil in einem ständigen Zustand innerer Aufregung. Und wenn ausländische Feindseligkeiten diesen Zustand für kurze Zeit unterbrechen, kann er nur mit noch größerer Gewalt erneuert werden, bis er schließlich in einem wütenden Bürgerkrieg endet. Als die fast grenzenlose Macht des Senats den Grundstein für eine überaus verhasste Familienaristokratie gelegt hatte, gegen die sich die Volkstribunen in der Rolle mächtiger Demagogen aufstellten, entstand ein neuer Kampf zwischen den aristokratischen und demokratischen Parteien, der fast … wuchs sofort zu zwei mächtigen Fraktionen heran. Dieser Kampf wurde aufgrund seines Ausmaßes und seiner Folgen bald viel wichtiger als der alte zwischen Patriziern und Plebejern.

Diese Familienaristokratie entstand nach und nach aus der Macht der Magistraten, die nun nicht nur eine sehr hohe politische Bedeutung genossen, sondern durch die Regierung der Provinzen auch immensen Reichtum erlangten. Die heutige Aristokratie bestand also aus den im Senat konzentrierten Herrscherfamilien (*nobiles*). Der Kampf mit der Gegenpartei, dem Volk (*plebs*), wurde umso heftiger infolge der großen Missbräuche, die sich in die Verwaltung eingeschlichen hatten, insbesondere bei der Aufteilung der Ländereien der Republik; Die herrschenden Familien sicherten sich die Früchte aller Siege und Eroberungen und gleichzeitig die Macht der Demokratie durch die enorme Anhäufung von Menschen (ohne die Mittel zum Lebensunterhalt, obwohl sie in den *Komitien abstimmten*), insbesondere von entrechteten Sklaven, die jedoch Fremde, meist ohne Macht und Eigentum, bildeten jedoch den größten Teil dessen, was man damals das römische Volk nannte.

G. AL. RUPERTI, *Stemmata gentium Romanarum*. Gött. 1795, 8vo. Geradezu unentbehrlich, um einen klaren Einblick in die Geschichte der römischen Familien und natürlich auch des Staates zu erhalten.

Erste Unruhen unter TS Gracchus. Chr. 133.
Er möchte die Not der niederen Stände lindern und stirbt dabei:

2. Beginn der Unruhen unter dem Tribunat Tib. Sempronius Gracchus, den frühere Verbindungen längst zum Mann des Volkes gemacht hatten. Sein Wunsch war es, die Not der unteren Schichten zu lindern; und das

Mittel, mit dem er dies zu erreichen hoffte, war eine bessere Aufteilung der Ländereien der Republik, die sich nun fast ausschließlich in den Händen der Aristokratie befanden. Seine Reform führte daher natürlich sofort zu einem Kampf mit dieser Partei. Tib. Gracchus stellte jedoch bald aus Erfahrung fest, dass ein Demagoge nicht dort stehen bleiben kann, wo er wollte, so rein seine Absichten auch zunächst sein mögen; und kaum hatte er entgegen der üblichen Sitte eine Verlängerung seiner Amtszeit erreicht, als er seinem Unternehmen ein Opfer darbrachte.

Das erste Agrargesetz des Gracchus wurde trotz des fruchtlosen Widerstands seines abgesetzten Kollegen Octavius vom Volk bestätigt; Es verfügte, dass niemand mehr als 500 Acres Land und kein Kind mehr als die Hälfte dieser Menge besitzen durfte. Dieses Gesetz war in Wirklichkeit nur eine Erneuerung der alten *Lex Licinia* ; In der Lage, in der sich Rom jetzt befand, wurde das von den großen Familien usurpierte Eigentum jedoch viel härter belastet als in früheren Zeiten. Einsetzung eines Ausschusses zur Aufteilung der Nationalländereien und zur gleichzeitigen Untersuchung, welche Ländereien Eigentum des Staates waren (*ager publicus*) und welche nicht. Neue populäre Vorschläge des älteren Gracchus, insbesondere der zur Aufteilung der vom König Attalos von Pergamon hinterlassenen Schätze , mit der Absicht, seinen Fortbestand im Amt zu sichern; großer Aufstand der Adelspartei unter Scipio Nasica und Ermordung von Tiberius Gracchus am Tag der Wahl der neuen Volkstribunen.

Sein Sturz zerstört seine Partei nicht.

3. Der Sturz des Chefs der neuen Partei führte jedoch eher zu etwas anderem als zu ihrer Zerstörung. Es war nicht nur nicht von einer Aufhebung des Agrargesetzes die Rede, sondern der Senat war auch verpflichtet, die Besetzung des durch den Tod von Gracchus frei gewordenen Platzes in der Kommission zuzulassen; und Scipio Nasica selbst wurde unter dem Vorwand einer Gesandtschaft nach Asien aus dem Weg geschickt. Tatsächlich fand die Senatspartei für kurze Zeit eine starke Unterstützung in der Rückkehr von Scipio Æmilianus (*gest.* 129) aus Spanien; Die größte Stütze fand sie jedoch in den Schwierigkeiten des Gesetzes selbst, die seine Umsetzung verhinderten.

Großer Sklavenaufstand in Sizilien unter Eunus , 134–131. Dies trug nicht wenig dazu bei, die Meinungsverschiedenheiten am Leben zu erhalten, da es die Notwendigkeit einer Reform zeigte.

Die Volkstribunen sind bestrebt, ihre Macht zu vergrößern. 130.

4. Offensichtliche Bemühungen der Volkstribunen, ihre Macht zu vergrößern, wobei Gracchus sie nun zu einem Bewusstsein dafür geweckt

hatte. Da Carbo mit einem Sitz und einer Stimme im Senat nicht zufrieden war, wünschte er sich, dass die Erneuerung ihrer Würde in einem Gesetz verankert würde. Durch die Absetzung der Oberhäupter der unteren Partei unter ehrenwerten Vorwänden wurden jedoch neue Unruhen für einige Jahre hinausgezögert.

Erste Errichtung der römischen Macht im transalpinen Gallien durch M. Fulvius Flaccus , anlässlich seiner Entsendung zur Hilfe Massilias , 128. Südgallien wurde bereits 122 eine römische Provinz, als Folge der Niederlage der Allobroger und Averner durch Q. Fabius, der gegen sie entsandt worden war unterstützen die Æduer , die Verbündeten Roms. Eroberung der Balearen durch Metellus , 123. Quæstor von C. Gracchus in Sizilien, 128–125.

C. Gracchus.

5. Diese lindernden Mittel nützten jedoch nichts, nachdem C. Gracchus aus Sizilien zurückgekehrt war und fest entschlossen war, in die Fußstapfen seines Bruders zu treten. Allerdings fiel auch er seinem Unternehmen zum Opfer; Aber der Sturm, den er während der zwei Jahre seines Tribunats auslöste, fiel umso heftiger, als die Aufregung des Volkes allgemeiner war und weil er über mehr glänzende Talente verfügte, die nötig waren, um einen mächtigen Demagogen zu formen, als sein Bruder.

Erstes Tribunat von C. Gracchus, 123. Erneuerung des Agrargesetzes und Verschärfung seiner Bestimmungen . Als er jedoch die Gärung durch seine Volksmaßnahmen und sein demagogisches Handeln steigerte und die Erneuerung des Tribunats für das folgende Jahr, 122, erreichte, weitete er seinen Plan so weit aus, dass er ihn nicht nur für die Aristokratie äußerst gefährlich machte, sondern sondern sogar für den Staat selbst. Einrichtung von Maisverteilungen an die arme Bevölkerung. Plan zur Bildung der Ritterschaft (*ordo equestris*) *zu einer politischen Körperschaft als Gegengewicht zum Senat, indem ihr das* vom Senat übernommene Recht der Rechtsprechung (*judicia*) *übertragen wurde.* Noch wichtigeres Projekt, den italienischen Verbündeten die Privilegien des römischen Bürgerrechts zu gewähren; und auch die Bildung von Kolonien, nicht nur in Kampanien, sondern auch außerhalb Italiens, in Karthago. Die hochraffinierte Politik des Senats jedoch, indem er diesen Mann des Volkes in den Augen seiner Bewunderer herabsetzte, mit Hilfe des Volkstribunen Livius Drusius verhinderte seinen völligen Triumph; und als Gracchus einmal im Niedergang war, erlebte er bald das Schicksal jedes Demagogen, dessen völliger Sturz dann unwiederbringlich ist. Allgemeiner Aufstand und Ermordung von C. Gracchus, 121.

Sieg der Adelsfraktion.

6. Der Sieg der aristokratischen Fraktion war dieses Mal nicht nur viel sicherer und blutiger , sie nutzte auch die Vorteile, die sie dadurch erlangten, so gut aus, dass sie sich dem Agrargesetz des Gracchus entzogen und es schließlich ganz aufhoben. Aber die Saat der Zwietracht, die sich insbesondere unter den italienischen Verbündeten bereits ausgebreitet hatte, konnte nicht so schnell gestoppt werden, als die Untertanen dieser Staaten erst einmal die Vorstellung entwickelt hatten, dass sie Anspruch auf einen Anteil an der Regierung hätten. Wie bald diese Parteikämpfe wieder aufflammen oder tatsächlich ein Bürgerkrieg ausbrechen könnte, hing fast ausschließlich von den äußeren Umständen und der Chance ab, einen mutigeren Führer zu finden.

Das Agrarrecht wurde umgangen: zunächst durch Aufhebung eines Gesetzes, das die Übertragung der bereits geteilten Nationalländereien verbot, wodurch es den Patriziern ermöglicht wurde, sie wieder zu kaufen; — später durch die *Lex Thoria:* völliger Stopp aller weiteren Teilungen, eine Grundsteuer , um unter dem Volk verteilt zu werden und an seiner Stelle eingesetzt zu werden; aber auch dieses letztere wurde sehr bald annulliert.

† D. H. HEGEWISCH , *Geschichte der Bürgerkriege der Gracchen* . Altona, 1801.

† *Geschichte der Revolution der Gracchen in meinen Verschiedenen historischen Werken.* Bd. iii. 1821.

Auswirkungen dieses Parteigeistes auf die Korruption der Nation.

7. Sichtbare Auswirkungen dieses Parteigeistes auf die öffentliche Moral, die nun im Verhältnis zur Zunahme der Auslandsbeziehungen umso schneller zu sinken begann. Weder die Strenge der Zensur, noch die Gesetze gegen den Luxus (*leges sumtuariæ*) noch die nun notwendigen Gesetze gegen das Zölibat konnten in dieser Hinsicht von großem Nutzen sein. Diese Entartung war nicht nur in der Gier der höheren Ränge zu finden, sondern auch in der Zügellosigkeit der niedrigeren Ränge.

Luxus zeigte sich in Rom zunächst in der öffentlichen Verwaltung (aufgrund der übermäßigen Anhäufung von Reichtum in der Staatskasse, insbesondere während der Makedonischen Kriege), bevor er das Privatleben erfasste; und der Geiz der Großen ging dem letzteren lange voraus. Die Quellen, aus denen sie diese Leidenschaft befriedigten, waren die Erpressungen der Provinzgouverneure, ihre große Macht und die Entfernung von Rom, die den *leges repetundarum* nur geringe Wirkung verlieh. Wahrscheinlich waren die Bemühungen der verbündeten Fürsten und Könige, eine Partei im Senat zu gewinnen, eine noch fruchtbarere Quelle, da sie ihr Ziel nur durch Kauf erreichen konnten und so der Gier und der intriganten Gesinnung der Senatsmitglieder neuen Auftrieb gaben Rat. Aber privater Luxus braucht überall etwas Zeit zum Reifen. Seinen Höhepunkt erreichte es unmittelbar nach den Mithridatischen Kriegen.

† D. MEINER , *Geschichte der Korruption der Sitten und Verfassung der Römer* . Leips . 1782.

† MEIEROTTO , *Moral und Sitten der Römer zu verschiedenen Zeiten der Republik* . Berlin, 1776. Darin wird das Thema unter mehreren Gesichtspunkten betrachtet.

† CA BOTTIGER , *Sabina, oder, Morgenszenen auf der Toilette einer reichen römischen Dame* . Leips . 1806, 2 Bde. Eine wahrheitsgetreue und lebendige Beschreibung des Luxus der römischen Damen, vor allem aber in seiner brillantesten Zeit. Es wurde ins Französische übersetzt.

Der afrikanische Krieg gegen Jugurtha. 118–106.

8. Diese Korruption zeigte sich auffallend im nächsten großen Krieg, den Rom in Afrika gegen Jugurtha von Numidia, den adoptierten Enkel von Masinissa , führte . und bald darauf gegen seinen Verbündeten Bocchus von Mauretanien. Dieser Krieg, der durch die Gier der römischen Adligen entfacht und aufrechterhalten wurde, von der Jugurtha bereits bei der Belagerung von Numantia erfahren hatte , ebnete den Weg zum Aufstieg von C. Marius C. Marius, einem neuen Demagogen, der auch ein beeindruckender General, der dem Staat viel mehr Schaden zufügte als selbst die Gracchen.

Beginn des Streits von Jugurtha mit den beiden Söhnen von Micipsa und Ermordung von Hiempsal , einem von ihnen, 118. – Als der andere, Adherbal , 117 in Rom ankam, hatte die Partei von Jugurtha bereits Erfolg gehabt und eine Teilung von ihnen erreicht das Königreich. Neuer Angriff auf Adherbal , der in Cirta belagert wird und trotz der wiederholten Botschaften Roms an Jugurtha zur Kapitulation gezwungen und hingerichtet wird, 112. Der Tribun C. Memmius zwingt den Senat, Jugurtha den Krieg zu erklären; aber Jugurtha kauft einen Frieden des Konsuls Calpurnius Piso , 111. – Dennoch verhindert Memmius die Ratifizierung des Friedens, und Jugurtha muss sich in Rom rechtfertigen. Wahrscheinlich hätte er jedoch seinen Freispruch erkauft, wenn die Ermordung seines Verwandten Massiva (110) mit Hilfe von Bomilcar dies nicht unmöglich gemacht hätte. Der Krieg wird unter dem Konsul Sp. erneuert. Albinus und sein Bruder Aulus , 110, aber mit sehr geringem Erfolg, bis der unbestechliche Q. Metellus das Kommando übernahm, 109, der dem ein Ende gesetzt hätte, trotz der großen Talente, die Jugurtha jetzt als General zeigte , und seiner Allianz mit Bocchus , 108, wäre er nicht durch Marius ersetzt worden, der durch seine Popularität das Konsulat erlangt, 107. Marius ist gezwungen, Zuflucht zur Treulosigkeit zu nehmen, um Jugurtha in seine Hände zu bekommen, die von Bocchus verraten wird , 106. Numidia ist geteilt Bocchus und zwei Enkel von Masinissa , Hiempsal und Hiarbas .

erhält das Konsulat;

9. Die Ernennung von Marius zum Konsulat demütigte nicht nur die Macht der Aristokratie, sondern zeigte auch zum ersten Mal, dass der Weg zu den höchsten Ämtern einem Mann niedriger Geburt (*homo novus*) *offen stand;* Die Methode jedoch, die er gewählt hatte, um sein Heer zu bilden, widersprach ganz der römischen Sitte, nämlich, es aus den niederen Ständen (*capite) zusammenzusetzen censis*) muss ihn doppelt beeindruckend gemacht haben. Dennoch hätte er kaum eine so große Verfassungsänderung herbeigeführt, wenn nicht ein neuer und schrecklicher Krieg seine Dienste unentbehrlich gemacht hätte: – dies waren Niederlagen der Kimbern und Germanen ; die drohende Invasion der Kimbern und Germanen , der mächtigsten Nationen des Nordens, während der in Sizilien ein neuer und heftiger Aufstand der Sklaven tobte: – denn nach der Niederlage so vieler römischer Armeen glaubte das Volk, dass niemand außer den Eroberer von Jugurtha konnte Italien retten; und Marius wusste dies so gut zu nutzen, dass er vier Jahre hintereinander Konsul blieb.

Die Kimbern oder Kimmerier, wahrscheinlich eine Nation deutschen Ursprungs, die von jenseits des Schwarzen Meeres stammte, waren der Ursprung einer Volkswanderung, die sich von dort bis nach Spanien erstreckte. Ihr Marsch wurde vielleicht durch den Skythenkrieg des Mithridates ausgelöst oder beschleunigt; und ihr Kurs verlief, wie der der meisten Nomadenrassen, von Osten nach Westen entlang der Donau. Sie hatten bereits 113 den Konsul Papirius Carbo bei Noreia in der Steiermark besiegt. Auf ihrem Vormarsch nach Westen schlossen sich ihnen germanische, keltische und helvetische Stämme (die *Germanen* , *Ambronen* und *Tigurier*) an. – Angriff auf römisches Gallien, 109, wo sie Siedlungen fordern und Junius Silanus, den Konsul, besiegen . – Niederlage von L. Cassius Longinus und M. Aurelius Scaurus , 107. – Große Niederlage der Römer in Gallien, 105, verursacht durch die Meinungsverschiedenheit ihrer Generäle, der Konsuln, Cn. Manlius und Q. Servius Cæpio . Marius erhält das Kommando und bleibt von 104 bis 101 Konsul. Die Wanderungen der Kimbern – von denen ein Teil die Pyrenäen erreicht, aber von den Keltiberern zurückgedrängt wird 103 – geben Marius Zeit, seine Armee zu vervollständigen. Im Jahr 102 versuchten sie nach ihrer Teilung zunächst, nach Italien einzudringen: die Germanen über die Provence und die Kimbern über Tirol . – Große Niederlage und Ermordung der Germanen durch Marius bei Aix, 102. – Die Kimbern hingegen Führen Sie eine Invasion durch und machen Sie Fortschritte, bis Marius Catulus zu Hilfe kommt . Große Schlacht und Niederlage der Kimbern am Po, 30. Juli 101.

J. MÜLLER , *Bellum Cimbricum* . Tigur , 1772. Ein jugendlicher Aufsatz dieses berühmten Historikers. Vergleichen

† MANNERT , *Geographie* usw. Teil III.

kauft sein sechstes Konsulat.

10. Obwohl während dieses Krieges die Macht der Volkspartei deutlich zugenommen hatte, brach der Sturm erst aus, als Marius sein sechstes Konsulat *kaufte* . Nun wollte er sich auch in Rom selbst an seinen Feinden rächen; und was konnte der Senat tun, wenn er mit dem Konsul selbst einen Demagogen an seiner Spitze hatte ? – Seinen Bund mit dem Tribun Saturnius und dem Prätor Glaucias , der bereits ein wahres Triumvirat bildete, hätte nach der Vertreibung des Metellus die Republik gestürzt , wenn die ungezügelte Zügellosigkeit des mit seinen Verbündeten verbundenen Pöbels ihn nicht gezwungen hätte, mit ihnen zu brechen, um nicht seine ganze Popularität zu opfern.

Die Maßnahmen dieser Kabale, die den Eindruck erwecken wollte, sie trete in die Fußstapfen der Gracchen, richteten sich hauptsächlich gegen Q. Metellus , den Chef der Senatspartei, der seit dem Afrikakrieg der Todfeind gewesen war von Marius. Nach der Verbannung von Metellus , die durch seinen Widerstand gegen ein neues Agrargesetz verursacht wurde, usurpierte diese Fraktion die Rechte des Volkes und beherrschte es in den Komitees; bis es bei einer Neuwahl der Konsuln zu einer allgemeinen, von Marius selbst geförderten Revolte aller wohlgesinnten Bürger gegen sie kam; Saturnius und Glaucias wurden in der Hauptstadt belagert, zur Kapitulation gezwungen und hingerichtet. Die Rückkehr von Metellus aus seinem freiwilligen Exil folgte bald, 92, sehr gegen den Willen von Marius, der gezwungen war, sich nach Asien zurückzuziehen.

98—91.

11. Die wenigen Jahre der Ruhe , die Rom nun genoss, brachten viele Vorteile und viele Übel zur Reife, deren Samen bereits gesät waren. Einerseits wurde die zunehmende Beredsamkeit von Antonius, Crassus und anderen mit Wirkung gegen die Unterdrücker der Provinzen in den Staatsprozessen (*questes*) eingesetzt; und einige großzügige Geister nutzten alle ihre Bemühungen , um die Wunden Siziliens, Asiens und anderer Provinzen durch eine bessere Verwaltung zu heilen; während andererseits die Macht des *ordo equestris* zu einer Quelle vieler Missbräuche wurde: denn außer ihrem Recht, in den Tribunalen (*judiciis*) zu sitzen, das ihnen C. Gracchus verliehen hatte, hatten sie auch die Landwirtschaft des Ordo Equestris erhalten Pachtverträge und damit die Erhebung der Einnahmen in den Provinzen; Dadurch konnten sie sich nicht nur jeder dort unternommenen Reform widersetzen, sondern sogar in Rom den Senat in

Abhängigkeit halten . Der Kampf, der nun zwischen ihnen und dem Senat um die *Judicia (oder das Recht, dem Tribunal vorzusitzen)* entbrannte , war einer der verhängnisvollsten für die Republik, da dieses Recht von ihnen missbraucht wurde , um ihren persönlichen Groll zu befriedigen Unterdrückung der größten Männer. Der Tribun M. Livius Drusus der Jüngere entriss ihnen zwar die Hälfte ihrer Macht; aber leider! Die Art und Weise, wie er es tat, entzündete das Feuer, das seit der Zeit der Gracchen schwelte , in Flammen .

Erwerb von Kyrene durch das Testament des Königs Apion , 97; Dessen ungeachtet behielt es seine Unabhängigkeit, wenn auch wahrscheinlich durch die Zahlung eines Tributs. Ausgleich der Differenzen zwischen den Königen Kleinasiens durch den Prätor Sylla , 92 (siehe oben, S. 294).

Krieg der Alliierten, 91–88.

12. Aufstand der italienischen Stämme, die das Recht römischer Bürger erlangen wollen; Daraufhin kommt es zum blutigen *Krieg der Alliierten* . Obwohl die Unterdrückung Roms diesen Krieg seit langem vorbereitet hatte, war er doch eine unmittelbare Folge der Intrigen der römischen Demagogen, die seit dem Gesetz des jüngeren Gracchus, um sich populär zu machen, immer wieder geschmeichelt hatten die Verbündeten in der Hoffnung, die Privilegien der römischen Staatsbürgerschaft zu teilen. Es stellte sich jedoch bald heraus, dass die Alliierten untereinander nicht an Führern mangelten, die in der Lage waren, große Pläne zu schmieden und diese energisch umzusetzen . Italien stand kurz davor, eine Republik zu werden, mit Corfinium als Hauptstadt anstelle von Rom. Auch Rom hätte sich vor einem solchen Ereignis nur dadurch retten können, dass es den Verbündeten nach und nach die völlige Freiheit der Stadt zugestanden hätte.

Nach den Bürgerkriegen der Gracchen strömten immer wieder große Scharen der Alliierten nach Rom. Diese standen im Sold der Demagogen, die mit der *Lex Licinia* im Jahr 95 aus Rom verbannt worden waren und damit den Grundstein für den Aufstand legten. Von da an begann die Verschwörung unter diesen Stämmen und erreichte ununterbrochen einen solchen Reifegrad, dass die Sorglosigkeit Roms nur mit der damals herrschenden Parteiwut erklärt werden kann, die die *Lex Varia* , 91, gegen die Befürworter erließ der Rebellion diente nur dazu, noch mehr zu entfachen. Die Ermordung des 91-jährigen Tribunen Livius Drusus, eines sehr zwiespältigen Charakters, brachte die Angelegenheit zum offenen Bruch. In diesem Bündnis waren die Marsi , Picentes , Peligni , Marrucini , Frentani , die Samniten, die eine Hauptrolle spielten, die Hirpini , Apuli und die Lucani . In diesem Krieg, der umso blutiger war , als er hauptsächlich aus einzelnen Kämpfen und Belagerungen, insbesondere der römischen

Kolonien, bestand, kämpfte Cn. Pompeius der Ältere, L. Cato, Marius und vor allem Sylla zeichneten sich besonders auf der Seite der Römer aus; und unter den Generälen der Verbündeten Pompadias , C. Papius usw. – Zugeständnis der Freiheit der Stadt zunächst an die treu gebliebenen Verbündeten, die Latiner, Umbrer usw. durch die *Lex Julia* , 91; danach, nach und nach, zum Rest durch die *lex Plotia* . Einige blieben jedoch weiterhin bewaffnet.

HEYNE , *de Belli Socialis causis et eventu , in Opusc* . T. iii.

13. Der gerade zu Ende gegangene Krieg veränderte die Verfassung Roms wesentlich, da Rom nicht mehr wie bisher das ausschließliche Oberhaupt des gesamten Staates blieb; und obwohl die neuen Bürger nur in acht Stämmen zusammengefasst waren, musste ihr Einfluss in den Komitees aufgrund der Bereitwilligkeit, mit der sie Fraktionen förderten, bald spürbar sein. Darüber hinaus wurde der seit langem gehegte private Hass zwischen Marius und Sylla durch diesen Krieg erheblich verstärkt, da Syllas Ruhm dadurch erheblich gesteigert wurde, während der von Marius entsprechend gemindert wurde. Es fehlte lediglich eine Gelegenheit, wie sie der erste Pontinische Krieg bald bot, um einen neuen Bürgerkrieg anzuzetteln, der die Freiheit Roms zu zerstören drohte.

Allianz des Marius mit Sulpicius gegen Sylla , 88.

14. Bündnis des Marius mit dem Tribun Sulpicius , mit der Absicht, Sylla das Kommando über die Streitkräfte gegen Mithridates zu entreißen, das ihm bereits vom Senat übertragen worden war. Die Leichtigkeit, mit der Sylla an der Spitze einer Armee, auf die er sich verlassen konnte, die Anführer dieser Partei vertrieb, scheint ihn im Unklaren darüber gelassen zu haben, dass die Partei selbst dadurch nicht zerstört wurde. So vernünftig seine anderen Maßnahmen auch gewesen sein mögen, die Ernennung Cinnas zum Konsul war ein Fehler in der Politik, den Italien noch mehr zu bereuen hatte als er selbst. Wie viel Blut hätte gespart werden können, wenn Sylla nicht ungewöhnlicherweise den Wunsch geäußert hätte, populär zu werden!

Vorschlag des Sulpicius für eine wahllose Verteilung der neuen Bürger und Freien unter allen Stämmen Italiens, um dadurch eine starke Partei zu seinen Gunsten zu gewinnen , die durch eine gewaltsame Volksversammlung das Kommando von Sylla auf Marius überträgt. Marsch von Sylla auf Rom und Vertreibung von Marius, der durch eine Reihe von Abenteuern, die fast alle Vorstellungen übertreffen, nach Afrika flieht und zusammen mit seinem Sohn und zehn seiner Partisanen geächtet wird. Wiederherstellung der Macht des Senats, der aus dreihundert Rittern besteht. Sylla eilt nach Griechenland zurück, nachdem er dafür gesorgt hat, dass sein Freund C. Octavius und sein Feind L. Cinna zu Konsuln gewählt wurden.

15. **Erster Krieg gegen Mithridates den Großen.** Sylla erringt mehrere Siege über die Generäle dieses Königs in Griechenland; entreißt ihm alle seine Eroberungen und beschränkt ihn auf seine erblichen Herrschaftsgebiete. Rom hatte seit der Zeit Hannibals keinen so mächtigen Gegner wie den König von Pontus getroffen, der in wenigen Monaten Herr über ganz Kleinasien, Mazedonien und Griechenland geworden war und sogar Italien selbst bedrohte; Wir müssen außerdem bedenken, dass der Krieg auf der Seite Roms auf eine ganz andere Weise geführt wurde als alle vorherigen; Da Sylla nach dem Sieg der Gegenpartei selbst in Rom geächtet war, war er gezwungen, es mit seiner eigenen Armee und seinen eigenen privaten Mitteln fortzusetzen. Die unglücklichen Länder, die Schauplatz dieses Krieges waren, erlebten während des Kampfes ebenso viele Katastrophen, wie Italien nach seinem Ende dazu verdammt war, zu leiden.

Beginn des Krieges durch Mithridates vor dem Ende des Krieges der Alliierten, 89, durch die Inbesitznahme von Kappadokien und Paphlagonien. Er war durch sein Bündnis mit den Stämmen entlang der Donau und seine Flotte nicht weniger beeindruckend als durch seine Landstreitkräfte; und die Verärgerung des asiatischen Volkes gegen Rom machte sein Unternehmen noch einfacher. Doppelsieg über Nikomedes, den König von Bithynien, und den römischen Feldherrn M. Aquilius , gefolgt von der Eroberung ganz Kleinasiens mit Ausnahme der Insel Rhodos. Massaker an allen römischen Bürgern in den Staaten Kleinasiens. Expedition der königlichen Armee nach Griechenland unter dem Kommando seines Generals Archelaus, der Athen zum Kriegsschauplatz macht, 88. Belagerung und Einnahme dieser unglücklichen Stadt durch Sylla , 1. März 87. Wiederholte große Niederlagen der Armee von Mithridates unter der Befehl von Archelaus, in der Nähe von Chalkis und später in der Nähe von Orchomenos, durch Sylla , 86, dessen allgemeiner Plan auf der vollständigen Vernichtung seiner Feinde beruhte. Die Friedensverhandlungen wurden von Archelaus aufgenommen und schließlich auf einer persönlichen Konferenz zwischen Sylla und Mithridates beigelegt. Die gegnerische Partei in Rom hatte jedoch inzwischen eine neue Armee nach Kleinasien geschickt, um unter dem Kommando von L. Valerius sowohl gegen Sylla als auch gegen Mithridates vorzugehen Flaccus , der jedoch von seinem Leutnant Fimbria ermordet wird. Letzterer verschafft sich einige Vorteile gegenüber dem König, bringt sich jedoch um, als er von Sylla eingesperrt wird . Aufgrund der Zügellosigkeit seiner Armee, die Sylla nicht einzudämmen wagte; und die hohen Beiträge, die er nach dem Frieden in Kleinasien verlangte, um den Krieg in Italien fortzusetzen, 84; zusammen mit den Piratentruppen, die aus der von Mithridates aufgelösten Flotte gebildet wurden, waren diese unglücklichen Länder fast ruiniert; insbesondere die opulenten Städte.

Neue Revolution in Rom
unter Cinna und Marius.

16. Aber während dieses Krieges kam es in Rom zu einer neuen Revolution, die nicht nur die von Sylla wiederhergestellte Ordnung stürzte , sondern durch den Sieg der demokratischen Fraktion unter Cinna und Marius auch eine wilde Anarchie des Volkes hervorrief Der Tod des Marius kam für Rom leider zu spät! nur noch zerstörerischer gemacht; da die Führer selbst die wilden Horden ihrer eigenen Partei nicht länger zurückhalten konnten. So schrecklich die Aussicht auf die Rückkehr von Sylla auch erscheinen mag, war sie dennoch die einzige Hoffnung, die für alle blieb, die sich der Volksfraktion nicht angeschlossen hatten oder keine Verbindung zu ihren Anführern hatten.

Aufstand von Cinna, ausgelöst durch die Proskriptionen, bald nach der Abreise von Sylla ; Cinna hoffte, durch die Verteilung der neuen Bürger auf alle Stämme eine Partei aufzubauen; aber C. Octavius, an der Spitze des Senats und der alten Bürger, vertrieb ihn aus Rom und zwang ihn, das Konsulat aufzugeben, 87. Er stellte jedoch bald eine mächtige Armee in Kampanien auf und rief Marius aus dem Exil zurück. Eroberung und Plünderung Roms, das bereits durch Hungersnot geschwächt war, und schreckliches Massaker an seinen Einwohnern; Danach nennen sich Marius und Cinna Konsuln und verbannen Sylla . Tod von Marius, 13. Januar 86. C. Papirius Carbo wird sein Nachfolger im Konsulat. Die Vermittlung des Senats ist nutzlos, da die Häupter beider Parteien nur auf Sicherheit durch die Vernichtung ihrer Gegner hoffen können. Durch die Ermordung des 84-jährigen Cinna durch seine eigenen Soldaten wird die dominierende Fraktion völlig ihres kompetenten Anführers beraubt. Weder der feige Carbo, obwohl er allein Konsul blieb, noch der dumme Norbanus , noch der junge C. Marius (der Sohn) verfügten über ausreichende persönliche Autorität für diesen Zweck; und Sertorius verlässt Italien rechtzeitig, um in Spanien eine neue Flamme zu entfachen.

Syllas Rückkehr und blutiger Bürgerkrieg, 83.

Syllas Rückkehr nach Italien und ein schrecklicher Bürgerkrieg, der nur mit der Vernichtung der demokratischen Fraktion und seiner eigenen Erhebung zur ewigen Diktatur endet. Obwohl seine Feinde zahlenmäßig einen so großen Vorteil gegenüber ihm hatten, war ihre Partei doch so wenig gefestigt, dass er mit seinen Veteranen einen leichten Sieg erringen musste. Das Gemetzel während dieses Krieges fiel zum größten Teil den italienischen Stämmen zu, die sich der Partei von Marius angeschlossen hatten, und dies gab Sylla die Möglichkeit, seinen eigenen Soldaten Siedlungen zu geben; Aber die meisten Schrecken dieser Revolution, die Rom zum Opfer fielen, wurden bis zum Ende des Sieges aufgehoben. Syllas Verbot. Syllas Verbot, das nur seine persönlichen Feinde hätte bestrafen sollen, war das Signal für ein allgemeines Massaker, da jeder diese Gelegenheit nutzte , um sich seiner privaten Feinde zu entledigen; und Geiz tat ebenso viel wie Rache. Wer war sich in diesen für Italien so schrecklichen Tagen seines Lebens oder Eigentums sicher? Und doch, wenn wir die schrecklichen Umstände bedenken, die mit der vorangegangenen Herrschaft des Volkes einhergingen, alles abziehen, was ohne Syllas Wissen getan wurde, und überlegen, wie viel er tun musste, um seine Armee zufrieden zu stellen, wird es uns schwer fallen, das zu sagen Wie sehr verdient er den Vorwurf mutwilliger Grausamkeit?

Syllas Ankunft; Sieg über Norbanus unmittelbar danach und Verführung der Armee des Konsuls Scipio, 82. Danach erklärten sich fast alle angesehenen Personen zu seinen Gunsten und der junge Pompeius brachte ihm eine Armee, die er selbst aufgestellt hatte, und seine Partei gewann mehr Rücksichtnahme und er selbst mehr Macht. Sieg über den jüngeren Marius, bei Sacriportum , der sich nach Præneste stürzt , wo er belagert wird. Doch auf die große und entscheidende Schlacht vor den Toren Roms um die Samniter unter dem Kommando von Telisinus folgte der Fall von Præneste und die Einnahme Roms. Nach der unmittelbar darauf folgenden Ächtung wird Sylla zum ewigen Diktator ernannt und sichert seine Macht in Rom durch die Emanzipation von zehntausend Sklaven, deren Herren er geächtet hatte; und in Italien durch Kolonien seiner Veteranen, die er auf Kosten seiner Feinde errichtet.

Reform der Verfassung: 81–79.
Die Macht des Senats wurde wiederhergestellt.
Syllas Abdankung, 79.

18. Große Verfassungsreform während der zweijährigen Diktatur von Sylla . Die Aristokratie des Senats, die er mit Rittern auffüllte, wurde nicht nur wiederhergestellt, sondern er stoppte auch die Quellen, aus denen die großen Unruhen der Demokratie bisher hervorgegangen waren. Es scheint wahrscheinlich, dass seine natürliche Trägheit, die ihn dazu veranlasste, ein Leben in luxuriöser Bequemlichkeit einem Leben voller mühsamer Aktivitäten vorzuziehen, als er nicht mehr von seinen Leidenschaften zu Letzterem getrieben wurde, der Hauptgrund für seinen freiwilligen Verzicht war. Allerdings hatte er gegenüber Marius den großen Vorteil, dass er nicht zum Spiel seiner eigenen Gefühle wurde. Das Verhalten von Sylla war in der Tat durchweg so konsequent, dass es zufriedenstellend zeigt, dass er sehr gut wusste, was sein ultimatives Ziel war – was Marius nie tat.

Interne Vorschriften von Sylla durch die *leges Corneliæ* . 1. Gesetz zur Einschränkung des Einflusses der Volkstribunen, indem ihnen die gesetzgebende Gewalt entzogen wird. 2. Gesetz über die Nachfolge im Magistrat; die Zahl der Prätoren wurde auf acht und die der Quästoren auf zwanzig festgelegt. 3. *Lex de majestate* , insbesondere zur Einschränkung der Macht der Provinzgouverneure und zur Abschaffung ihrer Forderungen. 4. *Lex de judiciis* , wodurch die *Judicia* wieder dem Senat zurückgegeben wurde. 5. Mehrere Polizeivorschriften, *de sicariis* , *de veneficiis* usw. zur Erhaltung und Ruhe Roms, von denen alles abhing. 6. Die *lex de civitate* , die den Latinern und mehreren italienischen Städten und Stämmen die Privilegien römischer Bürger abnahm, auf die sie so viel Wert legten, obwohl wir kaum wissen, worin sie bestanden. *Auslandskriege* : Krieg in Afrika gegen die Führer der demokratischen Fraktion, Cn. Domitius und König Hiarbas , der durch einen Triumph über Pompeius endet, 80. Zweiter Krieg gegen Mithridates, begonnen von Murena , in der Hoffnung auf einen Triumph, zu dem Archelaos überging; die jedoch unter dem Kommando von Sylla in einer Übereinkunft endet.

Ein Staat wie Rom, der Erschütterungen ausgesetzt ist.

19. Dennoch war es unmöglich, dass die Bestimmungen von Sylla lange eingehalten wurden; denn das Böse lag zu tief, als dass es durch Gesetze ausgerottet werden könnte. Ein freier Staat wie der von Rom, ohne Mittelklasse, muss seiner Natur nach ständigen Erschütterungen ausgesetzt sein, und diese werden im Verhältnis zu seiner Größe mehr oder weniger heftig sein. Da außerdem in der letzten Revolution fast alles Eigentum den Besitzer gewechselt hatte, breitete sich über ganz Italien eine mächtige Partei aus, die nichts so sehr begehrte wie die von vielen gewünschte Konterrevolution. eine Konterrevolution. Und dazu können wir hinzufügen, dass es viele junge Männer gab, wie Lucullus, Crassus und vor allem Pompeius, die sich während der Spätunruhen eine Karriere eröffnet hatten, die sie kaum noch zu Ende bringen wollten. Es wird dann nicht verwunderlich erscheinen, dass unmittelbar nach dem Tod von Sylla († 88) ein Æmilius Lepidus. Konsul, M. Æmilius Lepidus, sollte den Plan entwickeln, ein zweiter Marius zu werden; ein Entwurf, der nur durch den Mut und die Aktivität eines so patriotischen Bürgers wie Q. Lutatius vereitelt werden konnte Catulus , sein Kollege.

Sylla aufzuheben , 78. Zuerst vor Rom und erneut in Etrurien von Catulus und Pompeius besiegt, 77, woraufhin er auf Sardinien stirbt.

Bürgerkrieg von Sertorius in Spanien.
77–72.

20. Aber viel gefährlicher für Rom hätte der von Sertorius in Spanien entfachte Bürgerkrieg sein können, wenn der Plan dieses erhabenen

Republikaners, in Italien einzumarschieren, erfolgreich gewesen wäre. Selbst Pompeius selbst hätte es nach einem sechsjährigen Kampf kaum verhindern können, wenn nicht die Wertlosigkeit der römischen Vagabunden, die ihn umgaben, und seine Ermordung durch Perpenna gewesen wären. Das schnelle Ende des Krieges nach dem Sturz seines Führers ist ein Umstand, der Sertorius viel mehr zu verdanken ist als dem Eroberer Pompeius.

Die Streitkräfte des Sertorius in Spanien bestanden nicht nur aus der von ihm gesammelten Truppe des Marius, sondern im Wesentlichen aus den Spaniern, insbesondere den Lusitanern, denen er ein grenzenloses Selbstvertrauen eingeflößt hatte. Sehr unterschiedlicher Erfolg des Krieges gegen Metellus und Pompeius, die von Rom nur sehr wenig Unterstützung erhalten, 77–75. Verhandlungen von Sertorius mit Mithridates dem Großen und Austausch der Gesandtschaften ohne nennenswertes Ergebnis, 75. Sertorius von Perpenna ermordet, 72.

Der dritte mithridatische Krieg; verbunden mit dem Sklavenkrieg und dem der Piraten,

21. Bevor jedoch die Flamme des Krieges im Westen völlig erloschen war, entfachte Mithridates im Osten eine neue und viel heftigere; zur gleichen Zeit tobte in Italien selbst ein Krieg der Sklaven und Gladiatoren mit schrecklicher Wut; und ganze Piratenflotten verwüsteten nicht nur die italienischen Küsten, sondern drohten Rom selbst mit einer Hungersnot und zwangen es zu einer völlig eigenartigen Art der Seekriegsführung. Alle diese Feinde waren untereinander nicht ohne Intelligenz; Und so kolossal die Macht der Republik zu dieser Zeit auch war und so reich Rom an angesehenen Männern war, so scheint es wahrscheinlich, dass der Sturm den Untergang Roms droht . die zwischen 75 und 71 auf allen Seiten schlug, hätte sie dem Erdboden gleichgemacht , wenn ein strengeres Bündnis zwischen Sertorius, Spartacus und Mithridates hätte geschlossen werden können. Aber die großen Kommunikationsschwierigkeiten, die zu dieser Zeit bestanden und ohne die wahrscheinlich eine Republik wie die Römische nie hätte entstehen können, erwiesen sich in dieser Krise als hilfreicher als in jeder anderen.

Der dritte mithridatische Krieg, ausgelöst durch den Willen von Nikomedes , dem König von Bithynien, der sein Königreich Rom vermacht hatte (siehe oben, S. 294), wurde in Kleinasien zunächst von Lucullus (74–67) und später von Pompeius geführt , 66–64. Mithridates war besser vorbereitet und hatte bereits im Jahr 75 ein Bündnis mit Sertorius in Spanien geschlossen. Doch die Befreiung von Cyzicus durch Lucullus im Jahr 73 und die Niederlage der Flotte des Königs, die gegen Italien vorgehen sollte, vereitelten nicht nur alle seine ursprünglichen Pläne, Es folgte jedoch die Besetzung seiner eigenen Herrschaftsgebiete (72 und 71) durch den Feind, ungeachtet einer neuen Armee, die Mithridates hauptsächlich aus den Nomadenhorden Nordasiens zusammenstellte. Flucht von Mithridates zu Tigranes, 71, der sich entschieden weigerte, ihn auszuliefern, und ein Bündnis mit ihm schloss, 70; während der Parther, Arsaces XII. hielt beide Parteien durch Verhandlungen in Atem. Sieg des Lucullus über die alliierten Herrscher, bei Tigranocerta , 69, und Artaxata , 68; aber die Meutereien , die jetzt unter seinen Truppen ausbrachen, hinderten ihn nicht nur daran, diese Vorteile auszunutzen, sondern veränderten auch den Ausschlag für Mithridates Gunst , dass er in den Jahren 68 und 67 schnell fast alle seine Herrschaftsgebiete zurückeroberte, selbst während die römischen Kommissare auf dem Weg waren, sie in Besitz zu nehmen. Lucullus bringt durch seine Reform der Finanzen Kleinasiens in Rom eine mächtige Partei gegen sich auf und verliert dadurch sein Kommando.

Der Sklavenkrieg, 73–71.

für Rom gleichermaßen gefährlich, da sich der Schauplatz in seiner Nähe befand; es wurde noch schrecklicher durch die Gewalt, mit der diese empörten Wesen ihr Unrecht zu rächen versuchten, und noch furchterregender durch die Talente ihres Anführers Spartacus; und der Abschluss dieses Kampfes schien daher für Rom von so großer Bedeutung zu sein, dass er von Crassus beendet wurde. M. Crassus erlangte einen viel größeren Einfluss im Staat, als er allein durch seinen Reichtum jemals hätte erlangen können.

Beginn dieses Krieges durch eine Reihe entlaufener Gladiatoren, die, gestärkt durch einen fast allgemeinen Aufstand der Sklaven in Kampanien, 73, bald sehr furchterregend wurden. Die Niederlage von vier Generälen nacheinander eröffnet Spartacus den Weg zu den Alpen und ermöglicht ihm, Italien zu verlassen; aber die Beutegier seiner Horden, die Rom ausplündern wollten, zwang ihn zur Rückkehr. Crassus übernimmt das Kommando und rettet Rom, 72; Daraufhin zieht sich Spartacus nach Unteritalien zurück, in der Hoffnung, eine Verbindung mit den Piraten herzustellen und den Krieg nach Sizilien zu tragen, wird aber von ihnen getäuscht, 71. Sein vollständiger Sturz in der Nähe des Silarus , 71. Pompeius, der dann aus Spanien zurückkehrt, findet bedeutet, einen Zweig des Lorbeerkranzes zu ergreifen, der von Rechts wegen nur die Stirn von Crassus hätte schmücken sollen; Daher kam es zwischen diesen beiden Kommandeuren während ihres Konsulats zu einem Missverständnis, das für den Staat gefährlich zu werden drohte.

Der Krieg gegen die Piraten;

23. Der Krieg gegen die Piraten von Sizilien und Isaurien war nicht nur an sich sehr wichtig, sondern vor allem auch in seinen Folgen. Es verschaffte Pompeius eine Rechtsmacht, wie sie noch kein römischer Feldherr zuvor

genossen hatte; und die schnelle und glorreiche Art und Weise, wie er es zu Ende brachte, öffnete ihm den Weg zu dem großen Ziel, das Pompeius zu Ende gebracht hatte. Ehrgeiz – die Führung des Krieges in Asien gegen Mithridates.

Die außergewöhnliche Macht, die diese Piraten erlangten, war teils auf die große Nachlässigkeit der Römer in Seeangelegenheiten zurückzuführen (siehe Seite 340), teils auf den Krieg gegen Mithridates, der die Piraten in seinen Sold genommen hatte, und teils auch auf die römische Unterdrückung in Kleinasien. Bereits im Jahr 75 hatte P. Servilius einen Krieg gegen sie geführt ; aber seine Siege fügten ihnen, obwohl sie ihm den Titel *Isauricus einbrachten* , nur wenig Schaden zu. Sie waren nicht nur wegen ihrer Piraterie gefürchtet, sondern auch, weil sie ein einfaches Kommunikationsmittel zwischen den anderen Feinden Roms von Spanien bis Asien boten. Der erneute Angriff des Prätors M. Antonius auf Kreta erwies sich als völliger Fehlschlag; aber es war die Ursache dafür, dass diese bis dahin unabhängige Insel erneut von Metellus angegriffen wurde (68), und zu einer römischen Provinz reduziert wurde (67). Pompeius übernimmt das Kommando gegen die Piraten mit außerordentlichen Privilegien, die Gabinius für ihn erhalten hatte , und beendet den Krieg im Jahr 1930 vierzig Tage, 67.

Sturz von Mithridates.

24. Nach diesen Triumphen über so viele Feinde war Mithridates der einzige, der jetzt übrig blieb; und Pompeius hatte auch hier das Glück, einen Kampf zu beenden, der bereits seinem Ende nahe war; Denn trotz seines späten Erfolgs hatte sich Mithridates nie vollständig erholen können. Sein Sturz steigerte zweifellos die Macht Roms in Kleinasien auf ihren höchsten Stand; aber es brachte sie gleichzeitig in Kontakt mit den Parthern.

Pompeius erhält die Führung des Krieges gegen Mithridates mit sehr umfangreichen Privilegien, die ihm der Volkstribun Manilius (*lex Manilia*) trotz des Widerstands von Catulus verschafft , 67. Sein Sieg bei Nacht, in der Nähe des Euphrat, 66. Unterwerfung des Tigranes, während Mithridates fliegt im Alter von 65 Jahren auf die Krim und versucht von dort aus , den Krieg wieder aufzunehmen. Feldzug des Pompeius in den Ländern rund um den Kaukasus, 65; er marschiert von dort nach Syrien, 64. Mithridates tötet sich infolge des Abfalls seines Sohnes Phraates , 63. Regelung der asiatischen Angelegenheiten durch Pompeius: außer der antiken Provinz Asien sind es die Seeländer Bithynien, fast ganz Paphlagonien und Pontus wurde zu einer römischen Provinz unter dem Namen Bithynien geformt; während an der Südküste Kilikien und Pamphylien eine Einheit unter dem Namen Kilikien bilden; Phönizien und Syrien bilden ein drittes unter dem Namen Syrien. Andererseits bleibt Großarmenien Tigranes überlassen; Kappadokien bis Ariobarzanes ; der Bosporus bis Pharnaces ; Judäa an Hyrkanos (siehe Seite

310); und einige andere Kleinstaaten werden ebenfalls an Kleinfürsten vergeben, die alle von Rom abhängig bleiben. Die Stämme, die Thrakien während des Mithridatischen Krieges bewohnten, wurden zuerst von Sylla im Jahr 85 besiegt und ihre Macht wurde anschließend von den Prokonsuln Mazedoniens fast zerstört: wie von Appius im Jahr 77; von Curio, der sie an die Donau trieb, 75–73; und besonders von M. Lucullus, während sein Bruder in Asien tätig war. Nicht nur die Sicherheit Mazedoniens, sondern auch die kühnen Pläne von Mithridates machten dies notwendig.

Staat Rom;
Änderungen ihrer Verfassung; die Wiederherstellung der Macht der Volkstribunen.

25. Der Fall Mithridates brachte die Republik auf den Höhepunkt ihrer Macht: Es gab keinen ausländischen Feind mehr, vor dem sie Angst haben konnte. Aber ihre interne Verwaltung hatte während dieser Kriege große Veränderungen erfahren. Syllas aristokratische Verfassung wurde von Pompeius in einem ganz wesentlichen Punkt durch die Wiederherstellung der Macht der Tribunen erschüttert, was geschah, weil weder er noch irgendein führender Mann ihre Ziele ohne ihre Hilfe erreichen konnte. Durch sie hatte sich Pompeius auf seinen beiden letzten Expeditionen eine so uneingeschränkte Macht verschafft, dass dadurch die Existenz der Republik gefährdet war. Es war jedoch ein glücklicher Umstand für Rom, dass Pompeius' Eitelkeit dadurch ausreichend befriedigt wurde, dass er an der Spitze der Dinge stand und den Anschein eines Unterdrückers vermied.

Wiederholte Versuche des Volkstribunen Sicinius , die Verfassung von Sylla aufzuheben, wurden vom Senat abgelehnt, 76. Doch schon 75 erreichte Opimius , dass die Volkstribunen nicht von Ehrenämtern ausgeschlossen werden sollten und dass die Urteile (*judicia*) den Rittern zurückgegeben werden sollten (*Equiten*). Die Versuche des Licinius Der 72-jährige Macer , der den Volkstribunen ihre früheren Befugnisse zurückgeben wollte, stieß nur auf kurzen Widerstand; und ihre vollständige Wiederherstellung wurde von Pompeius und Crassus während ihres Konsulats im Jahr 70 durchgeführt .

Dieser Sieg der Demokraten führt zu einer Oligarchie. 70.
Catilinas Verschwörung.

26. Dieser Sieg der demokratischen Fraktion führte jedoch, da einige führende Männer davon Gebrauch machten, zwangsläufig zu einer Oligarchie, die nach dem Konsulat von Pompeius und Crassus sehr repressiv wurde. Catilinas Verschwörung, die erst nach mehreren Versuchen zur Reife gelangte, hätte diese beschränkte Aristokratie zerschlagen und die Staatsspitze in die Hände einer anderen und noch gefährlicheren Fraktion gelegt: einer Fraktion, die sich zum Teil aus bedürftigen Verschwendern und

Kriminellen zusammensetzte, die die Bestrafung fürchteten ihrer Verbrechen und teilweise von ehrgeizigen Adligen. Es löste einen kurzen Bürgerkrieg aus; aber beschaffte Cicero. Cicero einen Platz in der Verwaltung. Mit welcher Freude vergeben wir die kleinen Schwächen und Versäumnisse eines Menschen, der so mit Talenten und großen Tugenden ausgestattet ist! von jemandem, der Rom als Erster auf so viele Arten lehrte, was es bedeutet, im Gewand des Friedens groß zu sein!

Catilinas erste Verschwörung, in die Cäsar und Crassus offenbar verwickelt waren, 66, sowie die zweite, 65: Scheitern des ersteren durch Zufall – des letzteren durch Pisos Tod. Der dritte brach im Jahr 64 aus, auch in Rom, wo die Verschwörer, die über keine Streitkräfte verfügten, bald durch die Wachsamkeit und Aktivität von Cicero unterdrückt wurden, wie auch in Etrurien, wo der Prokonsul Antonius über Catilina siegte tot auf dem Feld gelassen, schlussfolgerte es, 62.

Auswirkungen des asiatischen Krieges auf die römischen Sitten.

27. Die Unterdrückung dieser Verschwörung konnte jedoch die Auswirkungen des kürzlich abgeschlossenen asiatischen Krieges auf die römischen Sitten nicht aufhalten. Der Luxus des Ostens, allerdings vereint mit dem griechischen Geschmack, den Lucullus unter die Großen eingeführt hatte; die immensen Reichtümer, die Pompeius in die Schatzkammer gesteckt hat; die verlockenden Beispiele unbegrenzter Macht, die einzelne Bürger bereits ausgeübt hatten; der Kauf des Magistrats durch Einzelpersonen, um sich, wie Verres, nach der Verschwendung von Millionen in den Provinzen wieder zu bereichern; die Forderungen der Soldaten an ihre Generäle; und die Leichtigkeit, mit der jemand eine Armee aufstellen konnte, der nur genug Geld hatte, um sie zu bezahlen; All diese Umstände müssen neue und nahende Erschütterungen vorhergesagt haben, auch wenn die vorangegangenen Stürme in dieser kolossalen Republik, in der wir jetzt Tugenden und Laster sowie Reichtum und Macht nach einem sehr erhöhten Maßstab beurteilen müssen, nicht groß geworden wären Männer dieser Zeit: Cato. Männer von diesem gigantischen Charakter taten sie: Männer wie Cato, der allein darum kämpfte, den ungestümen Strom der Revolution einzudämmen, und mächtig genug war, um ihren Fortschritt eine Zeit lang zu verzögern; oder, wie Pompeius. Pompeius, der durch Glück und die Kunst, Einfluss zu gewinnen, zu einem Grad an Autorität und Macht gelangte, den noch nie zuvor ein Bürger eines freien Staates erreicht hatte; oder, wie Crassus. Crassus, „der ihn nur als reich ansah, der aus eigenen Mitteln eine Armee unterhalten konnte", und begründete ihre Ansprüche mit Reichtum; oder schließlich wie der aufstrebende und jetzt mächtige Cæsar . Cæsar , dessen grenzenloser Ehrgeiz nur durch seine Talente und seinen Mut übertroffen werden konnte, „der lieber der Erste in einem Dorf als der Zweite in Rom wäre." Die Rückkehr von Pompeius aus Asien und die

Drohung des Senats mit einem neuen Diktator schien ein ereignisreicher Moment zu sein.

Versuch des Pompeius, durch den Tribun Metellus Nepos an der Spitze seiner Armee nach Rom zurückkehren zu dürfen, scheiterte an der Festigkeit Catos, 62.

Pompeius' Rückkehr lässt den Kampf zwischen ihm und dem Senat wieder aufleben, 61.

28. Die Ankunft von Pompeius in Rom erneuerte den Kampf zwischen dem Senat und diesem mächtigen General, obwohl er seine Armee bei der Landung in Italien aufgelöst hatte. Die Ratifizierung seiner Verwaltung der Angelegenheiten in Asien, die den Hauptstreitpunkt darstellte, wurde von den führenden Männern des Senats, Cato, den beiden Metelli und Lucullus, abgelehnt, was Pompeius dazu veranlasste, sich ganz der Volkspartei anzuschließen mit wessen Mitteln er sein Ziel zu erreichen hoffte; Cæsars Rückkehr aus Lusitanien, 61. Cäsars Rückkehr aus seiner Provinz Lusitanien veränderte jedoch das Bild der Dinge völlig.

Triumvirat von Cäsar , Pompeius und Crassus, 60.
Cäsars Konsulat, 59,
sichert ihm die Regierung der beiden Gallien und Illyrien für fünf Jahre.

29. Enge Verbindung zwischen Cæsar , Pompeius und Crassus; das heißt, ein geheimes Bündnis, das durch die Vermittlung von Cæsar geschlossen wurde . Das, was den Höhepunkt des Ehrgeizes von Pompeius und Crassus darstellte, betrachtete Cäsar nur als das Mittel, mit dem er seinen Ehrgeiz verwirklichen könnte . Sein Konsulat – eine Art Diktatur unter dem Deckmantel großer Popularität – ebnete zwangsläufig den Weg für seine zukünftige Karriere, denn indem es ihm fünf Jahre lang die Regierung der beiden Gallien und Illyrien übertrug, öffnete es ein weites Feld für Eroberungen und gab ihm die Macht eine Gelegenheit, eine seinem Willen ergebene Armee zu bilden.

Cæsars Aufenthalt und Feldzug in Gallien vom Frühjahr 58 bis zum Ende des Jahres 50. Durch die Verhinderung der Auswanderung der Helvetier und durch die Vertreibung der Germanen unter Ariovist aus Gallien im Jahr 58 erhielt Cæsar Gelegenheit, sich einzumischen die inneren Angelegenheiten dieses Landes und anschließend seine Unterwerfung, die durch seinen Sieg über die Belgier (57) und die Aquitanier (56) abgeschlossen wurde; so dass Cæsar die Freiheit hatte, seine verschiedenen Expeditionen sowohl in Großbritannien (55 und 54) als auch in Deutschland (54 und 53) zu unternehmen. Aber die wiederholten Aufstände der Gallier (53–51), insbesondere unter Vercingetorix (52), führten zu einem Krieg nicht weniger hartnäckig als ihre erste Eroberung. Die römische Politik blieb durchgehend unverändert. Die Gallier wurden unterworfen, indem die Römer als *ihre Befreier auftraten* ; und auf dem Land fanden sie Verbündete in den Aedui , Allobrogen usw.

30. Um ihre Macht auf ein solides Fundament zu stellen, sorgte das Triumvirat durch die Leitung des Tribunen Clodius dafür, dass die Führer des Senats, Cato und Cicero, vor der Abreise von Cäsar beseitigt wurden ; und dies taten sie, indem sie den ersteren ein Königreich zur Regierung gaben und die Verbannung der letzteren durchsetzten. Sie müssen jedoch bald herausgefunden haben, dass ein so kühner Demagoge wie Clodius nicht als bloße Maschine eingesetzt werden konnte. Und tatsächlich erhob er sich nach Cäsars Weggang so sehr über die Triumvirn, dass Pompeius zu seinem eigenen Schutz bald gezwungen war, Cicero die Rückkehr aus dem Exil zu gestatten, was nur durch die heftigsten Bemühungen des Volkstribunen Milo erreicht werden konnte. Die Macht von Clodius wurde dadurch jedoch kaum geschädigt, obwohl Pompeius, um die Ursache dieser Unruhen zu stoppen und seine eigene Popularität wiederzubeleben, sich sclbst zum *Präfekten ernennen ließ annonæ* oder Superintendent der Bestimmungen.

Verbannung von Cicero, den größten Teil davon verbrachte er vom April 58 bis zum 4. September 57 in Mazedonien. Auf Vorschlag von Clodius wurde Ptolemaios, der König von Zypern, abgesetzt und die Insel von Cato zu einer römischen Provinz reduziert . siehe Seite 264). Die persönliche Abneigung gegen Clodius und der Reichtum des Königs waren die Ursachen, die ihm dieses Unglück bescherten.

Middletons *Leben des Cicero* , 2 Bde. 8vo. Dieses Werk ist eine nahezu vollständige Geschichte Roms zur Zeit Ciceros; für den der Autor eine unangemessene Parteilichkeit entdeckt.

† M. Tullius Cicero , *alle seine Briefe übersetzt, in chronologischer Reihenfolge und illustriert mit Anmerkungen* , von CM Wieland . Zürich, 1808. Mit einem vorläufigen Blick auf das Leben Ciceros. Von allen Deutschen bieten die Schriften Wielands, ob im Original oder in Übersetzungen (und wem können wir den Vorzug geben?), den lebendigsten Einblick in die griechische und römische Antike zu verschiedenen Epochen. Welcher Schriftsteller hat seinen Geist so wahrhaft erfasst und ihn seinen Lesern so getreu und elegant präsentiert? Seine Arbeit an den Briefen von Cicero (dessen Schwächen er mit strenger und unerschütterlicher Hand aufdeckt) trägt dazu bei, uns das damalige Rom viel besser bekannt zu machen als jede römische Geschichte.

Eifersucht des Triumvirats.

31. Es entsteht Eifersucht zwischen dem Triumvirat, da Cæsar , obwohl er abwesend war, immer noch Mittel fand, seine Partei in Rom in so wachsamer Aktivität aufrechtzuerhalten, dass Pompeius und Crassus es für

unmöglich hielten, ihren eigenen Einfluss aufrechtzuerhalten, außer durch die Erlangung solcher Zugeständnisse wie zuvor wurde ihm gemacht. Die Harmonie wurde durch eine Unterbringung in Lucca wieder hergestellt, da die Parteien es für notwendig hielten, ein gutes Verständnis untereinander zu wahren.

Die Bedingungen dieser Unterkunft waren: dass Caesars Regierung um weitere fünf Jahre verlängert werden sollte; und dass Pompeius und Crassus das Konsulat für das folgende Jahr genießen sollten, wobei ersterer die Provinzen Spanien und Afrika erhalten sollte; und letzteres das von Syrien, um einen Krieg gegen die Parther zu führen. Je geheim diese Bedingungen gehalten wurden, desto geringer blieb die Geheimhaltung über das Bündnis selbst.

Zweites Konsulat von Pompeius und Crassus, 55.

32. Zweites Konsulat von Pompeius und Crassus. Nur inmitten heftiger Stürme konnten sie ihre Ziele erreichen ; da es davon abhing, welche Fraktion zuerst das Forum erlangen oder behalten sollte. Der Widerstand, auf den sie seitens des unflexiblen Wesens von Cato stießen, der allein in seiner strengen Tugend Mittel fand, sich eine mächtige Partei zu sichern, zeigt, wie ungerecht diejenigen urteilen , die die Macht des Triumvirats für unbegrenzt und die Nation für völlig korrupt halten.

Auf eigene Kosten unternommener Feldzug des Crassus gegen die Parther, 54. Anstatt jedoch wie Cäsar Lorbeeren zu sammeln , wurde er mit seinem gesamten Heer in Mesopotamien völlig gestürzt, 53; und die Parther behaupten seit dieser Zeit ein mächtiges Übergewicht in Asien (siehe oben, S. 302).

Pompeius strebt danach, Oberhaupt der Republik zu werden;

33. Als das Triumvirat durch dieses Versagen von Crassus zu einem Duumvirat reduziert wurde, zielte Pompeius (der in Rom blieb und seine Provinzen durch Leutnants regierte) inmitten ständiger häuslicher Unruhen, die er geschickt zu schüren pflegte, offensichtlich auf das Ziel das anerkannte Oberhaupt des Senats und der Republik zu werden. Die Vorstellung, dass ein Diktator notwendig sei, setzte sich immer mehr durch 53. während einer achtmonatigen Anarchie, in der keine Ernennung eines Konsuls erfolgen konnte; und ungeachtet des Widerstands von Cato gelang es Pompeius nach einem heftigen Aufruhr, in dem Clodius von Milo ermordet wurde, seine Ernennung zum Alleinkonsul zu erwirken, 52. Alleinkonsul; eine Macht, die der eines Diktators gleichkommt.

Konsulat von Pompeius, 52, in dem er nach Ablauf von sieben Monaten seinen Schwiegervater Metellus Scipio als Kollegen annahm. Die Regierung seiner Provinzen, die später zum Hauptsitz der Republikaner wurden, wird um fünf Jahre verlängert.

Bürgerkrieg unvermeidlich.

34. Von diesem Zeitpunkt an war ein Bürgerkrieg unvermeidlich; denn nicht nur die Chefs der Parteien, sondern auch ihre Anhänger wünschten es. Das Herannahen der Zeit, in der Cæsars Befehl auslaufen würde, beschleunigte zwangsläufig die Krise. Könnte man annehmen, dass der Eroberer Galliens in ein Privatleben zurückkehren und seinen Rivalen an der Spitze der Republik zurücklassen würde? Die von beiden Seiten unternommenen Schritte zur Annäherung dienten nur dazu, dem Unmut zu entgehen, der demjenigen zugefügt werden würde, der den ersten Schlag ausführte. Aber leider konnte Pompeius seinen Gegner nie verstehen, der alles selbst, ganz allein und ganz allein tat. Das strahlende Licht, in dem Pompeius nun als *Verteidiger der Republik erschien*, entzückte ihn so sehr, dass er vergessen ließ, was zu ihrer Verteidigung gehörte ; während Cäsar mit größter Sorgfalt jeden Anschein einer Usurpation vermied. Der Freund, der Beschützer des Volkes gegen die Usurpationen seiner Feinde, war der Charakter, den er nun annehmen wollte.

Beginn des Kampfes auf Cäsars Forderung, das Konsulat während seiner Abwesenheit ausüben zu dürfen, 52. Cäsar hatte durch verschwenderischste Korruption seine Anhänger in Rom vergrößert, die Volkstribunen gewonnen, und unter ihnen besonders den mächtigen Redner C. Curio (den er fand es nicht allzu teuer, zum Preis von etwa einer halben Million Pfund gekauft); Von diesem Mann wurde Cæsar vorgeschlagen , sein Kommando aufzugeben und einen Nachfolger an seiner Stelle zu ernennen, 51 wenn Pompeius dasselbe tun würde: ein Vorschlag, der ein Vorurteil zu seinen Gunsten hervorrief . Wiederholte, aber unaufrichtige Angebote beider Parteien für einen Ausgleich, 50, bis schließlich am 7. Januar 49 ein Dekret des Senats verabschiedet wurde, durch das Cæsar befohlen wurde, „seine Armee aufzulösen, unter der Strafe, zum Feind erklärt zu werden". der Republik", ohne Rücksicht auf die Fürsprache der Volkstribunen, deren Flucht zu ihm seiner Partei den Anschein von Popularität verlieh. Cäsar überschreitet den Rubikon, die Grenze seiner Provinz.

Bürgerkrieg zwischen Cäsar und Pompeius.

35. Der nun ausbrechende Bürgerkrieg schien sich wahrscheinlich auf fast alle Länder des Römischen Reiches auszuweiten; da es Pompeius unmöglich war, sich in Italien zu behaupten, hatte er Griechenland zum Hauptschauplatz des Krieges gewählt; während seine Leutnants mit den Armeen unter ihrem Kommando Spanien und Afrika besetzten. Cäsar war dank der geschickten Disposition seiner Legionen überall anwesend, ohne vorher irgendeinen Verdacht über seine Bewegungen zu erregen. Eine

Kombination verschiedener Umstände führte jedoch dazu, dass der Krieg bis nach Alexandria und sogar bis nach Pontus reichte. Tatsächlich könnte man es eher von einer Reihe von sechs aufeinanderfolgenden Kriegen als nur von einem einzigen sprechen, die Cäsar alle innerhalb von fünf Jahren siegreich und persönlich beendete, indem er mit seinen Legionen von einem Teil der Welt zum anderen flog.

Rasche Besetzung Italiens in sechzig Tagen (als sich die Truppen unter Domitius bei Corfinus ergaben), das ebenso wie Sizilien und Sardinien von Cäsar fast ohne Widerstand unterworfen wurde; Pompeius reiste mit seinen Truppen und Anhängern nach Griechenland über. Cæsars erster Feldzug in Spanien gegen die Generäle des Pompeius, Afranius und Petreius , die er zur Kapitulation zwingt; Dies wird jedoch durch den Verlust der Legionen unter Curio in Afrika ausgeglichen. Im Dezember 49 ist Cäsar jedoch erneut in Italien und wird zum Diktator ernannt, den er gegen das Konsulat eintauscht. Lebhafte Expedition nach Griechenland mit den Schiffen, die er zuvor zusammengetragen hatte, 4. Januar 49. Unglückliches Gefecht bei Dyrrachion. Verlegung des Krieges nach Thessalien und entscheidende Schlacht bei Pharsalia , 20. Juli 48, woraufhin Pompeius nach Alexandria fliegt, wo er bei seiner Landung getötet wird. Cäsar kommt drei Tage nach ihm in Alexandria an.

Cæsar erneut Diktator.

36. Cäsar wurde nach dem Sieg von Pharsalia erneut zum Diktator ernannt, mit großen Privilegien. Der Tod von Pompeius zerstört seine Partei jedoch nicht; und der sechsmonatige Krieg von Alexandria sowie der Feldzug nach Pontus gegen Pharnakes gaben ihnen Zeit, ihre Streitkräfte sowohl in Afrika unter Cato als auch in Spanien unter den Söhnen des Pompeius zu sammeln.

Während des Alexandrinischen Krieges (siehe oben, S. 266) und des Feldzugs gegen Pharnakes , den Sohn des Mithridates, der das Königreich seines Vaters erlangt hatte, aber gleich nach seiner Ankunft im Jahr 47 von Cäsar getötet wurde , kam es zu großen Unruhen in Rom, verursacht durch die Schmeichelei des Volkstribunen Dolabella mit der Abschaffung der Schulden (*novæ tabulæ*), ungeachtet der militärischen Macht von M. Antonius, den Cäsar als Pferdeführer (*magister equitum*) nach Rom geschickt hatte, da dieser verlassene Sensualist zunächst tatsächlich die Projekte des Tribuns befürwortete . Die Rückkehr Caesars nach Rom am 47. Dezember machte diesen Unruhen freilich ein Ende; aber die Zunahme der Gegenpartei in Afrika und ein Aufstand unter seinen Soldaten zwangen ihn, sofort im Januar 46 nach Afrika aufzubrechen. Sieg bei Thapsus über Scipio und Juba; Danach bringt sich Cato in Utica um. Numidien, das Königreich Juba, wird eine römische Provinz. Cæsar kann nach seiner Rückkehr nach Rom im Juni nur vier Monate dort bleiben, da er noch vor Jahresende nach Spanien aufbrechen muss, um die gefährlichen Bemühungen der beiden Söhne des Pompeius zu vereiteln. Blutige Schlacht bei Munda, 45. März, nach der Cneius getötet wird, Sextus jedoch zu den Keltiberern flieht.

Untersuchung der Ansichten von Cæsar .

37. Nichts scheint offensichtlicher zu sein, als dass Cäsar nicht wie Sylla die Republik gestürzt hat, um sie wiederherzustellen; und es ist vielleicht unmöglich zu sagen, was die endgültigen Ansichten eines kinderlosen Usurpators sein könnten, der während seiner gesamten Karriere nur von einem übermäßigen Ehrgeiz geleitet zu sein schien, der aus dem Bewusstsein überlegener Mächte entsprang und für dessen Befriedigung keine Möglichkeit schien für ihn schwierig oder rechtswidrig. Die Zeit seiner Diktatur war so kurz und so sehr durch Kriege unterbrochen, dass seine endgültigen Pläne keine Zeit hatten, sie zu entwickeln. Er bemühte sich , seine Herrschaft durch Volksmaßnahmen zu festigen; und obwohl seine Armee nach wie vor seine wichtigste Stütze gewesen sein muss, wurde kein Verbot erlassen, um dieser Aufgabe gerecht zu werden. Die Wiederherstellung der Ordnung im zerrütteten Italien und insbesondere in der Hauptstadt war sein erstes Anliegen; und er schlug vor, daraufhin eine Expedition gegen das mächtige Partherreich durchzuführen. Seine Versuche, das Diadem zu erhalten, ließen jedoch keinen Zweifel daran aufkommen, dass er eine formelle Monarchie einführen wollte. Aber die Zerstörung der Form der Republik erwies sich als gefährlicher als der Sturz der Republik selbst.

Im Folgenden sind die Ehrungen und Privilegien aufgeführt, die Cäsar vom Senat verliehen wurden . Nach der Schlacht von Pharsalia im Jahr 48 wurde er für ein Jahr zum Diktator und für fünf Jahre zum Konsul ernannt; und erhielt die *Potestas tribunicia* sowie das Recht, Krieg und Frieden zu führen, das ausschließliche Recht der Komitees mit Ausnahme der Tribunen und der Besitz der Provinzen. Die Diktatur wurde ihm, 47, für zehn Jahre verlängert, ebenso wie die *Präfektur morum* und wurde ihm schließlich im Jahr 145 für immer mit dem Titel eines *Imperators verliehen* . Obwohl Cäsar auf diese Weise zum absoluten Herrscher der Republik wurde, scheint dies geschehen zu sein, ohne die republikanischen Formen aufzugeben.

Verschwörung gegen ihn, 44. von Brutus, Cassius usw.
Sein Tod, 15. März.

38. Verschwörung gegen Cæsar , die von Brutus und Cassius gegründet wurde und mit dem Tod von Cæsar endete . Männer, die so erhaben waren wie die Anführer dieser Verschwörung, verstehen einander leicht; und es entsprach ganz ihrem Charakter, nicht über die Folgen ihrer Tat

nachzudenken. Cäsars Tod war ein großes Unglück für Rom. Die Erfahrung zeigte bald, dass die Republik dadurch nicht wiederhergestellt werden konnte; und sein Leben hätte dem Staat wahrscheinlich einige der Katastrophen ersparen können, die nun durch die Umwandlung in eine Monarchie unvermeidlich geworden waren.

Wir wollen immer noch ein anspruchsvolles Leben von Cæsar, der in der Neuzeit ebenso überschwänglich gelobt wurde, wie Alexander zu Unrecht getadelt wurde. Als Generäle und Eroberer waren beide gleichermaßen groß – und klein; Als Mann jedoch war der Mazedonier in der glänzenden Zeit seines Lebens, die Cäsar nie erreichte, überlegen; Den großen politischen Ideen, die sich bei Alexander entwickelten, ist bei Cäsar keine Entsprechung bekannt; der besser als jeder andere wusste, wie man die Herrschaft erlangt, aber kaum, sie zu bewahren.

Histoire de la Vie de Jules Cæsar, *par* M. DE BURY, Paris, 1758, 2 Bde. 8vo.

† *Leben von C. Julius Cæsar*, *von* AG MEISSNER, *weitergeführt von* J. Ch. L. Haken, 1811, 4 Teile. Zur Zeit das Beste.

Caius Julius Cæsar, *aus Originalquellen*, *von* PROFESSOR SÖLTL. Eine kurze Biografie, sorgfältig umgesetzt.

Amnesty erklärte; aber nicht von Antony und Lepidus genehmigt.

39. Ungeachtet der zunächst verkündeten Amnestie zeigten die Trauerfeierlichkeiten von Cäsar bald, dass Frieden von allen Dingen für seine Generäle, M. Antony und M. Lepidus, die jetzt das Oberhaupt seiner Partei geworden waren, am wenigsten ersehnt war; und die Ankunft von Cæsars Neffen C. Octavius (später Cæsar Octavianus), den er in seinem Testament adoptiert hatte, machte die Angelegenheiten noch komplizierter, da jeder für sich selbst strebte; Das besondere Ziel des Antonius bestand darin, sich an Cäsars Stelle zu begeben. So sehr sie auch versuchten, das Volk zu gewinnen, in Wirklichkeit waren es die Legionen, die die Entscheidung trafen, und ihre Führung hing zum größten Teil vom Besitz der Provinzen ab. Wir können uns daher nicht wundern, dass, während sie versuchten, den Mord an Cäsar zu rächen, dies zum Hauptgrund des Kampfes wurde und in wenigen Monaten zu einem Bürgerkrieg führte.

Zum Zeitpunkt von Cäsars Tod war M. Antonius tatsächlicher Konsul und Dolabella gewählter Konsul; M. Lepidus *magister equitum* (Herr des Pferdes); M. Brutus und Cassius, Prätoren (der Erste, *Prätor urbanus*). Cäsar hatte den ersteren die Provinz Mazedonien und den letzteren die Provinz Syrien gegeben, was ihnen vom Senat bestätigt worden war. M. Lepidus war für Transalpine und D. Brutus für Cisalpine Gaul nominiert worden. Doch bald nach der Ermordung Cäsars erlangte Antonius durch einen Volksbeschluss Mazedonien für sich und Syrien für seinen Kollegen

Dolabella , mit dem er eine enge Verbindung aufgebaut hatte; Stattdessen verfügte der Senat Cassius Cyrene und Brutus, der nun die wichtige Aufgabe hatte, Rom und Kreta mit Proviant zu versorgen. Doch schon bald darauf (am 1. Juni 44) wünschte Antonius durch eine erneute Änderung das cisalpinische Gallien für sich und Mazedonien für seinen Bruder C. Antony, die er beide vom Volk erwarb.

Antonius versucht, sich im cisalpinen Gallien niederzulassen.

40. Als M. Antony versuchte, sich mit Gewalt im cisalpinischen Gallien niederzulassen, und D. Brutus sich weigerte, es ihm zu überlassen, und sich nach Mutina zurückzog , kam es zwar zu einem kurzen, aber sehr blutigen Bürgerkrieg (*bellum mutinense*). Die Beredsamkeit von Cicero hatte dazu geführt, dass Antonius zum Feind der Republik erklärt wurde; und die beiden neuen Konsuln Hirtius und Pansa wurden zusammen mit Cæsar Octavianus gegen ihn geschickt. Die Niederlage des Antonius zwang ihn, bei Lepidus jenseits der Alpen Zuflucht zu suchen; Als aber die beiden Konsuln getötet waren, war Octavianus an der Spitze seiner Legionen zu aufdringlich, um ihm das Konsulat verweigern zu können, und überzeugte den wehrlosen Senat bald davon, wie unmöglich es sei, das Gemeinwesen durch ihre machtlosen Dekrete wiederherzustellen. Darüber hinaus die Anstellung des *Magistrats suffecti* , das bald darauf entstand, war an sich schon ein ausreichender Beweis dafür, dass es nur noch der Schatten dessen war, was es früher gewesen war.

Der Meutereikrieg beginnt im Dezember 44 und endet mit der Niederlage des Antonius bei Mutina am 14. April 43. Octavius erhält am 22. September das Konsulat.

Bildung eines Triumvirats durch C. Octavianus, M. Antony und Lepidus.

41. Octavian verlässt die Partei des Senats und beginnt eine geheime Verhandlung mit Antonius und Lepidus. Die Folge davon ist ein Treffen der Parteien in Bononia und die Bildung eines neuen Triumvirats. Unter dem Titel „*triumviri reipublicæ*“erklären sie sich für fünf Jahre zu Oberhäuptern der Republik *constituendæ* ; und indem sie die Provinzen nach eigenem Gutdünken untereinander aufteilen, machen sie die Zerstörung der republikanischen Partei zu ihrem Hauptziel. Eine neue Proskription in Rom selbst und eine Kriegserklärung gegen die Mörder Cäsars waren die Mittel, mit denen sie dies erreichen wollten.

Die Vereinbarung des Triumvirats wurde am 27. November 43 geschlossen, woraufhin der Marsch der Triumviren auf Rom das Signal für das Massaker an den Verbotenen gab, das sich bald über ganz Italien ausbreitete und bei dem Cicero am 7. Dezember umkam Der Grund für dieses neue Verbot war nicht nur Parteihass, sondern war ebenso, vielleicht noch mehr, einerseits auf den Mangel an Geld zurückzuführen, um den von ihnen begonnenen Krieg fortzusetzen, und andererseits auf den Wunsch, die turbulenten Forderungen zu befriedigen der Legionen. Wo gibt es eine Zeit voller Schrecken wie dieser, in der sogar Tränen verboten waren?

Bürgerkrieg zwischen Oligarchie und Republikanern.

42. Der Bürgerkrieg, der nun am Vorabend seines Ausbruchs steht, kann daher als ein Krieg zwischen der Oligarchie und den Verteidigern der Republik betrachtet werden. Die römische Welt war sozusagen zwischen beiden aufgeteilt; und obwohl erstere Italien und die westlichen Provinzen besaßen, schien dieser Vorteil für die Häuptlinge der Gegenpartei durch den Besitz der östlichen Länder und die Seemacht von Sextus Pompeius aufgewogen zu werden, was ihnen die Herrschaft über Italien zu sichern schien Meer.

M. Brutus hatte seine Provinz Mazedonien bereits im Herbst 44 in Besitz genommen; während Cassius im Gegenteil mit Dolabella um Syrien kämpfen musste , der durch die Ermordung des Prokonsuls Trebonius Asien in Besitz genommen hatte. Da er jedoch wegen dieser Straftat vom Senat zum Feind erklärt und von Cassius in Laodicea eingesperrt wurde, tötete er sich am 5. Juni 43. Von diesem Zeitpunkt an waren Brutus und Cassius Herren aller östlichen Provinzen, auf deren Kosten sie behielten ihre Truppen bei, wenn auch nicht ohne große Unterdrückung. Der 45-jährige S. Pompeius, der sich nach dem Sieg von Munda in Spanien versteckt hatte und später ein Häuptling der Freibeuter geworden war, war sehr mächtig geworden; Als der Senat ihn nach Cäsars Ermordung zum Befehlshaber der Seestreitkräfte ernannte, nahm er mit ihnen Spanien und nach Abschluss des Triumvirats Sizilien und dann, sehr bald darauf, Sardinien und Korsika in Besitz. Es war eine große Sache für das Triumvirat, dass C. Pompeius nicht wusste, wie er die Hälfte des Gewinns einstreichen sollte, den er aus seiner Macht und seinem Glück hätte ziehen können.

Sein Sitz ist in Mazedonien.

43. Mazedonien wurde zum Schauplatz des neuen Bürgerkriegs, und zusammen mit der Güte ihrer Sache schienen überlegene Talente und größere Macht sowohl zu Lande als auch zu Wasser den Sieg von Brutus und Cassius zu sichern. Doch in der entscheidenden Schlacht bei Philippi spielte das Glück einen seiner launenhaftesten Streiche und mit den beiden Häuptlingen fielen die letzten Anhänger der Republik.

Doppelschlacht bei Philippi gegen Ende des Jahres 42; freiwilliger Tod von Cassius nach der ersten und von Brutus nach der zweiten Verlobung.

PLUTARCHI *Vita Bruti* ; aus den Erzählungen von Augenzeugen.

Streitigkeiten der Oligarchie untereinander.

44. Die Geschichte der elf Jahre zwischen der Schlacht von Philippi und der von Actium ist kaum mehr als ein Bericht über die Streitigkeiten der Oligarchie untereinander. Der subtilste war am Ende siegreich; denn M. Antony besaß die ganze Sinnlichkeit Cäsars , ohne dessen Genialität; und der unbedeutende Lepidus fiel bald seiner eigenen Eitelkeit und Schwäche zum Opfer. Während Antonius nach Asien ging, um die Angelegenheiten der östlichen Provinzen zu regeln, und von dort mit Kleopatra nach Alexandria ging, kehrte Octavianus nach Rom zurück. Aber die Hungersnot, die damals in dieser Stadt herrschte, nachdem Pompeius die Küste blockiert hatte; Das Elend breitete sich in ganz Italien aus, als den Besitzern Patrimonialländereien entrissen und unter den Veteranen verteilt wurden. und die unersättliche Begierde des Letzteren machte seine Situation jetzt genauso gefährlich, wie sie es zuvor getan hatte. Fulvia verursacht einen Bürgerkrieg; war schon vor dem Krieg. Darüber hinaus löste der Hass der erzürnten Gemahlin des Antonius, die mit ihrem Schwager, dem Konsul L. Antony, ein Bündnis geschlossen hatte, gegen Ende des Jahres einen Bürgerkrieg aus, der mit endete die Übergabe und Verbrennung von Perusium , in dem sich L. Antonius eingeschlossen hatte und das bereits durch eine Hungersnot stark geschwächt war.

Das *Bellum Perusinum* dauerte vom Ende des Jahres 41 bis zum April 40.

40.

45. Dieser Krieg hätte jedoch beinahe zu einem noch größeren geführt; denn M. Antonius war als Feind des Octavian nach Italien gekommen, um seinem Bruder zu helfen, und mit der Absicht, mit dem Heiligen Pompeius ein Bündnis gegen den ersteren zu schließen. Aber zum Glück für die Welt wurde nicht nur die Harmonie zwischen den Triumvirn wiederhergestellt, sondern aufgrund der großen Hungersnot, die in Rom herrschte, wurde auch ein Frieden mit Pompeius geschlossen, der allerdings nur sehr kurze Zeit währte.

Der Hauptzweck des Friedens zwischen den Triumvirn war eine neue Aufteilung der Provinzen, durch die die Stadt Scodra in Illyrien als Grenze festgelegt wurde. Antonius erlangte alle östlichen Provinzen; Octavianus im ganzen Westen; und Lepidus Africa. Italien blieb ihnen allen gemeinsam. Die Heirat des Antonius mit Octavia, nachdem Fulvia gestorben war, sollte diese Vereinbarung festigen. Im mit S. Pompeius in Misenum geschlossenen Frieden erhielt er die Inseln Sizilien, Sardinien und Korsika sowie das Versprechen von Achaia.

Pompeius beginnt den Krieg erneut;
was seine Zerstörung verursacht, 38; und Lepidus' Vertreibung, 39.

46. Pompeius musste jedoch bald feststellen, dass ein Bündnis zwischen ihm und den Triumvirn nur in seiner eigenen Zerstörung enden würde; und der Krieg, den er bald begann und den Octavian ohne die Hilfe von Agrippa nicht beenden konnte, war umso wichtiger, als er nicht nur über das Schicksal von Pompeius entschied, sondern auch zu Meinungsverschiedenheiten führte Die Vertreibung von Lepidus reduzierte das Triumvirat auf ein Duumvirat.

Nach einem zweifelhaften Gefecht auf See im Jahr 38 und der Bildung einer neuen Flotte wurde Pompeius gleichzeitig von allen Seiten angegriffen; Lepidus kam aus Afrika und Antonius schickte auch einige Schiffe. Endgültiger Sturz von Pompeius, der nach Asien fliegt und dort umkommt. – Lepidus, der Sizilien in Besitz nehmen will, gewinnt Octavian über seine Truppen und zwingt ihn, sich aus dem Triumvirat zurückzuziehen.

Kriege im Ausland verhindern, dass Augustus und Antonius zu einem offenen Bruch kommen.
35–33. Antonius beleidigt Rom und lässt sich von Octavia scheiden, 32.

47. Die auswärtigen Kriege, in die sowohl Octavian als auch Antonius in den folgenden Jahren verwickelt waren, verhinderten für einige Zeit, dass ihre gegenseitige Eifersucht zu einem offenen Bruch kam. Um seine widerspenstigen Legionen zu zähmen, setzte Octavian sie mit einigem Erfolg gegen die Nationen Dalmatiens und Pannoniens ein; während Antonius einen Feldzug gegen die mächtigen Parther und ihre Nachbarn unternahm . Aber indem er Rom durch sein Verhalten in diesen Kriegen beleidigte, bewaffnete er seinen Gegner nur gegen sich selbst; und seine formelle Trennung von Octavia löste das einzige Band, das die beiden Herren der Welt bisher zusammengehalten hatte.

Nach seinem ersten Aufenthalt in Alexandria im Jahr 41 kehrte Antonius im Jahr 40 nach Italien zurück, und nachdem er mit Octavian Frieden geschlossen hatte, nahm er seine neue Frau Octavia mit nach Griechenland, wo er bis zum Jahr 37 blieb. Obwohl sein Leutnant Ventidius gekämpft hatte mit Erfolg gegen die Parther, die in Syrien einmarschiert waren (siehe oben, S. 302.), beschloss Antonius, selbst einen Feldzug gegen sie zu unternehmen, 36. Doch obwohl er mit Artavasdes , dem König von Armenien, verbündet war (den er bald darauf des Verrats beschuldigte), Als er versuchte, auf einem anderen Weg als Crassus über Armenien und Medien in Parthien einzudringen, drohte ihm beinahe das gleiche Schicksal, und die Expedition scheiterte völlig. Dann rächte er sich an Artavasdes , der bei einem neuen Feldzug, den er unternahm, in seine Hände fiel und ihn seines Königreichs beraubte. Nach seinem triumphalen Einzug in Alexandria schenkte er

Kleopatra und ihren Kindern dieses und andere Länder. (Siehe oben, S. 267.) Im Jahr 33 beabsichtigte er, seinen Feldzug gegen die Parther im Bündnis mit dem König von Medien zu erneuern; Nachdem Octavian und Antonius jedoch auf Veranlassung Kleopatras die Rückkehr nach Hause befohlen hatten, obwohl sie bereits bis nach Athen gekommen war, um ihn zu treffen, beschuldigten sich Octavian und Antonius gegenseitig vor dem Senat, woraufhin jedoch in Rom der Krieg erklärt wurde nur gegen Kleopatra.

Griechenland war Schauplatz des Krieges zwischen Antonius und Octavian.
Antony besiegt bei Actium, 2d. 31. September; sein Tod im Alter von 30 Jahren lässt Octavianus ohne Rivalen zurück.

48. Griechenland wurde erneut zum Kriegsschauplatz; und obwohl die Streitkräfte des Antonius am beträchtlichsten waren, hatte Octavian doch den Vorteil, zumindest dem Anschein nach die bessere Sache zu haben. Der Seesieg von Actium entschied für Octavian, der es kaum glauben konnte, bis er feststellte, dass Antonius seine Flotte und seine Armee im Stich gelassen hatte, die sich ohne einen Schlag ergaben. Es folgte die Einnahme Ägyptens (siehe oben, S. 267) und das Land wurde zu einer römischen Provinz reduziert; Der Tod von Antonius und Kleopatra beendete den Krieg und hinterließ Octavianus den unumschränkten Herrscher über die Republik.

Die Geschichte der letzten Tage des Antonius, vor allem nach seinem Niedergang, wurde unter der Herrschaft seiner Feinde geschrieben und muss mit dem Misstrauen aufgenommen werden, das alle derartigen Geschichten erfordern. Es hat den Anekdotenhändlern reichlich Stoff geliefert. Die Geschichte Kleopatras beruht teilweise auf den Berichten ihres Arztes Olympus, auf die sich Plutarch stützte.

VIERTE PERIODE.

GESCHICHTE DES RÖMISCHEN STAATS ALS MONARCHIE BIS ZUM STURZ DES WESTLICHEN REICHES. 30 v. Chr. – 476 n. Chr.

Geografischer Überblick. Ansicht des Römischen Reiches und der Provinzen sowie anderer durch Krieg oder Handel damit verbundener Länder.

Grenzen des Römischen Reiches.

Die gewöhnlichen Grenzen des Römischen Reiches, die es jedoch manchmal überschritt, waren in Europa die beiden großen Flüsse Rhein und Donau; in Asien der Euphrat und die Sandwüste Syriens; in Afrika ebenfalls die Sandgebiete. Es umfasste somit die schönsten Teile der Erde, die das Mittelmeer umgaben .

Europäische Länder: Spanien.

EUROPÄISCHE LÄNDER : I. Spanien (Hispanien). Grenzen: im Osten die Pyrenäen, im Süden, Norden und Westen das Meer. Hauptflüsse: Minius (Minho), Durius (Douro), Tagus (Tejo), Anas (Guadiana), Bætis (Guadalquiver), die in den Atlantik münden; und der Iberus (Ebro), der ins Mittelmeer mündet. Gebirge: neben den Pyrenäen das Idubeda entlang des Iberus , Orospeda (Sierra Morena). Lusitanien. Aufgeteilt in drei Provinzen. 1. Lusitania: nördliche Grenze der Durius , südliche Grenze der Anas. Hauptstämme: Lusitani , Turdetani . Hauptstadt: Augusta Emerita. Bætica . 2. Bætica : Grenzen im Norden und Westen durch die Anas, im Osten durch die Berge von Orospeda . Hauptstämme: Turduli , Bastuli . Hauptstädte: Corduba (Cordova), Hispalis (Sevilla), Gades (Cadiz), Munda. Tarraconensis . 3. Tarraconensis , das gesamte übrige Spanien. Hauptstämme: Callæci , Astures , Cantabri , Vascones im Norden; Celtiberi , Carpetani , Ilergetes , im Landesinneren; Indigetes , Cosetani usw. am Mittelmeer. Hauptstädte: Tarraco (Tarragona), Cartago Nova (Carthagena), Toletum (Toledo), Ilerda (Lerida); Sagunt und Numantia (Soria) waren bereits zerstört. Balearen. Die Baleareninseln Major (Mallorca) und Minor (Menorca) galten als zu Spanien gehörend.

Transalpines Gallien:

II. Transalpines Gallien. Grenzen: im Westen die Pyrenäen; im Osten der Rhein und eine Linie von seiner Quelle bis zum Flüsschen Varus, zusammen mit diesem Fluss selbst; im Norden und Süden das Meer. Hauptflüsse: Garumna (Garonne), Liger (Loire), Sequana (Seine) und Scaldis (Schelde), die in den Ozean münden; der Rhodanus (Rhone), der durch den Arar (Saone) verstärkt wird und ins Mittelmeer mündet; und die Mosella (Mosel) und Mosa (Maas), die in den Rhein münden. Gebirge: neben den Alpen Jura, Vogesus (Vogesen) und Cebenna (Cevennen). Aufgeteilt in vier Provinzen. Gallia Narbonensis . 1. Gallia Narbonensis oder Braccata . Grenzen: im Westen die Pyrenäen, im Osten das Varusgebirge, im Norden das Cevennengebirge . Hauptstämme: Allobroges, Volcæ , Calyes . Hauptstädte: Narbo (Narbonne), Tolosa (Toulouse), Nemausus (Nîmes), Massilia (Marseille), Wien. Gallia Celtica . 2. Gallia Lugdunensis oder Celtica . Grenzen: im Süden und Westen der Liger (Loire), im Norden der Sequana , im Osten der Arar. Hauptstämme: Ædui , Lingones , Parisii , Cenomani usw., alle keltischen Ursprungs. Hauptstädte: Lugdunum (Lyon), Lutetia Parisiorum (Paris), Alesia (Alise). Gallia Aquitanica . 3. Gallia Aquitanica . Grenzen: die Pyrenäen im Süden, der Liger im Norden und Osten. Hauptstämme: Aquitani (iberischen Ursprungs), Pictones , Averni usw. keltischer Abstammung. Hauptstädte: Climberis , Burdegala (Bourdeaux). Gallia Belgica . 4. Gallia Belgica . Grenzen: im Norden und Osten der Rhein, im Westen der Arar, im Süden der Rhodanus bis nach Lugdunum , so dass er zunächst die Rheinanrainerstaaten und Helvetien umfasste. Letztere wurden jedoch später unter den Namen Germania Inferior und Superior von ihr getrennt. Hauptstämme: Nervii, Bellovaci usw. im Norden, belgischen Ursprungs; Treviri , Ubii , deutscher Herkunft; Sequani, Helvetier , im Landesinneren, keltischen Ursprungs. Hauptstädte: Vesentio (Besançon), Verodunum (Verdun) usw. Entlang des Rheins in Germania Inferior: Colonia Agrippina (Köln). In Germania Superior: Mogontiacum (Mayence oder Mentz) und Argentoratum (Strasburg).

Cisalpines Gallien.

III. Gallia Cisalpina oder Togata (Lombardei, siehe oben, S. 315). Aber da die Einwohner seit Cäsars Zeit alle Privilegien römischer Bürger genossen, kann man es als Teil Italiens bezeichnen.

Sizilien.

IV. Sizilien; aufgeteilt in Syrakus und Lilybæum .

Sardinien, Korsika.

V. Sardinien und Korsika, siehe oben, S. 320.

Britische Inseln.

VI. Die Insulæ Britannicæ (Britische Inseln); Aber von diesen wurden nur England und der südliche Teil Schottlands zur Zeit Neros zu einer römischen Provinz unter dem Namen Britannia Romana. Hauptflüsse: Tamesis (Themse) und Sabrina (Severn). Städte: Eboracum (York) im Norden, Londinum (London) im Süden. In Schottland, Britannia Barbaria oder Kaledonien drangen die Römer oft vor, ohne es jedoch vollständig erobern zu können; und was Hibernia, Ierne (Irland) betrifft , so wurde es von römischen Kaufleuten besucht, aber nie von römischen Legionen.

Länder südlich der Donau: Vindelicia .

VII. Die Länder südlich der Donau, die unter Augustus unterworfen und zu folgenden Provinzen geformt wurden: 1. Vindelicia . Grenzen: im Norden die Donau, im Osten der Ænus (Inn), im Westen Helvetien, im Süden Rhætien . Hauptstämme: Vindelici , Brigantii usw. Hauptstädte: Augusta Vindelicorum (Augsburg), Brigantia (Bregenz). Rhætia . 2. Rhætia . Grenzen: im Norden Vindelicia , im Osten der Inn und die Salza , im Süden die Alpenkette von Lacus Verbanus (Lago Maggiore) bis Belinzona , im Westen Helvetiens. Hauptstamm: Rhæti . Hauptstädte: Curia (Chur), Veldidena (Wilden), Tridentum (Trient). Noricum. 3. Noricum. Grenzen: im Norden die Donau, im Westen der Ænus , im Osten der Berg Cetius (Kahlenberg) und im Süden die Julischen Alpen und der Savus (Save). Hauptstämme: Boii. Städte: Jovavum (Salzburg), Boiodurum (Passau). Pannonien Superior. 4. Pannonia Superior. Grenzen: im Norden und Osten die Donau, im Süden der Arrabo (Raab), im Westen der Berg Cetius . Städte: Vindobona (Wien), Caruntum . Unteres Pannonien. 5. Unteres Pannonien. Grenzen: im Norden der Arrabo , im Osten die Donau, im Süden der Savus . Städte: Taurunum (Belgrad), Mursa (Esseg) und Sirmium . Mœsia Superior. 6. Mœsia Superior. Grenzen: im Norden die Donau, im Süden der Berg Scardus oder Scodrus , im Westen Pannonien, im Osten der Fluss Cebrus (Ischia). Städte: Singidunum (Semlin) und Naissus (Nissa). Mœsia inferior. 7. Mœsia inferior. Grenzen: im Norden die Donau, im Westen der Cebrus , im Süden der Berg Hæmus (der Balkan) und im Osten der Pontus Euxinus . Städte: Odessus (Varna), Tomi (Tomisvar).

Illyricum.

VIII. Illyricum umfasste in seiner umfassendsten Bedeutung alle Provinzen südlich der Donau sowie Rhætia und Dalmatien; das eigentliche Illyricum umfasst jedoch nur die Länder entlang der Küste der Adria, von Rhætia in Italien bis zum Fluss Drinus und östlich bis zum Fluss Drinus Savus . Hauptstädte: Salona, Epidaurus (in der Nähe des heutigen Ragusa), Scodra (Scutari).

Mazedonien.

IX. Mazedonien. Grenzen: im Norden der Berg Scodrus , im Süden die kambunischen Berge, im Westen die Adria und im Osten das Ägäische Meer. Flüsse: die Nestus , Strymon und Halyacmon , die in das Ägäische Meer münden , sowie Apsus und Aöus , die in die Adria münden. Hauptstämme: Pæones im Norden, Pieres und Mygdones im Süden. Hauptstädte : Pydna ,

Pella, Thessaloniki, Philippi, mit anderen griechischen Kolonien (siehe oben, S. 164). Dyrrachium und Apollonia an der Westküste.

Thrakien.

X. Thrakien hatte eine Zeit lang eigene Könige, war jedoch von Rom abhängig und wurde zunächst unter Claudius zu einer römischen Provinz degradiert. Grenzen: im Norden der Berg Hæmus , im Westen der Nestus , im Süden und Osten das Meer. Fluss: Hebrus . Hauptstämme: Triballi , Bessi und Odrysæ . Städte: Byzanz, Apollonia, Berœa .

Achaia.

XI. Achaia (Griechenland), siehe oben, S. 131.

Dacia.

XII. Nördlich der Donau wurde die Provinz Dakien von Trajan dem Römischen Reich unterstellt. Grenzen: im Süden die Donau, im Westen der Tibiskus (Theiss), im Osten der Hierasus (Pruth), im Norden die Karpaten . Hauptstamm: Daci. Hauptstädte; Ulpia Trajana und Tibiscum .

Asiatische Provinzen. Kleinasien.

ASIATISCHE PROVINZEN : I. Kleinasien enthielt die Provinzen: 1. Asien (siehe oben, S. 293). 2. Bithynien, zusammen mit Paphlagonien und einem Teil von Pontus. 3. Kilikien mit Pisidien (siehe oben, S. 18.) Syrien. Insel Zypern. II. Syrien und Phönizien . III. Die Insel Zypern. Mehrere andere, ebenfalls abhängige Staaten behielten noch ihre Könige: Judäa (wurde 44 n. Chr. eine römische Provinz), Kommagene (Provinz 70 n. Chr. und zusammen mit Judäa zu Syrien hinzugefügt), Kappadokien (Provinz 17 n. Chr.), Pontus (vollständig eine Provinz unter Nero). Freie Staaten. Freie Staaten zu dieser Zeit: Rhodos, Samos (Provinzen 70 n. Chr.) und Lykien (Provinz 43 n. Chr.). Jenseits des Euphrat wurden Armenien und Mesopotamien von Trajan zu Provinzen degradiert, aber bereits zur Zeit Adrians aufgegeben.

Afrikanische Provinzen. Ägypten. Cyrenaika. Afrika. Mauretanien.

AFRIKANISCHE PROVINZEN. I. Ägypten. II. Cyrenaica, mit der Insel Kreta. III. Afrika, Numidien (siehe oben, S. 47). Mauretanien hatte immer noch einen eigenen König, aber dieser wurde 41 n. Chr. abgesetzt und das Land in zwei Provinzen aufgeteilt: 1. Mauritania Cæsariensis . Grenzen: im Osten der Fluss Ampsaga , im Westen der Mulucha . Hauptorte: Igilgilis und Cæsaria . 2. Mauretanien Tingitana , vom Fluss Mulucha bis zum Atlantik . Hauptstadt: Tingis .

Staaten an den Grenzen. Deutschland.

Hauptstaaten an den Grenzen des Reiches: I. Germanien. Grenzen: im Süden die Donau, im Norden das Meer, im Westen der Rhein, im Osten unbestimmt, obwohl die Weichsel allgemein als solche angesehen wird. Hauptflüsse: Danubius , Rhenus (Rhein), Albis (Elbe), Visurgis (Weser), Viadrus (Oder) und Weichsel; die Lupias (Lippe) und Amisia (Ems) werden ebenfalls häufig erwähnt. Berge und Wälder: der Herzynische Wald , eine allgemeine Bezeichnung für die Waldberge, insbesondere Ostdeutschlands. Melibocus (der Hartz), Sudetus (der Thüringer Wald); der Wald von Teutoburg , südlich von Westfalen usw. Es wäre sinnlos, eine allgemeine politische Teilung oder die Städte des alten Deutschlands zu suchen; Wir können nur auf die Situation der Hauptstämme hinweisen. Dem müssen jedoch zwei Beobachtungen vorausgehen: 1. Dasselbe Gebiet hat im Zuge der gewaltsamen Auswanderung und Eroberung, insbesondere nach dem zweiten Jahrhundert, oft seine Bewohner gewechselt. 2. Die Namen einiger Hauptstämme wurden oft zu den Namen einer Konföderation. Die Hauptstämme in der Zeit des Augustus waren in Norddeutschland; die Batavi in Holland; die Frisii in Friesland; die Brukterer in Westfalen; die kleineren und größeren Chauci in Oldenburg und Bremen; die Cherusker , ebenfalls der Name einer Konföderation, in Braunschweig; die Catti in Hessen. In Süd-(Mittel-)Deutschland: die Hermunduri in Franken; die Markomannen in Böhmen. Alemannen. Die Alemannen, nicht der Name eines einzelnen Stammes, sondern einer Konföderation, werden erstmals im dritten Jahrhundert erwähnt: In der Zeit des Augustus wurden diese Stämme und die nach und nach bekannt gewordenen Hauptstämme Ostdeutschlands unter die Alemannen eingeordnet allgemeiner Name der Sueben. Suevi.

Skandinavien.

Die nördlichsten Länder Europas galten als Inseln des Deutschen Ozeans und wurden daher als zu Deutschland gehörend angesehen. Es handelte sich um Skandinavien oder Scandia (Südschweden), Nerigon (Norwegen) und Eningia oder wahrscheinlich Finningia (Finnland). Die nördlichste Insel hieß Thule.

Sarmatien.

Der Norden Europas, von der Weichsel bis zum Tanais (Don), wurde unter dem allgemeinen Namen Sarmatien zusammengefasst; aber über das Gebiet um die Donau hinaus und insbesondere Dakien (siehe oben, S. 407) waren sie durch den Bernsteinhandel nur in geringem Maße mit der Küste der Ostsee vertraut.

Parthien.

In Asien wurde das Römische Reich von Großarmenien (siehe oben, S. 19 und 299), dem Partherreich vom Euphrat bis zum Indus (siehe oben, S. 19–22) und der Halbinsel Arabien (siehe oben) begrenzt , S. 19).

Indien.

Ostasien oder Indien wurde den Römern durch einen Handelsverkehr zwischen ihnen bekannt, der bald nach der Eroberung Ägyptens begann. Es wurde auf dieser Seite des Ganges in Indien aufgeteilt, das heißt: 1. Das Gebiet zwischen Indus und Ganges; 2. Die Halbinsel auf dieser Seite, insbesondere deren Westküste (Malabar), war sehr bekannt; und 3. Die Insel Taprobana (Ceylon) und Indien jenseits des Ganges, zu dem auch das ferne Serica gehörte; aber von all diesen Ländern hatten sie nur eine sehr unvollständige Kenntnis.

Afrika.

Die Grenzen Afrikas waren Äthiopien oberhalb von Ägypten und Gætulia sowie die große Sandwüste Libyens oberhalb der anderen Provinzen.

ERSTER ABSCHNITT.

Von Augustus Cäsar bis zum Tod von Commodus, 30 v. Chr.. 193 n. Chr.

QUELLEN. Für den gesamten Zeitraum DION CASSIUS , lib. li-lxxx, ist unser Historiker; obwohl wir von seinen letzten zwanzig Büchern nur die Kurzfassung von Xiphilinus haben . Für die Geschichte der Kaiser von Tiberius bis zum Beginn der Herrschaft Vespasians ist TACITUS der Hauptautor in seinen *Annalen* , 14–63 n. Chr.; (davon sind jedoch leider Teile der Geschichte von Tiberius, 32–34, ganz Caligula und die ersten sechs Jahre von Claudius, 37–47, sowie die letzten anderthalb Jahre von Nero verloren gegangen); und in seiner *Geschichte* , von der kaum die ersten drei Jahre, 69–71, überliefert sind. SUETONIUS *Lebensläufe der Cäsaren* bis hin zu Domitian sind umso wertvoller, weil es in einem Staat wie dem römischen von Bedeutung ist, den Charakter und das häusliche Leben der herrschenden Männer zu kennen. Für die Regierungszeit von Augustus und Tiberius ist die *Geschichte* des VELLEIUS PATERCULUS nicht weniger bedeutsam, obwohl sie in einem höfischen Ton geschrieben ist. Die Quellen für die Geschichte der einzelnen Cæsars werden gegeben, sobald wir zu ihnen kommen.

Im Folgenden sind die Arbeiten moderner Schriftsteller aufgeführt:

Geschichte des Kaisers und der anderen Prinzen bis heute Regiert in den sechs ersten Jahrhunderten von Eglise , *par* M. LENAIN DE TILLEMONT . à Bruxelle , 1707, 5 Bde. 8vo. (Eine frühere Ausgabe von 4 bis 1700, 4 Bde.) Das Werk von Tillemont ist als aufwändige Zusammenstellung einigermaßen wertvoll, wird aber in seiner Ausführung durch Folgendes ersetzt:

Geschichte des römischen Kaisers , nach Auguste und Constantin , par M. CREVIER . Paris, 1749, 12 Bde. 8vo. [Übersetzt ins Englische.] Eine Fortsetzung von Rollins römischer Geschichte (siehe oben, S. 318), ganz im Geiste dieses Schriftstellers und von einem seiner Schule .

DR. GOLDSMITH *Römische Geschichte, von der Gründung der Stadt Rom bis zur Zerstörung des Weströmischen Reiches* . London, 1774, 2 Bde. 8vo. Eher eine Skizze als eine detaillierte Geschichte (siehe oben, S. 321, qm).

† *Geschichte Roms unter den Kaisern und der heutigen Nationen , von* MDGH HUBLER . Fryburg , 1803, 3 Teile. Fortsetzung der zitierten Arbeit S. 2: Es reicht bis zu Konstantin.

Augustus Cäsar 30 v. Chr. – 14 n. Chr.

1. Octavianus Cäsar , dem der Senat den Ehrentitel Augustus verlieh, den er regelmäßig erneuerte und der auf seine Nachfolger überging, besaß

vierundvierzig Jahre lang die alleinige Herrschaft über das Reich. Die Regierung war, trotz der großen Revolutionen, durch die die Republik in eine Monarchie umgewandelt worden war, weder faktisch noch formal eine durch und durch despotische Regierung. Das Privatinteresse des Herrschers erforderte die größtmögliche Beibehaltung der republikanischen Form, da er ohne diese keine völlige Änderung vornehmen konnte; und der Rest seiner Geschichte zeigt hinreichend, dass die Grausamkeit, die ihm zu Beginn seiner Karriere vorgeworfen werden könnte, eher auf die Umstände als auf seine natürliche Veranlagung zurückzuführen war. Aber während einer so langen, so ruhigen und so glücklichen Herrschaft könnte es anders sein, als dass der republikanische Geist, der anfangs nur in wenigen Individuen vorhanden war, von selbst verflog!

Die Formen, unter denen Augustus die verschiedenen Zweige der höchsten Macht (mit Ausnahme der Diktatur) innehatte, waren: – das Konsulat, das bis 21 v. Chr. jährlich erneuert wurde; und die *Potestas consularis*, *die im Jahr 19 v. Chr.* für immer auf ihn festgelegt wurde ; – die *tribunicia Potestas*, die ihm im Jahr 30 für immer gewährt wurde , heiligte seine Person (*sacrosancta*) und bereitete den Weg zur *judicia majestatis* (Anklage wegen Hochverrats). Als *Imperator* , 31, war er weiterhin Befehlshaber aller Streitkräfte und erlangte das *Imperium proconsulare* (prokonsularische Macht) in allen Provinzen. Er übernahm die *Magistratura morum* (Zensur), 19; und wurde *Pontifex Maximus* (Hohepriester), 13. Um jeden Anschein einer Usurpation zu vermeiden, akzeptierte Augustus die souveräne Macht zunächst nur für zehn Jahre und ließ sie später von Zeit zu Zeit für zehn oder fünf Jahre verlängern, was bei a Später entstand die *Sacra decennalia* .

Der Senat.

2. Der Senat blieb tatsächlich ein ständiger Staatsrat, und Augustus selbst bemühte sich , seine Autorität durch mehr als eine Reinigung (*lectio*) zu erhöhen; aber die Verbindung zwischen ihm und dieser Versammlung schien von sehr fragiler Natur zu sein, da sie unbestimmt war und zu diesem Zeitpunkt nicht geklärt werden konnte, ob Augustus über dem Senat stand oder der Senat über Augustus. Nicht alle Staatsangelegenheiten konnten vor den Senat gebracht werden, da selbst die wichtigsten häufig der Geheimhaltung bedurften. Daraus folgte natürlich, dass ein Fürst, der noch keinen Hof hatte und keinen richtigen Minister, sondern nur seine Freunde und Freigelassenen hatte, sich mit denjenigen beraten sollte, die er für am vertrauenswürdigsten hielt, einem Mæcenas oder einem Agrippa usw. Daher danach wurde der Geheime Staatsrat (*Consilium Secretum Principis*) gebildet. Unter den republikanischen Beamten verloren die höchsten Beamten am meisten; und da nun so viel von der Wahrung des Friedens in der Hauptstadt abhing, wurden die Ämter des Präfekten der Stadt (*præfectus urbis*) und

Präfekt der Bestimmungen (*præfectus annonæ*) wurden nicht nur dauerhaft, sondern, insbesondere die ersteren, zu den Hauptämtern des Staates.

Der Geist der Monarchie zeigt sich in nichts mehr als in ihrer strengen Rangordnung; daher verloren die Beamten, insbesondere die Konsuln, nichts. Daher auch der seit langem bestehende Brauch, Unterkonsuln (*Konsule) zu ernennen suffecti*), die mit der Zeit lediglich zu einer formalen Annahme der *ornamenta wurde consularia et triumphalia* (konsularische und triumphale Ornamente). Weitere Ämter wurden eingerichtet, um Freunde und Angehörige zu belohnen.

Einführung stehender Heere.

3. Die Einführung stehender Heere, die bereits lange vorbereitet waren, folgte natürlich einer durch Krieg erworbenen Herrschaft; und wurde tatsächlich notwendig, um die Grenzen zu schützen und die neu gemachten Eroberungen zu bewahren; die Aufstellung der Wachen und Milizen der Stadt (*Kohorten)* . *Prätorianer* und *Kohorten urbanæ*) waren Maßnahmen, die für die Sicherheit der Hauptstadt und des Throns gleichermaßen notwendig waren. Die Schaffung von *zwei* Prätorianer Präfekten schmälerten jedoch vorerst *die* große Bedeutung dieses Amtes.

Verteilung der Legionen auf die Provinzen in *castra stativa* (feste Lager), die sich bald zu Städten entwickelten, vor allem entlang des Rheins, der Donau und des Euphrat (*legiones)* . *Germanicæ* , *Illyricæ* und *Syriacæ*). Flotten waren auch in Misenum und Ravenna stationiert .

Die Provinzen wurden zwischen Kaiser und Senat aufgeteilt.

4. Die Regierung sowie die Verwaltung und Einnahmen der Provinzen teilte Augustus bereitwillig mit dem Senat; diejenigen an den Grenzen für sich behalten (*provinciæ principis*), in dem die Legionen untergebracht waren, und überließ dieser Versammlung die anderen (*provinciæ Senatûs*). Daher übten seine Stellvertreter (*legati* , Leutnants) in seinem Namen sowohl zivile als auch militärische Autorität aus; während die des Senats (*Prokonsulate*) dagegen nur in Zivilangelegenheiten verwaltet werden. Beide wurden im Allgemeinen von Kommissaren (*procuratores et quæstores*) betreut . Die Provinzen waren zweifellos die Gewinner dieser neuen Regelung, nicht nur, weil ihre Gouverneure sorgfältiger betreut wurden, sondern auch, weil sie vom Staat bezahlt wurden.

Das Schicksal der Provinzen hing natürlich in hohem Maße von der Disposition des Kaisers und Gouverneurs ab; Es gab aber auch einen wesentlichen Unterschied zwischen den Provinzen des Kaisers und denen des Senats (*provinciæ)* . *principis et senatûs*): Im letzteren gab es keine militärische Unterdrückung wie im ersteren; und darauf kann der blühende Staat Gallien, Spanien, Afrika usw. zurückgeführt werden.

Finanzen:
Privat- und Militärkasse des Kaisers; die Staatskasse wurde von ersterem verschlungen.

5. Es besteht kaum ein Zweifel daran, dass die Finanzen der Staatskasse im Großen und Ganzen die gleichen geblieben sind wie zuvor; aber in seiner inneren Verwaltung nahm Augustus viele Änderungen vor, von denen wir nur eine sehr unvollständige Kenntnis haben. Natürlich gab es zunächst einen offensichtlichen Unterschied zwischen der Geheim- und Militärkasse des Kaisers (*fiscus*), die ihm unmittelbar zur Verfügung stand, und der Staatskasse (*ærarium*), über die er indirekt über den Senat verfügte, über die er aber später verfügen musste Es ist eine natürliche Folge des zunehmenden Despotismus, dass dieser zunehmend mit dem ersteren verschmilzt.

Die große Unordnung, in die die Staatskasse während der Bürgerkriege geraten war, und vor allem durch die Abtretung der Staatsländereien in Italien an die Soldaten, zusammen mit den hohen Summen, die für den Unterhalt des nun aufgestellten stehenden Heeres erforderlich waren, müssen sie erheblich beeinträchtigt haben es für Augustus schwieriger, die von ihm so glücklich durchgeführte Reform durchzuführen; und bei dem es offenbar sein Hauptziel war, alles so weit wie möglich auf eine solide und dauerhafte Grundlage zu stellen. Die wichtigsten Änderungen, die er am alten Steuersystem vorgenommen hat, scheinen gewesen zu sein: 1. Die bisher in den Provinzen erhobenen Zehnten sollten in eine feste Quote umgewandelt werden, die von jedem Einzelnen zu zahlen ist. 2. Die Bräuche wurden, teils durch die Wiederherstellung alter, teils durch die Einführung neuer Bräuche sowie einer Verbrauchsteuer (*centesima rerum venalium*), produktiver gestaltet. Der Besitz Ägyptens, das der Stützpunkt fast des gesamten Handels des Ostens war, machte die Bräuche zu dieser Zeit für Rom von großer Bedeutung. 3. Alle Staatsgebiete in den Provinzen wurden nach und nach in Kronländer umgewandelt. Von den neuen Steuern war die *Vigesima* die bedeutendste *hereditum* (das Zwanzigste der Erbschaften), allerdings mit erheblichen Einschränkungen; und die Strafen für das Zölibat durch die *Lex Julia Poppæa* . — Der größte Teil dieser Staatseinnahmen floss höchstwahrscheinlich von Anfang an in den *Fiskus* , das heißt die gesamten Einnahmen der *Provinzen principis* sowie jener Teile der *Provinzen Senate* , die für den Unterhalt der Truppen bestimmt waren; die Einnahmen aus den Krondomänen; die *Vigesima* usw. Zum *ærarium* (jetzt unter drei *Präfekten*) . *ærarii*) blieben ein Teil der Einnahmen der *Provinzen senatûs* , die Zölle und die Geldstrafen. Es scheint also , dass Augustus Herr über die Finanzen, die Legionen und damit über das Reich war.

Siehe oben, S. 362, die Schriften von HEGEWISCH und BOSSE .

Ausdehnung des Reiches:
Spanien und Gallien, 25.20. Länder südlich der Donau, 15.–35.29.24.

6. Die Ausdehnung des Römischen Reiches unter Augustus war sehr beträchtlich; Sie dienen im Allgemeinen der Sicherheit des Landesinneren und dem Schutz der Grenzen. Die vollständige Unterwerfung Nordspaniens und Westgalliens sicherte die Grenzen auf dieser Seite; ebenso der drohende, aber nie durchgeführte Feldzug gegen die Parther und der tatsächlich gegen Armenien unternommene Feldzug im Jahr 2 n. Chr. Die wichtigste Eroberung in diesem Viertel war jedoch die der Länder südlich der Donau, d. h. Rhætia , Vindelicia und Noricum sowie Pannonia und später Mœsia . Um dies auszugleichen, scheiterte die Expedition gegen Arabia Felix völlig; und dass dies gegen Äthiopien keine weitere Konsequenz hatte, als die Grenzen zu verstärken.

7. Alle diese Eroberungen zusammen kosteten die Römer jedoch nicht so viel wie ihren erfolglosen Versuch, Deutschland zu unterwerfen, zunächst durch die Schwiegersöhne des Augustus, Drusus und Tiberius Nero, und dann durch den Sohn des ersteren, Drusus: Erfolgloser Versuch, Deutschland zu unterwerfen. Germanicus. Ob es sich bei diesem Unterfangen um ein politisches Verschulden handelte oder nicht, muss immer ein Problem bleiben, da heute nicht mehr zu sagen ist, inwieweit die Sicherheit der Grenzen ohne dieses Unterfangen gewahrt bleiben könnte.

Rom begann seinen feindlichen Angriff auf Deutschland unter dem Kommando von Drusus im Jahr 12 v. Chr.; Niederdeutschland (Westfalen, Niedersachsen und Hessen) war im Allgemeinen der Kriegsschauplatz, während der Niederrhein wegen der Großen an den Mündungen der Ems, der Weser und der Elbe sowohl zu Wasser als auch zu Lande angegriffen wurde Hilfe leisteten die Römer durch ihr Bündnis mit den Völkern an den Küsten, den Bataver , Frisier und Chauken . Der unerschrockene Drusus drang in seiner zweiten Expedition 10 bis zur Weser und 9 sogar bis zur Elbe vor, starb aber bei seiner Rückkehr. Seine Nachfolger im Kommando (Tiberius, 9–7, Domitius , Ænobarbus , 7–2, M. Vinicius, 2– AC 2, dann erneut Tiberius, AC 2–4, gefolgt von Quintilius Varus, AC 5–9,) versuchten , auf dem von Drusus gelegten Fundament aufzubauen und durch die Errichtung von Festungen sowie die Einführung der römischen Sprache und Gesetze den Teil Deutschlands, den sie bereits unterworfen hatten, nach und nach in eine Provinz zu reduzieren; sondern der geschickt organisierte Aufstand des jungen Arminius (Hermann), eines Fürsten der Cherusker , Sohn des Siegmars und Schwiegersohns des Segestes , eines Freundes der Römer, zusammen mit der Niederlage von Varus und seinem Heer in der Teutoburg Wald , oder Wald, in der Nähe von Paderborn, AC 9, rettete

Deutschland aus der Sklaverei und seine Sprache vor der Vernichtung. Darüber hinaus lehrte es die Eroberer (was sie nie vergaßen), dass die Legionen nicht unbesiegbar waren. Augustus schickte Tiberius, der gerade einen wütenden Aufstand in Pannonien niedergeschlagen hatte, zusammen mit Germanicus sofort an den Rhein; aber diese beschränkten sich auf einfache Einfälle, bis Germanicus, 14–16 n. Chr., seine Waffen erneut weiter ins Land trug und sicherlich bis zur Weser vordrang. Doch trotz seines Sieges bei Idistavisus (Minden) zwangen ihn der Verlust seiner Flotte und eines Teils seiner Armee durch einen Sturm bei seiner Rückkehr und die Eifersucht von Tiberius über seinen Sieg, sein Kommando aufzugeben. Von diesem Zeitpunkt an wurden die Deutschen in diesem Viertel in Ruhe gelassen.

† MANNERT, *Geographie der Griechen und Römer*, Teil III.

Herrschaft des Augustus, eine glänzende Zeit für Rom.

8. Die lange und für Italien selbst friedliche Herrschaft des Augustus wurde allgemein als eine glückliche und glänzende Periode der römischen Geschichte angesehen; und wenn man es mit der Zeit davor und danach vergleicht, war es sicherlich so. Die Sicherheit von Personen und Eigentum wurde wiederhergestellt; Die Künste des Friedens blühten unter der gütigen Schirmherrschaft von Augustus und seinem Günstling auf Mæcenas ; und wir können hinzufügen, dass, da die formelle Wiederherstellung der Republik nur das Signal für neue Unruhen gewesen wäre, die Regierung des Augustus, wenn nicht die allerbeste, so doch zumindest die beste war, die Rom damals ertragen konnte. Sollte man sagen, dass sein Privatleben nicht tadellos war, könnte man entgegnen, dass er äußerlich unnachgiebig einen Anstand bewahrte, dem er tatsächlich seine einzige Tochter opferte; und wenn Gesetze die öffentliche Moral hätten verbessern können, so mangelte es nicht an Verordnungen zu diesem Zweck.

Zu seinen wichtigsten Gesetzen hierzu zählen die *Lex Julia de adulteriis* und die *Lex Papia Poppæa* gegen das Zölibat. Letzteres löste viele Gemurmel aus.

Augustus' Familie.
Livia. 23 v. Chr. Julia heiratete Agrippa, 17.12.6 – 9 n. Chr.. 2.
2. n. Chr. – 4.
n. Chr. Tiberius adoptiert von Augustus 4.

9. Fast alles, was von der Geschichte des Augustus übrig geblieben ist, ist ein Bericht über seine häuslichen Probleme; Die unglücklichste Familie war die des Kaisers. Der Einfluss von Livia, seiner zweiten Frau, war sehr groß, scheint aber zu keinem schlimmeren Zweck missbraucht worden zu sein, als ihre Söhne Tiberius und Drusus auf den Thron zu erheben. Der von Natur aus ungeklärte Zustand der Nachfolge in einer Regierung, wie sie jetzt in Rom herrschte, wurde durch die Umstände noch verstärkt. Nach dem frühen

Tod seines Neffen und Schwiegersohns Marcellus, den er adoptiert hatte, wurde seine Witwe Julia, das einzige Kind des Augustus von seiner Frau Scribonia , mit Agrippa verheiratet. Die beiden ältesten Söhne dieser Ehe, C. und L. Cäsar , wurden nach dem Tod ihres Vaters vom Kaiser adoptiert, der ihnen im Laufe ihres Heranwachsens so viel Zuneigung entgegenbrachte wie Tiberius, der es inzwischen getan hatte heirateten ihre Mutter Julia, die später von Augustus wegen ihres zügellosen Verhaltens verbannt wurde, und verließen angewidert den Hof. Der Tod der beiden jungen Prinzen belebte jedoch erneut die Hoffnungen von Tiberius, der von Augustus unter der Bedingung adoptiert wurde, dass er auch Drusus Germanicus, den Sohn seines verstorbenen Bruders Drusus, adoptieren sollte; Danach verband Augustus ihn mit Zustimmung des Senats offiziell mit sich selbst in der Regierung und machte ihn zu einem gleichberechtigten Partner in den kaiserlichen Privilegien: von seinen Nachfolgern *lex regia genannt* .

Marmor Ancyranum ; oder Inschriften im Augustus-Tempel in Ancyra. Eine Kopie des Berichts über seine Regierung, die Augustus später in Rom als öffentliches Denkmal aufstellen ließ: leider stark verstümmelt. Es befindet sich in CHISHULL , *Antiq. Asiatisch* .

Memoiren des Hofes des Augustus, von THOMAS BLACKWELL . London, 1760, 3 Bde. 4to. unterteilt in fünfzehn Bücher. Der letzte Bd. wurde nach dem Tod des Autors von MR. MILLS VERÖFFENTLICHT . Die letzten beiden Bücher dieses weitläufigen Werks enthalten eine Beschreibung der zeitgenössischen Angelegenheiten von Augustus; die anderen gehen auf frühere Zeiten zurück. Eine gerechte Würdigung von Augustus erfordert eine vorherige kritische Prüfung der Quellen, aus denen Suetonius die Materialien für seine Biographie entnommen hat.

Geschichte des Triumvirats augmentée de l'histoire d'Auguste , par LARRY . Trevoux , 1741, 4 Teile, 8vo. Der letzte Teil dieser einfachen Erzählung enthält die Geschichte des Augustus seit dem Tod von Catilina.

14. August 19 – 16. März 37.
Änderungen in der Verfassung: Macht der *Komitien* reduziert; durch die *Judicia majestatis* eingeführter Despotismus ;
herabwürdigender Charakter des Senats.

10. Die Herrschaft von Tiberius Claudius Nero, oder, wie er nach seiner Adoption genannt wurde, Augustus Tiberius Cäsar , von seinem sechsundfünfzigsten bis zu seinem achtundsiebzigsten Lebensjahr veränderte eher den Geist als die Form der römischen Verfassung. Es gelang ihm still und leise, den vakanten Thron in Rom zu besteigen, obwohl die Legionen in Pannonien und noch mehr in Deutschland das Gefühl hatten, sie könnten Kaiser machen. Unter ihm wurden die *Comitien* oder Volksversammlungen auf einen bloßen Schatten reduziert; indem er ihre

Aufgaben dem Senat übertrug, der auch das höchste Gericht für die Staatsverbrechen seiner eigenen Mitglieder wurde: Diese Versammlung war jedoch inzwischen so sehr daran gewöhnt, dem Willen des Fürsten zu gehorchen, dass alles von seinem persönlichen Charakter abhing . Tiberius gründete seinen Despotismus auf der *judicia majestatis* , den Vorwürfen des Hochverrats, die nun zum Motor des Terrors geworden sind, und auch der Senat teilte seine Schuld mit einer Kleinmütigkeit und Unterwürfigkeit, die keine Grenzen kannte. Tatsächlich wurde diese degradierte Versammlung von dem Moment an, als sie aufhörte, die herrschende Autorität eines freien Staates zu sein, notwendigerweise zum passiven Instrument der brutalsten Tyrannei. Trotz der militärischen Talente und vielen guten Eigenschaften von Tiberius hatte sich sein despotischer Charakter lange vor seinem sechsundfünfzigsten Lebensjahr, als er den Thron bestieg, herausgebildet; obwohl äußere Umstände ihn daran hinderten, die Maske, die er bisher getragen hatte, ganz abzuwerfen.

Der Grundstein für die *judicia majestatis* , die durch die ungelöste Kriminalität bald so schrecklich wurde, war während der Herrschaft des Augustus durch die *lex Julia de majestate* und die *cognitiones gelegt worden extraordinariæ* oder Kommissare, die ernannt werden, um bestimmte Verbrechen zur Kenntnis zu nehmen; Es war jedoch der Missbrauch durch Tiberius und seine Nachfolger, der sie so schrecklich machte.

Ruine von Germanicus und seiner Familie.

12. Der Hauptgegenstand von Tiberius' Misstrauen und daher seines Hasses war Germanicus, ein Mann, der von der Armee und dem Volk geradezu verehrt wurde. Diesen tapferen General rief er bald aus Deutschland zurück und schickte ihn nach Syrien, um die Unruhen im Osten zu unterdrücken. Nachdem er den Unruhen, die ihn dorthin riefen, erfolgreich ein Ende gesetzt hatte, wurde er durch die Erfindungen von Cn vergiftet . Piso und seine Frau; und selbst das schützte die zahlreiche Familie, die er mit seiner Witwe Agrippina zurückließ, nicht vor Verfolgung und Untergang.

Die Expeditionen des Germanicus im Osten bescherten Armenien nicht nur einen König, sondern machten auch Kappadokien und Kommagene zu römischen Provinzen (17 n. Chr.).

Geschichte von Cæsar Germanicus, von MLDB [EAUFORT]. à Leyden, 1741. Eine unprätentiöse chronologische Erzählung.

L. Ælius Sejanus, der grausame Minister von Tiberius;
23–31. Tiberius zieht sich nach Capreæ zurück , 26.
Der Sturz von Sejanus geht mit großem Blutbad einher, 31. Tiberius wird zu einem despotischen Monster.

13. Rom erlebte jedoch bald die mächtige Überlegenheit, die L. Ælius Sejanus, der Präfekt der Prätorianergarde , über den Geist von Tiberius erlangt hatte, dessen uneingeschränktes Vertrauen er umso mehr besaß, als er es ohne Rivalen genoss . Die acht Jahre seiner Herrschaft wurden nicht nur durch die Einquartierung seiner Truppen in Kasernen in der Nähe der Stadt (*castra prætoriana) zu einem schrecklichen Erlebnis, sondern auch (zuvor hatte er Tiberius überredet, Rom* für immer zu verlassen , damit er auf der Insel sicherer den Tyrannen spielen konnte). von Capreæ) durch sein Bestreben, sich durch Schurken und Verbrechen ohne Zahl den Weg zum Thron zu ebnen , und durch seine grausame Verfolgung der Familie des Germanicus. Der von ihm eingeführte Despotismus wurde durch seinen eigenen Sturz noch schrecklicher, in den nicht nur seine gesamte Partei, sondern jeder, der mit ihr in Verbindung gebracht werden konnte, verwickelt wurde. Das Bild des grausamen Despotismus des Tiberius wird durch die schreckliche und unnatürliche Wollust, die er in seinem Alter damit verband, doppelt abscheulich.

Das Unglück von Tiberius war, dass er zu spät auf den Thron kam. Seine frühen Tugenden konnten seine späteren Grausamkeiten nicht ausgleichen. Es ist genau das Erstere, das Vel. Paterculus lobt, dessen Schmeichelei gegenüber Tiberius, in dessen Regierungszeit er blühte, leichter zu rechtfertigen ist als sein Lob für Sejanus.

Caligula, 16. März 37 – Jan. 24, 41.

14. Im Alter von fünfundzwanzig Jahren bestieg Caius Cäsar Caligula, der einzige verbliebene Sohn des Germanicus, den Thron; doch die Hoffnungen, die man in diesen jungen Prinzen gesetzt hatte, wurden bald kläglich enttäuscht. Seine früheren Krankheiten und Ausschweifungen hatten sein Verständnis so verzerrt, dass seine kurze Regierungszeit ein einziges Gewebe aus Unordnung und Verbrechen war. Dennoch schadete er dem Staat durch seine vernarrte Fülle noch mehr als durch seine Tiger-Grausamkeit. Nach fast vierjähriger Karriere wurde er schließlich von Cassius Chærea und Cornelius Sabinus , zwei Offizieren seiner Garde, ermordet.

Claudius, 24., 21. Jan. – Okt. 13, 54.
das schwache Werkzeug seiner Frauen und Freigelassenen.Messalina; Agrippina verschafft ihrem Sohn mit Hilfe von Burrhus den Thron und vergiftet Claudius, 54.

15. Sein Onkel Tiberius Claudius Cæsar , der im Alter von fünfzig Jahren sein Nachfolger wurde, war der erste Kaiser, der von den Wachen auf den Thron erhoben wurde; eine Gefälligkeit , die er mit einer *Spende* belohnte . Zu schwach, um über sich selbst zu herrschen, fast schwachsinnig aufgrund früherer Vernachlässigung, verschwenderisch und grausam aus Angst, wurde er zum Werkzeug der Zügellosigkeit seiner Frauen und Freigelassenen. In

Verbindung mit den Namen Messalina und Agrippina hören wir nun zum ersten Mal in der römischen Geschichte von einem Pallas und einem Narcissus. Die Herrschaft Messalinas schadete dem Staat noch mehr durch ihre räuberische Gier, der alles nachgab, als durch ihr ausschweifendes Leben; und der Schlag, der schließlich ihre beispiellose Frechheit bestrafte, ließ eine noch gefährlichere Frau an ihre Stelle treten. Dies war Agrippina, ihre Nichte , Witwe von L. Domitius , die mit den Lastern ihres Vorgängers einen grenzenlosen Ehrgeiz verband, der ihr unbekannt war. Ihr Hauptziel bestand darin, die Nachfolge für Domitius Nero, ihren Sohn aus einer früheren Ehe, zu sichern, der von Claudius adoptiert und mit seiner Tochter Octavia verheiratet worden war, indem sie Britannicus, den Sohn von Claudius, beiseite setzte; und dies hoffte sie zu erreichen, indem sie Claudius vergiftete, nachdem sie Burrhus bereits gewonnen hatte, indem sie ihn *zum Alleinigen machte* Präfekt der Prätorianergarde . Obwohl sich die Auseinandersetzungen mit Germanen und Parthern (siehe oben, S. 303) nur an den Grenzen drehten, wurden die Grenzen des Römischen Reiches in vielen Ländern erweitert.

Beginn der römischen Eroberungen in Britannien (wohin Claudius selbst ging) unter A. Plautius ab dem Jahr 43 n. Chr. Unter demselben Feldherrn Mauretanien 42 n. Chr., Lykien 43 n. Chr., Judäa 44 (siehe oben, S. 312), und Thrakien, 47, wurden zu römischen Provinzen reduziert. Er schaffte auch die bis dahin in Italien bestehenden Präfekturen ab.

Nero, 13. Okt. 54 – 11. Juni 68.
Seine Ausbildung und sein Charakter.

16. Nero Claudius Cæsar , unterstützt von Agrippina und der Prätorianergarde , trat im Alter von siebzehn Jahren die Nachfolge von Claudius an. Mitten in den schlimmsten Verbrechen aufgewachsen und durch eine pervertierte Erziehung eher für einen Professor der Musik und der schönen Künste als für einen Kaiser ausgebildet, bestieg er den Thron wie ein vergnügungshungriger Jüngling; und während seiner gesamten Regierungszeit scheint seine Grausamkeit seiner Vorliebe für Ausschweifungen und Ausschweifungen untergeordnet zu sein. Die ungeklärte Lage der Nachfolge rief zunächst seine wilde Veranlagung zum Vorschein; und nach der Ermordung von Britannicus fiel das Schwert. Vernichtet Britannicus und die ganze Familie Julian: Auch seine Eitelkeit macht ihn grausam. in regelmäßiger Reihenfolge an alle, die auch nur entfernt mit der Familie Julian in Verbindung standen. Seine Eitelkeit als Interpret und Komponist erregte gleichermaßen seine Grausamkeit; Und da unter allen Tyrannen jede Hinrichtung Anlass zu einer anderen gibt, brauchen wir uns nicht darüber zu wundern, dass er jeden tötete, der ihn übertraf. Seine Verbindung zu Agrippina, Burrhus und Seneca zu Beginn seiner Regierungszeit, in der er einige nützliche Vorschriften in die Staatskasse

einführte, hielt ihn jedoch im Rahmen des Anstands. Aber Poppæa Sabina hatte ihn dazu getrieben, seine Frau und Mutter zu ermorden; Nachdem seine Mutter und seine Frau Octavia ermordet worden waren und Tigellinus sein Vertrauen gewonnen hatte, fühlte er sich nicht länger von der Angst vor der öffentlichen Meinung zurückgehalten. Die Hinrichtungen einzelner Personen, von denen fast alle in der Geschichte berichtet wurden, waren im Großen und Ganzen vielleicht nicht das größte Übel; plündert die Provinzen, um seine Verschwendungssucht zu unterstützen. Die Plünderung der Provinzen, nicht nur um seine eigenen lockeren und weiblichen Vergnügungen zu unterstützen, sondern auch um das Volk in einem ständigen Rauschzustand zu halten, hätte beinahe zur Auflösung des Reiches geführt. Die letzten Jahre Neros waren von einem auffallenden und zweifellosen Wahnsinn geprägt, der sich in seinen Theateraufführungen und sogar in der Geschichte seines Sturzes zeigte. AC 68. Es scheint, dass sowohl um einen Thron wie den Roms herum als auch auf ihm Helden für Laster und Tugend gebildet wurden!

Entdeckung der Verschwörung von Piso , 65, und des Aufstands von Julius Vindex im keltischen Gallien, 68, gefolgt von dem von Galba in Spanien, der dort zum Kaiser ausgerufen wird, und dem sich Otho in Lusitanien anschließt. Dennoch schienen diese Aufstände nach der Niederlage von Julius Vindex in Obergermanien durch den Leutnant Virginius Rufus niedergeschlagen zu sein, als die Prätorianergarde , angestiftet von Nymphidius , in Rom selbst zum Aufstand ausbrach. Flucht und Tod von Nero, 11. Juni 68. Ausländische Kriege während seiner Herrschaft: in Großbritannien (ausgelöst durch den Aufstand von Boadicea), das von Suetonius Paulinus zum großen Teil unterworfen und zu einer römischen Provinz reduziert wurde; in Armenien, unter dem Kommando des tapferen Corbulo , gegen die Parther (siehe oben, S. 303); und in Palästina gegen die Juden, 66. Großer Brand in Rom, 64, der zur ersten Verfolgung der Christen führte.

Der Hauptgrund dafür, dass sich die Nation dem Despotismus Neros und seiner Vorgänger so zahm unterwarf, kann zweifellos darin liegen, dass der größte Teil davon von den Kaisern genährt wurde. Zu den monatlichen Maisverteilungen kamen nun die außerordentlichen *Congiaria* und *Viscerationes* (Wein- und Fleischlieferungen) hinzu. Die Zeiten der Tyrannei waren höchstwahrscheinlich die goldenen Tage des Volkes.

Das Aussterben der Familie Julian verursacht viele Probleme.

17. Durch den Tod von Nero starb das Haus von Cäsar aus, und dies führte zu so vielen Unruhen, dass in etwas weniger als zwei Jahren vier Kaiser mit Gewalt den Thron eroberten. Das Recht des Senats, die Thronfolger zu benennen oder zumindest zu bestätigen, wurde zwar weiterhin anerkannt;

Doch als die Armeen herausfanden, dass sie Kaiser schaffen konnten, verfiel die Macht des Senats in eine leere Zeremonie. Galba, 11. Juni 68 – Jan. 15, 69. Servius Sulpicius Galba, jetzt zweiundsiebzig Jahre alt, erlangte, nachdem er bereits von den Legionen in Spanien zum Kaiser ausgerufen und vom Senat anerkannt worden war, ohne einen Schlag die Herrschaft über Rom, nachdem der Versuch des Nymphidius völlig gescheitert war. und Virginius Rufus unterwarf sich ihm freiwillig. Galba jedoch erregte Anstoß an den von der Prätorianergarde Getöteten . Prätorianergarde und die deutschen Legionen, wurde von den Wachen auf Betreiben seines ehemaligen Freundes Otho genau zu dem Zeitpunkt entthront, als er glaubte, seinen Thron durch die Adoption des jungen Licinius gesichert zu haben Piso und hatte die Hoffnungen von Otho zunichte gemacht.

Otho, 69. Januar – 16. April.

18. M. Otho, 37 Jahre alt, wurde zwar vom Senat als Kaiser anerkannt, wollte aber die Zustimmung der deutschen Legionen, die ihren General A. Vitellius zum Kaiser erklärten und in Italien einmarschierten. Otho marschiert gegen ihn, doch nach der verlorenen Schlacht von Bedriacum bringt er sich um – ob aus Angst oder Patriotismus, bleibt ungewiss.

Die besonderen Quellen für die Geschichte von Galba und Otho sind ihre *Leben* von PLUTARCH .

Vitellius, 16. April, 20. Dezember, 69.

19. Vitellius wurde in seinem siebenunddreißigsten Lebensjahr nicht nur vom Senat, sondern auch in den Provinzen als Kaiser anerkannt; Seine Ausschweifungen und Grausamkeiten, zusammen mit der Zügellosigkeit seiner Truppen, machten ihn jedoch in Rom verhasst, die syrischen Legionen rebellierten und proklamierten ihren General, Vespasian proklamierte Kaiser. T. Flavius Vespasian, Kaiser, der auf Bitten des mächtigen Mutianus , Gouverneur von Syrien, das kaiserliche Diadem entgegennahm. Die Truppen an der Donau, die sich kurz darauf für ihn erklärten und unter ihrem Feldherrn Antonius Primus in Italien einmarschierten, besiegten die Armee des Vitellius bei Cremona. Vitellius wurde sofort vom Thron gestürzt, allerdings erst, nachdem durch die Unruhen in Rom, bei denen Flavius Sabinus , der Bruder von Vespasian, getötet und die Hauptstadt niedergebrannt wurde, Blut vergossen worden war.

Vespasian, 20. Dezember 69 – 24. Juni 79.

20. Flavius Vespasian bestieg in seinem neunundfünfzigsten Lebensjahr den Thron und wurde damit zum Gründer einer Dynastie, die Rom drei Kaiser stellte. Der Staat, der durch Überfluss, Bürgerkrieg und aufeinanderfolgende Revolutionen fast ruiniert war, fand in Vespasian einen Monarchen, der seinem unglücklichen Zustand gut gewachsen war. Er

bemühte sich , so weit er konnte, die Beziehungen zwischen den Parteien zu bestimmen. Er legte die Macht des Senats fest; er selbst und der Senat; während er ihr durch ein Dekret alle Rechte und Privilegien zurückgab, die ihr von seinen Vorgängern aus der Familie von Cæsar verliehen worden waren , und einige andere festlegte und hinzufügte (*lex regia*). Er führte eine gründliche Reform durch und verbesserte die Staatskasse; völlig erschöpfte Staatskasse, die er teilweise dadurch rekrutierte, dass er die Länder, die Nero zusammen mit einigen anderen frei gemacht hatte, in Provinzen zerlegte; zum Teil durch die Wiederherstellung der alten Bräuche, durch die Ausweitung anderer und durch die Einführung neuer Bräuche: Ohne dies wäre es ihm unmöglich gewesen, die Disziplin der Armee wiederherzustellen. gründet öffentliche Gebäude und fördert die Bildung; verbannt die Stoiker; Seine Großzügigkeit bei der Gründung öffentlicher Gebäude sowohl in Rom als auch in anderen Städten; und die Sorgfalt, mit der er die Bildung förderte, indem er öffentlichen Lehrern Gehälter gewährte, reichen aus, um ihn vom Vorwurf der Habgier zu befreien; und obwohl er die Stoiker (die seit der Zeit Neros sehr zahlreich geworden waren und fast alle Prinzipien des Republikanismus beibehielten) wegen ihrer gefährlichen Ansichten verbannte, löschte die Aufhebung der Judicia *majestatis die Verfassung aus* . *Judicia majestatis* und die Wiederherstellung der Autorität des Senats zeigen, wie weit er davon entfernt war, ein Despot zu sein.

Rhodos, Samos, Lykien, Achaia, Thrakien, Kilikien und Kommagene wurden von Vespasian in den Zustand von Provinzen erhoben. Auswärtige Kriege: der gegen die Juden, der mit der Zerstörung Jerusalems endete, 70 n. Chr.; und ein viel größerer Krieg gegen die Bataver und ihre Verbündeten unter Civilis, der während der späten Bürgerkriege versuchte, das römische Joch abzuschütteln, 69; wurden aber von Cerealis , 70, auf eine Unterkunft reduziert. Expeditionen von Agricola in Britannien, 78–85, die nicht nur ganz England unterwarfen und die römischen Sitten und Bräuche einführten, sondern auch Schottland angriffen und umsegelten.

D. Vespasianus, Leben und Gesetzgebung T. Flavii Vespasiani Imp. commentarius , Autor AG CRAMER . Jenæ , 1785. Eine ausgezeichnete Untersuchung mit Abbildungen der Fragmente der *Lex regia* . Der zweite Teil, *de legislativee* , enthält einen wissenschaftlichen Kommentar zum *Senatus Consulta* während seiner Regierungszeit.

Titus, 27. Juni 79 – Sept. 13, 81.

zum Cäsar ernannt wurde und von seinem neununddreißigsten bis zu seinem zweiundvierzigsten Lebensjahr regierte, liefert uns das seltene Beispiel dafür, dass ein Prinz auf dem Thron besser wurde. Seine kurze und wohlwollende Regierungszeit war in der Tat nur wegen ihrer öffentlichen Katastrophen bemerkenswert: Auf einen Ausbruch des Vesuvs , der mehrere

Städte überschwemmte, folgte ein verheerendes Feuer und ein schrecklicher Brand und eine schreckliche Pest in Rom. Sein früher Tod sicherte ihm den Ruf, wenn nicht der glücklichste, so doch der beste aller Fürsten zu sein.

Domitian, 13. Sept. 81 – Sept. 18, 96.
ein völliger und grausamer Despot; erfolglos im Krieg; erhöht den Sold der Soldaten; beschäftigt Informanten.

22. Sein jüngerer Bruder und Nachfolger, L. Flavius Domitian, der von seinem dreißigsten bis zu seinem fünfundvierzigsten Lebensjahr regierte, gibt ein Beispiel, das dem von Titus völlig entgegengesetzt ist: Er begann mit Gerechtigkeit und Strenge und degenerierte bald zum vollkommensten Despoten aller Zeiten schwang das römische Zepter . Seine Grausamkeit, gepaart mit einem ebenso hohen Maß an Stolz und genährt von Misstrauen und Eifersucht, machte ihn zum Feind aller, die ihn durch ihre Heldentaten, ihren Reichtum oder ihre Talente übertrafen. Die Demütigungen, denen sein Stolz infolge seiner erfolglosen Kriege gegen die Catti und insbesondere die Daci ausgesetzt gewesen sein muss, verstärkten seine schlechte Laune. Sein Despotismus basierte auf seinen Armeen, deren Sold er um ein Viertel erhöhte; und um dadurch die Staatskasse nicht zu verkleinern, wie er anfangs zu viel getan hatte, vervielfachte er die *judicia majestatis und machte sie durch den Einsatz geheimer Informanten (delatores)* noch schrecklicher, um durch Beschlagnahmungen den Reichtum zu vermehren seiner Privatkasse (*Fiscus*). Indem Domitian seine Grausamkeit hauptsächlich auf die Hauptstadt beschränkte und die Gouverneure der Provinzen streng überwachte, verhinderte er eine allgemeine Desorganisation des Reiches, wie sie unter Nero stattfand. Sein Sturz bestätigte die allgemeine Wahrheit, dass Tyrannen vom Volk wenig zu befürchten haben, wohl aber viel von Einzelpersonen, die glauben, ihr Leben sei in Gefahr.

Die auswärtigen Kriege während dieser Herrschaft sind umso bemerkenswerter, als sie die ersten waren, in denen die Barbaren das Reich erfolgreich angriffen. Domitians lächerlicher Feldzug gegen die Catti , 82, lieferte den ersten Beweis seiner grenzenlosen Eitelkeit; ebenso wie die Erinnerung des siegreichen Agricola, 85, aus Großbritannien, an seine Eifersucht. Sein wichtigster Krieg war der gegen die Daker oder Getæ , die unter ihrem tapferen König Dercebal die römischen Grenzen angegriffen hatten; Dies führte erneut zu einem erneuten Streit mit ihren Nachbarn , den Markomannen, Quaden und Jazygi , 86–90, der für Rom so unglücklich ausfiel, dass Domitian gezwungen war, einen Frieden der Daker zu erkaufen, indem er ihnen einen jährlichen Tribut zahlte.

Nerva, 24. Jan. 96 – Jan. 27, 98.
Seine Herrschaft war der Beginn einer glücklichen Zeit.

23. M. Cocceius Nerva, etwa siebzig Jahre alt, wurde von den Mördern Domitians auf den Thron erhoben; und nun schien endlich der Anbruch einer glücklicheren Zeit für das Reich anzubrechen . Die vorangegangene Schreckensherrschaft hörte sofort vollständig auf; und er bemühte sich , der Industrie neuen Schwung zu verleihen , nicht nur durch die Senkung der Steuern, sondern auch durch die Verteilung von Land an die Armen. Der Aufstand der Wachen kostete den Mördern Domitians sicherlich das Leben; aber es war gleichzeitig der Grund dafür, dass Nerva nach seinem Tod durch die Adoption Trajans den Wohlstand des Reiches sicherte.

Trajan, 24. Jan. 98 – Aug. 11, 117.
Der beste der römischen Monarchen. Stellt die römische Verfassung wieder her; seine Genügsamkeit und Liberalität; erobert Dakien, Armenien, Mesopotamien und einen Teil Arabiens.

24. M. Ulpius Trajan (nach seiner Adoption Nerva Trajan), ein gebürtiger Spanier, regierte das Reich von seinem zweiundvierzigsten bis zu seinem zweiundsechzigsten Lebensjahr. Er war der erste Ausländer, der den römischen Thron bestieg, und gleichzeitig der erste ihrer Monarchen, der als Herrscher, Feldherr und Mann gleichermaßen groß war. Nach der völligen Abschaffung der *judicia majestatis* machte er die Wiederherstellung der *freien römischen Verfassung*, soweit sie mit einer monarchischen Form vereinbar war, zu seinem besonderen Anliegen. Er gab den *Komitien* die Wahlgewalt zurück , dem Senat völlige Meinungsfreiheit und den Magistraten ihre frühere Autorität; und doch übte er die Kunst des Regierens in einem Ausmaß und in einer Ausführlichkeit aus, die nur wenige Fürsten erreicht haben . Obwohl er in seinen Ausgaben sparsam war, zeigte er sich dennoch äußerst großzügig gegenüber allen nützlichen Institutionen, ob in Rom oder in den Provinzen, sowie bei der Gründung von Militärstraßen, öffentlichen Denkmälern und Schulen für den Unterricht armer Kinder. Durch seine Kriege erweiterte er die Herrschaft Roms über seine früheren Grenzen hinaus; in seinen Kämpfen mit den Dakern unterwarf er ihr Land und machte es zu einer römischen Provinz; wie er es auch in seinen Kriegen gegen die Armenier und Parther, Armenien, Mesopotamien und einen Teil Arabiens tat. Warum wurde ein so großer Charakter durch den Ehrgeiz der Eroberung entstellt?

Der erste Krieg gegen die Daker, in dem der schändliche Tribut entzogen und Dercebal unterworfen wurde, dauerte von 101 bis 103. Doch als Dercebal erneut rebellierte, wurde der Krieg im Jahr 105 erneuert und im Jahr 106 beendet, als Dakien zu einer römischen Provinz wurde und viele römische Kolonien darin gegründet wurden. Der Krieg mit den Parthern entstand aus einem Streit um den Besitz des armenischen Throns (siehe oben, S. 304), 114–116: Aber obwohl Rom siegreich war , erlangte es dadurch keinen dauerhaften Vorteil.

Die besondere Quelle für die Geschichte Trajans ist der *Panegyricus* von PLINIUS DEM JÜNGEREN ; Die Korrespondenz desselben Schriftstellers, der damals Gouverneur von Bithynien war, mit dem Kaiser gewährt uns jedoch einen viel tieferen Einblick in den Geist seiner Regierung: PLINII *Epist.* lib. X. Wer kann es lesen, ohne den königlichen Staatsmann zu bewundern?

RITTERSHUSII *Trajanus in Lucem Reproduktion* . Ambegæ , 1608. Eine bloße Sammlung von Passagen antiker Autoren über Trajan.

Res Trajani Imperatoris Anzeige Danubium Gesten , *Autor* CONRAD MANNERT . Norimb . 1793: und

JOH. CHRISTUS. ENGEL , *Commentatio de Expeditionibus Trajani Anzeige Danubium und sein Ursprung Valachorum* . Vindob . 1794. — Beide gelehrten Dissertationen, geschrieben für den von der Königlichen Gesellschaft zu Göttingen ausgelobten Preis; Der erste von ihnen erhielt den Preis und der andere den *Zugang* , d . h . e . wurde zum zweitbesten erklärt.

Adrian.

25. Durch die Erfindungen von Plotina , seiner Frau, wurde Trajan von seinem Cousin und Schüler abgelöst, den er angeblich auch adoptiert hatte, P. Ælius Adrian, der von seinem zweiundvierzigsten bis zu seinem dreiundsechzigsten Lebensjahr regierte. Er wurde sofort von der Armee Asiens anerkannt, bei der er sich befand, und die Sanktion des Senats folgte unmittelbar darauf. Er unterschied sich von seinem Vorgänger dadurch, dass sein Hauptziel die Wahrung des Friedens war; weshalb er unmittelbar nach seiner Thronbesteigung die neu eroberten Provinzen Asien, Armenien, Assyrien und Mesopotamien aufgab (seltene Mäßigung!), und so den Partherkrieg beendete (siehe oben, S. 304). Er behielt, wenn auch mit einigem Widerwillen, das von Dakien bei, da sonst die römischen Kolonien exponiert worden wären. Er kompensierte seine friedliebende Gesinnung jedoch gut dadurch, dass er durch eine allgemeine und energische Reform der inneren Verwaltung und durch die Wiederherstellung der Disziplin der Armee dem Reich größere Stabilität verleihen wollte. Zu diesem Zweck besuchte er nacheinander alle Provinzen des Römischen Reiches; zuerst der Osten und dann der Westen; Er erließ nützliche Vorschriften und sorgte für Ordnung, wo immer er auch hinkam. Er verbesserte die römische Jurisprudenz durch die Einführung des *Edictum perpetuum* . Er liebte die Literatur und die schönen Künste und war in ihnen gut ausgebildet. Er gewährte ihnen seinen großzügigen Schutz und rief so ein neues augusteisches Zeitalter hervor. Im Großen und Ganzen war seine Herrschaft sicherlich eine heilsame für das Reich; und für jede einzelne Ungerechtigkeit, die ihm vorgeworfen werden könnte, entschädigte er vollständig durch die Wahl eines Nachfolgers. Nachdem er zunächst L. Aurelius Verus (später Ælius) adoptiert hatte Verus), der seinen Ausschweifungen zum Opfer fiel ,

adoptierte als nächstes T. Aurelius Antoninus (später T. Ælius) . Adrianus Antoninus Pius), unter der Bedingung, dass er erneut M. Aurelius Verus (später M. Aurelius Antoninus) und L. Cesonius Commodus (später L. Verus), den Sohn von Ælius , adoptieren sollte Verus .

Während seiner Herrschaft brach in Judäa unter Barcochab (132–135) ein großer Aufstand aus, der durch die Einführung der heidnischen Anbetung in der römischen Kolonie *Ælia verursacht wurde Capitolina* (das alte Jerusalem).

Die besondere Quelle für die Geschichte Adrians ist sein *Leben* und das von *Ælius Verus* von ÆLIUS SPARTANUS *im Skript. Hist. Aug. Minores* , bereits zitiert.

Antoninus Pius, 10. Juli 138 – 7. März 161.

26. Die Regierungszeit von Antoninus Pius von seinem siebenundvierzigsten bis zu seinem siebzigsten Jahr war zweifellos die glücklichste Zeit des Römischen Reiches. Er fand alles bereits in bester Ordnung; und die Minister, die Adrian ernannt hatte, behielt er an deren Stelle. Seine stille Tätigkeit liefert nur wenig Stoff für die Geschichte; und doch war er vielleicht der edelste Charakter, der jemals auf einem Thron saß. Obwohl er ein Prinz war, war sein Leben das eines untadeligen Menschen; während er die Angelegenheiten des Reiches verwaltete, als wären sie seine eigenen. Er ehrte den Senat; und die Provinzen blühten unter ihm auf, nicht nur, weil er ein wachsames Auge auf das Verhalten der Gouverneure hatte, sondern weil er es zu einer Maxime seiner Regierung machte, alle an ihren Plätzen zu belassen, deren Redlichkeit er hinreichend bewiesen hatte. Er beobachtete eine strenge Ordnung in den Finanzen, ohne jedoch an den Stellen zu sparen, an denen sie bei der Gründung oder Verbesserung nützlicher Institutionen von Nutzen sein könnte; wie seine Errichtung zahlreicher Gebäude, die Einrichtung öffentlicher Lehrer mit Gehältern in allen Provinzen und andere Beispiele deutlich zeigen. Er selbst führte keinen Krieg; im Gegenteil, mehrere ausländische Nationen wählten ihn, um ihre Differenzen zu schlichten. Einige Aufstände, die in Großbritannien und Ägypten ausbrachen, und einige Grenzkriege, die von den Deutschen, den Dakern, den Mauren und den Alani angezettelt wurden, wurden von seinen Leutnants niedergeschlagen.

Die wichtigste und fast einzige Quelle für die Geschichte von Antoninus Pius, wobei die Geschichte von Dion Cassius aus dieser Zeit verloren geht, ist sein *Leben* von JULIUS CAPITOLINUS in der *Schrift. Hist. August.* Und selbst das bezieht sich eher auf seinen privaten Charakter als auf seine öffentliche Geschichte. Vergleichen Sie die hervorragenden *Reflexionen* von MARCUS AURELIUS , I , 16. über diesen Prinzen.

Vie des Empereurs Tite Antonin und Marc Aurele, *par* M. GAUTIER DE SIBERT . Paris, 1769, 8vo. Ein wertvoller Aufsatz über das Leben der beiden Antoniner .

Marcus Aurelius, 7. März 161 – 17. März 180.

27. Sein Nachfolger wurde Marcus Aurelius Antoninus , der Philosoph (im Alter von 40–59 Jahren), der sich sofort unter dem Titel Augustus mit L. Verus (im Alter von 30–40 Jahren, † 169) verband , dem er gab seine Tochter in der Ehe. Ungeachtet der Verschiedenheit ihres Charakters bestand zwischen ihnen während ihrer gesamten gemeinsamen Herrschaft die herzlichste Verbindung; Tatsächlich hatte L. Verus , der in den Kriegen fast immer abwesend war, nur einen sehr geringen Anteil an der Regierung. Die Regierungszeit von M. Aurelius war von mehreren großen Katastrophen geprägt: einer schrecklichen Pest, einer Hungersnot und fast ununterbrochenen Kriegen. Nichts Geringeres als ein Prinz wie Aurelius, der der Welt das Bild der auf einem Thron sitzenden Weisheit vor Augen führte, hätte so viel Elend erträglich machen können. Bald nach 161–166. Mit seiner Thronbesteigung stürmten die Catten am Rhein und die Parther in Asien ein. L. Verus wurde gegen sie geschickt. Doch die Kriege an der Donau mit den Markomannen und ihren Verbündeten in Pannonien und anderen Ländern beginnen voranzuschreiten. Die nördlichen Nationen, die nun begannen, mit großer Kraft gegen Dakien vorzudringen, waren von viel größerer Bedeutung. Sie beschäftigten M. Aurelius vom Jahr 167 an mit nur wenigen Unterbrechungen bis zum Ende seiner Herrschaft. Es gelang ihm tatsächlich, die Grenzen des Reiches aufrechtzuerhalten; aber dann war er der Erste, der irgendwelche der Barbaren dort ansiedelte oder sie in die römischen Dienste aufnahm. In der internen Verwaltung orientierte er sich eng an der Rebellion seines Vorgängers Avidius Cassius, ließ sich jedoch zu sehr von seinen Freigelassenen und seiner Familie beeinflussen. Der einzige Aufstand, der gegen ihn ausbrach, war der von Avidius Cassius, seinem Leutnant in Syrien, ausgelöst durch eine falsche Meldung über seinen Tod, 175. Tod; aber es wurde durch die Vernichtung dieses Generals unterdrückt, sobald die Wahrheit ans Licht kam.

Der Krieg gegen die Parther (siehe oben, S. 304) wurde tatsächlich von Verus zu einem erfolgreichen Ende gebracht , wobei die wichtigsten Städte der Parther in die Hände der Römer fielen; Verus ließ sie jedoch von seinen Leutnants weiterführen, während er in Antiochia in Ausschweifungen randalierte. Der erste Krieg gegen die Markomannen, der zu Beginn und bis zum Tod des Verus von den beiden Kaisern gemeinsam geführt wurde, war für Rom äußerst gefährlich, da sich viele andere Nationen den Markomannen angeschlossen hatten, insbesondere die Quaden, Jazygi und Vandalen drang bis nach Aquileia vor. M. Aurelius beendete diesen Krieg durch einen glorreichen Frieden, 174, da er es für notwendig hielt, den Fortschritt der

Rebellion des Cassius zu stoppen; Im Jahr 178 begannen die Markomannen jedoch erneut mit Feindseligkeiten, und noch vor ihrem Ende starb M. Aurelius in Sirmium . Zeitgleich mit diesen Kriegen, aber scheinbar ohne Zusammenhang mit ihnen, erfolgten die Angriffe anderer Nationen auf Dacia, die Bastarnæ , Alani usw., die aus dem Norden einströmten und wahrscheinlich durch den Vormarsch der Goten vorangetrieben wurden. *Dies war das erste Symptom der nun beginnenden großen Völkerwanderung.*

Die besonderen Quellen für die Geschichte von M. Aurelius sind die Biographien von ihm und L. Verus , verfasst von JULIUS CAPITOLINUS , sowie die von Avidius Cassius von VULCATIUS GALLICANUS in *der Schrift. Hist. August.* Die in Mailand entdeckten Briefe unter und zusammen mit den Schriften von FRONTO haben keinen historischen Wert . – Seine Prinzipien kann man am besten aus seinen *Meditationen über sich selbst* lernen .

CH. MEINERS *de M. Aurel. Antonini ingenio , moribus , et scriptis , in Commentat . Soc. Gotting .* Bd. vi.

T. Commodus, 17. März 180 – Dez. 31, 192.

28. Durch die Adoption war das Römische Reich in den letzten achtzig Jahren mit einer Reihe von Herrschern gesegnet worden, wie es kein anderes Königreich so oft erlebt hat. Aber in J. Commodus, dem Sohn von M. Aurelius (wahrscheinlich der Nachkomme eines Gladiators), der von seinem neunzehnten bis zu seinem einunddreißigsten Jahr regierte, bestieg ein Monster der Grausamkeit, Unverschämtheit und Unzucht den Thron. Zu Beginn seiner Herrschaft kaufte er den Markomannen einen Frieden, damit er nach Rom zurückkehren konnte. Da er selbst nicht in der Lage war, die Last der Regierung zu tragen, wurde das Ruder des Staates Perennis, † 186, in die Hände des strengen und grausamen Perennis, Präfekt der Prätorianergarde , gelegt ; Doch als er von den unzufriedenen Soldaten ermordet wurde, trat der Freigelassene Cleander , † 189, an seine Stelle. Cleander , der alles zum Verkauf anbot, bis er in einem Aufstand des Volkes, verursacht durch den Mangel an Proviant, seiner eigenen unersättlichen Gier zum Opfer fiel. Die verschwenderische Vorliebe von Commodus für die Vergnügungen der Amphitheater und die Kämpfe wilder Tiere und Gladiatoren, an denen er in der Rolle des Herkules gewöhnlich selbst teilnahm, wurde zur Hauptursache seiner Zerstreutheit und damit seiner Grausamkeit; bis er schließlich auf Betreiben seiner Konkubine Marcia, Lætus , dem Präfekten der Prätorianergarde , und Electus getötet wurde . 182–184. Die Grenzkriege während seiner Herrschaft, in Dakien und insbesondere in Großbritannien, wurden von seinen Leutnants, Generälen, die der Schule seines Vaters angehörten, erfolgreich geführt.

Die besondere Quelle für die Geschichte von Commodus ist sein Privatleben von ÆL . LAMPRIDIUS , im *Drehbuch. Hist. August.* — Die Geschichte Herodians beginnt mit seiner Herrschaft.

Zustand des Reiches zu dieser Zeit.

29. Die Katastrophen unter M. Aurelius und die Extravaganzen von Commodus hatten dem Reich geschadet, es aber nicht geschwächt. Gegen Ende der Antoninerzeit behielt es noch seine ursprüngliche Kraft . Wenn weise Regelungen, innerer Frieden, mäßige Steuern, ein gewisses Maß an politischer und uneingeschränkter bürgerlicher Freiheit ausreichen, um das Glück eines Gemeinwesens zu bilden, muss es im Römischen Reich gefunden worden sein. Was für eine Reihe von Vorteilen hatte es allein aufgrund seiner Lage gegenüber allen anderen! Beweise dafür finden sich überall. Eine kräftige Bevölkerung, reiche Provinzen, blühende und prächtige Städte und ein reger Binnen- und Außenhandel. Aber die sicherste Grundlage für das Glück einer Nation besteht in ihrer moralischen Größe, und danach suchen wir hier vergeblich. Sonst hätte sich die Nation nicht so leicht von den Prätorianerkohorten und den Legionen unter das Joch des Commodus bringen lassen . Aber was die Stärke, die das Reich immer noch behielt, am besten zeigt, ist der Widerstand, den es noch zweihundert Jahre lang den gewaltigen Angriffen von außen entgegensetzte.

DH HEGEWISCH *über die Epochen der römischen Geschichte, die für die Menschheit am günstigsten waren* . Hamburg, 1800–8.

Der in dieser Zeit so florierende Außenhandel konnte in gewissem Umfang nur mit dem Osten – hauptsächlich mit Indien – betrieben werden, während sich das Römische Reich über den gesamten Westen ausbreitete. Dieser Handel wurde weiterhin über Ägypten, aber auch über Palmyra und Syrien betrieben. Informationen hierzu finden Sie in

W. ROBERTSONS *Abhandlung über das Wissen, das die Alten über Indien hatten* . London, 1791, 4to. Oft nachgedruckt. Und insbesondere auf Ägypten, in

W. VINCENT , *der Periplus des Erythreischen Meeres* . London, 1802, 4to. 2 Bde. Eine sehr lehrreiche Arbeit.

HEEREN , *Commentationes de Graecorum et Romanorum de India notitia, et cum Indis kommerziell* : *in Commentat . Soc. Gott.* Bd. X. xi.

ZWEITER ABSCHNITT.

Vom Tod von Commodus bis Diokletian, 193–284 n. Chr.

QUELLEN. Die Auszüge des Xiphilinus aus DION CASSIUS , lib. lxxiii – lxxx. obwohl oft unvollkommen, reichen sie bis zum Konsulat von Dion selbst unter Alexander Severus, 229. – HERODIANI *Hist.* Buch VIII. umfassen den Zeitraum von Commodus bis Gordian, 180–238. – Die *Scriptores Historiæ Augustæ Minores* enthalten die Privatleben der Kaiser bis hin zu Diokletian, von JULIUS CAPITOLINUS , FLAVIUS VOPISCUS usw. – Die *Breviaria Historiæ Romanæ* von EUTROPIUS , AURELIUS VICTOR und S. RUFUS sind für diesen Zeitraum besonders wichtig. – Schließlich die wichtigen Informationen, die aus dem Studium der Medaillen und Münzen abgeleitet werden können, nicht nur für diesen Abschnitt, sondern für die gesamte Geschichte der Kaiser , kann man am besten lernen, indem man die Autoren zu diesen Themen konsultiert: J. VAILLANT , *Numismata Augustorum et Cæsarum , Pfarrer* JF BALDINO . Rom, 1743, 3 Bde. *Die Medaillengeschichte des kaiserlichen Roms* , von W. COOKE . London, 1781, 2 Bde. – Vor allem aber die zu dieser Zeit gehörenden Bände in ECKHEL , *Doctrina Nummorum Veterum* .

Mit der Zeit der Antoniner beginnt das große Werk des britischen Historikers:

Die Geschichte des Niedergangs und Untergangs des Römischen Reiches , von EDWARD GIBBON . Oxford, 1828, 8 Bde. 8vo. An Wert und Umfang ist diese Arbeit allen anderen überlegen. Es umfasst die gesamte Epoche des Mittelalters ; aber nur der erste Teil gehört zu dieser Zeit.

Pertinax , 1. Januar – 28. März 193.

1. Das Aussterben des Geschlechts der Antoniner durch den Tod von Commodus war mit Erschütterungen verbunden, die denen ähnelten, als das Haus Cäsar beim Tod von Nero ausstarb. Es stimmt, dass P. Helvius Pertinax , 67 Jahre alt, Präfekt der Stadt, wurde von den Mördern von Commodus auf den Thron erhoben; und dass er zuerst von den Wachen und dann vom Senat anerkannt wurde. Aber die Reform, die er zu Beginn seiner Regierungszeit in den Finanzen durchführen musste, machte ihn bei den Soldaten und Höflingen so verhasst, dass ein von Lætus angezettelter Aufstand des Ersten ihn das Leben kostete, bevor er ganz drei Jahre regiert hatte Monate. Dies war der erste Beginn jenes schrecklichen militärischen Despotismus, der den herrschenden Charakter dieser Zeit ausmacht; und für niemanden wurde es so schrecklich wie für diejenigen, die es zum Hauptstützpunkt ihrer absoluten Macht machen wollten.

Die Unverschämtheit der Prätorianergarde war während der Herrschaft von Commodus sehr hoch gestiegen; aber es war nie, nicht einmal zur Zeit der Antoniner, völlig unterdrückt worden. Nur durch große Spenden konnte ihre Zustimmung erkauft, ihre Launen befriedigt und ihre gute Laune aufrechterhalten werden; vor allem bei jeder neuen Adoption. Einer der größten Vorwürfe gegen das Zeitalter der Antoniner besteht darin, dass diese großen Fürsten, die offenbar über so viele Mittel verfügten, sich nicht aus einer so lästigen Abhängigkeit befreiten.

JUL. CAPITOLINI *Pertinax Imp. im Skript. Hist. Aug.*

Didias Julianus.

2. Als nach dem Tod von Pertinax der reiche und verschwenderische M. Didius Julianus im Alter von siebenundfünfzig Jahren zum großen Skandal des Volkes alle seine Konkurrenten um das Reich überboten und es von der Prätorianergarde gekauft hatte , Es folgte ganz natürlich ein Aufstand der Legionen, die besser in der Lage waren, Kaiser zu schaffen. Aber als die Armee Illyriens ihren General ausrief, Septimius Severus, Pescennius Niger, Albinus. Septimius Severus, die Armee Syriens, Pescennius Niger, und die Armee Großbritanniens, Albinus, nichts weniger als eine Reihe von Bürgerkriegen konnten darüber entscheiden, wer sich auf dem Thron behaupten sollte.

ÆL . SPARTANI *Didius Julianus, im Skript. Hist. Aug.*

3. Septimius Severus war jedoch im Alter von 49 bis 66 Jahren der erste, der Rom in Besitz nahm, und nach der Hinrichtung von Didius Julianus wurde er vom Senat anerkannt. Er entließ zwar die alte Prätorianergarde , wählte aber an ihrer Stelle sofort eine viermal stärkere aus seiner eigenen Armee. Und nachdem er Albinus vorläufig zum Kaiser erklärt hatte, marschierte er mit seiner Armee gegen Pescennius Niger, bereits Herr des Ostens, den er nach mehreren Kämpfen in der Nähe des Issus besiegte und tötete. Doch nachdem er zunächst die starke Stadt Byzanz eingenommen und zerstört hatte, folgte bald ein Krieg mit Albinus, den der perfide Severus bereits versucht hatte, durch ein Attentat zu vertreiben. Nach einer blutigen Niederlage in der Nähe von Lyon bringt sich Albinus am 19. Februar 197 um. Albinus bringt sich um. Auf diese Bürgerkriege folgten Feindseligkeiten gegen die Parther, die sich auf die Seite des Pescennius gestellt hatten , und die mit der Plünderung ihrer Hauptstädte endeten (siehe oben, S. 304). Severus besaß die meisten Tugenden eines Soldaten; aber der unersättliche Geiz seines Ministers Plautianus , des furchtbaren Hauptmanns der Prätorianergarde , beraubte das Reich selbst jener Vorteile, die unter einer Militärregierung genossen werden können, 204. bis er auf Betreiben Caracallas hingerichtet wurde. Um seine Legionen beschäftigt zu halten, unternahm Severus eine Expedition nach Großbritannien, wo er, nachdem

er die Grenzen des Reiches erweitert hatte, in York (*Eboracum*) starb und seinem Sohn die Maxime hinterließ, „die Soldaten zu bereichern und den Rest für nichts zu halten." "

Agricola hatte bereits eine Reihe von Festungen errichtet, wahrscheinlich zwischen dem Firth of Clyde und dem Firth of Forth. Diese wurden von Adrian in eine Mauer entlang der heutigen Grenzen Schottlands umgewandelt. Severus erweiterte erneut die Grenzen, errichtete die Festungen von Agricola wieder und errichtete anschließend eine Mauer von Meer zu Meer; sein Sohn gab jedoch das eroberte Land auf und die Mauer von Adrian wurde wieder zur Grenze des Reiches.

ÆL . SPARTANI *Septimius Severus und Pescennius Niger* .

JUL. CAPITOLINI *Claudius Albinus, im Drehbuch. Hist. Aug.*

Caracalla, 4. Februar 211 – 4. April 217.

4. Der tödliche Hass, der zwischen den beiden Söhnen des Severus, M. Aurelius Antoninus , herrschte Bassianus Caracalla, 23–29 Jahre alt, und sein junger Stiefbruder Geta, 21 Jahre alt, führten zu einer schrecklichen Katastrophe; denn bei ihrer Rückkehr nach Rom und nachdem ein fruchtloser Vorschlag für eine Teilung des Reiches gemacht worden war, ermordete Geta am 4. April 212. Geta wurde in den Armen seiner Mutter Julia Domna zusammen mit allen, die als solche galten, ermordet seine Freunde. Der ruhelose Geist Caracallas lockte ihn jedoch bald aus Rom, und als er zuerst die Provinzen entlang der Donau und dann die des Ostens durchquerte, ruinierte er sie alle durch seine Forderungen und Grausamkeiten, zu denen er wegen Geldes gezwungen wurde seine Soldaten und um seinen Feinden an den Grenzen Frieden zu erkaufen. Die gleiche Notwendigkeit veranlasste ihn, allen Provinzen das Bürgerrecht zu verleihen, um dadurch die Pflicht der *Vicesima zu erlangen hereditatum et manumissionum* (Zwanzigstes auf Erbschaften und Wahlrechte), das er sehr bald darauf in ein Zehntel (*decima*) verwandelte. – In Bezug auf seine auswärtigen Kriege war sein erster Krieg gegen die Catten und Alemannen, unter denen er lange Zeit blieb , manchmal als Freund und manchmal als Feind. Doch nachdem er zuvor ein schreckliches Massaker an den Einwohnern von Alexandria angeordnet hatte, um seine grausame Raubgier zu befriedigen, richteten sich seine Hauptbemühungen gegen die Parther (siehe oben, S. 304); und in seinen Kriegen gegen sie wurde er von Macrinus , dem Präfekten der Prätorianergarde , ermordet .

Der Präfekt oder Hauptmann der Prätorianergarde wurde seit der Zeit von Severus zum wichtigsten Offizier des Staates. Neben der Befehlsgewalt über die Wachen unterstanden ihm auch die Finanzen sowie eine umfangreiche

Strafgerichtsbarkeit. Eine natürliche Folge des immer stärker werdenden Despotismus.

ÆL . SPARTANI *Antoninus Caracalla und Ant. Geta, im Drehbuch. Hist. Aug.*

Macrinus , 11. April 217 – 8. Juni 218.

5. Sein Mörder, M. Opelius Der 53-jährige Macrinus wurde von den Soldaten als Kaiser anerkannt und sofort vom Senat anerkannt. Er schuf sofort seinen Sohn, M. Opelius Diadumenus , neun Jahre alt, Cäsar , und gab ihm den Namen Antoninus . Er beendete schändlicherweise den Krieg gegen die Parther durch den Kauf eines Friedens und wandelte die *Decima* (Zehntel) von Caracalla wieder in die *Vicesima* (Zwanzigstel) um. Doch noch während er in Asien blieb, wurde Bassianus Heliogabalus, Großneffe von Julia Domna und Hohepriester im Sonnentempel von Emesa , den seine Mutter für einen Sohn Caracallas ausgab, von den Legionen zum Kaiser ausgerufen Nach einem Kampf mit den Wachen, bei dem Macrinus und sein Sohn anschließend ihr Leben ließen, erhoben sie ihn auf den Thron.

Mæsa , die Schwester von Julia Domna , hatte zwei Töchter, beide Witwen; Soæmis , die Älteste, war die Mutter von Heliogabalus, Mammæa , die Jüngste, die Mutter von Alexander Severus.

JUL. CAPITOLINI *Opelius Macrinus , im Skript. Hist. Aug.*

Heliogabalus, 8. Juni 218 – 11. März 222.

6. Heliogabalus, 14–18 Jahre alt, der den zusätzlichen Namen M. Aurelius Antoninus annahm , brachte aus Syrien den Aberglauben und die Wollust dieses Landes mit. Er führte die Verehrung seines Gottes Heliogabal in Rom ein und schwelgte offen in solch brutalen und schändlichen Ausschweifungen, dass die Geschichte kaum eine Parallele zu seinem ausschweifenden, schamlosen und skandalösen Verhalten finden kann. Wie tief muss die Moral dieses Zeitalters gesunken sein, in dem ein Junge so früh zu einem Monster hätte heranreifen können! – Die Entwürdigung des Senats und aller wichtigen Ämter, die er mit den erniedrigten Gefährten seiner eigenen Lüste und Leidenschaften besetzte Laster, wurde von ihm systematisch geplant; und er verdient nicht einmal Anerkennung für die Adoption seines Cousins, des tugendhaften Alexander Severus, da dieser kurz darauf versuchte, ihm das Leben zu nehmen, aber aus diesem Grund selbst von den Prätorianergarden ermordet wurde .

† ÆL . LAMPRIDII *Ameise. Heliogabalus, im Skript. Hist. Aug.*

Alexander Severus, 11. März 222 – Aug. 235.

7. Sein junger Cousin und Nachfolger, M. Aurelius Alexander Severus, im Alter von 14 bis 27 Jahren, der sorgfältig unter der Leitung seiner Mutter

Mammæa erzogen worden war , erwies sich als einer der besten Prinzen in einer Zeit und auf einem Thron, in der Tugenden gefährlicher waren als Laster. Im Interesse seiner Jugend bemühte er sich um eine Reform, bei der er von der Mitarbeit der Wächter unterstützt wurde, die ihn auf den Thron erhoben hatten. Er stellte die Autorität des Senats wieder her, aus der er mit strenger Gerechtigkeit seinen geheimen Staatsrat wählte, und verbannte die Kreaturen des Heliogabalus- Krieges gegen Persien von ihren Plätzen. Die Revolution im Partherreich, aus dem nun das neue Perserreich hervorging, war für Rom von so großer Bedeutung, dass sie Alexander dazu zwang, einen Krieg gegen Artaxerxes zu beginnen, in dem er wahrscheinlich siegreich war. Aber während 231–233. Als er in Eile marschierte, um die Grenzen gegen das Vordringen der Deutschen am Rhein zu schützen, ermordeten ihn seine Soldaten, erzürnt über die Strenge seiner Disziplin und aufgehetzt durch den thrakischen Maximin, 235 in seinem eigenen Zelt. Sein Präfekt der Prätorianergarde , Ulpian, war aus dem gleichen Grund bereits diesem Geist der Insubordination zum Opfer gefallen, dem auch die unmittelbare Anwesenheit des Kaisers selbst nicht Einhalt gebieten konnte.

Die Revolution in Parthien, durch die ein neues persisches Reich gegründet wurde (siehe oben, S. 304), wurde für Rom zu einer Quelle fast ständiger Kriege; Artaxerxes I. und seine Nachfolger, die Sassaniden , behaupteten, Nachkommen der alten Könige Persiens zu sein, und erhob Anspruch auf den Besitz aller asiatischen Provinzen des Römischen Reiches.

ÆLII LAMPRIDII *Alexander Severus , im Drehbuch. Hist. Aug.*

HEYNE *de Alexandro Severo Judicium* , Kommentar. ich . ii. in *Opuscula Academica* , Bd. vi.

Maximinus Aug. 235 – Mai 238.
236.237.

8. Der Tod von A. Severus steigerte den militärischen Despotismus auf die höchste Stufe, da er den halbwilden C. Julius Maximinus , von Geburt an ein thrakischer Bauer, auf den Thron setzte. Zunächst führte er den Krieg gegen die Deutschen mit großem Erfolg fort und schlug sie jenseits des Rheins zurück ; und beschloss, durch die Durchquerung Pannoniens den Krieg auch unter den Sarmaten auszutragen. Aber seine unersättliche Raubgier, die weder die Hauptstadt noch die Provinzen verschonte, machte ihn allen verhasst; und Gordian, Prokonsul von Afrika, wurde in seinem achtzigsten Lebensjahr zusammen mit seinem gleichnamigen Sohn vom Volk zum Augustus ernannt und sofort vom Senat anerkannt. Im April 238 marschierte Maximinus , der sich am Senat rächen wollte, direkt von Sirmium nach Italien. In der Zwischenzeit wurden die Legionen der fast wehrlosen Gordianer in The Gordians besiegt . Afrika und wurden von Capellianus , dem Gouverneur von Numidien, getötet. Da der Senat jedoch keine Gnade

erwarten konnte, wählten sie den Präfekten der Stadt, Maximus Pupienus , und Clodius zu Mitkaisern Balbinus und Pupienus . Balbinus , der im Einklang mit den Wünschen des Volkes den jungen Gordian III. erschuf. Cäsar . In der Zwischenzeit Nachdem Maximinus Aquileia belagert hatte und das Unternehmen sich als erfolglos erwies, wurde er von seinen eigenen Truppen getötet. Pupienus und Balbinus schienen nun im stillen Besitz des Throns zu sein; Aber die Wachen, die bereits in eine blutige Fehde mit dem Volk verwickelt waren und nicht bereit waren, einen Kaiser nach Wahl des Senats zu empfangen, töteten beide und erklärten Augustus, Gordian, den bereits geschaffenen Cäsar .

JUL. CAPITOLINI *Maximinus Gordiani tres , Pupienus et Balbinus , in der Schrift. Hist. August.*

Gordian III. 238. Juli – 23. Februar 244.
Syrische Expedition, 241–243.

9. Die Herrschaft des jungen M. Antoninus Gordianus dauerte von seinem zwölften bis zu seinem achtzehnten Lebensjahr. Er war der Enkel des Prokonsuls, der in Afrika sein Leben verloren hatte, und erlangte zu Beginn seiner Herrschaft durch die Unterstützung seines Schwiegervaters Misitheus , Präfekt der Prätorianergarde , eine gewisse Festigkeit von der erfolgreichen Expedition, die er nach Syrien gegen die Perser unternahm, die in diese Provinz eingedrungen waren. Doch nach dem Tod des Misitheus fand Philipp der Araber, der an seiner Stelle zum Präfekten der Wachen ernannt wurde , einen Weg, die Truppen für sich zu gewinnen, und nachdem er Gordian vom Thron vertrieben hatte, ließ er ihn ermorden.

Philippus , Februar 244 – Sept. 244 249.

10. Die Herrschaft von M. Julius Philippus wurde durch mehrere Aufstände, insbesondere in Pannonien, unterbrochen; bis schließlich Decius, den er selbst dorthin geschickt hatte, um den Aufstand niederzuschlagen, von den Truppen gezwungen wurde, das Diadem zu tragen. Philipp wurde von ihm bald darauf in der Nähe von Verona besiegt, wo er zusammen mit seinem gleichnamigen Sohn starb. In dieser Zeit herrschen die weltlichen Spiele, *ludi sæculares* wurden tausend Jahre nach der Gründung der Stadt gefeiert.

247.
Sept. 249 – Okt. 251.
250.
Gallus.

11. Unter der Herrschaft seines fünfzigjährigen Nachfolgers Trajanus Decius drangen die Goten erstmals über die Donau in das Römische Reich ein; und obwohl Decius ihnen anfangs mit Erfolg entgegentrat, wurde er

schließlich von ihnen in Thrakien zusammen mit seinem Sohn Cl getötet. Herennius Decius, bereits Cæsar geschaffen . Daraufhin proklamierte das Heer C. Trebonianus Gallus zum Kaiser, der seinen Sohn Volusian , Cæsar , erschuf ; und nachdem er Hostilian , den noch verbliebenen Sohn des Decius, eingeladen hatte, mit der angeblichen Absicht, seine Mitarbeit zu sichern, gelang es ihm dennoch bald, ihn loszuwerden. Er kaufte einen Frieden der Goten; Doch von seinen Generälen verachtet, geriet er im Mai 253 in einen Krieg mit seinem siegreichen Leutnant Æmilianus . Æmilius Æmilianus in Mœsia und wurde zusammen mit seinem Sohn von seinem eigenen Heer getötet. Drei Monate später teilte Æmilianus jedoch das gleiche Schicksal; Publius Licinius Valerianus , der Freund und Rächer des Gallus, rückte mit den in Gallien stationierten Legionen gegen ihn vor. Sowohl das Volk als auch die Armee hofften auf die Wiederherstellung des Reiches unter Valerian. Baldrian, bereits sechzig Jahre alt; Doch obwohl seine Generäle die Grenzen gegen die Germanen und Goten verteidigten, hatte er selbst das Unglück, von den überlegenen Streitkräften der Perser besiegt und gefangen genommen zu werden. Auf dieses Ereignis folgte sein Sohn und Mitstreiter im Reich, P. Licinius Gallienus , 259–968. Gallienus , der alles außer der Kunst des Regierens wusste, regierte allein. Unter seiner trägen Herrschaft schien das Römische Reich einerseits kurz davor, in eine Reihe kleiner Staaten aufgeteilt zu werden, andererseits schien es den Barbaren zum Opfer zu fallen; denn die Statthalter in den meisten Provinzen erklärten sich unabhängig von einem Fürsten, den sie verachteten und zu dem sie tatsächlich, wie Posthumius in Gallien, zu ihrer eigenen Sicherheit getrieben wurden. – Es waren neunzehn dieser; aber da viele von ihnen ihre Söhne Cäsaren nannten , wurde diese Zeit zu Unrecht mit dem Namen der *dreißig Tyrannen bezeichnet* , obwohl ihre unerträgliche Unterdrückung den letztgenannten Ausdruck durchaus rechtfertigen könnte. Gleichzeitig siegten die Perser im Osten und die Deutschen im Westen.

Die germanischen Nationen, die nun für das Römische Reich so gefährlich geworden waren, waren: 1. Der große Stammesbund unter dem Namen *Franken* , der sich über Gallien entlang des gesamten Niederrheins ausbreitete. 2. Die verbündeten Nationen der Alamannen am Oberrhein. 3. Die Goten, die mächtigsten von allen, die an den Ufern der unteren Donau und an den Nordküsten des Schwarzen Meeres eine Monarchie gegründet hatten, die sich bald vom Boristhenes bis zum Don erstreckte; und die nicht nur durch ihre Landstreitkräfte, sondern auch durch ihre Seemacht beeindruckend wurden, insbesondere nachdem sie die Halbinsel Krimtatarei (*Chersonesus Taurica*) erobert hatten; und durch ihre Flotten hielten sie nicht nur die griechischen, sondern auch die asiatischen Provinzen in ständiger Alarmbereitschaft.

Trebelli Pollionis *Valerianus , Gallieni- Duo, Triginta Tyranni , im Drehbuch. Hist. Aug.*

† *Über die dreißig Tyrannen unter dem römischen Kaiser Gallienus* , von JCF Manso ; am Ende seines *Lebens des Konstantin* .

Claudius, März 268 – Okt. 270.

12. Gallienus, der vor Mailand im Krieg gegen Aureolus , einen Usurpator, sein Leben verlor, hatte dennoch M. Aurelius Claudius (45–47 Jahre) als seinen Nachfolger empfohlen. Der neue Augustus stellte das wankende Reich einigermaßen wieder her; nicht nur durch die Gefangennahme von Aureolus und den Sieg über die Alemannen, sondern auch durch einen entscheidenden Sieg bei Nissa über die Goten, die in Mœsia eingedrungen waren . Er starb jedoch bald darauf in Sirmium an einer Pestkrankheit und ernannte zu seinem Nachfolger Aurelian, einen Helden wie er selbst, der den Thron nach dem Tod von Quintillus , dem Bruder des verstorbenen Kaisers, bestieg, der sich zunächst selbst zum Augustus erklärt hatte, sich dann aber wieder auf den Thron begab starb danach durch seine eigene Hand.

Trebellii Pollionis *divus Claudius* , *im Skript. Hist. Aug.*

Aurelian, Okt. 270 – März 275.

fast fünfjährigen Regierungszeit von L. Domitius Aurelianus wurden die Länder wiederhergestellt, die dem Reich teilweise oder vollständig verloren gegangen waren. Nachdem er zunächst die bis nach Umbrien vorgedrungenen Goten und Alemannen zurückgedrängt hatte, unternahm er 271 seinen Feldzug gegen die berühmte Zenobia, Königin von Palmyra, die damals Syrien, Ägypten und einen Teil Kleinasiens besaß. Diese Länder brachte er wieder unter die Herrschaft des Reiches, nachdem er Zenobia besiegt und gefangen genommen hatte (271–273). besiegte Zenobia und machte sie gefangen. Die westlichen Provinzen Gallien, Britannien und Spanien, die seit der Zeit des Gallienus von getrennten Herrschern regiert worden waren und nun unter der Herrschaft von Tetricus standen , zwang er zu ihrem früheren Gehorsam. Dacia hingegen gab er bereitwillig auf; und als er 274. die römischen Einwohner über die Donau nach Mœsia transportierte , trug letzteres fortan den Namen *Dacia Aureliani* . Gehasst wegen seiner Strenge, die bei einem Krieger so leicht in Grausamkeit ausartet, 275. wurde er auf Betreiben seines Privatsekretärs Mnestheus in Illyrien ermordet .

Flav. Vopisci *divus Aurelianus* , *im Skript. Hist. Aug.*

Palmyra in der syrischen Wüste, bereichert durch den indischen Handel und eine der ältesten Städte der Welt, wurde zur Zeit Trajans eine römische Kolonie. Odenatus , der Gemahl der Zenobia, war durch seine Siege über die

Perser so berühmt geworden, dass Gallienus ihn sogar Augustus genannt hatte. Er wurde jedoch von seinem Cousin Mæonius im Jahr 267 ermordet. Zenobia übernahm nun die Regierung für ihre Söhne Vabalathus , Herennianus und Timolaus , ohne jedoch in Rom anerkannt zu werden. Danach, zur Zeit des Claudius, fügte sie Ägypten zu ihrem Herrschaftsbereich hinzu. Aurelian, der sie zunächst bei Antiochia und Emesa besiegt hatte , eroberte bald darauf Palmyra, das er infolge eines Aufstands zerstörte . – Auch in seinen Ruinen ist Palmyra noch prächtig.

Die Ruinen von Palmyra , von R. WOOD . London, 1753; und die *Ruinen von Balbec , sonst Heliopolis* , vom selben Autor, London, 1757, geben uns klare und sichere Vorstellungen von der Pracht und Größe dieser Städte.

AHL HEEREN , *de Commercio urbis Palmyræ vicinarumque Urbium* , im *Kommentar. jüngste. Soc. Gotting* . Bd. vii. und der Anhang zu Heerens Forschungen.

Tacitus, 25. September 275 – April 276.

14. Auf den Tod Aurelians folgte ein sechsmonatiges Interregnum, bis der Senat schließlich auf wiederholte Bitten der Armee hin wagte, den vakanten Thron zu besetzen. Der Gegenstand ihrer Wahl war jedoch M. Claudius Tacitus, der würdigste der Senatoren, der unglücklicherweise 75 Jahre alt war und nach einer kurzen Regierungszeit von sechs Monaten bei einem Feldzug gegen die Goten umkam. Auf dieses Ereignis hin erhob die syrische Armee M. Aurelius Probus zum Purpur; während Florianus, der Bruder des Tacitus, der bereits in Rom anerkannt worden war, von seinem eigenen Volk hingerichtet wurde.

FLAV. VOPISCI *Tacitus; ejusd . Florianus , im Drehbuch. Hist. Aug.*

Probus, April 276 – August 282.
277.278.
Carus , Aug. 282.
Aug. 283.284.

15. Die sechsjährige Herrschaft von Probus war eine kriegerische. Er besiegte die Deutschen und drängte sie über Rhein und Donau hinaus; Stärkung der Grenzen durch den Bau einer starken Mauer von der Donau bei Regensburg bis zum Rhein. Er verpflichtete auch die Perser, Frieden zu schließen. Dennoch sind die zahlreichen Städte, die er wieder gründete und mit Kriegsgefangenen bevölkerte, und die Weinberge, die er seine Soldaten am Rhein anpflanzen ließ, ein Beweis dafür, dass er Geschmack und Neigung für die Kunst des Friedens hatte. Diese Politik würde den Legionen jedoch nicht passen! Nachdem er daher durch die Hände seiner Soldaten

umgekommen war, proklamierten sie den Präfekten der Prätorianergarde ,
M. Aurelius Carus , zum Kaiser, der seine beiden Söhne Cäsaren erschuf –
Männer , die einander in ihrem Wesen sehr unähnlich waren, so auch M.
Aurelius Carinus einer der größten Verworfenen, während M. Aurelius
Numerianus von Natur aus sanftmütig war und einen durch Studium
wohlgeformten Geist hatte. Nachdem der neue Kaiser die Goten besiegt
hatte, marschierte er gegen die Perser, wurde aber, wie es heißt, kurz darauf
durch einen Blitz getötet. Auch sein Sohn Numerianus überlebte ihn nicht
lange und wurde von seinem eigenen Schwiegervater, dem Prätorianer Arrius
Aper, ermordet Präfekt .

FLAV. VOPISCI *Probus imper. ejusd . Carus , Numirianus et Carinus , im Skript.
Hist. Aug.*

Rückblick auf die Regierung in diesem Zeitraum.

16. Obwohl diese Periode uns ein vollständiges Bild eines vollständigen
militärischen Despotismus vermittelt, ist es dennoch offensichtlich, dass dies
auf die völlige Trennung der militärischen Ordnung vom Rest des Volkes
durch die Einführung stehender Heere und deren Auslöschung
zurückzuführen war aller Nationalgeist unter den Bürgern. Die Legionen
entschieden, weil das Volk unbewaffnet war. Tatsächlich war nur unter
ihnen, weit entfernt vom sanften Luxus der Hauptstadt und in einen fast
ständigen Kampf mit den Barbaren verwickelt, ein Rest des antiken
römischen Charakters noch erhalten. Die Ernennung ihrer Anführer zum
Purpur wurde eine natürliche Folge, nicht nur der Ungewissheit der
Nachfolge, die nicht durch bloße Verordnungen geregelt werden konnte,
sondern oft auch der Notwendigkeit, weil sie im Feld unter dem Druck
dringender Umstände standen. So bestieg eine Reihe angesehener Generäle
den Thron: Welche Autorität hätte damals tatsächlich ein Kaiser gehabt, der
kein General war? Jede dauerhafte Reform wurde jedoch durch die schnelle
Abfolge der Herrscher völlig unmöglich gemacht. Selbst die Besten unter
ihnen konnten für die interne Verwaltung nur sehr wenig tun; denn alle ihre
Kräfte waren erforderlich, um die Grenzen zu schützen und sich gegen
Usurpatoren zu verteidigen, die, mit Ausnahme der Formalität der
Anerkennung durch den Senat, ebenso begründete Ansprüche hatten wie
ihre eigenen.

Luxus beschleunigt den Niedergang des Imperiums.

17. Der Niedergang des Reiches beschleunigte sich auch um so schneller,
je mehr der Luxus in diesen Tagen des Schreckens nicht nur in der Pracht
und der verschwenderischen Verweichlichung des Privatlebens, sondern
insbesondere im öffentlichen Leben in ein fast unvorstellbares Ausmaß
gestiegen war . Letzteres wurde insbesondere in den Ausstellungen des
Amphitheaters und des Zirkus gezeigt; wodurch nicht nur jeder neue

Herrscher, sondern sogar jeder neue Magistrat verpflichtet war, die Gunst des Volkes zu erkaufen. Somit dienten diese Reste einer freien Verfassung nur dazu, den allgemeinen Ruin zu beschleunigen! Welche Genüsse konnte man tatsächlich unter der Rute des Despotismus finden, außer denen der gröbsten Sinnlichkeit? und um dies zu befriedigen, wurden die intellektuellen Vergnügungen des Theaters (Pantomimen und Pantomimen) und sogar die der Rhetorik und Poesie dazu beigetragen.

Fortschritt und Auswirkungen der christlichen Religion.

18. Doch während dieses allgemeinen Verfalls führte die allmähliche Ausbreitung der christlichen Religion zu einer Reform ganz anderer Art. Noch vor dem Ende dieser Periode hatte sich die Religion einen Weg in alle Provinzen gebahnt, und ungeachtet der häufigen Verfolgungen hatte sie in allen Gesellschaftsschichten Konvertiten hervorgebracht, und nun stand sie kurz davor, die vorherrschende Form des Gottesdienstes zu werden. Wir werden seinen Wert besser einschätzen können, wenn wir es als das Mittel betrachten, mit dem die Zivilisation ihren Weg unter die rohen Nationen fand, die jetzt auf der Bildfläche erschienen, als wenn wir es lediglich als Mittel zur Verbesserung der Manieren und Moral dieser Nationen betrachten die römische Welt. In politischer Hinsicht erlangte sie ihre größte Bedeutung aufgrund der Hierarchie, deren Rahmen nun weitgehend unter ihren Professoren aufgebaut wurde. Später wurde es als Staatsreligion übernommen; und obwohl das alte Glaubensbekenntnis Roms früher auf derselben Grundlage gestanden hatte, war es doch nur für die Republik und überhaupt nicht für die jetzt bestehende Monarchie gedacht. Der Sturz des Heidentums war notwendigerweise mit einigen heftigen Erschütterungen verbunden, doch sein Verlust war nichts zu vergleichen mit der Unterstützung, die der Thron später in der Hierarchie fand.

Die Zerstreuung der Juden und insbesondere die Verfolgungen, die nach der Herrschaft Neros von Zeit zu Zeit erneut aufkamen (die jedoch nur die Begeisterung entfachten), trugen stark zur Verbreitung der christlichen Religion bei. Diese Verfolgungen richteten sich hauptsächlich gegen die Christen, weil sie sich zu einer separaten Gesellschaft formierten, was dazu führte, dass sie in Rom als gefährliche Sekte angesehen wurden, ungeachtet der allgemeinen Toleranz, die jedem anderen religiösen Glaubenssystem zugestanden wurde. Obwohl sich gegen Ende dieser Zeit nur ein sehr kleiner Teil der Bewohner des Römischen Reiches zum christlichen Glauben bekannte, hatte dieser dennoch in allen Provinzen Anhänger.

† *Geschichte der sozialen Verfassung der christlichen Kirche* , von DGJ PLANCK , 4 Teile, 1800. Es ist der erste Teil dieses hervorragenden Werkes, der sich auf diese Zeit bezieht.

DRITTER ABSCHNITT.

Von Diokletian bis zum Sturz des Römischen Reiches im Westen, 284–476 n. Chr.

QUELLEN. Es ist nun wichtig zu untersuchen, ob die Historiker Christen oder Heiden waren. ZOSIMUS, der Nachahmer von Polybios, gehörte zu den letzten. Er beschreibt den Untergang des römischen Staates, wie sein Modell den vorherigen Teil tut. Von seinen *Historien* sind bis zur Zeit Gratians (410) nur fünfeinhalb Bücher überliefert. Er war zweifellos ein heftiger Gegner der Christen und dennoch der beste Schriftsteller dieser Zeit. AMMIANI MARCELLINI *Historiarum*, lib. xiv – xxxi. aus dem Jahr 353–378 (die ersten dreizehn Bücher gehen verloren). Wahrscheinlich ein Christ, aber doch kein Schmeichler; und trotz seiner ermüdenden Weitschweifigkeit äußerst lehrreich. Zusammen mit den bereits auf S. 437 müssen wir hier insbesondere die Abkürzungen PAULI OROSII ergänzen *Hist.* lib. vii. und ZONARÆ *Annalen*. Die *Panegyrici Veteres*, *von Diokletian bis Theodosius*, *kann nur mit* Vorsicht verwendet werden. – Die Autoren der Kirchengeschichte, wie EUSEBIUS, in seinem *Hist. Eccles.* lib. X. und in seiner *Vita Constantini Magni*, lib. V. sowie seine Fortsetzungen SOKRATES, THEODORET, SOZOMENOS und EVAGRIUS sind ebenfalls von großer Bedeutung für die politische Geschichte dieser Zeit, obwohl sie aufgrund ihrer Vorliebe für die christlichen Kaiser eher den Lobrednern als den Historikern zuzuordnen sind. Zu diesen kann eine weitere Hauptquelle hinzugefügt werden, nämlich. die im *Codex Theodosianus* und *Justinianeus* überlieferten Kaiserkonstitutionen *aus* der Zeit Konstantins des Großen.

Neben den auf den Seiten 411 und 437 zitierten Werken kommt den byzantinischen Historikern hier eine besondere Bedeutung zu. Wir erwähnen auch:

Histoire du Bas-Empire depuis Constantin, *par* M. LE BEAU, *Fortsetzung par* M. AMEILHON. Paris, 1824, 20 Bde. 8vo. Nur die ersten sieben Teile gehören in diesen Zeitraum.

† Die deutsche Übersetzung von GUTHRIE und GRAY *Universalgeschichte*, 5 Abschnitte, 1 Bd. Leipzig, 1768. Sehr nützlich gemacht durch die Arbeit von Ritter.

Histoire du Bas-Empire, depuis Constantin jusqu 'à la prise de Constantinople en 1453, *par* CARENTIN ROYOU. Paris, 1803, 4 Bde. 8vo. Eine nützliche Zusammenfassung, ohne viel Recherche.

Diokletian, 17. September 284 – 1. Mai 305.
Carinus, † 285.
Maximian beteiligte sich an der Regierung, 286.

Carausius , 288–293.
Galerius und Chlorus schufen Cæsars , 292.

1. Mit der Regierungszeit von C. Valerius Diokletian im Alter von 39 bis 60 Jahren, der nach der Ermordung von Numerianus durch die Truppen in Chalkedon zum Kaiser ausgerufen wurde, beginnt ein neuer Abschnitt in der römischen Geschichte. Auf die Zeit des militärischen Despotismus folgte die Zeit der Teilungen. Nachdem Diokletian Carinus , den noch verbliebenen Cäsar , in Ober- Mœsia besiegt hatte , wo er ermordet wurde, machte er M. Valerius Maximianus Herculius , ein rauer Krieger, der bisher sein Waffengefährte und Teilhaber seines Throns gewesen war. Herkulius kämpfte nun am Rheinufer mit den Alemannen und Burgundern, während Diokletian selbst den Persern Paroli bot. Dennoch waren die beiden Augusti bald nicht mehr in der Lage, den Barbaren zu widerstehen, die von allen Seiten vordrangen, insbesondere da Carausius den Titel eines Cäsaren in Britannien usurpiert und beibehalten hatte. Jeder von ihnen schuf daher einen Cäsar : Diokletian wählte C. Galerius und Maximianus Flavius Constantius Chlorus , die sich beide als Feldherren hervorgetan hatten, war damals der einzige Weg zum Aufstieg. Das ganze Reich war nun zwischen diesen vier Herrschern aufgeteilt; so dass jeder bestimmte Provinzen regieren und verteidigen musste; jedoch ohne Schaden für die Einheit des Ganzen oder für die Abhängigkeit, in der ein Cäsar als untergeordneter Gehilfe und künftiger Nachfolger seines Augustus stand.

Bei der Teilung im Jahr 292 besaß Diokletian die östlichen Provinzen; Galerius, Thrakien und die Länder an der Donau (Illyricum); Maximianus , Italien, Afrika und die Inseln; und Constantius , die westlichen Provinzen Gallien, Spanien, Großbritannien und Mauretanien.

2. Dieses neue System musste einen auffallenden Einfluss auf den Geist der Regierung haben. Es lag nun nicht nur faktisch, sondern auch formal ganz in der Hand der Herrscher. Durch ihre ständige Abwesenheit von Rom wurden sie von den moralischen Zwängen befreit, in denen die Autorität des Senats und der Name der Republik, die noch nicht ganz beiseite gelegt waren, vor ihnen gestanden hatten. Diokletian übernahm offiziell das Diadem und führte mit den Ornamenten des Ostens dessen Luxus an seinem Hof ein. Damit wurde der Grundstein für den Bau gelegt, den Konstantin der Große vollenden musste.

296.

3. Die Folgen dieses neuen Systems wurden auch für die Provinzen bedrückend, da sie nun vier Herrscher mit ihren Gerichten und ebenso vielen Armeen unterhalten mussten. Aber so laut die Klagen über die dadurch verursachte Unterdrückung auch sein mochten, war es vielleicht das einzige Mittel, den endgültigen Sturz des gesamten Gebäudes hinauszuzögern.

Tatsächlich gelang es ihnen nicht nur, die Usurpatoren Allectus in Großbritannien 293–296 zu besiegen . (der Carausius im Jahr 293 ermordet hatte), Julian in Afrika und Achilleus in Ägypten; aber auch bei der Verteidigung der Grenzen, die sich tatsächlich durch die Siege des Galerius über die Perser bis zum Tigris erstreckten. Hatte sich jedoch nicht die düstere Aussicht gezeigt, dass die Union bei so vielen Herrschern und den undefinierten Beziehungen, die zwischen den Cäsaren und den Kaisern bestanden, nicht von langer Dauer sein könnte?

Constantius , 305–307.
Galerius, 305–313.

4. Diokletian verzichtete freiwillig auf den Thron (obwohl die wachsende Macht und die zunehmende Disposition von Galerius vielleicht einen gewissen Einfluss gehabt haben könnten) und verpflichtete seinen Kollegen Maximianus , dasselbe zu tun. Die beiden Cäsaren Constantius und Galerius wurden zu Augusti ernannt und änderten die Teilung des Reiches, so dass Ersterer alle westlichen Länder besaß, von denen er jedoch Italien und Afrika frei an Galerius abtrat, der alle übrigen Provinzen besaß . Letzterer schuf im selben Jahr Flavius Severus, Cäsar , und vertraute ihm die Regierung Italiens und Afrikas an; wie auch C. Galerius Maximin, dem er die asiatischen Provinzen schenkte. Die Verwaltung der beiden Kaiser war jedoch sehr unterschiedlich; Constantius war wegen seiner milden und desinteressierten Regierung ebenso beliebt, wie Galerius wegen seiner Härte und Verschwendung gehasst wurde. Constantius starb sehr bald darauf in York und hinterließ seinen Sohn Konstantin als Erben seiner Herrschaft, der von den Legionen sofort zum Augustus ernannt wurde, obwohl Galerius ihn nur als Cäsar anerkennen wollte .

Konstantin der Große, 25. Juli 306 – 22. Mai 337.

5. So begann Konstantin, der später den Beinamen „Groß" erhielt, im Alter von 33 bis 64 Jahren zu regieren, allerdings zunächst nur über Großbritannien, Spanien und Gallien; dennoch gelang es ihm nach siebzehn Jahren der Gewalt und des Krieges, sich den Weg zur Alleinherrschaft über das Reich zu bahnen. Die Herrscher waren untereinander uneinig; und gewaltige Usurpatoren machten sich auf den Weg und machten den Krieg unvermeidlich.

Die Geschichte der ersten sieben Jahre Konstantins (306–313) ist sehr kompliziert; Danach hatte er nur noch mit einem Rivalen zu kämpfen, 314–323. Bei seiner Thronbesteigung war Galerius als Augustus im Besitz aller anderen Provinzen; von denen er jedoch Cäsar Maximin die Regierung über Asien und Cäsar Severus übertragen hatte , gründete nun Augustus Italien und Afrika. Letzterer machte sich jedoch durch seine Unterdrückung verhasst und Maxentius, der Sohn des ehemaligen Kaisers Maximianus , nahm in Rom den Titel Augustus an (28. Oktober 306) und stellte seinen Vater in die Regierung ein; so dass es zu dieser Zeit sechs Herrscher gab : Galerius, Severus, Konstantin, Maximin sowie die Usurpatoren Maxentius und sein Vater Maximianus . Doch im Jahr 307 wurde Severus, der sich Maxentius widersetzen wollte, von seinen eigenen Truppen im Stich gelassen, woraufhin er sich Maximianus ergab , der ihn hinrichten ließ. An seiner Stelle schuf Galerius seinen Freund Licinius , Augustus; und Maximin erhielt die gleiche Würde von seiner Armee in Asien. In der Zwischenzeit floh Maximianus , nachdem er versucht hatte, seinen eigenen Sohn in Rom zu verdrängen, nach Konstantin, der nach Gallien übergegangen war und dort die Franken besiegte, 306; Doch nachdem er ein Attentat auf Konstantin verübt hatte, der seine Tochter Fausta geheiratet hatte , ließ dieser Kaiser ihn im Jahr 310 hinrichten. Als die Exzesse des Galerius ihn bald ins Grab brachten, im Jahr 311, blieben nur noch Konstantin und Licinius übrig und Maximin und der Usurpator Maxentius. Letzterer wurde bald im Jahr 312 vor den Toren Roms von Konstantin besiegt und getötet, der dadurch Herr über Italien und die Hauptstadt wurde. Etwa zur gleichen Zeit brach ein Krieg zwischen Maximin und Licinius aus . Maximin wurde in der Nähe von Adrianopel besiegt und tötete sich dann im Jahr 313. Im Jahr 314 kam es zu einem Krieg zwischen den beiden verbliebenen Kaisern Konstantin und Licinius , der jedoch endete im selben Jahr in einem Abkommen, durch das Konstantin alle Länder am Südufer der Donau sowie Thrakien und Mœsia Inferior erhielt; es brach jedoch 322 erneut aus und wurde schließlich durch einen entscheidenden Sieg in Bithynien und den völligen Sturz von Licinius , den Konstantin 324 hinrichten ließ, beendet.

6. So gegensätzlich die Meinungen über die Herrschaft Konstantins des Großen auch sein mögen, ihre Konsequenzen sind völlig klar. Obwohl er den militärischen Despotismus vernichtete, etablierte er an seiner Stelle, wenn auch nicht vollständig, so doch in großem Maße, den Despotismus des Hofes und ebenso die Macht der Hierarchie. Er hatte sich bereits während seines Feldzugs gegen Maxentius für die christliche Religion entschieden; und da er dadurch eine große Zahl von Anhängern in allen Provinzen gewann und gleichzeitig die Macht seiner Mitkaiser oder Konkurrenten schwächte, war dies der sicherste Weg, den er hätte wählen können, um die alleinige Herrschaft zu erlangen, das große Ziel von sein Ehrgeiz. Dennoch muss dieser Wechsel einen sehr erheblichen Einfluss auf alle Teile der Regierung gehabt haben, da er in der zuvor etablierten Hierarchie eine starke Stütze des Throns fand; Und da er gleichzeitig festlegte, was die orthodoxe Lehre war und was nicht, führte er einen bis dahin unbekannten Geist der Verfolgung ein.

In einer Zeit, in der religiöse Parteien fast zwangsläufig zu politischen Parteien geworden sein müssen, können wir es keineswegs wagen, die

Bedeutung der Sekte anhand der Bedeutung ihrer Lehrpunkte zu beurteilen. Die Streitigkeiten der Arianer, die zu dieser Zeit aufkamen, gaben Konstantin durch das Konzil von Nizza im Jahr 325 die von ihm gewünschte Gelegenheit, seine Autorität in der Religionsgesetzgebung geltend zu machen.

7. Die Verlegung des Reichssitzes von Rom nach Konstantinopel war mit dieser Änderung der Form des Gottesdienstes verbunden – da ein christlicher Hof in einer noch völlig heidnischen Stadt eine ungünstige Lage gehabt hätte –, obwohl die Notwendigkeit bestand, die Grenzen davor zu schützen die Goten und Perser hatten daran erheblichen Anteil. Es wurde tatsächlich zum Hauptmittel, um den Despotismus des Gerichts zu etablieren; Aber diejenigen, die es als eine der Ursachen für den Niedergang des Reiches betrachten, sollten bedenken, dass für ein Reich, das zu dieser Zeit so tief gefallen war wie das römische Reich, der Despotismus fast die einzige verbleibende Stütze war.

Die verschiedenen Teilungen des Reiches seit der Zeit Diokletians hatten den Weg zu dieser Veränderung der Hauptstadt geebnet; denn eine natürliche Folge dieses Systems war, dass die Kaiser und Cäsaren , wenn sie nicht wie gewöhnlich bei der Armee waren, in verschiedenen Städten residierten. Der Sitz der Regierung Diokletians war Nikomedia; von Maximian in Mailand; selbst Konstantin selbst blieb nur sehr wenig in Rom. In diesen neuen Residenzen fühlten sie sich uneingeschränkt; und deshalb muss, obwohl der römische Senat bis nach der Zeit Konstantins existierte, seine Autorität seit der Zeit Diokletians von selbst verloren gegangen sein.

8. Wir sollten uns daher nicht wundern, dass die Folge dieser Entfernung eine so vollständige Veränderung der gesamten Regierungsform war, dass es nach kurzer Zeit schien, ein völlig anderer Staat zu sein. Es kam zu einer Teilung des Reiches, die, obwohl sie zum Teil auf den zuvor bestehenden hätte basieren können, doch so unterschiedlich war, dass sie nicht nur die alten Einteilungen der Provinzen veränderte, sondern auch deren Regierungsweise völlig veränderte. – Das Gericht nahm, mit Ausnahme der Polygamie, ganz die Form eines östlichen Gerichts an. – Auch im militärischen System hatte eine Revolution stattgefunden, durch die völlige Trennung der Zivil- und Militärbehörden, die das Prätorianeramt bildeten Bisher hatten Präfekten sie besessen, die nun jedoch nur noch Zivilgouverneure wurden.

Gemäß der neuen Aufteilung wurde das gesamte Reich in vier *Präfekturen aufgeteilt* , von denen jede ihre *Diözesen* und jede Diözese ihre *Provinzen hatte* . Die Präfekturen waren: I. Die östliche (*præfectura Orientis*); es umfasste fünf Diözesen; 1. *Orientis* ; 2. *Ægypti* ; 3. *Asien* ; 4. *Ponti* ; 5. *Thrakien* ; Sie bilden insgesamt 48 Provinzen und umfassen alle Länder Asiens und Ägyptens sowie die Grenzländer Libyen und Thrakien. II. *Präfektur Illyrici* mit zwei Diözesen; 1. *Mazedonien* ; 2. *Daciae* ; Sie bildet elf Provinzen und umfasst Mœsia , Mazedonien, Griechenland und Kreta. III. *Präfektur Italiæ* mit drei Diözesen; 1. *Italien* ; 2. *Illyrisch* i ; 3. *Afrika* ; Sie bildete 29 Provinzen und umfasste Italien, die Länder südlich der Donau bis zu den Grenzen von Mœsia ; die Inseln Sizilien, Sardinien und Korsika sowie die afrikanischen Provinzen Syrtis. IV. *Präfektur Galliarum* mit drei Diözesen; 1. *Galliæ* ; 2. *Hispaniæ* ; 3. *Britanniæ* ; Sie bildeten insgesamt achtundzwanzig Provinzen und umfassten Spanien und die Balearen, Gallien, Helvetien und Britannien. – Jede dieser Präfekturen unterstand einem *Präfektus prætorio* (Prätorianer Präfekt), der aber lediglich Zivilgouverneur war und neben den *Rektoren* auch *Vicarios in den Diözesen unter sich hatte provinciarum* , in verschiedenen Rängen und Titeln. Sie wurden *Prokonsule genannt Präsiden usw. Darüber hinaus hatten Rom und Konstantinopel, da sie zu keiner der vier* Präfekturen gehörten , jeweils ihren Präfekten .

Als Hauptbeamte des Staates und des Gerichts (*s. cubuli*) treffen wir nun zum ersten Mal auf den *praepositus s. Cubiculi* (Großkämmerer), dem alle *Comites unterstanden Palatii* und *Cubicularii* , in vier Abteilungen; Dies waren später häufig Eunuchen von großem Einfluss; der *Magister Officiorum* (Kanzler, Innenminister); das *kommt sacrarum largitiorum* (Finanzminister); der *Quæstor* (das Organ der Kaiser in der Gesetzgebung; Justizminister und Staatssekretär); das *kommt rei principis* (Minister der Kronschatzkammer) [Privatgeldbeutel]; die beiden *Komitees Domesticorum* (Kommandant der Hauswachen), denen jeder sein Korps (*scholas*) unterstellte. Die Zahl der Staatsbeamten und Höflinge nahm ständig zu. Wenn das Wohl eines Gemeinwesens in Formen, Rängen und Titeln bestand, muss das Römische Reich zu dieser Zeit wirklich glücklich gewesen sein!

An der Spitze der Truppen standen die *Magistri Peditum* (Meister der Infanterie) und die *Magistri Equitum* (Herren des Pferdes), unter dem *Magister Utriusque militæ* (Oberbefehlshaber der gesamten Armee). Ihre untergeordneten Kommandeure wurden *Comites* und *Duces genannt* . Konstantin reduzierte die Armee erheblich. Auch in der Aufstellung der Truppen nahm er große Änderungen vor; diese waren jedoch nur von geringer Bedeutung im Vergleich zu dem, was sich aus der Aufnahme einer ständig wachsenden Zahl von Barbaren in den Dienst ergab.

Notitia dignitatem utriusque Imperii kommt nicht. PANCIROLLI GRÆV . *Thesaur . Antiquitat . Rom.* Bd. vii.

Steuern.

9. Es wäre natürlich zu erwarten, dass diese großen Änderungen zu weiteren Änderungen im Steuersystem führen würden. Neue oder wiederbelebte alte Steuern wurden zu den bereits bestehenden hinzugefügt

und wurden durch die Art und Weise, wie sie erhoben wurden, doppelt bedrückend. Wir werden insbesondere Folgendes bemerken: *a.* Die jährliche Grundsteuer (*indictio*). *B.* Die Gewerbesteuer (*aurum lustrale*). *C.* Die kostenlose Schenkung (*don. gratuit.*), inzwischen zur Pflichtsteuer (*aurum coronarium*) gewachsen. Dazu müssen wir noch die kommunalen Ausgaben hinzufügen, die vollständig von den Bürgern getragen wurden, und insbesondere von den Beamten (*decuriones*), Positionen, die im Allgemeinen von den Reichen innegehabt worden sein müssen, da Konstantin sich den Reichtum der Städte zu einem großen Teil angeeignet hatte die Stiftung von Kirchen und die Unterstützung des Klerus.

A. Die Grundsteuer oder *Anklage* , die, wenn sie nicht zuerst von Konstantin eingeführt wurde, vollständig unter ihm geregelt wurde, wurde nach einer genauen Registrierung oder öffentlichen Schätzung aller Grundbesitztümer erhoben. Sein Betrag wurde jährlich vom Kaiser festgelegt und vorgeschrieben (*indicebatur*) und von den Rektoren der Provinzen und den Dekurionen erhoben; als Bewertungsmaßstab wird ein willkürlicher Maßstab (*caput*) *herangezogen.*

Da dieses Register wahrscheinlich alle fünfzehn Jahre überprüft wurde, entstand der fünfzehnjährige *Anklagezyklus , der ab dem 1. September 312 zur allgemeinen Ära wurde. Auf diese Weise umfasste die Steuer alle, die Eigentum besaßen.* B. Die Gewerbesteuer; die auf fast jede Art von Handel erhoben wurde. Es wurde alle vier Jahre gesammelt, daher das *Aurum lustrale .* C. Das *Aurum Coronarium* entstand aus dem Brauch, den Kaisern zu besonderen Anlässen goldene Kronen zu überreichen; dessen Wert schließlich in Geld eingefordert wurde. Jede größere Stadt war zur Zahlung verpflichtet.

Verbreitung der christlichen Religion.

10. Die rasche Ausbreitung der christlichen Religion, deren Verbreitung allen ihren Professoren zur Pflicht gemacht wurde, wurde nun durch die Bemühungen des Gerichts beschleunigt. Konstantin verbot Opfer und schloss die Tempel; und der gewalttätige Eifer seiner Nachfolger verwandelte sie leider bald in Ruinen.

Histoire de Constantin-le-Grand , par le RP BERN. DE VARENNE . Paris, 1778, 4to.

Vita di Constantino il Grande dell' ABB. FR. GUSTA . Fuligno , 1786. Beide Werke, insbesondere das erste, sind in einem lobenden Ton geschrieben; Das Neueste und bei weitem Beste ist

† *Leben von Konstantin dem Großen* , von JCF MANSO . Bresl . 1817. Mit mehreren sehr lehrreichen Anhängen, die einige besondere Punkte klären.

Konstantin, Constantius und Constans .

11. Die drei Cäsaren und Söhne Konstantins des Großen, Konstantin, 337–340; Constantius , 337–361; und Constans , 337–350; Sie waren sorgfältig erzogen worden und ähnelten sich doch in ihren Lastern ebenso sehr wie in ihren Namen. Tatsächlich teilten sie das Reich nach dem Tod ihres Vaters erneut auf; aber sie waren so begierig auf Gebiete, für deren Verwaltung keiner von ihnen qualifiziert war, dass es in den nächsten zwölf Jahren zu einer Reihe von Kriegen kam, bis schließlich Constantius der Herr des Ganzen blieb; und sicherte sich durch die Ermordung der meisten seiner Verwandten den Thron.

Bei der Teilung des Reiches erhielt Konstantin die *Präfektur Galliarum* , Constans der *Präfektur Italiæ et Illyrici* und Constantius die *præfectura Orientis* . Da Konstantin jedoch Italien und Afrika zu seinem Anteil hinzufügen wollte, griff er Constans an und verlor dadurch sein Leben, so dass Constans in den Besitz der westlichen Länder gelangte . Als Folge seiner erbärmlichen Misswirtschaft proklamierte sich jedoch Magnentius , ein General, selbst zum Kaiser in Gallien, und Constans wurde 350 bei einem Fluchtversuch getötet . Ein Krieg mit Constantius , der damals im Osten besetzt war, wurde unvermeidlich und brach aus aus 351. Der Usurpator wurde zuerst bei Mursa in Pannonien besiegt , dann wurde er beim Rückzug nach Gallien erneut besiegt, 353; Daraufhin erschlug er sich selbst und seine Familie.

Constantius allein.
351.354.

12. Da Constantius jedoch – in Weiblichkeit und Ausschweifung versunken und von Eunuchen umgeben und regiert – nicht in der Lage war, das Gewicht der Regierung allein zu tragen, nahm er seinen Cousin Constantius Gallus, der bis dahin ein Staatsgefangener war und dessen Vater er zuvor getötet hatte, mit, zu seiner Hilfe, erschuf ihn zum Cäsar und schickte ihn in den Osten gegen die Parther. Doch seine übermäßige Arroganz, die von seiner Frau Constantina geschürt wurde , machte ihn so gefährlich, dass Constantius ihn zurückrief und nach seiner Rückkehr in Istrien hingerichtet wurde. Sein jüngerer Bruder Fl. Julian, von dem der misstrauische Constantius nichts zu befürchten glaubte, wurde am 6. November 355 an seiner Stelle befördert, erschuf Cäsar und wurde zur Verteidigung der Grenzen am Rhein ausgesandt. Obwohl Julian plötzlich vom Studium zum Kriegsdienst überging, kämpfte er nicht nur erfolgreich gegen die Deutschen, sondern drang auch tief in ihr Land vor. In der Zwischenzeit Constantius bereitete , nachdem seine Feldherren von den Persern geschlagen worden waren, die die von ihnen abgetretenen Provinzen zurückerobern wollten, persönlich einen Feldzug gegen sie vor und bemühte sich in dieser Absicht , die Truppen Julians nach und nach zurückzuziehen, was diesen zur Folge hatte Als er seine Absicht ahnte, ließ er sich dazu überreden, das von seinen Soldaten überreichte Diadem anzunehmen . Als

er jedoch entlang der Donau gegen Constantius marschierte , erhielt er die Nachricht vom Tod dieses Fürsten in Asien.

Julian, März 360 – 25. Juni 363.

13. Fl. Julian (der Abtrünnige), der von seinem neunundzwanzigsten bis zu seinem zweiunddreißigsten Regierungsjahr regierte, war der letzte und höchstbegabte Fürst aus dem Hause Konstantin. Obwohl er durch Unglück und Studium belehrt worden war, hatte er dennoch einige Fehler, obwohl er sicherlich frei von großen Lastern war. Er begann mit der Reform des Luxus des Hofes. Sein Verzicht auf die jetzt vorherrschende Religion, die er nach und nach vernichten wollte, war ein Fehler in der Politik, den er bei einer Verlängerung seiner Herrschaft zu seinem Nachteil entdeckt hätte. Da er jedoch den Krieg gegen die Perser beenden wollte, drang er nach dreijähriger Herrschaft bis zum Tigris vor, wo er in einem Gefecht sein Leben verlor.

† *The Emperor Julian and his Times* , von AUGUST. NEANDER . Leipzig, 1812. Eine historische Skizze.

Jupiter, 25. Juni 363 – Feb. 24, 364.

14. Fl. Jovianus , jetzt dreiunddreißig Jahre alt, wurde sofort vom Heer in den Purpur erhoben. Er schloss einen Frieden mit den Persern, durch den er ihnen alle seit dem Jahr 297 eroberten Gebiete zurückgab. Nach einer kurzen Regierungszeit von acht Monaten wurde er von einer plötzlichen Unruhe dahingerissen; und die Armee proklamierte Fl. Valentinian in Nizza an seiner Stelle, verband Valentinian fast sofort seinen Valentinian und Valens. Bruder Valens mit sich selbst in der Regierung und teilte das Reich, indem er ihm die *præfectura Orientis gab* und den Rest für sich behielt.

Valentinian 26. Febr. 364 – Nov. 17, 375.

15. Die Herrschaft Valentinians I. im Osten, der im Jahr 367 seinen Sohn Gratian Augustus mit sich schuf, zeichnet sich durch das System der Toleranz aus, das er in religiösen Angelegenheiten befolgte, in anderer Hinsicht jedoch a grausamer Prinz. Fast seine gesamte Regierungszeit war von fast ununterbrochenen Kämpfen mit den deutschen Nationen geprägt, die sich von den Verlusten erholt hatten, die sie unter Julian erlitten hatten. Seine ersten Bemühungen richteten sich gegen die Franken, die Sachsen und die Alemannen am Rhein; und danach gegen die Quadi und andere Nationen an der Donau; wo er in Guntz in Ungarn an einem Schlaganfall starb.

Valens, 364–368.

16. In der Zwischenzeit hatte sein Bruder Valens (im Alter von 38–52 Jahren) mit einem mächtigen Aufstand zu kämpfen, der im Osten ausgebrochen war. Ein gewisser Procopius hatte das Volk dazu angestachelt, indem er die Unzufriedenheit ausnutzte, die durch die Unterdrückung von

Valens entstanden war, der, nachdem er die Meinung der Arianer übernommen hatte, im Osten unbeliebter war als sein Bruder im Westen . Sein Krieg gegen die Perser endete mit einem Waffenstillstand. Aber das wichtigste Ereignis während seiner Herrschaft war der Einmarsch der Hunnen in Europa, der gegen Ende stattfand. Dies wiederum führte zu der großen Völkerwanderung, durch die man mit Fug und Recht sagen kann, dass das Römische Reich im Westen gestürzt wurde. Die unmittelbare Folge war die Aufnahme des größten Teils der Westgoten in das Römische Reich, was einen Krieg auslöste, der Valens das Leben kostete.

Die Hunnen, ein Nomadenvolk Asiens, gehörten zur großen mongolischen Rasse. Nachdem sie 373 bis zum Don vorgedrungen waren, unterwarfen sie die Goten auf diesem Fluss bis zur Theiß . Die Goten, aufgeteilt in Ostgoten und Westgoten, wurden durch den Dnjepr voneinander getrennt. Die ersteren fielen, aus ihrem Land vertrieben, über die Westgoten her, woraufhin der Kaiser Valens von diesen ersucht wurde, ihnen die Aufnahme in das Römische Reich zu gewähren, und zwar mit Ausnahme der Vandalen, die seither in Pannonien ansässig waren Zur Zeit Konstantins waren sie das erste Barbarenvolk, das sich innerhalb der Grenzen des Reiches niederließ. Die skandalöse Unterdrückung durch den römischen Statthalter trieb sie jedoch in die Rebellion; und als Valens gegen sie marschierte, wurde er in der Nähe von Adrianopel besiegt und verlor sein Leben, 378.

Gratian, 375–383, und
Valentinian II. 375–392.

17. Während dieser Ereignisse trat Gratian (im Alter von 16 bis 24 Jahren) die Nachfolge seines Vaters Valentinian I. im Westen an und assoziierte sofort seinen Bruder Valentinian II. (im Alter von 5–21 Jahren) mit sich selbst im Reich; Er verlieh ihm, wenn auch unter seiner eigenen Aufsicht, die *Präfektur Italien und Illyrien* . Gratian machte sich auf den Weg, um seinen Onkel Valens gegen die Goten zu unterstützen, erhielt aber auf seinem Marsch die Nachricht von seiner Niederlage und seinem Tod und befürchtete, dass der Osten den Goten zum Opfer fallen könnte. Deshalb erzog er Theodosius, einen Spanier, der sich bereits ausgezeichnet hatte sich selbst als Krieger zum Purpur und verlieh ihm die *præfectura Orientis et Illyrici* .

Aufstand des Maximus, 383.

18. Die träge Herrschaft von Gratian führte zum Aufstand von Maximus, einem Befehlshaber in Großbritannien, der bei der Überquerung Galliens durch die Abtrünnigkeit der gallischen Legionen so stark unterstützt wurde, dass Gratian sich auf der Flucht in Sicherheit bringen musste. Er wurde

jedoch in Lyon überholt und getötet. Durch dieses Ereignis befand sich Maximus im Besitz aller *Präfekturen Galliarum* ; und indem er Theodosius versprach, sich nicht in den jungen Valentinian II. einzumischen. in Italien setzte er sich dafür durch, ihn als Kaiser anzuerkennen. Doch nachdem er sein Versprechen durch den Einmarsch in Italien gebrochen hatte, wurde er 388 von Theodosius in Pannonien besiegt und gefangen genommen und bald darauf hingerichtet. Daraufhin Valentinian II. Ein Jugendlicher, in den große Hoffnungen gesetzt wurden, wurde erneut Herr über den gesamten Westen. Doch leider wurde er von dem beleidigten Arbogast, seinem *magister militum, ermordet* ; der daraufhin seinen eigenen Freund Eugenius auf den Thron erhob. Eugenius, *magister officiorum* . Theodosius war jedoch weit davon entfernt, dies anzuerkennen, sondern erklärte ihm den Krieg und machte ihn gefangen. Er selbst wurde damit Herr über das gesamte Reich, starb jedoch im folgenden Jahr.

Theodosius der Große, 19. Jan. 379 – Jan. 17, 395.

19. Die kraftvolle Herrschaft von Theodosius im Osten von seinem vierunddreißigsten bis zu seinem fünfzigsten Jahr war nicht weniger der Politik als der Religion gewidmet. Die Geschicklichkeit, mit der er zunächst die Macht der siegreichen Goten brach (obwohl diese ihre Quartiere noch in den Provinzen an der Donau behielten), verschaffte ihm beträchtlichen Einfluss, den er dank der Stärke und Aktivität seines Charakters leicht zu behaupten vermochte. Der blinde Eifer, mit dem er den Arianismus, der heute im Osten vorherrschende Glaubensrichtung war, verfolgte und den orthodoxen Glauben wiederherstellte, sowie die Verfolgungen, die er gegen die Heiden und die Zerstörung ihrer Tempel richtete, lösten jedoch die schrecklichsten Erschütterungen aus. Seine Bemühungen, die Grenzen des Reiches zu bewahren, von dem vor seinem Tod keine Provinz verloren ging, erforderten eine Erhöhung der Steuern; und so bedrückend das auch sein mag, wir können es dem Herrscher nicht als Verbrechen zuschreiben. In einem Reich, das in sich selbst so geschwächt war und das dennoch auf allen Seiten mächtige Feinde hatte, mit denen es zu kämpfen hatte, folgte daraus, dass jede aktive Herrschaft unterdrückend sein würde. Doch noch nie zuvor hatte es die innere Entvölkerung des Reiches nötig gemacht, so viele Barbaren in den Dienst der Römer zu stellen wie unter dieser Herrschaft; Daraus folgte natürlich eine Änderung der Waffen und Taktiken der römischen Armeen.

P. ERASM . MÜLLER , *das Genie sæculi Theodosian* . Havniæ , 1798, 2 Bde. Eine sehr gelehrte und in jeder Hinsicht ausgezeichnete Beschreibung der tief verfallenen römischen Welt, wie sie jetzt war.

Endgültige Teilung des Römischen Reiches.
Arcadius, 395–408. Honorius, 385–423.

20. Theodosius hinterließ zwei Söhne, unter denen das Reich aufgeteilt wurde. Man ging jedoch sicher davon aus, dass beide Teile nur ein einziges Reich bildeten – eine Meinung, die später und sogar bis ins späte Mittelalter vorherrschte hatte wichtige Konsequenzen – doch seit dieser Zeit wurden sie nie wieder unter einem Herrscher vereint. Das Oströmische Reich, bestehend aus der *Präfektur Orientis et Illyrici* , wurde dem ältesten Sohn, Arcadius (im Alter von 18–31 Jahren), unter der Vormundschaft von Rufinus dem Gallier zugeteilt. Der Western oder die *Präfektur Galliarum et Italiæ* , an den jüngeren Honorius, 11–39 Jahre alt, unter der Vormundschaft des Vandalen Stilico .

Alarich, König der Westgoten.

21. Das Weströmische Reich, auf dessen Geschichte wir uns nun beschränken werden, erlitt während der Herrschaft von Honorius so heftige Erschütterungen, dass sein bevorstehender Untergang deutlich sichtbar wurde. Die Intrigen von Stilico , sich die Regierung des gesamten Reiches zu verschaffen, öffneten den Goten den Weg in sein Inneres, gerade zu einer Zeit, als sie doppelt furchterregend waren, da das Glück ihnen einen Anführer beschert hatte, der allen, die sie bisher hatten, weit überlegen war. Alarich, der König der Westgoten, etablierte sich und sein Volk im Römischen Reich, wurde Herr über Rom und bestieg den Thron: Es war nur ein Zufall, dass er Rom nicht völlig stürzte.

Sowohl Honorius als auch Arcadius, insbesondere letzterer, gehörten zu der Klasse von Männern, die nie die Jahre der Reife erreichen; ihre Günstlinge und Minister regierten daher nach eigenem Gutdünken. Stilico , der Honorius zu seinem Schwiegersohn machte, mangelte es tatsächlich nicht an Regierungsfähigkeiten; und sein Bestreben , die Verwaltung des gesamten Reiches zu erlangen, entsprang vielleicht der Überzeugung, dass es notwendig sei, dass er sie bekäme. Durch Intrigen gelang es ihm jedoch nicht, sein Ziel zu erreichen; denn nach der Ermordung von Rufinus ; 395 fand er in dem Eunuchen Eutropius , seinem Nachfolger im Osten, einen noch mächtigeren Gegner . Unter der Regentschaft von Stilico wurde Gallien infolge des Abzugs seiner Truppen zum Widerstand gegen Alarich (400) von germanischen Stämmen – von Vandalen, Alani und Sueben – überschwemmt, die von dort aus sogar nach Spanien vordrangen. Dennoch bewahrte er Italien durch den Sieg, den er 403 bei Verona über Alarich errang, vor ihren Angriffen; und erneut über Radagaisus , 405, der mit anderen deutschen Horden bis nach Florenz vorgedrungen war. Aber Stilico , der ein geheimes Bündnis mit Alarich geschlossen hatte, um das östliche Illyrica dem Reich des Ostens zu entreißen, wurde von den Intrigen des neuen Günstlings überwältigt Olympius , dessen Kabale die Schwäche von Honorius und die Eifersucht der römischen und ausländischen Soldaten auszunutzen wusste. Stilico wurde beschuldigt, den Thron besteigen zu wollen, und wurde am 23.

August 408 hingerichtet. Rom verlor in ihm den einzigen General, der noch übrig war, um es zu verteidigen. Alarich fiel im selben Jahr, 408, in Italien ein, und das belagerte Rom war gezwungen, Frieden zu erkaufen; Als die Bedingungen jedoch nicht erfüllt waren, wurde er 409 vor Rom erneut Herr der Stadt und ernannte Attalus, den Präfekten der Stadt, zum Kaiser anstelle von Honorius, der sich in Ravenna eingeschlossen hatte. Im Jahr 410 übernahm er das Diadem; und indem er sich mit Gewalt zum Herrn der Stadt machte, überließ er sie der Plünderung durch seine Truppen. Kurz darauf starb er in Unteritalien, während er die Eroberung Siziliens und Afrikas plante. Sein Schwager und Nachfolger Adolf verließ zusammen mit seinen Goten im Jahr 412 das völlig erschöpfte Italien, ging nach Gallien und gründete von dort weiter nach Spanien das Reich der Westgoten, das er jedoch mit sich führte , Placidia, die Schwester von Honorius, entweder als Gefangene oder als Geisel, und heiratete sie in Gallien. Während dieser Ereignisse erhob sich 407 in Großbritannien und Gallien ein Usurpator namens Konstantin. Er wurde 411 von Constantius , einem von Honorius' Generälen, besiegt und getötet . Dieser letztere Fürst gab Constantius nicht nur seine verwitwete und 417 wiederhergestellte Schwester Placidia zur Frau, sondern nannte ihn 421 auch Augustus. Er starb jedoch wenige Monate später, so dass Placidia fortan einen beträchtlichen Anteil hatte Anteil an der Regierung. Dennoch ging sie 423 nach Konstantinopel, wo sie bis zum Tod von Honorius blieb.

† *Fl. Stilico , oder der Wallenstein der Antike* , von CHR. FR. SCHULZE , 1805. Nicht zum Vergleich verfasst.

423.
425.Valentinian III. 425–455.

22. Auf diese Weise wurde während der Herrschaft von Honorius ein großer Teil Spaniens und ein Teil Galliens vom Römischen Reich abgeschnitten. Nach seinem Tod usurpierte der Sekretär Johannes die Regierung, wurde jedoch vom Ostkaiser Theodosius II. besiegt. Der Neffe von Honorius, Valentinian III. Als Minderjähriger (im Alter von 6 bis 36 Jahren) wurde er dann unter der Obhut seiner Mutter Placidia († 450) auf den Thron erhoben. Unter seiner miserablen Herrschaft wurden dem Weströmischen Reich fast alle seine Provinzen mit Ausnahme Italiens entzogen. Doch die Regierung seiner Mutter und später seine eigene Unfähigkeit waren ebenso die Ursache wie die stürmische Wanderung barbarischer Stämme, die nun ganz Europa erschütterte.

Britannien war seit 427 von den Römern freiwillig verlassen worden. In Afrika lud der Gouverneur Bonifatius, der durch die Intrigen des römischen Generals Ætius , der das Ohr von Placidia besaß , in die Rebellion getrieben worden war, die Vandalen aus Spanien unter dem Kommando von Geiserich ein, um ihm zu Hilfe zu kommen. Dieser erlangte dann 429–439 den Besitz des Landes; Tatsächlich war Valentinian bereits im Jahr 435 gezwungen, es ihnen offiziell abzutreten. Valentinians Frau Eudoxia , eine griechische Prinzessin, wurde durch die Abtretung des westlichen Illyricum (Pannonia, Dalmatien und Noricum) erworben; so dass von allen Ländern südlich der Donau nur noch diejenigen übrig blieben, die zur Präfektur Italiens gehörten: Rhætia und Vindelicia . Im Südosten Galliens entstand 435 das Königreich der Burgunder, das neben dem südöstlichen Teil Frankreichs auch die Schweiz und Savoyen umfasste. Der Südwesten stand unter der Herrschaft der Westgoten. Es blieb nur das Gebiet nördlich der Loire übrig, das sich noch den römischen Statthaltern unterwarf; der letzte von ihnen, Syagrius , überlebte den Untergang des Reiches selbst; hielt bis zum Jahr 486 durch, als er in der Nähe von Soissons von Clodovicus oder Chlodwig, dem König der Franken, besiegt wurde.

Die Hunnen.
Attila.450.451.453.454.455.

23. Doch während das Weströmische Reich so von selbst fast auseinanderzufallen schien, kam es zu einem weiteren ungestümen Ansturm der Nationen, der ganz Westeuropa bedrohte. Die siegreichen Hunnenhorden, die nun das Gebiet zwischen Don und Theiß und sogar bis zur Wolga besetzten, das früher der Sitz der Goten war, hatten sich seit dem Jahr 444 unter einem gemeinsamen Häuptling, Attila, vereint; der durch diese Verbindung und seine eigenen überlegenen Talente als Krieger und Herrscher zum mächtigsten Prinzen seiner Zeit wurde. Nachdem das Oströmische Reich durch die Zahlung eines jährlichen Tributs einen Frieden erkauft hatte, fiel er mit einer mächtigen Armee über die westlichen Provinzen. Die vereinten Kräfte der Römer unter Ætius und der Westgoten verpflichteten ihn jedoch in der Nähe von Chalons (*in campis*) . *Catalaunicis*) zum Rückzug. Dennoch fiel er im folgenden Jahr erneut in Italien ein, wo er eine geheime Vereinbarung mit der zügellosen Honoria, Valentinians Schwester, hatte. Die Ursache seines zweiten Rückzugs, auf den bald sein Tod folgte, ist unbekannt. Der unglückliche Valentinianer beraubte das Römische Reich bald darauf seines besten Feldherrn und wurde von seinem Verdacht dazu veranlasst, Ætius zu töten. Er selbst war jedoch bald dazu verdammt, die Strafe für seine Ausschweifungen zu erleiden, da er in einer Verschwörung von Petronius Maximus, dessen Frau er entehrt hatte , und einigen Freunden von Ætius , die er hingerichtet hatte, ermordet wurde.

24. Die zwanzig Jahre, die zwischen der Ermordung Valentinians und der endgültigen Zerstörung des Römischen Reiches im Westen lagen, waren fast eine fortlaufende Reihe innerer Revolutionen. Nicht weniger als neun Herrscher folgten rasch aufeinander. Tatsächlich waren diese Veränderungen in dieser unruhigen Zeit nur von geringer Bedeutung im

Vergleich zu dem Schrecken, mit dem Geiserich, der König der Vandalen, das Römische Reich erfüllte: Da er mit seiner Seemacht Herr über das Mittelmeer und Sizilien geworden war, konnte er die Küsten verwüsten das wehrlose Italien nach Belieben zu besiegen und sogar Rom selbst zu erobern. Während seines Aufenthalts in Italien erlaubte der deutsche Ricimer , General der ausländischen Truppen im römischen Sold, einer Reihe von Kaisern, in seinem Namen zu regieren. Es wäre sein Los gewesen, dieser Augusti- Reihe ein Ende zu setzen , wenn es nicht nur ein Zufall gewesen wäre, der diesen Ruhm vier Jahre nach dem Tod seines Vaters seinem Sohn und Nachfolger Odoaker vorbehalten hätte.

Nach dem Tod von Valentinian wurde Maximus zum Kaiser ernannt; Als er aber Eudoxia , Valentinians Witwe, zwingen wollte, ihn zu heiraten, rief sie Geiserich aus Afrika herbei, der Rom einnahm und plünderte. Maximus starb nach einer dreimonatigen Herrschaft im Jahr 455. Ihm folgte M. Avitus , der aufstieg der Thron in Arles; und er wurde bald wieder von Ricimer (456) abgesetzt, der kurz zuvor die Flotte der Vandalen besiegt hatte. Ricimer wurde nun am 1. April 457 auf den Thron gesetzt, zuerst Julianus Majorianus ; aber er, der sich 461 in den Kriegen gegen die Vandalen hervorgetan hatte, wurde beiseite gesetzt und an seine Stelle Libius Severus gesetzt, der jedoch 465 wahrscheinlich an Gift starb. Auf seinen Tod folgte ein zweijähriges Interregnum, in dem Ricimer regierte, allerdings ohne Kaisertitel. Schließlich wurde der Patrizier Anthemius , damals in Konstantinopel (wo sie ihren Anspruch auf die Ernennung oder Bestätigung der Herrscher des Westens nie aufgaben), im April, wenn auch nicht ohne Zustimmung des mächtigen Ricimer , zum Kaiser des Westens ernannt 12, 467, durch Kaiser Leo. Da es jedoch zu Differenzen zwischen ihm und Ricimer kam , zog sich dieser 469 nach Mailand zurück und begann einen Krieg, in dem er Rom einnahm und plünderte und Anthemius getötet wurde. Ricimer selbst folgte bald darauf, † 18. August 472. Daraufhin Anicius Olybrius , Schwiegersohn von Valentinian III. wurde zum Augustus ernannt, starb aber drei Monate später, im Oktober 472, und übernahm den Purpur in Ravenna, ohne jedoch in Konstantinopel anerkannt zu werden, wo sie bevorzugt Julius Nepos Augustus nannten. Letzterer wurde 474, nachdem er Glycerius vertrieben hatte, ebenfalls von seinem eigenen Feldherrn Orestes (475) vertrieben, der das Diadem seinem Sohn Romulus Momyllus schenkte , der als letzter in der Nachfolge von Augusti den Nachnamen Augustulus erhielt . Im Jahr 476 jedoch schickte ihn Odoaker, der Anführer der Germanen im römischen Sold in Rom, nach der Hinrichtung von Orestes in die Gefangenschaft und gewährte ihm eine Rente. Odoaker blieb nun Herr über Italien, bis die Ostgoten unter ihrem König Theoderich im Jahr 492 dort ein neues Reich gründeten.

25. So fiel das römische Reich des Westens, während das des Ostens, von allen Seiten bedrängt und in einer fast ähnlichen Situation, tausend Jahre

überdauerte, trotz seiner inneren Unruhen, die allein ausgereicht hätten, um jedes andere zu zerstören, und die Heerscharen der Barbaren, die es im Mittelalter angriffen . Die uneinnehmbare Lage seiner Hauptstadt, die gewöhnlich über das Schicksal solcher Königreiche entscheidet, kann in Verbindung mit seinem Despotismus, der nicht selten die Hauptstütze eines Königreichs in seinem Niedergang ist, in gewissem Maße allein ein Phänomen erklären, das seinesgleichen sucht die Geschichte der Welt.

ANHANG.

CHRONOLOGIE VON HERODOTUS BIS ZUR ZEIT VON CYRUS, AUSGANG AUS DEN FORSCHUNGEN VON M. VOLNEY. Siehe Vorwort.

Obwohl Herodot sein Werk nicht in chronologischer Reihenfolge verfasste, können wir nicht daran zweifeln, dass er einen allgemeinen Zeitplan hatte. Durch sorgfältige Auswahl und Vergleich der einzelnen Daten, die in seinem Werk verstreut sind, kann dieser Plan bis zu einem gewissen Grad nachgezeichnet werden, und die Frühgeschichte muss im Hinblick auf eine festgelegte Chronologie zwangsläufig einen guten Beitrag dazu leisten. Der folgende Aufsatz basiert auf einem solchen Verfahren; es ist vollständig Herodot entnommen und basiert nur auf Daten, die er genau bestimmt hat, wobei immer auf die Passagen seines Werkes Bezug genommen wird.

Das Jahr 561 v. Chr., in dem der Fall von Astyages und dem medischen Reich stattfand, wie Herodot selbst beweisen kann, ist ein fester Zeitpunkt, von dem aus wir in die höhere Antike aufsteigen können. Dieser Zeitpunkt kann anhand der chronologischen Daten zur Schlacht von Marathon vier Jahre vor dem Tod des Dareios (Herodot VII. 1. 4.) bestimmt werden, die mit den allgemeinen Angaben der Griechen übereinstimmen, die ihn im dritten Jahr festlegen der 72. Olymp . Chr. 490. Indem man dazu die bereits verstrichenen zweiunddreißig Regierungsjahre des Darius (Herodot, ebd.), die acht Monate von Smerdis (Herodot, III. 68.), die sieben Jahre und fünf Monate von Kambyses (Herodot) hinzufügt III. 66.) und den neunundzwanzig Jahren des Cyrus (Herodot, I. 214.) erhalten wir das Jahr 560 als erstes Jahr des Cyrus.

I. CHRONOLOGIE DES MEDIANISCHEN REICHES.

	Chr
Ende des Median-Reiches	561.
Dauer des medischen Reiches einhundertsechsundfünfzig Jahre (Herodot, I, 130.)	
Der Anfang davon würde daher nach ihrer Trennung von den Assyrern sein	717.
In dieser Zeit herrschten zunächst sechs Jahre Anarchie [a]	716–710.
Dreiundfünfzig Jahre Herrschaft des Deioces (Herodot, I. 102.)	710–657.

	Chr
Herrschaft von Phraortes , 22 Jahre (ebd.)	657–635.
Cyaxares , vierzig Jahre (I. 106.)	635–595.
Einbruch und Herrschaft der Skythen, achtundzwanzig Jahre (I. 203. 106.)	625–598.
Eroberung von Ninive (I. 106.)	597.
Astyages regierte fünfunddreißig Jahre (I. 130).	595—561.

[a] Diese werden sicherlich nicht von Herodot bestimmt; aber sie bleiben bestehen, wenn man die einhundertfünfzigjährige Herrschaft der vier medischen Könige abzieht.

Ktesias angegebene Abfolge der medischen Könige , die sich davon völlig unterscheidet, könnte nach Ansicht des Autors durch eine Duplizierung erklärt werden; siehe † *Gott. Gel. Anz*. 1810, S. 4.

II. CHRONOLOGIE DES ASSYRISCHEN REICHES.

Die Herrschaft der Assyrer über Asien bzw. ihr Reich endete mit dem Aufstand der Meder (Herodot, I. 95); Die Existenz ihres Staates endete allerdings nicht damals, sondern endete mit der Eroberung von Ninive durch Cyaxares im Jahr 597 v. Chr.

	Chr
Aufstand der Meder, wie oben	717.
Die Herrschaft der Assyrer hatte fünfhundertzwanzig Jahre gedauert (Herodot, I. 95).	
Das assyrische Reich dauerte daher an	1237–717.

Da Herodot die Geschichte dieses Reiches in einem eigenen Werk niederschreiben wollte (I. 184.), erwähnt er nur beiläufig (I. 7.) seinen Gründer Ninus, der 1237 zu regieren begann; und danach Sanherib und seine Expedition (II. 141.); und der letzte König, Sardanapalus (II. 150.).

Die Erwähnung von Sanherib und seiner Expedition liefert einen Zeitpunkt für den Vergleich der Chronologie von Herodot mit der der Bibel oder den Juden. Letzterem zufolge fand Sanheribs Expedition im Jahr 714 v. Chr. statt. (siehe oben, S. 26.); sein Tod findet unmittelbar danach statt und er hat als Nachfolger Esar-haddon , 2 Könige, xix. 37. Hier liegt sicherlich ein Widerspruch vor, da Herodot zufolge die assyrische Herrschaft drei Jahre zuvor, nämlich 717, aufgehört hatte. M. Volney bemüht sich , diese Schwierigkeit durch die Wiederherstellung einer alten Lesart im heiligen Text zu lösen; Demnach regierte Amon, König von Judäa , zwölf statt zwei Jahre (2. Könige, XXI. 10.); Daraus würde sich ergeben, dass die Expedition von Sanherib im Jahr 724 stattfand. Dies würde sieben Jahre nach seinem Tod zu seinem Nachfolger Esar-haddon führen , der sowohl zeitlich als auch namentlich mit dem Sardanapalus der Griechen übereinstimmt (der griechische Name lautet gebildet aus Esar - haddon -pal, d . h. Esar , der Herr, Sohn von Pal), werden die beiden Chronologien somit genau zur Übereinstimmung gebracht. Aber selbst wenn man der alten, üblichen Lesart folgt, beträgt der größte Unterschied zwischen den beiden Aussagen nur zehn Jahre; so wenig, wie man unter solchen Umständen vernünftigerweise erwarten kann.

In Bezug auf die assyrische Chronologie von Ktesias hat M. Volney zufriedenstellend gezeigt, dass sie voller Widersprüche und keiner Anerkennung würdig ist.

III. CHRONOLOGIE DES LYDISCHEN REICHES.

Die Anordnung der lydischen Chronologie beruht auf der Klärung zweier Haupttatsachen: erstens der großen Sonnenfinsternis unter Alyattes, die von Thales vorhergesagt wurde (Herodot, I. 74.); und zweitens die Eroberung von Sardes und der Sturz des Reiches unter Krösus durch Cyrus; Beides erwähnt Herodot durchaus, ohne jedoch ein genaues Datum anzugeben. Aber durch einen sorgfältigen Vergleich aller Daten wurde bewiesen, dass die große Sonnenfinsternis in Kleinasien (nach den Tafeln von Pingré) im Jahr 625 stattfand; und die Eroberung von Sardes und das Ende des lydischen Reiches, 557 v. Chr. oder im vierten Jahr von Cyrus. Daher:

	Chr
Ende des Lydischen Reiches	557.

Es bestand aus drei Häusern; unter dem der Atyadæ (fabelhaft und unsicher); unter dem der Herakliden fünfhundertfünf Jahre (Herodot, I. 7.); und unter dem letzten, dem der Mermnadae , einhundertsiebzig Jahre.

Die Herakliden und Mermnadaen regierten also insgesamt sechshundertfünfundsiebzig Jahre. Daher:

	Chr
Beginn der Herrschaft der Herakliden mit Agron , dem Sohn des Ninus (I. 7.)	1232.

Ende dieses Hauses mit der Ermordung des Kandaules durch Gyges	727.

Agron , dem Sohn des Ninus, festlegt , bestätigt er sich selbst (I. 7.); denn nach den vorstehenden Angaben begann Ninus seine Herrschaft in Assyrien im Jahr 1237; Folglich muss es im fünften Jahr seiner Herrschaft gewesen sein, dass er Lydien eroberte und seinen Sohn Agron auf den Thron setzte.

	Chr
Herrschaft der Mermnadae , einhundertsiebzig Jahre, unter Königen dieses Hauses	727—557.
Gyges, achtunddreißig Jahre (Herodot, I. 14.)	727–689.
Ardys , neunundvierzig Jahre (Herodot, I. 16.)	689–640.
Erster Einbruch der Cimmerier	670.
Sadyattes , zwölf Jahre (Herodot, I. 16.)	640–628.
Alyattes, siebenundfünfzig Jahre (Herodot, I. 25.)	628—571.
Krieg mit Cyaxares , der mit der großen Sonnenfinsternis und dem zweiten Einbruch der Kimmerier endete	625.
Krösus , vierzehn Jahre und vierzehn Tage (Herodot, I. 86.)	571–557.

IV. CHRONOLOGIE DER BABYLONIER.

Sowohl hierfür als auch für die Ägypter gibt es keine Anhaltspunkte, da die Daten sehr spärlich sind und nur von Herodot stammen. Die Chronologie der Babylonier beginnt nach dem Kanon von Ptolemäus mit Nabonassar , 747, dem zwölf Könige folgten (im selben Kanon erwähnt), bis hin zu Nabopolassar ; (siehe oben, S. 28.)

	Chr
Nabopolassar	627–604.

Nebukadnezar	604–561.
Böse – Merodach	561–559.
Neriglissar	559–555.
Labynetus	555–538.
Eroberung Babylons durch Cyrus	538.

V. CHRONOLOGIE DER ÄGYPTER.

M. Volney beginnt dies sehr treffend mit der Dodekarchie – da von den früheren Perioden nur die Zeit von Sesostris , 1365, festgestellt wird – und ordnet es in der folgenden Weise.

	Chr
Dodekarchie	671–656.
Psammetichos alleinige Herrschaft dauerte neununddreißig Jahre	656–617.
Regierungszeit von Neco , sechzehn Jahre	617–601.
—— Psammis , sechs Jahre	601–595.
—— Apries , 25 Jahre	595–570.
—— Amasis, vierundvierzig Jahre	570–526.
Psammenitus , sechs Monate	525.
Eroberung Ägyptens durch Kambyses	

I. DIE REGIERENDEN HÄUSER VON MAZEDON.

I. HAUS VON ALEXANDER DEM GROSSEN.

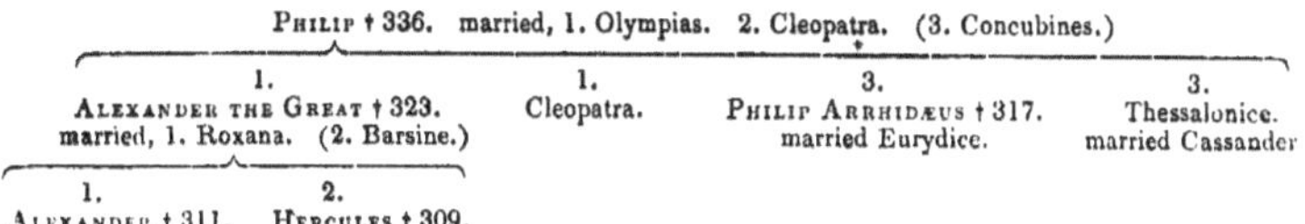

PHILIPP † 336. verheiratet, 1. Olympias. 2. Kleopatra. (3. Konkubinen.)				
1. ALEXANDER DER GROßE † 323. verheiratet, 1. Roxana. (2. Barsine .)	1. Kleopatra.	3. PHILIP ARRHIDÆUS † 317. heiratete Eurydike.	3. Thessaloniki . heiratete Cassander .	
1. ALEXANDER † 311.	2. HERKULES † 309.			

II. HAUS VON ANTIPATER.

ANTIPATER † 320.

CASSANDER † 298, married Thessalonice.

PHILIP † 297.　ANTIPATER † 294.　ALEXANDER † 294.

ANTIPATER † 320.

KASSANDER † 298, heiratete Thessaloniki .

PHILIPP †
297.　　ANTIPATER †
294.　　ALEXANDER †
294.

III. HAUS DES ANTIGONUS.

ANTIGONUS † 301.

DEMETRIUS I. POLIORCETES † 284.

Stratonice
married, 1. Seleucus I.　2. Antiochus I.　　ANTIGONUS I. GONATAS † 242.

DEMETRIUS II. † 233.　　Alcyoneus.

PHILIP II. † 179.　　ANTIGONUS II. DOSON † 221.

PERSEUS † 166.　Demetrius † 180.

ANTIGONOS † 301.						

DEMETRIUS I. POLIORCETES † 284.		
Stratonice . verheiratet, 1. Seleukus I. 2. Antiochos I.	ANTIGONOS I. GONATAS † 242.	
	DEMETRIUS II. † 233.	Alkyoneus .
	PHILIPP II. † 179.	ANTIGONOS II. DOSON † 221.
	PERSEUS † 166.	Demetrius † 180.

II. GENEALOGISCHE TABELLE DER SELEUKIDÆ.

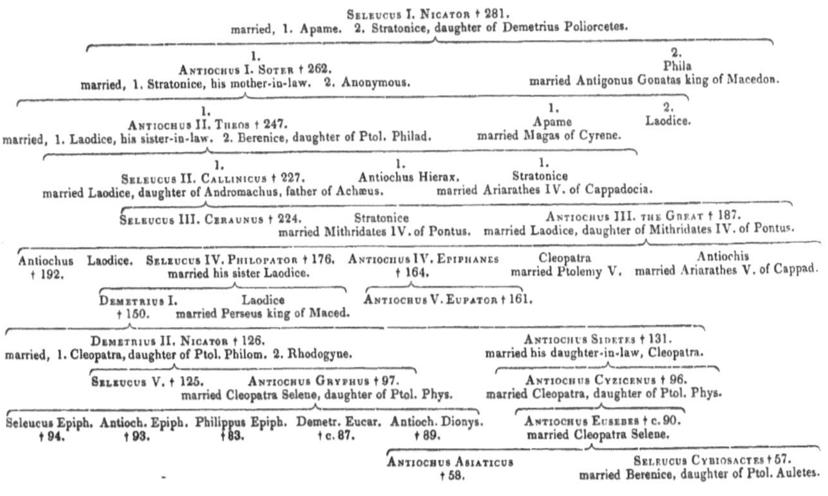

SELEUKUS I. NIKATOR † 281.		
verheiratet, 1. Apame . 2. Stratonice , Tochter von Demetrius Poliorcetes .		

<table>
<tr>
<td>1.
ANTIOCHOS I. SOTER † 262.
verheiratet, 1. Stratonike , seine Schwiegermutter. 2. Anonym.</td>
<td colspan="2">2.
Phila heiratete Antigonus Gonatas, den König von Mazedonien.</td>
</tr>
<tr>
<td>1.
ANTIOCHOS II. THEOS † 247.
verheiratet, 1. Laodice, seine Schwägerin. 2. Berenice, Tochter von Ptol . Philad .</td>
<td>1.
Apame heiratete Magas von Kyrene.</td>
<td>2.
Laodice.</td>
</tr>
<tr>
<td>1.
SELEUKUS II. CALLINICUS † 227.
heiratete Laodice, Tochter des Andromachos , Vater des Achäus .</td>
<td>1.
Antiochus Hierax .</td>
<td>1.
Stratonike heiratete Ariarathes IV. von Kappadokien.</td>
</tr>
<tr>
<td></td>
<td>SELEUKUS III. CERAUNUS † 224.</td>
<td>Stratonike heiratete Mithridates IV. von Pontus.</td>
<td>ANTIOCHOS III. DER GROßE † 187.
heiratete Laodice, Tochter von Mithridates IV. von Pontus.</td>
</tr>
<tr>
<td>Antiochos † 192.</td>
<td>Laodice.</td>
<td>SELEUKUS IV. PHILOPATOR † 176.
heiratete seine Schwester Laodice.</td>
<td>ANTIOCHOS IV. EPIPHANES † 164.</td>
<td>Kleopatra heiratete Ptolemaios V.</td>
<td>Antiochis heiratete Ariarathes V. von Kappad .</td>
</tr>
<tr>
<td>DEMETRIUS I. † 150.</td>
<td>Laodice heiratete Perseus, den König von Maced.</td>
<td></td>
<td>ANTIOCHOS V. EUPATOR † 161.</td>
<td></td>
<td></td>
</tr>
<tr>
<td colspan="3">DEMETRIUS II. NIKATOR † 126.
verheiratet, 1. Kleopatra, Tochter des Ptol . Philom .
2. Rhodogyne .</td>
<td></td>
<td colspan="2">ANTIOCHUS SIDETES † 131.
heiratete seine</td>
</tr>
</table>

<table>
<tr><td></td><td></td><td></td><td></td><td></td><td></td><td>Schwiegertochter
Kleopatra.</td></tr>
<tr><td></td><td>SELEUKUS V. † 125.</td><td colspan="3">ANTIOCHUS GRYPHUS † 97.
heiratete Kleopatra Selene,
Tochter des Ptol . Physik.</td><td></td><td>ANTIOCHUS
CYZICENUS † 96.
heiratete Kleopatra,
Tochter des Ptol .
Physik.</td></tr>
<tr><td>Seleukus
Epiph .
† 94.</td><td>Antiochia. Epiph .
† 93.</td><td>Philippus Epiph .
† 83.</td><td>Demetr .
Eukar .
† C. 87.</td><td>Antiochia. Dionys .
† 89.</td><td></td><td>ANTIOCHUS EUSEBES
† ca. 90.
heiratete Kleopatra
Selene.</td></tr>
<tr><td></td><td></td><td></td><td colspan="2">ANTIOCHUS ASIATICUS
† 58.</td><td></td><td>SELEUKUS
CYBIOSACTES † 57.
heiratete Berenike,
Tochter des Ptol .
Auletes.</td></tr>
</table>

III. GENEALOGISCHE TABELLE DER PTOLEMÄER.

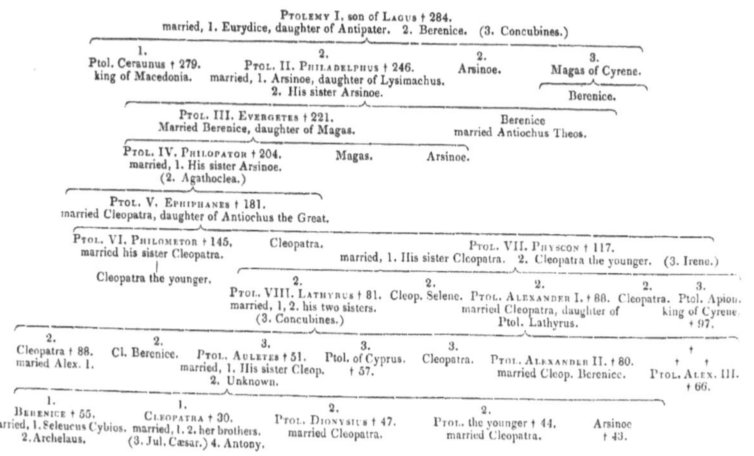

PTOLEMAIOS I. Sohn des LAGUS † 284. verheiratet, 1. Eurydike, Tochter des Antipatros. 2. Berenice. (3. Konkubinen.)					
1. Ptol . Ceraunus † 279. König von Mazedonien.	2. PTOL . II. PHILADELPHUS † 246. verheiratet, 1. Arsinoe, Tochter des Lysimachos.2. Seine Schwester Arsinoe.	2. Arsinoe	3. Magas von Kyrene.		
	PTOL . III. EVERGETES † 221. Verheiratet mit Berenice, Tochter von Magas.	Berenike heiratete Antiochus Theos.	Berenice		
PTOL . IV. PHILOPATOR † 204. verheiratet, 1. Seine Schwester Arsinoe.(2. Agathoclea .)	Magas .	Arsinoe .			
PTOL . V. EPHIPHANES † 181. heiratete Kleopatra, Tochter von Antiochos dem Großen.					
PTOL . VI. PHILOMETOR † 145. heiratete seine Schwester Kleopatra.	Kleopatra .	PTOL . VII. PHYSCON † 117. verheiratet, 1. Seine Schwester Kleopatra. 2. Kleopatra die Jüngere. (3. Irene.)			
Kleopatra die Jüngere.	2. PTOL . VIII. LATHYRUS † 81. verheiratet, 1, 2. seine beiden Schwestern. (3. Konkubinen.)	2. Kleop . Selene.	2. PTOL . ALEXANDE R I. † 88. heiratete Kleopatra, Tochter des Ptol . Lathyrus.	2. Kleopatra .	3. Ptol . Apion . König von Kyrene, † 97.
2. Kleopatr a † 88. heiratete	2. Kl. Berenic e .	3. PTOL . AULETES † 51. verheiratet, 1. Seine Schwester	3. Ptol . von Zypern. † 57.	3. Kleopatra .	PTOL . ALEXANDE R II. † 80. heiratete	† †† PTOL . ALEX. III. † 66.

Alex. ICH.		Cleop. 2. Unbekannt.			Cleop. Berenice.	
1. BERENICE † 55. verheiratet, 1. Seleukus Cybios. 2. Archelaos.		1. KLEOPATRA † 30. verheiratet, 1. 2. ihre Brüder. (3. Juli Cæsar.) 4. Antonius	2. PTOL. DIONYSIUS † 47. heiratete Kleopatra.		2. Ptol. der Jüngere † 44. heiratete Kleopatra.	Arsinoe† 43.

IV. DIE REGIERENDEN HÄUSER DER JUDEN.

HAUS DER MACKABÄS.

Mattathias † B. C. 166.

Judas Maccabæus, general of the army † 161.

Jonathan, high priest † 143.

Simon, high priest and ethnarch, † 135.

John Hyrcanus † 107.

Aristobulus I. † 106, king and high priest.

Alex. 1. Jannæus † 79. married Alexandra.

Hyrcanus II. † 30. high priest and ethnarch.

Aristobulus. † 49.

Alexander II. † 49.   Antigonus † 37.

Aristobulus † 34.

Mariamne † 28. married Herod the Great.

Mattathias † 166 v. Chr.			
Judas Makkabäus, Feldherr des Heeres † 161.	Jonathan, Hohepriester † 143.	Simon, Hohepriester und Ethnarch, † 135.	
		Johannes Hyrkanos † 107.	
		Aristobulos I. † 106, König und	Alex. I. Jannæus † 79. heiratete Alexandra.

		Hohepriester .			
			Hyrkanos II. † 30. Hohepriester und Ethnarch.	Aristobulos . † 49.	
		Alexander II. † 49.	Antigonos † 37.		
		Aristobulos † 34.	Mariamne † 28. heiratete Herodes den Großen.		

II. HAUS DES HERODES.

Antipater † 43.

Salome. Herod the Great † A. C. 3.
married, 1. Doris. 2. Mariamne. 3. Many others.

| Antipater † A. C. 3. | Alexander † B. C. 5. | Aristobulus † B. C. 5. | Archelaus, ethnarch, deposed A. C. 6. | Antipas, tetrarch, deposed A. C. 39. married Herodias. | Philip, tetrarch, † A. C. 34. |

Herod II. Agrippa † A. C. 44.

Herod Agrippa † A. C. 100.

		Antipater † 43.			
		Salome.	Herodes der Große † 3. n. Chr. verheiratet, 1. Doris. 2. Mariamne . 3. Viele andere.		
Antipater † AC 3.	Alexander † 5 v. Chr.	Aristobulos † 5 v. Chr.	Archelaus, Ethnarch, setzte AC 6 ab.	Antipas, Tetrarch, setzte 39 n. Chr. ab.	Philipp, Tetrarch, † 34 n. Chr.

					heiratete Herodias.	
		Herodes II. Agrippa † 44 n. Chr.				
		Herodes Agrippa † 100 n. Chr.				

V. GENEALOGISCHE TABELLE DER CÆSARS.

ICH.

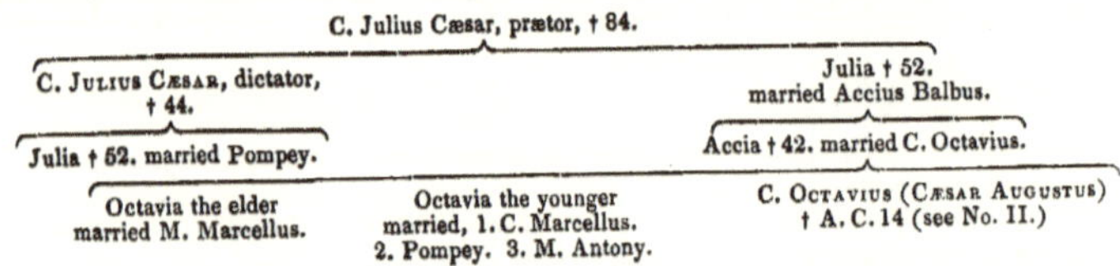

<table>
<tr><td colspan="3" align="center">C. Julius Cæsar, Prätor, † 84.</td></tr>
<tr>
<td align="center">C. JULIUS CÆSAR,
Diktator,
† 44.</td>
<td></td>
<td align="center">Julia † 52.
heiratete Accius Balbus</td>
</tr>
<tr>
<td align="center">Julia † 52. heiratete
Pompeius.</td>
<td></td>
<td align="center">Accia † 42, verheiratet
mit C. Octavius.</td>
</tr>
<tr>
<td align="center">Octavia die Ältere
heiratete M.
Marcellus.</td>
<td align="center">Octavia die Jüngere
heiratete, 1. C. Marcellus.2.
Pompejus. 3. M. Antony.</td>
<td align="center">C. OCTAVIUS (CÆSAR
AUGUSTUS)
† 14 n. Chr. (siehe Nr.
II.)</td>
</tr>
</table>

II.

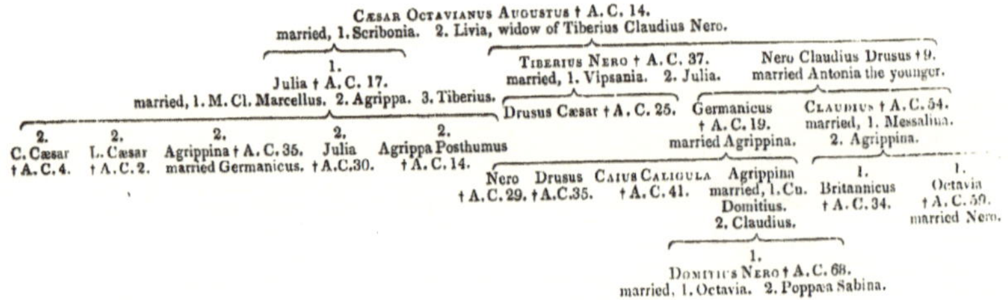

<table>
<tr><td colspan="2" align="center">CÆSAR OCTAVIANUS AUGUSTUS † 14 n. Chr.</td></tr>
<tr>
<td align="center">verheiratet, 1.
Scribonia .</td>
<td>2. Livia, Witwe von Tiberius Claudius
Nero.</td>
</tr>
</table>

1. Julia † AC 17.verheiratet, 1. M. Cl. Marcellus. 2. Agrippa. 3. Tiberius.		TIBERIUS NERO † 37 n. Chr. verheiratet, 1. Vipsania . 2. Julia.		Nero Claudius Drusus † 9. heiratete Antonia die Jüngere.

2. C. Cæsar † AC 4.	2. L. Cæsar † AC 2.	2. Agrippina † 35 n. Chr. heiratete Germanicus.	2. Julia † AC 30.	2. Agrippa Posthumus † AC 14.	Drusus Cæsar † 25 n. Chr.		Germanicus † 19. n. Chr. heiratete Agrippina.	CLAUDIUS AC 54. verheiratet, 1. Messalina.2. Agrippina.
			Nero † 29. AC.	Drusus † 35 n. Chr.	GAIUS CALIGULA † 41 n. Chr.	Agrippina verheiratet, 1. Cn. Domitius . 2. Claudius.	1. Britannicus † AC 34.	1. Octavia † AC 59. heiratete Nero.

1. DOMITIUS NERO † 68 n. Chr. verheiratet, 1. Octavia. 2. Poppæa Sabina	

VI. GENEALOGISCHE TABELLE DES HAUSES KONSTANTIN.

Constantius Chlorus † 306.
married, 1. Helena.   2. Theodora.

Constantine the Great † 337. married, 1. Minervina. 2. Fausta.				Constantia married C. Valer Licinius, Cæsar, † 324.	Jul. Constantius † 337. married, 1. Galla. 2. Basilina.		Annibalianus.	
1. Crispus † 326.	2. Constantine † 340.	2. Constantius † 361.	2. Constans † 350.	Fl. Valer. Licinius † 326.	1. Gallus † 354.	2. Julian (the apostate) † 363.	Dalmatius Cæsar † 339.	Annibalianus † 338.

Constantius Chlorus † 306. verheiratet, 1. Helena. 2. Theodora.								
Konstantin der Große † 337. verheiratet, 1. Minervina . 2. Fausta .				Constantia heiratete C. Valer Licinius , Cæsar , † 324.	Jul. Constantius † 337. verheiratet, 1. Galla . 2. Basilina .		Annibalianus .	
1. Crispus † 326.	2. Konstantin † 340.	2. Constantius † 361.	2. Konstans † 350.	Fl. Valer . Licinius † 326.	1. Gallus † 354.	2. Julian (der Abtrünnige) † 363.	Dalmatius Cæsar † 339.	Annibalianus † 338.